참신앙의 진리

The Faith of Millions
© 1938, 2006 by Our Sunday Visitor, John Anthony O'Brien

참신앙의 진리

1960년 4월 20일 교회 인가
1960년 6월 30일 초판 1쇄 펴냄
1998년 12월 10일 개정 초판 1쇄 펴냄
2006년 12월 31일 개정 2판 1쇄 펴냄
2020년 10월 3일 개정 3판 1쇄 펴냄

지은이 · 존 오브라이언
편역자 · 정진석 추기경
펴낸이 · 염수정
펴낸곳 · 가톨릭출판사
편집 겸 인쇄인 · 김대영

본사 · 서울특별시 중구 중림로 27
등록 · 1958. 1. 16. 제2-314호
전자우편 · edit@catholicbook.kr
전화 · 1544-1886(대표 번호)
지로번호 · 3000997

ISBN 978-89-321-1742-3 03230

값 27,000원

가톨릭의 모든 도서와 성물을 '**가톨릭출판사 인터넷쇼핑몰**'에서 만나 보실 수 있습니다.
http://www.catholicbook.kr | (02)6365-1888(구입 문의)

성경 ⓒ 2005, 한국천주교중앙협의회
교회 문헌 ⓒ 한국천주교중앙협의회, 2020

이 도서의 국립중앙도서관 출판예정도서목록(CIP)은 서지정보유통지원시스템 홈페이지(http://seoji.nl.go.kr)와
국가자료종합목록 구축시스템(http://kolis-net.nl.go.kr)에서 이용하실 수 있습니다. (CIP제어번호: CIP2020037411)

이 책의 한국어판 저작권은 (재)천주교서울대교구 가톨릭출판사에 있습니다.
저작권법에 의해 한국 내에서 보호를 받는 저작물이므로 무단 전재와 무단 복제를 금합니다.

정진석 추기경 편역

가톨릭 교회의 가르침과 실천
참신앙의 진리

The Faith of Millions   존 오브라이언 지음

가톨릭출판사

일러두기

· 이 책 '제4편 교회와 결혼'에 실린 혼인 법규에 관한 교회의 가르침은 1983년도에 새로운 교회법전이 반포되면서 다수 보완되었습니다. 이 새로운 교회법전에 포함된 혼인 법규에 관한 해설은 한국천주교주교회의 사이트의 〈혼인 문서 양식〉을 별도로 참고하시기 바랍니다.
· 이 책은 제2차 바티칸 공의회 개막 전인 1960년경에 출간되어 얼마간 공의회 이전의 목소리가 담겨 있습니다.

역자의 말

1950년 한국전쟁이 일어났을 때 저는 미군 통역관으로 일했습니다. 그 당시에는 한국 천주교회에 한국어 교리 해설서가 없었습니다. 그때 가톨릭 교회의 주요한 신앙의 진리와 실천을 명쾌하게 종합한 영어책을 보게 되었습니다. 이 책은 미국에서 일반 교양인들을 가톨릭 교회로 입교하도록 이끈 훌륭한 교리 해설서였습니다.

저는 이 책을 보자마자, 바로 한국 천주교회에 절실히 필요한 책이라는 것을 직감하였습니다. 오늘날처럼 그 당시에도 신흥 종교들이 우리 종교계와 국민에게 큰 위협이 되던 때였습니다. 그래서 곧바로 저자인 존 오브라이언 신부님에게 번역을 승인해 달라고 편지를 보냈습니다. 고맙게도 저자는 한국어 번역을 허락할 뿐 아니라 한국 독자들을 위해 격려의 글도 함께 보내 주었습니다.

이 책을 번역할 때 우리나라에 가톨릭 신자 수는 1퍼센트도 되지 않았습니다. 저는 우리나라 복음화를 위해 기도하는 마음으로 열정을 다

해 전심전력으로 번역에 몰두했습니다. 우리나라 국민과 천주교 교우들에게 가톨릭 교회의 가르침을 올바르게 전해 줄 수 있는 은총의 선물인 이 책을 주신 하느님께 감사드리면서 정성을 기울였습니다. 번역을 하면서 우리나라에 가톨릭 신자 수가 10퍼센트가 되는 날을 볼 수 있게 해 달라고 간절히 기도했습니다. 번역이 끝나자마자 고맙게도 가톨릭출판사 사장 신부님께서 이 번역본을 《억만인의 신앙》이라는 이름으로 출판해 주셨습니다. 그때가 바로 제가 부제품을 받은 1960년이었습니다. 그리고 제가 서울대교구장으로 발령받은 그해 겨울에 하느님께서 제 기도를 들어주셨습니다. 가톨릭 신자 수가 10퍼센트가 된 것입니다.

평생을 모범적인 사제로 살면서 복음 선포에 큰 성과를 거두신 원로 신부님이 "이 책은 우리 가톨릭 성직자, 수도자들과 신자들에게 정체성을 확고하게 해 주는 길잡이가 될 것"이라고 하시며 "이 책을 완독하면 가톨릭 교회의 정체성을 잘 이해하고 더 철저하게 신앙생활을 실천할 수 있다."라고 추천해 주셨습니다. 올해는 이 책이 출판된 지 60주년이 되는 해입니다. 이 책이 처음 출간된 후 제2차 바티칸 공의회가 열렸습니다. 저자는 제2차 바티칸 공의회가 끝난 후 교회 일치 운동에 관한 공의회 가르침을 본서에 추가한 개정판을 출간하였습니다. 역자는 이 개정판에 포함된 교회 일치 운동의 가르침을 추가하여 《참신앙의 진리》라는 이름으로 개정하게 되었습니다.

주교 수품 50주년 기념으로 이 책을 개정하도록 협조해 주신 모든 분들과 가톨릭출판사에 감사드립니다. 그리고 기도와 사랑으로 평생 협조해 주신 모든 은인과 성직자 수도자 신자들에게 감사드리며 이 책을 바칩니다.

2020년 6월 25일
주교 서임 50주년에
혜화동 주교관에서 역자 씀

UNIVERSITY OF NOTRE DAME
REV. JOHN A. O'BRIEN. PH. D.
NOTRE DAME, INDIANA

August 19, 1958

Dear Mr. Chung:

I am glad to give you the requested permission to publish 《The Faith of Millions》 in Korean, and to divide the book into three volumes.

I suggest that the book be brought out by the publisher most capable of giving it a wide circulation, so that it will render the greatest service. We are sending you some small corrections, asking that you incorporate them into your translation. Please send us a few copies of the volumes when published. We hope that the book will prove helpful in spreading our holy faith more widely throughtout Korea.

Incidentally our pamphlet on The Reformation has been published in Korean, and perhaps you have seen a copy of the same.

With all good wish,
Ever cardially

JaoBrien

미국 추기경의 추천서

그리스도교의 가르침은 교회가 설립된 시초부터 설명되고 변호되어 왔다. 2세기 중엽 유스티노 순교자는 유다인의 공격을 물리치고 그리스도교가 구약의 완성이며 예수 그리스도가 바로 메시아이심을 설파했다. 테르툴리아노와 치프리아노 성인도 같은 양상으로 그리스도교를 변호하는 글을 발표했다.

2세기 후반기 이교도의 매서운 반대로 말미암아 아테나고라스의 변론과 그 몇 해 뒤에 테르툴리아노의 《호교론》이 탄생되었다. 2세기 중엽에는 다시아노가 《그리스인에게 보내는 토론》에서, 또 2세기 말엽에는 테오필로와 미누치오 펠릭스가 각각 다신론을 물리치고 그리스도교를 받들었다. 3세기 중엽 오리게네스는 4세기 초엽의 락탄시오와, 마지막으로 5세기 초엽의 아우구스티노 성인과 더불어 셀수스, 포르피리오스, 또 그 밖의 당시 여러 개신교의 역풍을 막아 냈다.

중세기 동안 그리스도교를 위하여 이슬람교를 거슬러 씩씩하게 싸운 그리스도교 호교론자들을 거쳐 지나가면 16세기 동란의 때가 닥쳐 온다. 로베르토 벨라르미노 성인은 이른바 종교 혁명가들을 거슬러 가톨릭 진리를 설명하고 옹호한 이들 중에서 그 모습이 사뭇 두드러지는 인물이다. 실로 개신교 학교에서는 그를 억누르기 위해 자그마치 75개의 신학과가 신설되기까지 했다.

보쉬에의 유명한 책 《변형》은 책 이름부터 전투 대형을 갖춘 군대를 방불케 한다. 그는 진리는 하나로서 불변이요, 오류는 잡다하여 늘 유동한다는 테르툴리아노의 말을 인용하여, 개인의 사사로운 판단을 신앙의 규범으로 삼는다는 원리는 결과적으로 어김없이 형형색색의 개신교 교파를 낳게 마련이요, 시간이 흐르면서 개인적인 판단이라는 쐐기는 개신교를 여러 갈래로 갈라놓고야 말리라고 지적했다. 그의 예언자다운 말은 그대로 들어맞았다. 실로 우리나라에만도 300개가 넘는 갖가지 개신교 교파가 있고, 그나마도 서로 대립하는 현실을 보면 한심하게 생각된다.

《논쟁의 끝맺음》이라고 이름 붙은 밀너의 책은 영어권 독자들 사이에서 이름을 떨쳤고, 여러 해 동안 대단히 큰 영향을 끼쳤다. 기본스 추기경의 《교부들의 신앙》은 그가 젊은 주교로서 노스캐롤라이나주를 두루 다니면서 설교한 가톨릭 교리에 관한 강연을 모은 것이다. 그는 군청 강당, 학교 강당, 음악당 등, 한마디로 청중을 모을 수 있는 곳이면 어디에서나 설교했다. 그의 책이 성공한 요인 중의 하나는, 이 책의 말투가 논쟁적이 아니라 설명적이라는 점이다. 이 책은 특히 개신교 신자들이 많이 살고 있는 미국의 시골에서 아직도 큰일을 하고 있다.

그런데 연방 정부의 공식 통계에 따르면, 지난 반세기 동안에 소위 개신교 신자들 사이에 굉장히 많은 냉담자가 생겨, 그들 중 60퍼센트는 아무 교회에도 안 나가고 어느 교파에도 속해 있지 않은 것으로 밝혀졌다. 따라서 가톨릭 교회와의 논쟁도 자연히 그 바탕을 바꾸게 되었다. 이제 가톨릭 호교론자들은 강생이라든지, 구세주의 동정녀로부터의 탄생이라든지, 죽은 자 가운데로부터의 부활이라든지, 그의 신성 등 그리스도교의 근본 교리를 변호하지 않으면 안 되게 되었다.

그러므로 여태껏 세기를 이어 진리를 변호한 유능한 호교론자들이 많이 있었음에도 불구하고 가톨릭은 오늘날의 공격을 겪지 않을 수 없게 되었다. 비록 과녁은 언제나 똑같은 가톨릭 교회지만, 공격하는 이유와 무기가 시대와 함께 변하였기 때문이다.

《참신앙의 진리》라 이름 붙은 오브라이언 신부의 책은 정말 시대를 타고난 책이다. 그는 기본스 추기경의 발자취를 따라서, 논쟁하는 말투로 쓰지 않고 설명하는 어조로 썼다. 그리고 그는 스스로 가톨릭이 아닌 이들을 상대했던 경험, 특히 대학생들을 지도한 경험으로, 현재 종교 문제에 마음을 둔 이들이 관심을 갖는 모든 문제에 관해서 가톨릭의 가르침을 적절하게 전달하고 있다.

독자들은 이 책을 통해 오브라이언 신부가 간단하고 명백하게, 이치에 꼭 맞게 가톨릭의 진리를 설명하고, 진리를 목말라하는 이들에게 크나큰 동정심을 갖는다는 점 등, 그의 두드러진 장점을 보게 될 것이다.

이 책은 오늘의 종교에 관해서 효과적인 방법으로 그 요구를 채워 주며 진정 각계각층에 많은 독자를 얻고 반드시 풍성한 수확을 거둘 것으로 기대된다.

1937년 12월 7일
필라델피아 대주교 도거티 추기경

한국 독자들에게 보내온 저자의 인사

이번에 《참신앙의 진리》가 한국어로 번역되어 소개됨을 저는 진심으로 기뻐하며, 이로써 그리스도께서 교회로 하여금 온 세상 만백성에게 두루 펴기로 맡기신 생명의 진리를 한국 국민들도 완전히 깨우치게 되기를 바랍니다. 배움의 모든 분야 중에 가장 중요한 것은 종교입니다. 종교는 사람에게 하느님과 아울러 인간 구원을 위한 그분의 계획을 가르쳐 줍니다.

저는 이 책에서 그리스도께서 황홀한 구원 사업을 이룩하셨고, 이 구원의 은혜를 줄곧 나눠 주기 위한 교회를 세우셨음을 간단명료하게 설명하고자 힘썼습니다. 가톨릭 교회야말로 강생의 연속이며, 시간과 공간 안에 있는 구원의 영속永續입니다.

이것이 온 그리스도교 세계의 어머니 교회이며, 2천 년 동안 변함없이 이어 내려온 유일한 하느님의 교회입니다. 가톨릭 교회는 두 팔을 활짝 벌려 만백성을 진리의 바탕과 기둥인 신앙의 품 안으로 끌어당기고 있습니다.

온 세계는 조국의 자유를 위하여 견줄 데 없이 용맹하게 싸운 용감한 한국인을 경탄해 마지않고 있습니다. 저자는 《참신앙의 진리》가 용감한 국민들을 모두 예수 그리스도의 신비체인 가톨릭 교회로 인도하여, 그들도 거룩하게 살 은총을 받고 또 하느님과 함께 영원한 생명을 누릴 천국으로 안전하게 인도할 하느님의 그르칠 수 없는 이끄심도 받게 되기를 기원하는 바입니다.

1959년 6월
미국 인디애나 주 노트르담 대학에서 저자

Author's Foreword

I am glad to know that 《The Faith of Millions》 is reaching the people of Korea in their own language, and I hope it will bring to them a thorough understanding of the lifegiving truths entrusted by Christ to His Church for dissemination among all the nations of the world. Most important of all branches of learning is religion which brings to people a knowledge of God, and of His plan for their salvation.

In this book we have endeavored to present in clear and simple language the fascinating story of the Redemption of the world by Jesus Christ, and the establishment of the Christian Church for the continued distribution of the fruits and the graces of the Redemption. The Catholic Church is the continuation of the Incarnation and the prolongation, in time and space, of the Redemption.

It is the Mother Church of all Christendom and is the one divine institution which has come down unchanged through more than nineteen centuries. The Catholic Church opens wide her arms to welcome the peoples of all lands into the universal household of the faith, the ground and pillar of truth.

The whole world admires the brave people of Korea who fought with unsurpassed courage and valor for the freedom of their native land. I pray that 《The Faith of Millions》 will lead millions of these brave people into the Catholic Church, the Mystical Body of Jesus Christ, wherein they shall receive the grace to live holy lives and the divine and infallible guidance that will lead them safely to eternal life with God in heaven.

John A. O'Brien
The University of Notre Dame

머리말

 이 책의 목적은 가톨릭 신앙의 교리와 가르침을 단도직입적이고 간단명료하게 소개함에 있다. 즉, 모든 이에게 예수 그리스도께서 세우신 교회(영원한 생명으로 인도하는 교회)를 찾는 데 전력해야 될 의무가 있음을 알리겠다는 말이다. 이것은 인생의 첫째가는 중요한 문제로서, 모름지기 지성인답게 살려면 힘을 다하여 이를 해결해야 한다. 아무리 세상만사에 몰두한다 하더라도, 이를 핑계 삼아 이 가장 중대한 문제를 일생 동안 소홀히 할 수는 없다. 이 문제의 해결에 영원한 결과가 걸려 있기 때문이다.

 이 책은 독자들의 감정이나 편견은 개의치 않는다. 오직 지성과 양심에 호소할 따름이다. 독자들에게 오직 한 가지만 부탁한다. 곧 인생의 가장 중대한 이 문제를 따지는 데 있어 그저 마음을 탁 터놓고 임해 달라는 것이다. 정직하고 참되게 진리를 찾는 이에게 하느님의 비추임이 없을 수 없기 때문이다.

 이 책을 엮는 데 많은 분들(추기경님, 주교님, 신부님들)로부터 귀중한 충고와 고마운 지도를 받았다. 여기에 그분들의 이름을 일일이 열거할 수는 없지만 감사의 정으로 가득 찬 저자의 마음속에 깊이 간직됨은 말할 나위도 없다. 저자로서는 실로 사랑의 노작勞作인 이 책으로 우리 국민과 모든 나라의 지성인들이 "살아 계신 하느님의 교회로서, 진리의 기둥이며 기초"(1티모 3,15)를 옳게 탐구하는 데 도움이 되기를 간절히 바란다. 이것이 어느 모로는 "낮에는 구름 기둥이, 밤에는 불기둥"(탈출 13,22)이 되어, 진지한 순례자들의 더듬거리는 발길을 종교 진리의 약속된 나라, 그리스도와 그의 가르침이 뿌연 안개나 그림자로 흐려지지 않는 나라로 인도하기를 빌어 마지않는다. 이 책으로 말미암아, 다만 한 영혼이라도 저 베드로의 항구에, 그리스도의 슬하에 무사히 인도되기만 한다면, 이를 완성하기에 바친 몇 해 동안의 수고는 너무나 벅찬 갚음을 받는 셈이 될 것이다.

1938년에 위의 머리말을 쓴 이래 이 책은 판版을 거듭하여 30만 부(1956년 45만 부)가 출판되었고, 프랑스어, 독일어, 스페인어, 헝가리어, 중국어, 일본어 등으로 번역된 기쁨을 누렸다. 저자는 이 책이 앞으로도 줄기차게 진리를 찾는 이들이 '길이요 진리요 생명이신 그리스도'를 찾는 데 겸손하게 이바지하며, 하느님 은총의 운하 노릇을 계속할 수 있도록 여러분의 값진 기도를 진정으로 간청한다.

1950년 2월 20일
존 A. 오브라이언

차례

역자의 말 · 5
미국 추기경의 추천서 · 9
한국 독자들에게 보내온 저자의 인사 · 13
머리말 · 16

제1편 어느 것이 참된 그리스도교회인가? … 23
성경과 역사와 지성의 대답

제1장 종교 진리의 탐구	25
제2장 왜 가톨릭 교회를 탐구하는가?	37
제3장 가톨릭의 기본 교리	49
제4장 어떤 종교를 믿든지 무슨 상관일까?	62
제5장 두 개의 종파가 다 옳은가?	80
제6장 어느 것이 참된 그리스도교회인가?	101
제7장 교회의 기적적 전파	146
제8장 지성인은 로마로, 왜?	166

제2편 교회 – 틀릴 수 없는 스승 … 189
교회 교도권의 바탕

제9장 그리스도를 어떻게 생각하는가?	191
제10장 교황의 무류성	217
제11장 교회 – 성경의 해석자	236

제3편 성사 – 하느님 은총의 물길 … 261

제12장 성사	263
제13장 세례성사	275
제14장 견진성사	284
제15장 사제가 죄를 용서할 수 있는가?	290
제16장 고해는 범죄를 조장하는가?	312
제17장 대사란 무엇인가?	334
제18장 실재, 사실인가 꾸밈인가?	348
제19장 성체와 이성	368
제20장 왜 성체를 자주 영하는가?	388
제21장 사제직 – 신정 제도	415
제22장 병자성사	431

제4편 교회와 결혼 ··· 441
행복을 찾는 지침

제23장 여성의 보호자	443
제24장 청혼과 결혼	459
제25장 왜 이혼을 못 하는가?	479
제26장 가톨릭의 혼인과 혼종혼	495
제27장 가톨릭 혼인, 어떻게 하면 되는가?	516
제28장 그리스도인 가정 – 국가의 방패	535

제5편 미사와 신심 ··· 555
기도 생활의 설명

제29장 미사 – 골고타의 재현	557
제30장 미사 전례	567
제31장 주일 미사 참례	590
제32장 성인들의 전달	611
제33장 성인들의 그림과 유해	618
제34장 연옥 영혼과 죽은 이를 위한 기도	630
제35장 십자가의 길	643
제36장 성심 공경의 이유	650

제37장 거룩하신 이름을 공경하는 이유	669
제38장 가톨릭은 왜 마리아를 공경하는가?	687
제39장 묵주 기도	701
제40장 요셉 성인	712

제6편 하느님의 계명 … 723
성화의 길

제41장 하느님과 인간에 대한 우리의 의무	725
제42장 십계명 - 계속	751
제43장 행동의 때	774

제7편 그리스도교 일치 운동 … 777

제44장 새로운 교회 분위기	779

제1편

어느 것이 참된 그리스도교회인가?
성경과 역사와 지성의 대답

제1장

종교 진리의 탐구

    친애하는 독자 여러분은 내가 낯설고 아마 개인적으로 알 기회도 없을 터라, 내가 여러분에게 가톨릭의 신앙 교리를 소개하는 것이 오로지 우정과 선의에서 우러나온 것임을 미리 말하고 싶다. 만일 내가 나와 종교관을 달리하는 사람들에 대해 동정심이나 사랑을 갖지 못한, 마음이 좁은 신자라면, 내가 맡는 지역의 여러 개신교 타 종교 공동체에서 내게 가톨릭의 신심 행사와 신앙에 대해서 강연해 달라고 그렇게 거듭거듭 부탁받는 영광을 누리지는 못했을 것이다.

    또한 일리노이 대학의 '프리메이슨' 운동의 학생들로만 조직된 아카시아회로부터, 내가 근 25년 동안 맡아 사목한 지역에서 가톨릭과 비가톨릭 사이에 우애와 이해를 두텁게 하는 데 크게 이바지하였다는 뜻으로 준 '콜럼버스 기사 금패'를 받지도 못했을 것이다. 내가 이런 말을 자랑삼아 하는 것은 물론 아니다. 다만 이 책에서 가톨릭의 신앙 교리를 설명하려는 것도 오로지 마음으로부터의 우정과 사랑에서 우러나온 것임을 믿어 달라는 것일 뿐이다.

가톨릭 교회의 가르침을 쓴다고 해서 여러분을 잘못 인도할 생각은 꿈에도 없다. 나 역시 다른 신부들과 마찬가지로, 아무런 현세적 보상이나 세속적 갚음을 바라지 않는다. 만일 내가 교회의 가르침을 그릇되게 써서 여러분을 속이고, 바르지 못한 일을 해서 여러분의 환심을 얻을 양이면 그야말로 진리의 하느님을 거스르는 행위이며, 스스로 단죄를 받겠다고 나서는 행위이리라.

가톨릭의 교리를 아주 쉬운 말로 쓰겠다는 단 하나의 이유는, 예수 그리스도께서 우리 영혼의 성화와 영원한 구원을 위해서 마련해 주신 구원의 진리와 영혼의 도움으로써 여러분의 인생을 풍부하게 하겠다는 욕심일 따름이다. 이것이야말로 가장 위대한 보물이며 온갖 가치를 초월하는 진주라고 여겨지기에, 여러분과 함께 누리고 싶은 마음이 간절하다. 여러분과 나는 우리 조국에 대한 애국심으로 결합되어 있다. 나는 조국을 사랑하기 때문에, 또 가톨릭의 신앙 교리 속에는 교회가 당면하는 여러 위험한 기회를 돌파하고 나가는 그 어떤 진리의 샘이 있음을 아는 까닭에, 우리 국민 사이에 가톨릭 교리를 정확히 이해하지 못하고 있는 이가 있지나 않을까 지극히 걱정하고 있다.

모름지기 모든 이는 하느님의 눈앞에 평등하며, 그분 앞에서는 무한히 사랑스러운 존재들이기 때문에 그리스도의 가르침을 외국인에게 전교하는 것보다도 우리 국민들에게 먼저 전파하고 싶다는 마음은 인간적인 감정으로도 자연스러운 것이 아닌가 생각한다. 물론 낯선 이역에서 그곳 사람들에게 진리의 씨를 뿌리는 분들에게 더할 나위 없는 존경을 표시해야 마땅하리라. 그러나 우리 국민들의 대다수가 나와 같은 조국애와 하나의 언어로 결합되어 있음에도 가톨릭이 어떠한 줄 전혀 알지 못하고 있음을 생각할 때, 무엇보다도 먼저 내 이웃, 내 나라 사람들과 더불어 진리의 보배를 함께 누려야 된다는 의무를 각별히 통감하였기에 모든 이를 한 신앙의 양 우리 안에 초청하려고 한다.

선전이 아니다

내 말을 아무 데서나 들을 수 있는 선전처럼 여기면 곤란하다. 선전은 흔히 자기를 반대하는 편을 무턱대고 악선전하기가 일쑤다. 즉, 사람들이 반대편을 더욱 미워하도록 충동함으로써 자기편의 사기를 북돋는 데 그 목적이 있다. 전쟁 때에는 국가가 적국에 대해서 터무니없는 거짓말이나, 또는 침소봉대한 허풍과 역선전 등을 자행했음을 우리는 잘 안다. 전쟁 후에 이 모든 거짓말이 애국 선전이라는 탈을 쓰고 마구 자행되었음을 알게 되었을 때, 어떤 사실에 대해서 일방적으로만 불공평하게 편견에 빠지게 하는 선전자들에게 증오심을 품게 되었음은 당연한 일이다.

나도 그런 반감을 갖고 있다. 그런 만큼 개신교의 교리든 가톨릭의 교리든 이를 그릇되게 씀으로써 여러분을 가톨릭으로 끌어들일 생각은 손톱만큼도 없다. 생각해 보면 그런 일을 해서 우리 교회보다 더 고통을 받은 교회는 없을 성싶다. 속이 뻔히 들여다보이는 그런 행동만을 일삼는 이들에 대해서는 그저 미움만 생길 뿐이다. 그러므로 거짓말을 해서 나와 반대 견해를 가진 편의 힘을 약화시킨다거나, 또는 사실이나 논증을 그릇되게 제시함으로써 가톨릭 교회의 힘을 키우겠다는 생각은 전혀 없다.

나는 감정에 애소하지 않고 지성에 호소하려 할 뿐이다. 감정을 울림으로써 일시적 찬동을 얻는 것이 아니라, 오직 참다운 지적 확신에서 우러나는 항구한 충절을 얻는 데에 목적이 있기 때문이다. 이로써만 인생의 폭풍과 시련을 이겨 나갈 수 있다. 여기에는 어떤 약삭빠른 장사꾼의 속임수가 있을 리 없다. 지금까지 나는 교회로 수백 명을 끌어들였지만, 신앙을 가지라고 부탁한 적은 단 한 번도 없다. 나는 그저 설명만 할 뿐이다. 믿느냐 안 믿느냐의 선택은 듣는 사람의 판단에 맡긴다. 신앙이란 지성이 확신을 얻은 후에 의지가 동의하는 것을 뜻한다. 자유와 지성의 확신이 없는 곳에 참다운 신앙이 있을 수 없다. 있다면 껍데기에 지나지 않다.

목표는 파괴에 있지 않고 건설에 있다. 가끔 타 교파가 지닌 모순을 지적할 필요는 있지만 설사 그렇다고 하더라도 이는 오직 가톨릭의 종교관이 얼마나 조리에 맞고 지성에 적합한 것인가를 더욱 두드러지게 하기 위함일 뿐이다. 두 가지 견해의 갈림길에 있어서 서로 비교하는 대목은 언제나 객관적이고 공정한 태도를 갖도록 하겠다.

견해의 차이점을 개인적인 감정과는 관계없이, 또 반대 의견을 주장하는 사람들에게 악의를 조금도 품지 않고 토론할 수 있음은 확실하다. 사실 나는 우리 국민들에 대해서 신앙을 가진 사람이든 아니든 선의와 애정만을 갖고 있다. 이 애정을 가장 성실하게 드러내겠다는 욕망으로, 결국 내게 평화와 행복을 가져다준 이 신앙을 내 동포들과 함께 누리고, 그리하여 모든 이들에게 평화와 행복을 알려 주겠다는 뜻에서 글로 쓰게 된 것이다.

마음을 터놓고

이제 친애하는 독자들에게 부탁하는 것은, 마음을 탁 터놓고 가톨릭 신앙을 연구해 달라는 것이다. 이렇게 한다면 여러분의 연구는 한없이 유익할 것이다. 만일 마음의 문을 꼭 닫고, "흥! 이게 틀린 것인 줄은 뻔히 다 알고 있어. 그냥 들어 주기는 해야지. 그동안에 결론으로 끌려 들어가지 않도록 빠져나갈 구멍을 찾기만 하면 되거든……." 등의 생각을 가지고 연구를 시작한다면 확실히 이것은 여러분 자신에 대해서 공평하지 않은 태도다. 만일 가톨릭의 교리와 그 바탕이 되는 것들을 이해하려 애쓴다면 여러분은 더욱 큰 이익을 얻을 것이다. 이를 마음속에 지니고 믿을 만하다고 확신할 수 있을 때까지 자유롭게 내버려 두는 것이 좋다. 그렇게 해야 충분히 비판할 여지가 있을 것이다. 내가 개최하였던 교리 강좌 때에도 교회의 관점이 바탕을 두고 있는 이유를 연구하려 하기보다, 교회의 관점과 반대가 되는 논증만 찾기에 정력을 소모하여 스스로 자기기만에 빠지는 사람을 본 적이 있다. 어쨌든 어떤 문제에 대해서 공정을 기하려면, 이것이 과학이든 문학이든 철학이든 종교든 우선 이것과 또 이를 뒷받침하는 이유들을 온전히 이해하려는 노력이 필요하다.

가톨릭 교회가 요청하는 것은 더도 덜도 아닌 바로 이것이다. 교회는 정확히 이해되기만 하면 교리가 갖는 객관적 무게와 아울러 믿지 않을 수 없도록 하는 어떤 힘이 있음을 굳게 믿는 까닭이다. 교회는 감정에 호소하는 일은 하지 않는다. 교리는 이 교리의 내적 가치에 관해서는 서 있거나 쓰러지거나, 또는 믿거나 배척하거나 전혀 상관하지 않는다. 선입견으로 흐려지지 않은 맑은 지성으로 교리를 보기만 한다면, 그처럼 터놓은 마음은 이를 믿지 않을 수 없음을 교회는 잘 아는 까닭이다. 자석은 반드시 철을 끌어당기듯, 진리는 중간에 장애물만 없다면 곧장 사람의 마음을 끌어당기게 마련이다. 선입견, 편견, 독설, 반감, 이런 것들이 마음의 문을 닫게 하고, 진리를 확신하는 능력을 빼앗아 가는 장애물들이다.

친애하는 독자 여러분, 지금까지 여러분이 사귀어 온 사람들은 가톨릭 신자가 아닌 이들도 있을 것이다. 따라서 알게 모르게 그들로부터 어떤 편견을 받아들여 왔다는 사실을 인식해야 할 것이다. 그러면 가톨릭이 가르치는 바에 대해서 정확히, 또 될 수 있으면 동감하며 통찰해 보겠다는 노력조차 방해하는 이 편견에서 단지 얼마 동안만이라도 벗어나도록 애써야 한다는 것이 얼마나 중요한지 깨닫게 될 것이다.

교회에 대한 악독한 욕설을 잊고, 교회의 반대자들이 떠드는 비방과 중상을 잊길 바란다. 유치장에 갇혀 있는 미결수조차 유죄 판결을 받기 전에는 무죄라는 것을 기억해야 할 것이다. 사실만, 사건의 증거만 보고 마음을 결정해야 한다.

손해와 이익

가톨릭 신앙을 받아들이는 데 따르는 손해와 이익을 생각해 보자. 예수 그리스도에 대한 유일하고 참된 신앙과, 이를 지켜 살아갈 때에 영원한 구원이 보장된다는 이익에 비긴다면, 이를 위해 치러야 할 희생은 참으로 하찮게 여겨질 것이다. 여러분이 이미 누리고 있는 계시 진리는 그대로 지니게 될 것이다. 또 여러분의 가족이나 친구를 버리라든가 일생 동안에 맺은 따뜻한 인연을 끊어야 되는 쓰라림을 맛봐야 될 필요도 없다. 옛 친구나 어떤 인연이든 맺은 사람들을 떠나라고 하기는커녕 그들을 더욱 사랑해야 한다는 요청을 받을 것이다. 남성으로서 또는 여성으로서의 존엄성이나 여러분 자신의 거룩한 양심을 버릴 필요도 없다. 다만 그리스도의 복음이라는 감미로운 멍에를 짊어지기만 하면 될 뿐이다. 그러면 여러분의 불안한 마음에 평화가 깃들 것이다. "고생하며 무거운 짐을 진 너희는 모두 나에게 오너라. 내가 너희에게 안식을 주겠다."(마태 11,28)라고 말씀한 분이 바로 그분이었다.

무엇보다도 여러분은 인생의 가장 큰 보물을 얻는다. 기본스 추기경이 지적한 바와 같다. "여러분은 계시의 완전하고도 조화된 지식을 얻을 것이며, 예수께서 가지셨던 진리의 전부를 거울에 비추어 보듯이 눈앞에 자세히 볼 것이다. 사람들이 밖에 서서 성당 건축을 트집 잡을 때 여러분은 성당 안에 들어가 건축가이신 하느님께 경배하고, 다윗 임금과 함께 '주님, 저는 당신께서 계시는 집과 당신 영광이 깃드는 곳을 사랑합니다.'라고 함이 옳을 것이다. 가톨릭 교회의 진리 지식은 다만 그저 완전하다기보다 아주 확고하고 불변한 것이다. 억측이 아니고 확실한 것이다. 여러분은 바람에 흔들리지 않고 반석 위에 고정되어 있는 이 불변의 진리를 가졌다는 자각에서 나오는 깊은 평화를 즐기게 된다."(제임스 기본스, 《교부들의 신앙》)

 교회에 들어간다는 것은 여러분이 조상의 집으로 되돌아간다는 것 외의 다른 것이 아님을 명심해야 한다. 개신교가 탄생되기 여러 세기 전에 여러분의 조상들은 가톨릭의 품 안에서 살고 예배했기 때문이다. 여러분에게 옷장이나 살림살이 등은 낯설게 보이겠지만, 그래도 이것들은 오늘의 세계에 살고 있는 모든 그리스도인들의 조상들에 관한 갖가지 추억으로 성화되어 있다. 여러분의 조상들은 가톨릭의 제단 앞에서 무릎을 꿇고 성체 안의 주님을 흠숭하였다. 그 세례수로 그들의 자손들이 세례를 받았고, 같은 고해소에서 그들은 죄의 용서를 받았다. 그리고 바로 그 성체 난간에서 성체 안의 주님을 모셨다. 16세기 종교혁명 때에는 그들 중의 대다수가 갈팡질팡했었지만, 교회는 참다운 어머니답게 문을 걸어 잠그지 않았다. 문을 활짝 열어젖힌 채 교회의 모든 자녀들이 교회의 품 안으로 되돌아오기를 학수고대해 왔다.

교회는 자신을 떠난 심술쟁이 자녀들에게 아무런 미움도 품지 않고 있다. 교회는 그들이 지금이라도 잘못을 뉘우치고 되돌아오기만 하면 즉시 용서하고 잘못을 잊는다. 교회는 복음서에 나오는 되찾은 아들처럼 참된 평화와 행복이 있는 아버지의 집으로 여러분이 돌아오기를 기다리고 있다. 교회는 언제라도 여러분의 어깨에 예복을 입혀 주고, 손가락에 반지를 끼워 주며, 사랑의 잔치를 벌여 주고, 평화의 입맞춤을 해 줄 것이다. 여러분은 자모이신 교회의 아늑한 품에 안겨 여러분이 치른 온갖 희생을 말끔히 보상받는다는 것을 느낄 것이다. 여러분은 통회하는 아우구스티노와 함께 외칠 것이다. "오, 영원히 예스럽고 영원히 새로운 아름다움이여! 나 당신을 앎이 너무나 늦었고, 너무 늦게야 당신을 사랑하였나이다."

교회 가르침의 아름다움과 진리와 이를 따라 생활할 때 받는 그 힘 있는 보호를 깨닫고도 그리스도교의 신앙을 받아들이지 못하도록 막는 장애물을 그대로 둔다면 말이 안 될 것이다. 친척이나 친구의 마음을 상하게 할 걱정도, 원수의 박해도, 어떠한 세속적 재물의 손실도, 영원한 구원에 비기면 아무것도 아니다. 구세주께서 물으신 대로다. "사람이 온 세상을 얻고도 제 목숨을 잃으면 무슨 소용이 있겠느냐? 사람이 제 목숨을 무엇과 바꿀 수 있겠느냐?"(마태 16,26) 여러분이 전능하신 분의 심판대 앞에 서게 될 때, 여러분은 이 질문에 옳게 대답할 기쁨을 누리도록 초청받고 있다.

예수 그리스도의 종교를 찾는다는 이 지극히 중대한 일에는 근실한 연구에 못지않게 기도가 필요하다. 유한한 인간 정신에서 짜낸 것이 아니라, 전지하신 하느님의 정신에서 나온 숭고한 진리를 다루기 때문이다. 따라서 여러분은 이 문제에 대해서는 지적인 교만이나 자부심이 있어서는 안 된다. 반드시 하느님의 도우심을 청해야 성공한다는 겸손한 마음이 있어야 한다. 구약의 창세기부터 신약의 요한 묵시록 끝까지 거침없이 줄줄 내리왼다고 해서 그 사람이 반드시 종교인이냐 하면 그렇지는 않다. 참된 신앙인이 되려면 지식과 아울러 마음을 들어올리는 기도와 하느님과 사귀려는 지향이 있어야 한다. 그러므로 나는 여러분이 연구를 시작해서 끝마칠 때까지 줄곧 하느님께 진리를 깨달을 수 있는 빛과 끝까지 항구할 힘을 주시도록 열심히 기도할 것을 제안한다.

신앙의 공식적 설명

가톨릭 교회의 신앙과 신심 행사에 대해서 그릇되게 말하는 기관이 많기 때문에 여러분은 그 영향을 받았을 것이다. 실상 비신자들과 오래 사귀는 동안 가톨릭에 대한 오해의 말을 한 번도 듣지 못했다면 오히려 이상한 일이다. 더군다나 어떤 것을 거듭거듭 듣게 되는 경우에는 거기에 무슨 뜻이 있겠거니 하고 생각하는 것이 당연하다. "아니 땐 굴뚝에 연기 날까."라는 속담도 있다. 그렇다면 이런 비평가들의 소리가 올바르냐 그렇지 않으냐를 결정하려면 불가불 교회의 정식 해명을 들어 볼 필요가 있다. 가톨릭 신앙을 정확히 해석한 책으로 교회의 인가를 받은 책을 어떤 것이라도 뒤적거려 본다면, 이런 책이 가톨릭을 반대하는 사람들이 쓴 책과 얼마나 다른지 깨닫게 될 것이다. 어쨌든 교회가 참으로 가르치는 바가 무엇인지를 알려면 교회로 가야지, 교회의 반대편으로 간다는 것은 말이 안 된다. 교회는 어떠한 교리든 감추려 들기는커녕 오히려 각국어로 널리 출판하며 성직자들로 하여금 때와 장소를 가리지 않고 가르치도록 하고 있다. 어느 신부든, 어느 교양 있는 가톨릭 신자든 교회가 믿는 바를 정확하고 주저 없이 말해 줄 것이다. 실제로 가톨릭 신자들은 대부분 집집마다 교리 책을 갖고 있다.

가톨릭의 가르침과 신심 행사에 대해서 철저하게 알고자 하면 신부를 찾아가 보라. 그들은 이를 오랫동안 공부해 왔고, 이를 알리기 위해 일생을 바치는 사람들이다. 비용은 한 푼도 들지 않는다. 이것은 신부들에게 있어 사랑의 사업이다. 그들은 거룩하신 주님의 가르침을 자모이신 성교회가 맡아 그대로 보존하여 온 그대로 올바르게 가르치는 것 외에는 아무런 관심도 갖고 있지 않다.

현대 사회야말로 전문가의 시대다. 그런데 왜 종교는 전문가를 찾지 않는지 모르겠다. 신부는 의사와도 달라 익숙한 서비스를 무료로 제공해 준다. 신부들이 받는 보수는 그윽한 기쁨뿐이다. 즉, 어둠을 빛으로 밝히고 인류의 계몽과 구원을 위해서 주님께서 계시해 주신 진리를 사람들에게 명확히 설명해 줌으로써 오해를 풀고 진리를 가르쳐 주었다는 기쁨이다. 기본스 추기경이 지적한 대로다.

"우리에게는 아무 비밀도 차별 대우도 없으며, 귀중한 진리의 보물을 독점하거나 매장하기를 원치 않는다. 오히려 이를 널리 알려 모든 형제가 다 함께 이 보물을 가지는 기쁨을 누리기를 바라는 바이다."(제임스 기본스, 《교부들의 신앙》)

실천

- 가톨릭 교리를 객관적으로 설명해 보기.
- 절대로 화를 내지 말기. 최대의 은혜인 가톨릭 신앙에 진실하기.
- 신앙을 다른 이와 함께 누릴 수 있도록 힘쓰기. 신앙의 전파를 위하여 날마다 기도하기.

제2장

왜 가톨릭 교회를 탐구하는가?

가톨릭의 교리보다 더 탐구할 가치가 있는 것은 없다. 실로 이는 이제껏 인류의 사상과 생활에 깊고 항구한 영향을 미쳐 왔다. 누구든지 직접 예수 그리스도께 그 기원이 소급되며, 현대에 극히 중대한 위치를 차지하는 이 위대한 제도를 모른다면 교양인이라고 하기 힘들 것이다. 기원후 33년에 주님이 세우신 이 가톨릭 교회는 지금까지 20세기 동안 햇빛을 받는 모든 인류에게 그리스도의 복음을 전파하는 신적 사명을 수행해 왔다.

가톨릭 교회에는 1958년 5억 2천 7백 60만 3천 명(2010년 13억 2천 9백만 명)의 신자가 있다. 실로 세계 최대의 종교다. 가톨릭 신자들은 종족과 언어, 민족성과 국가 전통이 제각기 다름에도 불구하고 하나의 공통된 신앙이라는 강인한 끈으로 서로 결합되어 있다. 이들은 동일한 교리를 믿고 동일한 성사를 받으며 동일한 영혼의 '수장'을 받든다. 이 일치는 말뿐 아니라 실제로 기막힌 일치다. 가톨릭 신자는 세계 어느 곳에 있는 성당에서든지 성사를 받고 미사에 참례하며, 신심 행사에 참가한다. 뿐만 아니라 어느 곳에서나 마치 자기 고향의 성당에서와 똑같이 기도한다.

제1차 세계 대전 때 가톨릭 신자가 적은 촌락이나 도시에서 온 많은 청년들이 유럽 전선에 출정하였다. 그들은 도시든 촌락이든 가는 곳마다 가톨릭 교회가 눈에 띄어 마음속으로 경탄했다. 우리나라에 흔한 개신교의 여러 교파들을 유럽에서는 거의 찾아볼 수 없다는 것이 그곳에 다녀온 사람들의 일반적인 이야기다.

가톨릭 신자 군인들이 유럽 어느 구석에서든지 신앙생활을 계속할 수 있었다는 것은 하나의 큰 위로의 샘이었고, 이로써 그들은 수천만 동포들에게 가톨릭 교회의 보편성에 대해서 새삼스러운 찬사를 늘어놓을 수밖에 없었다. 우물 안 개구리처럼 좁은 눈으로만 볼 때에는 상상조차 못 했을 사실이다. 그들은 비로소 참으로 초민족적이고 국제적인 종교, 또한 그리스도 역사에 깊이 뿌리박고 있는 이 놀라운 종교를 목격할 기회를 얻은 것이다. 다시 말하면 그들은 가장 근본적 진리, 곧 '보편성Catholicity과 역사적 그리스도교는 동일하다'는 것을 발견하는 데 크게 진보하였다.

보편성은 역사적 그리스도교다

　16세기에 이르기까지 그리스도교 역사에서는 스스로 갈라져 나가 지금은 거의 사멸 상태에 빠져 있는 몇몇 교파를 제외하고는 가톨릭 교회가 유일한 교회였다. 가톨릭 교회를 역사에서 빼내 버린다면 성경도 그리스도교도 자취가 없어질 것이다. 물론 개신교도 존재할 수 없게 된다. 개신교는 성경의 개인적 자유 해석에 바탕을 두고 있기 때문이다. 또한 구약과 신약의 모든 성경은 다만 가톨릭 교회의 권위로써만 그 정경성 여부가 판정되느니만큼, 교회가 없다면 성경도 개신교도 있을 수 없을 것이다. 따라서 가톨릭 교회야말로 그리스도교 역사상 오직 하나의 중심 사실이다.

　가톨릭 교회는 오늘날 세계에서 최대의 종교일뿐더러 로마 제국의 멸망 이후 남아 있는 유일한 조직체다. 이 세계적 대제국이 북쪽과 동쪽에서 밀려든 숱한 야만족의 살육으로 붕괴되어 갈 때, 교회는 자진해서 이들 민족들에게 그리스도교를 전파하고 계몽하였다. 교회는 침략자를 오히려 포로로 잡았다. 이로써 교회의 사명은 유다인, 그리스인, 로마인만을 위한 것이 아니라 온 인류를 향해 있음을 뚜렷이 밝혔다. 이와 같이 교회는 스스로 지니고 있는 그 보편성을 강대한 로마인이나 문명이 발달했던 그리스인에게 보여 주었음과 마찬가지로, 반달족, 비시고트족, 훈족 등에게도 팔을 벌려 이들을 안았다. 이 '보편성'이야말로 하느님이 교회에 새겨 주신 인호印號로써 굳게 고수해 온 것이다.

오늘날 서방 문명을 이룩하는 데 가장 강력한 요소인 이 조직체의 역사를 모르면 되겠는가? 교회는 전 세계에 학교를 세웠고, 화가나 조각가나 음악가에게 영감을 주어 걸작을 낳게 했다. 문학에 대한 애호심을 키우고 자연의 신비에 대한 탐구를 격려하여 현대 과학의 바탕을 마련했다.

이렇게 여러 세기 동안 수천만 명의 일상생활과 사상에 이다지도 밀접하게 영향을 미쳐 왔고 그들이 가치관을 이룩하고 있는 교회이니만큼, 때로는 이들로부터 오해도 받고 또 잘못 전해질 수도 있지 않았을까? 사실 교회의 가르침은 오해받은 때가 한두 번이 아니었고, 때로는 적의를 품은 비평가들에게서 고의적인 중상을 받기도 했다. 허수아비를 세워 놓고 이를 잡아먹는 것이 진짜 원수에게 덤벼드는 것보다 훨씬 쉽기 때문이다. 교회에 대한 비평가들 중에서 교회가 전 인류의 충성을 요구하는 것을 반대하려다가 그만 이런 유혹에 떨어져 버린 가련한 희생자들이 무척 많다.

흔히 듣는 오해

이러한 증거로 여러분에게 가톨릭 신앙과 신심 행사에 대해서 퍼지는 다음과 같은 오해 중에서 몇 가지를 들은 적이 있는지 묻고 싶다.

1. 가톨릭 교회는 신자들에게 성경을 읽지 못하게 한다.
2. 신부는 돈을 받고 죄를 용서해 준다.

3. 신부는 돈을 받아야 죽은 영혼을 연옥에서 해방시켜 준다.

어떤 사람이 악의 없이 내게 이런 말을 한 적이 있다. "신부는 돈을 얼마 받으면 연옥에 있는 영혼을 천당 근처까지 꺼내 준다니까 돈을 좀 더 내면 아주 천당까지 보내 주겠지요." 이런 종류의 중상은 이루 다 셀 수 없을 만큼 많다. 이를 곧이듣는 사람도 무척 많을 것이다. 이런 몇 가지 비방만 들어 보아도 그 밖의 비방들이 어떠하리라는 것은 여러분이 충분히 짐작할 수 있을 것이다.

물론 이런 비방이 아무런 이유도 없이 이루어진다는 말은 아니다. 그러나 30년 이상 교리 강좌를 해 온 경험으로 미루어 볼 때, 거의 대부분의 사람들이 이런 거짓말을 진실로 받아들이고 있다. 이 강좌에 나오는 사람들은 대개 고등 교육을 받은 사람들로서, 어느 모로 보나 여느 사람보다는 높은 지식층에 속하는 인사들이었다. 그런데 눈살을 찌푸리게 되는 것은, 이 사람들이 "개신교 목사들이 그렇게 설교하더라."라고 전할 때다. 평화와 진리의 복음을 설교한다는 목사들이 그들 교회의 교단을 더럽혀 가면서 그들의 이웃인 가톨릭을 비난하는 독성 소독聖所로 삼다니 믿을 수가 없다.

여러분도 개신교 목사의 입에서 나오는 가톨릭에 대한 저러한 중상 비방을 들은 적이 있을지 모르겠다. 만약 들은 적이 있거든 그런 목사는 그리스도의 복음을 전하는 자가 아니라고 해도 좋다. 왜냐하면 그는 악의 없이 그런 오류를 진리로 믿고 있거나, 비방인 줄 알면서도 일부러 악의를 품고 그런 소리를 했을 것이기 때문이다. 만일 악의 없이 그랬다면, 수많은 사람들에게 중대한 영향을 끼치는 그런 말을 마땅히 해야 할 연구를 게을리하여 함부로 말한 데 대한 책임을 면치 못할 것이다. 신학을 공부했다는 목사로서 아니, 적어도 가톨릭을 비난하기 위해서라도 가톨릭이 공식적으로 출판한 수천 권의 책 중에서 단 몇 권만이라도 읽었더라면 자기 생각이 그릇됨을 깨달았을 것이다. 또는 가톨릭 교리를 잘 아는 신자에게라도 물어봤으면 그런 일은 안 했을 것이다.

또한 만일 이런 비방이 터무니없는 것임을 뻔히 알면서도 가톨릭을 비난하기 위해서 고의로 했다면 그가 자칭 신성하다는 설교대를, 비방하는 독성소로 삼은 것이다. 그런 목사는 진리이신 하느님의 말씀을 전할 자격이 있는지 없는지 아마 스스로도 깨달을 수 있을 것이다. 그리스도께서는 바오로 사도의 장중한 말씀을 빌려 이런 자를 엄책하신다. "그대는 인정받는 사람으로, 부끄러울 것 없이 진리의 말씀을 올바르게 전하는 일꾼으로 하느님 앞에 설 수 있도록 애쓰십시오."(2티모 2,15)

이런 비방을 하기 위해서 여러 교파들이 자기들의 주일 학교나 교회 기관지, 또는 목사들이 지도하는 전도 단체 등 온갖 기관을 이용하였다. 특히 1928년 대통령 선거 때, 두 정당 중의 한 정당에서 가톨릭 신자가 후보로 지명되었을 때 이런 비방은 절정에 달하였다. 목사나 집사나 장로들은 입후보한 스미스 지사가 금주법 개정을 반대할 뿐 아니라, 가톨릭 신자이니만큼 '교황의 사주'를 받는다는 이유로 전국적으로 모든 교회에서 그를 비난했다. 그때의 상황은 그 당시 신문에 보도되어 다 아는 사실이다. 특히 그때 반대 당의 지반이 확고했던 남부의 개신교가 스미스와 가톨릭에 했던 비방은 매우 심했다.

놀J. F. Noll 주교는 그 당시 수녀, 신부, 주교, 교황을 악의적으로 비꼬았던 만화와 가톨릭을 비방한 기사를 실었던 굉장히 많은 개신교 기관지, 팸플릿, 정기 간행물, 쪽지 등 수백만 명이 기를 쓰고 돌아다니며 뿌렸던 선전물을 모아 《공포의 책Book of Horrors》이라는 이름으로 출간하였다. 이는 개신교 신자들이 당시 2천 6백만 명의 가톨릭 교우들을 악의적으로 중상모략 하고, 수천만 명의 마음에 독毒을 쏟아붓기 위해서 설교와 공식 간행물을 어떻게 이용하였는지를 후세에 전해 줄 것이다. 이 책은 일리노이 대학 도서실에 보존되어 있어 누구라도 원하면 볼 수 있다.

물론 이런 일을 감행하는 자들을 비난하는 점잖은 목사나 평신도들도 많았다. 여기저기서 가톨릭을 비방하는 목사들의 외침과 전국을 휩쓰는 이러한 소리를 막으려는 목사들의 소리가 설교대에서 울려 나왔던 것이다. 이들은 비난의 아우성 속에서 분연히 일어나 그들 자신이 성실해야 된다는 의무를 부르짖고, 가톨릭 신자가 공직을 맡으려는 데 대해서 자기들이 믿는 종교의 이름으로 비방한 것을 보상하려 힘썼다.

실례

비가톨릭 인사들 중에서도 이런 비열한 일을 분히 여기는 고결한 반작용이 있었다. 저명한 어느 교육자가 내게 이런 말을 들려주었다. "저는 스미스 대 후버 선거전 때에 일리노이주에 있는 어느 공립 고등학교 교장이었습니다. 그때 저는 세 곳의 개신교 예배당에서 목사들이 스미스를 욕하는 것을 들었습니다. 그가 금주를 반대한다는 것뿐 아니라 가톨릭 신자이니만큼 교황으로부터 지령을 받았을 것이라는 말이었습니다. 그가 가톨릭 신자이기 때문에 받은 중상 비방은 여러모로 드러났습니다. 이 도시에는 세 개의 개신교 예배당으로 인해 어려움을 겪는 가톨릭 교회가 하나 있었습니다. 선거 3개월 전에 그곳 신부는 신자들에게 주교님의 편지를 읽어 주었습니다. 그것은 종교와 정치를 구별해 온 교회의 한결같은 전통에 따라 교회 안에서는 선거에 관해 한 마디도 하지 말라는 내용이었습니다.

이 둘의 대조는 너무나 두드러졌습니다. 가톨릭 신자들도 속이 없는 게 아닌 만큼 지나친 비방을 듣고만 있을 수 없다고 흥분하는 사람들도 많았을 것입니다. 그렇지만 신부는 이런 신자들에게 귀를 빌려주지 않았습니다. 그는 주일 강론 때마다 그 전과 다름없이 그리스도의 복음만 설교할 뿐이었습니다. 그렇게도 어수선한 신자들에게 정치 싸움에 참가하라고 단 한 마디도 하지 않았습니다. 신부님, 저는 개신교 신자로서 교회 일을 성의껏 해 왔지만 종교적 편견을 덮어씌우기 위해서 설교단을 이용하고 정치 싸움에 돌입하는 것을 볼 때 얼마나 한심스러었는지 모릅니다. 그 때문에 저는 개신교에 대한 애착을 거의 다 잃었습니다. 과연 제가 다시 돌아가게 될지 잘 모르겠습니다."

선거가 끝난 직후 나는 어느 감리교인들의 큰 모임에서 '교황의 무류성과 국가 주권과의 관계'라는 제목으로 강연해 달라는 고마운 초청을 받았다. 강연이 끝난 후 질의응답 시간이 있었는데, 청년 한 명이 일어나 토론에 유익한 말을 했다.

"제가 살고 있는 마을에서는 만일 스미스가 당선되면 우리나라가 교황의 통치를 받게 될 것이라는 소문이 무섭게 퍼졌습니다. 그렇게 되면 큰일이라고 야단이었습니다. '로마 교황이 실질적인 지배권을 쥐고 이래라저래라 명령을 내리고 사법권까지 빼앗을 걸세. 그렇게 되면 편지까지 교황의 검열을 받아야 될걸'이라고 말하고 있었습니다."

이 선거 때 생긴 난리에 수백만의 국민들은 이런 생각으로 뒤숭숭하였다. 독립 이래 한 세기 반이 지나는 동안 가톨릭 신자들이 신앙 때문에 국민의 의무를 게을리한 예는 단 한 번도 없었는데 사태가 이 모양이었다. 제아무리 여러 사람이 가톨릭 신자들의 국가에 대한 충성과 종교에 대한 충성 사이에서 이론적 상극相剋을 찾아내려 한다고 해도, 신앙의 의무 때문에 국민의 의무를 채우지 못했다고 양심의 가책을 받는 신자는 한 사람도 없다는 불변의 사실이 엄연하게 존재한다. 신자들이 국민의 의무를 수행하는 데 방해가 되기는커녕 이를 더욱 충실히 양심적으로 수행했음을 발견할 것이다. 뿐만 아니라 가톨릭 신자로서 요직에 봉직한 인사도 많다.

만일 앞에서 말한 신앙과 애국심 사이에 모순이 있다면, 이 많은 인사들 중 이 사실을 발견한 사람이 없을 리가 없지 않겠는가?

니콜라스 M. 버틀러 말하다

로마가 미국을 점령하고 지배한다는, 이른바 로마의 비밀 음모를 거듭거듭 되풀이함으로써 인기를 독점하고 나타난 여러 목사들과 전도사들이 가톨릭의 가장 간단한 교리조차 잘못 선전하였음을 생각할 때, 컬럼비아 대학 총장인 버틀러N. M. Butler가 솔직 담백하게 연설한 이유가 더욱 똑똑히 드러난다.

"어쨌든 이들 신학도들의 대다수는 대학 공부를 하지 못했다. 전적으로 또는 부분적으로 대학 수업을 받은 자가 비교적 많다고는 하지만, 그 교육이란 중등 교육과 별로 차이가 없는 것이다. 바꾸어 말하면 그들은 지식적, 학문적 수준이 얕다. 오늘날 미국에서 널리 전파된 가장 큰 불상사들 중에서 바로 이 사실에 직접 기인된 것이 적지 않다. 불행히도 저 '지식이 부족한 목사'는 300년이 지난 오늘 그 열매가 모든 면에서 충분히 드러났다. 사실대로 말한다면 종교적 신앙, 확신, 예배에 있어 가장 큰 장애는 재능도 없거니와 교육도 제대로 받지 못한 숱한 개신교 교역자들의 태도와 그 감화력 때문이리라."《컬럼비아 대학 총장 연보》, 1925년, 50~51쪽)

여기서 버틀러 총장의 연설을 인용하여 가톨릭의 교리와 신심 행사를 잘못 전파하기에 골몰한 비가톨릭 기관을 지적한다고 해서 개신교 교역자들이 전부 다 그렇다는 말은 물론 아니다. 그렇게 알면 큰 오해다. 그들 중에 이런 불의한 일을 의식적으로 하는 자는 극소수일 것이다. 나는 여러분이 내가 목사라면 무턱대고 비난하는 그리스도인답지 못한 행동은 하지 않으리라 믿어 줄 것임을 확신한다. 나는 오히려 전반적으로 보아 개신교 교역자들이 올바르고 성실함에 대해서 경의를 표하고 싶다. 사실 대학에서 함께 일한 여러 목사들은 고결하고 아주 공정하고 예의범절이 훌륭한 분들이었다. 나는 감리교, 성공회, 장로교, 루터교, 그리스도의 교회 등의 큰 모임에서 교황의 무류성, 신부의 사죄권, 교회와 국가와의 관계, 교황의 속권俗權, 그리스도인 결혼의 불가해소성, 가톨릭 교회의 조직 등에 관한 교회의 가르침을 강연한다는 희귀한 특전을 누려 왔다. 그럴 때마다 사람들이 교회의 참된 가르침을 알기를 얼마나 목말라하는지 보았다. 강연이 끝나면 청중들의 질문에 응답했다. 토론은 시종 화기애애한 분위기에서 진행되곤 했다. 끝날 때마다 그들이 전에 갖고 있던 교회에 대한 오해를 일소해 주어서 고맙다는 감사의 말을 듣곤 했다.

그렇게도 자주 잘못 전파되고 오해되어 온 가톨릭 신앙을 바로잡고 잘 이해할수록 사회정신이 향상되고, 이에 따라 보다 더 보람 있는 국민이 된다는 것을 누구나 확신하고 있었다. 교회의 참된 가르침을 이해해야만 가톨릭의 위상을 잘못 전파함으로써 얻게 된 의구심과 불신이 낳은 완고한 생각의 바탕이 빠르게 없어질 것이기 때문이다. 특히 국가에 대한 충성 등의 문제는 더욱 그렇다. 이 오해에 대한 참다운 무기는 힘이나 열이 아니라 빛이다. 가톨릭의 참된 가르침이 널리 전파됨으로써 교회에 대한 비난이 터무니없는 것임이 명백히 드러나면 이런 비난은 자연히 소멸될 것이다.

　여기까지 읽은 독자들은 내가 가톨릭의 교리를 제시하는 것이 자모의 사랑에 넘친 교회에 대한 사랑 때문일 뿐 아니라, 비신자인 국민들과 조국을 사랑하는 마음에서 우러나온 것임을 아셨으리라 믿는다. 가톨릭 교리의 합리성과 진실성을 주장한다는 것은, 나와 신앙을 달리하거나 신앙을 갖지 않은 국민들에 대한 존경과 애정에 어긋나는 행동이 아님은 확실하다. 이제 여러분에게 예수 그리스도와 사도들의 신앙을 냉정하고 공평하게 보여 드림에 있어 나는 마음이 좁은 고집쟁이가 되거나, 편협한 사고를 갖지 않을 것이다. 결론은 온전히 여러분의 지성과 양심에 맡긴다. 이보다 더한 공평은 없기 때문이다.

실천

- 하느님의 성자 예수 그리스도께서 가톨릭 교회를 세우셨다는 놀라운 진리에 대해서 묵상해 보기.
- 자신이 속한 단체에서 진실한 회원이 되어 남에게도 설명해 줄 수 있도록 가톨릭 교리를 잘 배우기.
- 가톨릭 선교사들을 위해서 기도하고, 할 수 있으면 그들을 경제적으로도 도와주기.

제3장

가톨릭의 기본 교리

    교회는 성부·성자·성령이라는, 동등하되 구별되는 세 위격의 유일신이 존재한다고 가르친다. 이를 삼위일체의 신비라 하는데, 이는 우리 이성에 어긋나는 것이 아니라 이성을 초월하는 것이다. 우리는 이것이 성경에 계시되어 있기 때문에 믿는다. 성부는 세상의 창조주이시고, 성자는 인류의 구세주이시며, 성령은 성화하시는 분이다.

    우리는 예수 그리스도께서 그 위격Personality은 하느님이시지만 인성과 신성이라는 두 가지 성Nature을 갖고 계심을 믿는다. 4세기에 공식 신조로 규정한 아타나시오 신경에 이렇게 실려 있다. "그분은 성부의 본체substantia로부터 모든 세대에 앞서 낳음을 받으신 하느님이시며, 어머니의 본체로부터 시간 안에 태어나신 인간이시다."(J. 노이너·J. 뒤퓌, 《그리스도교 신앙》)

성자는 우리를 죄로부터 구원하시기 위하여 성령의 힘으로 말미암아 동정 마리아의 태중에 잉태되어 사람의 살을 취하여 지금으로부터 2천여 년 전 성탄절에 베들레헴의 마구간에서 탄생하셨다. 그분은 처음 30년 동안 나자렛의 가난한 집에서 마리아와 요셉과 더불어 그리 눈에 띄지 않는 생활을 하셨다. 이를 그리스도의 사생활이라 한다. 그 후 공생활을 시작하여 열두 명의 사도를 뽑아 당신의 가르침을 전파하는 일을 돕게 하셨던 예수께서는 '있는 힘을 다하여' 앓는 이를 낫게 하고, 장님을 눈뜨게 하며, 귀머거리를 듣게 하고, 문둥병자를 낫게 하며, 죽은 자를 살려 내셨다. 구세주는 유다 지방을 두루 돌아 평화와 정의와 자비를 선포하시고 원수까지도 품에 안는 형제적 사랑을 설교하셨다.

진리를 세상에 가르치기 위하여 강생하신 예수께서는 3년 동안 사도들에게 진리를 가르치신 다음 골고타에서 십자가에 못 박혀 돌아가셨다. 예수께서는 당신의 수난과 죽음으로써 인류의 죄에 대한 완전한 보속을 영원하신 성부께 봉헌했다. "그가 찔린 것은 우리의 악행 때문이고 그가 으스러진 것은 우리의 죄악 때문이다. 우리의 평화를 위하여 그가 징벌을 받았고 그의 상처로 우리는 나았다."(이사 53,5)

그리스도께서 우리를 사랑하셔서 돌아가신 날을 기념하여 우리는 금요일에 고기를 먹지 않는다. 이는 구세주께 대한 우리의 사랑과 감사의 표현이며, 바오로 사도처럼 '우리는 언제나 예수님의 죽음을 몸에 짊어지고 다니지만 결국 드러나는 것은 예수님의 생명이 우리 몸 안에 살고 있다는 사실'(2코린 4,10 참조)을 알리기 위한 사소하지만 값비싼 희생이다.

십자가는 구세주께서 죽으셨던 형틀이기 때문에 우리는 이를 공경한다. 우리는 십자가를 성당의 꼭대기에 우뚝 세우고 제단을 장식한다. 바오로 사도는 이렇게 말했다. "나는 우리 주 예수 그리스도의 십자가 외에는 어떠한 것도 자랑하고 싶지 않습니다."(갈라 6,14) 우리는 기도를 하기 전후에 반드시 "성부와 성자와 성령의 이름으로. 아멘."이라고 하면서 십자 성호를 긋는다. 이것이 예로부터 전해 오는 풍습임은 2세기에 살았던 테르툴리아노의 말로 명백해진다. "우리는 집에 들어갈 때나 나갈 때나, 옷을 입을 때나 세수할 때나, 식사할 때나 잠자러 갈 때나 모든 행위를 할 때마다 이마에 십자 성호를 긋는다. 이는 성경에 성문법으로 명하신 것은 아니지만 전통이 가르치는 것이며, 풍습이 확인해 주고 신앙으로 준수하는 것이다." 우리는 십자 성호를 그음으로써 삼위일체, 강생과 구속이라는 세 가지 기본 교리에 대한 우리의 신앙을 고백한다.

그리스도는 돌아가신 지 사흘째 되는 날에 죽은 이들 가운데서 부활하심으로써 신성의 권능을 가장 두드러지게 증명하셨다. 그 후 40일 동안 사도들에게 몇 차례나 발현하여 신앙을 더 굳게 해 주신 후 올리브산에서 승천하셨다. 열흘 후 오순절에 구세주는 함께 모여 기도하던 사도들에게 성령을 보내신다. 이리하여 사도들은 그리스도로부터 위임받은 '모든 사람에게 이 복음을 선포하라'는 사명을 완수하도록 영적으로 강화되었다. 사도들이 그 숭고한 사명을 실천하기 시작한 날이 바로 성령 강림일이며, 이날이 교회의 생명 활동이 시작된 날이다.

그리스도는 천당과 지옥이 있다고 가르치셨다. "내 아버지께 복을 받은 이들아, 와서, 세상 창조 때부터 너희를 위하여 준비된 나라를 차지하여라."(마태 25,34) 바오로 사도는 이렇게 말하였다. "어떠한 눈도 본 적이 없고 어떠한 귀도 들은 적이 없으며 사람의 마음에도 떠오른 적이 없는 것들을 하느님께서는 당신을 사랑하는 이들을 위하여 마련해 두셨다."(1코린 2,9) 천국의 초자연적인 행복은 지복 직관으로 하느님과 영원히 일치됨에 있다. "우리가 지금은 거울에 비친 모습처럼 어렴풋이 보지만 그때에는 얼굴과 얼굴을 마주 볼 것입니다. 내가 지금은 부분적으로 알지만 그때에는 하느님께서 나를 온전히 아시듯 나도 온전히 알게 될 것입니다."(1코린 13,12) 내세에 있어 하느님과의 일치가 곧 천국이요, 하느님과 영원히 헤어지는 것이 지옥이다.

신학자들은 지옥에서 이중의 고통을 겪는다고 가르치고 있다. 곧, 실고失苦와 각고覺苦라는 것이다. 실고는 영혼이 하느님과 영원히 헤어졌음과, 이것이 자기 자신의 죄 때문임을 인식하는 고통이다. 이것이 지옥의 가장 큰 벌이다.

쿠퍼J. M. Cooper 박사의 말을 빌리면 이렇다. "아마 이 세상에서 느낄 수 있는 가장 비슷한 실고는 향수병일 것이다. 이 세상에서는 하느님을 잃어 쓸쓸하고 외롭다는 것을 그리 크게 느끼지는 않는다. 이 세상에는 여러 가지 취미와 애착을 가지게 하는 것이 많기 때문이다. 그렇지만 죽으면 이런 모든 취미와 애착을 버리고 가야 한다."

지옥에 대해 콘웨이B. L. Conway 신부는 "가톨릭 교회는 이에 관해서 아무런 정의도 내리지 않고 있다. 이것이 어떻다는 것을 따진다는 것은 쓸데없는 일이다. 차라리 명백히 사람의 이해력을 초월하는 이 문제에 대해서 무지를 고백하는 편이 재치 있는 대답이다."라고 말한다. 우리 주님께서는 천국과 지옥에 관해서, 천국은 하느님과의 일치이고 지옥은 영원한 이별이라는 것 외에는 더 자세히 가르쳐 주지 않으셨다. 그러나 이것이 존재한다는 것을 부인한다면 그리스도의 권위를 부인하는 것이 된다.

그리스도께서 우리를 세상의 죄에서 구원하기 위하여 강생했음은 이미 언급했다. 죄에는 두 가지가 있다. 곧, 원죄와 본죄다. 원죄는 우리의 첫 조상으로부터 물려받은 것으로, 그들이 타락한 결과로 얻게 된 것이다. 우리가 태어나면서 어쩔 수 없이 걸머지게 되는 죄다. 따라서 원죄는, 곧 성화 은총의 상실이다.

본죄는 하느님의 법을 거스른 모든 생각과 말과 행위의 죄다. 본죄에는 대죄와 소죄가 있다. 대죄는 충분한 반성과 완전한 의지를 갖고 중대한 계명을 범한 죄로서, 영혼으로부터 그 생명력인 성화 은총을 빼앗아 영혼을 영적으로 죽이기 때문에 사죄(죽을죄)라고도 한다. 소죄는 조그만 죄다. 말하자면 범한 죄가 그다지 중대하지 않다든가, 또는 중대한 일이라도 충분한 반성이나 의지의 완전한 동의 없이 범한 죄다. 예컨대 신문 한 장을 훔쳤으면 불의한 죄를 범한 것인데, 이는 그다지 중대한 악이 아니니 소죄라고 할 수 있다. 그러나 수천만 원이나 되는 큰돈을 훔쳤으면 크게 불의한 행동을 한 것이므로 대죄가 된다.

예수께서는 인류의 모든 죄를 구원하시기 위하여 이 세상에 오셨다. 그래서 그분을 그리스도, 곧 구세주라 부른다. 그분은 당신의 가르침을 온 인류에게 전파하여 구원을 주시고자 교회를 세우셨다. 그리스도께서 세우신 교회가 사람이 세운 모든 교회와 구별되는 징표는, 하나요, 거룩하고, 보편되며, 사도로부터 이어진다는 네 가지이다.

참교회의 보람

끝없이 넓은 대양을 항해하는 사람은 광막한 바다에서 칠흑같이 어두운 밤중에 자기가 목적하는 항구로 향하는 길잡이로 나침반과 북극성을 갖고 있듯, 진리의 탐구자에게도 오류의 어둠을 뚫고 그리스도께서 세우신 참교회로 인도해 주는 길잡이가 있다. 말할 것도 없이 길잡이는 곧 눈에 띄고 확실하고 쉬운 것이라야 한다. 그렇지 않다면 갈팡질팡하게 될 것이다. 그래서 그리스도는 당신이 세우신 교회가 네 가지의 틀릴 수 없는 특징으로써 다른 것과 즉시 분간이 되도록 하셨다.

첫째 표지, '하나인 교회'에 대해서 생각해 보자. 그리스도는 다음과 같이 선언하심으로써 사도들에게 중대한 사명을 맡겨 교회를 세우셨다. "나는 하늘과 땅의 모든 권한을 받았다. 그러므로 너희는 가서 모든 민족들을 제자로 삼아, 아버지와 아들과 성령의 이름으로 세례를 주고, 내가 너희에게 명령한 모든 것을 가르쳐 지키게 하여라."(마태

28,18-20) 여기서 "내가 너희에게 명령한 모든 것"이라 함은 당신의 말씀을 하나도 빼놓지 말고 전부 선포하라는 뜻이다. 사도와 제자들에게 복음을 선포할 의무가 있기에 신자들도 당연히 이를 받아들일 의무가 있다. 그리스도는 이 의무를 똑똑히 밝히셨다. "너희는 온 세상에 가서 모든 피조물에게 복음을 선포하여라. 믿고 세례를 받는 이는 구원을 받고 믿지 않는 자는 단죄를 받을 것이다."(마르 16,15-16) "너희 말을 듣는 이는 내 말을 듣는 사람이고, 너희를 물리치는 자는 나를 물리치는 사람이며, 나를 물리치는 자는 나를 보내신 분을 물리치는 사람이다."(루카 10,16) 바오로도 갈라티아 신자들에게 보낸 서간에서 신앙의 일치의 의무를 강조했다. "우리는 물론이고 하늘에서 온 천사라도 우리가 여러분에게 전한 것과 다른 복음을 전한다면, 저주를 받아 마땅합니다. 우리가 전에도 말한 바 있지만 이제 내가 다시 한번 말합니다. 누가 여러분이 받은 것과 다른 복음을 전한다면, 그는 저주를 받아 마땅합니다."(갈라 1,8-9) 이러한 신앙의 일치는 전 세계를 통하여 오직 가톨릭 교회 안에서만 볼 수 있다. 가톨릭 신자들이 주일마다 참례하는 미사는 유럽이나 아시아나 아프리카나 아메리카나 태양이 비치는 이 세상 어느 곳에서 봉헌되든지 똑같다.

둘째 표지는 '거룩함'이다. 이는 교회의 창립자이신 예수 그리스도께서 거룩하시고, 또 온갖 거룩함의 샘이시기 때문이다. 교회의 목적이 사람을 거룩하게 하기 때문이고, 교회의 교리와 성사가 그 자체로 거룩하며 또 거룩하게 하는 것이기 때문이다. 마지막으로 교회는 세기를 이어 빼어난 성인들을 낳았고, 어떤 사람들은 신앙을 지키기 위하여 낯선 이역에서 깨끗한 피를 흘렸기 때문이다. 교회로 말하면 '거룩함'은 그 어떤 세속의 재물보다 귀하다. 부모, 형제, 자매, 가정, 조국, 그 밖에 세속이 귀중히 여기는 온갖 것을 모두 다 버리고 세계 방방곡곡에 그리스도의 가르침을 전하는 사람도 있다. 여기에 세속의 지혜를 초월하는 숭고한 희생이 있고, 교회의 거룩함의 산 증인이 있다.

더군다나 바오로는 에페소 신자들에게 이렇게 말했다. "그리스도께서 그렇게 하신 것은 교회를 말씀과 더불어 물로 씻어 깨끗하게 하셔서 거룩하게 하시려는 것이었습니다. 그리고 교회를 티나 주름 같은 것 없이 아름다운 모습으로 당신 앞에 서게 하시며, 거룩하고 흠 없게 하시려는 것이었습니다."(에페 5,26-27) 그리스도께서 모든 이를 당신 교회로 끌어들이기 위하여 교회 위에서 지워지지 않는 도장을 찍어 놓으신 것이 이 거룩함의 징표다.

보편성

셋째 표지는 '보편성'이다. '가톨릭'이라 함은 보편적이라는 뜻이다. 교회는 창립 이래 시간과 공간과 국가를 초월해서 항상 같은 교리를 가르쳐 왔다. 생각건대 그리스도가 죽으신 후 14세기가 넘는 동안에는 가톨릭 이외에 다른 그리스도교회가 없었다는 이 엄연한 역사적 사실이 가톨릭의 신적 기원에 대한 가장 뛰어나고 틀릴 수 없는 하나의 증거다. 그동안에 몇몇 조그만 이교離敎가 갈라져 나가기는 하였지만, 이들은 차례차례 자취를 감추었다. 그러나 가톨릭만은 모든 그리스도교 교권에서 엄연히 존립하여 왔다. 오늘날의 저 무수한 교파들은 기껏해야 몇 세기만 소급해도 하나도 찾아볼 수 없는 것들이다. 이로 미루어 이들 수많은 교파들은 그 창립자가 그리스도가 아님을 곧 알 수 있다. 이들은 그리스도가 돌아가신 지 1400년 동안 그림자조차 없었기에 말이다. 이런 것은 따지고 말고 할 것도 못 된다. 누구나 읽어 보기만 해도 알 만한 쉬운 역사적 사실이다.

여기에서 이렇게 가장 명백한 역사적 진리를 인용하는 이유는 비판적 태도를 취하고자 함이 아니고, 오직 우정으로써 말하는 것이다. 이와는 반대로 가톨릭은 그리스도께서 사도들에게 "모든 이에게 복음을 선포하여라."(마르 16,15)라고 말씀하신 그 순간부터 오늘에 이르기까지 줄곧 계승되어 왔다. 무정한 시간의 흐름은 사람의 손으로 이룩된 수많은 조직, 제도 등을 삼켜 버렸다. 시간이라는 녹은 사람의 손이 지은 아름다운 집들을 좀먹어 버렸다. 왕국도 왕위도 일어났다가는 쓰러지고 흥했다가는 몰락하여 시간의 먼지 속에 파묻혀 버렸다. 그렇지만 이러한 시간의 폭풍도 세기의 노도怒濤도 한결같이 예스럽고 한결같이 새로운 파릇파릇한 교회 앞에서는 낯이 없다.

왜 그런가? 왜 가톨릭만이 유독 인간의 흥망성쇠의 법칙에서 제외되어 있는가? 대답은 간단하다. 교회는 인간적이며 동시에 신적이기 때문이다. 그 바탕이, 그 이유가, 그 가르침이 신적이다. 교회의 일원만이 인간적이다. 교회가 시간의 시금석에 견디어 나왔고, 오늘도 변화무쌍한 세파 속에서 항구 불변하다는 것은 예수 그리스도께서 당신의 약속을 지켜 오셨기 때문이다. "너는 베드로이다. 내가 이 반석 위에 내 교회를 세울 터인즉, 저승의 세력도 그것을 이기지 못할 것이다."(마태 16,18)

역사가 매콜리는 비가톨릭이었음에도 역사적 사실에 압도되어, 지난날 거창하던 제도들의 장송곡을 노래하는 흥망의 법칙을 거슬러 교회만이 굳세게 버티어 나가고 있는 놀라운 사실에 감탄의 말을 하였다. "인간 정치의 업적 가운데 로마 가톨릭 교회만큼 연구할 가치가 있는 제도는 이제까지 이 세상에 없었고 또 없다. 저 교회의 역사는 인간 문명의 이대기二大期를 이어 놓고 있다. 다른 어떠한 제도도 저 판테온에서 제사의 연기가 오르고 대원형 경기장에 기린과 호랑이를 붙잡아 둔 그 시대까지 우리 마음을 소급하게 하지는 못한다. 제아무리 크게 자랑하던 왕조일지라도 로마 교황의 역대표에 비기면 한낱 하루살이에 지나지 않는다. 이 역대표를 더듬어 올라가면, 19세기에 나폴레옹에게 관을 씌워 준 교황에서부터 8세기에 피핀에게 관을 씌워 준 교황에 이르기까지 끊임없는 계열을 더듬을 수 있다. 아니 피핀의 시대를 훨씬 지나서 아득한 우화의 시대에 이르기까지 이 로마의 장엄한 왕위는 이어져 있다. 이에 비기면 베니스의 왕국은 오히려 새로운 것이다. 그렇지만 베니스는 가 버렸으되 교황은 남아 있다. 그것도 망해 가는 것이 아니라 예스럽되 활발하고 싱싱하다. 가톨릭 교회는 지금도 세계 방방곡곡에 선교사들을 파견하고 있다. 이들 선교사들은 옛날에 아우구스티노와 더불어 켄트에 상륙하였던 사람과 같은 불타는 정열과, 또 일찍이 교회가 아틸라와 싸웠던 그 정신으로 교회에 대해서 적개심을 품은 독재자들을 거슬러 싸우고 있다.

　교회는 오늘날 존재하는 모든 정부, 온갖 교파들의 창립을 보아 왔다. 우리는 교회가 이것들의 끝마침도 보리라는 것을 확신한다. 색슨족이 영국 땅에 뿌리를 내리기 전에, 프랑크족이 라인강을 건너기 전에, 그리스의 웅변이 안티오키아에서 번창하고 있을 무렵, 메카의 교당에서 아직 우상이 숭배되고 있을 때, 이 교회는 이미 위대하였고 존경의 대상이었다. 그리고 장차 뉴질랜드에서 온 유람객이 런던교의 파괴된 아치에 걸터앉아 황폐한 고독 속에서 바오로 사도의 유적을 스케치할 그때에도 여전히 가실 수 없는 싱싱한 맛을 그대로 지니고 있으리라." 이런 것이 역사의 공헌이다.

사도로부터 이어 온 교회

　넷째 표지는 사도로부터 이어져 내려온 교회다. 곧, 교회의 교리는 사도들이 가르친 교리이며, 그 통치자의 계통이 사도들과 그들의 으뜸인 베드로까지 소급된다는 말이다. 교리의 사도 전래성은 교회의 신앙이 하나라는 데서 나오는 논리적 귀결이다. 저 유명한 천재 존 헨리 뉴먼 추기경[1]은 그때 옥스퍼드 성공회의 신학자로서, 교리의 사도 전래

1　영국 성공회 사제였으나 회심하여 가톨릭 교회의 추기경이 된 인물. 가톨릭의 전통으로 영국 국교회의 자주성을 확립하려던 옥스퍼드 운동의 주역이었다. 2019년 10월, 성인품에 올랐다. ― 역자 주

성을 주장하는 가톨릭을 뒤엎기 위해서 아우구스티노 성인, 예로니모 성인, 바실리오 성인, 크리소스토모 성인과 그 밖에 5세기까지의 여러 교부들의 저서를 연구했다. 그는 이들 초대 교부들의 저서로 성사나 성체의 실재설實在設이나 마리아의 공경 등에 관해서 조사하면, 이 저서들과 당시의 영국 가톨릭 교회의 가르침 사이에 반드시 엇갈리는 점이 있을 것이라 믿었다.

그러나 결과는 기대와 달랐다. 놀랍게도 그는 이들의 교리가 아주 일치하고 있다는 것을 발견하였으며, 그는 현재 가톨릭 교회의 가르침이 초대 교부들의 가르침이며 그리스도의 가르침이라는 사실에 대해서 의심의 그림자조차 품을 여지가 없게 되었다. 친구, 친척, 지위, 세속적 명예와 재산 등 크나큰 희생을 치러야 했음에도 불구하고 저 명석한 두뇌를 지닌 성공회의 유망한 성직자를 드디어 가톨릭의 양 우리 안에 끌어들인 것은 바로 이 '사도로부터 이어 오는 교회'의 빛나는 증거였다. 그리고 그와 더불어 몇몇 옥스퍼드의 뛰어난 학자들이 모여 일으킨 운동이 '옥스퍼드 운동'이라는 이름으로 역사에 남게 되었다.

간단히 말해서 지금까지 한 이야기가 진리의 탐구자를 그리스도가 세운 참교회로 이끄는 네 가지 표지이며, 이것이 진리를 찾아 헤매는 순례자를 참된 양 우리 안으로 인도하는 등대다. 실로 이는 너무나 명백하고 너무도 틀림없는 가톨릭의 징표이기에, 이 문제에 대해서 마음을 터놓고 편견 없이 주의 깊게 연구하는 사람이라면 누구라도 가톨릭의 신성성을 확신할 것이 틀림없다. 교회는 교회의 주장이 진실함을 확신하기 전에는 누구에게든지 이를 믿으라 강요하지 않는다. 그리스도께서 교회 위에 신적 기원의 없어질 수 없는 징표와 당신이 항상 이 교회 안에 계시다는 지워질 수 없는 인호를 박았다는 것을 믿은 다음에 교회에 들어오기를 바란다. 그렇지만 누구든지 이 진리를 인식하기만 하면 어떠한 세속의 애착도 손해도 거리낌도 그가 교회 안에 들어가는 것을 막을 수는 없을 것이다.

실천

- 서두르지 말고 차근차근히 십자 성호를 그어 보기.
- 세상의 구원을 위해서 자신의 온갖 생각과 말과 행위가 그리스도께 일치하도록 아침 기도를 바치기.
- 규칙적으로 또한 신심 깊게 성사에 참여하여 교회의 가르침에 대한 신앙을 드러내기.

제4장

어떤 종교를 믿든지 무슨 상관일까?

흔히 있는 생각

현대에 유행하는 종교관이 어떤 것인지 알려면 격언처럼 돌아다니는 소문에 잠깐만 귀를 기울이면 된다. 여러분은 이런 말을 여러 번 들었을 것이다. "성실하기만 하면 무엇을 믿든 그리 문제 될 것 없다." "종교는 믿을 교리가 아니고 삶의 질이다." "종교는 무엇이나 다 좋다. 결국은 같은 목적지로 가는 여러 갈래의 길이다." "교리가 다르다는 것은 크게 상관할 것 없다. 중요한 것은 올바르게 사는 것, 황금률을 지키는 것이다." "사람은 믿는 교리로 판단할 것이 아니고 생활 태도로 판단받을 것이다."

이런 말들의 말투는 조금씩 다르지만 모두 비슷한 감정이 흐르는 말들이다. 말하자면 종교 교리를 믿는다는 것은 중요하지 않다는 점에 일치한다. 실상 '교리'라는 말 자체를 못마땅하게 여기는 사람이 많다. 그저 교리라는 소리만 들어도 오만상을 찌푸리는 정도다.

지성과 상식으로 따져 보기 전에 이런 생각이 시작된 동기가 무엇인지 한번 고려해 보는 것도 유익할 것이다. 이런 생각의 기원과 발전에 이바지한 요인들을 훑어보는 것은, 16세기 이전에는 알려지지 않았던 어떤 관념이 우리 국민의 종교 사상 속에 뚜렷한 자리를 차지하게 된 그 이상의 과정을 속속들이 파내는 데 아주 큰 도움이 된다.

악의 없이 말하는 진리

종교 무차별론의 기원과 성질과 이들이 믿는 것이 무엇인지를 밝히는 데 있어, 나는 이 문제를 아주 솔직하고 가장 공평한 과학적 태도로 다루고자 한다는 것을 미리 말해 두겠다. 때로는 논리의 법칙에 따라 무관심론의 원리를 반대해야 하는 경우도 있겠지만, 이런 때라도 무차별론에 솔깃한 사람들에 대해서 조금도 악의가 없고, 오직 선의와 우정만으로 이 말을 한다는 것을 이해해 주기 바란다. 철학과 종교 사상을 연구하는 학자들은 모든 종교관이 근본적으로 명백히 상치되는 논쟁을 할 때라도 조금도 악의가 없는 공평한 태도로 토론할 수 있다.

철학관 또는 종교관이 다르다고 해서 이를 개인 관계나 사회관계에까지 대립을 연장한다는 것은 지각 있는 사람이 할 행동이 아니다. 그러니 여러분은 가톨릭 신자든 아니든 내가 무차별론의 원리를 반대한다 하더라도 무차별론을 주장하는 '사람'에 대해서는 오직 우정만을 갖고 있음을 기억해 주길 바란다. 왜냐하면 이 토론의 목적은 악의를 늘리는 데 있지 않고 오히려 정반대로 종교 사상계에 현존하는 혼란을 밝히고 여러 종교관들을 논리적으로 따짐으로써 악의를 줄이는 데 있기 때문이다.

사적 자유 해석주의의 기원

1517년 10월 31일 아우구스티노 수도회의 수도 사제 마르틴 루터는 비텐베르크 성당 문에 95개 조항이나 되는 반항 성명을 붙임으로써 그 스스로의 종교를 세우게 되었다. 그는 그 자신이나 그 동료 혁명가들이 예기치 못했던 여러 가지 결과를 초래한 하나의 원리를 내세웠다. 이것이 곧 성경 해석과 종교 생활에 있어 사적 자유 해석이 우월하다는 주장이다. 그렇지만 루터나 칼뱅이나 츠빙글리나 그 밖의 이른바 혁명가들은 이것이 장차 어떠한 결과를 낳으리라는 것을 미처 생각하지 못했다. 누구든지 새로운 교파를 세우는 자는 이 원리를 내세우게 된 결과다. 실제로 루터는 그 자신의 해석만이 옳고 다른 이의 해석은 다 그르다고 믿었다. 칼뱅도 츠빙글리도 멜란히톤도 그러했다.

이들 종교 혁명가들은 종교 무차별론자들이 아니라 광신자들이었다. 이들은 자기의 것만이 옳다고 고집한 나머지 이를 반대하는 사람은 여지없이 죽여 버렸다. 자유 해석이기는커녕 그야말로 독선이요, 잔인한 독재자요, 일찍이 그리스도교 사상사에서 그 유래를 찾아볼 수 없는 잔인무도한 이들이었다.

마르틴 루터는 종교사에 있어 최고의 판관으로 자처하며 자신과 의견을 달리하는 모든 이를 이단자로 처벌하고 저속한 욕설을 마구 퍼부었다. 한 예를 들면, "내가 가르치는 것과 다르게 가르치는 자는 누구든지 하느님의 처벌을 받을 것이며 지옥의 자식임을 면치 못하리라. 또한 내 가르침을 어기는 자는 누구든 용서할 수 없다."라고 고집했다.

혁명가들의 외고집

농민들이 성경 자유 해석의 본을 따라 제멋대로 해석하려 하고, 이리하여 농민 전쟁이 일어났을 때 루터는 귀족들을 충동하여 이 '사탄의 자식들'을 사정없이 학살하게 했다. 귀족들은 이 반가운 충고를 충실히 따랐다. 이리하여 무수한 농민들이 잔인한 죽음을 면치 못했다. 에라스뮈스의 편지에는 그 당시 10만 명이 학살되었다고 쓰여 있다. 루터는 이 피비린내 나는 살육을 개탄하기는 고사하고 큰 자랑으로 여겼다. "나 마르틴 루터는 죽이라고 명한 그대로, 반란 농민을 모조리 학살했다. 그들의 피는 모두 내 머리 위에 뿌려졌다. 그렇지만 나는 그 피를 신에게 드린다. 그분이 나에게 이것을 명했기 때문에······."

루터는 늙어 감에 따라 점점 더 모질어져 갔다. 그는 죽기 얼마 전에 욕설로 찬 소책자 두 권을 냈다. 하나는 《사탄이 로마에 세운 교황청을 욕한다*Against the Papacy in Rome Founded by the Devil*》이고, 다른 하나는 유다인을 욕하는 글이다. 전자는 겉장에 그 내용을 묘사한 소름 끼치도록 야비한 그림을 그렸다. 독일의 역사가 될링거는 이를 평하여, "루터가 이 글을 쓸 때 독한 술에 만취한 상태였다고 생각하지 않고서는 도저히 알아들을 수 없는 글이다."라고 했다.

유다인의 박해

그는 유다인에 대해서도 '저주받은 지옥의 새끼 사탄들'이라는 망측한 말을 했다. 그는 독일에 있는 동지들을 규합하여 "유다인의 학교 교회당을 불 지르고, 그 불꽃 속에 기름과 유황을 던져 넣어라. 그래도 안 되면 국외로 추방하라."라고 외쳤다. 루터는 마지막 숨을 거둘 때까지 이와 같이 자기와 조금이라도 다른 신학 사상을 가진 사람을 마구 비난했다.

스토다드J. L. Stoddard는 이 혁명가의 생애와 저서를 고심하여 연구한 끝에 양심의 자유에 관한 루터의 태도를 이렇게 결론지었다. "흔히 루터가 연구의 자유권을 창시했다고들 말하지만, 이보다 틀린 생각은 없다. 그는 이것을 교회의 전통을 배척하는 핑계로 내세웠지만 실은 성경을 자기가 해석하는 대로만 믿으라고 고집 부리는 데 있는 힘을 기울였다. 그래서 그는 살과 피를 지닌 교황 대신 종이로 된 교황을 마련했다. 뿐만 아니라 스스로 권위 있는 성경 해석자로 자처함으로써 실제로 스스로의 무류성을 주장했다." 루터와 같은 시대에 살던 프랑크S. Frank는 "교황 밑에서도 지금보다는 자유로웠다."라고 한탄했다.

양심에 관해서 이러한 폭군의 태도를 고집하는 자는 루터만이 아니었다. 그의 발자취를 따르는 모든 혁명가들이 다 그랬다. 이것은 그들로서는 어쩔 수 없는 노릇이었다. 왜냐하면 혁명가들이 자신들의 발판을 튼튼히 하려면 불가불 자신의 성경 해석이 최고이고 절대적인 것이라고 우김으로써, 이를 따르는 자들에게 자기 생각을 강요해야 했기 때문이다. 그렇지 않으면 조직체가 이루어질 수 없고, 머리 수효만큼 교파가 생겨날 것이기 때문이다.

실례

칼뱅은 이 점에 있어 소위 루터를 따르는 모든 혁명가들의 본보기라고 볼 수 있기에 여기서는 그를 예로 들겠다. 그는 오베테르에게 보낸 편지에서 스스로가 하느님의 대변자로서 무류성을 주장하며, "하느님은 내게 선과 악을 선언할 권리를 주셨다."라고 폭언했다. 이와 동시에 그는 자신을 배반하는 모든 이들에게 화형 또는 참수형을 선언했다. 그는 신학상의 논적(論敵)인 세르베투스를 오랫동안 감금한 끝에 불에 태워 죽였다. 이것이 혁명가들이 세상에 가져온 소위 종교적 자유라는 찬란한 빛이다.

미국에 처음 이주한 사람들도 이러했었다. 대양의 위험과 용감히 싸워 이겨 새 세계에서 옛 세계로부터 구박받던 종교의 자유를 찾은 청교도들은, 즉시 자기들의 '하느님'과는 다르게 '하느님'을 흠숭하려는 모든 이들을 과격하게 박해하기 시작했다. 대서양을 횡단하는 바닷길이 하늘은 바꿔 주었지만 마음은 바꿔 주지 않았다. 청교도들은 다른 혁명가들처럼 그들의 종교적 자유만은 보물로 여겼지만, 이를 찬동하지 않는 이에게는 불행이 되었다. 그래서 미국의 개신교도들은 이 초기의 이민들로부터 옛 세계에서와 똑같은 학대를 면치 못했다. 미국의 초기 식민사는 두각을 나타내는 종교 단체가 그 외의 단체를 박해하는 귀에 익은 박해사의 한 가지 예에 불과하다.

오락가락

그렇다면 어떻게 유럽에서 1800년 동안, 그리고 미국 역사에서도 여러 해 동안 지배해 온 종교관과는 정반대가 되는 종교 사상이 요즈음 대다수의 국민을 지배하게 되었는가? "무엇을 믿든 상관없다.", "종교는 무엇이든 다 똑같이 좋다.", "교리는 상관없고 생활이 문제다." 등등의 그럴듯한 말에 귀가 솔깃하는 사람이 거의 전부라는 사실은 어찌 된 영문인가? 그 조상들은 세기를 이어 정통 신앙을 고수하는 것을 가장 중요한 일로 여기지 않았던가? 어찌하여 종파에 대한 개념이 희미해져서 믿는다는 사람조차 오늘은 이 교파로 내일은 저 교파로 들락날락하게 되었는가?

저명한 침례교 목사인 포스딕H. E. Fosdick 박사가 워싱턴에서 장로교의 정식 설교사로 임명되었다. 이것이 그다지 놀라운 사건이라고는 할 수 없겠지만, 더욱 놀라운 일은 장로교 목사 회의에서 이 침례교 목사의 정통성을 장로교의 교리에 비추어 따졌다는 사실이다. 대체로 일치된 신문 사설들의 의견은 이렇다. 침례교 목사의 가르침과 장로교의 교리 사이에 차이가 없다고 우기는 장로교 목사들의 행동은 대중이 보기에는 '부질없는 법석'에 지나지 않는다는 것이다. 교리의 정통성에 대해서 목숨을 내걸고 싸우던 그들의 태도가 이렇게 교리의 차이에 대해 대수롭지 않게 여기는 태도로 변한 이유는 대체 무엇인가?

사사로운 해석

미지근한 생각, 알쏭달쏭한 모순, 닥치는 대로 하는 흥분, 논리나 상식의 첫 원칙까지 무시한 논쟁, 참과 거짓에 대한 객관적 표준의 가치를 무시한 태도, 이런 것을 내포하는 종교 무차별론이 어찌해서 두드러진 종교 철학의 자리를 차지하게 되었는지를 이해하려면 마르틴 루터가 종교계에 심어 놓은 원리를 회상할 필요가 있다.

곧, 성경 해석과 종교 생활에 있어 개인의 자유 해석이 교회의 권위 있는 해석보다 우월하다는 원리다. 루터는 애초에는 누구든지 자유 해석을 해야 한다고 말했지만, 나중에는 자기에게만 이 원리가 독점되어야 한다고 우겼다. 그러나 그의 행동의 본보기는 그의 말보다 강력한 힘을 가졌다. 쉽사리 그런 물이 들었다. 그는 확실히 여러 개의 머리를 가진 히드라를 마련하고 있음을 깨닫지 못했다. 그래서 이것은 지금도 쉴 새 없이 분열되어 그의 시대 전후에 있었던 모든 이단파보다 더 많은 분파를 그리스도교계에 가져왔다. 머리가 아홉 개인 히드라는 머리 하나를 자르면 두 개가 새로 나듯, 이 원리도 한 교파의 두 사람이 의견이 일치하지 않으면 두 개의 교파가 생기고, 그 교파마다 제각기 최고의 절대적 해석을 주장하는 결과를 낳았다. 오늘날 300개가 넘는 개신교 교파들은 모두 이 루터의 원리가 낳은 자식들이다.

　이 원리가 지닌 여러 가지 뜻을 분석해 보자. 여기에 진리에 대한 객관적 표준이 없음은 분명하다. 표준은 순전히 주관적이 되어 버렸다. 즉, 루터가 내세운 원리에 따르면 뜻에 맞으면 믿을 것이요, 맞지 않으면 배척해야 한다. 이래서 그가 믿음에 실천이 없으면 그러한 믿음은 죽은 것이라는 말씀이 실려 있는 야고보 서간을 읽고, 즉시 '검불 성경'이라 하여 태워 버렸다. 왜냐하면 이것은 '믿음만으로' 구원된다는 자기의 교리만큼 그의 마음을 당기지 못했기 때문이다.

　같은 이유로 바오로 서간의 "사람은 율법에 따른 행위와 상관없이 믿음으로 의롭게 된다고 우리는 확신합니다."(로마 3,28)에서 믿음이라는 말 다음에 일부러 '뿐'이라는 글자를 보태서 자기 뜻에 맞는 교리로 삼았다. 루터는 이에 대해 비난을 받았을 때 그 자신의 뜻과 원의가 그렇게 했다는 말로 버텼다. 루터가 하지 않은 말을 한다고 여러분이 오해할까 봐 그의 글을 소개한다. "그대들은 '뿐'이라는 말이 바오로 서간에 없다고 해서 교황주의자들이 법석을 떨고 있다고 말한다. 그대들이 알고 있는 교황주의자들이 그 '뿐' 때문에 반대하거든 이렇게 말하라. '마르틴 루터 박사가 그렇게 원한다.' 또 '교황주의자란 바보라는 말이다.'라고 하라. 내가 그렇게 원한다. 그러니까 그래야 된다고 내가 명령한다. 이런 내 뜻이 충분한 이유다."(J. L. Stoddard, Rebuilding a Lost Faith, pp.101~102) 루터는 이즈음 무차별론자들의 생각과는 정반대였다. 올바르기만 하면 무엇을 믿든지 상관없다가 아니라, 믿기만 하면 무슨 일을 하든지 상관없다는 말이다.

　루터는 종교의 진리를 결정하는 데 있어 객관적 표준은 모두 걷어차 버리고 개인이 주관적 반동으로써 세우는 교리를 원리로 삼았다. 그러나 주관주의를 종교의 원리로 삼는다면 무엇으로 오류를 밝히고 제멋대로 펼치는 생각들을 효과적으로 막겠는가? 제각기 자기 주관적 변동을 자기 종교의 충분한 이유로 내세울 텐데 말이다. 이것이 틀릴 수 없는 최후의 판단이 될 것이니 어디에 항소할 것인가? 여기에는 취미와 기호가 뒤범벅이 될 것이기 때문에, 이런 것을 따진다는 것은 그야말로 부질없는 일이다.

　루터는 자기가 종교계에 끌어넣은 원리가 본래 분열을 내포하고 있음을 똑똑히 깨닫지 못한 듯하다. 그런데 원리라는 것은, 특히 적용하는 시간이 길면 길수록 그 배후에 숨어 있던 눈에 띄지 않는 여러 가지 의미가 차차 밝혀지게 마련이다. 뉴먼 추기경이 깊이 통찰해서 지적했듯이 말이다. "원리는 여러분이 즐기는 제멋대로의 한계를 넘어서 석방된 죄수처럼 발전한다."

자유 해석의 결과

　4세기 동안 그리스도교의 밑바탕에 누룩처럼 작용한 것, 그리고 개신교를 수백 개의 교파로 갈라놓은 것, 또 여기에 볼셰비키 소련을 질서 잡힌 정권의 본보기처럼 부러워하게 만든 것, 그것은 다름 아닌 바로 이 주관주의, 곧 사사로운 자유 해석이 우월하다는 원리다. 그리스도교계에 혼란과 난립을 야기시키고 무수한 교파가 서로 으르렁거려 타 종교인의 웃음거리가 되고, 타 종교인이 선교사들을 비웃게 될 그것은 바로 이 원리 때문이다. "당신들끼리 싸우지나 마시오. 제각기 자기 종교가 참종교랍시고 아귀다툼하면서 무슨 진리를 우리에게 전한단 말이오?" 명백히 정의된 교리를 걷어차 버리고, 교파의 차이점을 흐리멍덩하게 하고, 종교를 한낱 감정이나 기분의 문제로 만들어 버린 그것은 바로 이 주관주의다.

지성의 해도海圖와 나침반과 하느님이 정해 주신 교도권이라는 북극성을 내동댕이친 이 원리는 종교라는 배를 칠흑 같은 밤중에 파도치는 망망대해에 띄워 보내어 사람의 마음속에서 요동하는 주관적 감정과 욕정이라는 파도에 흔들리게 만들었다. 감정의 날씬한 옷차림을 산뜻하게 차려입은 애매한 반진리半眞理나 뚜렷한 모순을 묻지도 않고 덥석 삼키는 현대 종교 무차별론의 '자식 많은 어미'가 바로 이 원리다.

이사악이 그의 큰아들 에사우에게 축복과 장자권을 주고자 했을 때, 이사악의 아내 레베카는 이를 빼앗아 작은아들 야곱에게 주기 위해, 야곱에게 염소의 가죽을 입혀 늙어서 눈이 어두워진 이사악을 속인다. 이사악은 야곱의 부드러운 목소리와 에사우의 거친 피부 때문에 당황했다. "목소리는 야곱의 목소리인데, 손은 에사우의 손이로구나."(창세 27,22)

이와 같이 이성과 객관적 진리의 빛을 지키는 사람이면 "모든 종교는 다 좋고 다 참되다."라고 말하는 종교 무차별론자들의 말을 들을 때, 이사악처럼 한 문제의 두 가지 성질에 부딪치고 있음을 인식할 것이다. "지성적으로 따지면 분명히 다른 소리인데 감정적으로는 그럴듯하게 마음에 든다. 정말 야곱의 목소리에 에사우의 손이로구나."

이치에는 어긋나지만 마음에 든다

종교 무차별의 철학은 논리적으로 파고들어 가면 하나도 견디지 못할 것들이다. 이 뿌리를 캐내려면 루터가 개인의 자유 판단을 최고의 판단으로 삼아 종교에 끌어들인 주관주의의 원리까지 소급해야 한다. 이 원리를 따르면 감각과 감정이 뒤범벅이 된 개인의 주관적 반동이 종교적 진리와 오류를 분간하는 유일한 표준이 된다. 따라서 만일 모든 신조信條에서 똑같은 주관적 반작용과 감정을 느낀다면 그때에 그 사람은 그 기본적 가정에 따라서 논리적으로 "모든 종교는 다 같고 다 좋다."라고 결론지을 것이다. 그러므로 현대의 종교 무차별 철학은 주관주의 원리의 논리적 결론에 지나지 않는다. 곧 16세기에 뿌린 씨를 20세기에 추수한 것이다.

이러한 주관주의의 원리가 오늘날의 개신교에 있어서도 루터 시대나 마찬가지로 지배적이라는 것은 현대 개신교 학자들이 표준으로 삼는 책인 헤스딩의 《성경 사전》을 한 번만 훑어보아도 즉시 알 수 있다. 거기에 스튜어드A. Steward는 개인의 지침으로서의 성경의 영감과 권위에 대해서 이렇게 썼다. "여기저기서 불신하는 비판의 소리가 높아 가고 있는 사실보다도 더욱 절박한 문제는 권위를 찾는다는 것이다.

만일 성경이 국회의 법률처럼 '글자의 최대한도까지' 시행력이 있다면 저 웨스트민스터 신앙 고백이 이를 모든 종교 논쟁의 최고법원으로 삼은 자격이 어떻게 보존되었는가? 신적이며 권위적인 요소와 인간적이며 틀릴 수 있는 요소를 어떻게 분간하는가? 사실상 우리의 공동 지식으로 따져서 계시가 어떻게 성경의 수단이 될 수 있는가?"

데니Denney는 스미스W. R. Smith의 글을 긍정하여 성령을 현대식으로 증명하였다. "누군가 내게 왜 성경을 하느님의 말씀으로, 또 신앙과 삶의 유일한 규범으로 받드냐고 묻는다면, 나는 개신교의 모든 교부들과 더불어 이렇게 대답할 것이다. 곧 성경은 하느님 구원사의 유일한 기록이기에, 또 성경을 통해서만 하느님이 예수 그리스도로서 우리 인간에게 가까이 계시고 또 우리를 구원하실 거룩한 뜻이 있음을 선언하심을 알게 되는 까닭이다. 그리고 나는 이 기록이야말로 내 마음속에 있는 성령의 증언이 참됨을 믿으며, 이로써 하느님이 아니면 내 영혼에 그런 말을 할 사람이 없음을 확신한다." 그러나 데니는 우리가 이미 지적한 대로 '성령이 인간에게 보내는 하느님 메시지의 교리'이지 '성경에 실린 전문前文의 교리'가 아님을 똑똑히 깨달았다. 그의 견해를 따르면 '아무런 선재先在 조건 없이', 또 '성경이 신적 영감을 받았다는 아무런 선입견 없이' 성경을 읽어도, '읽는 우리가 권위를 느끼게 되고', 또 '그리스도교와 그 교리가 단지 일반적 진리가 아니라 하느님의 진리임을 우리 마음속에 머금게 하는 힘'을 지니고 있기 때문에, 이것이 영감을 받은 것이라고 확신하게 된다. 이 힘이야말로 '우리가 영감이라고 말하는 바로 그것이기 때문'이다.

그럼에도 불구하고 스튜어드도, 데니도, 스미스도, 성경을 읽는 개개인이 성경에 쓰여 있는 진리에 관해서 실제로 성령으로부터 영감을 받는다면 어째서 그렇게 여러 가지 서로 상극이 되는 해석이 나올 수 있느냐에 대해서는 답변을 주지 못하고 있다. 진리의 성령이 성경을 읽는 개개인에게 어떻게 서로 모순이 되는 뜻을 영감하게 하는가? 그들은 개개인이 성경을 읽을 때 틀릴 수 없다고 우기는 바람에 성령을 거짓과 허위의 아버지로 만들어 버렸다. 만일 개개인이 "하느님이 아니면 내 영혼에 그러한 말을 할 사람이 없다."라고 확신한다면, 각 개인은 스스로의 주관적 반작용을 최고법원으로 자처하게 되느니만큼, 여기에는 각 개인의 제멋대로의 생각을 막을 아무런 외적, 객관적 권위가 없다. 그러므로 개신교가 오늘날에도 루터 시대나 마찬가지로 '자식 많은 어미'임이 이상할 것이 없다. 그 가슴속에는 지금도 주관주의의 원리, 분열의 원리가 깃들어 있어 끊임없이 아우성치는 반란을 막을 객관적인 외적 힘이 전혀 없기 때문이다.

종교 무차별론의 본진本陣

지금까지 말한 현상이 특히 미국에 현저하다는 것은 재미있는 사실이다. 아마 어느 종교를 믿든 상관없다는 생각이 이 나라처럼 유행하는 나라는 없을 성싶다. 미국에서는 이번 일요일에는 이 교회에, 다음에는 저 교회에 왔다 갔다 해도 그리 신기하지 않지만, 유럽 사람들이 이런 말을 들으면 눈이 휘둥그레진다. 이것은 유럽에 다녀온 사람이면 누구나 하는 말이다. 하기야 몇몇 국가에는 다소 종교 무차별론이 스며들고는 있지만, 이는 미국 사람이 자주 드나들었고 미국 문학을 무턱대고 받아들인 결과로서, 결국 따지고 보면 미국이 이 사상의 고향이요, 이 사상이 가장 성한 나라다.

그렇다면 왜 미국이 이런 사상의 못자리가 되고 있는가 하는 의문이 들 것이다. 다음 사정을 살펴보면 곧 이해할 수 있게 된다. 첫째, 이 나라의 국민들은 종교적인 면에 있어서 모자이크처럼 가지각색이다. 그러므로 세계 어느 나라보다도 가장 많은 교파가 있게 되고, 또 예로부터 믿어 온 교파를 각각 고집하는 까닭에 그만큼 더 새로운 종파가 생기고 미국의 고유한 교파가 탄생되고 있다.

300개가 넘는 교파들이 서로 다른 신조를 내세우고, 서로 자기 교파만이 갖고 있는 특수한 점을 고집하니 어지러울 수밖에 없다. 어떻게 이 많은 교파가 옳은지 그른지를 일일이 따져 볼 겨를이 있겠는가? 이런 일은 생각만 해도 현기증이 난다. 뿐만 아니라 우리는 이들 교파들이 서로 짓밟고 으르렁대는 상황을 바라보고 있다. 일반 사람들은 이를 어떤 눈으로 볼 것인가? 대답은 뻔하다. 결국 올바르게 살기만 하면 무엇을 믿든 상관없다는 결론이 나올 수밖에 없다. 골치 아프게 따지고 말고 할 것도 없이, 이를테면 굿이나 보고 떡이나 먹자는 식이다. 그런데 이것은 종교상의 주관주의의 원리와 한데 어우러져 있다.

가장 쉬운 길

미국인이 무차별론을 가장 유력한 종교 철학으로 삼은 둘째 요인은, 이 철학의 밑받침이 행위 뒤에 숨은 사상에 있다기보다는 행위에 있다는 사실이다.

이는 결과를 중요시한다. 따라서 사변적이라기보다는 실천적인 미국인의 성미에 들어맞는다. 이들은 행동 양식을 가장 중시하며 능률주의, 곧 일을 해치운다는 것이 가장 인기 있는 사업 철학이다. 성공했느냐 안 했느냐를 이것으로 따진다. 이들은 특히, "나무는 모두 그 열매를 보면 안다."(루카 6,44)라는 성경 구절을 가장 좋아한다. 이것이 그 국민에게만 통하는 암호가 되어 버렸다.

이처럼 행동과 실천을 강조하는 데는 무차별론적인 것이 옳다. 종교 무차별론의 관점이 전혀 터무니없는 이야기는 아니다. 허무맹랑한 거짓말이라면 이렇게 많은 사람이 솔깃할 리가 없다. 이것은 절반 정도는 참되며 그렇게 여러 사람이 믿을 만한 진리의 싹이 있기는 있다. 그러나 행위를 강조하는 점은 옳지만 신앙의 바탕으로서 객관적으로 건전하고 참된 신조의 중요성을 소홀히 여기는 점은 잘못이다. 이는 행위가 사상에 뿌리를 박고 있다는 사실을 깨닫지 못한 탓이다. 만일 생각이 틀렸다면 그의 행위도 다 옳을 수는 없으며, 그 생각의 결점을 어느 모로든지 꼭 드러내고 만다. 뿐만 아니라 하느님을 섬긴다는 것은 행위뿐 아니라 사상까지도 포함한다는 사실을 모르는 것이다. 하느님은 우리의 육체뿐 아니라 정신까지도 당신을 섬기길 원하신다. 그런데 무차별론자들은 "마음이 고와야 얼굴도 곱다."라는 격언을 그다지 대수롭지 않게 여기는 모양이다. 사실 이 격언은 심리학의 진리를 깊이 있게 표현한 말이다.

종교 교육의 결핍

셋째 요인은, 미국에서는 모든 교파가 동등한 정치적 권리를 누리고 있다는 사실이다. 모든 교파는 법률 앞에 평등하다. 그런데 모든 교파가 평등하다는 개념을 법률 분야에서부터 지성과 양심의 영역까지 연장하려는 경향이 뚜렷해졌다. 이 경향은 공립 학교의 종교 교육이 없어져서 더 심해졌다. 이래서 미국인의 대다수가 종교 교리에 대해서 거의 일자무식이 되어 버렸다. 그 결과 이들은 종교 무차별론자들의 입버릇인 "올바르게 살기만 하면 무엇을 믿든 상관없다.", 또는 "모든 종교는 똑같이 좋다."라는 말을 곧이듣는다. 이들의 눈에는 이런 말이 의문의 여지가 없는 엄숙한 진리처럼 빛날 것이다.

이와 같이 똑똑히 드러난 것처럼, 수백만 명의 미국인이 이다지도 모순투성이인 종교 무차별론을 옹호한다는 풀기 어려운 문제를 해결하는 열쇠는, 주로 루터가 종교계에 끌어들인 주관주의의 원리에 있다. 개개인의 자유 판단이 최고의 것이라고 우기는 이 원리는 무수한 교파의 어머니가 되어 버렸다. 현기증이 일어날 정도로 무수한 이 교파 중에서 어느 것이 참그리스도교인지 따진다는 것은 힘든 일이다. 그러니 올바르게 살기만 하면 무엇을 믿든 상관없다는 말이 사람들의 입에 오르내리게 되었음은 오히려 당연하다.

실천

- 신앙 생활에 티끌만큼이라도 무관심하다는 오해를 받지 않기 위하여, 미사에 늦지 말기.
- 기도서 또는 매일미사를 지참하고 미사에 열심히 참례하기.
- 어떤 교회 단체에서든 충실한 회원이 되기.

제5장
두 개의 종파가 다 옳은가?

흔한 질문에 쉬운 대답

이제 종교 무차별론의 철학을 검토해서 과연 지성을 가진 인간이 이를 논리적으로 이치에 맞는 것으로 받아들일 수 있는지 따져 보자. 제1심은 지성의 법정에서, 제2심은 계시의 법정에서 심문하기로 하자.

두 가지 종교가 서로 다르거나 말거나 다 같이 옳다고 말하는 무차별론자는 논리와 상식의 제1 원칙을 어기는 것이 된다. 서로 모순되는 두 가지 주의가 동시에 다 진리일 수는 없다는 것이 논리의 제1 원칙이다. 하나가 참이라면 이와 모순이 되는 또 하나는 거짓이다. 이 원칙을 무시하면 사람은 아무런 결론도 올바르게 내릴 수 없다.

예를 들면, 열다섯 명의 학생 앞에서 교사가 백지 한 장을 들고 무슨 색이냐고 질문했다. 그래서 열다섯 가지의 대답이 나왔다. 어떤 학생은 푸르다, 어떤 학생은 붉다, 어떤 학생은 노랗다고 말하고, 마지막 학생만 희다고 말했다. 이때 교사가 이 학생들을 전부 귀여워하기 때문에 "한 사람만 맞고 다 틀렸다."라고 말하지 않고 "모두 다 맞았다."라고 말했다 하자. 그러면 이 교사의 애정과 너그러움을 부인할 사람은 없겠지만, 과연 이 교사가 올바른지를 의심하게 될 것이다. 그는 열다섯 가지의 대답이 옳다고 말하는 바람에 지성의 몰락을 면치 못하는 것이다.

이런 것은 구구하게 말할 필요도 없이 논리의 근본적 원리임은 누구나 다 아는 것이지만, 종교 문제에 있어서만은 이 말이 버젓이 통하니 이상할 일이다.

하느님의 위격이 몇이냐는 물음에 유니테리언(일위신론)은 "하나뿐"이라고 대답하고, 감리교파는 "성부·성자·성령의 삼위"라고 대답한다. 이때 두 가지가 다 옳다고 말할 수 있는가?

각 교파 교리의 차이

교리의 차이는 유니테리언과 감리교 사이에만 있는 것이 아니다. 각 교파마다 제각기 간판을 내걸고 있음은 그 무엇인가 서로 다르기 때문이다. 침례교파에서는 갓난아기의 세례는 무효라고 하는 데 비해 루터파에서는 유효하다고 한다. 가톨릭에서는 성체를 구세주의 살과 피, 신성과 영혼을 지니고 있다고 믿지만, 장로교에서는 다만 그리스도의 상징 또는 기념으로만 여긴다.

비오 11세 교황은 1928년 1월 6일자 회칙 〈참된 종교적 일치*Mortalium animos*〉에서 이러한 교리의 차이가 모든 그리스도교들이 일치하려는 노력을 수포화하는 원인임을 밝혔다.

"무슨 협정으로 의견을 달리하는 교파가 일치될 수 있겠는가? 성전聖傳도 계시의 참된 근원임을 주장하는 편과 이를 부인하는 편이 일치될 수 있겠는가? 주교, 신부, 부제라는 성직자 계급을 하느님이 정해 주신 제도라고 주장하는 편과, 이것을 시대와 환경의 조건을 따라 채택된 제도에 불과하다는 편이 어떻게 한 회원이 될 수 있겠는가? 또 빵과 포도주가 실체 변화되어 놀랍게도 이것이 곧 그리스도라고 흠숭하는 편, 이를 기념 또는 상징으로만 여기는 사람과, 또 모든 성인들 중에서 특히 마리아를 하느님의 어머니로 받드는 편과, 이렇게 하면 '하느님과 사람의 중개자'인 예수 그리스도의 명예를 훼손하는 것이라는 편과, 이렇게 여러 가지 다른 것을 주장하는 사람들이 어떻게 일치될 수 있겠는가?

이렇게 서로 다른 여러 가지 견해에서 유일한 권위, 유일한 신앙 법칙, 유일한 신앙이 없이는 교회의 일치를 이룰 길이 없음을 안다. 그런데 이와 똑같은 오류를 범하는 현대 종교 무차별론에 떨어지기가 얼마나 쉬운지도 잘 안다. 곧 그들은 교리의 진리는 절대적이 아니고 상대적이며, 변할 수 없는 계시로 인한 것이 아니라, 시대와 장소에 따라 인간 생활의 필요와 인간 정신의 여러 가지 경향으로 말미암은 것이니만큼 인간 생활에 맞게 마련이라고 말하고 있다."

결과는 중대하다

이러한 기본 교리의 차이에서부터 서로 상극이 되는 실천적인 면의 결론들이 나오게 된다. 예컨대 유니테리언처럼 그리스도는 하나의 인간에 지나지 않는다는 주장이 옳다면, 그 즉시 그리스도를 신으로 흠숭하는 성공회는 우상 숭배를 범하는 것이 된다. 만일 성공회가 옳다면 유니테리언은 그리스도의 신성을 부인한 독성죄를 범하는 것이 된다. 바꾸어 말하면 무차별론은 결국 실제적으로는 선과 악, 거짓과 진리, 우상 숭배와 참종교 등을 동일시하는 말이며, 진리를 결정짓는 모든 객관적 표준을 부인하고 사람의 지성을 죽이는 것이다.

그런데 여기서 두 가지 교파가 같다는 무차별론의 원리가 가톨릭만 빼놓고 그 밖의 개신교 교파들에게는 맞는다고 말하는 사람이 있을지도 모른다. 그렇지만 이 말도 옳지 않다. 개신교와 전반적으로 성경 자유 해석의 원리는 공통되지만, 그들 교파들이 주장하는 객관적 교리는 서로 다르기 때문이다. 그러므로 16세기 초기 혁명가의 한 사람인 베자T. Beza의 비통한 한탄은 지금도 그때와 마찬가지로 참되다. "우리 동포들은 이 교리 저 교리의 바람에 흔들리고 있다. 오늘 그들이 믿는 종교가 내일은 어찌 될지 모른다. 교황께 선전 포고를 감행한 이 숱한 교파들이 어느 점에서 일치할 것인가? 어떤 파가 믿는 것을 다른 파가 배척하지 않는 것이 없다."

이와 같이 무차별론은 지성의 빛으로 비추어 볼 때 진리와 오류를 분간하는 모든 구별을 무시하는, 본질적으로 모순되는 것이라는 비난을 면할 길이 없다. 이제까지 우리는 이들 이성의 법정에서 따져 승소하였으니 마음이 흐뭇하다. 그렇지만 이 문제의 중요성으로 미루어 계시의 법정에 다시 제소하기로 하자. 그래서 영원한 진리가 지성의 소리와 다르게 말하는지 보기로 하자.

그리스도는 무차별론자가 아니었다

그리스도교인들이 신앙 교리를 바꾸기보다는 차라리 그리스도와 그 사도들의 본을 따라 온갖 괴로움과 죽음까지도 용감히 참아 받은 시대였다. 그리스도를 부정하고 로마의 잡신에게 향을 피우라는 명령을 어긴 탓으로 무수한 그리스도교인들은 처음 3세기 동안 로마의 원형 극장에서 굶주린 사자의 밥이 되었고, 살아 있는 몸에 콜타르를 발린 채 밤중에 전차 경주를 비추는 관솔불이 되었다.

이들 초대 그리스도교인들의 마음에는 아직도 그리스도가 친히 생명을 버리면서 계시 진리에 보여 주신 모범이 생생하게 살아 있었다. 그리스도가 죽기 전날 밤 초만원을 이루었던 유다인 최고 재판소에서 극적 장면이 연출되었다. 카야파 대사제는 자리에서 일어나 그리스도께 도전했다. "내가 명령하오. '살아 계신 하느님 앞에서 맹세를 하고 당신이 하느님의 아들 메시아인지 밝히시오.'"(마태 26,63)

당시에는 하느님의 이름을 함부로 부르지 못하였다. 하물며 스스로가 하느님이라 말하면 법에 의해 극형을 면치 못했다. 그리스도는 이를 잘 알고 계셨다. 또 당신의 신성을 부인만 하면 유다인은 당신에게 아무런 벌도 주지 않을뿐더러 생명의 위험도 면할 줄 잘 알고 계셨다. 그런데도 그리스도는 애매하게 말하거나 우물쭈물 핑계도 대지 않고 칼날같이 날카롭고 간단명료하게 대답하셨다. "네가 그렇게 말하였다."(마태 26,64) 그래서 그리스도는 못 박혀 돌아가셨다.

이렇게 그리스도는 당신 교리의 한마디를 손톱만큼이라도 고쳐서 생명을 구하기보다는 차라리 부끄럽고 어리석게 보이는 십자가에서 죽어 가기를 택하셨다. 이것이 세기를 이어 그리스도교인들의 마음속에서 불타는 본보기가 되어 그분의 가르침을 충성으로 지키게 했고, 신앙의 정통성을 가장 중요한 것으로 여기게 했다. 또 그리스도가 죽음으로 가르치신 그 교리를 받아들이든지 말든지, 고치든지 말든지 상관없다는 생각은 애당초 발붙일 여지도 없게 했다.

카야파가 유다인 최고 의회의 편견을 고집하여 물은 질문에 대해서 그리스도가 단호한 태도로 대답하셨음은 그분의 공생활에서 가르치신 태도의 본보기다. 그러므로 그리스도는 무차별론자가 아니셨음이 명백하다.

계시의 빛으로 본 무차별론

이제 그리스도가 당신 제자들과 또 제자들의 가르침으로 말미암아 신앙을 알게 될 모든 이에게 이와 똑같은 의무를 부과하셨는지를 살펴보기로 하자. 즉, 그리스도는 사도들에게 당신의 교리를 그대로 정확히 가르치기를 명하시고, 사도들의 말을 듣는 이들에게 사도들이 가르치는 모든 것을 받아들일 의무를 부과하셨는가? 만일 그리스도가 이 두 가지를 명령하셨다면 종교 무차별론은 계시의 법정에서 유죄 판결을 받을 것이다.

그러므로 구세주께서 당신 교회를 세우시고 사도들에게 복음을 설교하기를 명하신 말씀을 검토하기로 하자. 비가톨릭 독자들의 비난을 피하기 위하여 개신교의 성경을 인용한다. "하늘과 땅의 모든 권세를 내게 주셨으니 그러므로 너희는 가서 모든 족속으로 제자를 삼아 아버지와 아들과 성령의 이름으로 세례를 주고 내가 너희에게 분부한 모든 것을 가르쳐 지키게 하라. 볼지어다 내가 세상 끝 날까지 너희와 항상 함께 있으리라 하시니라."(임영빈 역, 대한성서공회, 마태 28,18-20), "너희는 온 천하에 다니며 만민에게 복음을 전파하라. 믿고 세례를 받는 사람은 구원을 얻을 것이요 믿지 않는 사람은 정죄를 받으리라."(같은 책, 마가 16,15-16)

그리스도의 이 말씀에서 이중의 의무를 명백히 볼 수 있다. 첫째, 그리스도는 사도들에게 한 사람도 **빼놓지** 말고 만민에게 복음을 설교하기를 위임하셨다. 그리스도는 전 인류를 구원하기 위하여 강생하셨다. 그러므로 그분은 당신의 종교가 전 인류의 보편적 종교가 되기를 지향하셨다. 만일 어느 민족 또는 어느 개인이라도 이를 거절하면 그만큼 계시의 목표가 꺾이게 된다.

둘째, 그리스도는 당신이 가르치신 그 교리를 그대로 설교할 의무를 사도들에게 맡기셨다. "내가 너희에게 명령한 모든 것을 가르쳐 지키게 하여라."(마태 28,20)라는 말씀은 바꾸어 말하면, 사도들이 제멋대로, 닥치는 대로 여러 가지 교리를 가르치기를 금하는 말씀이다. 그렇기는커녕 당신이 '가르친 것은 무엇이든지 다' 모든 이에게 설교하도록 명하셨다. 사도들은 어떤 교리는 가르치고 어떤 교리는 배척할 자유를 받지 못했다. 이와 같이 그리스도의 전 복음은 전체적으로 하나의 커다란 유기체로서 결합되어 있다. 그런 만큼 사도들은 이를 줄이거나 늘리거나 바꾸거나 훼손하지 않고 전 세계에 전해야 했다.

이제 그리스도가 동일한 진리를 모든 이에게 가르칠 의무를 사도들에게 맡기셨음을 명백히 알았지만, 그래도 혹시 아직도 그리스도가 모든 이에게 복음을 받아들일 의무를 밝히셨는지, 또는 받아들이거나 거절하거나 적당히 고치는 자유를 주셨는지 의심스럽게 여기는 이가 있을지도 모르겠다. 그렇지만 이것은 조금만 바꾸어 생각하면 즉시 알 수 있다. 사도들에게만 대중에게 복음을 설교할 권리와 권위를 주셨을 뿐 청중에게는 이에 상응한 수락의 의무를 부과하지 않으셨다는 논리가 성립될 수 있는가? 권리가 있으면 이 권리를 존중하는 상대방에게는 이에 상응한 의무가 따른다. 그러므로 사도들에게 설교할 권리만 맡기시고 그 설교를 듣는 이들에게는 이에 상응한 수락의 의무를 부과하지 않으셨다면 그 권리는 아무 뜻도 없다.

그리스도의 가르침을 믿는 것은 명령이다

그리스도가 사도들에게 명령하신 말씀 속에 함축적으로 명확히 드러나기는 하지만, 이 대답만으로는 시원치 않다. 그래서 그리스도는 사도들에게 명령하실 때 함축적으로 말씀하신 이것을 청중들에게 다시 똑똑히 밝히셨다. "믿고 세례를 받는 이는 구원을 받고 믿지 않는 자는 단죄를 받을 것이다."(마르 16,16) 이는 그리스도가 사도들에게 설교를 명하신 직후 덧붙이신 말씀이다. 이처럼 그분은 대중에게 이를 거절할 자유를 주지 않으셨다. 그분은 이러한 초자연의 진리를 계시하기 위하여 세상에 오셨고, 이를 설교하기를 사도들에게 명하셨다. 따라서 무엇을 믿든 상관없다는 이론은 사도들이 가르침을 따라 그리스도의 교리를 믿어야 되는 의무를 부과한 그리스도의 명령에 직접 어긋나는 것임을 알 것이다. 그리스도는 당신이 가르치신 계시 진리를 믿어야 한다고 하셨을 뿐만 아니라, 이를 영원한 구원을 위한 필수 조건으로 삼으셨다.

그렇지만 그분은 그 교리를 설교할 사명을 사도들에게 맡기는 것만으로 그치지 않으셨다. 그분은 사도들이 진리를 정확히 전하지 못한다든가, 또는 틀리기 쉬운 인간이니만큼 무의식중에 잘못 전할지 모른다는 의구심이 청중의 마음속에 일어날지도 모른다고 생각하셨다. 그래서 청중이 이런 인상을 받지 않게 하기 위하여 "내가 세상 끝 날까지 언제나 너희와 함께 있겠다."(마태 28,20), 또 "보호자, 곧 아버지께서 내 이름으로 보내실 성령께서 너희에게 모든 것을 가르치시고 내가 너희에게 말한 모든 것을 기억하게 해 주실 것이다."(요한 14,26)라는 보증을 해 주셨다. 그러므로 사도들은 그 자체로는 오류를 범할 수 있는 존재들이지만, 그들이 설교하는 동안에는 그리스도가 항상 그들과 함께 계셔 그들이 오류에 떨어지지 않게 보호하시며, 그들의 가르치는 바가 신적 인준을 받았다는 도장을 찍어 주실 것을 보장한 것이다. 그분은 성부께서 당신에게 임명하신 그대로 그들에게 권위를 주셨기 때문이다. "아버지께서 저를 세상에 보내신 것처럼 저도 이들을 세상에 보냈습니다."(요한 17,18)

그리스도는 신앙의 일치를 강조했다

오튼Otten은 이렇게 지적했다. "그리스도가 사도들에게 사명을 맡기실 때에 함축적으로 명한 신앙과 종교의 절대적 일치는 그분이 교회에 관해서 언급하신 모든 말씀에서도 이와 똑같이 명백히 추론된다. 그분은 교회에 관해서 항상 '하나'라고 말씀하셨을 뿐, '여럿'으로는 절대로 말씀하지 않으셨다. 그분은 오직 하나의 가족, 하나의 양 우리, 하나의 도시, 하나의 나라를 말씀하셨다. 그분은 이를 하나의 바위, 곧 베드로 위에 세우셨다. 그분은 당신의 양과 양들을 치는 오직 하나의 최상의 목자를 임명하셨다. 이가 곧 그리스도께서 천국의 열쇠를 맡기신 오직 하나의 대리자다. 그분은 사도들에게 신앙 일치의 절대적 필요성을 뼛속까지 사무치게 하시기 위하여 거듭거듭 예를 드셨고, 강조에 강조를 거듭하신 듯하다."

실로 그리스도는 이렇게 신앙의 일치를 강조하신 만큼 복음서에는 그분이 항상 이 진리를 특히 힘주어 말씀하셨음이 드러나고 있다. 예컨대 수난 바로 전날 밤에도 그분은 이것을 특별한 기도의 지향으로 삼으셨다. "거룩하신 아버지, 아버지께서 저에게 주신 이름으로 이들을 지키시어, 이들도 우리처럼 하나가 되게 해 주십시오."(요한 17,11) 그분은 이 일치를 사도들뿐 아니라 장차 당신을 믿을 무수한 사람들을 위해서도 기도하신 것임을 명백히 하기 위하여 의미심장한 말씀을 덧붙이셨다. "저는 이들만이 아니라 이들의 말을 듣고 저를 믿는 이들을 위해서도 빕니다. 그들이 모두 하나가 되게 해 주십시오."(요한 17,20-21)

이렇게 일치를 두드러지게 강조한 것은 사도들의 전교에서 다시금 되풀이된다. 참으로 그들은 자신들이 맡은 거룩한 사명을 충실히 완수했다. 주님께 대한 확고부동한 충성으로써 이 일치를 실생활에 반영하였고, 이로써 자기의 제자들도 이와 같은 신앙의 일치를 굳게 지키기를 권장했다. 지칠 줄 모르는 이방인의 사도 바오로는 에페소 신자들에게 이렇게 써 보냈다. "주님 안에서 수인이 된 내가 여러분에게 권고합니다. 여러분이 받은 부르심에 합당하게 살아가십시오. 겸손과 온유를 다하고, 인내심을 가지고 사랑으로 서로 참아 주며, 성령께서 평화의 끈으로 이루어 주신 일치를 보존하도록 애쓰십시오. 하느님께서 여러분을 부르실 때에 하나의 희망을 주신 것처럼, 그리스도의 몸도 하나이고 성령도 한 분이십니다. 주님도 한 분이시고 믿음도 하나이며 세례도 하나이고, 만물의 아버지이신 하느님도 한 분이십니다."(에페 4,1-6)

바오로 사도, 일치의 결함을 엄책

일부의 갈라티아 신자들이 바오로가 가르친 신앙에 대해서 갈팡질팡하여 교리와 신앙의 일치를 잃었을 때, 바오로가 불같이 엄책하였던 것을 보면 현대의 종교 무차별론자들은 무어라고 말할까? "그리스도의 은총 안에서 여러분을 불러 주신 분을 여러분이 그토록 빨리 버리고 다른 복음으로 돌아서다니, 나는 놀라지 않을 수 없습니다. 실제로 다른 복음은 있지도 않습니다. 그런데도 여러분을 교란시켜 그리스도의 복음을 왜곡하려는 자들이 있습니다. 우리는 물론이고 하늘에서 온 천사라도 우리가 여러분에게 전한 것과 다른 복음을 전한다면, 저주를 받아 마땅합니다. 우리가 전에도 말한 바 있지만 이제 내가 다시 한번 말합니다. 누가 여러분이 받은 것과 다른 복음을 전한다면, 그는 저주를 받아 마땅합니다. 내가 지금 사람들의 지지를 얻으려고 하는 것입니까? 하느님의 지지를 얻으려고 하는 것입니까? 아니면, 사람들의 비위를 맞추려고 하는 것입니까? 내가 아직도 사람들의 비위를 맞추려고 하는 것이라면, 나는 더 이상 그리스도의 종이 아닐 것입니다. 형제 여러분, 여러분에게 분명히 밝혀 둡니다. 내가 전한 복음은 사람에게서 비롯된 것이 아닙니다. 그 복음은 내가 어떤 사람에게서 받은 것도 아니고 배운 것도 아닙니다. 오직 예수 그리스도의 계시를 통하여 받은 것입니다."(갈라 1,6-12)

그러므로 이 위대한 이방인의 사도도 다른 사도와 마찬가지로 계시의 어느 부분이라도 왜곡하거나 고치는 것은 가장 큰 벌을 받아 마땅하다고 여겼음이 분명하다. 모든 교파는 다 같이 좋은 것이니만큼 교리의 차이란 대수롭지 않다고 여기는 무차별론자들에게 바오로는 이렇게 말하는 것이다. '그리스도와 사도들이 전한 복음과 다른 교리를 설교하는 자는 너희 신앙을 뒤엎는 자들이니 이들을 이교인(이단)으로 여길지니라. 너희 참된 신앙에 가장 악독스러운 위험으로 여길지니라. 그리고 한 번 충고한 후에도 이단을 고집할 양이면 저를 너희로부터 파문할지로다.' 이런 말은 너무 준엄하게 들릴지 모르나 실상 부드러운 예수님의 말씀보다 덜 엄한 것이다. "믿지 않는 자는 단죄를 받을 것이다."(마르 16,16)

참된 우리欌 밖에서도 구원받을 수 있는가?

어느 종교를 믿든지 성실하게 믿기만 하면 구원받기에 충분하지 않은가? 이제 우리는 여기서 한편으로 주관적 성질, 이를테면 마음의 태도로서의 성실함과, 다른 편으로 객관적 진리와 이를 찾는 합당한 노력의 대용으로서의 성실함을 분간해야 한다. 주관적 성질로서의 성실함, 말하자면 종교 무차별론자에 대해서 선의와 호의를 베풀어 주는 것은 매우 가상한 마음가짐이다. 그런데 성실함이나 선의에 있어서는 반드시 눈이 있어야 한다. 지성의 지도를 받아야 하는 것이다. 그렇지 않은 경우에 이 착한 마음은 눈먼 정서에 마구 이끌려 어리석음을 두둔하기만 하게 될 것이다. 객관적 진리와 이를 찾는 합당한 노력은 하지 않고 그냥 무턱대고 성실하기만 하다면, 이는 종교 무차별론자들이 말하는 뜻으로는 그릇된 것이며 당연히 단죄되어야 하는 것이다.

만일 어떤 이가 자기 힘으로는 뽑아 버릴 수 없는 선입견 때문에, 또는 그 밖에 자기로서는 어쩔 수 없는 사정 때문에 그리스도의 참신앙을 찾지 못하고 자기가 믿는 믿음이 올바른 것이라고 성실히 믿는다면, 그 사람은 하느님의 눈앞에 잘못이 없는 사람이다. 여기에 객관적 진리를 열성적이고 이치에 맞게 힘써 찾는 성실함이 있어야 하는 것이다.

이것이 비오 9세 교황의 명백한 가르침이다. 그는 1854년과 1863년 두 차례에 걸쳐 다음과 같이 선언했다. "우리는 참종교에 대해서 어쩔 수 없는 불가승적不可勝的 무지에 있는 사람은 하느님 눈앞에 잘못이 없으며, 또한 그들은 은총의 도우심을 받아 영생을 얻을 수도 있다는 것을 확실히 인식해야 한다. 하느님께서는 누구든지 제 자유로 죄악에 떨어지지 아니한 사람이 영원한 벌을 받게 되는 것을 절대로 허락하지 않으신다. 그리고 국민과 나라와 마음과 그 밖의 것이 다 다른데 누가 감히 이 무지의 한계를 밝히고 그어 놓으려 하겠는가?"

교리 문답은 교황의 틀릴 수 없는 가르침을 받들어 다음과 같이 가르친다. "자기의 큰 잘못이 없이 가톨릭 교회가 참교회인 줄 몰라서 교회 밖에 머물러 있는 사람은 하느님께서 그들에게 주시는 은총을 잘 사용하여 구원받을 수 있다. 자기 탓이 없이 교회 밖에 있는 사람은 그들의 불가승적 무지 때문에 하느님의 눈앞에 잘못이 없다."

가톨릭 교회는 여러 비신자들이 받는 인상과는 정반대로 이 세상에서 가장 아량이 넓고 이치에 맞는 단체다. 가톨릭 교회는 그리스도의 마음을 반영하고 그분의 가르침을 영원히 계속하는 조직체로서 가장 친절하다. 교회는 그리스도께서 맡기신 명령을 받들어 온갖 이단의 학설을 반대하지만 이단을 부르짖는 사람은 사랑한다. 그리고 아무리 대죄인이라도 이를 덕스럽고 거룩하게 살도록 인도하기에 결코 실망하지 않는다. 교회는 모든 사람을 위해서 구원의 문을 열어 두고 있다. 다만 제 양심의 빛을 거슬러 행동하는 사람, 자기가 의심하면서도 탐구하기를 거절하는 사람들이 자기에게 열린 문을 닫을 따름이다.

종교적 기생충 생활

이제 마지막 의문이 남았다. 무차별론에 솔깃한 사람들은 이렇게 묻는다. "참된 종교의 회원이 된다는 것이 영원한 구원과 또 올바른 생활을 위해서 없어서는 안 된다고 공언하면서도 그에 속하지 않고 올바른 생활을 하여 존경을 한 몸에 받는 훌륭한 인사가 있음은 어찌 된 영문인가?" 그러한 인사들은 그리스도교적 이상이 침투된 사회에 살고 있어 의식하든 안 하든 그리스도의 가르침으로 고취된 도덕률과 윤리관의 깊은 감화를 입고 있다고 대답할 수 있다. 동포들로부터 존경을 받는 그 인격은 결국 따지고 보면 모두 그리스도교가 가르치는 행위의 표준에 기인된 것임을 알 수 있다. 한마디로 그들은 불가지론이나 무신론 '때문에' 존경받는 것이 아니라, '그럼에도 불구하고' 존경받는 것이다.

예를 들면 어떤 소년이 꽤 높은 언덕에서 썰매를 타고 내달렸다 하

자. 그러면 그 썰매는 언덕 밑에 와서 서지 않고 얼마쯤은 평지를 제법 빨리 미끄러져 갈 것이다. 그때에 어떤 신사가 언덕에서부터 썰매가 달려 내려왔다는 것을 알지 못하고 평지를 달리는 썰매만 보았더라면 아마 이렇게 중얼거릴 것이다. "허, 거참 신통한 발명인데! 모터도 없이 저렇게 빨리 달리다니……." 하지만 언덕에서부터 에너지를 얻은 줄 알면 이런 감탄은 깨끗이 없어질 것이다. 평지를 달리는 것은 빌려 온 힘 덕분이다. 그리스도적 이상과 도덕률에 젖은 사회에 살고 있는 비종교인도 이와 마찬가지다. 그는 빌려 온 힘으로 움직인다. 의식하든 안 하든 그의 일거수일투족은 그리스도교로 물든 과거 19세기 동안의 주요한 결과인 도덕률의 감화를 받고 있다.

이러한 사람이 미상불 도덕적 기생충이다. 밸푸어Balfour가 그의 저서 《신앙의 기초The Foundations of Belief》에서 이렇게 말했다. "자기보다 우수한 조직체의 체내에 사는, 아니 거기서만 살 수 있는 벌레를 생물학자들은 기생충이라 부른다. 자연주의와 아무 상관이 없는 초자연의 윤리 표준이 실제로는 자연주의와 별반 다를 것 없다는 이가 있다. 곧, 무신론자인데도 신앙인과 다름없는 존경을 받는 생활을 한다고 으스대는 사람들이 있다. 그러니 이들의 정신은 기생충에게서 볼 수 있는 모습이다. 즉, 그들에게 속하는 신념이 아니라 그들이 사는 사회에 속하는 신념으로써 눈가림을 하는 생활이다. 이는 그들이 섭취 작용으로 영양을 도둑질하는 생활이다. 그러므로 이러한 신념이 사라지거나 이러한 작용이 끝나면, 지금까지 유지되어 온 이들의 생명은 더 이상 지탱되지 못하고 만다."

비종교인을 회심하게 하는 어려움

신앙이 없는 사람이 정도를 벗어난 생활을 하는 것을 회심하게 하기는 신앙이 있는 사람의 경우보다 훨씬 어렵다. 왜냐하면 그에게는 양심을 자극하는 효과적인 자극제가 훨씬 적기 때문이다. 만일 십계명을 단지 셈족의 양심에서 우러난 일시적 법률이며 이제는 돌아볼 가치조차 없는 것으로 여긴다면, 또는 하느님의 존재와 영혼의 불멸성을 부인한다면 도덕률을 지킬 이유는 어디에 있다는 말인가? 그들은 불행하게도 들켰을 때 받게 되는 민법에 규정된 벌이나 사회의 비난쯤은 얼마든지 피할 길이 있음을 잘 알고 있다. 그리고 다행히도 들키지 않으면 그만이다.

그러나 신앙심이 있는 사람은 사정이 다르다. 그에게는 종교에서 직접 솟아 나오는 초자연적인 자극이 산더미처럼 많다. 민법은 이것을 다루는 판사들 역시 오류를 범할 수 있는 인간들이니만큼 판사에 따라 그 판례가 다르지만, 종교의 제재는 틀릴 수 없는 전능하고 전지하신 하느님의 눈으로 판정된다. 그러므로 종교인은 양심이라는 경찰과 항상 함께 생활하는 셈이다. 이것이 워싱턴이 그의 유명한 퇴임 연설에서 말한 것처럼 '정치적 번영으로 이끄는 모든 자질과 관습 중에서 종교와 도덕은 없어서는 안 되는 지주'라는 심원한 진리다. 이는 미국인이 언제나 명심해야 할 경고다. "도덕이 종교 없이 유지될 수 있다는 가설을 조심해야 합니다. 특이한 재능을 갖는 사람들이 수준 높은 교육을 받았기 때문이라고 해도 우리의 이성과 경험에 비추어 봤을 때 종교의 원리 없이 국민의 윤리는 보존될 수 없다고 볼 수 있습니다."

그런 만큼 양심을 거슬러 도덕률을 어긴 경우 종교심은 타락으로부터 회심하기를 크게 자극한다. 종교 생활의 정통한 연구가인 콘웨이 신부가 적절하게 지적했다.

"참된 그리스도교인이라도 때로는 유혹에 못 이겨 이교도처럼 죄악에 떨어져 자기가 고백하는 동안에 신앙에 거짓말을 하는 때도 없지 않다. 그러나 그가 아무리 타락했다고 하더라도 그는 일정한 기준으로부터 떨어진 것이니만큼 다시 올라올 거라고 기대할 수가 있다. 그는 하느님의 산에 기어오르기만 하면 꼭대기에 도달하기 위한 하느님의 도움을 받을 수 있음을 안다. 그렇지만 타락은 오직 환경이 악하기 때문이라든가, 혈통의 탓이라든가, 보이지 않는 강한 의지의 강박력 때문이라고 우기는 사람은 개과천선할 가망이 없다. 그는 선을 악이라 하고 악을 선이라 부르기 때문이다."

결론

지금까지 종교 무차별론은 마르틴 루터가 개인의 사사로운 판단이 종교 생활의 최고의 지침이라고 내세운 주관주의를 그 근본 바탕으로 삼고 있음을 살펴봤다. 이는 16세기에 그릇된 종교 혁명가들이 뿌린 종교적 혼란과 무질서의 씨를 20세기에 추수한 것과 같은 것이어서 객관적 종교 진리를 활발히 찾을 열성을 꺼 버리고 만다.

그리스도가 온 인류 사회를 위하여 세운 유일하고 진정한 교회가 가톨릭 교회임을 깨달으려면 우선 이제까지 말한 무차별론이 그릇된 사상임을 알아야 한다. 이미 이 사상이 어떠한 뜻을 지니고 있는지 명백해진 이상, 이것이 자연적 이성에도 하느님의 계시에도 어긋나는 것임을 이해하게 되며, 아울러 논리의 근본 원리에는 물론, 상식에도 어긋나는 것임을 알 수 있다. 달콤한 사탕발림 속에는 사람을 죽이는 독이 가득 차 있다.

그러므로 비오 11세 교황의 회칙 〈참된 종교적 일치〉에서 종교의 일치는 각 교파가 제각기 신조를 고집하면서 겉으로만 일치하는 데 있지 않고, 각 교파가 모두 자모이신 성교회의 양 우리 안에 되돌아와 조상들이 지니던 신앙을 되찾음에 있다고 밝힌 것처럼, 이는 참으로 혼란과 오류 속에 허덕이는 국민들에게 진실로 감미로운 초대가 아닐 수 없다. 길 잃은 양들이 우리 안에 되돌아오기를 간절히 바라는 그의 부르짖음 속에는 자애로운 아버지의 마음이 메아리치고 있다.

"길 잃은 자녀들을 사도들의 으뜸인 베드로, 바오로가 그들의 피로써 봉헌한 이 성좌로 돌아오게 해야 한다. 이 성좌야말로 '가톨릭 교회의 뿌리요 모체'다. 진실로 '살아 계신 하느님의 교회이며 진리의 기둥이요 기초'인 교회가 신앙의 순결을 잃고 오류를 지니고 있다는 의구심은 버리고, 교회가 가르치는 권위와 통치를 섬기겠다는 지향으로써 돌아오게 해야 한다. 내 선임자들에게 허락하지 않은 바가 내게 허락되어, 죄스러운 불화로 나를 배반한 저 자녀들이, 애통히 여기는 내 사랑의 품에 되돌아오기를 바란다. 나는 이렇게 원한다. '모든 사람이 구원을 받고 진리를 완전히 알기를 원하시는' 주님, 제 간절한 기도를 들어 허락하시어, 저 길 잃은 모든 무리를 하나이신 교회의 품에 돌아오게 하소서. 그 높으신 뜻을 받들어 하느님 은총의 어머니시며 모든 이단의 정복자시며 그리스도인들의 모친이신 복되신 동정 마리아의 전달로써 모든 이가 하루빨리 성자의 목소리를 듣게 되어 '평화로써 서로 결합되어 정신의 일치를 보존하게' 되기를 기원한다. 그대들은 내가 얼마나 간절히 그들이 돌아오기를 고대하는지 알고 있다. 또한 가톨릭의 세계에 살든 나를 떠났든, 모든 자녀들이 이를 알기를 원한다. 그들이 나를 떠났을지라도 겸손되이 하느님의 은총을 구하면 예수 그리스도의 유일한 참교회를 깨닫고 드디어는 완전한 사랑 속에 나와 일치될 것을 의심치 않는다."

여기에 지극한 정성으로 바라야 될 일이 있다. 그리스도계의 일치의 복구다. 이 거대한 목표가 달성되고 곧 지난 4세기 동안 그리스도계를 찢어 온 가지를 바로잡을 때, 그제야 비로소 이 세상을 뒤흔드는 그릇된 오해와 원한의 씨가 제거될 것이다.

실천

- 날마다 성경 한 장씩 읽는 습관을 길러, 그리스도를 아는 데 힘쓰기.
- 좋아하는 것을 조금 희생하여 비축한 물건이 있으면 전교 사업에

바쳐 보기.
- 소속되어 있는 분야에서, 가능하다면 가톨릭의 역사나 교리를 계속 공부하기.

제6장

어느 것이 참된 그리스도교회인가?

증거는 너무나 자명하다

신중히 고려한 결과 '종교란 다 같이 좋은 것'이라는 말이 잘못된 것임을 깨닫고, '무엇을 믿느냐 하는 것은 중대한 문제'임을 깨달으면 다음의 두 가지 중요한 문제에 부딪치게 된다.

1) 어느 것이 참교회인가?

2) 어떻게 그것을 발견할 수 있는가?

이 대답은 어느 교회가 '하나이고, 거룩하고, 보편되며, 사도로부터 이어 오는' 네 가지 표지를 갖고 있느냐를 발견하는 데 있다. 이 표지는 그리스도께서 다른 것과 분간하기 위하여 당신의 교회에 새겨 놓으신 것이기 때문이다. 그렇다고 할지라도 어느 교회가 이 표지를 갖고 있느냐를 발견하기 위해서 수백 개나 되는 교파를 일일이 검토해 나갈 만큼 끈기 있는 이는 드물 것이다.

그런데 이 문제를 해결하는 지름길이 있다. '어느 것이 참교회냐?' 하는 문제는, 첫째로 어느 것이 그리스도가 세운 교회냐 하는 것이다. 만일 그리스도가 직접 세웠고, 당신의 이름으로 가르칠 권위를 주었고, 항상 진리의 성령이 더불어 계시겠다고 약속받은 교회를 찾을 수 있다면, 다음과 같은 확신을 가질 수 있을 것이다. 곧, 만일 참교회가 이 세상 어딘가에 있다면, 이것은 반드시 그리스도께서 친히 세우신 제도라야 한다.

이 문제를 따져 나갈 때 교파마다 제각기 참교회라고 주장하는 모습을 검토하겠지만, 그럴 때에도 필자는 오히려 모든 교파를 믿는 사람들에 대해서는 우애와 선의 외의 아무 악감정도 없다. 그들의 주장을 역사적 사실에 비추어 거부하게 되더라도 그러한 반대는 필자 개인의 사사로운 생각이 아니라 오직 객관적 근거에 기인한 것일 뿐이다. 필자는 모든 사람에 대해서 오직 애정이 있을 뿐이다. 이 세상에는 이미 종파로 말미암은 증오가 너무 심하다. 따라서 이 책을 쓰는 것도 그러한 증오를 증가하게 하기 위한 것이 아님은 물론, 그와는 반대로 예수 그리스도께서 세우신 유일한 교회를 증명하는 역사적 사실을 우정으로써 객관적으로 제시해 증오심과 적개심을 되도록 줄이고자 하는 목적이다.

진리를 찾을 의무

역사적 사실이 그리스도가 인류를 위하여 세우신 유일한 참교회임을 밝혀 준다고 주장한다 해서 '교회의 몸에 속하여 있지 않은 사람은 구원받을 수 없다'는 잘못된 인상을 비가톨릭 독자 여러분에게 심어 줄 의도는 전혀 없다. 실상 전 인류의 구원에 대한 교회의 너그러움과 어머니다운 사랑은 "비록 참교회와 볼 수 있는 관계를 맺고 있지 않더라도 자기 양심의 성실한 신념에 따라 생활하는 사람이면 구원될 수도 있다."라는 교회의 가르침에서 찬란히 빛나고 있다. 양심을 거스르지만 않는다면 하느님께 죄스러울 것이 없다. 양심의 명령에 충실한 모든 이는 교회의 영에 속하기에 하느님으로부터 그 충성의 갚음을 받는다. 비록 객관적으로는 잘못되어 있다고 할 수 있지만 그들 스스로는 좋은 신앙심으로 사는 것이다. 따라서 그들이 교회의 몸에 속하여 있지 않다는 그것만으로는 적어도 하느님의 눈앞에 죄스럽지 않다.

그렇지만 각 사람에게는 진리를 찾아 양심을 계몽하여 무지한 편견과 오해로 말미암은 진리의 일그러진 만화를 버리고 객관적 실재를 정직하게 반영해야 될 의무가 있다. 비가톨릭 독자 여러분에게 그저 마음을 터놓고 증거를 검토해 줄 것을 바랄 뿐이다. 이렇게만 한다면 역사적 사실이 과거 19세기 동안 '온갖 가치를 초월한 진주'로서의 가톨릭 신앙을 무수한 사람들에게 알려 주었던 그 같은 힘으로 독자들의 마음을 울릴 것을 믿는다.

그리스도가 세우신 가톨릭 교회

이제 유다인이든, 개신교 신자든, 가톨릭 신자든, 비신자든 누가 썼든지 관계없이 어쨌든 믿을 만한 역사책을 보아라.

그러면 여러분은 모든 역사가들이 가톨릭 교회가 적어도 그리스도가 세우신 교회라는 사실만은 이구동성으로 말하는 것을 듣게 될 것이다. 성경을 그냥 역사서로만 보더라도 이 점에 있어서는 의심할 여지가 전혀 없을 만큼 자명한 증거가 있다. 구세주께서 교회를 세우시고 당신의 이름으로 전 인류를 가르칠 권위를 주신 그 장엄한 말씀을 들어 보자. 이는 한 복음서에만 실려 있는 것이 아니라 네 복음서에 모두 실려 있다. 말씀은 너무도 간단명료하여 다르게 알아들을 수도 없다. 이는 그리스도께서 친히 사도들에게 하신 말씀이다. "아버지께서 저를 세상에 보내신 것처럼 저도 이들을 세상에 보냈습니다."(요한 17,18) "나는 하늘과 땅의 모든 권한을 받았다. 그러므로 너희는 가서 모든 민족들을 제자로 삼아, 아버지와 아들과 성령의 이름으로 세례를 주고, 내가 너희에게 명령한 모든 것을 가르쳐 지키게 하여라. 보라, 내가 세상 끝 날까지 언제나 너희와 함께 있겠다."(마태 28,18-20)

이러한 말씀은 교회가 그리스도의 진리를 모든 이에게 가르칠 신적 사명을 받았음을 입증한다. 이는 교회가 예수 그리스도의 이름과 권위로 가르칠 자격을 정식으로 받았다는 불멸의 신조로서 모든 이에게 제시할 대헌장이기도 하다. 따라서 주님은 이러한 권위를 받은 가르침을 받아들이거나 거부할 자유가 없음도 밝혔다. "너희는 온 세상에 가서 모든 피조물에게 복음을 선포하여라. 믿고 세례를 받는 이는 구원을 받고 믿지 않는 자는 단죄를 받을 것이다."(마르 16,15-16) 복음은 그 뒤에 권위가 있는 까닭에 받아들일 의무가 있음을 강조하는 것으로, 그리스도의 말씀이 루카 복음서에도 똑똑히 실려 있다. "너희 말을 듣는 이는 내 말을 듣는 사람이고, 너희를 물리치는 자는 나를 물리치는 사람이며, 나를 물리치는 자는 나를 보내신 분을 물리치는 사람이다."(루카 10,16)

그리스도는 당신 교회에 가르치기를 명하신다

그리스도의 명백한 말씀으로 밝혀졌듯이 구세주는 오늘날 여러 사람이 생각하듯 부족함이 있지 않았다. 곧 종교적 또는 도덕적 진리를 가르치시기만 하고, 이를 보존하고 해석하고 세말까지 모든 이에게 전해 줄 제도를 마련하지 않는 일은 범하지 않으셨다. 예수님은 오직 어떤 진리를 밝히셨을 뿐이고 이를 모든 이에게 가르칠 조직체를 마련하지 않으셨다는 생각은, 예수님의 슬기로 보거나 그분의 인류 구원을 위한 지향으로 보거나 어울리는 말이 아닐뿐더러 성경에 근거가 없는 생각이다. 만일 이 세상에 태어나는 사람에게 제각기 저 아득한 옛날에 예수님이 가르치신 진리를 자기 혼자서 틀리지 않게 해석해야 될 의무가 있다면 그야말로 예수님의 계획은 애당초 헛된 것이리라.

거의 모든 사람은 그런 일을 할 시간도 능력도 없거니와, 그 당시에는 인쇄술도 없고, 필기술도 신통치 못하였고, 그나마 그런 필기술을 아는 사람이 극히 적었기에 말이다. 뿐만 아니라 그리스도께서 친히 한 줄이라도 쓰셨다거나 제자들에게 쓰라고 명하신 흔적도 없다.

오히려 그분은 제자들에게 때를 가리지 말고 설교하고 가르치기를 명하셨다. 주님의 가르침은 듣는 자의 능력에 따라 적절하게 조절될 수 있게 마련되었다. 그리스도의 진리라는 유산을 인류에게 효과 있게 전하는 유일한 방법은 이것이다. 그리스도가 실제로 쓰신 방법이 이것이었음은 성경을 읽으면 명백히 알 수 있다. 그리스도는 진리를 19세기 전에 말씀하셨을 뿐, 그 후로는 이의 뜻을 틀림없이 해석할 권한을 각 사람의 그 믿지 못할 능력에 맡기셨다는 비가톨릭 편의 그릇된 인상을 뒷받침할 만한 말씀은 성경 어디에도 없다.

세 가지 역사적 기본 사실

현대인은 반드시 다음의 세 가지 역사적 기본 사실을 인식해야 한다.

1. 예수 그리스도는 실제로 교회를 세우셨다.
2. 그분은 이 교회에 온 인류를 가르칠 권리(재치권, 裁治權)와 권능을 주셨다.
3. 그리스도가 세우시고, 이러한 권능과 권위를 받은 교회는 가톨릭 교회다.

이러한 역사적 사실로부터 어쩔 수 없는 논리에 따라 다음과 같은 간단명료한 결론이 나온다. 곧, 가톨릭 교회는 예수 그리스도가 전 인류를 구원하기 위하여 세우신 유일한 참교회다. 이 빈틈없는 결론에서 빠져나갈 길이 있는가? 그런데 가톨릭 교회가 예수 그리스도께서 세우신 교회임을 모든 이가 인정해야 마땅함에도 불구하고, 가톨릭의 시대가 지나감에 따라 차차 그리스도의 순수한 진리를 조금씩 버리고 오류를 섞어 전하고 있기 때문에, 오늘날에는 참교회라고 볼 수 없다고 우기며 이 결론에서 빠져 도망가려는 이가 있다.

그러나 이것은 구세주께서 "내가 세상 끝 날까지 언제나 너희와 함께 있겠다."(마태 28,20), 또 "내가 이 반석 위에 내 교회를 세울 터인즉, 저승의 세력도 그것을 이기지 못할 것이다."(마태 16,18)라는 약속을 깨뜨린 경우에만 옳다. 만일 그리스도께서 이 엄숙한 약속을 깨뜨리셨다면 오늘날 이 세상 어디에도 하느님의 참교회는 없다고 말할 수 있다. 그러나 가톨릭 교회가 20세기에 걸쳐, 저 1세기에 그리스인이나 로마인이나 미디안이나 페르시아인에게 가르친 그 같은 계시 진리를 오늘의 세계에도 가르치는 유일의 그리스도교회라는 사실이 그리스도께서 이 약속을 어기지 않으셨음을 명백히 밝혀 준다.

그리스도는 약속을 지켜 오셨다

교회는 네로 시대로부터 오늘의 공산주의 독재자들에 이르기까지 수많은 폭군들로부터 박해를 받아 왔다. 어느 나라에서든지 교회의 자녀들은 신앙을 위하여 순교해 왔다. 그들은 매몰찬 사람들의 모진 칼날 아래 용감히 쓰러졌다. 그들은 로마의 원형 극장에서 굶주린 사자들의 발톱에 찢겨 죽었다. 그들은 순교의 십자가 위에서 불꽃의 심지가 되었다. 뿐만 아니라 그들은 오늘날 종교 박해자들의 불같은 성화에도 굽힐 줄 모른다.

교회는 헨리 8세의 교회 재산 약탈도, 나폴레옹의 교황 감금도 목격했다. 그러나 예수 그리스도가 세상 끝 날까지 모든 이에게 가르치기를 명하신 계시 진리의 부스러기조차도 어떠한 임금이나 농민을 위해서 굽히지 않았다.

교회는 개신교 교파들의 조직체의 영향으로 생겨난 현대식 불신앙의 쓴맛도 보아 왔다. 교회는 탈을 뒤집어쓰고 아양을 떠는 현대식 이교에 속지 않고, 쾌락만을 추구하는 현 세계의 비위를 맞추려 윤리 표준을 낮추지도 않는다. 득세한 국가주의나 제국주의에 굽혀 영적 통치권에 관해서 협상하려 들지도 않는다. "예수 그리스도는 어제도 오늘도 또 영원토록 같은 분이시다." 이것이 그의 고집이다. 교회의 이 영속성, 만대에 존속하여 그 진리의 한 조각이라도 굽힘이 없이 모든 이에게 전하기에 지칠 줄 모르는 이 사실이야말로, 그리스도께서 항상 교회와 함께 있겠다는 약속을 지켜 오셨다는 눈부신 증거가 아니겠는가? 오늘의 가톨릭은 19세기 전에 유다에서 하느님이신 창설자의 손으로 태어난 그대로의 참된 그리스도의 교회다.

역사의 소리

이제 세 개의 그림을 보자. 〔※ 〈그림 1〉 - 맨 뒤 별지 참조〕

〈그림 1〉 '역사의 소리'는 현존하는 여러 교파 중에 가톨릭 교회만이 그리스도까지 그 기원이 소급될 유일한 교회임을 일목요연하게 보여준다. 이를 보면 가톨릭만이 그리스도께서 세우신 것이고 다른 것들은 사람이 세운 것임을 알 수 있다. 이를 한 번만 훑어보아도 그리스도를 창설자이며 동시에 만대의 보호자로 삼는 유일한 참교회는 가톨릭임을 즉시 알 수 있다. 세로줄은 기원후의 세기를 뜻하고 가로줄은 과거 19세기 동안에 일어난 수백 가지 교파 중에서 주요한 것만 추린 교파를 뜻한다. 가로줄의 길이는 그 교파가 생겨서부터 없어지기까지의 기간을 표시하고, 줄의 넓이는 그 교파의 크기를 대강 표시한다.

여기서 주의해야 될 일은 개신교가 처음 세상 빛을 본 것은 16세기임에 비해, 가톨릭은 예루살렘에서 33년에 예수 그리스도로부터 창설된 이래 그때까지 이미 1500년을 살아왔다는 사실이다.

'프로테스탄티즘'이라는 단어가 태어난 것은 1529년 독일의 슈파이어 국회였지만, 그 첫 움직임은 마르틴 루터가 1517년 10월 31일 비텐베르크 성당 문에 저 유명한 반박문을 써 붙인 때였다. 그 밖의 모든 개신교 교파는 그 후 가지각색의 사람들의 손에서 비롯했다. 가톨릭의 신적 기원과 개신교 교파들의 인적 기원을 비교해 볼 것이다.

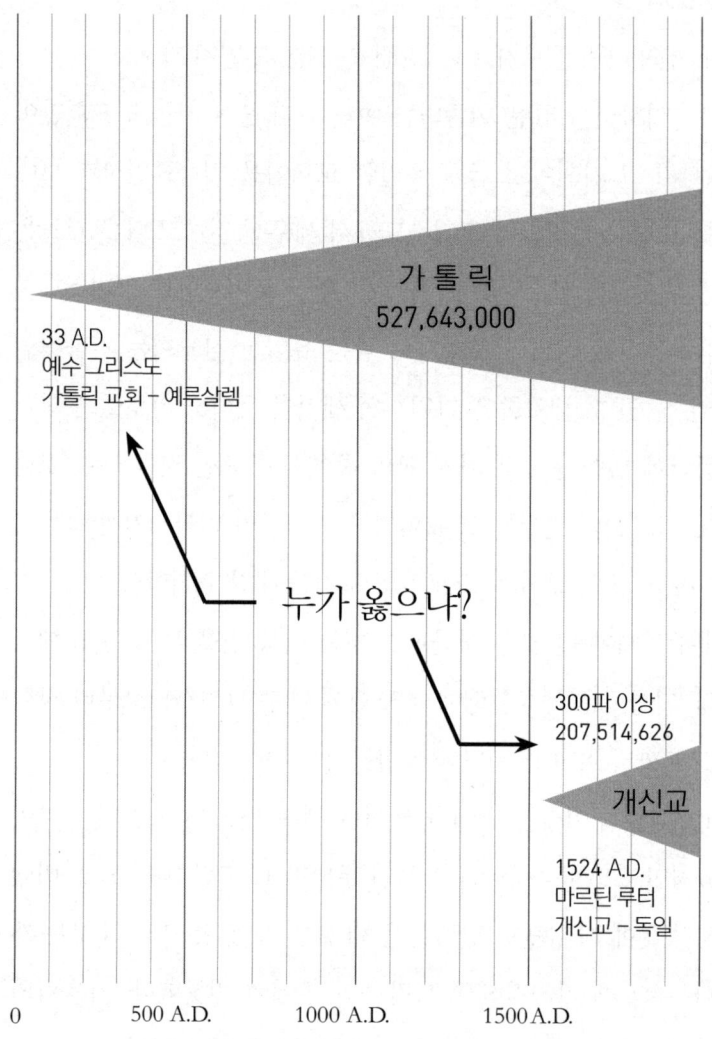

〈그림 2〉 '그리스도냐 루터냐'

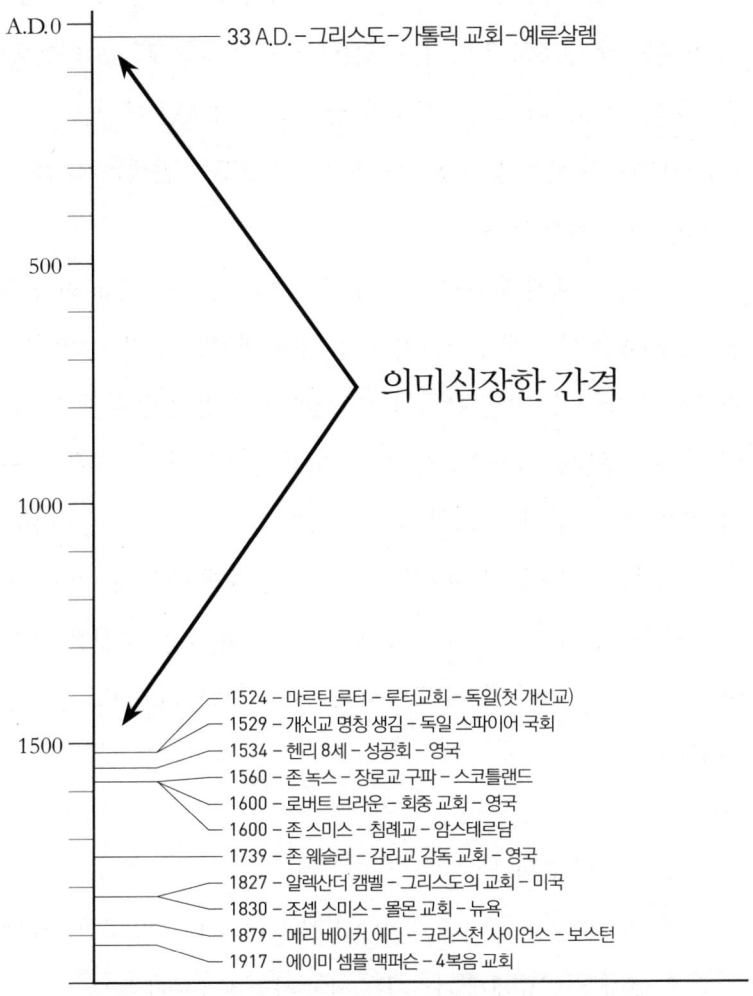

〈그림 3〉 '15세기의 간격'

〈그림 2〉 '그리스도냐 루터냐'는 가톨릭의 신적 기원과 개신교의 인적 기원을 잘 대조하고 있다. 이것은 어느 것이 참교회냐 하는 문제를 결정하는 그림이다. 곧 개신교의 창설자인 마르틴 루터를 믿겠는가, 또는 가톨릭의 신적 창설자이신 예수 그리스도를 믿겠는가? 대답은 들어 보나 마나 뻔하다.

  〈그림 3〉 '15세기의 간격'은 예수 그리스도가 33년에 교회를 창설하신 것과 첫 개신교의 루터파가 1524년에 태어난 것의 차이에는 15세기라는 넘나들 수 없는 간격이 가로놓여 있음을 산뜻하게 보여 준다. 이 간격은 무엇을 뜻하는가? 그리스도가 승천하신 후 15세기 또는 그 이상이나 세상 구경을 못 한 교파가 과연 그리스도를 창설자라고 우길 수 있느냐는 질문에 너무나 똑똑하고 간명하게 대답해 준다. 이 그림은 누구라도 보고 알 만하다. 이 세 가지 그림은 다음과 같은 가장 중요한 역사적 사실을 수천 권의 역사책보다 더 똑똑하고 더 생생하게 말해 준다.

  1. 가톨릭 교회만이 그 창설자가 예수 그리스도이시다.
  2. 가톨릭은 개신교가 태어나기 전에 이미 15세기 동안 그리스도의 종교를 인류에게 가르치는 신적 사명을 수행해 왔다.
  3. 개신교는 사람이 만든 종교다.
  4. 이들은 아무런 신적 재가도 인준도 없다.
  5. 그리스도께 충실하려면 이러한 사람이 만든 교리를 버리고, 그리

스도가 온 인류를 위하여 세우신 종교를 믿어야 한다.

가톨릭 교회의 명의 주권名義主權 계통표

가톨릭 교회의 교황 역대표는 베드로부터 오늘의 교황에 이르기까지 이어져 온 교황들의 계통표다. 이는 가톨릭만이 예수 그리스도의 권위로써 현 세계에 말할 수 있다는 역사적 자격증이다. 그리스도는 베드로를 이 세상에서 볼 수 있는 당신 교회의 으뜸으로 정하시고 그에게 그르칠 수 없는 최고의 교도권을 주셨기 때문이다. 우리는 오늘의 교황이 베드로부터(그리스도로부터 베드로를 거쳐) 끊기지 않은 계승으로 말미암아 똑같은 권위로 말하고 있음을 안다.

어떤 재산을 차지하려면 반드시 이것이 누구누구를 거쳐 왔는지 원소유자에게까지 거슬러 올라가는 명의 주인의 계통표를 따져 보아야 한다. 그렇지 않다면 말썽이 생길 경우 그 재산을 소유하지 못하게 될 것이다. 그러니 예수 그리스도의 참교회를 찾는 데도 명의권의 계통표가 원주인인 그리스도까지 끊기지 않았는지를 따져야 할 것이다. 여러분이 자칭 그리스도교라는 교파들의 계통표를 따져 볼 때 오직 하나(그리스도가 세우셨고 베드로를 거쳐 오늘에 이르기까지 그분의 계승자들이 줄곧 다스려 온 거룩하고 보편적이며 사도로부터 이어 온 교회)만이 베드로와 그리스도에까지 소급됨을 알 것이다.

가톨릭 교회만이 사도로부터 전해지는 교회다

가톨릭 교회만이 그리스도가 세우셨고 그분이 신적으로 임명한 지상의 대리자가 통치해 온 교회라는 가장 중요한 사실은, 역대 교황의 중단 없는 계통표뿐 아니라 가톨릭 교회만이 그리스도와 사도들이 가르친 모든 것을 보존한다는 사실로 확증된다. 오늘의 교리는 1세기 사도들이 가르친 교리다. 교리와 신심 행사의 일치는 그리스도와 사도들의 숨기지 못할 손도장이 교회의 계통표에 찍혀 있다는 말이다.

이 손도장은 가톨릭의 교리가 15세기 내지 19세기에 소위 종교 혁명가나 개신교도들이 사도들의 옛 신앙을 제멋대로 고쳐 놓은 그것이 아님을 보증하는 도장이다. 이 손도장이야말로 교회의 기원과 권위가 신적임을 확인하는 인호다.

가톨릭 교회의 역대 교황 일람표

베드로로부터 오늘의 교황에 이르기까지 끊기지 않는 계통표

"너는 베드로이다. 내가 이 반석 위에 내 교회를 세울 터인즉, 저승의 세력도 그것을 이기지 못할 것이다."(마태 16,18) 이는 그리스도가 베드로에게 하신 말씀이다.

갈릴래아 지방 벳사이다의 베드로, 사도들의 으뜸, 예수 그리스도로부터 최상의 사목권을 그 후계자들에게 계승하게 할 권한을 받은 그는, 처음에는 안티오키아에 정좌했다가 다음에 로마에 정좌하여 여기서 25년 동안 사목한 후 약 67년에 순교했다.

〈표 1〉 **역대 교황 일람표**

대순	교황명	재직 말년
1대	성 베드로 St. Petrus(순교)	64
2대	성 리노 St. Linus(순교)	79
3대	성 아나클레토 St. Anacletus(순교)	92
4대	성 클레멘스 1세 St. Clemens I(순교)	97
5대	성 에바리스토 St. Evaristus(순교)	105
6대	성 알렉산데르 1세 St. Alexander I(순교)	115
7대	성 식스토 1세 St. Sixtus I(순교)	125
8대	성 텔레스포로 St. Telesphorus(순교)	136
9대	성 히지노 St. Hyginus(순교)	140
10대	성 비오 1세 St. Pius I(순교)	155
11대	성 아니체토 St. Anicetus(순교)	166
12대	성 소테르 St. Soter(순교)	175
13대	성 엘레우테리오 St. Eleutherius(순교)	189
14대	성 빅토리오 1세 St. Victorius I(순교)	199
15대	성 제피리노 St. Zephyrinus(순교)	217
16대	성 갈리스토 1세 St. Callistus I(순교)	222
17대	성 우르바노 St. Urbanus I(순교)	230
18대	성 폰치아노 St. Pontianus(순교)	235

대순	교황명	재직 말년
19대	성 안테로 St. Anterus(순교)	236
20대	성 파비아노 St. Fabianus(순교)	250
21대	성 고르넬리오 St. Cornelius(순교)	253
22대	성 루치오 1세 St. Lucius I(순교)	254
23대	성 스테파노 1세 St. Stephanus I(순교)	257
24대	성 식스토 2세 St. Sixtus II(순교)	258
25대	성 디오니시오 St. Dionysius	268
26대	성 펠릭스 1세 St. Felix I(순교)	274
27대	성 에우티치아노 St. Eutichianus(순교)	283
28대	성 카이오 St. Caius(순교)	296
29대	성 마르첼리노 St. Marcellinus(순교)	304
30대	성 마르첼로 1세 St. Marcellus I(순교)	309
31대	성 에우세비오 St. Eusebius(순교)	309
32대	성 멜키아데스 St. Melchiades(순교)	314
33대	성 실베스테르 1세 St. Sylvester I	335
34대	성 마르코 St. Marcus	336
35대	성 율리오 1세 St. Julius I	352
36대	리베리오 Liberius	366
37대	성 다마소 1세 St. Damasus I	384
38대	성 시리치오 St. Siricius	399

대순	교황명	재직 말년
39대	성 아나스타시오 1세 St. Anastasius I	401
40대	성 인노첸시오 1세 St. Innocentius I	417
41대	성 조시모 St. Zosimus	418
42대	성 보니파시오 1세 St. Bonifatius I	422
43대	성 첼레스티노 1세 St. Celestinus I	432
44대	성 식스토 3세 St. Sixtus III	440
45대	성 대 레오 1세 St. Leo I (Magnus)	461
46대	성 힐라리오 St. Hilarius	468
47대	성 심플리치오 St. Simplicius	483
48대	성 펠릭스 3(2)세 St. Felix III(II)	492
49대	성 젤라시오 1세 St. Gelasius I	496
50대	아나스타시오 2세 Anastasius II	498
51대	성 심마코 St. Symmachus	514
52대	성 호르미스다스 St. Hormisdas	523
53대	성 요한 1세 St. Joannes I (순교)	526
54대	성 펠릭스 4(3)세 St. Felix IV(III)	530
55대	보니파시오 2세 Bonifatius II	532
56대	요한 2세 Joannes II	535
57대	성 아가피토 1세 St. Agapitus I	536
58대	성 실베리오 St. Silverius (순교)	537

대순	교황명	재직 말년
59대	비질리오 Vigilius	555
60대	펠라지오 1세 Pelagius I	561
61대	요한 3세 Joannes III	574
62대	베네딕토 1세 Benedictus I	579
63대	펠라지오 2세 Pelagius II	590
64대	성 대 그레고리오 1세 St. Gregorius I (Magnus)	604
65대	사비니아노 Sabinianus	606
66대	보니파시오 3세 Bonifatius III	607
67대	성 보니파시오 4세 St. Bonifatius IV	615
68대	성 데우스데디트 St. Deusdedit	618
69대	보니파시오 5세 Bonifatius V	625
70대	호노리오 1세 Honorius I	638
71대	세베리노 Severinus	640
72대	요한 4세 Joannes IV	642
73대	테오도로 1세 Theodorus I	649
74대	성 마르티노 1세 St. Martinus I (순교)	655
75대	성 에우제니오 1세 St. Eugenius I	657
76대	성 비탈리아노 St. Vitalianus	672
77대	데우스데디트 2세 Deusdedit II	676
78대	도노 Donus	678

대순	교황명	재직 말년
79대	성 아가토 St. Agatho	681
80대	성 레오 2세 St. Leo II	683
81대	성 베네딕토 2세 St. Benedictus II	685
82대	요한 5세 Joannes V	686
83대	코논 Conon	687
84대	성 세르지오 1세 St. Sergius I	701
85대	요한 6세 Joannes VI	705
86대	요한 7세 Joannes VII	707
87대	시신니오 Sisinnius	708
88대	콘스탄티노 Constantinus	715
89대	성 그레고리오 2세 St. Gregorius II	731
90대	성 그레고리오 3세 St. Gregorius III	741
91대	성 자카리아 St. Zacharias	752
92대	스테파노 2(3)세 Stephanus II(III)	757
93대	성 바오로 1세 St. Paulus I	767
94대	스테파노 3(4)세 Stephanus III(IV)	772
95대	하드리아노 1세 Hadrianus I	795
96대	성 레오 3세 St. Leo III	816
97대	스테파노 4(5)세 Stephanus IV(V)	817
98대	성 파스칼 1세 St. Paschalis I	824

대순	교황명	재직 말년
99대	에우제니오 2세Eugenius Ⅱ	827
100대	발렌티노Valentinus	827
101대	그레고리오 4세Gregorius Ⅳ	844
102대	세르지오 2세Sergius Ⅱ	847
103대	성 레오 4세St. Leo Ⅳ	855
104대	베네딕토 3세Benedictus Ⅲ	858
105대	성 대 니콜라오 1세St. Nicolaus Ⅰ(Magnus)	867
106대	하드리아노 2세Hadrianus Ⅱ	872
107대	요한 8세Joannes Ⅷ	882
108대	마리노 1세Marinus Ⅰ	884
109대	성 하드리아노 3세St. Hadrianus Ⅲ	885
110대	스테파노 5(6)세Stephanus Ⅴ(Ⅵ)	891
111대	포르모소Formosus	896
112대	보니파시오 6세Bonifatius Ⅵ	896
113대	스테파노 6(7)세Stephanus Ⅵ(Ⅶ)	897
114대	로마노Romanus	897
115대	테오도로 2세Theodorus Ⅱ	897
116대	요한 9세Joannes Ⅸ	900
117대	베네딕토 4세Benedictus Ⅳ	903
118대	레오 5세Leo Ⅴ	903

대순	교황명	재직 말년
119대	세르지오 3세 Sergius III	911
120대	아나스타시오 3세 Anastasius III	913
121대	란도 Lando	914
122대	요한 10세 Joannes X	928
123대	레오 6세 Leo VI	928
124대	스테파노 7(8)세 Stephanus VII(VIII)	931
125대	요한 11세 Joannes XI	935
126대	레오 7세 Leo VII	939
127대	스테파노 8(9)세 Stephanus VIII(IX)	942
128대	마리노 2세 Marinus II	946
129대	아가피토 2세 Agapitus II	955
130대	요한 12세 Joannes XII	964
131대	레오 8세 Leo VIII	965
132대	베네딕토 5세 Benedictus V	966
133대	요한 13세 Joannes XIII	972
134대	베네딕토 6세 Benedictus VI	974
135대	베네딕토 7세 Benedictus VII	983
136대	요한 14세 Joannes XIV	984
137대	요한 15세 Joannes XV	996
138대	그레고리오 5세 Gregorius V	999

대순	교황명	재직 말년
139대	실베스테르 2세 Sylvester II	1003
140대	요한 17세 Joannes XVII	1003
141대	요한 18세 Joannes XVIII	1009
142대	세르지오 4세 Sergius IV	1012
143대	베네딕토 8세 Benedictus VIII	1024
144대	요한 19세 Joannes XIX	1032
145대	베네딕토 9세 Benedictus IX	1044
146대	실베스테르 3세 Sylvester III	1045
147대	베네딕토 9세 Benedictus IX	1045
148대	그레고리오 6세 Gregorius VI	1046
149대	클레멘스 2세 Clemens II	1047
150대	베네딕토 9세 Benedictus IX	1048
151대	다마소 2세 Damasus II	1048
152대	성 레오 9세 St. Leo IX	1054
153대	빅토리오 2세 Victorius II	1057
154대	스테파노 9(10)세 Stephanus IX(X)	1058
155대	니콜라오 2세 Nicolaus II	1061
156대	알렉산데르 2세 Alexander II	1073
157대	성 그레고리오 7세 St. Gregorius VII	1085
158대	복자 빅토리오 3세 Bl. Victorius III	1087

대순	교황명	재직 말년
159대	복자 우르바노 2세 Bl. Urbanus II	1099
160대	파스칼 2세 Paschalis II	1118
161대	젤라시오 2세 Gelasius II	1119
162대	갈리스토 2세 Callistus II	1124
163대	호노리오 2세 Honorius II	1130
164대	인노첸시오 2세 Innocentius II	1143
165대	첼레스티노 2세 Celestinus II	1144
166대	루치오 2세 Lucius II	1145
167대	복자 에우제니오 3세 Bl. Eugenius III	1153
168대	아나스타시오 4세 Anastasius IV	1154
169대	하드리아노 4세 Hadrianus IV	1159
170대	알렉산데르 3세 Alexander III	1181
171대	루치오 3세 Lucius III	1185
172대	우르바노 3세 Urbanus III	1187
173대	그레고리오 8세 Gregorius VIII	1187
174대	클레멘스 3세 Clemens III	1191
175대	첼레스티노 3세 Celestinus III	1198
176대	인노첸시오 3세 Innocentius III	1216
177대	호노리오 3세 Honorius III	1227
178대	그레고리오 9세 Gregorius IX	1241

대순	교황명	재직 말년
179대	첼레스티노 4세 Celestinus IV	1241
180대	인노첸시오 4세 Innocentius IV	1254
181대	알렉산데르 4세 Alexander IV	1261
182대	우르바노 4세 Urbanus IV	1264
183대	클레멘스 4세 Clemens IV	1268
184대	복자 그레고리오 10세 Bl. Gregorius X	1276
185대	복자 인노첸시오 5세 Bl. Innocentius V	1276
186대	하드리아노 5세 Hadrianus V	1276
187대	요한 21세 Joannes XXI	1277
188대	니콜라오 3세 Nicolaus III	1280
189대	마르티노 4세 Martinus IV	1285
190대	호노리오 4세 Honorius IV	1287
191대	니콜라오 4세 Nicolaus IV	1292
192대	성 첼레스티노 5세 St. Celestinus V	1294
193대	보니파시오 8세 Bonifatius VIII	1303
194대	복자 베네딕토 11세 Bl. Benedictus XI	1304
195대	클레멘스 5세 Clemens V	1314
196대	요한 22세 Joannes XXII	1334
197대	베네딕토 12세 Benedictus XII	1342
198대	클레멘스 6세 Clemens VI	1352

대순	교황명	재직 말년
199대	인노첸시오 6세 Innocentius VI	1362
200대	복자 우르바노 5세 Bl. Urbanus V	1370
201대	그레고리오 11세 Gregorius XI	1378
202대	우르바노 6세 Urbanus VI	1389
203대	보니파시오 9세 Bonifatius IX	1404
204대	인노첸시오 7세 Innocentius VII	1406
205대	그레고리오 12세 Gregorius XII	1415
206대	마르티노 5세 Martinus V	1431
207대	에우제니오 4세 Eugenius IV	1447
208대	니콜라오 5세 Nicolaus V	1455
209대	갈리스토 3세 Callistus III	1458
210대	비오 2세 Pius II	1464
211대	바오로 2세 Paulus II	1471
212대	식스토 4세 Sixtus IV	1484
213대	인노첸시오 8세 Innocentius VIII	1492
214대	알렉산데르 6세 Alexander VI	1503
215대	비오 3세 Pius III	1503
216대	율리오 2세 Julius II	1513
217대	레오 10세 Leo X	1521
218대	하드리아노 6세 Hadrianus VI	1523

대순	교황명	재직 말년
219대	클레멘스 7세 Clemens VII	1534
220대	바오로 3세 Paulus III	1549
221대	율리오 3세 Julius III	1555
222대	마르첼로 2세 Marcellus II	1555
223대	바오로 4세 Paulus IV	1559
224대	비오 4세 Pius IV	1565
225대	성 비오 5세 St. Pius V	1572
226대	그레고리오 13세 Gregorius XIII	1585
227대	식스토 5세 Sixtus V	1590
228대	우르바노 7세 Urbanus VII	1590
229대	그레고리오 14세 Gregorius XIV	1591
230대	인노첸시오 9세 Innocentius IX	1591
231대	클레멘스 8세 Clemens VIII	1605
232대	레오 11세 Leo XI	1605
233대	바오로 5세 Paulus V	1621
234대	그레고리오 15세 Gregorius XV	1623
235대	우르바노 8세 Urbanus VIII	1644
236대	인노첸시오 10세 Innocentius X	1655
237대	알렉산데르 7세 Alexander VII	1667
238대	클레멘스 9세 Clemens IX	1669

대순	교황명	재직 말년
239대	클레멘스 10세 Clemens X	1676
240대	복자 인노첸시오 11세 Bl. Innocentius XI	1689
241대	알렉산데르 8세 Alexander VIII	1691
242대	인노첸시오 12세 Innocentius XII	1700
243대	클레멘스 11세 Clemens XI	1721
244대	인노첸시오 13세 Innocentius XIII	1724
245대	베네딕토 13세 Benedictus XIII	1730
246대	클레멘스 12세 Clemens XII	1740
247대	베네딕토 14세 Benedictus XIV	1758
248대	클레멘스 13세 Clemens XIII	1769
249대	클레멘스 14세 Clemens XIV	1774
250대	비오 6세 Pius VI	1799
251대	비오 7세 Pius VII	1823
252대	레오 12세 Leo XII	1829
253대	비오 8세 Pius VIII	1830
254대	그레고리오 16세 Gregorius XVI	1846
255대	비오 9세 Pius IX	1878
256대	레오 13세 Leo XIII	1903
257대	성 비오 10세 St. Pius X	1914
258대	베네딕토 15세 Benedictus XV	1922

대순	교황명	재직 말년
259대	비오 11세Pius XI	1939
260대	비오 12세Pius XII	1958
261대	성 요한 23세St. Joannes XXIII	1963
262대	성 바오로 6세St. Paulus VI	1978
263대	요한 바오로 1세Joannes Paulus I	1978
264대	성 요한 바오로 2세St. Joannes Paulus II	2005
265대	베네딕토 16세Benedictus XVI	2013
266대	프란치스코Franciscus	현직(재위 중)

이는 교회와 그리스도를 연결하고 가톨릭 교회(지상에 있는 예수 그리스도의 유일한 참교회)의 명의 주권을 이어 놓은 거룩하고 성스러운 교황들의 명단이다.

베드로, 바오로 성인의 성당은 순교자들의 시대에 있었고, 지금의 베드로 대성전은 400년 전에 세워졌다. 그러나 로마 시대부터 라테란 성문 밖에 있는 성 요한 성당은 1925년에 1600주년을 경축했는데, 이는 교회가 박해에서 해방된 이래 개신교가 태어나기 전까지 1200년 동안 교황 성당이었다.

사도들의 교회가 가르친 교리 중에 우리로부터 갈라져 나간 형제들에게서는 이미 찾을 길이 없는 신조가 많이 있다. 이제 그리스도와 사도들의 근본적 교리 몇 가지와 가톨릭과 개신교의 교리를 나란히 비교

인용하여, 사도들의 것과 가톨릭의 일치와, 또 그것과 개신교와의 차이를 보기로 하자.

1. 성체 교리
— 사도 교회

예수님과 사도들은 성체와 성혈이 그리스도의 몸과 피임을 가르쳤다. "받아 먹어라. 이는 내 몸이다. …… 모두 이 잔을 마셔라. 이는 죄를 용서해 주려고 많은 사람을 위하여 흘리는 내 계약의 피다."(마태 26,26-28) "우리가 축복하는 그 축복의 잔은 그리스도의 피에 동참하는 것이 아닙니까?"(1코린 10,16)

— 가톨릭 교회

가톨릭 교회는 성체와 성혈이 빵과 포도주의 형상 안에 있는 예수님의 몸과 피라는 그리스도와 사도들의 명백한 가르침을 꿋꿋이 지킨다.

— 개신교

성공회의 여러 교파를 제외한 나머지 개신교는 실재설을 우상 숭배라고 배척한다. 그들은 이 예식에 참여하는 것을 단지 그리스도를 기념, 또는 상징하는 것으로만 여긴다.

2. 죄를 사하는 권한
— 사도 교회

그리스도는 사도들에게 사죄권을 주었다. "너희가 누구의 죄든지 용서해 주면 그가 용서를 받을 것이고, 그대로 두면 그대로 남아 있을 것이다."(요한 20,23) 바오로는 사도 교회의 신앙을 반영한다. "이 모든 것은 그리스도를 통하여 우리를 당신과 화해하게 하시고 또 우리에게 화해의 직분을 맡기신 하느님에게서 옵니다."(2코린 5,18)

— 가톨릭 교회

가톨릭의 주교와 신부들은 사도들의 권능과 권위의 상속자로서 죄 사함의 권한을 행사하여, 회개하는 죄인들의 죄를 예수 그리스도의 이름으로 사하여 준다.

— 개신교

개신교는 고해성사를 배척하고 하느님이 사람에게 당신 이름으로 죄를 사하여 줄 권한을 주셨음을 부인한다.

3. 결혼의 불가해소성
— 사도 교회

그리스도는 결혼은 풀릴 수 없다고 가르쳐 이혼을 금하셨다. "하느님께서 맺어 주신 것을 사람이 갈라놓아서는 안 된다."(마태 19,6) "누구든지 아내를 버리고 다른 여자와 혼인하면, 그 아내를 두고 간음하는 것이다. 또한 아내가 남편을 버리고 다른 남자와 혼인하여도 간음하는 것이다."(마르 10,11-12)

― 가톨릭 교회

가톨릭 교회는 그리스도의 명에 따라 결혼의 불가해소성을 주장하며 이혼을 금한다.

― 개신교

개신교는 그리스도의 가르침을 도외시하고 이혼하고 재혼한다.

4. 병자성사

― 사도 교회

야고보는 사도 교회를 대표하여 이렇게 말하였다. "여러분 가운데에 앓는 사람이 있습니까? 그런 사람은 교회의 원로들을 부르십시오. 원로들은 그를 위하여 기도하고, 주님의 이름으로 그에게 기름을 바르십시오."(야고 5,14)

― 가톨릭 교회

가톨릭 교회의 사제들은 야고보의 훈명을 따라 주님의 이름으로 병자를 위하여 기도하며 그들에게 기름을 발라 주고, 이로써 병자성사를 전례대로 집행한다.

— 개신교

어느 개신교에서는 병자성사를 행하지 않는다.

5. 견진성사

— 사도 교회

베드로와 요한 두 사도는 사마리아에서 새로 세례받은 자들에게 견진을 주었다. "베드로와 요한은 내려가서 그들이 성령을 받도록 기도하였다. 그들이 주 예수님의 이름으로 세례를 받았을 뿐, 그들 가운데 아직 아무에게도 성령께서 내리지 않으셨기 때문이다. 그때에 사도들이 그들에게 안수하자 그들이 성령을 받았다."(사도 8,15-17)

— 가톨릭 교회

가톨릭의 모든 주교들은 사도들의 후계자로서 세례를 받은 자들 위에 손을 얹고 기도하는 견진성사를 행하여 그들이 성령을 받게 한다.

— 개신교

성공회를 제외하고는 어느 교파도 이 성사를 인정치 않는다. 이 나라에 있는 개신교는 세례받은 신자들 위에 손을 얹지 않는다.

6. 베드로의 수위권
— 사도 교회

그리스도는 베드로를 사도들의 으뜸으로 삼으시고, 그에게 당신 교회를 다스릴 권한을 주셨다. "너는 베드로이다. 내가 이 반석 위에 내 교회를 세울 터인즉, 저승의 세력도 그것을 이기지 못할 것이다."(마태 16,18) "형제들의 힘을 북돋아 주어라."(루카 22,32)

— 가톨릭 교회

가톨릭 교회는 구세주의 가르침을 굳게 지켜 베드로와 그 후계자들에게 명예의 수위권首位權과 재치의 실질적 수위권을 받는다.

— 개신교

개신교는 사도들에 대한 베드로의 수위권을 실제적으로 부인하며 베드로의 후계자들의 권위를 인정치 않는다.

7. 틀릴 수 없는 교도권
— 사도 교회

그리스도는 베드로와 사도들에게 당신의 교리를 올바르게 가르칠 권한(교도권)을 주셨다. 사도들은 이 권리를 행사하였고, 사도 교회는 이를 인정하였다. "우리는 또한 끊임없이 하느님께 감사를 드립니다. 우리가 전하는 하느님의 말씀을 들을 때, 여러분이 그것을 사람의 말로 받아들이지 않고 사실 그대로 하느님의 말씀으로 받아들였기 때문입니다."(1테살 2,13) "성령과 우리는 다음의 몇 가지 필수 사항 외에는 여러분에게 다른 짐을 지우지 않기로 결정하였습니다."(사도 15,28) "하늘에서 온 천사라도 우리가 여러분에게 전한 것과 다른 복음을 전한다면, 저주를 받아 마땅합니다."(갈라 1,8)

― 가톨릭 교회

사도 교회의 신앙을 영속하는 가톨릭 교회만이 그리스도의 가르침을 그르침 없이 전할 권위가 있다. 로마 성좌와 일치를 누리는 가톨릭의 설교자들은 권위를 가지고 있으며, 신자들은 그리스도께서 교회와 항상 함께 있어 잘못과 그르침을 범하지 않게 보호하겠다는 그리스도의 약속을 믿어 교회에서 가르치는 바는 무엇이나 신뢰한다.

― 개신교

개신교의 설교가들은 권위 있는 교리를 설교하기보다 성경에 대한 사사로운 의견을 발표하는 사람들이 많다. 이로 인해 신자들도 이 설교가와 똑같은 성경 자유 해석의 권리를 주장한다. 이래서 혼란과 분열이 계속된다.

개신교 내부의 그치지 않는 분열

가톨릭 교회가 19세기 동안 줄곧 유일한 최상의 통치자의 통솔 아래 신앙의 일치를 영속하여 온 것과는 정반대로 그동안에 나타난 갖가지 교파들은 나타난 시기도 늦거니와 영속성도, 안정성도 없어 자기 파 안에서도 쉴 새 없이 분열에 분열을 거듭하고 있다. 노바시아누스파나 마케도니우스파나 펠라기우스파 등, 초세기에 갈라져 나간 이단적 교파들은 그 이름과 오류만 남겨 놓은 채 이미 세상에서 사라져 버렸다. 줄기에서 잘려 나간 가지는 생명의 수액을 받지 못해 곧 시들어 죽어 버리듯, 자모이신 성교회에서 갈라져 나간 이들 이단들도 유기체의 모든 지체들에 연결된 성사의 핏줄로부터 나오는 생명의 은총을 받지 못하기에 즉시 시들어 버리게 마련이다.

옥스퍼드 대학의 천재 학자 뉴먼이 그리스도의 양 우리 안에 들어온 것은 바로 이 사실을 깨달았기 때문이다. 그가 젊어서 모노피지스트파(일성파)와 그 밖의 몇몇 이단적 교파들의 역사 연구에 혁혁한 공훈을 세우고 있을 때 갑자기 놀라운 의문이 그를 엄습했다. "나는 결국 그리스도의 교회에 대해서 5세기의 모노피지스트파와 똑같은 입장에 서 있는 것이 아닌가?" 그는 개신교 내부의 헤아릴 수 없는 분파들을 검토하면서 수많은 의문을 품게 되었다. "16세기에 역사적 통일체에서부터 스스로 잘려 나온 개신교와 5세기에 그 일을 한 이단적 교파 사이에 무슨 차이가 있는가?" 이 의문은 그의 마음을 쉴 새 없이 들볶아 댔다.

저서 《제 생명을 위한 호교론 *Apologia Pro Vita Sua*》에서 그는 16세기 또는 당시의 개신교가 5세기의 이단적 교파와 비슷한 자리에 있음을 새삼스럽게 깨달았다고 했다. "지난날의 죽은 기록과 오늘의 열광적 기록은 무서울 만큼 닮았다. 아니, 말이 없고 냉랭한 그만큼 더욱 소름이 끼치도록 무섭게 비슷하다. 내 발판은 '고대성古代性'이라는 것이었다. 그런데 지금 나는 5세기 중엽에 16세기, 19세기 그리스도교의 모습이 반영되어 있음을 발견했다. 나는 거울 속에서 내 얼굴을 보았다." 그러고는 무서워 떨면서 이렇게 결론 내렸다. "나는 모노피지스트였다."

뉴먼이 진리에 굴복하다

자기 앞에 밝게 떠오른 역사적 유사類似의 뜻을 깊이 깨닫자, 뉴먼의 생애는 다른 방향으로 내닫기 시작했다. 몸서리치는 혈투를 치러야 했음에도 불구하고 드디어 그는 굽히고 말았다. 그는 온갖 지력을 모두 쏟아 성공회가 로마에서 독립된 하나의 교파 또는 가지임을 논리적으로 정당화하려고 애를 썼다. 그러나 역사의 기록을 악착같이 파고든 결과로 얻은 확신은, 가톨릭 교회만이 그리스도가 세우신 교회이며 이것만이 사도들의 가르침을 완전무결하게 보존한다는 사실이었다. 가톨릭 교회가 세상에 있는 참된 유일한 그리스도교회라는 어쩔 수 없는 논리적 결론은 뉴먼 이전이나 이후에도 천재들을 끌어들였고, 이 위대한 학자도 그리스도의 양 우리 안으로 끌어들였다.

20세기에도 5세기 때나 마찬가지로 줄기를 떠난 가지는 시들어 죽는다. 개신교가 자모이신 성교회를 떠난 이후 그들 내부에서 쉴 새 없이 분열을 거듭하고 있는 모양은 제도가 시들어 감이요, 신조가 죽어가는 과정일 따름이다. 개신교를 창설한 자들이 이제 부활한다면 자신

명칭	연대	창설자	장소	전거典據
가톨릭 교회	33	예수 그리스도	예루살렘	신약 성경
루터 교회	1524	마르틴 루터	독일	S. S. 슈마커 전 교파사
성공회	1534	헨리 8세	영국	매콜리와 기타의 영국 역사가
장로교	1560	존 녹스	스코틀랜드	종교 단체 - 1936년도 미국 종교 조사서
침례교	1600	존 스미스	암스테르담	
회중 교회	1600	로버트 브라운	영국	
감리교 감독 교회	1739	존 웨슬리 찰스 웨슬리	영국	
그리스도 형제 연합 교회	1800	필립 오테르베인 마르틴 보엠	메릴랜드	
그리스도의 교회	1832	토마스 캠벨 알렉산더 캠벨	켄터키	
몰몬 교회	1830	조셉 스미스	뉴욕	
구세군	1865	윌리엄 부스	런던	
크리스천 사이언스	1879	메리 베이커 에디	보스턴	
4복음 교회	1927	에이미 셈플 맥퍼슨	로스앤젤레스	

〈표 2〉 각 교파 일람표

들이 세운 신조도, 자신들의 후손도 지금의 세상에서는 찾을 자가 한 명도 없을 것이다.

각 교파 일람표는 비가톨릭 측, 주로 '미국 종교 조사서United States Religious Census'에 나타난 여러 개신교의 창설자 이름과 창설된 장소와 날짜의 일람표다. 첫 교파가 생겨난 것은 16세기, 곧 그리스도가 가톨릭 교회를 세운 지 1500년이 지난 다음이다. 마르틴 루터는 1524년에 루터 교회를 세웠고, 헨리 8세는 이보다 10년 늦게 영국에 성공회를 세웠다. 암스테르담에서는 1600년대에 존 스미스가 침례교를 세웠다. 존 웨슬리와 찰스 웨슬리는 1739년에 영국에서 감리교를 세웠다. 말할 나위도 없이 이들 교파는 사람이 만든 것으로서, 역사적 그리스도교의 기본 교리 중 하나 또는 몇을 반대하고 그들의 주장을 집어넣었다.

누구를 믿을까? 그리스도인가, 루터인가?

진리의 가장 진실한 탐구자는 누구를 믿을 것인가? 하느님의 아들 예수 그리스도인가? 또는 마르틴 루터, 헨리 8세, 존 스미스, 존 웨슬리인가? 어느 것이 참교회냐는 전반적인 문제는 이제 마지막 분석으로 접어들어 다음과 같은 질문이 된다. 마르틴 루터나 헨리 8세나 존 스미스나 존 웨슬리보다 예수 그리스도를 믿어야 하지 않겠는가? 예수 그리스도의 권위는 이 사람들 중 어느 누구보다도, 예수 그리스도의 명백한 가르침을 거슬러 제멋대로의 신조를 내세우는 어느 누구보다도 위대하지 않은가? 예수 그리스도의 권위가 이것들보다 크다면 그분이 친히 세우신 교회를 이 세상에 있는 오직 하나의 참그리스도교로 모든 이가 믿어야 된다는 결론은 피할 길이 없을 것이다.

이들 개신교파들이 얼마나 빨리 분열을 거듭하였는지는, 오늘날 미국에 300개 이상의 교파들이 서로 으르렁대고 있는 사실만 보더라도 짐작할 수 있다. 실로 좀 큼직하다는 교파는 그 내부에서 쉴 새 없이 분열이 계속되고 있다. 1936년도의 '미국 종교 조사서'를 보면 루터파만 해도 20개가 넘고, 감리교는 17개 이상이요, 장로교도 10개 이상이다. 침례교에는 22개가 있으니, 이것만 보아도 개신교의 끊임없는 분열을 엿볼 수 있다.

이것이 한 양 우리인가?

지금까지 말한 교파 외 다른 교파에도 이만큼 분파가 있다. 실로 '미국 정부 종교 조사서'를 보면 현기증이 날 지경이다. '독일 침례 형제 교회'도 추가로 생겨났다. 흔히 던커파라고 불리는 독일 침례회의 공식 명칭은 형제회다. 실제로는 침례파에서 갈라져 나왔는데 이름까지 바뀌었다. 이러한 개명은 좀 큰 교파에서는 드물지 않은 현상이다.

이것이 예수께서 그 제자들의 일치를 열망하고 골고타에서 못 박혀 죽기까지 열렬히 기도하신 '하나의 양 우리, 하나의 신앙'인가?

이것이야말로 16세기 혁명가들의 특징이었던 내부 분열이 지금도 여전하다는 사실을 20세기가 확증하는 것이다. 실은 이 정신이 혁명가 자신들조차 놀라게 하였음은 칼뱅이 멜란히톤에게 보낸 편지에서 뚜렷이 드러난다.

"우리 안에 일어나는 이 심각한 분열이 후세에 알려지면 큰일이다. 세계로부터 동떨어지지 않을 수 없었던 우리가 애당초 종교 혁명 때부터 이렇듯 의견이 대립되고 있다는 사실보다 더 망측한 것이 없겠다." 개신교를 수백 개의 교파로 분열시킨 혈통이 바로 이것이다. 볼티모어의 그리스도교회 목사 앤슬리가 탄식할 수밖에 없었음은 딱한 노릇이다. "이 수백 가지 분파야말로 개신교의 스캔들이다."

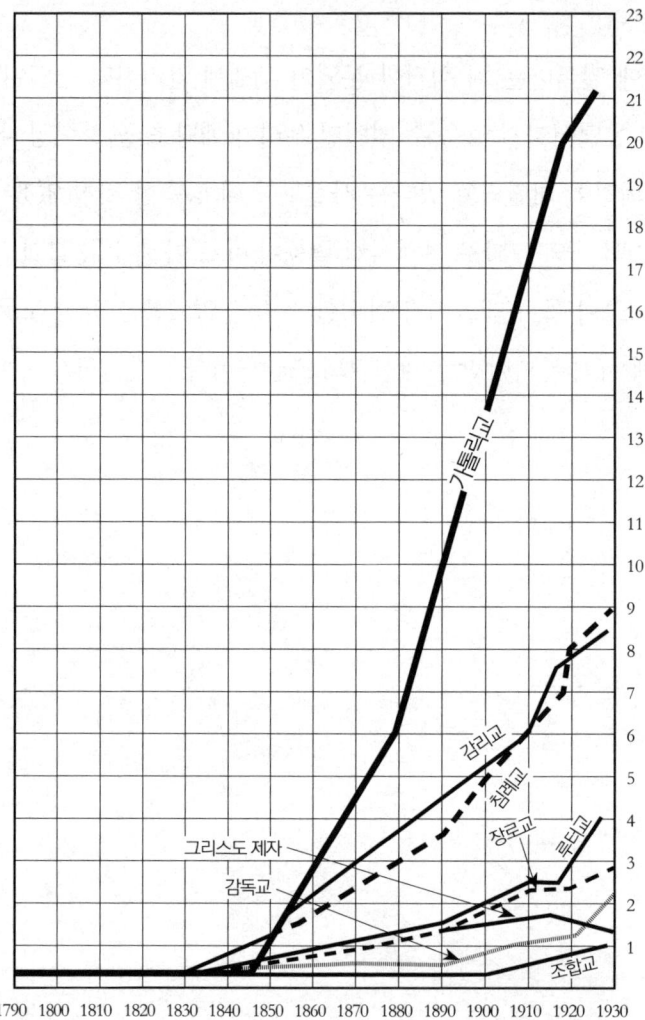

〈그림 4〉 교파들의 성장표(미국)

〈그림 4〉 '교파들의 성장표'에서처럼 미국에서의 교파들의 성장은 가톨릭이 현재 가장 많은 신자를 포용하고 있으며 놀라운 속도로 증가하고 있음을 보여 준다. 1785년에는 캐롤 주교 밑에 서른네 명의 신부와 약 2만 3천 명의 신자가 있었다. 즉, 그 당시 전국 인구의 1퍼센트였다. 몇몇 이민에서 비롯한 이 교회는 오늘날 미국 최대의, 비교도 안 될 만큼 가장 큰 종교 단체를 이루는 비약적 발전을 거듭했다. 차별과 험담과 중상을 무릅쓴 이 놀라운 증가 속도는 초세기에 박해를 받아 온 미미하게 '작은 무리'였던 그리스도인들이 오늘날 세계 최대의 종교 단체를 이루고 있다는 기적적 사실과 기막히게 비슷하다.

〈그림 5〉 '미국의 종교 분포 상태'는 '미국 연방 조사United States Federal Census'에 의거한 것으로 가톨릭이 다른 종교 단체보다 단연 두드러지게 두각을 나타내는 또 하나의 증거다. 이 그림 두 개는 예수 그리스도가 1세기에 당신 교회와 맺은 약속을 지키고 계시다는 더할 수 없는 뚜렷한 증거다. "내가 세상 끝 날까지 언제나 너희와 함께 있겠다." 어떻게 가톨릭 교회는 여러 제국들의 흥망성쇠 속에서, 또 강력한 로마 제국까지도 몰락하게 한 민족의 침입을 견디어 냈는가? 어떻게 가톨릭 교회는 그리스도교계의 뿌리까지 뒤흔든 16세기의 종교 혁명도 버티어 냈는가? 어떻게 오늘날에도 현대 불신앙의 공격과 가면을 뒤집어쓴 이교 사상의 파괴도 견디어 낼 수 있었는가?

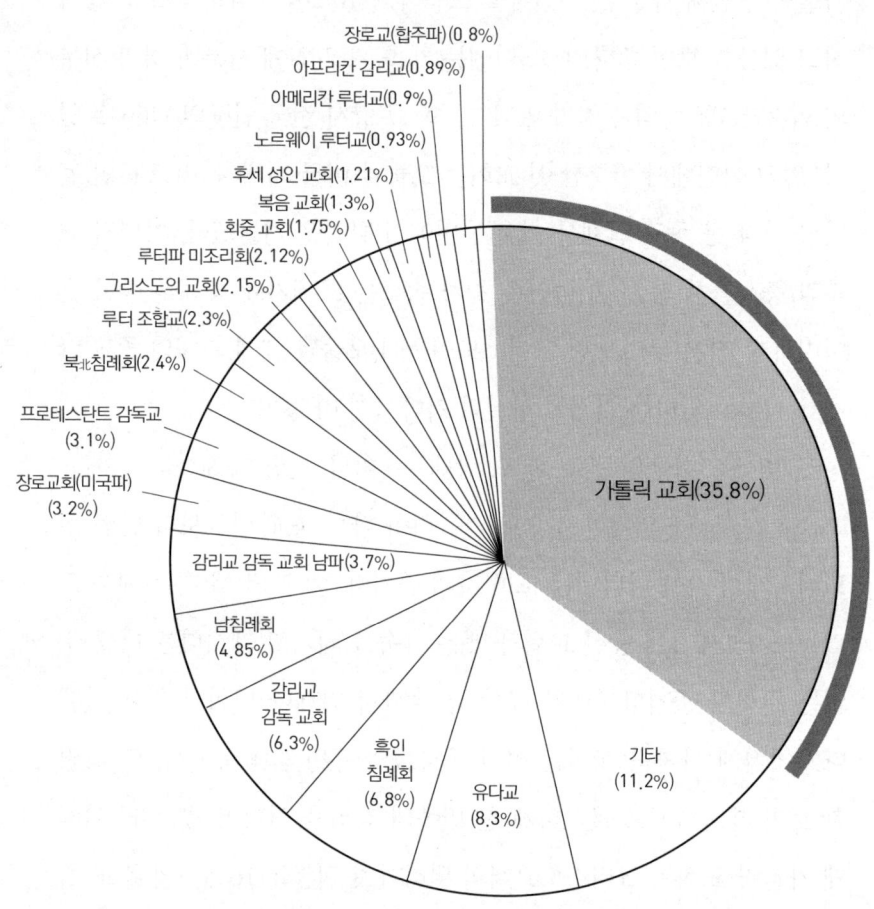

〈그림 5〉 미국의 종교 분포 상태

그리스도의 사랑을 받은 제자 요한은 이에 대한 현저한 이유를 날카롭게 밝혔다. 곧 그는 이미 1세기에 예언자다운 선견先見의 눈으로써 다음과 같이 외쳤다. "하느님에게서 태어난 사람은 모두 세상을 이기기 때문입니다. 세상을 이긴 그 승리는 바로 우리 믿음의 승리입니다." (1요한 5,4) 가톨릭 교회는 예수 그리스도가 직접 세웠고, 그분이 항상 함께 계셔서 오류를 범하지 않게 보호하는 까닭에, 과거 19세기 동안 그랬음과 같이 지금도 세상에 있는 유일한 참된 그리스도교회다.

실천
- 살아가면서 부귀와 권력에 대한 애착이라는 거짓 신과 싸우기.
- 신앙을 위해서 즐겨 희생하기. 특히, 밤과 아침에 기도를 바침으로써 하느님과 일치하도록 힘쓰기.

제7장

교회의 기적적 전파

교회의 신성성의 증명

가톨릭 교회는 인간이 세웠고, 그 뒷받침이 인간적 권위에 지나지 않는 인간적 제도인가? 혹은 하느님의 아들 예수 그리스도가 직접 세우셨고, 그리스도의 이름과 권위로써 세상에 나타난 제도인가? 이것이 현대 지성인이 당면하는 근본 문제다. 오늘의 지성인에게는 이에 대한 답변이 강력히 요구되고 있다. 실로 그 답변 여하에 따라 중대한 결과가 나온다.

만일 교회가 오로지 인간적 기원만을 지니고 있을 뿐이라면, 그 가르침은 거룩할 것도 없고 그 교리는 불변하는 진리도 못 된다. 그러나 신적 기원을 지니고 있다면, 그 가르침은 초자연적인 거룩함을 지니며 그 교리는 사람이 변경할 수 없다. 하느님께서 계시한 진리는 하루를 위한 것이 아니라 영원히 가치 있는 것이다.

　교회는 한편으로는 사람들로 이루어진 조직체고 순전히 사람이 정한 법규도 많이 지니고 있으면서, 또 한편으로는 그리스도가 인류에게 계시하신 진리를 가르치기를 위임받은 신적 제도다. 예수 그리스도가 세우신 이 교회는 그 신적 창설자의 권위로써 그리스도의 가르침을 세상에 전파하고 있다.

　그러면 교회가 신적 기원을 가지고 있다는 증거는 무엇인가? 우리는 이미 교회의 네 가지 특징과 그 신적 기원과 그리스도의 이름으로 가르치는 사명 등, 증거를 여러모로 말해 왔다. 여기서는 교회의 놀라운 전교 사실에 관해서 말하고자 한다. 이는 참으로 역사상 그 유례가 없는 기적적 사실이기 때문이다. 이 기원과 그 발전을 살펴볼 때 시기심 없는 눈이라면 하느님의 손길이 거기에 펼쳐져 있음을 역력히 보게 될 것이다. 교회가 어떠한 환경에서 태어났고, 그 발전을 방해한 박해가 어떠하였는지를 역으로 연구하면 할수록, 이 교회가 융성하고 온 세상으로 뻗어 나가게 된 극적인 사실이 더욱 생생하게 드러난다. 그리고 이러한 장애가 얼마나 컸으며 얼마나 악했던가를 자세히 알게 될수록 이런 것은 인간의 힘으로만은 도저히 극복할 수 없었던 것임을 더욱 통감하게 된다. 위로부터의 끊임없는 초자연적인 도움이 아니었던들, 어떻게 저 어부들이 세계에서 이전에 없던 도덕 혁명을 일으켜 세계의 얼굴을 글자 그대로 바꿔 버릴 수 있었겠는가?

사무치는 이야기

　이 이야기는 로맨스의 색채가 진하고 모험과 성공의 스릴이 풍부한 이야기다. 여기에는 이루 말할 수 없는 괴로움과 눈물겨운 비애가 스며 있다. 붉은 피가 솟구치게 용감무쌍하고 영웅다운 고결한 기쁨의 절정에까지 승화하는 초인적인 용기의 스릴이 있다. 기나긴 인류 역사에는 빼어난 용사들의 전기가 무수히 많지만, 참으로 초대 그리스도인들의 영웅다운 용덕勇德이야말로 만대에 눈물 없이는 들을 수 없는 이야기다. 감동할 뿐 아니라 뼛속 깊이 사무칠 이야기다. '진실로 이것은 사람의 일이 아니다. 하느님의 일이다.' 하잘것없는 인간 현상 속에도 하느님의 손길이 대낮의 햇빛처럼 눈부시게 빛나는 이유다.

　이제 그 숭고한 이야기를 듣기로 하자. 막이 열리는 곳은 유다 지방, 우리 주님은 33세이시다. 다신론적인 우상 숭배가 판을 치는 어두운 세계에서 유다의 백성들은 이미 몇 세기에 걸쳐 유일신론의 햇불을 높이 들어 왔다. 몇 세기에 걸쳐 이미 약속된 구세주의 내림을 학수고대하고 있었다. 구세주는 그들을 그전의 영광으로 복구시키고 위대한 국가, 세계 제국이라는 산꼭대기까지 다시 올려 보내 줄 분이었다.

　이 백성은 2천 년을 소급해 올라가는 역사를 지녔다. 그들은 고대의 세련되지 못한 거친 말투를 썼다. 그들은 엄격하고 배타적인 종교를 가졌다. 따라서 다른 백성들은 그 종교 행사를 무시했다. 유다에서도 갈릴래아는 가장 천한 땅이었다. 예수님은 솟아오른 산의 기슭, 갈릴래아 호숫가에서 일어나 이 외진 벽촌의 빈곤한 어부 등 열두 명을 모아 놀라운 선언을 했다. "나는 하늘과 땅의 모든 권한을 받았다. 그러므로 너희는 가서 모든 민족들을 제자로 삼아, 아버지와 아들과 성령의 이름으로 세례를 주고, 내가 너희에게 명령한 모든 것을 가르쳐 지키게 하여라. 보라, 내가 세상 끝 날까지 언제나 너희와 함께 있겠다."
(마태 28,18-20)

그리스도는 천대받는 갈릴래아의 사람들에게 누구에게 가서 그들을 가르치라고 이런 사명을 맡기셨던가? 몇몇 사람도 아니다. 몇몇 단체도 아니다. 몇몇 나라도 아니다. 모든 이에게 가르치라는 명령이다. 무엇을 가르치라는 것인가? 서너 가지 공리公理나 규칙이었던가? 아니다. "내가 너희에게 명령한 모든 것"을 가르치라는 명령이다. 이 명령의 성격을 주의 깊게 연구하면 할수록 나약한 인간의 어깨가 당장에 짜부라질 만큼 큰 사업임을 더욱더 똑똑히 깨닫게 된다.

갈릴래아 사람들에게 세상의 얼굴을 바꾸라는 명령이다. 강력한 군대의 뒷받침도 없다. 존경할 만한 학식도 없다. 사람을 홀릴 만한 말재주도 없다. 돈도 없다. 그러면서 인류가 지금껏 들어 보지도 못한 새로운 사상과 행동의 가장 강력하고 가장 근본적이며, 가장 과격하고 가장 영향력이 큰 혁명을 명령받았다. 그들은 이러한 명령에 질겁을 했으리라. 낙담도 했으리라. 주저앉기도 했으리라. 못한다고 꽁무니를 빼려고도 했으리라.

이제 그들이 맡은 사명이 어떠한 것인지 더 잘 알기 위하여, 그들이 파견된 당시의 세상을 한번 살펴보기로 하자. 유다를 빼놓고는 모두 다신교를 열성적으로 믿고 있었다. 로마는 그 병력과 국력이 절정에 달하고 있었다. 8세기 동안에 로마는 세계 제국으로 발전하였다. 이는 바다의 여왕, 세계의 지배자, 영원한 수도였다. 세계 방방곡곡에서부터 모든 길은 로마로 향하고 있었다.

그 영토로 말하면 서쪽은 대서양이요, 동쪽은 유프라테스강이요, 다뉴브강, 라인강 기슭에서 나일의 폭포에 이르기까지 만사는 로마의 뜻대로 이루어졌고 그의 뜻이 최상의 법률이었다. 고올(프랑스), 스페인, 영국, 이집트, 아시리아, 페르시아 등 동양 제국들, 아울러 백을 헤아리는 작은 왕국들은 말할 나위도 없거니와, 모든 나라들이 거역할 수 없는 로마의 발아래 무릎을 꿇고 절하였다. 바야흐로 로마의 솔개는 세계 영토의 단 하나의 상징이었다. 세계의 황금의 강물은 정치적 중심지인 로마로 흘러들었고, 미술, 문학, 사치, 유행, 이 모든 것은 로마식이 되어 버렸다. 로마의 총독들이 안티오키아, 알렉산드리아, 카르타고, 사라고사, 리옹, 요크 등을 다스림으로써 알렉산더 대왕의 저 영화로운 꿈이 실현되고야 말았다. 로마는 이제야 세계 최대의 제국으로 군림하기에 이르렀다.

준엄한 그리스도교

숱한 제국들이 로마의 억센 팔 아래 쓰러지는 폭음이 사라지자마자, 전 세계를 완전히 노예화하는 로마의 패업이 끝나자마자, 로마의 품 안에서는 파괴의 싹이 자라기 시작했다. 밖으로는 모든 원수들을 지배했으되 안으로는 스스로 노예의 사슬을 달구어 만들고 있었다. 패륜과 퇴폐라는 암세포가 느리기는 하지만 조금씩 마음을 좀먹어 들고 생명력을 빨아먹으며, 도덕의 골격을 썩게 하고 정치 조직에 독을 뿜어 댔다. 무릇 국가가 위대하게 되는 근본 초석인 가정은 이혼이라는 무서운 죄악이 휩쓸었고, 사회라는 강물은 유산, 영아 살해, 부부간의 부정 등 가정의 죄악으로 그 샘에서부터 썩어 버렸다.

3백만 명이 넘는 인구가 사는 도시에 죄악과 음란과 유흥과 방탕이 질병처럼 창궐하여 파멸을 남겨 놓고 갔다. 부끄러운 바쿠스(술의 신) 제사 놀이를 잡신의 이름으로 공공연하게 행하기조차 했다. 이 멸망의 암세포는 급속히 로마에서 전 세계로 퍼졌다. 8세기 동안이나 온갖 외적의 침략에도 금강석처럼 꿈쩍하지 않았던 로마도, 내부에서부터 썩어 쓰러져 갔다. 물이 그 샘보다 높이 거슬러 올라갈 수 없듯, 한 나라의 국력도 그 샘(국가적 양심 또는 윤리 생활의 수준) 이상으로 높아질 수는 없었다.

이리하여 예수 그리스도는 이미 이교의 우상 숭배에 젖어 버리고, 도덕의 부패, 부끄러운 방탕, 짐승 같은 죄악 등의 시궁창 속에 묻혀 있던 세상에 이 열두 명을 보내시어 천사와 같은 순결과 동정의 정결과 자제와 극기를 설파하게 하셨다. 가정의 부정과 난잡함 대신 결혼의 풀리지 못할 끈이 대치되어야 했다. 고삐 없는 정욕의 방종 대신 자제와 극기가 대치되어야 했다. 이는 실로 노도와 같이 들끓는 정욕을 막는 방파제였다. 관능의 방탕을 선전한 마호메트와는 반대로, 이들 갈릴래아의 어부들은 깊이 뿌리박혀 어쩌지 못하는 이교도들의 정욕을 억누르기를 요구했다. 관능과 육욕만 극도로 탐닉하는 이 세상에서 이와 같이 어처구니없는 가르침은 또 없었다. 말할 나위도 없이 사도들이 부르짖는 희생과 극기와 고행의 준엄한 명령은 그리스, 로마의 관능만 찾는 이교도들로부터 더할 나위 없는 역효과를 초래했다.

이러한 장애가 가로놓여 있는 데다가 이교의 우상 숭배가 국가 종교가 되어 큰 바위처럼 짓눌렀다. 이는 이미 로마법에 규정되어 있었고, 따라서 그리스도교의 예식은 국법 위반의 행위였다. 로마인들은 무슨 재앙이든 이를 그리스도교인들의 탓으로 돌렸다. 그리스도교인들 때문에 이교도들의 우상들이 노했다는 것이다. 테베레강이 홍수로 범람하면, 즉시 "그리스도교인들을 사자에게Christiani ad leones!"라고 절규했다. 그러면 당장에 수백 명의 교인들은 원형 극장에서 굶주린 사자들의 밥이 되어 버렸다. 그리스도인들에게 내려진 형벌은 상상조차 못할 정도로 끔찍한 것들이었다. 때로는 혓바닥을 자르고 때로는 눈을 불에 달군 쇠로 지졌다. 또 대다수의 그리스도인들은 콜타르를 몸에 바르고 산 채로 칼싸움 시합이 벌어지는 로마 원형 극장에서 밤을 밝히는 횃불이 되어야 했다. 남자뿐 아니라 가냘픈 여인과 어린이들까지 이를 면치 못했다.

여러분 중에는 시칠리아의 소녀 아가타의 이야기를 들은 이가 있을 것이다. 부유한 귀족 가문에서 태어난 그녀는 마음씨로나 덕으로나 용모로나 대단한 소문의 주인공이었다. 당시 퀸티아누스가 시칠리아의 총독이었고, 로마 황제 데키우스가 그리스도교인들을 무자비하게 학살하기 시작한 때였다. 밀고자로부터 아가타가 "십자가에 사형당한 그리스도를 믿는다."라는 말을 들은 총독은 그녀를 팔레르모에서 총독이 있는 카타니아까지 소환했다. 아가타는 이 소환의 뜻과, 또 그대로 그리스도께 충실할 경우에 따라올 무서운 운명을 알았다. 하지만 파릇파릇한 아가타는 기가 죽기는커녕 이렇게 외치고 길을 떠났다.

"오, 예수 그리스도님! 제 모든 것은 당신의 것이오니, 청컨대 저를 보호하셔서 이 폭군의 박해를 견디어 내도록 굳세게 하소서."

퀸티아누스는 그녀를 보고 그녀의 아름다움과 순진함에 반해 버렸다. 그래서 총독은 우상에게 향을 피우라는 명령 대신 그녀를 소유하여 그리스도의 신앙을 버리게 하려 했다. 그러나 아가타는 이를 용감하게 거절했다.

"그리스도는 나의 생명이며 내 구원이십니다."

옥에 가두는 것으로는 무쇠같이 단단한 의지를 가진 그녀가 꼼짝도 안 한다는 것을 안 총독은 또다시 그녀를 불러내 말했다.

"내가 명하는 것을 듣고 그렇게 해 그리스도교인의 신을 배반하면 네게 생명과 자유뿐 아니라 네가 원하는 모든 것을 주겠노라."

그러나 이 모든 유혹은 수포로 돌아갔다. 순결한 옥좌의 영원한 왕을 시중드는 천사처럼 아름답고 가냘픈 이 소녀는 일어나, 십자가에 못 박혀 죽으신 분께 대한 신앙과 계명을 굳게 지키겠다는 의지를 뒤흔들려는 저 무시무시한 로마의 권력과 유혹을 거슬러 용감하게 싸웠다.

분노가 폭발한 총독은 아가타의 가슴을 도려내라고 명했다. 그래도 굽히지 않음을 본 총독은 그녀를 발가벗겨 뾰족뾰족한 사금파리 위에 꿇게 했다. 보드랍고 연하고 말랑말랑한 살은 피투성이가 되어 버렸다. 날카로운 사금파리가 깊숙이 박힌 무수한 상처에서 솟아 나온 피가 바위를 붉게 적실 때, 더할 나위 없이 용감한 이 소녀는 여전히 입가에 미소를 띤 채 하늘을 우러러보며 팔을 들어 올리고 마지막 힘을 쏟아 소리쳤다. "예수님! 이제야 제 모든 것은 당신 것이 되었습니다." 아가타는 이 말을 남기고 죽어 갔다.

이리하여 이교의 패륜으로 더럽혀진 세상에서는 도저히 감당할 수 없었던 고귀하고 깨끗한 그녀의 영혼은 구세주 예수 그리스도의 그 다정한 품 안으로 날아 올라갔다. 세례의 순결하고 깨끗한 옷을 조금도 더럽히지 않은 그녀는 하늘의 본향에 돌아가 주 예수 그리스도의 붉은 순교의 영광을 받았다. 오늘에 이르기까지 카타니아 사람들은 에트나 화산이 분화하는 동안에는 아가타의 면포를 공경하면서 그녀의 보호를 구하고 있다.

이 성녀의 실례는 수십만 명을 헤아리는 순교자들의 한 본보기에 불과하다. 그들은 모두 무시무시한 로마의 권력을 거들떠보지도 않고, 그리스도의 신앙을 버리기는 고사하고 갖가지 처참한 죽음을 용감히 택했다. 막강한 권력의 왕좌에 앉은 황제란 황제는 모두 이 새로운 종교에 저주를 퍼부었다. "이는 이 세상에서 없어질 것이다!" 거창한 로마 제국의 교활한 지혜가 생각해 낼 수 있는 온갖 극형, 이교도의 잔인무도한 야수성이 빚어낸 온갖 극형이 그리스도교인들에게 마구 집행되었다. 그리스도교인들은 낮에는 일터에서, 밤에는 집에서 붙잡혀 갔다. 영원한 수도 로마의 언덕 아래 시체를 파묻은 카타콤의 어두운 구석까지도 박해자들의 억센 손길이 뻗쳐, 거룩한 제사에 참여하던 그들을 끌어내어 아우성치는 폭도들 앞에서 짐승의 발톱에 찢기게 하거나 태워 죽였다. 이교의 신으로 자처하던 황제들의 폭정 때문에 무수한 그리스도교인들이 억울한 희생을 당해 로마의 거리는 붉은 피로 물들었고 테베레강에는 선홍색 물이 흘렀다고 한다. 열 번씩이나 박해를 거듭해 그리스도 신앙의 위협을 영원히 부숴 버리겠다는 발악은 온갖 힘과 잔인한 만행을 맘껏 발휘하게 했다.

그리스도교에 대한 중상

로마 제국은 잔인한 무력과 야수다운 횡포의 무기를 썼을 뿐 아니라, 그 유별나게 간교한 재주와 지혜로 중상모략까지 했다. 그리스도교인들에 대해서 어처구니없는 소문을 퍼뜨렸다. 이를 테면 그리스도교인들은 밤중에 남녀들이 비밀 장소에 모여 무슨 짓을 한다느니, 어린아이를 죽여 살을 뜯어 먹는다느니, 십자가에 못 박혀 죽은 당나귀의 머리를 숭배한다느니 하는 것들이었다. 그들은 박해 때문에 숨어서 미사를 봉헌하고 성체를 영하는 것을 이런 식으로 왜곡해서 퍼뜨린 것이다.

고대 로마의 고적을 답사한 고고학자들이 팔라티노 언덕의 벽에 그

라피토가 그려져 있음을 발견했다.

이 그림을 보면 그 당시의 중상이 어떠하였는지 눈에 선하다. 십자가 위에 나귀 머리를 가진 사람이 못 박혀 있고, 그 옆에서 그리스도교인이 기도를 올리는 모습을 볼 수 있다. 그 아래에는 그리스어로 "알렉사메노스가 그의 신을 흠숭한다."라고 쓰여 있다.

종교에 대한 이런 편파적인 태도가 특히 선거 때만 되면 주기적으로 우리나라에도 파급되어 교회의 거룩하고 아름다운 교리가 지독히 왜곡되어 선전되고 있으니 놀랍다. 가톨릭 학교, 수도원, 병원, 청년회 등의 단체, 불쌍한 이들을 돌보는 사회 사업 기관(교회가 사회 복지와 문화 발전을 위하여 희생적 봉사를 아끼지 않는 자선 사업)까지도 부패되고 죄악이 우글거리는 소굴이라고 매도된다. 그 바람에 매몰찬 인간 사회에서 천사처럼 봉사하는 선량한 수녀들까지 비방꾼들의 마수에 걸려들고 만다.

그렇지만 이것은 별로 놀랄 일이 못 된다. 4세기로 되돌아가면 이교의 황제 막시미누스는 당시 로마 제국에 세력을 편 이 새로운 종교를 꺾기 위해 터무니없고 황당무계한 그림과 욕설을 성벽이나 담벼락에 붙여 대중에게 선전하고 학생들에게 가르쳤다. 4세기 때에 막시미누스 다자가 있었듯이, 오늘에는 반종교지인 〈메나스 Menace〉가 있다.

이러한 중상과 비방에 이교 철학자들의 맹습이 합세했다. 그들은 그리스도 부활의 신앙을 마리아 막달레나의 착각으로 돌림으로써, 그리스도교 신앙의 바탕을 뒤엎으려는 심산이었다. 사도들은 무식한 어부들이었기 때문에 홀딱 속은 것이라 했다. 셀수스는 기적을 마술이라고 간단하게 비웃어 버렸다. 그러나 '그리스도교를 거스른 가장 철저한 논문'으로 알려진 이것도 실은 이교 철학자 포르피리오스의 붓끝에서 나온 것이었다. 그는 그리스도교의 교리가 신화나 다름없다는 것을 증명하기 위하여 열다섯 권이나 되는 방대한 글을 썼다. 특히 바오로 사도는 이랬다저랬다 하는 변덕쟁이요, 거칠고 성실하지 못한 약장수라는 말을 들었다. 요컨대 온갖 변증법과 이교 철학의 힘을 빌려 그리스도교 신앙의 합리적 기초를 뒤엎기에 혈안이 되었다.

어울리지 않는 전교 방법

그렇게도 극복하기 어렵고 필설로 이루 다 형용할 수 없이 모질고 잔인한 로마의 박해를 이겨 나가야 했던 사도들의 저 가냘픔을 생각하면, 어떻게 그리스도교회가 살아남을 수 있었는지 놀라울 뿐이다. 이교도 일색의 이 세계에 속속들이 파고든 관능과 방탕과 사치의 풍조를 극복할 수단이 과연 무엇이었던가? 저 교만한 그리스·로마 철학의 콧대를 꺾은 지혜는 무엇이었던가? 영원한 수도 로마의 전성을 상징하는 솔개의 깃발을 드디어 꺾고야 말았던 힘, 세계를 지배하고 '영원한 수도, 세계의 여왕'이라는 자랑스러운 칭호를 차지한 로마를 정복한 힘은 과연 무엇이었던가?

그들이 과연 모든 이가 머리를 숙이고 가르침을 들을 만한 지성과 학식을 지닌 대학자들이었던가? 그들이 지성과 마음을 마치 옹기장이가 진흙을 주무르듯 뜻대로 흥분시키고 감격케 하는 웅변가들이었던가? 그렇지 않으면 무적의 군대인 로마를 손쉽게 무찌를 만한 군사력을 지닌 맹장들이었던가?

아니다. 그들은 유다의 어부들이었다. 학식도, 웅변도, 인간적 재능도, 능력도, 돈도 없던 그들이 세상을 정복하도록 파견된 것이다. 이보다 더 어처구니없고 불가능한 명령이 또 있겠는가? 학문에 조예가 깊고, 사람을 감격하게 하는 웅변력이 있고, 세계 제일의 무적 병력이 있다고 하더라도 어려움이 있었을 텐데, 하물며 이런 것이 전혀 없었던 그들은 인간적으로 따진다면 반드시 실패하고야 말았을 것이다.

더군다나 사도들은 무력한 어부들이었을 뿐 아니라 세상에서 천시받는 유다인들이었다. 교만하기 이를 데 없던 로마인이나 문화의 향기가 드높았던 그리스인들에게 있어서는, 유다인이란 콧방귀의 대상이었다. 유다인은 사회의 추방자요, 세상에서 가장 천한 이들이었다. 그리고 유다인 사이에서조차 경멸당하던 지방이 곧 갈릴래아였다. 그런데 우리 사람의 눈으로 보면 도저히 이해할 수 없게도, 그리스도는 그 천하디천한 갈릴래아의 어부들을 사도로 뽑으셨다. 이보다 더 어리석은 일이 또 어디 있으랴. 사람의 힘으로는 도저히 성공할 가망이 없는 이 어려운 대사업에 이다지도 맞갖지 않은 일꾼을 뽑다니, 아마 그리스도로서도 이런 일을 두 번 거듭하지는 않으셨을 것이다. 아무리 생각해도 놀랄 수밖에 없는 이 불멸의 찬미의 사업을 이룩하기 위해 일부러 되도록이면 가장 미약한 일꾼을 뽑아 맡겼다고밖에 달리 생각할 수 없다.

그런데 성령의 불이 그들 위에 내리셨을 때, 유다의 어부들은 우상 숭배의 어둠 속 한복판으로 뛰어들어 글자 그대로 세상의 얼굴을 바꿔 놓았다. 강대한 로마 제국도 이들에게 지배당하고야 말았다. 사도들의 으뜸인 베드로는 유다의 수도 예루살렘에서 행한 첫 설교로 3천 명을 개종시켰는데, 이들 중에는 얼마 전까지도 그리스도의 사형에 협력한 자들이 섞여 있었다. 그 후 베드로는 안티오키아로, 또 마지막에는 로마로 향했다. 그는 여기서 성좌를 세우고 순교의 영광을 받았다.

위대한 이방인의 사도 바오로는 유럽으로, 아시아로 두루 다니면서 구원 사업에 자신을 불태웠고, 안드레아는 시리아와 그리스로 갔다. 에페소와 소아시아로는 요한이 갔고, 성전에 따르면 토마스는 저 멀리 인도까지 가서 천국의 겨자씨를 심어 영원히 불타오를 그리스도의 복음의 햇불을 드높이 치켜들었다고 한다. 이들 어부 출신 사도들의 목소리는 아라비아 평원, 시리아, 인도 갠지스강, 또 스페인까지 다다랐고, 헤라클레스곶(지브롤터 해협 동쪽 끝)에까지 미쳤다. 십자가에 못 박혀 죽으신 그리스도의 가르침이 온 세상 곳곳에 울려 퍼졌다. 참으로 바오로 사도는 예언자답게 외쳤다. "그들의 소리는 온 땅으로, 그들의 말은 누리 끝까지 퍼져 나갔다."(로마 10,18)

그들은 이상하게도 외국어를 말하였고 그곳의 사투리를 썼다. 그들은 랍비(유다교의 율법 학자)들의 교활한 생고집에, 문명한 그리스 철학의 미묘한 빛에, 로마 제국의 잔인한 박해에 부딪쳤어도 조금도 굽히지 않고 이들을 이겨 나갔다. 주님의 소리가 그들의 귀에 쟁쟁히 울리고 있었기 때문이다. "사람들이 나를 박해하였으면 너희도 박해할 것이고, 내 말을 지켰으면 너희 말도 지킬 것이다. 너희는 세상에서 고난을 겪을 것이다. 그러나 용기를 내어라. 내가 세상을 이겼다."(요한 15,20; 16,33)

사도들의 수고로 이루어진 성공은 인류 역사상 가장 이례적인 것이다. 그들은 눈을 감기 전에 실제로 문명 세계 방방곡곡에 그리스도교회가 탄생됨을 목격했다. 이를 소멸시키려는 맹렬한 박해의 폭풍에도 불구하고 그리스도의 복음은 산불처럼 여러 민족들 사이에 전파되고, 드디어 충천하는 화염이 되어 이교의 어둠을 비추었다. 새 희망의 여명으로서 구원된 인류의 휘청거리는 걸음을 찬란한 횃불처럼 비추어 인생의 새롭고 넓은 지평선으로 인도하였다. 이교 세계에서의 복음 전파 속도는 눈이 돌아가도록 빠른 것이어서 2세기의 개종자 테르툴리아노가 로마 황제에게 이렇게 써 보낼 정도였다. "저희는 오직 어제의 것이며, 저희가 채우는 모든 것은 폐하의 것입니다. 도시, 섬, 군직, 성, 회의실, 진영, 궁전, 원로원, 재판소까지도. 그러나 저희는 폐하의 신전에서만은 물러가나이다."

갈릴래아 어부들이 이교 세계를 정복하였다는 사실은 웅장한 연극을 보는 느낌이다. 오튼은 이렇게 썼다. "애초에 유다인의 회당은 신인神人의 피로 물든 채 연약한 갈릴래아의 어부들과 씨름을 하였으나 결국에는 이 싸움에 지고 말았다. 다음에는 세계를 정복한 힘을 지닌 로마가 덤벼들어 이 교회를 송두리째 부수려 했다. 이 싸움은 300년 동안이나 계속되었다. 십자가에 못 박혀 죽은 나자렛 사람을 따르는 몇 천

명의 무리들은 순교라는 죽음으로써 신앙을 증거했다. 그러나 이 일방적 공격의 싸움이 끝났을 때, 이교 로마의 갑옷에서 피에 젖은 칼날이 땅에 떨어지고 베드로 사도의 후계자가 로마의 왕좌에 올랐다. 골고타 위에 올려졌던 구원의 보람이 다시 로마의 일곱 언덕 위에 휘날리고 무력으로써가 아니라 전능하신 하느님의 말씀으로써 모든 이를 다스릴 제국이 세워졌음이 선포되었다. 우상의 신전들은 유일의 참된 신에게 자리를 내놓았다. 평화의 복음은 죽음의 어둠밖에는 몰랐던 사람들에게 생명의 빛을 비춰 주었다. 교회와 학교와 자선 사업 기관이 가는 곳마다 하느님의 마음의 표현으로 세워져 세상의 얼굴을 새롭게 만들어 갔다."

리히터Richter는 이렇게 말했다. "강한 자 중에서 가장 순수한 자, 순수한 자 중에서 가장 강한 자, 그리스도는 그의 상처 입은 손을 들어 여러 제국의 멍에를 벗겨 주고 시간의 흐름을 바꿔 놓았다."

이 시대의 흐름의 변화, 이교 세계의 복종, 정복될 수 없었던 로마의 정복이야말로 세계 최대의 도덕 혁명이요 사회 혁명이었다. 그러나 결과는 이에 맞갖은 원인을 필요로 한다. 이러한 놀라운 업적이 오로지 갈릴래아의 어부의 손으로만 이루어졌다고 말한다면 이는 모든 인간 역사, 모든 인간 경험의 심증을 모조리 부인하는 것이 될 것이다. 이미 말한 바와 같이 이 사명을 받은 자들은 모두 아주 미미하고 가장 어울리지 않는 자들이었다. 전적으로 멸시받는 유다인 중에서도 가장 천시받는 갈릴래아 사람들이 웅변도, 권력도, 무력도, 금력도 전혀 없는 어부로서 저 교만한 그리스 철학자들을 무릎 꿇리고 로마의 무적 군대에게 패배의 쓴잔을 마시게 했다. 그리스도가 이들을 택하셨음은 오히려 이들이 그 승리에 맞갖은 온갖 인간적 능력을 타고나지 못했다는 그 이유 때문이었다. 만일 그리스도가 심원한 철학자나, 사람을 감동시키는 웅변가나, 무수한 병력을 가진 유능한 장군들을 뽑아 당신 종교를 포교할 사명을 맡기셨다면 다음과 같이 말하는 것이 당연하리라. "보라, 여기에는 기적이 없다. 이는 인간의 힘으로 전파된 종교다." 이 때문에 그리스도는 사람의 눈으로 보기에는 가장 비천하고 가장 부족한 사람을 사도로 선택하셨다. "보라, 이는 사람의 일이 아니고 하느님의 일이다."라고 외치지 않을 수 없도록.

사용된 방법과 성취한 결과의 이 넘나들 수 없는 간격 속에 하느님의 빛이 너무나 밝게 비치고 있다. 사람의 눈으로 보기에는 십자가에 못 박혀 죽은 그리스도의 종교는 얼마 가지 않아서 가장 비참한 죽음을 당해야 했다. 지향하는 목적이 달성될 만한 수단 방법이 전혀 없으면서도 세계를 지배하고야 말았다는 이 사실은, 이 종교가 하느님의 틀릴 수 없는 인호를 지니고 있다는 증거다. 바로 이 주지主旨를 바오로 사도는 이렇게 외쳤다. "하느님께서는 지혜로운 자들을 부끄럽게 하시려고 이 세상의 어리석은 것을 선택하셨습니다. 그리고 하느님께서는 강한 것을 부끄럽게 하시려고 이 세상의 약한 것을 선택하셨습니다. 하느님께서는 있는 것을 무력하게 만드시려고, 이 세상의 비천한 것과 천대받는 것 곧 없는 것을 선택하셨습니다. 그리하여 어떠한 인간도

하느님 앞에서 자랑하지 못하게 하셨습니다."(1코린 1,27-29)

알렉산더 대왕은 피의 바다를 거닐고 나서야 여러 국가를 정복했다. 나폴레옹 보나파르트는 유럽의 지도를 바꾸는 데 무수한 프랑스 병사들의 목숨으로 대가를 치러야 했다. 그런데 사도들은 순결한 피 한 방울도 빼앗지 않았을 뿐더러, 오히려 스스로의 피를 자원해 흘림으로써 세계를 정복했다. 그러므로 이는 천지개벽 이래 도무지 유례가 없는 업적이다. 이는 사람의 손으로 이루어진 것이 아니라 하느님의 힘으로 이루어진 승리이기 때문이다.

여러모로 보아 역사적 그리스도교인 가톨릭의 전파는 죽은 자의 부활 이상으로 신비롭고 놀라운 기적이다. 죽은 자의 부활은 겨우 한 개인에 관한 사정이기 때문이다. 이 연극을 어느 모로 보든지 편견이나 편파 없이 공평하게 사실만을 연구하는 역사학도라면 다음과 같이 외치지 않고는 견디지 못하리라. "이 종교는 인간에게서 태어난 것이 아니고 하느님으로부터 태어난 것이다. 역사의 법칙으로 따진다면 반드시 실패했어야 했을 것이 뜻밖에도 개선한 까닭이다. 여기에는 지워질 수 없는 신적 인호가 새겨져 있다. 이 탄생과 포교라는 사무치는 거대한 연극 속에는 지극히 높으신 분의 손길이 인도하고 있음이 눈부신 대낮의 태양처럼 역력히 빛난다."

실천

- 오늘날 가톨릭을 반대하는 선전 방법과 초대 교회 때의 그것을 비

교하고 객관적으로 분석해 보기.
- 그대의 원수와 교회의 원수를 위해서 기도하기.
- 그대의 신념이 공격받았을 때 어디까지나 냉정하기. 위엄으로써 변호하기.

제8장

지성인은 로마로, 왜?

아널드 룬과 G. K. 체스터턴의 극적인 일화

뉴먼이 종교 진리를 오랫동안 연구한 끝에 드디어 1845년 10월 9일 로마의 문을 두드렸을 때, 영국의 수상 벤저민 디즈레일리는 다음과 같이 예언했다. "영국 교회는 큰 타격을 받았다. 이 때문에 앞으로 반세기 동안은 뒤흔들리리라." 이 예언된 기간은 너무도 짧은 듯싶다.

체스터턴이 옛 신앙의 문으로 들어섰을 때 영국 국민은 모두 어안이 벙벙하였다. 마틴데일C. C. Martindale은 뉴먼이 세운 빛나는 천재의 전통을 되살려, 옥스퍼드의 학생 시절에 모든 학과에서 실제로 1등만 차지했다. 이것은 도무지 유례가 없는 일이다. 그 또한 역사적 그리스도교를 찾아 로마로 돌아섰을 때 영국의 지성들은 모두 혼이 나갔다. 영국 성공회 주교의 아들이며 영국에서 가장 유능한 풍자가의 한 사람인

녹스R. A. Knox가 부모로부터 물려받은 신앙을 버리고 낯선 로마와의 일치에서 평화와 행복을 찾았을 때에도 지성인들은 어처구니없다고 하기보다 놀라움을 금치 못했다. "지성인은 로마로 기울어지고야 마는가?" 이것이 당시 어디서나 들을 수 있었던 말이다.

영국 설교계에서 가장 웅변을 잘하던 이들 중 하나요, 동시에 가장 촉망받던 오처드W. E. Orchard 목사는 킹스웨이 교회의 주임 목사였는데 가톨릭 사제가 되었다. 그는 몇 해 동안이나 안개 속을 헤매면서 보다 더 밝은 빛을 찾으며 그리스도의 역사적 교회에 속해 있다는 확신을 얻고자 노력했다. 그의 저서 《신앙에서 신앙으로From Faith to Faith》는 결국 로마에서 끝맺은 그의 영적 여행담이다. 뛰어난 성공회의 학자 존슨V. Johnson 박사도 이즈음 같은 길을 걸어 별수 없이 어부 베드로의 배를 타고야 말았다.

아널드 룬, 칼을 버리다

로마에의 길은 아널드 룬A. Lunn의 행동으로 말미암아 환하게 뚫렸다. 전 영국은 물론, 영어 문화권의 모든 이들의 눈이 휘둥그레졌다. 왜냐하면 옛 신앙에 대한 가장 유능하고 가장 맹렬한 반대자였던 그가 칼을 내동댕이치고 뉴먼에서 시작하여 오늘에 이르기까지 줄곧 계속되는 로마로의 행렬에 한몫 거들었다는 사실 때문이다.

로마의 자력磁力은 무엇인가? 이렇듯 뛰어난 영국의 최고 지성인들을 그렇게 많이, 더구나 도저히 저항할 수 없게 끌어당겨 지금까지 살아온 길과는 정반대의 길을 걷게 하고, 그들의 가족과 친구들에게 놀라움과 비애를 안겨 준 그 이상한 매력은 도대체 무엇인가? 아마 룬과 체스터턴의 사정을 들으면 이 신비에 대한 다소간의 빛을 받게 될 것이다. 아마 이 말을 들으면 따지고 말고 할 것도 없이 절대적으로 복종하지 않을 수 없는 빈틈없는 추론과 역사적 사실과 객관적 신조를 깨닫게 될 것이다.

이미 열두 권의 책을 쓴 룬은 뛰어난 작가로서 명성을 떨치고 있었다. 그는 그중 한 책에서 교회를 비판하는 주연 노릇을 했다. 이 책《로마의 개종자 Roman Converts》를 읽은 사람이면, 이 책을 쓴 저자 자신이 불과 10년이 채 못 되어, 도저히 이해할 수 없다던 개종자들의 뒤를 따랐다는 사실이 믿기지 않을 것이다. 그는 불가지론에서 가톨릭으로 옮긴 그 자신의 영성적 오디세이를 이즈음의 저서 《이제야 알았다 Now I See》에서 감명 깊게 실토하고 있다.

인지 Inge 학장의 예언

룬은 1888년 인도의 마드라스에서 태어났다. 그의 아버지는 그곳에서 감리교 선교사였다. 그의 어머니는 아일랜드 성공회 신부이며 미들턴 대학 학장인 캐논 무어의 딸이었다. 어린 룬은 아침에는 성공회로, 저녁에는 감리교회로 끌려다녔다. 그는 이 두 교회로 끌려다니긴 하였지만, 어느 것에도 마음이 끌리지 않았다. 두 다리를 하나씩 걸치고 있다는 비극이 그의 가족 안에 교파가 있기 때문임을 깨달은 그는, '하나'

야말로 참교회의 가장 중요한 보람이라고 여기게 되었다.

그는 옥스퍼드의 해로 고등학교 및 발리올 대학에서 공부하였는데, 관심을 가진 과목에 대해서는 찬란한 지성을 빛냈지만, 필수 과목에 대해서는 그다지 열성을 기울이지 않았다. 그는 영국, 프랑스, 독일의 뛰어난 현대주의자들의 책을 탐독했고, 윌리엄 제임스의 실용주의에 관심을 보였다. 현대주의에 마음을 빼앗긴 그는 정통 그리스도교는 유지되지 못할 것으로 여기고, 가톨릭을 "지성과 역사를 희생해서 신앙과 감정을 높이는 자들"이라고 멸시했다.

그런데 뉴먼이나 매닝Manning이나 녹스 등 영국의 두드러진 지성들이 성공회식 교양과 분위기에 얽매여 있었음에도 불구하고 어찌해서 로마의 교회로 들어갈 수가 있었는지 의심이 든 것은 바로 이 생각 때문이었다. 역사의 사실과 사도들의 가르침을 증명하는 초대 교부들의 저서들과 가톨릭의 철학적 바탕에 대한 토미즘의 설명(개종자들의 마음을 잡아당겨 굴복할 때까지 휴식을 허락하지 않는 신조)을 연구한 그에게 역사적 그리스도교란 시대에 뒤떨어진 것이라는 확신에 넘친 태도를 멋쩍게 여길 만한 틈바구니가 생겼다. 후에 그는 《지성으로부터의 도피 The flight from reason》를 썼는데, 그는 이 책에서 이성과 객관적 증거를 주장하는 토미즘과 주관주의와 경신輕信을 비교 논평했다. 그의 아버지가 인지학장에게 그 책을 한 권 선물했는데 학장이 이렇게 예언했다. "제 말을 유의하십시오. 댁의 아드님은 결국 미치광이 교황주의자가 되고 말 것입니다."

냉철하고 맑은 빛

1930년 룬은 옥스퍼드의 녹스 신부와 가톨릭에 관한 서신을 교환하기 시작했다. 이 서신들을 한데 엮어 《어려운 일*Difficulties*》이라는 제목의 책을 냈다. 이를 읽어 보면 룬은 가톨릭에 대해서 생각해 낼 수 있는 온갖 공격을 다 했고, 녹스 신부는 번번이 이를 시원하게 물리쳤다. 편지 왕래가 잦아짐에 따라 그는 안절부절못하게 됐다. 어느 날 그는 아내에게 "여보, 녹스 신부에게 보낼 훌륭한 편지를 막 써 놓은 참이요."라고 말했다. 그러나 아내는 쌀쌀하게 대꾸했다. "당신 자신에게나 훌륭한 편지를 쓰세요. 개신교에 머물러 있고 싶다면 말이죠."

아내는 인지 학장처럼 대단한 예언자였다. 룬은 자기가 반박한 모든 것의 답변을 듣자 이성의 힘에 눌려 어쩔 수 없이 일찍이 자신이 비웃었던 로마로 개종의 걸음을 내디뎠다. 그전에 그는 구경삼아 미사에 한두 번 참례한 적이 있었다. 그때는 교회의 전례에 아무런 매력도 감정도 느끼지 못했었다. 녹스 신부가 그를 맞아들일 때 그는 일찍이 뉴먼이 매닝, 또 성공회 주교의 아들로서 방금 로마의 문을 열어 준 바로 이 신부 녹스가 자원으로 포로가 된 이 신앙에 머리를 숙인 것이다. "냉철하고 맑은 이성의 빛만 있으면 더 바랄 것이 없다. 이것만 있으면 교회로 가는 길을 떠나기에 요긴한 길잡이를 모두 갖고 있는 셈이다. 힘을 북돋아 주는 신앙의 따뜻한 맛 같은 것은 사치품이다."

체스터턴은 한때 "가톨릭 신자가 될 바에야 차라리 식인종이 되겠다."라고 말한 적이 있지만, 룬 또한 그러했었다. 직관을 무시하는 한

편, 논리적 추리의 재능이 뛰어나고 객관적 증거라면 반색을 하는 지성인 룬은 그전의 체스터턴과 마찬가지로 편견과 오해의 자갈길을 지나 가톨릭의 문턱에 머뭇거리는 데 그치지 않고 곧장 제대 난간까지 돌진할 수밖에 없었다. 오로지 날카로운 이성의 힘만으로 교회로 달음질하여 들어간 사나이, 바로 그가 아널드 룬이다.

오묘한 내적 감정

현대주의가 외적 사실은 피하고 개인의 내적 직관에만 호소하는 데 비해, 가톨릭의 호교론자들이 객관적 증거만 내세우는 사실은, 감정은 멸시하고 지성으로써 종교 진리를 찾던 룬에게 깊은 감명을 안겨 주었다. 이 점에 있어 그는 토마스 아퀴나스 성인과 더불어 구식이었다. 곧 토마스는 주관적 증거(경험의 주체는 자기가 경험하였다고 우기지만, 그 외의 사람은 아무도 이를 객관적으로 증명할 수 없는 그러한 주관적 내적 증거)만 내세우는 현대식 태도를 배척하고, 지성의 조명을 받은 외적 증거를 내세움으로써 논증한다는 유별난 습성을 갖고 있었다. 룬은 자기 혼자만 우기는 직관적 감정 대신 이성에 호소함으로써 신앙을 효과적으로 견지하는 중세부터의 전통을 가톨릭만이 고수하고 있다는 것을 깨달았다. 이성을 피하고 주관주의라는 어두운 굴속에, 어디인지 무엇인지 분간할 수 없기 때문에 오히려 마음이 놓이도록 박혀 있다는 점에서만 일치되는 그 숱한 개신교를 상대로 가톨릭이 고립 분투하고 있다는 사실이다.

얽히고설켜 뒤죽박죽이 된 시대에 만병통치약이라고 숱하게 활개를 펴는 새로운 도덕률이라는 것은 모두 직관이라는 모래 위에 세워진 것들이다. 룬은 이렇게 관찰했다. "이런 현대식 예언자들은 모두 오묘한 내적 감정에만 호소한다. 그들만이 옳고 다른 사람은 모두 틀렸다는 괴상한 감정이다. 예를 들면 헉슬리J. Huxley 교수는 고상한 음악을 듣거나 가톨릭 성당에 우연히 들어섰을 때 이런 오묘한 내적 감정을 느꼈다 한다. 그는 이러한 내적 감정을 어떤 객관적 실재의 사실에 상응한 무엇으로 느꼈다. 그래서 그는 책을 써서, 올바른 내적 감정을 느끼는 경우에는 종교로부터 신이나 계시 따위를 추방해 버리더라도 거기에는 가치 있는 모든 것이 그대로 남는다고 증명, 아니 주장했다. 순수한 내감론자는 증명이라는 것을 할 수조차 없으니까."

그중에도 새로운 종교와 새로운 윤리 규범으로 소문이 자자한 웰스H. G. Wells에 대한 룬의 분석은 멋지다. 그는 웰스를 내감 병의 고전 표본이라 이름 지었다. 이 철학적 소설가는(차라리 소설가적 철학자라는 편이 나을 성싶지만) 객관적 진리와는 손을 끊고 봄철에 거미가 거미줄을 치듯 불면 날아가 버릴 비현실의 세계를 자기의 내감으로 짜냈다. 그의 저서《볼 수 없는 왕인 하느님God the Invisible King》은 주로 내감론자라고 불리는 현대식 예언자들이 흥미 있게 읽는 책이다. 룬은 이 책을 이즈음의 내감론자 병리학을 벌거숭이로 날씬하게 드러내 주고 있기 때문에 대단히 재미있다고 한다.

하느님을 그린다

웰스는 세상이 자신에게 최신식 하느님을 만들어 줄 것을 기대한다고 상상하여, 이 괴상한 책을 쓰면서 지성이나 사실에 대해서는 오만상을 찌푸리고 이상한 감정만 마구 쏟아 냈다. 룬은 새 시대의 기호에 맞는 하느님을 창작해 낸 웰스의 그 별난 성질에 대하여 이런 비유를 들었다.

어린 딸이 이상한 그림을 그리는 것을 본 어떤 어머니가 딸에게 물었다.

"뭘 그리고 있니?"

"하느님을 그려요."

"어떻게 그리지? 아무도 본 사람이 없는데?"

"이제는 다 알게 돼요." 하며 딸은 계속해서 그림을 그렸다.

룬은 "이제는 다 알게 된다."라는 것이 웰스의 슬로건이라고 말한다. 웰스가 룬의 이 분석을 확인했다는 것은 그의 다음 글을 보면 명백해진다. "현대의 종교는 신에 대한 지식이나 이의 설명이나 온전한 경험에 바탕을 두고 있다. 이는 신과 만났다. 이는 신에 대해서 논의하지 않고 서술한다."

토마스 사도는 신을 증명했지만 웰스는 신을 서술한다. 그는 감정의 샘을 뚫어 그의 최신식 신에 관한 독단적 주장의 물줄기를 끌어낸다. 첫 장부터 끝까지 논의 같은 것은 그림자조차 찾아볼 수 없고, 논리적 추리와는 담을 쌓은 듯하다. 여러분이 이런 신기한 방법으로 어떤 종류의 신이 태어나는지 알고 싶은 호기심에 끌린다면 여기에 보여 드리겠다. "거듭 말하지만 이 새 시대의 신은 우리의 과거를 돌보는 것이 아니라 미래를 돌보는 신이다. 그를 어떤 모습으로 나타낸다면, 용기 있고 슬기롭지만 아직 그 힘이 완숙되지 못한 아름다운 젊은이의 모습으로 표현될 수밖에 없다."

그러면 웰스에게 어떻게 신이 이와 같이 젊고 미숙한지 알 수 있느냐고 묻는다면, 그는 서슴없이 아주 점잖게 큰 기침을 하고 대답할 것이다. "내감이 이렇게 말하오."

룬은 이를 이렇게 풀이한다. "내적 감각이 우리에게 흠숭하라는 신이 웰스를 아주 많이 닮았어도 이상할 것이 없다." 사람이란 원래 신을 만들어 낼 때 자기 모습을 닮게 하는 경향이 있다. 웰스식, 헉슬리식 문학의 몸에 주관주의라는 암세포가 온통 좀먹어 들고 있음을 날카롭게 꿰뚫은 룬은 이들과 한패가 되기를 거절하고야 말았다.

교회는 그리스도와 같이 그르칠 수 없다

교회의 진리 탐구는 그리스도에서 비롯되어 그리스도에서 마쳤다. "너희는 나를 누구라고 하느냐?"라는 질문에 올바른 대답을 얻은 이상, 나머지는 쉬웠다. "예수님은 하느님이시기 때문에 여느 사람과는 다르다는 것을 일단 확신한 바에야 참교회를 찾기 위해 멀리 헤맬 필요가 없었다. 그 교회는 하느님의 것이니만큼 온갖 그 외의 것과 생판 다르기 때문이다. 그리스도의 교회는 그분의 강생처럼 각별할 것이다."

룬은 개종한 지 몇 주가 되지 않았을 때 종교 문제를 전공하는 학자들의 모임에서 개종담을 강연해 달라는 초청을 받았다. 그는 다음과 같은 삼단 논법으로 추리해 나갔다.

그리스도는 틀릴 수 없다. 참교회는 그리스도의 무류성을 가르칠 것이다. 가톨릭 외의 어느 교파도 실제로 그리스도의 무류성을 가르치지 않으며, 그리스도교의 교리 중 어느 하나라도 부인하는 신자를 벌하려 하지도 않는다.

이 강연이 끝나자 토론 석상에서 어떤 영국 성공회의 고위 성직자이며 극단적인 현대주의자가 룬의 논리에 반대했다. 그는 그리스도는 신으로서는 틀릴 수 없었으나 사람으로서는 틀릴 수 있었다고 주장했다. 곧 그리스도는 참다운 신인 동시에 참사람이시다. 참사람이라 함은 순수한 인간 종種의 대표여야 한다. 그런데 잘못을 범한다는 것은 인간의 본성에 속하는 만큼 그리스도도 사람으로서는 틀릴 수 있다는 것이다.

그러자 룬은 이 현대주의자에게 그리스도가 신으로서 계시한 진리와 인간으로서 범한 과오를 분간할 표준을 제시해 달라고 했다. 이 대답에서 룬은 다음의 결론을 얻었다. 영국 성공회의 반스E. W. Barnes 박사의 뜻에 합하는 그리스도는 신으로서 계시한 것이고, 교황의 뜻에 합하는 그리스도는 인간으로서 잘못을 말한 것이라고. 룬은 이 현대주의 비평가에게 물었다. "어떻게 그 까마득한 옛날의 갈릴래아인에게 이런 열성을 가질 수 있습니까? 그분의 생애와 가르침에는 당신이 반대하는 기적이 참으로 많은데 말입니다." 이에 대한 대꾸는 이러했다. "그리스도교는 내게 특별한 만족감을 주기 때문입니다." 그래서 룬은 "새 도덕의 열렬한 추종자들은 이와 거의 같은 말로 간통까지도 꾸밉니다. 이에 대해서, 자기 혼자만 경험한 내적 만족감으로는 증명되지 않고 오직 지성으로써만 증명되는 외적·객관적 도덕 규범에 의지하지 않고서 어떻게 이들을 개과천선하게 할 수 있으시겠습니까?"라고 따졌다. 자기들의 우스꽝스러운 내부 감각(일체의 추리와 토론을 부정하는 주관주의의 암癌)만 내세우는 자들과 토론한다는 것은 얼마나 맥 빠지는 일인가.

로마의 매력은 무엇일까?

"그리스도의 가르침 중에서 어떤 것을 빼야만 그리스도의 신성을 믿겠습니다."라고 말한 어느 현대주의자의 재미있으면서도 큰 도움이 되는 사건이 있다. 그는 어느 날 룬에게 "이제 로마의 매력에 대해서 설교하려 합니다."라며 전화를 걸었다. 룬은 "로마의 매력이 어떤 것이라고 여기십니까?"라고 물었다.

"예, 권위와 일치와 위대한 전통이지요."

"그렇지요. 그렇고말고요. 그렇지만 아마도 로마의 주요한 매력, 즉 가톨릭 교회만이 그리스도의 정신을 충실히 지켜 왔다는 사실에 관해서 틀림없이 무얼 좀 말씀하시겠지요?"

그 친구는 발끈해서 대답했다. "네, 무슨 말씀인지 알겠습니다. 하지만 제가 속 시원하게 통틀어 말하려니 하고 기대하지는 마십시오."

이에 관해서 룬은 이렇게 결론지었다. "그럴 겁니다. 하지만 어느 개신교 신자라도 그것을 통틀어 다 알고서는 그대로 거기에 머물러 있지 않을 것임을 믿습니다."

룬은 영적 방랑의 이야기를 끝맺으면서 벨록H. Belloc이 로마로 첫걸음을 내디뎠을 때에 했던 말을 되풀이했다. "어느 도시나 그러하듯 장애인들과 소외된 사람, 장님, 악인 등이 가득 찬 도시가 있다. 그러나 이는 하느님의 도시다. 이러한 도시는 이 세상에 둘이 아니다. 오직 하나뿐이다. 이 세상에 있는 어떤 것 하나는 다른 모든 것과 구별된다. 이는 개성이 있고 힘이 있다. 이는 인식된다. 알게 되면 가장 열렬히 사랑하거나 미움을 받는다. 이것이 가톨릭 교회다. 이 집안에서는 인간 정신을 위한 지붕도 있고 난로도 있지만 밖은 그믐밤이다."

체스터턴의 경우

아널드 룬의 개종, 할 때 연상되는 것은 그의 동포로서 그보다 유명한 체스터턴의 개종이다. 이 둘은 공통되는 점이 많다. 둘 다 논리적 추리와 객관적 증거로써 발을 옮겼다. 혹시 감정은 있었다 해도 둘 다 그다지 영향을 받지 않았다. 둘 다 역사와 유럽 문화에 조예가 깊은 천재적 문학가들이었다. 그리고 한때 교회를 비판하였고 중간에 불가지론에 빠졌고, 성공회라는 정거장을 거쳐서 종교 진리를 찾아 결국 로마에서 끝맺었다.

이제 체스터턴으로 하여금 결정을 내리도록 충동한 그 신조와 추리를 살펴봄으로써, 지금도 영국뿐 아니라 모든 민족의 최고 지성들을 계속적으로 끌어들여 교회의 넓고 강대한 원천 아래 거느려 쉬게 하는 가톨릭의 신비로운 매력을 좀 더 깊이 통찰하기로 하자. 과거 어느 때보다도 오늘날, 어부 베드로의 무덤 위에 세워진 미켈란젤로의 둥근 지붕이 유일하고 견고한 일치의 상징으로 우뚝 솟아 있다. 이는 혼란과 분열과 수라장의 세계에서 오직 국가와 문화의 차별을 초월하여 전 세계의 강대한 군대를 하나의 공통 신앙이라는 강인하고 불멸한 끈으로 일치단결하게 하는 유일의 상징이다.

1922년 천재적 역설의 작가 체스터턴이 로마에 굴복을 선언했을 때, 영국은 원자 폭탄에나 맞은 듯 야단법석이었다. 영국 성공회의 뛰어난 성직자 해덜리C. Headderly는 그다지도 빼어난 천재 작가를 놓친 영국 교회에 대해서 얼마나 비평과 야유가 심했는지를 잘 보여 준다. "우리는 지금껏 체스터턴 같은 호교가를 갖지 못했다. 그런데 그는 교회의 모임에 거의 자취를 나타내지 않았었다. 우리는 이 세기 최대의 지성에 빛나는 역설보다 옥스퍼드의 (말하자면) 무미건조한 교수의 진력나는 논리를 더 즐긴다. 이 나라의 종교는 아직도 청교도와 흥을 꺾는 무리들의 무게에 짓눌려 있다. 체스터턴은 우리를 들어 올리려 하겠지만 쉽게 되지는 않을 것이다. 우리는 아직도 과학과 기적에 관한 빅토리아 시대 중엽의 논쟁 때문에 놀라 떨고 있다. 체스터턴은 우리를 구해 내고 아울러 정통파에 보존하여 줄 것이다.

그러나 우리는 자유로워지지 않는 편이 오히려 낫다. 청교도의 허위를 예모 있고 훌륭하게 들이부술 수 있는 사람이면, 이는 영국의 참종교를 위해서 그가 자각하는 이상의 좋은 일을 하는 사람이다. 청교도들은 주일을 지킨다고 하면서 실은 이를 파괴했다. 그들은 종교를 의심받게 했다. 즐겁고 행복한 천사의 사업을 한다며 실은 기쁨과 아름다움과 사랑을 없애 버리고 있다. 이 슬픈 사실은 주로 유머가 전혀 없는 탓이다. 곧 어느 모로 보면 체스터턴 같은 유머 있는 이라야 기쁨을 되찾아올 수 있다는 이유가 이것이다."

가장 큰 성실

런던의 〈태블릿Tablet〉지는 당시 가톨릭의 기쁨을 이렇게 표현했다. "실로 가톨릭으로서는 그가 양 우리에 들어왔다는 사실이(이로써 그가 지금까지 다른 종교를 믿는 이로서 친절하고도 날카로운 비판을 해 준 기쁨과 자랑을 다소 잃게 되기는 했지만) 그의 시와 산문의 실재성과 현실성에 대한 의구심을 즉시, 또 영원히 일소했다. 언행이 일치되었다. 이것이 중세기에 대한 미학적 사랑 이상의 것을 뜻한다는 것, 아름다움과 더불어 의무까지도 부과되었다는 것, 단지 문학적 성실 이상의 인생 최대의 성실을 성취했다는 것을 모든 이가 이제야 확실히 알리라."

체스터턴이 영국 교회를 떠난 것은 화가 치밀어서 그런 것도 아니고 감정이 상해서 그런 것도 아니었다. 그가 가톨릭 교회에 들어온 것은 이것이 그리스도가 세운 교회로서 신적 기원과 권위를 가진 그르칠 수 없는 신앙을 전 인류에게 가르치는 까닭이다. 역사적 그리스도교인 성교회는 체스터턴이 즉시 인식하고 감탄한 역설적 성질을 갖고 있다.

    교회는 세계에서 가장 보수적이면서 동시에 가장 모험적이다. 교회는 2천 년의 원숙한 슬기와 아울러 젊은이의 불타는 정열을 동시에 지니고 있다. 요즈음 신기하다는 것도 알고 보면 벌써 15세기 전에 여기서 갈라져 나간 개신교들이다. 가톨릭 교회는 나팔을 불고 북을 치면서 장터에서 밀려드는 새로운 학설을 무턱대고 받아들이지는 않는다. 금세 잃어버리고 싶지 않기 때문이다.

버금의 충성

    오늘날 국가주의가 여러 나라의 안장 위에 걸터앉아 세계를 개조한다고 무섭게 눈을 부라리며 호령하고 있다. 교회는 입가에 미소를 머금고 구경하고 있다. 이미 국가주의라는 꼭두각시 또는 그런 것들이 일어났다 사라졌다 하는 것을 숱하게 보아 온 까닭이다. 국가주의라는 신식 종교의 고결한 순교자인 카벨E. Cavell이 조국에 봉사하겠다는 열성에 불타 독일군의 맹화猛火에 대항해서 일어나 "애국심만으로는 부족하다."라고 소리쳤다. 이 외침은 마치 인공위성을 발사하는 폭음이나 되듯 영국인을 뒤흔들었다. 그러나 교회로 말하면 이는 "네 이웃을 너 자신처럼 사랑해야 한다."라는 계명으로 이미 예스러운 것이다.

    애국의 충성은 보편적 도덕률, 곧 온갖 율법과 예언을 내포하는 사랑의 이중 계명에 비기면 시간적으로나 논리적으로나 버금가는 자리를 차지한다. 국가는 정치뿐 아니라 종교 사정에 관해서까지 좌지우지할 전체적 권위가 있다고 핏대를 올리고 소리 지르는 국가주의에 대해서 교회는 구약 성경 욥기의 간결한 말로써 코를 납작하게 만들어 버린다. "내가 땅을 세울 때 너는 어디 있었느냐?"(욥 38,4) 교회의 예스러움과 유럽 신흥 국가들의 새로움을 비교할 때 교회는 그들에게 이렇게 물어봐도 무방하리라. "교회의 바탕이 생겨났을 때 너는 어디 있었느냐?"

체스터턴은 말한다. "교회야말로 사람이 그처럼 쪼개진 각각의 국가를 세울 마음도 먹지 않았을 때부터 이미 사람들의 충성을 받아 왔다. 그리고 이 신앙은 실로 우리 조상들의 신앙일뿐더러 조국의 이름이 정해지기 전 조상들의 신앙이다. 이를 잊다니 참 어처구니없다."

가톨리시즘은 참되다

체스터턴과 같은 지성인이면 교회가 지닌 무수한 매력을 깨닫는다. 또 각 교파의 신조를 위협하는 얼토당토않은 사소한 일과 낡아 빠진 신기한 사상 등을 조용히 관찰하는 교회의 노숙한 슬기도 이해한다. 그런 만큼 그런 이가 가장 매력 있는 신조가 무엇인지를 지적해 내기는 쉽지 않다. 그렇지만 여러 사실 중에서 그의 마음을 가장 힘차게 압도하고 교회의 모든 신조의 공통 요소가 되는 것은 가톨리시즘은 참되다는 간단한 사실이다.

체스터턴은 이렇게 설명한다. "내가 가톨릭 신자가 된 이유를 설명하기가 왜 힘든가 하면, 개종한 이유가 만 가지나 되고, 또 결국은 이것들이 단 하나의 이유, 곧 가톨리시즘은 참되다는 이유에 귀결되기 때문이다. 나는 '이것은 ~ 하는 유일의 조직체다.'라는 말로 끝맺는 몇 개의 글로 여백을 메울 수 있다. 1) 가톨릭은 실제로 죄를 숨기지 못하게 하는 유일한 조직체다. 2) 가톨릭은 장상이 교만하다는 뜻으로 장상이 될 수 없는 유일한 조직체다. 3) 가톨릭 교회는 인간을 시대의 아들이 되는 타락한 노예에서 해방하는 유일한 조직체다. 4) 이것은 이러쿵저러쿵 참견하지 않도록 참된 메신저답게 진리를 전하는 유일한 조직체다. 5) 이것은 사실 온갖 종류의 존경받을 사람까지 포섭하는 유일한 조직체다. 6) 이것은 법률가로서가 아니라 의지로써 세상을 안으로부터 변혁하는 유일의 조직체다."

증언대에 오른 성경

체스터턴은 성경을 증언대에 올려놓고 온갖 시비를 결정지으려는 개신교의 약점을 이미 알고 있는 터였다. 곧, 성경은 오로지 살아 있는 목소리로만, 해석자의 입을 통해서만 말할 수 있음을 깨달은 까닭이다. 이러한 해석자들이 성경의 말씀이라며 번지르르하게 서로 모순이 되는 말을 하는 것이 이른바 교파 싸움이다. 그런데 이 난관을 해결한다고 성경만을 하느님의 유일한 말씀으로 받들고, 어떠한 해석자도 소용없다고 주장한다. 그래서 아귀다툼은 한층 더 치열해진다.

체스터턴은 이렇게 썼다. "가톨릭은 성경을 안 믿는다고 입방아를 찧는 개신교인들이 성경을 안 믿고 있음을 깨달은 나는 흥분했다. 나는 그런 환경에서 자라났다. 그들 중에는 이를 진보의 과정이라고까지 말하는 자도 있었다. 이대로 가면, 아버지가 귀한 책을 챙겼다고 자식이 아버지를 발길질하고서는 그 책을 찢어 버리는 것도 진보의 과정이 될 것이다. 이러한 점으로 말하면 진보라는 말은 개신교의 악화를 뜻함이 뻔하다. 그러나 내 친구였던 자유사상가들은 거의 다 로마의 권위보다 개신교의 성경 숭배가 더 신랄한 비판을 받는다는 사실을 자유롭게 생각한 모양이다. 어쨌든 내 가족과 친구들은 다니엘서보다 다윈의 진화론을 펼쳐 보기를 더 즐겼다. 그리고 그들은 거의 다 히브리어 성경을 마치 고대 이교의 우상처럼 여겼다. 그렇다 할지라도 우상 조각을 신이라 하여 흠숭하다가는 허수아비라고 부숴 버리고, 그러다가는 이를 맞갖게 흠숭하지 않는다고 사람들을 나무라고 있으니 참 어리둥절할 일이다."

체스터턴은 가톨릭 교회의 진리는 인력과 반발력을 가진 자석과 같다고 지적한다. 사람이 낚싯밥에 걸려드는 것이 아닌가 하고 부질없이 떨고 있을 때에는 반발력이 작용한다. 그러나 그 낚싯밥은 진리일 뿐이다. "가톨릭 교회를 거슬러 버티기를 중지하면, 곧 그 순간부터 그리로 끌려감을 느낀다. 시끄럽다고 소리치기를 중지하면, 그 순간부터 이를 즐겨 귀담아 듣게 된다. 마음을 공평하게 먹어야겠다고 하면, 그 순간부터 이를 즐기게 된다. 그리고 이 애착이 어느 정도를 지나면, 마치 연애를 하는 것처럼 가슴이 벅차고 두근거리면서도 한없는 기쁨을 맛보게 된다."

〈그림 6〉에서 보여 주는 터놓은 지성에 작용하는 진리의 인력은 미

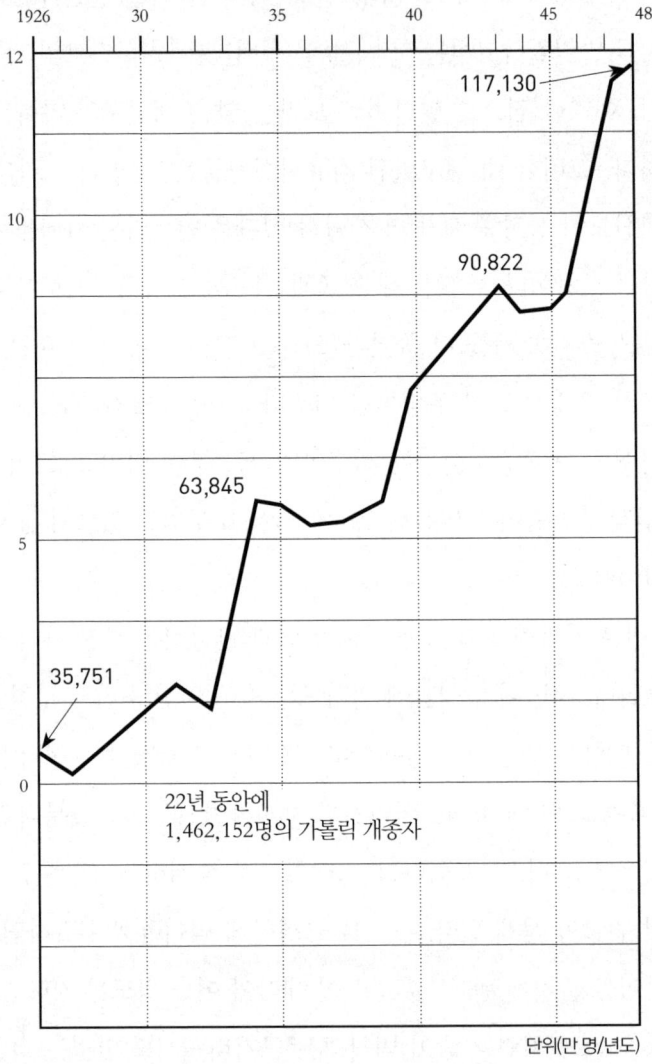

〈그림 6〉 놀라운 격증의 이유

국 가톨릭의 줄기찬 증가를 보여 준다. 1926년에는 개종자가 3만 5천 7백 51명이었고, 1934년에는 6만 3천 8백 45명, 1948년에는 11만 7천 1백 30명이다. 22년 동안에 1백 46만 2천 1백 52명이라는 놀라운 수의 개종자가 생겼다.

미국의 가장 빛나는 지성인들 중에서 다수가 스스로 가톨릭으로 들어섰다. 이를 더듬어 보면, 조예 깊은 철학자 브라운슨O. A. Brownson을 비롯하여 성공회의 고명한 신학자 킨스맨F. J. Kinsman 주교, 컬럼비아 대학의 빼어난 역사학 교수 헤이즈C. J. Hayes 등이 있다. 이런 빛나는 지성들의 은하수가 다른 개종자들과 함께 가톨릭으로 들어오는 이유는 체스터턴이 지적한 그 하나의 이유, 곧 가톨리시즘은 참되다는 사실에 귀결된다.

펠프스W. L. Phelps는 이렇게 썼다. "일전에, 앞으로 50년이 지나면 과학은 종교를 파멸하고 따라서 종교는 기억 이외에는 아무것도 남지 않게 되리라는 기사를 읽었다. 그런데 한편 로마 가톨릭 교회의 개종자들, 이른바 현대 사조에 관심을 두고 있는 모든 이가 경악의 눈으로 주목할 만큼 양적으로나 질적으로나 지극히 놀랍게 성장하고 있다. 나는 '지성인이 어떻게 가톨릭교도가 될 수 있는가?'라고 이상하게 생각하는 분에게 뉴욕 대학의 역사학 교수 호프만R. J. S. Hoffman의 《부흥Restoration》을 추천한다. 이 책은 그가 어떻게 해서 무無에서 만유萬有로 옮겨 갔는지를 말해 준다."

스토다드는 자신의 개종을 이렇게 요약했다. "가톨릭 교회는 내게 혼란 대신 질서를, 의심 대신 확신을, 어둠 대신 빛을, 그림자 대신 실체를 주었다." 모든 개종자의 경험을 반영하는 말이다.

온갖 진리가 모인 곳

이제까지 모든 개신교와 온갖 망상을 무찌른 교회의 모습에는 장엄한 어떤 것이 있다. 이교, 성경 숭배, 절대적 제국주의, 군주주의, 민주주의, 대의 정치, 독재 정치, 시대의 유행 등 긴 행렬이 교회 앞을 지나갔다. 교회는 그의 옥좌에서 이들이 오가는 것을 굽어보고 있다. 교회는 어떠한 형식의 정치 체제 아래에서도 살 수 있다. 교회의 관심은 인간의 영혼에 있고, 교회의 왕국은 영혼의 왕국이기 때문이다.

체스터턴은 말한다. "사상의 상치와 진리의 파괴는 끝이 없다. 이는 사람들이 진리의 알맹이를 보존하고 온갖 진리를 옹호하면서, 모든 오류는 뿌리째 뽑아 버려야 될 의무를 거절한 때부터 비롯된 불행이다. 그 후부터는 몇몇이 패를 지어 시간을 허비해 가면서 진리를 하나씩 주워 모아 이를 주물럭거리다가 결국 오류로 만들어 버리고 말았다. 우리가 해 온 것은 움직임밖에 없다. 다시 말하면 모노마니아, 곧 한 가지 일에만 골몰하는 사람이었다. 그러나 교회는 하나의 움직임이 아니다. 집합소다. 이 세상의 모든 진리가 모여 있는 곳이다."

체스터턴은 이렇게 관찰했다. "교회는 문이 백 개나 있는 집이어서 동시에 두 사람이 똑같은 방향에서 들어오는 일이 없다." 이 천재가 걸은 길은 객관적 증거와 논리적 추리의 길이었다. 교회의 신비로운 매력은 단순히 '교회는 진리'라는 사실에 있다. 이것이 그가 오랫동안 탐구한 대상이었다. 그는 마치 아들이 아버지를 오랫동안 떠나 있으면서도 꿈에도 잊지 못한 아버지께 돌아와 품에 안기듯 그렇게 교회를 껴안았다. 그리고 자모이신 교회의 부드러운 품 안에서 참다운 안식과 평화를 발견했다. 교회는 이처럼 한결같이 자석이 강철을 끌어당기듯 저항할 수 없는 힘으로 뛰어난 지성인들을 품 안에 끌어들이고 있다. 이리하여 로마로 향하는 여행길은 끊일 사이가 없다.

실천

- 다른 종교에서 가톨릭 교회로 개종한 사람의 일화를 찾아보기.
- 성령께 대한 신심을 두텁게 하고 개종자들을 위해서 기도하기.
- 개종의 기로에 선 이들을 위해서 기도하기.

제2편

교회 – 틀릴 수 없는 스승
교회 교도권의 바탕

제9장

그리스도를 어떻게 생각하는가?

그리스도의 신성

역사적 그리스도교의 전통적 교리를 하나둘씩 부인해 온 결과, 그리스도인이라고 자칭하는 이들도 그리스도교의 중심인 그리스도의 신성까지 배척하게 되고 말았다. 이 그리스도교의 근본 교리에 대한 신앙이 부인되는 현상은 평신도는 고사하고 사목자들 사이에서 더욱 현저하게 나타나고 있다. 예컨대 시카고 대학 신학부의 케이스S. Case 교수는 저서 《세기를 지난 예수*Jesus through the centuries*》에서 그리스도를 단지 한 인간으로 묘사하고, 그의 도덕률은 당시의 팔레스티나의 단조로운 일상을 사는 촌사람에게는 적합하였으나 현대의 복잡다단한 사회생활에는 맞지 않으며, 맞게 하려면 근본적으로 수정되어야 한다고 주장했다. 그리스도를 소크라테스나 간디에 비할 만한 일개 사회 개혁가로 보기도 한다. 그래도 그리스도의 계시를 최고의 결정적인 것으로 여기는 전통적 관점에서 멀어지기를 꺼리는 눈치가 엿보이기는 한다. 이러한 생각은 〈크리스천 세기〉에 실린 두 논문에 반영되어 있다. 다음은 '그리스도인 협회' 비서의 글이다. "나는 인생을 하나의 발전하는 과정으로, 또 우주는 본시 변화하는 것으로 여기는 만큼 종교의 본질도 성장한다고 주장한다. 그리스도의 계시가 최후의 결정적인 것이라든가, 그리스도는 절대자요 완전자라는 등의 개념은 내가 보기에는 당치도 않은 소리다. 이것이 크나큰 악을 초래했음을 우리는 이제야 깨달았다."

다음은 다른 대학 강사의 글이다. "우리는 우연히 또는 노력의 결과로 예수의 인생철학을 훨씬 능가하는 인생철학과, 예수가 가르친 바에 어긋나는 인생 규범을 따라서 살 수 있고, 또 우주가 아직 완성되지 않았다는 논리로 미루어 그렇게 될 것이다."

신성을 배척

이러한 견해는 몇몇 사람만의 주장이 아니라 실로 여러 개신교에 널리 퍼져 있는 사상이다. 베츠G. H. Betts 교수의 연구 논문 〈목사 700명의 신앙〉을 읽으면 뚜렷해진다. 500명의 목사와 200명의 목사 지망 신학생들의 그리스도께 대한 신앙을 비교한 결과, 베츠 교수는 다음과 같은 견해가 목사들 사이에 점점 우세해지고 있음을 발견했다.

"그는 여느 사람과 다름없이 잉태되고 탄생했다. 그는 이 지상 생활에 있어 도덕적인 악을 범할 수 있긴 했다. 그는 남을 부활시키지 못했을뿐더러 자신도 육체적으로 부활하지 못했다. 그는 지상 생활의 초기에는 그 당대의 지식과 상식의 제한을 받았다. 인류의 속죄는 오로지 그의 수난과 죽음으로만 말미암은 것은 아니다. 그는 볼 수 있는 모습으로 지상에 다시 나타나지 않는다."

이런 연구를 바탕으로 하면 새 목사들 중 겨우 44퍼센트가 '예수는 권능이나 지식이나 권위에 있어 하느님과 동등하다'고 믿을 뿐이다. 이는 옛 목사의 76퍼센트에 비해 훨씬 낮은 비율이다. 젊은 목사의 42퍼센트, 나이 든 목사의 84퍼센트만이 '예수는 죽으시고 묻히셨다가 참으로 죽은 이들 가운데서 부활하셨다'는 것을 믿었다. 이상이 오늘날의 미국 개신교에서 현저하게 나타나는 '그리스도교로부터 초자연적인 것, 신적인 것을 박탈해 버리는' 경향이다. 이 연구에서 명백히 드러나는 바와 같이 역사적 그리스도교의 근본 교리, 특히 그리스도의 신성과 그의 도덕률의 최후 결정성은 여러 개신교에서 배척되고 있다.

이러한 상태는 기뻐할 일이기는커녕 참으로 통탄할 일이다. 왜냐하면 이것은 점점 득세해 가는 자연주의, 합리주의, 불가지론과의 전쟁에서 가톨릭이 동맹국을 잃고 그 날카로운 공격을 혼자 견디어 내야 하고, 결국에 가서는 고립 분투를 면치 못할 것을 뜻하기 때문이다.

타협할 여지가 없다

가톨릭 교회는 전통적 교리에 대한 신앙이 이처럼 전반적으로 허물어져 가는 상황을 목도하더라도 오늘도 지난 19세기 동안이나 마찬가지로 달리 알아들을 수 없는 예수 그리스도의 쉽고도 분명한 가르침을 고수하기에 여전히 지칠 줄 모른다. 교회는 시대정신과 타협할 것도 없고, 갈피를 잡지 못할 새로운 바람에 일일이 돛을 맞출 여지도 없다. 교회는 '어제의 예수 그리스도, 오늘의 예수 그리스도, 영원히 같은 예수 그리스도'를 선포할 뿐이다. 일찍이 구세주가 당신 살을 먹고 피를 마시라고 명한 그 가르침에 대해서 많은 유다인이 그를 배반하고 떠났을 때, 그분은 사도들에게 "너희도 떠나고 싶으냐?"(요한 6,67) 하고 물으셨다. 그때 베드로가 사도들을 대표하여 "주님, 저희가 누구에게 가겠습니까? 주님께는 영원한 생명의 말씀이 있습니다."(요한 6,68)라고 대답했다. 가톨릭 교회는 그 베드로의 대답을 곧 자신의 대답으로 삼고 있다.

수백만 명이나 되는 자칭 그리스도교인들이 주님께서 친히 쉽고도 똑똑하게 선언하신 신성을 부인함으로써 주님을 배반하고 있음에 비해, 교회는 첫 교황이요 사도들의 으뜸인 베드로 편을 들어 그와 같은 대답을 한다. "주님께서 영원한 생명을 주는 말씀을 가지셨는데 우리가 주님을 두고 누구를 찾아가겠습니까?"

그리스도의 모든 가르침 가운데 그 자신의 신성에 관한 가르침보다 중요하고 중대한 영향을 미치는 것은 없다. 만일 그리스도가 하느님이 아니고 일개의 사람이라면, 그분이 세우신 교회는 아무런 신적 바탕도, 권위도 없을 것이다. 그 도덕률도 최후 결정적인 것이 못 되며, 그 가르침도 별다른 것이 못 되고, 그 종교도 불교나 이슬람교나 유교나 그 밖의 수많은 종교와 본질적으로 구별될 아무런 까닭도 없을 것이다. 한마디로 그리스도교의 권위의 흥망은 그 창설자인 신성 여하에 달려 있다. 이 크나큰 진리가 내포하는 무수한 의미에 대해서 브라우닝R. Browning은 이렇게 읊었다.

> 그리스도 안에서 하느님을 인식하였으니
> 당신이 지성으로 깨달았음이기에
> 이는 당신을 위하여
> 세상 안팎의 온갖 의문을
> 속 시원히 풀어 주도다.

그러면 그리스도의 신성에 대한 명백한 증거는 무엇인가? 여기서 가톨릭 교회가 예수의 신성을 가르치니까 이를 믿으라고 강요하지는 않는다. 다만 복음에 기록된 구세주의 쉽고도 똑똑한 가르침을 음미해 보라고 권할 뿐이다. 그렇다고 복음을 신적 영감을 받은 책이라고 믿을 필요는 없다. 다만 진실한 말씀으로만 여겨도 충분하다. 자칭 그리스도인이라면 누구라도 복음사가들이 예수의 신성을 발명한 것이 아니고, 다만 그리스도의 일생과 그 가르침을 성실하고 참되게 기록하였을 뿐임을 반드시 인정할 것이다.

베드로의 고백

예수가 사절로서뿐만 아니라 당신의 이름과 권위로써 선언하신 성경 구절 등 당신의 신성을 함축적으로 증명하는 구절은 너무나 많기에 이를 일일이 열거할 것 없이 한마디로 줄이고자 한다. 그분이 글자 그대로 하느님의 아드님이시며, 성부와 같은 실체를 지니고 계시다는 진리를 친히 밝히신 구절을 보기로 하자.

첫 장면은 카이사리아 필리피 지방에서 일어난 사건이다. 그리스도께서 제자들에게 물으셨다. "사람의 아들을 누구라고들 하느냐?"(마태 16,13) 그들이 대답하기를 "세례자 요한이라고 합니다. 그러나 어떤 이들은 엘리야라 하고, 또 어떤 이들은 예레미야나 예언자 가운데 한 분이라고 합니다."(마태 16,14) 이 대답에 만족하지 않으신 그리스도는 제자들에게 재차 물으셨다. "그러면 너희는 나를 누구라고 하느냐?"(마태 16,15) 베드로가 그리스도의 신성에 대해서 역사적 신앙 고백을 선언한 것은 바로 이때였다. "스승님은 살아 계신 하느님의 아드님 그리스도이십니다."(마태 16,16)

베드로의 고백을 칭찬하시다

구세주께서 베드로가 틀렸다든가, 제정신이 아니라든가, 또는 스승이 실제로 지니지 않은 신성을 함부로 갖다 붙였다고 문책하셨던가? 만일 베드로가 틀렸다면, 이 잘못을 고쳐 주어 베드로의 그릇된 인상을 바로잡아 주는 것이 정직한 사람이라면 누구라도 해야 될 의무였으리라. 그리스도는 베드로가 틀렸다고 말씀하셨던가? 그러기는커녕 베드로의 대답은 계시를 받은 것임을 보증하고, 그의 신앙 고백에 대해서 다음과 같은 놀라운 보상을 주심으로써 베드로의 대답이 진실됨을 확인하셨다.

"시몬 바르요나야, 너는 행복하다! 살과 피가 아니라 하늘에 계신 내 아버지께서 그것을 너에게 알려 주셨기 때문이다. 나 또한 너에게 말한다. 너는 베드로이다. 내가 이 반석 위에 내 교회를 세울 터인즉, 저승의 세력도 그것을 이기지 못할 것이다. 또 나는 너에게 하늘나라의 열쇠를 주겠다. 그러니 네가 무엇이든지 땅에서 매면 하늘에서도 매일 것이고, 네가 무엇이든지 땅에서 풀면 하늘에서도 풀릴 것이다."(마태 16,17-19)

여기에 주님께서 위대한 스승으로서 능숙한 솜씨로 주의 깊게 그 배경을 준비하신 극적 광경이 있다. 이 배경은 그리스도의 신성에 대한 베드로의 솔직하고 명백한 고백을 마치 그믐밤에 번쩍이는 번갯불과 같이 빛나게 한다. 이것은 말하자면 착한 그리스도교 신자는 하느님의 은총으로 말미암아 하느님의 양자가 된다는 식으로 애매하게 그리스도가 하느님의 아들이라고 말한 것이 아니다. 이 말은 명백히 그리스도는 이런 것과는 도무지 비교할 수 없이 무한히 높으신 분, 곧 그 본성으로 하느님의 아들, 다시 말하면 하느님의 한 실체이신 분이라고 한 말이다. 따라서 요한은 그리스도를 "은총과 진리가 충만하신 아버지의 외아드님"이라고 선언했다.

카야파 앞에 서신 그리스도

카이사리아 필리피 지방에서 일어난 신성의 고백 광경 못지않게 빛나는 극적인 장면은 히브리인의 최고 재판소에서 베드로가 아니라 그리스도께서 친히 말씀하신 장면이다. 주님께서는 하느님의 칭호를 주장하신 탓으로, 다시 말하면 하느님의 아드님이심을 주장하신 탓으로 고발되었다. 유다인에게 이 죄는 사형감이었다. 카야파 대사제가 엄숙한 말투로 그리스도께 물었다. "내가 명령하오. '살아 계신 하느님 앞에서 맹세를 하고 당신이 하느님의 아들 메시아인지 밝히시오.'"(마태 26,63) 예수님께서는 당신이 이 물음에 긍정적인 대답을 하는 것은, 곧 죽음을 자처하는 것임을 아시고도 남았다. 그분은 애매한 말이나 알쏭달쏭한 대답을 해서 이 급박한 운명을 피하려 하셨는가? 당신의 신성을 부인하기만 하면 만사가 해결되는 간단한 방편을 써서 죽음을 피하려 하셨던가?

오히려 1초도 주저하지 않고 손톱만큼도 애매하지 않은 말투로 서슴지 않고 간단명료하게 선언하셨다. "네가 그렇게 말하였다."(마태 26,64) 이 말은 히브리어로 "네가 말한 것은 참되다. 나는 바로 그렇다."라는 뜻이다. 카야파는 이 대답을 듣기가 무섭게 자기 겉옷을 찢으며 부르짖었다. "이자가 하느님을 모독하였습니다. 이제 우리에게 무슨 증인이 더 필요합니까? 방금 여러분은 하느님을 모독하는 말을 들었습니다. 여러분의 의견은 어떻습니까?"(마태 26,65-66) 군중들이 대답하기를 "그자는 죽을죄를 지었습니다."(마태 26,66)라고 말했다. 이 최고 재판소에서 그리스도께 모독의 죄를 선언하였음은 그리스도께서 참하느님의 아드님이심을 주장하신 탓이며, 단지 그분이 메시아(구세주)이심을 주장하신 것이 아님을 증명한다. 메시아라고만 주장하였다면 이는 그냥 거짓말이지 모독은 아니기 때문이다.

그러므로 글자 그대로 그리스도는 친히 당신의 신성을 부인하기는 고사하고 애매하게 말하려 하기보다 차라리 골고타 십자가 형틀을 택하셨다고 말할 수 있다. 그렇기에 성경을 단지 역사적인 문헌으로만 여길지라도 이를 읽는 사람이라면 누구라도, 더욱이 그리스도인이라면 예수 그리스도의 신성에 관해서 당신 친히 쉽고도 똑똑하게 가르치신 바를 의심하거나 부인할 수가 없다.

기적으로 확인되다

주님께서는 당신이 하느님이심을 선언했을 뿐 아니라 이를 여러 표징과 기적, 그중에서도 특히 당신의 부활로써 확증했다. 그분은 유다인들에게 당신 말을 믿지 못하겠으면 당신이 행하는 일을 믿으라고 말씀하신 적이 한두 번이 아니었다.

"내가 하고 있는 일들이 나를 위하여 증언한다. 아버지께서 나를 보내셨다는 것이다."(요한 5,36) "내가 그 일들을 하고 있다면, 나를 믿지 않더라도 그 일들은 믿어라. 그러면 아버지께서 내 안에 계시고 내가 아버지 안에 있다는 것을 너희가 깨달아 알게 될 것이다."(요한 10,38)

베드로 역시 스승의 본을 따라 주님께서 구세주이시며 하느님의 아드님이심을 믿게 되는 증거로서 그분의 놀라운 업적을 들었다. 예컨대 첫 성령 강림 날 아침, 사도들이 그리스도를 위하여 세계를 정복한다는 숭고한 사명에 착수하려는 때, 베드로는 유다인에게 이렇게 말을 꺼냈다. "이스라엘인 여러분, 이 말을 들으십시오. 여러분도 알다시피, 나자렛 사람 예수님은 하느님께서 여러 기적과 이적과 표징으로 여러분에게 확인해 주신 분이십니다. 하느님께서 그분을 통하여 여러분 가운데에서 그것들을 일으키셨습니다."(사도 2,22)

예수께서 행하신 기적은 효과가 그 제자들에게뿐 아니라, 이를 목격한 모든 이들에게 미쳤음을 니코데모의 말에서 볼 수 있다. "스승님, 저희는 스승님이 하느님에게서 오신 스승이심을 알고 있습니다. 하느님께서 함께 계시지 않으면, 당신께서 일으키시는 그러한 표징들을 아무도 일으킬 수 없기 때문입니다."(요한 3,2)

요한 사도는 독자들이 그리스도의 신성을 믿을 수 있도록 하겠다는 뚜렷한 목적으로 예수의 기적을 기록하였음을 밝히고 있다. "예수님께서는 이 책에 기록되지 않은 다른 많은 표징도 제자들 앞에서 일으키셨다. 이것들을 기록한 목적은 예수님께서 메시아시며 하느님의 아드님이심을 여러분이 믿고, 또 그렇게 믿어서 그분의 이름으로 생명을 얻게 하려는 것이다."(요한 20,30-31)

비록 예수께서 행하신 무수한 기적을 목격하였지만 아직 제자들의 마음에 예수의 신성에 대한 의심의 그림자가 남아 있었다 하자. 그렇더라도 이 흔적마저 부활이라는 가장 놀라운 기적으로 깨끗이 사라졌을 것이다. 부활의 사실은 예수께서 부활하신 후에 함께 얘기를 나눈 사도들의 증언은 물론, 그 외에도 아주 많은 증언으로 뒷받침되고 있다. 이 기적이야말로 제자들의 마음에서 그분의 신성에 관한 의문을 그림자까지 송두리째 깨끗이 씻어 준 계기가 되었다. 주님을 십자가에 못 박은 백인대장까지도 구세주의 임종 시에 일어난 이상한 바람과 놀라운 사실을 보고서 예수의 신성을 절규하고야 말았다. "백인대장과 또 그와 함께 예수님을 지키던 이들이 지진과 다른 여러 가지 일들을 보고 몹시 두려워하며, '참으로 이분은 하느님의 아드님이셨다.' 하고 말하였다."(마태 27,54)

이는 복음서의 일부분에 불과하지만 이제까지 제시한 모든 증거에 비추어 보아 다음과 같이 말해도 과언이 아닐 것이다. 그리스도께서 하느님이 아니셨던들 신약 성경은 신적 영감을 받은 책으로서는 말할 나위도 없거니와 역사서로서도 아무 가치가 없을 것이다. 이와 동시에 여기에 바탕을 두고 있는 전통적 그리스도교 전체가 당장 땅속에 거꾸로 곤두박질칠 운명을 면치 못했을 것이다. 예수께서 하느님의 아드님이심을 믿지 않으려면 불가불 복음의 역사적 진실성을 배척해야만 하기 때문이다. 물론 이는 과학의 무법천지에서나 할 수 있는 만행이다.

초대 교회의 그리스도

예수의 신성에 대한 너무도 명백한 성경의 증거를 결사적으로 피하려는 이른바 몇몇 비평가와 현대주의자들은 일반적으로 초대 교회에서는 이 점에 관해서 명백히 가르치지 않았다고 버티고 있다. 그들의 주장에 따르면, 처음 3세기 동안에 교회는 그리스도의 위격에 관해서 아무것도 아는 바가 없었다기보다 아직 꾸며 내지 못했다는 것이다. 즉, 신자들은 그리스도를 이를테면 일종의 하위의 신, 곧 모든 인간보다는 높지만 성부보다는 낮은 존재, 따라서 엄격한 뜻으로는 신이 아니라고 여겨도 무방했다는 것이다. 이 교리는 3세기 동안 진화된 결과로 325년 니케아 공의회 때에 이르러서야 비로소 결정되었고, 이때에 그리스도의 절대적 신성에 대한 신앙이, 신자들이 반드시 믿어야만 하는 교리가 되었다는 것이다.

만일 이 생각이 참되다면 이는 이 세상에서 풀 수 없는 수수께끼 중 하나다. 곧 사도들과 제자들은 그리스도를 하느님으로 믿었을 뿐 아니라, 거의 전부가 이 신앙을 위해서 순교했으니 말이다. 이를 위해서 온갖 고문과 투옥은 물론이거니와 죽음까지도 자청하다시피 한 그들이, 이 근본 교리를 개종자들에게 전하지 않았다면 그야말로 알 수 없는 일이 아니겠는가. 어쨌든 이 당치도 않은 말을 이러쿵저러쿵 말로만 따질 것 없이 직접 사실을 살피기로 하자.

초대 교회의 가르침이 어떠하였는지는 그 당시 개종자들에게 요구된 신앙 고백을 보면 가장 잘 알 수 있다. 개종자가 세례를 받으려면 우선 신앙 고백부터 해야 하는 풍습은 처음부터 전해 내려온 관례였다. 통일성을 보존하기 위하여 일정한 형식이 채택되었는데, 이는 그 당시 교회가 가르친 가장 근본이 되는 교리를 반영한다. 처음 3세기 동안 사용된 이 신앙 고백 형식은 적어도 그 일부분이 2세기 사람인 테르툴리아노와 유스티노 성인과 이레네오 성인으로 말미암아 지금까지 전승되고 있다. 의심을 품고 있는 비평가들까지도 이 고백 형식의 기원이 적어도 1세기 이전까지 소급되며, 당시에는 동방 교회도 서방 교회와 통일되었음을 모두 인정하고 있다.

이 고백 형식을 보면, 그리스도의 신성에 대한 신앙 고백이 입교의 필수 조건으로 명백히 규정되어 있다. "나 전능하신 천주 성부를 믿으며 그 외아들 예수 그리스도, 성령으로 말미암아 동정 마리아에게서 나신 우리 주를 믿나이다."

이는 21세기의 우리 그리스도인들이 외우는 사도신경의 그 상응되는 구절과 동일한 것이며, 이는 곧 우리가 1, 2세기 때의 교우들과 동일한 신앙을 고백하고 있다는 말이다. 그 후 19세기 동안 예수의 신성에 대한 우리 신앙이나 이를 밖으로 드러내는 표현은 전혀 바뀌지 않았다.

교부들의 증언

초대 교회의 교부들의 글은 그들 신앙의 중심을 이루는 이 교리에 관한 것으로 가득 차 있다. 로마의 클레멘스 성인, 안티오키아의 이냐시오 성인, 유스티노 성인은 이 점을 유달리 강조했다. 아테네의 아테나고라스는 2세기 말에 로마 황제에게 다음과 같은 호교의 글을 썼다. "성부만이 하느님이실 뿐 아니라 성자도 성령도 그러하나이다. 하느님의 삼위는 한 하느님이시며, 이 한 하느님에게는 삼위가 있어 서로 구별되나이다." 거의 때를 같이하여 리옹의 이레네오 성인은 이렇게 적었다. "그리스도가 죄를 용서하여 주신다면, 그리스도가 하느님과 사람 사이의 중개자시라면 이는 곧 그분이 참하느님의 위격이시기 때문이다."

2세기 중엽에 폴리카르포 성인이 산 채로 화형을 당하는 마당에서 외친 말도 이 위대한 진리에 대한 초대 교회 신자들의 신앙을 입증한다. "오, 하느님, 당신이 사랑하시는 아들, 영원하시고 하늘에 계신 예수 그리스도와 더불어 만사에 대해서 당신께 감사하며 찬미하나이다. 예수 그리스도와 당신과 성령께 이제와 항상 영원히 영광이 있을지이다. 아멘."

이 똑같은 진리를 로마의 히폴리토 성인, 카르타고의 테르툴리아노, 알렉산드리아의 오리게네스와 클레멘스, 올림푸스의 메토디오 성인, 사르디스의 멜리토 성인 등이 또한 강조했다. 실로 이 문제에 관심을 두고 있던 당시의 모든 저작자들의 글이 지금까지 보존되어 있으며, 이는 모두 한결같이 똑같은 교리를 가르쳐 주고 있다.

아직 생긴 지 얼마 안 된 교회가 이 문제에 관해서 명확히 규정된 교리를 가르쳤다는 사실은 예수 그리스도의 절대적 신성을 부인하려던 당시의 이단자들을 교회에서 어떻게 처단했는지를 보면 잘 알 수 있다. 예컨대 케린투스가 1세기 말에 예수는 마리아와 요셉의 아들일 뿐 하느님의 아들이 아니며, 따라서 참하느님이 아니라고 주장했을 때,

온 교회는 그를 거슬러 들고 일어나 그를 배교자로 파문해 버렸다. 그 노시스파와 조금 후의 아리우스파가 구세주를 하느님과 최고의 천사의 중간 존재라 하여 그리스도를 일종의 하위의 신으로 여기려 했을 때 먼저와 마찬가지로 치열한 단죄의 부르짖음이 일어났다. 교회는 지체 없이 그들을 사도로부터의 신앙을 배반한 이단자로 취급해 버렸다.

초대 교회의 신자들 사이에서도 예수를 하느님의 아드님으로 믿는 신앙이 참그리스도인으로서의 뚜렷한 증거로 여겨질 정도로 보편적인 것이었다. 비가톨릭 작가인 리돈Liddon도 처음 3세기 교회의 신앙을 이렇게 증언하고 있다. "그리스도가 절대적 신이라는 진리는 의심 없이 니케아 공의회 이전의 교회의 핵심이 되는 가르침이다. 그 당시 비록 교회의 스승들이 이 교리가 필연적으로 포함하는 모든 것을 인식하지 못했고, 이것과 다른 교리와의 관계를 정확히 설명하지는 못했을망정 위의 사실은 틀림없다."

오리게네스가 셀수스에게 대답하다

처음 3세기의 그리스도인들은 그리스도의 신성을 믿는 것만으로 그치지 않고 이 신앙을 실천에 옮겨 그리스도를 하느님으로 흠숭했다. 이 사실은 그들이 다신교라든지 우상 숭배라는 비난을 받은 것으로 미루어 보아도 잘 알 수 있다. 예컨대 3세기의 이교 철학자 셀수스는 그리스도인들이 그리스도를 흠숭한다는 것은 본질적으로 다신교이니만큼 그들이 이교의 다신교를 비난할 처지는 못 된다고 말했다. "그리스도인들은 하느님을 예배하지 않는다. 물론 마귀도 아니다. 다만 죽은 사람을 흠숭하고 있다. 입으로는 이교의 신들을 흠숭하지 않겠다고 말하면서 하필이면 왜 유다인들에게 사형당한 사람을 예배하는가? 그러려면 차라리 다른 예언자 중의 어떤 이를 예배함이 낫지 않겠는가?"

초대 그리스도인 중에서 최고의 저술가인 오리게네스는 셀수스의 공격을 막아 냈다. 그는 그리스도인이 그리스도를 흠숭한다는 비난은 부정하지 않고 오히려 그리스도는 하느님이시니까 그렇게 흠숭함이 마땅하다는 것을 증명했다. "이교의 잡신들은 흠숭받을 자격이 없다. 유다의 예언자들도 마찬가지다. 그렇지만 그리스도는 한 인간으로서가 아니라 하느님의 아들로서, 곧 하느님으로서 흠숭된다. 만일 셀수스가 하느님의 아드님께서 기도 중에 말씀하신 것처럼 '아버지와 나는 하나다.', 또 '나와 아버지는 하나다.'라는 뜻을 깨달았다면, 우리가 만물 위에 존재하시는 하느님 외에 다른 것을 흠숭한다고 착각하지는 않았을 것이다. 곧 그리스도는 '아버지께서 내 안에 계시고 내가 아버지 안에 있다'고 말씀하셨기 때문이다."

그렇다 할지라도 그리스도교 순교자들의 피의 증언이 없었다면 예수의 신성에 대한 초대 교회의 신앙은 아마 '증거 불충분'이라는 소리를 들을지도 모른다. 그 순교자들은 입술로만 외친 것이 아니다. 그들은 무죄한 수난과 모진 죽음이라는 더할 수 없는 웅변으로 외친 것이다. 그들은 살아 있는 몸에 콜타르를 바른 채 로마인의 칼싸움 경기를 밝혀 주는 횃불 노릇을 했다. 그들은 모래를 뿌린 원형 극장에서 굶주려 날뛰는 사자들에게 손발을 찢겨 그 배를 채워 주었다. 그들은 참수대 위에 목을 내밀고 망나니들 칼춤의 노리개가 되었다. 그들은 치욕의 십자가에 못 박혀 죽었다. 그들은 하느님이시며 구세주이신 그리스도를 부인함으로써 제 목숨을 구하고 약속된 부귀영화를 누리기보다는, 차라리 이 무수한 혹독한 형벌을 즐겨 택했다.

순교자들의 소리

그들은 우리의 귀에 벼락처럼 소리치고 있다. 그들의 영웅다운 죽음은 그리스도교의 창설자이신 하느님을 한 인간으로 치부해 버리려는 20세기의 현대주의자와 목사 등의 낯간지러운 비웃음을 거슬러 절규하고 있다. 그들의 붉은 피는 시간도 영원도 부술 수 없는 확신의 인호를 그들의 신앙 위에 새겨 놓았다. 그들의 부르짖음은 시간이 흐름에 따라 줄어들기는커녕 귀청이 터질 지경으로 커져 가고 있다. "우리가 수난을 당하고 죽은 것은 한 인간을 위함이 아니었다. 우리의 하느님이시며 구세주이신 예수 그리스도 때문이다." 조금만 재치 있는 사람이라면 그들의 이 외침 속에 사도들의 목소리가, 그리스도의 목소리가 메아리치고 있음을 느낄 것이다.

그리스도를 참하느님으로 믿고 이 신앙을 목숨으로 증거한다는 것이 순교자들에게 무엇을 뜻하는가를 깨달으려면 목자들이 전하는 그들의 형벌 실화를 좀 더 읽어 보는 것이 도움이 될 것이다. 이런 실화는 무수히 많다. 그 한 예로 여기에 앙심을 품은 비평가들도 그것이 사실 그대로임을 인정하는 실화를 소개하려 한다. 칼비시아누스 총독의 법정 앞에 카타니아 교회의 부제인 에우플리오가 그리스도인이라 하여 끌려왔다. 통례에 따라 총독은 그 죄수에게 그리스도를 배반하고 이교의 신에게 향을 피우라고 타이르면서 그렇게 하면 자유를 주겠다고 약속했다. 이것이 헛수고가 되자 형틀 위에 눕게 했다. 목격자는 다음과 같이 증언한다.

"그렇게 고문을 당하면서 에우플리오는 말했다. '그리스도님, 감사하나이다. 저를 보호하소서. 당신을 위하여 이 고통을 받나이다.' 총독이 참견을 했다. '그따위 바보짓은 그만두어라. 신들을 공경하라. 그러면 포승을 풀어 주마.' 에우플리오가 대꾸했다. '나는 그리스도를 공경한다. 나는 마귀를 온전히 미워한다. 네 맘대로 하라. 나는 그리스도인이다. 다른 고문이라도 해 보라. 나는 그리스도인이다.' 한참 동안 에우플리오를 고문한 후 총독은 형리들에게 잠깐 멈추라는 명령을 하고 말했다. '이 불쌍한 자야, 신들을 공경하라. 마르스와 아폴로와 아에스쿨라피우스를 흠숭하라.' 에우플리오가 대꾸했다. '나는 성부와 성자와 성령을 흠숭한다. 성삼위를 공경한다. 그 외에 하느님은 없다. 하늘과 땅을 만들지 않은 저 신들과 그들에게 속하는 모든 것을 없애 버리라. 나는 그리스도인이다.' 총독은 또다시 말했다. '자유를 누리고 싶다면 제사를 올려라.' 에우플리오가 대답했다. '나는 오직 내 자신을 그리스도께 바친다. 내가 할 수 있는 것은 이것뿐이다. 네 노력은 헛될 뿐이다. 나는 그리스도인이다.' 그러자 재차 고문 명령이 내려졌다. 뼈가 마디마디 튕겨져 나왔다. 그때 에우플리오는 부르짖었다. '그리스도님, 감사하나이다. 그리스도님, 저를 도우소서. 그리스도님, 당신을 위하여 이 고통을 받나이다.' 모든 힘이 다하고 목소리가 꺼졌을 때에도 에우플리오의 입술은 여전히 이를 되풀이하고 있었다."

죽어 가는 에우플리오의 말 속에는 수백 수천의 순교자들의 입술에서 터져 나온 그리스도의 신성에 대한 신앙 고백이 메아리치고 있었다. 그들은 마지막으로 주 예수 그리스도의 이름을 숨 쉬었다. 총독들의 간교한 유혹과 형리들의 매몰찬 치도곤 아래에서 구세주를 위해 전 재산과 생명을 헌신짝처럼 버린 이 수많은 남녀노소 순교자들의 행렬은 우리에게 이루 말할 수 없이 지극히 명백하고 똑똑하게 초대 교회의 신앙을 되살려 주고 있다. 굶주림과 추위와 죽음을 무릅쓴 그들의 신앙 고백은 불멸의 영웅적 행위라는 영원한 글씨로 아로새겨져 있다.

현대주의자의 간계

이 문제는 이쯤 해 두기로 하자. 다만 여기서 적어도 한마디 덧붙여야 될 것은 예수를 그저 위대한 사회 개혁자, 즉 하느님이 아니고 한 사람의 고상한 도덕가로 여기는 학파가 있다는 사실이다.

이 학파는(초기 대표자는 르낭Renan인데, 개신교 목사가 점점 많이 가담하는 학파) 예수를 소크라테스보다는 조금 더 현명하고 솔로몬보다는 조금 더 위대한 입법가로, 또 플라톤이나 스피노자보다는 조금 더 고상한 도덕가로 묘사한다. 그들은 예수의 자비와 동정심을 최상급의 형용사로 칭찬한다. 그의 겸손과 상냥함을 찬양한다. 인간 본성에 대한 날카로운 통찰력에 혀를 내두른다. 그를 모든 사람들 중에서 가장 고상하고 가장 착한 분으로 삼고 있다. 바꾸어 말하면 그들은 예수를 인간과 하느님과의 틈바구니를 건너지르는 바로 직전에 남겨 두고 하느님이라고 부르기를 조심스럽게 삼가고 있다.

유명한 성공회 신부 패리쉬H. Parrish 박사의 말은 점점 늘어가는 일반 현대주의자와 목사들이 이르는 것처럼, 예수를 아름다운 인간으로 묘사하되 하느님으로서의 영광을 드리는 것은 기를 쓰고 억누르는 본보기다. "시간과 공간의 광막한 영원 속에 인간은 모든 볼 수 있는 피조물 중에서 산꼭대기에 서 있다. 그 앞에는 그리스도라는 의미심장한 모습이 나타난다. 어떠한 인생도 이 갈릴래아의 젊은 스승의 빛나는 경력에 비길 만한 자는 없다. 공자나 석가보다 위대하고 플라톤의 사상이나 아리스토텔레스의 이론보다 박력 있는 그의 말은 알렉산더 대왕의 거창한 짐꾼이나 카이사르의 정복보다 역사에 더 큰 영향을 미쳤다. 민족사상 가장 유명한 인사라도 그 앞에서는 무색하다. 그의 기적적 탄생이라든지 부활 등 허무맹랑한 이야기는 제쳐 놓고, 또 교리나 법령이나 공의회의 결정이나 신학자들의 사소한 것을 가리고 따지는 정의 따위는 무시하고(이런 것들은 모두 그리스도와 신으로 여기게 했다.) 다만 그의 인간성과 그의 가르침만을 고려해 보는 것이 가장 가치 있는 일이다. 이때에 인간으로서의 그는 세계의 놀라움이요 감탄이다."

여기서 주의해야 될 것은 패리쉬 박사는 예수로부터 신적인 것은 모두 배제하면서 인간으로서는 최고의 윤리 수준까지 높이는 것, 이를테면 니체식의 초인으로 들어 높이기에 남다른 열성을 기울인다는 사실이다. 하지만 사람들은 의아하게 여긴다. 그리스도가 성부의 일체이시며 하느님이심을 스스로 거듭 선언하셨음은 왜 그런 것인가? 카야파 앞에서 스스로 하느님의 아들임을 선언하여 골고타의 십자가를 자원으로 짊어지신 그 선언은 어떻게 된 일인가? 패리쉬 박사는 '이 놀라운 에고이즘'에 대해서 잘라 말한다. "예수는 정신 복합 의식複合意識에 빠져 있었다. 그의 괴상야릇한 환상의 원인이 밝혀진 이상 모든 신비는 깨끗이 사라져 버린다."

복합 의식의 발견

패리쉬 박사는 이렇게 말한다. "그의 가르침은 헤아릴 수 없이 깊고 투철하다. 도덕적인 면과 영성적인 면에 있어서는 참으로 그를 당할 사람이 없다. 그는 어떠한 전통적 근거를 끌어내고 그 예스러운 지혜에 단순하고 묘한 솜씨를 다채롭게 나타냈다. 그렇지만 그가 자신의 내적 생명에 내재하는 신으로 말미암아 비추임을 받고 있다고 확신하였다는 그것이 현대 정신 분석 학자들이 말하는 복합 의식을 가지고 있었다는 증거다. 그의 에고이즘은 가장 놀라운 종류의 것이라는 결론을 현대 비평가들이 내리는 것도 무리는 아니다. 그는 성부와 일체였다. 그러나 예수의 정신과는 달리 이의 비추임을 받았다고 생각할 이유는 전혀 없다. 흔히 볼 수 있는 발명가나 예술가, 음악가와 마찬가지로 오랫동안 기도와 명상에 잠기고 꾸준히 준비한 결과 가장 빼어난 이 천재의 맑은 지성에 천상의 빛이 흘러 들어왔던 것이다."

여기에는 근사한 기만이 숨어 있다. 그는 한편으로는 그리스도를 도덕과 영성 면에 위대한 스승이라 "실로 당할 사람이 없다."라고 말했다. 그러면서 다른 편으로는 "아버지께서 나와 함께 계시다.", 또 "사람의 아들이 아버지의 영광에 싸여 천사들과 함께 올 터인데"라고 말한 이 그리스도를 과대망상증 환자니 허세 망상증 환자니 했다. 또 그렇기 때문에 그의 증언은 전혀 믿을 수 없는 헛소리라 했다. 이것이야말로 하늘 꼭대기까지 추켜올렸다가 떨어뜨리는 일이 아니고 무엇이랴. 이 사람이야말로 변덕이 죽 끓듯 한 본보기가 아닌가? 금방 그리스도를 세계에서 가장 위대한 도덕적·영적 지도자라 하고는, 즉시 그 탈을 찢어 버리고 있다. 그리스도는 정신 복합 의식에 빠진 미치광이요 고집쟁이여서 그의 말은 모두 잠꼬대요 정신 이상자의 헛소리라고 하니 말이다.

솔직히 말해서 나는 이 두 가지 모순된 그리스도의 모습을 가슴속에 그릴 능력이 전혀 없다. 패리쉬 박사의 이 결론에 비해 한때 의심을 품었던 토마스의 결론은 얼마나 감명 깊은가. 토마스는 자신이 없었던 사이에 그리스도가 나타나셨다는 다른 사도들의 증언을 의심했었다. 그러나 후에 "제자들이 다시 집 안에 모여 있었는데 토마스도 그들과 함께 있었다. 문이 다 잠겨 있었는데도 예수님께서 오시어 가운데에 서시며, '평화가 너희와 함께!' 하고 말씀하셨다. 그러고 나서 토마스에게 이르셨다. '네 손가락을 여기 대 보고 내 손을 보아라. 네 손을 뻗어 내 옆구리에 넣어 보아라. 그리고 의심을 버리고 믿어라.' 토마스가 예수님께 대답하였다. '저의 주님, 저의 하느님!'"(요한 20,26-28)

하느님이냐, 사기꾼이냐?

그러므로 예수의 성격에 대해서 이러니저러니 여러 가지로 말할 수 있는 것 중에 패리쉬 박사가 대표하는 이 현대주의자의 견해가 내 판단으로는 가장 이치에 어긋난다. 왜 그런가? 이유는 간단하다. 예수께서 그저 착하고 성실한 분이었다면, 곧 그분은 하느님이셔야 한다. 왜냐하면 그분은 당신이 성부와 일체이시며 스스로 하느님이라고 선언하셨기 때문이다. 이 선언 때문에 그분은 골고타에서 못 박혀 죽으셨다. 그분은 이 사실을 사도들에게 가르치셨다. 이 진리를 세상에 가르치기 위하여 사도들을 파견하셨다. 사도들은 이 사실을 부인하기는커녕 이 때문에 그 스승과 같이 자원해서 죽었다. 모든 그리스도교 세계는 그분의 권위로 말미암아 이 진리를 믿고 있다.

그런데 그리스도가 하느님이 아니라면, 그는 사기꾼이거나 정신 이상자일 것으로, 그의 전인격과 개성은 말라비틀어져 버릴 것이다. 그가 무의식적으로 정신에 문제가 있는 자라 하더라도 윤리적인 스승이 될 수 없음은 말할 것도 없다. 어쨌든 그의 전인격은 시들어 버리고, 따라서 앞서 현대주의자나 유리주의唯理主義자들이 하늘 꼭대기까지 추어올린 찬사와는 도무지 맞지 않는 인물이 되어 버릴 것이다. 뿐만 아니라 그는 하느님의 가장 큰 원수가 될 것이다. 왜냐하면 그는 하느님께만 합당한 전 인류의 찬사를 가로챘기 때문이다. 또한 그리스도는 당신이 하느님이심을 증명하기 위하여 기적을 행했으니만큼 그가 하느님이 아니라면 하늘에는 신이라는 존재가 없다는 말이 된다.

이리하여 가톨릭의 냉철한 논리는 현대주의자의 죽도 밥도 아닌 소리를 내리치고, 그리스도는 하느님이 아니면 사기꾼이라고 단정한다. 생각 있는 지성인에게는 제3의 애매한 답이 있을 수 없다. 교회의 정신으로 말하면 진리는 경우에 따라서 변하는 것이 아니다. 감정에 이끌려 변하는 것이 아니다. 이것이 교회가 주위의 의지가 약한 사람들이 변절하는 모습을 보면서도 끄떡하지 않고 그리스도의 신성을 굳게 지키는 이유다. 교회는 그리스도의 가르침과 그분의 도덕률에 권위를 주는 것이 그분의 신성임을 안다. 더군다나 그분을 참하느님으로 인정하느냐 또는 21세기의 산헤드린(유다인의 최고 재판소)에서 부정하느냐 하는 것이 구세주께 대해서 무관심한 일이 아니라는 것도 알고 있다. 교회의 기억 속에는 구세주의 또렷한 말씀이 새겨져 있는 까닭이다.

"누구든지 사람들 앞에서 나를 안다고 증언하면, 나도 하늘에 계신 내 아버지 앞에서 그를 안다고 증언할 것이다. 그러나 누구든지 사람들 앞에서 나를 모른다고 하면, 나도 하늘에 계신 내 아버지 앞에서 그를 모른다고 할 것이다."(마태 10,32-33)

똑같은 대답

그리스도는 이 세상의 생활에 가장 강력한 영향력을 미치고 있다. 리히터가 극히 아름답게 표현했듯이 말이다. "굳센 자 중의 가장 순수한 자, 순수한 자 중의 가장 굳센 자인 그리스도는 못에 꿰뚫린 그 손으로써 여러 제국을 그 멍에에서 벗겨 주시고 시대의 흐름을 바꾸셨다." 감각 기관을 중요시한 루소조차도 복음 속에 묘사된 그리스도의 성품 속에 신적인 것이 있음을 인정하여 다음과 같은 감명 깊은 글을 썼다.

"성경의 장엄함이 나를 찬탄하게 하고 복음의 순결함이 내 마음을 울렸음을 그대에게 고백한다. 우리 철학자들의 저 휘황찬란한 작품들을 정독해 보라. 그러나 성경과 비교하면 얼마나 졸렬하고 얼마나 보잘것없는지! 이렇듯이 단순하고도 고상한 글이 단지 인간만의 작품일 수 있을까? 여기에 그 전기가 실려 있는 저 거룩한 인물이 겨우 한 인간뿐일 수 있을까? 그가 공상가 또는 야심이 가득한 자였으리라는 기색이라도 찾을 수 있는가? 그의 태도의 감미로움, 저 순결함이여! 그의 말 속에는 마음을 울리면서도 얼마나 부드럽고 우아한 맛이 가득하였던지! 그의 금언이 간직한 숭고한 맛! 담화 속에 머금은 저 통현한 슬기! 그의 대답이 드러내는 저 침착함! 그의 감정을 억누르는 저 자제력! 누가 있어, 어느 철학자가 있어, 그와 같이 흠 없고 그와 같이 순박하게, 그렇게 살다가 그렇게 죽을 자 있으리오? 진실로 진실로 소크라테스의 생애와 죽음이 성현의 그것이라면, 예수의 생애와 죽음은 진정 하느님의 그것이다."《에밀 Émile》 제4권)

그리스도가 20세기 전에 바리사이들에게 묻던 질문, "너희는 메시아를 어떻게 생각하느냐? 그는 누구의 자손이냐?"(마태 22,42)에 대해 21세기의 교회는 1세기의 베드로의 고백을 그대로 되풀이한다. "스승님은 살아 계신 하느님의 아드님 그리스도이십니다."(마태 16,16)

실천

- 성체 안에 계신 그리스도를, 거양 성체 때에 토마스 사도와 더불어 '저의 주님, 저의 하느님!'이라 마음속으로 외면서 미사에 참례하기.
- 독서와 묵상으로써 그리스도교의 중심이 되는 사실인 그리스도의 천주성을 변호할 준비를 갖추기.

제10장

교황의 무류성

하느님의 보호

교회의 그르칠 수 없는 교도권(이는 지상에서의 그리스도교회의 통치자, 곧 교황이라는 최고 지도자의 인격에 초점이 맞춰져 있다.) 교리만큼 자주 오해받고 따라서 비신자들로부터 큰 반감을 사는 교리는 아마 없을 성싶다. 그래서 여러분에게 이 문제에 대해 냉정하고 우호적으로 소개하고 싶다. 여러분이 반대하는 것은 실은 가톨릭이 주장하는 교황의 무류성이 아니라, 다만 여러분의 정신 안에만 상상으로 있는 것처럼, 교회를 비방하는 사람들의 악선전으로 말미암은 오해에 대해서 반대하고 있음을 여러분이 깨달았으리라는 것을 확신한다.

여기서 또다시 부탁드리는 것은 그저 마음을 탁 터놓고 이 문제를 다루어 보자는 것이다. 나는 이를 교회의 권위에 호소하지 않고 다만 구세주 예수 그리스도의 말씀과 우리의 상식에만 의지해서 이 거룩한 신앙의 가르침이 진실하고 합리적이라는 것을 증명하려 한다.

우선 교황의 무류성이 무엇을 뜻하느냐는 것부터 살펴보기로 한다. 여러 사람이 생각하는 것과는 정반대로 무류성이라는 것은 교황이 신적 영감을 받는다는 말이 아니다. 사도들과 복음사가들은 신적 영감의 은혜를 받은 만큼, 그들의 글은 하느님의 말씀으로 받들어지고 있다. 그러나 교회는 교황이 영감을 받는다거나 또는 고유한 뜻의 계시를 받는다고는 가르치지 않는다.

그래서 바티칸 공의회는 다음과 같이 선언한다. "베드로의 후계자들에게 성령이 약속되었음은 성령이 계시하는 새로운 교리를 전파하기 위함이 아니요, 성령의 도우심으로 사도들이 전해 준 계시, 곧 신앙의 유산을 범하지 않게 보존하고 충실히 설명하도록 하기 위함이다."

무죄와 혼동되다

둘째로 무류성은 교황이 죄를 범할 수 없다거나 도덕적 악을 저지를 수 없다는 말이 아니다. 어쨌든 전혀 흠이 없을 수 없었던 몇몇 교황을 지적하여 이렇게 말하는 사람이 아주 많다. "보라, 저런 죄를 범한 교황도 있다. 곧 그 교황은 무류성이 없었다. 따라서 이는 교황이 무류성을 갖지 못한다는 뚜렷한 증거다." 그렇지만 대답은 간단하다. 무류성의 뜻이 무엇인지 듣기만 하면 이런 반대는 자취를 감출 것이다. 왜냐하면 무류성이라는 것은 무죄하다거나 인간적 약점이나 결점이 전혀 없다는 뜻이 아니기 때문이다.

사실 교황은 극소수의 몇 명만 제외하고는 모두 덕망 있는 삶을 살았다. 최초 30명의 교황 중에서 29명이 신앙을 위해서 순교했다. 베드로의 성좌에 앉은 266명의 교황 중에서 82명이 그들의 **빼어난 성덕**으로 말미암아 성인으로 공경되고 있다. 겨우 대여섯 명만이 도덕적으로 크게 타락했다는 비난을 받고 있다. 그나마 이것도 그리스도 친히 뽑으신 열두 제자 중에 유다가 끼어 있었다는 사실에 비추어 보면 놀라울 만큼 적은 비율이다.

설령 대다수의 교황이 부덕하였다 해도 이런 것은 무류성과는 상관없는 일이다. 교황의 성직에 부여된 이 무류권은 교황 개인의 도덕을 보호하기 위한 것이 아니라, 종교 사정에 관해서 판단을 그르치지 않게 인도하기 위한 것이다. 예컨대 판사는 국가의 법률로 정해진 법적 권한과 권위를 받는다. 그런데 비록 그의 사생활에 어떠한 도덕상 불미스러운 일이 있었다 하더라도 이 사정 때문에 그가 재판석에서 내린 판결이 무효될 수는 없다. 재판석에 앉은 그의 권위는 그의 사생활 여하에 달려 있지 않다. 즉, 그가 맡은 직책에 부여되어 있는 말이다.

인간적 약점을 인정한다

이와 마찬가지로 무류성은 교황의 성직에 부여된 것인 만큼 교황의 사생활에 좌우되는 것이 아니다. 이는 판사의 법적 권위나 마찬가지로 이러한 직책을 마련한 사회의 복리를 위한 직책에 부여되어 있는 것이다.

사실 교황은 자신도 모든 인간이 지니는 약점을 갖고 있음을 솔직히 고백한다. 그는 매일 미사를 시작할 때 기도를 드린다. "전능하신 하느님과 형제들에게 고백하오니 생각과 말과 행위로 죄를 많이 지었으며 자주 의무를 소홀히 하였나이다." 또 다음과 같이 기도한다. "온 누리의 주 하느님, 찬미받으소서. …… 주 하느님, 진심으로 뉘우치는 저희를 굽어보시어 오늘 저희가 바치는 이 제사를 너그러이 받아들이소서."

교황은 그토록 높은 지위에 있으면서도 인간성이 지니는 나약함과 허물과 유혹에서 면제되어 있다고 꾸미지는 않는다. 자신의 직책에 부여된 무류성이 있다 해서 자기는 전혀 죄를 범할 수조차 없다는 소리를 결코 내비치지 않는다.

이런 사실을 보면, 소위 그리스도의 복음을 전한다는 목사들이 죄를 범한 교황도 있다고 말함으로써 교황의 무류성의 교리를 불신케 하려는 것은 무슨 이유일까? 가톨릭이 가르치는 바를 일부러 잘못 전하고서 진리의 왕이신 하느님께 대해서 올바른 소리를 할 수는 없을 것이다. 허수아비를 세워 놓고 신나게 주먹질을 한다고 해서 개신교가 강해지지도 않을 것이며 가톨릭이 약해질 리도 없다.

과학은 포함되지 않는다

셋째로 무류성은 교황이, 예컨대 물리학, 지질학, 천문학, 의학 등의 자연과학(어떠한 뜻으로 계시 진리와는 아무 상관도 없는 것)의 문제를 논할 때에도 오류를 범하지 않는다는 뜻이 아니다. 또 순수한 정치적 문제, 예컨대 어떤 정당을 따라야 된다든가, 가톨릭 시민은 어떤 후보자에게 투표해야 된다든가에 대해서도 마찬가지다. 그러므로 무류성이라는 것은 과학의 자유를 구속하거나 국가의 통치권을 침범하지 않는다.

넷째로 무류성은 교황이 사사로이 말하는 경우에도 어느 분야에 있어서든지 오류를 범할 수 없다는 뜻이 아니다. 개인적으로 말하는 경우에는 신앙과 도덕에 관한 문제까지 그르칠 수 있다. 그러므로 베네딕토 14세 같은 교황이 교회법에 관한 논문을 썼다면, 이는 다른 박사들의 논문과 마찬가지로 비판을 받게 마련이다.

참뜻

그렇다면 무류성의 참뜻은 무엇인가? 대답은 아주 간단하다. 교황이 공식 석상에서 온전한 권위로 베드로 사도의 후계자로서, 순례 교회의 으뜸으로서, 전 교회에 선포할 신앙과 도덕에 관한 교리를 선언할 때 그르치지 않는다는 뜻이다. 여기서 세 가지 조건을 주의해야 한다.

1. 교황이 사도좌에서, 즉 그의 공직인 베드로의 사도좌에서 말해야만 한다.
2. 이 결정이 전 교회에 관한 것이라야 한다.
3. 신앙과 도덕에 관한 것이라야 한다.

교황에게 새 교리를 만들어 낼 권리는 없다. 그는 계시의 창조자가 아니고 오직 계시의 해석자, 설명자일 뿐이다. 그에게 신법을 파괴하거나 성경의 한 획이라도 바꿀 권리가 없음은 우리와 마찬가지다. 그의 직책은 하느님의 진리를 모든 시대의 인류에게 그대로 전해 주는 데 있다.

최고 법원과 비슷하다

성경을 해석하는 데 있어서 교황의 직능은 근본적으로 헌법을 해석하는 국가의 최고 법원과 같다. 헌법 조문에 대한 해석에 이견이 나타나는 경우에 이 문제는 마지막으로 최고 법원에서 결정이 내려진다. 이 법원장이 배심원들과 협력해서 판결을 내린 경우, 이 판결은 모든 관계자에 대해서 최후의 결정적인 것이며 또 어떤 법정에서도 번복될 수 없는 것이다.

국민들은 헌법의 뜻에 관해서 말썽이 일어날 것을 미리 예견하여 이런 최고 법원을 마련해 놓은 건국 공로자들의 슬기를 찬양한다. 이런 법원이 없다면 헌법은 있으나 마나 한 것이 되어 버릴 것이다. 아귀다툼, 분열, 혼란, 무정부 상태, 내란 등이 숨 돌릴 사이도 없이 일어날 것이다. 사실 가지각색의 인종과 경제적 이해관계를 달리하는 이렇게 많은 주州들이 이제까지 합중국으로서의 정치적 결합을 유지해 온 것은 오직 이 최고 법원 덕분이다. 200년의 미국 역사상 단 한 번 일어난 남북 전쟁도 칼싸움을 하지 않고 최고 법원에서 따졌다면, 피 흘리는 집

안싸움을 면할 수 있었으리라는 것이 역사가들의 정평이다.

가톨릭 교회에 있어서도 이와 똑같다. 교황직이라는 최고 법원이 없었던들 가톨릭은 벌써 옛날에 천 갈래 만 갈래로 찢어져 만신창이가 되어 버렸을 것이다. 태어난 지 겨우 4세기밖에 되지 않은 개신교가 저렇게도 무수하게 분열되고 있음을 보기만 하더라도, 만일 가톨릭에 교황의 무류성이라는 신정神定 법원이 없었다면 20세기 동안에 얼마나 무수히 갈라졌을 것인가 상상할 수 있을 것이다. 사람이면 모두 놀라워할 이 교회의 통일이야말로 20세기 동안 꾸준히 기능을 발휘해 온 이 최고의 틀릴 수 없는 법원의 복스러운 열매다.

다르냐?

헌법을 해석하는 최고 법원의 직능과 성경을 해석하는 교황의 직능이 비슷하다는 것은 종교에 관심을 두지 않는 사람에게도 감명 깊은 그 무엇이 있을 것이다. 이를 밝혔을 때 어느 비신자 변호사가 내게 이런 말을 한 적이 있다. "과연 진짜 비슷하군요. 그렇지만 다른 점도 있지 않습니까? 즉, 국가의 최고 법원의 결정은 최후 결정적이기는 하지만 무류성은 인정하지 않거든요. 틀릴 수도 있다는 말입니다. 그런데 가톨릭에서는 교황의 결정은 틀릴 수 없다고 말하지 않습니까? 그러니까 이 비유는 제대로 맞지 않는 것이 아닙니까?"

이제 내가 그 법률가에게 답변할 말을 독자 여러분에게도 들려주고 싶다. 지당한 말이다. 하지만 여기서 주의해야 할 것은 최고 법원의 판결을 최후의 결정적인 것으로 여긴다는 것은 이론적으로 따지면 틀릴 수 있다는 점이다. 이 판결이 반드시 진리와 정의의 소리가 아니라면 구속력이 있을 리가 없다. 그렇지 않다면 그릇되고 불공정한 결정에 불복한다 하여 구금 투옥될 가능성이 있다는 말이 된다. 그러므로 실제로는 최고 법원의 선언도 무류성의 효과를 나타내고 있는 셈이다. 엄격히 논리적으로 따지면 무류성의 제재력을 지니고 있는 결정은, 곧 실제로 틀릴 수 없는 것이어야 한다.

그렇지만 여기서 인정해야 될 것은, 국가의 최고 법원은 무류성과 같은 제재력을 지니기는 하지만 실제로 무류성은 없다. 왜? 대답은 역시 간단하다. 국가의 건국 공로자들은 이 법원에 무류성을 주었지만 그들 자신들은 무류성이 없었으며, 갖지 않은 것을 줄 수는 없으니 이론상으로는 무류성을 지니고 있어야 할 최고 법원의 최후의 결정에 실제로는 무류성이 없을 수밖에 없다.

그리스도는 줄 수 있었다

예수 그리스도는 가톨릭 교회의 창설자요, 교황의 무류권이라는 최고 법원의 창립자다. 이의 판결이 실제로 제재력이 있고 번복될 수 없는 것이 되게 하기 위하여 그리스도는 이 판결의 권위와 결정에 실제로 요청되는 것, 즉 사실상의 무류성을 부여했다.

그리스도는 우리의 건국 공로자들과는 달라서 스스로 무류성을 지니고 있었다. 따라서 교회의 최고 법원에 무류성을 사실상으로 줄 수 있었다. 아니 주어야 할 의무가 있었다. 만일 주지 않았다면 이 판결이 전 회원에 대해서 제재력을 지니고 있으면서 한편으로는 그릇되고 불공정한 판결을 내릴 수 있다는 말이 된다. 그렇다면 그리스도는 마땅히 이에 대한 책임을 져야 될 것이다. "이 결론은 조금도 빈틈이 없다."라는 말이 드디어 그 법률가의 입술에서 새어 나왔다. 그러므로 교황이 공식 석상에서 선언하는 결정은 제재력과 번복될 수 없는 성질이 있는 만큼 논리상 필연적으로 무류성을 가질 수밖에 없다.

이제 이 지성의 소리가 과연 역사의 뒷받침을 받고 있는지를 살피기로 하자. 곧, 이러한 무류성을 역사적 사실로써 그리스도가 당신 교회의 첫 번째 교황인 베드로에게 주셨는지 살펴보기로 하자.

그리스도는 베드로에게 보상하셨다

카이사리아 필리피 지방에서 일어난 광경이다. 베드로는 방금 그리스도의 신성에 대해서 역사적 신앙 고백을 했다. "스승님은 살아 계신 하느님의 아드님 그리스도이십니다."(마태 16,16) 그리스도는 다음의 말로써 베드로에게 보상하셨다. "시몬 바르요나야, 너는 행복하다! 살과 피가 아니라 하늘에 계신 내 아버지께서 그것을 너에게 알려 주셨기 때문이다. 나 또한 너에게 말한다. 너는 베드로이다. 내가 이 반석 위에 내 교회를 세울 터인즉, 저승의 세력도 그것을 이기지 못할 것이다. 또 나는 너에게 하늘나라의 열쇠를 주겠다. 그러니 네가 무엇이든지 땅에서 매면 하늘에서도 매일 것이고, 네가 무엇이든지 땅에서 풀면 하늘

에서도 풀릴 것이다."(마태 16,17-19)

　베드로에게 사도들의 수위권과 교회를 가르치고 다스릴 권한을 주신 이 장엄한 약속은 분명하게 아람어 문구로 표현되어 있고, 독특한 유다 말투와 속어가 풍부하다. 우리말로 번역하면 그 말 자체가 지니는 맛도, 힘도 없어진다. 예컨대 예수께서는 케파Kepha라는 말로 '베드로'와 '반석'의 두 가지를 다 표현했다. 곧, 그리스도께서 베드로에게 하신 말씀은 이렇다. "너는 반석(케파)이니라. 내가 이 반석(케파) 위에 내 교회를 세우리라."

　'죽음의 힘'이라는 표현은 죽음 또는 죄악의 힘을 뜻한다. 열쇠를 준다는 것은 유다인의 비유로 권리를 준다는 뜻이다. 오늘날에도 열쇠는 재치권을 상징하는 것으로 되어 있다. 저명한 인사가 큰 도시를 방문했을 때, 시장은 그에게 큼직한 열쇠를 주는 경우가 있다. 이것은 그가 그날 하루 그 도시를 다스린다는 권리를 상징한다. 그러니까 그리스도께서 하신 비유와 상징이 가득한 아람어 말투를 현대의 우리말로 번역하면 이러하다.

　"너는 내가 교회를 세우려 하는 튼튼한 바탕이니, 죽음도 악도 이를 부수지 못할 것을 네게 보증한다. 또 내가 네게 교회를 다스리고 맺고 풀고, 또 옳고 그름과 의당함을 결정할 권리를 주노니 네 판결은 하느님이 친히 인준하시는 것이다."

그리스도는 스스로 지도할 것을 서약하셨다

영원히 감명 깊은 최후의 만찬 때, 그리스도는 베드로에게 악이 쳐 이기지 못할 것을 보증하시고, 한 신앙 안의 형제들을 인도하고 북돋 울 책임과 권리를 주셨다. "시몬아, 시몬아! 보라, 사탄이 너희를 밀처럼 체질하겠다고 나섰다. 그러나 나는 너의 믿음이 꺼지지 않도록 너를 위하여 기도하였다. 그러니 네가 돌아오거든 네 형제들의 힘을 북돋아 주어라."(루카 22,31-32)

그리스도는 부활하신 후 베드로에게 사랑과 충성의 맹세를 받으시고서 이렇게 말씀하셨다. "내 어린양들을 돌보아라."(요한 21,15) 이 말씀으로써 주님께서는 베드로에게 양 우리 안에 있는 평신도뿐 아니라 무리 안에 있는 성직자와 제자들과 사도들까지도 자양분 많은 진리의 양식으로 먹여 돌볼 책임과 권한을 주셨다.

그리스도께서 교회의 볼 수 있는 으뜸인 베드로에게 집중되어 있는 그르칠 수 없는 교도권을 주셨음은 다음의 말씀에서도 명백하다. "나는 하늘과 땅의 모든 권한을 받았다. 그러므로 너희는 가서 모든 민족들을 제자로 삼아, 아버지와 아들과 성령의 이름으로 세례를 주고, 내가 너희에게 명령한 모든 것을 가르쳐 지키게 하여라. 보라, 내가 세상 끝 날까지 언제나 너희와 함께 있겠다."(마태 28,18-20)

"내가 언제나 너희와 함께 있겠다."라는 표현은 구약 성경과 신약 성경에 약 90번 나오는데, 그때마다 부여된 사명의 성공을 보증하는 특별한 하느님의 도움을 주신다는 뜻으로 쓰여 있다. 그리스도는 진리다.

그리스도가 계신 곳에 오류가 있을 수 없다. 이는 인류에게 그리스도의 종교를 가르침에 있어 교회가 거짓을 가르침으로써 세상을 길 잃게 하지 않는다는 것을 고대 교회에 명백하게 보증하는 말이다. 그리스도는 사도들에게 이렇게 말씀하신다. "영원한 진리인 나는 너희와 함께 있어 너희를 말하며 가르쳐 너희들을 항상 인도하고 도와주겠노라."

그리스도, 진리의 성령을 보내실 것을 약속하시다

이와 똑같이 그리스도는 진리의 성령을 사도들에게 보내실 것을 약속하셨다. "내가 아버지께 청하면, 아버지께서는 다른 보호자를 너희에게 보내시어, 영원히 너희와 함께 있도록 하실 것이다. 그분은 진리의 영이시다. 세상은 그분을 보지도 못하고 알지도 못하기 때문에 그분을 받아들이지 못하지만, 너희는 그분을 알고 있다. 그분께서 너희와 함께 머무르시고 너희 안에 계시기 때문이다."(요한 14,16-17)

그리스도는 이 말씀으로써 교회의 사명을 지도하시기 위해서 초대 교회에 진리의 성령이 항상 함께 계실 것을 보증하셨다. 교회가 신적 창설자의 가르침에 대해서 변함없는 충성을 다하게 되리라는 이 보증은 베드로의 후계자로서 교회의 으뜸인 교황에게 초점이 맞춰져 있으며 교회의 무류성에 대한 증거가 된다.

이 밖에도 그리스도께서 그 교회와 교회의 지도자에게 맡기신 전 인류를 가르치는 신적 명령을 그르치지 않게 인도하실 것을 보증하는 말씀이 많지만, 지금까지 말한 것만으로도 마음을 터놓고 읽는 사람이라면 이를 확신하기에 충분할 것이다.

간격을 어떻게 건널까?

따져 봐야 할 문제가 아직 좀 남아 있다. 첫째, 내가 지금까지 했던 말을 했을 때 어떤 대학 교수가 질문한 적이 있다. "그리스도가 베드로와 그의 동료 사도들에게 그르침 없이 가르치도록 보호하고 지도할 것을 보증한 증거는 성경에 많이 있음을 인정합니다. 그렇지만 베드로부터 오늘날의 교황까지는 크나큰 간격이 있지 않습니까? 1세기에 베드로에게 부여된 무류성을 오늘의 교황도 누린다는 증거가 있습니까?"

그때에 내가 그 교수에게 한 답변을 독자들에게 소개한다. 그리스도께서 베드로와 그 동료 사도들에게 맡기신 사명은 온 인류를 가르친다는 것이다. 이 사명은 마지막 한 영혼이 조물주의 품 안에 안길 때까지 계속될 것이다. 이렇게 그들의 사명은 계속되어야 할 것인데, 베드로와 그 협력자들도 당시의 사람들과 마찬가지로 죽게 마련이었다. 이는 그리스도의 말씀으로 명백해진다. "내가 세상 끝 날까지 언제나 너희와 함께 있겠다." 사도들은 세상 끝 날까지 살 수가 없었기 때문에 그리스도는 그들의 후계자들의 인격과 함께 세상 끝 날까지 함께 있겠다고 약속하신 것이다.

이 조리 있는 결론을 부인하려면, 그리스도는 그 당시 살던 사람의 영혼만을 구하려 했지 그 후대의 영혼은 상관하지 않았다고 말해야 될 것이다. 그렇지만 그런 소리를 할 사람은 아무도 없다. 그러므로 그리스도는 세기를 이어 온 인류에게 당신의 가르침을 정확히 전하도록 마련해 놓으셨음에 틀림없다. 이것은 오직 오류를 범하지 않게 보호하는 신적 교도권으로만 가능하다. 따라서 오늘의 교황도 또 앞으로 그의 후계자들도 첫 교황인 어부 베드로에게 부여되었던 것과 똑같은 무류성을 누리고 있다.

그르칠 수 없는 성경만으로 충분한가?

둘째, 최근 가톨릭이 아닌 고위 교직자가 교황의 무류성에 대해서 설교했다. "우리 편에는 그르칠 수 없는 성경이 있다. 성경만이 무류성이 있을 뿐이다." 언뜻 듣기에는 그럴듯하지만, 따지고 들어가면 그렇지 못하다.

그러한 생각을 갖는 모든 이를 대표한다고 볼 수 있는 그 고위 교직자에게 나는 공손히 다음과 같은 말을 하고 싶다. "당신은 성경에 대한 당신 개인의 해석이 옳다는 것을 그르침 없이 믿든지 믿지 않든지 둘 중의 하나다. 그런데 만일 그르침 없이 믿는다면 그것은 곧 당신이 스스로 당신 자신의 무류성을 주장하는 것이다. 그런데 당신은 교황에 대해서만 무류성을 부인하고 있다. 우리는 교황에게만 무류성을 주장한다. 당신 생각을 따르면, 성경을 읽는 수억의 사람들이 제각기 다 무류성이 있지만 교황만은 없다는 말이다. 곧 성경을 읽는 사람이면 다 교황이 되고, 그 반면 교황만은 교황이 아니라는 말이 된다. 당신은 교황 한 사람의 무류성을 인정하지 않으려고 성경을 읽는 사람의 머리 수효만큼 무류성을 만들어 놓고 있는 셈이다.

또 만일 당신의 성경 해석이 옳다는 것을 그르침 없이 확신하지 않는다면, 무류성으로써 해석하는 자 없는 무류성의 성경이 도대체 무슨 소용이 있는가? 입이 열 개라도 할 말이 없을 것이다. 어쨌든 그르칠 수 없는 산 해석자 없는 무류성의 성경은 무의미하다는 것만은 명백하다. 무류성이라는 것이 인쇄된 성경 글자에서 독자의 마음속으로 저절로 뛰어들어 가는 것이라면 모르겠다. 말할 필요 없이 개신교의 무수한 분파가 무엇을 말하는지 보면 명백하다."

혼합주의

이 사실은 비가톨릭 작가 말록W. H. Mallock의《인생은 살 가치가 있는가Is Life Worth Living?》에 잘 쓰여 있다. "어떤 초자연적 종교든지 무류성을 포기한다면, 곧 반半계시 종교로 자처하는 것이다. 반은 자연적이요 반은 초자연적인 종교다. 따라서 결국 순전히 자연적 종교일 수밖에 없다. 계시 종교임을 공언하려면 불가불 무류성을 공언해야 한다. 그런데 계시되었다는 그것이 첫째로는 분간되기가 어렵고, 둘째로는 이해되기가 어려우며, 셋째로는 여러 가지 서로 모순되는 것을 한꺼번에 뜻한다면 그런 계시는 차라리 없느니만 못하다. 어쨌든 무류의 계시가 되려면, 다시 말해서 적어도 우리에게 계시로 나타나려면 성경 자체와 동등한 권위가 있는 성경 해석권이 필요하다."

참으로 이 문제는 그리스도께서 교회의 통일을 보존하시기 위하여 무류의 교도권을 세우셨음을 부인하는 이에게 다음과 같이 물을 수 있다. "우리의 건국 공로자들이 헌법 해석의 최고 권위를 마련함으로써 국가의 영구한 통일을 보존하게 한 그 예지를 그리스도는 갖지 않았다고 말한다면, 이런 말은 결국 하느님은 슬기가 없으시다는 말이 아니겠는가? 건국 공로자들이 국가의 통일을 위해서 마련한 그것을 전지하신 하느님이 교회의 통일을 위해서 마련하지 않으셨다 한다면 과연 이치에 맞는 말일까?"

지성의 자유에 대한 침해

셋째인 마지막 의문이 남았다. 교황의 무류성의 교리는 지성의 자유에 대한 부단한 침해가 아닌가? 가톨릭 신자는 과학적 진리를 탐구하는 데 있어서도 무류한 교회의 고집에 무턱대고 맹종해야 할까? 여기서 분간해 두어야 할 것이 있다. 자유에는 합법적 자유와 비합법적 자유가 있다는 것이다. 전자는 진리를 믿는 자유다. 후자는 오류를 믿는 자유로서 실제로는 지성의 남용이요, 일종의 지성의 무정부 상태를 이루는 것이다.

아무도 오류를 믿을 권리가 없음은 악을 행할 권리가 없음과 마찬가지다. 4에 4를 더하면 27이 된다고 믿는 자유는 정신이 온전하지 못한 자만이 누리는 자유다. 지성을 지닌 모든 이가 진리를 믿어야 하는 것은 어쩔 수 없는 의무다. 이것이 무류성의 교리가 명하는 유일한 의무다. 이는 지성의 자유를 제한하는 것이기는커녕 크게 하는 것이다. 진리를 받아들일 때마다 지성의 영역이 넓어지는 까닭이다. 그리스도는 이렇게 말씀하신다. "너희가 진리를 깨닫게 될 것이다. 그리고 진리가 너희를 자유롭게 할 것이다."(요한 8,32)

가톨릭 신자라고 해서 말도 안 되는 소리를 무턱대고 믿으라는 말을 하는 그릇된 스승을 믿어서는 안 된다. 교회는 새로운 교리를 만들어 낼 권리가 조금도 없다. 오직 계시된 교리를 해석할 권리가 있을 뿐이다. 그러니까 최근의 교황들이 반포한 훌륭한 학자적 회칙들도 엄격히 말하면 무류성이 없다. 이것들은 신앙의 교리를 단정하는 것이 아닌 이유다. 어떤 교리가 전체 교회를 위해서 정의되는 경우 이것은 새로 발견되었다는 뜻이 아니라, 지금까지 함축적으로 보존되어 온 신앙 교리를 이제 명현한 말투로 발표한다는 뜻일 뿐이다.

뉴먼과 킨스먼

이 교리는 가톨릭 신자의 과학 연구를 방해하지 않을 뿐더러, 과학이 명백히 증명한 사실을 받아들이지 못하게 막지도 않는다. 진리는 절대로 진리와 모순이 될 수 없다. 하나의 진리가 다른 진리를 받아들이지 못하게 방해하지 않는다. 오히려 자극이 된다. 뉴먼 추기경은 이렇게 지적했다. "무류성은 필요에 응한 보급이며, 필요의 정도를 넘지 않는다. 이 목적도 이 효과도 인간 사상의 자유나 힘을 약하게 함에 있지 않고, 그 남용을 억제하는 데 있다."

델라웨어 성공회의 주교였고, 그 교회의 가장 위대한 학자 중 한 사람이었던 킨스먼 박사가 1930년 나와 함께 어느 대학교를 방문했을 때, 그는 대학생들에게 그전에 자신이 썼던 《살베 마테르 Salve Mater》의 글을 되풀이해서 강연한 적이 있다.

"교회에 대한 나의 태도는 온전한 복종이다. 어떤 이는 '지성의 자살'이라 말한다. 그렇지만 나는 차라리 '부활'이라고 부르고 싶다. 나는 이 사실을 체험한 이상 말마디를 가지고 다투고 싶지는 않다. 가톨릭 신자로서의 내 주요한 의식은 새로운 자유다. 기본스 추기경은 내게 짧은 편지를 써 보내 주었다. '당신이 틀림없이 봉착하게 될 외적 곤경에도 불구하고 반드시 내적 평화를 누리기를 바랍니다.' 내가 체험한 것은 바로 이것이었다."

먹을 갈아 부은 듯한 캄캄한 밤, 산 같은 파도가 춤을 추는 바다에서 파선된 쪽배를 타고 있는 뱃사공의 나침반과 같이, 짙은 안개처럼 둘러싸인 오류 속에서 종교 진리를 찾는 손님을 위해 무류성이 있다. 이것은 진리의 항구로 이끌어 주는 확실한 길잡이다. 이는 인자하신 성부께서 만대에 이르기까지 계시 진리를 자손들에게 그르침 없이 전해 주시기 위하여 마련하신 보호자다. 그러므로 교황직의 무류권은 온전히 합리적일 뿐더러, 자손만대에 그르침 없이 진리를 전해 주기에 절대적으로 필요한 방패다.

실천

- 미사가 끝난 후 교황님의 기도 지향에 따라 드리는 기도를 열심히

합송하기.
- 카이사리아 필리피 지방에서의 베드로 사도의 위대한 고백을 기록한 복음 구절을 정독하고 묵상하기.
- 교회의 가르침이 번성하기 위해서 베드로 사도께 자주 기도하기.

제11장

교회 – 성경의 해석자

왜 성경만으로는 종교의 안전한 길잡이가 못 되는가?

"가톨릭 교회는 성경의 원수다. 지난날의 교회는 성경을 각국어로 번역하지 못하게 함으로써 이를 평신도에게서 빼앗았다. 성경을 라틴어로만 보존함으로써 이를 성직자들의 전용물로 만들었다. 그러고는 일반 신자들이 읽는 것을 좋아하지 않았다. 그대로 버려두면 사람들이 스스로 생각하게 되어 결국 성직자의 지배를 벗어나게 될까 봐 염려한 탓이다. 성경을 민중의 손에 되찾아 준 것은 종교 개혁자들이다. 오늘에도 가톨릭은 성경을 신자들 혼자서는 읽지 못하게 한다. 신자들이 교회 대신 성경으로부터 참종교를 찾아내는 것을 꺼리는 까닭이다."

비신자들이 가톨릭에 대해서 가장 자주 하는 비난이다. 이 비난은 1946년 루터파에서 창설자 루터가 죽은 지 400년을 기념할 때 한층 더 박차가 가해졌다. 자칭 성경 그리스도교이며 종교를 직접 성경에서 찾았노라고 으쓱대는 개신교도들은 그들이 말하는 것처럼 '제 권리만 내세우고, 하느님의 말씀을 업신여기는' 가톨릭 교회의 정책을 미움 가득한 눈초리로 노려보고 있다. 그들은 가톨릭 신자들이(실제로 모든 권리가 한 손아귀에 장악되어, 신자들은 성경에 기록된 예수 그리스도의 가르침을 직접 맛볼 기회가 거의 주어지지 않거나 혹은 주어졌다 해도 눈가림 정도에 지나지 않는데도) 아무 불평 없이 순종하고 있음에 눈이 둥그레져 놀라고 있다. 그러고는 혼자 중얼거린다. "민주주의의 특징이며 우리 국민의 자랑인 독자적 추리는 도대체 어디 있느냐?"

이제 여러 독자들과 더불어 이 비난이 참된지 그릇된지 따져 보기로 하자. 이런 비난은 자주 듣는 것이니까 무슨 이유가 있겠거니 하고 간단히 넘어갈 문제가 아니다. 마음을 터놓고 사실에 비추어 따져야 하겠다. 여러분의 공평무사한 정신은 그들의 터무니없는 유언비어에 속지 않고, 반드시 사실대로 판결을 내리리라는 것을 믿어 의심치 않는다.

어느 것이 사실인가?

그러면 어느 것이 사실인가? 간단히 말하자면 이렇다. 가톨릭 교회는 성경의 원수이기는커녕 성경의 참어머니다. 교회는 초대 그리스도교 시대에 소위 '신적 영감'을 받았다는 숱한 책들 중에서 어느 것이 참 종교의 책인가를 결정했고, 이를 한 권에 모았다. 그리하여 유럽에 밀려든 야만인의 파괴를 면하도록 힘껏 간직했다. 뿐만 아니라 개신교가 탄생되기 훨씬 전에 여러 나라 말로 번역했다. 만일 교회가 성경을 원수로 여겼다면 개신교가 나타나기 몇 세기 전에 이를 깨끗이 불태워 버릴 기회는 얼마든지 있었을 것이다.

간단명료한 사실은, 가톨릭 교회는 성경을 사랑하고 하느님의 영감을 받은 '신감서神感書'로 존경하며, 이 세상 어느 교파보다도 가장 열성적으로 충성과 지성의 복종을 바치고 있다는 것이다. 교회는 입술로만 성경을 읽지 않는다. 성경에 금지된 이혼 때문에 교회를 마구 들볶는 헨리 8세나 나폴레옹 등 당시의 최대 강국 군주들의 모진 협박에도 굴하지 않고 한결같이 충성을 바쳐 왔다. 이는 실로 역사상 견줄 데 없는 지극한 충성이다.

비신자 중에서 다음의 물음에 대해 생각해 본 사람이 얼마나 적은지 참으로 놀라울 지경이다. 성경을 어디서 얻었는가? 그 잡다한 부분을 모은 이는 누군가? 어느 책이 영감을 받았고, 어느 책이 안 받았는지를 결정한 이는 누군가? 여기에 권위와 영감을 받은 하느님의 말씀이라는 보증을 준 이는 누군가? 이 모든 물음에 대한 대답은 '가톨릭 교회'다. 만일 잠깐만이라도 성경의 기원과 그 정경正經을 누가 결정했는지를 생각하고, 또 개신교의 첫아들이 탄생되기 전 11세기 동안 그리스도교를 지켜 온 어머니가 누구인지 생각해 보기만 한다면, 그들은 더 이상 개신교로 머물러 있지 못할 것이다.

신약 성경의 기원

성경이 단 한 권으로 되어 있다고 여기는 사람이 무척 많은 모양이다. 그런데 실은 73권이나 되는 여러 가지 책을 한데 모은 것이다. 구약 성경이 46권, 신약 성경은 27권이다. 이 책들은 동시에 쓰이지도 않았거니와 한 시대에 쓰이지도 않았다. 구약의 첫째 권인 창세기로부터 신약의 마지막 책인 요한 묵시록에 이르기까지 자그마치 1500년이라는 시간의 간격이 있다.

그러니까 만일 우리가 모세의 관 옆에서 그 당시에 있었던 성경을 읽는다면 구약의 처음 다섯 권뿐일 것이다. 신약 성경만 하더라도 한꺼번에 생긴 것이 아니라 60~70년 동안에 걸쳐 여러 사람이 쓴 것이다. 이러한 책들을 한 권으로 모아 이른바 오늘의 성경으로 세계에 보급한 이가 가톨릭 교회다.

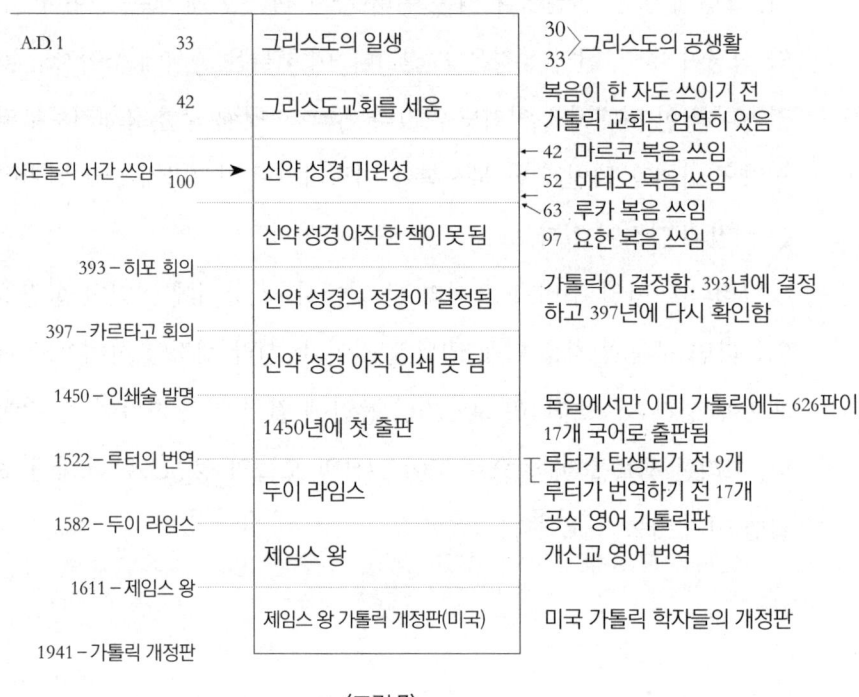

〈그림 7〉

〈그림 7〉은 그 여러 부분이 언제 쓰였고, 또 어느 때에 한 권으로 모아졌는지를 잘 보여 준다. 이 그림은 다음의 중요한 사실을 명백히 드러내고 있다.

1. 신약 성경은 한 글자도 빼놓지 않고 모두 가톨릭 신자가 썼다.
2. 가톨릭 교회의 첫 교황인 베드로 사도가 두 개의 서간을 썼다.
3. 가톨릭 교회가 신약 성경의 정경, 즉 신약 성경의 목록을 결정했다.
4. 신약 성경의 책들이 모두 하느님의 신적 영감을 받은 책이라는 선언권은 가톨릭 교회만이 갖고 있는 권리로, 가톨릭이나 개신교나 모든 이가 이를 믿고 있다.
5. 가톨릭 교회는 신약 성경이 있기 전부터 존재한다.
6. 가톨릭 교회는 신약 성경의 어머니다.

신약 성경의 정경을 결정하다

만일 교회가 교회의 자녀들의 글을 조심스럽고 면밀하게 조사하여, 어떤 것은 버리고 어떤 것은 신약 성경의 정경에 포함할 가치가 있음을 결정 내리지 않았다면 오늘날 신약 성경은 없었을 것이다. 교회가 신약 성경을 이루는 책들이 하느님에게서 영감을 받은 말씀임을 선언하지 않았다면 우리는 이를 모를 뻔했다. 비가톨릭 신자가 성경이 영감을 받았음을 믿는 것은 오로지 가톨릭 교회의 권위로 말미암은 것이다. 만일 가톨릭 교회의 권위를 배척한다면 모든 개신교 교리의 논리적 바탕은(성경의 신감성) 남아나지 못할 것이다.

요한 사도를 제외한 모든 사도들은 신약 성경을 이루는 모든 책을 다 보지는 못했다. 만일 교회가 야만인의 침입으로부터 성경을 감춰 보존하고 인쇄술이 발명되기 전 여러 세기 동안에 걸쳐 수도원에서 일일이 손으로 베껴 놓지 않았다면 현대 세계는 성경을 구경조차 못 했을 것이다.

교회는 성경보다 먼저 존재했다

'신약 성경의 탄생' 그림을 보면, 예수 그리스도가 세우신 가톨릭 교회는 신약 성경의 첫 글자가 쓰이기 전 9년, 또 이것이 완성되기 67년 전부터 하느님의 말씀을 가르치고 설교했음을 알 수 있다. 주님께서 말씀하신 진리는 교회의 마음속에 깊이 새겨졌고, 기억에 새로웠다. 교회는 이 진리를 인류에게 입으로 전하기에 매우 분주했다.

그리스도 친히 아무것도 쓰지 않으셨고, 사도들에게 쓰라고 명하지도 않으셨다. 주님은 오직 모든 인류에게 당신의 교리를 가르치라고 명하셨을 뿐이다. "너희는 온 세상에 가서 모든 피조물에게 복음을 선포하여라."(마르 16,15) 사도들은 입으로 설교하라는 그리스도의 이 명령을 완수했다.

베드로와 마태오와 요한과 야고보와 유다는 글을 써서 설교를 보충했다. 그러나 교회는 신약 성경이 햇빛을 보기 전에 이미 개업 중이었고, 기능을 발휘하는 조직체였으며, 가르치고 설교하고 성사를 진행하고 영혼을 구하고 있었다.

많은 비가톨릭 인사들이 상상하고 있듯이 가톨릭은 성경의 '딸'이 아니다. 오히려 그 '어머니'다. 교회는 그 존재나 권위를 성경에서 받지 않았다. 교회는 신약 성경이 있기 전부터 존재하고 있었고 권위를 갖고 있었다. 교회는 그의 존재와 교리와 권위를 직접 예수 그리스도로부터 받았다.

성경의 모든 책과 그 사본이 몽땅 다 없어진다 할지라도 교회는 그리스도의 모든 진리를 그대로 지닐 것이다. 신약 성경의 한 글자가 쓰이기 전처럼 여전히 모든 이들에게 계속 설교할 것이다. 이 모든 진리는 교회의 마음과 정신과 기억과 전례 생활과 성사 생활과 또 쓰였든 안 쓰였든 직접 그리스도께 돌아가는 성전 속에 깊이 새겨져 있는 까닭이다.

성경 읽기를 권장한다

교회는 성경 읽기를 금하지 않았는가? 사실은 이와 정반대다. 초세기에서 오늘에 이르기까지 교회는 평신도에게도 성직자에게도 줄곧 잔소리가 될 정도로 성경을 읽고 연구하기를 권장해 왔다. 이에 대한 초대 교부들의 글을 인용한다면 끝이 없다. 예로니모 성인은 성경에 관해서 이렇게 선언했다. "하느님께서 이를 너희에게 주셨음은 너희에게 읽히기 위함이다." 이보다 훨씬 전에 폴리카르포 성인은 필리피인들에게 이렇게 말했다. "너희가 성경을 잘 읽을 것을 믿노니 너희에게 감춰진 바는 아무것도 없음을 아노라." 테르툴리아노는 2세기에 이렇게 썼다. "하느님의 계시를 주시하라. 성경을 정독하라. 이를 너희에게 감추지 않았기 때문이다."

초세기의 교회는 성경을 공식적으로 읽기를 지극히 강조하였다. 그런 나머지 이레네오 성인은 성실한 사람이면 누구라도 '사도로부터 이어 오는 교리를 지니는 교회 안의 사제들과 함께 부지런히 성경을 읽음'을 당연하게 여겼다. 이같이 성경 읽는 풍습이 널리 퍼졌었다는 사실은 공의회의 결정이나 교부들의 글에 귀가 아플 정도로 되풀이된 것으로 보아 명백하다.

중세기의 성경

교회가 융성하던 중세기에는 실제로 성경이 안 알려지지 않았는가? "이제껏 성경은 의자 밑 먼지 속에 파묻힌 채 잊혔다."라는 루터의 허풍이 크게 효과를 내서, 지금도 그런 역사책 한 권만 읽고는 현대 역사가들의 비판은 들어 보려고 하지도 않고 그 말을 곧이듣는 이가 많다. 그러나 수없이 많은 비가톨릭 역사가들이 알리려는 사실은, 루터의 주장이 사실과 정반대라는 것이다. 예컨대 독일의 역사가 미카엘Michael은 일생 동안 고심한 연구 끝에 다음과 같이 결론을 맺었다. "성경은 중세기에 가장 널리 보급된 책으로 모든 국민들의 생활에 크나큰 영향을 끼쳤다."

크로파체크Kropatscheck는 루터의 주장에 정면으로 맞섰다. "이제 와서 묵은 논객들처럼 성경이 신학자나 평신도에게 봉인된 책이라고는 말할 수 없다. 중세기를 이해하면 할수록 이 공상의 안개는 점점 더 걷힌다." 또 성공회 캔터베리 대교구의 메이틀런드S. R. Maitland 신부는 영국의 9세기부터 13세기까지 종교 사정을 면밀히 조사한 후 그 결과를

1844년에 런던에서 출판했다. 그는 성경이 민중으로부터 격리되어 있었다는 사례를 단 하나도 발견하지 못하고는 크게 놀랐다.

커츠Cutts 박사는 이렇게 썼다. "성경이 중세기에 어떠한 대우를 받았는지 궁금하게 생각하는 이가 상당히 많다. 어떤 이는 성직자조차도 거의 읽지 않았으리라 한다. 그런데 사실 중세기 설교가들의 강론은 현대의 어느 설교보다 성경의 인용과 비유가 훨씬 더 풍부했다. 그리고 다른 문제에 관한 작가들도 성경의 냄새를 풍부하게 피운 것을 보면, 그들의 정신이 성경 구절에 흠뻑 젖어 있었음이 틀림없다."

인쇄술이 채 발명되지 못해서 손으로 베낀 책이 대단히 귀하고 비싸던 시대에 살던 평신도들은 강론을 듣고, 교회에만 가면 볼 수 있는 비문碑文과 그림과 벽화와 모자이크를 연구함으로써 성경에 대한 지식을 많이 얻었다. 13세기에 베니스의 성 마르코 성당의 교인이 신·구약 성경에 대해서 어떠한 개관을 가질 수 있었는지 알고 싶으면 오늘이라도 거기 가 보면 잘 알 수 있다. 나는 이 고색창연한 대성당 주변의 모자이크와 비석과 그림에 새겨진 성경에 기록된 사건, 인물, 비유, 가르침 등의 그림을 며칠씩 걸려서 연구한 적이 있다. 그러고도 그 보물을 다 캐낼 마음을 먹지 못하고 돌아와 버렸다. 러스킨Ruskin은 이렇게 지적했다. "성당의 벽은 가난한 이들을 위한 성경이었고, 그림은 사실 글보다 읽기가 훨씬 더 쉬웠다."

루터가 첫 번역자인가?

루터가 성경을 제 나라말로 번역한 첫 번째 사람이라는 설이 있으나 이는 틀린 말이다. 루터의 신약 성경 번역은 1522년에, 구약 성경 번역은 1534년에 이루어졌다. 가톨릭 측에서는 1466년부터 1522년까지 이미 고급 독일어로 열네 개의 성경 완역 결정판을 아우크스부르크, 바젤, 스트라스부르, 뉘른베르크에서, 또 하급 독일어로 다섯 개를 쾰른, 델프트, 할버슈타트, 뤼베크에서 각각 출판해 냈다(Janssen, History of the German people XIV, 388). 또 가톨릭은 1450년부터 1520년까지 성경의 라틴어판 157개, 히브리어판 6개와 그 밖에 프랑스어 10개, 이탈리아어 11개, 보헤미아어 2개, 플랑드르어 1개, 리무쟁어 1개, 러시아어 1개의 완역판을 출판했다(Falk, Die Bibel Am Ausgange des Mittelalters).

워싱턴에 있는 국회 도서관에는 루터가 탄생되기 30년 전에 인쇄술의 발명가인 구텐베르크가 인쇄한 《마자린 성경》의 사본이 진열되어 있다. 마찬가지로 노트르담 대학교에도 루터가 탄생한 해인 1483년에 독일에서 인쇄된 성경 사본이 있다. 가톨릭이 루터의 번역을 반대한 것은 사실이지만 이는 오직 이것이 신용할 수 없었던 것이기 때문이었다. 그 당시 엠저Emser는 이렇게 썼다. "그는 그리스도교회의 예스러운 믿음직한 원본을 여러 군데 뒤범벅을 만들어 놓고 뒤바꾸고 해서 교회에 아주 불리하게 했을 뿐더러, 개신교식으로 주해하고 서문을 덧붙여 이를 해하였다. 그는 신앙과 선행의 문제에 관해서는 제멋대로 고쳐 놓았으며, 신앙과 선행에 관계없는 것까지도 이렇게 하였다."(Janssen,

History of the German people XIV) 엠저는 그릇된 곳을 자그마치 1,400군데나 지적했으며, 개신교 학자인 분젠R. W. Bunsen은 무려 3천 군데나 집어냈다.

성경이 사슬에 묶였던가?

중세기의 수도자들이 성경을 그들의 도서관이나 성당에 쇠사슬로 묶어 놓아 일반 사람들이 돌려보지 못하게 하였음은 사실이 아닌가? 이 말 역시 아주 흔한 또 하나의 오해다. 이것은 성경을 조심스럽게 키워 온 교회를 악의로 해석한 데서 나온 오해다. 실상 여러 성당에서 성경을 사슬로 묶어 놓긴 했지만, 이는 앞에서 말한 목적 때문이 아니라 그와는 정반대의 이유 때문이었다. 곧, 도둑을 예방하여 되도록 많은 사람에게 읽히겠다는 동기에서 나온 것이다. 보통 공중전화에 전화번호부를 묶어 뒀다. 이것은 사람들이 보지 못하도록 그렇게 한 것이 아니라 여러 사람이 볼 수 있게 하기 위한 것이다. 성경을 묶어 매달았던 이유도 바로 이것이다.

성경을 묶어 매달았다는 첫 기록은 1040년의 알자스 바이센부르크의 성 베드로 수도원의 목록 속에 실려 있다. 이것을 보면 수도원 성당에 네 권의 시편이 묶여 매달려 있었다. 중세기에는 줄곧 성경이나 시편을 일반 사람들이 보도록 매달아 놓는 것이 가장 경건한 일로 여겨졌다. 혁명가들도 이를 그대로 따라 했고, 이 풍습은 그 후로도 3세기 이상 더 계속되었다.

그렇다 할지라도 가톨릭 교회가 신자들이 성경을 읽는 것을 오늘날에도 금하고 있다는 것이 사실인가? 천만의 말씀이다. 가톨릭 교회는 오히려 신자들이 스스로 성경을 읽도록 권장하고 있다. 레오 13세 교황은 성경에 관한 회칙에서 이렇게 말했다. "나는 이 가톨릭 계시의 위대한 샘이 예수 그리스도를 따르는 이들에게 안전히 또 풍족히 전해지기를 바랄 뿐 아니라, 이를 망가뜨리거나 썩히는 모든 악의를 물리치기를 권장하며 아울러 명령한다."

베네딕토 15세 교황은 예로니모 성인에 관한 회칙에서, 이 성인이 데메트리아스에게 보낸 편지를 모든 가톨릭 신자들에게 소개한다. "성경을 사랑하라, 그러면 지혜는 그대를 사랑하리라. 이를 사랑하라, 그러면 이는 그대를 지켜 주리라. 존경하라, 그러면 이는 그대를 포옹하리라. 올바른 마음을 지닌 사람이면 정성되이 성경을 읽음으로써 이익과 감미로운 평화를 반드시 맛보리라. 신심, 신앙, 겸손과 아울러 향상하겠다는 결심으로 일하기만 한다면 누구든지 그 안에서 '하늘로부터 내려온 빵'을 얻을 것이다." 오늘에 이르기까지 교회는 모든 성직자들에게 여러 가지 일로 아무리 분주하더라도 매일 성무일도를 바칠 것을 의무로 정하고 있다. 이 성무일도의 4분의 3은 성경 말씀이고, 그 나머지는 주로 복음에 관한 초대 교부들의 주해다.

순환 논법의 오류

가톨릭은 성경으로써 교회를 증명하고, 교회로써 성경을 증명하는 순환 논법의 사기꾼이 아니냐? 이는 개신교의 입버릇이다. 예일 신학교의 매킨토시D. C. Macintosh 박사만 한 인물도 이런 낡아 빠진 공격을 새삼스럽게 들고 나올 정도다. 이는 교회의 참된 가르침을 몰이해한 까닭이다. 만일 교회가, 성경은 신적 영감을 받았다는 명제로 시작해서 이 신적 영감을 받은 성경으로써 교회를 증명하였다면, 과연 그것은 순환 논법의 오류를 범한 것이다. 그러나 교회는 신약 성경이 신적 영감을 받았다는 것을 전제로 하지 않고 논증을 시작한다.

  교회는 이를 그냥 여느 역사 문헌과 마찬가지로 여기는 태도로 임한다. 그러고는 이를 면밀히 조사하고, 그 시대의 다른 문헌과 증거와 대조 비교하여 이에 맞갖은 확증을 얻은 후에야 비로소 믿을 만한 역사 문헌으로 인정한다. 교회는 성경 안에 기록된 그리스도와 사도들의 말씀으로 하여금 스스로 교회 건립과 그리스도의 이름으로 가르칠 권리에 대해서 말하게 한다. 이리하여 이 문헌은 일반 세속의 어느 문헌과도 마찬가지의 방법으로 신빙성과 역사성이 증명된 만큼, 비로소 "그리스도가 세우신 교회는 신자들에게 종교 진리를 가르칠 권리뿐 아니라, 신적으로 위임된 이 교도 사명敎導使命을 성령의 꾸준한 도우심으로써 그르침 없이 완수하도록 보호될 것이 약속되었다."라고 선약하고 있음이 확실하다.

  그다음에 교회는 그리스도가 교회에 준 교도권의 힘으로써(이는 신약 성경이라는 역사적 문헌에 기록되어 있는 바이다.) 신약 성경은 신적 영감을 받은 것이라고 선언한다. 이 선언을 내리기 직전까지 성경은 오직 하나의 역사 문헌으로 간주될 뿐이다. 오직 교회의 교도권이 그리스도의 역사적 말씀으로 확립된 후에라야 비로소 교회는 성경이 신적 영감을 받은 것이라고 선언한다. 그러므로 이 논법은 어디까지나 논리적으로 옳다는 것을 잘 알 수 있다. 한마디로, 교회와 성경의 권위는 모두 궁극적으로는 그리스도교의 신적 설립자인 예수 그리스도께 바탕을 두고 있다.

교회의 헌장

성경은 교회의 헌장, 말하자면 교회 권리의 기본 증서라고도 말할 수 있다. 옥스퍼드의 포프H. Pope O. P. 신부는 이렇게 지적했다. "만일 여러분이 교회의 주장을 의심한다면, 교회는 여러분에게 성경을 오로지 역사적 사실로서만(역사적으로 참된 것으로서가 아니다. 이는 전혀 다른 문제다.) 여겨 달라고 말할 것이다. 만일 여러분이 성경을 역사적으로 참되다고 믿기 어렵다고 말한다면, 교회는 이를 여러분에게 스스로 따져 보라 말할 것이다. 그러나 교회는 한마디를 덧붙일 것이다. 만일 일단 주요점만이라도 성경을 받아들이기만 하면 또 일단 예언의 사실과 이것이 예수께 실현되었음을 받아들인다면, 또 그 예수는 인류를 구원하시고자 사람이 되신 하느님의 아들임을 스스로 선언한 나자렛 목수의 아들임을 받아들인다면, '그리스도의 몸이요, 진리의 바탕이며 기둥'으로 세말까지 온 세상에 그리스도의 가르침을 보존하고 가르치도록 신적으로 임명된 기관인 교회의 말도 받아들여야 한다.

만일 여러분이 교회의 가르침과 다툰다면, 교회는 성경을 증인으로 삼을 것이다. 그러나 여러분이 여기에서 교회가 가르치는 교리를 하나도 발견할 수 없다고 항의한다면, 교회는 여러분에게 이 교리를 보라고 성경을 들이대지는 않을 것이다. 그중 몇 가지는 이렇게 하려면 할 수도 있지만, 교회가 여러분에게 성경을 보라고 하는 것은 문제가 되는 어느 교리가 거기에 있느냐를 발견하라고 그러는 것이 아니라, '교회는 그르침 없이 가르칠 권리가 있다'는 기본 교리를 발견하라는 데 있다. 그러니까 여러분이나 혹은 유능한 학자들도, 성경이 진정으로 가르치는 바가 무엇이냐 하는 것에 관해서 교회의 신학자들과 동등한 권리가 있다고 아직도 우긴다면, 교회는 오직 부드러운 목소리로 신학자들은 교회가 아니라 교회의 자녀임을 일러 줄 것이다. 따라서 그들이 가령 그리스도가 '땅에 걸어 다니시던' 바로 그 몸으로 부활하셨다고 가르치더라도 이것이 참되거나 성경에 일치한다고 생각되기 때문에 그러는 것이 아니라, 그 당시에 실제로 그 자리에 있어 이 광경을 목격했고 이를 대대로 전해 내려온 교회의 자녀들이기 때문에 그러는 것이다."(The Catholic Church and the Bible)

안전한 길잡이인가?

성경만이 신앙사에 있어 유일하고 안전한 길잡이가 아닌가? "성경이 말하는 것을 우리도 말하고, 성경이 입을 다무는 것은 우리도 입을 다문다."라는 것이 이른바 성경만이 유일하고 충분한 신앙 규범이라고 주장하는 개신교의 큰 밑천이다. 그렇지만 여기서 이 신앙 규범이 과연 그들의 신앙생활에 안심하고 기대할 만한 확신을 줄 수 있느냐 하는 것을 따져 보기로 하자. 모름지기 그리스도교의 유능한 길잡이라면 다음의 세 가지 자격을 갖추고 있어야 한다.

1. 모든 진리 탐구자의 손이 닿는 곳에 있어야 한다.
2. 모든 이가 똑똑히 이해할 수 있어야 한다.
3. 그리스도교의 모든 진리를 대표해야 한다.

그런데 성경만으로는 조건들 중 어느 하나도 부합하지 않는다.

첫째, 성경은 초대 신자들에게는 구하기 쉬운 것이 아니었다. 한마디로 그리스도교가 설립된 후 여러 해가 지난 다음에야 쓰였다. 이를테면 루카 복음사가는 그리스도가 죽으신 후 근 20년이 지나서야 복음을 썼다. 요한 복음서는 1세기 말에 이르도록 세상에 나타나지 않았다. 서간이 쓰인 후에도 여러 해 동안 이를 알고 있는 이는 대체로 겨우 이 편지를 받은 몇몇 교회와 개종자들뿐이었다. 여러 지방 교회에 흩어져 있던 이들 복음과 서간을 모아 한 권으로 엮은 것은 393년 히포 회의 때였다. 처음 4세기 동안 여러 위인들을 배출한 그리스도교의 황금 시대에는 성경이 아직 신앙의 길잡이 노릇을 하지 못했다.

인쇄술이 발명된 것은 1440년이다. 그러니까 4세기부터 15세기까지는 신자들이 각각 성경의 사본을 갖고 있기는 물리적(절대적)으로 불가능했다.

모든 이가 똑똑히 이해하는가?

둘째, 성경은 모든 이에게 똑똑히 이해될 길잡이가 아니다. 성경에는 여느 사람은 물론이거니와 조예 깊은 학자까지도 머리를 싸매게 하는 어렵고 애매한 구절들이 많다. 베드로 사도는, 바오로 사도의 편지에는 "더러 알아듣기 어려운 것들이 있는데, 무식하고 믿음이 확고하지 못한 자들은 다른 성경 구절들을 곡해하듯이 그것들도 곡해하여 스스로 멸망을 불러옵니다."(2베드 3,16)라고 말한다. 따라서 그는 이르는 곳마다 "성경의 어떠한 예언도 임의로 해석해서는 안 됩니다."(2베드 1,20)라고 가르치고 있다.

루카 복음사가는 사도행전에서 이렇게 말한다. 수레에 탄 어떤 이가 이사야 예언서를 읽고 있었다. 필리포스가 그에게 그 예언의 뜻을 알아듣는지 묻자 그가 이렇게 대답했다. "누가 나를 이끌어 주지 않으면 내가 어떻게 알아들을 수 있겠습니까?"(사도 8,31) 이 점잖은 말은 실제로 성경을 읽는 모든 이의 경험을 반영한다. 사실 루터는 교회에 대항하여 반기를 들던 당초에는 성경은 누구든지, 즉 '세 살 먹은 갓난아이라도' 해석할 수 있다고 호언장담하였다. 그렇지만 나중에 재再침례파나 츠빙글리파나 그 밖의 교파가 자신과 견해를 달리하자 이 성경은 가장 애매하고 가장 어려운 '이단서'가 되고 말았다. 그는 무수한 이단이 들고 일어나 그리스도교계에 혼란이 야기되고, 제각기 자신들이 성경에 입각하고 있다고 아우성치는 비참한 모습을 죽기 전에 목격했다.

이리하여 1525년에는 그 자신이 내세운 성경의 개인적 자유 해석의 원리가 종교의 아귀다툼으로 발전되었음을 슬퍼하여 이렇게 탄식했다. "이제 사람의 머릿수만큼 교파가 생기게 되었다. 어떤 자는 세례를 헌신짝처럼 여긴다. 어떤 자는 성사를 부인한다. 어떤 자는 이 세상과 세말 사이에 또 하나의 세상이 있다고 말한다. 어떤 자는 그리스도는 하느님이 아니라고 한다. 어떤 자는 이렇다 하고 어떤 자는 저렇다고 한다. 꿈을 꾸거나 환상을 보아도 성령의 속삭임이라고 떠들고, 스스로 예언자로 자처할 만큼 야단이다."

미국 정부의 종파 조사에 나타난 수백 교파마다 분파에 분파를 거듭하고 있다는 사실은, 성경의 개인적 자유 해석이라는 원리가 오늘에 끼친 해독이 얼마나 악한가를 소름이 끼칠 정도로 통감하게 한다.

모든 가르침을 다 포함하고 있지 않다

셋째, 성경은 그리스도교의 모든 가르침을 다 포함하고 있지도 않거니와, 신자의 의무를 모두 규정하고 있지도 않다. 가령 주일을 지키는 문제만 하더라도 주일 예배에 참례하고 불필요한 육체노동을 금하는 것을 개신교 측은 상당히 오랫동안 대단히 강조했었다. 여기서 나는 비신자 독자들에게 묻고자 한다.

여러분은 성경만이 종교 사정에 있어 유일하게 안전한 길잡이라고 믿는다. 또 그리스도교 신앙에 결부된 기본적 의무 중 하나가 주일을 지키는 것임을 믿는다. 그러나 성경은 어디서 이 의무를 말하고 있는가? 나는 창세기 첫 장부터 요한 묵시록 끝 장까지 다 읽어 보았지만 주일을 거룩히 지내라는 구절은 발견하지 못했다. 성경에는, 한 주일의 첫날인 일요일을 지키라 하지 않고 마지막 날인 토요일을 지키라고 기록되어 있다. 그런데 그리스도께 받은 권능으로써 그리스도의 부활을 기념하는 뜻으로 이를 일요일로 옮기고, 이제는 유다인의 구약법 지배를 벗어나 그리스도의 신약법 지배를 받게 되었음을 뜻하게 한 것이 사도 교회였다. 여러분이 지금처럼 일요일을 주일로 지키고 있음은, 성경만으로는 신앙과 신심생활의 규범이 되기가 불충분하다는 것을 실제로 인정하는 것이고, 따라서 여러분이 이론으로는 부정하는 신적으로 설정된 교도권의 필요성을 주장하는 셈이다.

그리스도와 사도들이 가르친 어떤 진리는 성경에 기록되어 있지 않고, 교회의 생명과 실천과 직무나, 쓰여 있거나 쓰이지 않은 성전 속에 구현되어 있으며, 이는 성경을 보충하는 것이다. 바꾸어 말하면, 교회는 흠숭 행위에 있어서나 종교적·윤리적 규범을 준수함에 있어, 신약 성경이 아직 한 글자도 쓰이지 않았을 때 이미 있었다. 교회의 존재는 성경에 좌우되지도 않으며 그 교리가 성경 때문에 제한되지도 않았다. 요한 사도는 그의 복음을 이렇게 끝맺었다. "예수님께서 하신 일은 이 밖에도 많이 있다. 그래서 그것들을 낱낱이 기록하면, 온 세상이라도 그렇게 기록된 책들을 다 담아 내지 못하리라고 나는 생각한다."(요한 21,25) 바오로 사도도 쓰인 글로만이 아니라 말로 가르친 모든 것을 굳게 지키는 것이 중요함을 거듭 강조했다. "형제 여러분, 굳건히 서서 우리의 말이나 편지로 배운 전통을 굳게 지키십시오."(2테살 2,15)

이 모든 것으로 미루어 보아 성경만으로는 안전하고 완전한 길잡이가 되지 못함을 명백히 알았을 것이다. 성경은 여태까지도, 또 지금도 모든 이가 쉽게 손에 넣지 못하고 있으며, 모든 이가 다 똑똑히 이해할 수도 없고, 그리스도교의 모든 진리를 다 포함하고 있지도 않다.

살아 있는 해석자가 요구된다

성경이 다른 모든 죽은 문헌과 매한가지로 산 해석자를 요구한다는 것은 두말할 것도 못 된다. 우리의 건국 공로자들은 헌법을 마음 내키는 대로 개인들이 자유로 해석하도록 버려두지 않았다. 이렇게 했다면 우리나라는 하루도 못 가서 망해 버렸을 것이다. 그들은 슬기롭게도 최고 법원을 마련하여 헌법의 권위 있는 산 해석자로 삼았다. 밀워키 출신의 국회의원 빅터 버저가 제1차 세계 대전 중에 반역적 언사로 농담하였다는 혐의로 체포되어 재판을 받을 때, 그는 언론의 자유라는 기본권을 주장했다. 그러나 그 당시의 법정은 이렇게 단정했다. "그렇지만 당신은 법조문의 권위 있는 해석자가 아니다. 최고 법원은 이 헌법 조항을 정부에 대한 반역죄를 묵인하는 것으로 해석하지는 않는다. 언론의 자유는 정부를 거슬러 반역을 일으키도록 국민을 선동하지 말아야 하는 의무로 제한된다."

최고 법원이 헌법의 권위 있는 산 해석자임과 마찬가지로, 가톨릭 교회는 성경의 권위 있는 산 해석자다. 교회는 세기를 이어 성경의 보호자 노릇을 해 왔고, 지금도 예수 그리스도의 이름과 권위로써 우리에게 이를 해석해 주고 있다. 그리스도는 한 글자도 친히 쓰지 않았으며, 사도들에게 쓰기를 명하지도 않았다. 그분은 가르치셨고 사도들에게 가르치기를 명하셨으며, 그들과 항상 함께 계실 것을 약속했다. 사도들에게 사명을 맡길 때 그리스도는 분명하게 말씀하셨다. "나는 하늘과 땅의 모든 권한을 받았다. 그러므로 너희는 가서 모든 민족들을 제자로 삼아, 아버지와 아들과 성령의 이름으로 세례를 주고, 내가 너희에게 명령한 모든 것을 가르쳐 지키게 하여라. 보라, 내가 세상 끝 날까지 언제나 너희와 함께 있겠다."(마태 28,18-20)

사도들의 사명은 그리스도의 진리를 전 세계에 가르치고, 세말까지 이 사업을 계승할 후계자를 위임하는 데 있었다. 사도들이 이것을 자각하고 있었다는 사실은 바오로 사도의 말로 명백해진다. "'주님의 이름을 받들어 부르는 이는 모두 구원을 받을 것입니다.' 그런데 자기가 믿지 않는 분을 어떻게 받들어 부를 수 있겠습니까? 자기가 들은 적이 없는 분을 어떻게 믿을 수 있겠습니까? 선포하는 사람이 없으면 어떻게 들을 수 있겠습니까? 파견되지 않았으면 어떻게 선포할 수 있겠습니까? 이는 성경에 기록된 그대로입니다. '기쁜 소식을 전하는 이들의 발이 얼마나 아름다운가!' 그러나 모든 사람이 복음에 순종한 것은 아닙니다. 사실 이사야도 '주님, 저희가 전한 말을 누가 믿었습니까?' 하고 말합니다. 그러므로 믿음은 들음에서 오고 들음은 그리스도의 말씀으로 이루어집니다. 그러나 나는 묻습니다. 그들이 들은 적이 없다는 것입니까? 물론 들었습니다. '그들의 소리는 온 땅으로, 그들의 말은 누리 끝까지 퍼져 나갔다.'"(로마 10,13-18)

활짝 열린 품 안

미국 정부가 실시한 1936년도의 각 교파 조사표를 보면, 약 7천만 명의 국민이 아무 교파에도 속해 있지 않음을 알 수 있다. 이렇게 많은 동포들이 아직도 종교를 멀리하고 있다는 사실은 대부분 그 원인이, 성경 해석의 개인 절대주의가 낳은 저 무수한 분파, 아귀다툼으로 말미암았다는 것을 개신교든 가톨릭이든 뜻있는 독자들은 명백히 깨달았을 줄 믿는다.

갖가지 성경 구절의 뜻에 대해서 서로 으르렁거리는 수백 개의 교파가 서로 할퀴는 모습을 보는 수많은 이들이 어느 교파가 과연 그리스도의 모든 진리를 보존하고, 이를 그리스도의 이름과 권위로써 가르쳐 주는지 의심하지 않는다면 오히려 이상한 일이다. 제각기 저마다 그리스도교라고 소리치는 현기증이 날 정도로 많은 교파들 중에서 참교회를 찾아낸다는 것은 산더미 같은 짚더미 속에서 바늘을 찾는 것이나 별반 다르지 않다. 집어치우자는 감정이 종교 무차별로 발전함은 당연하고도 남는다.

이렇게 수백 가지 교파가 서로 머리를 싸매고 다투고, 서로 으르렁거린다는 점만이 공통되는 개신교의 가련한 모습과는 대조적으로 가톨릭 교회는 우뚝 솟아 있다. 여기에는 10억 명 이상의 신자가 있어, 온갖 언어를 쓰며 세상 곳곳에 퍼져 있으면서도 하나의 신앙이라는 강인한 끈으로 결합되어 있다. 이것이야말로 세계 최대의 종교 일치의 놀라운 모습이다. 이 통일은 어디서 온 것인가? 이는 절대로 잘못 인도할 수 없는 천상의 은혜와 보호를 빼놓고는, 모든 신자들이 그리스도가 명한 온갖 진리를 그리스도의 이름과 권위로써 세계에 설교하도록 그리스도 친히 세우신 권위 있는 산 성경 해석자로서의 교회를 한결같이 받들고 있다는 사실에 주로 기인한다.

나는 이제 신앙을 달리하는 여러분을 초청하여, 역사적 통일의 중심이며 그들이 떠났던 모체인 이 거룩하고 보편적이며 사도로부터 전해 내려오는 교회에 되돌아와 오늘의 무차별론, 무종교론을 송두리째 뽑아 버리는 일에 협조하여 주기를 청한다. 이로써만 비로소 그리스도인임을 자청하고 십자가에 못 박혀 죽은 그리스도를 따르는 자임을 주장하는 우리가 로마의 옥중에서 에페소의 개종자들에게(또 이들을 빗대어 모든 시대의 모든 그리스도인들에게) 보낸 바오로 사도의 말씀을 실천에 옮기는 것이 될 것이다.

"주님 안에서 수인이 된 내가 여러분에게 권고합니다. 여러분이 받은 부르심에 합당하게 살아가십시오. 겸손과 온유를 다하고, 인내심을 가지고 사랑으로 서로 참아 주며, 성령께서 평화의 끈으로 이루어 주신 일치를 보존하도록 애쓰십시오. 하느님께서 여러분을 부르실 때에 하나의 희망을 주신 것처럼, 그리스도의 몸도 하나이고 성령도 한 분이십니다. 주님도 한 분이시고 믿음도 하나이며 세례도 하나이고, 만물의 아버지이신 하느님도 한 분이십니다."(에페 4,1-6)

실천

- 날마다 성경 한 장을 읽는 습관을 기르기.
- 신약 성경을 정독하여 그리스도를 알려고 노력하기.
- 레오 13세 교황께서 날마다 15분 이상 성경을 읽는 이에게 은사를 허락하셨음을 명심하기.

제3편

성사 - 하느님 은총의 물길

제12장
성사

그리스도는 어떻게 구원의 은혜를 영혼에게 베풀어 주시는가?

그리스도께서 인류를 구원하기 위하여 강생하셨을 때, 그분은 친히 사람들을 가르치고 영육 간에 축복과 은혜를 베풀어 주셨다. 그렇지만 그때에 태어나지 못한 무수한 후손들에게는 구원의 은혜가 베풀어질 어떤 방도가 있어야 했다. 이를 해결하기 위하여 그리스도는 교회를 세워 자손만대에 그분의 교리를 전하는 사명을 맡기셨고, 아울러 성사를 마련하여 각 영혼들에게 구원의 은혜와 축복을 가져다주는 물길로 삼으셨다. 그리고 성사의 집행은 그리스도께서 계시 진리의 재산과 성화의 수단에 대한 완전한 재치권을 맡긴 교회가 도맡게 됐다. 교회야말로 그리스도 강생의 연장이요, 각 영혼이 필요로 하는 은혜를 나눠 주는 자라 해도 과언이 아니다. 바오로 사도는 이렇게 말한다. "그러므로 누구든지 우리를 그리스도의 시종으로, 하느님의 신비를 맡은 관리인으로 생각해야 합니다."(1코린 4,1)

교회도 그 창설자처럼 인간적이며 신적이요, 볼 수 있는 면과 볼 수 없는 면을 함께 지닌 이중의 성격이 있다. 사람도 육체와 영혼이 따로 있지 않다. 이 둘의 결합체다. 감각은 영혼의 문이다. 그러므로 교회의 생명도 사람의 이중적인 본성을 반영해서 볼 수 있는 신체적인 요소를 매개로 삼아, 볼 수 없는 정신적인 요소를 집행함이 당연하다. 한마디로 말해서 교회가 성사를 집행함으로써 인류에게 공헌하는 바가 바로 이것이다. 성사는 내적 은총의 외적 표지다. 뜻 없는 예식이기는커녕 하느님께서 영혼에게 베풀어 주시는 은총의 아름다운 표징이요, 뚜렷한 뜻이 있는 외적 표지다.

유비

성사와 미사성제는 구원의 열매와 은총을 각 영혼에게 가져다주는 주요한 물길이다. 미국의 서부 지방, 예컨대 남캘리포니아주를 여행하여 그곳 오렌지 재배에 대규모의 관개 시설이 마련되어 있음을 본 사람이면 누구든지 나무에 생명수를 부어 주려면 큰 저수지뿐 아니라 물길까지도 있어야 함을 깨달을 것이다. 저수지에 아무리 물이 많이 있다 하더라도 이 물을 나무뿌리까지 보내 주는 물길이 없다면 나무는 곧 시들어 죽을 것이다.

그리스도는 당신의 수난과 죽음으로써 우리를 위하여 크나큰 영적 재산을 얻어 놓으셨다. 말하자면 거대한 영적 저수지를 건설하셨다. 그러니 이 저수지로부터 그 영적 재산을 각 영혼들에게 운반할 방법이 있어야 한다. 이것이 성사다. 곧, 하느님 은총을 각 영혼들에게 가져다 주는 물길이다.

성사는 세 가지 요소로 이루어져 있다. 첫째 은총을 주기 위하여, 둘째 그리스도께서 세우신, 셋째 외적 표지다. 예를 들면, 첫째로 세례성사의 외적 표지는 물을 붓든지 뿌리든지 또는 물에 담그든지 하여 물로 씻음으로써 "아버지와 아들과 성령의 이름으로 세례를 베푼다."라고 말하는 것이다. 이 외적 행위는 내적으로 영혼의 원죄와 본죄를 씻음을 뜻한다. 둘째로는, 당신 교회에서 모든 이를 가르치고 성삼위의 이름으로 세례를 줄 임무를 맡기신 그리스도께서 세우신 것이다. 셋째로, 이는 성화 은총을 영혼에게 부어 주고 죄를 씻어 주어, 세례를 받는 이로 하여금 하느님의 자녀와 천국의 상속자가 되게 한다(요한 3,5 참조). 교회는 성사를 세울 수 없고, 그리스도만이 은총을 주실 수 있기 때문이다.

그리스도는 일곱 가지 성사를 친히 세우셨지만, 어떤 성사, 예컨대 견진, 성품, 병자성사의 형상과 질료는 일반적으로 정해 놓으셨다. 다시 말하면 그분은 구체적인 것은 교회가 결정하도록 마련하셨다. 따라서 그리스 정교에서는 고해성사의 형상은 다르지만, 그래도 온전히 유효하다. 곧, 고해성사의 죄를 용서하는 형상이 우리 서방 교회에서는 선언하는 말투로 "나도 성부와 성자와 성령의 이름으로 이 교우의 죄를 용서합니다."라고 말하는 데 비해, 동방 교회에서는 하느님께 간청하는 말투로 "같은 하느님께서 죄인인 나를 말미암아 당신의 모든 것을 이제와 영원히 용서하여 주실지이다."라고 말한다. 또 성품성사에 있어서는 서방 교회에서는 주교가 수품자의 머리 위에 두 손을 얹지만, 동방 교회에서는 오른손만 얹는다. 이러한 형상의 사소한 차이점은 성사의 실질, 즉 유효성과는 아무 상관도 없는 것이다.

갈라지는 점

각 성사마다 개별적으로 자세히 설명할 때 밝히겠지만, 성경에는 일곱 가지 성사에 대한 말씀이 다 실려 있기는 하되, 오늘날과 같은 자세한 신학은 실려 있지 않다. 이런 일은 그다음 시대에 교회가 할 일이었다. 여기서 우리는 가톨릭과 개신교 사이의 신앙의 원천과 규범의 개념이 아주 판이함을 알게 된다. 개신교는 신앙에 관한 모든 것을 세세한 것까지 또 후세에 발전될 것까지 다 성경에서 찾으려 기대한다. 그래서 성사 신학까지 찾으려 드니 결국은 허탕을 칠 수밖에 없다.

그런데 가톨릭은 성경뿐 아니라 사도 시대에 쓰인 성전과 쓰이지 않은 성전까지 받아들인다. 성전은 그리스도께서 세우셨고, 사도들이 전파하고 진리의 성령이 함께 머물러 보호하는 바, 교회의 신앙을 생활에 옮긴 사도들과 그 후계자들의 살아 있는 행적이다. 성경에는 싹만 엿보이는 진리가 많다. 그래서 교회는 그리스도로부터 그분의 이름으로 설교하고 가르칠 권한을 받음으로써, 성경에 싹만 보인 여러 가지 교리의 뜻을 자세히 풀어 밝히고 함축적인 것을 명확하게 설명한다.

교리의 발전

일찍이 뉴먼 추기경이 지적했듯이, 교회에는 교리의 발전이 있다. 이것은 진화가 아니다. 곧, 어떤 교리가 아주 다른 종류의 교리로 바뀐다는 말이 아니다. 이것은 5세기에 레렝스의 빈첸시오 성인이 밝혔듯이, 사람의 몸이 자라고 발전하는 것과 비슷하다. 곧, 그 사람은 어디까지나 그 사람이지만, 그의 사상이 성숙하고 전에는 희미하게 깨달았던 것들을 똑똑하고 깊게 인식하게 된다. 이것이 발전이다. 성사에 관한 교리도 이렇게 발전했다.

가령, 질료와 형상이라는 명사를 성사에 응용하는 것은 13세기에 시작되었다. 물론 그런 사상은 성경에서도, 또 4세기의 아우구스티노 성인의 저서에서도 발견된다. 이러한 철학적 술어는 아리스토텔레스에게서 빌려 온 것으로, 1414년의 콘스탄츠 공의회와, 1439년의 피렌체 공의회, 1545년의 트리엔트 공의회에서 이 술어를 써도 좋다는 결정을 내린 것이다.

그렇다고 해서 이 술어 때문에 성사를 물질적 유형한 물건이라고 상상할 것은 아니다. "이 술어가 뜻하는 바는, 마치 물체가 두 가지 요소, 곧 규정될 것과 규정하는 것으로 구성되어 있듯이, 성사에도 규정될 요소와 규정하는 요소가 구별될 수 있으므로, 이를 질료와 형상이라고 부를 만하다." 이리하여 세례성사에 있어서는 물로 씻는 것이 질료요,

"나는 성부와 성자와 성령의 이름으로 세례를 줍니다."라는 말은 물이 무엇 때문에 쓰이는지, 또 무엇을 상징하는지를 뜻하는 형상이다.

공연한 표지?

종교 혁명가들은 성사의 수효를 줄였을 뿐더러 성사의 객관적 효과마저 부인했다. 가령 루터는 성사를 '신앙으로써 죄가 용서된다는 하느님의 약속의 표지일 뿐'이라고 했다. 칼뱅은 '하느님의 친절한 행위를 사람에게 알려 주는 심부름꾼일 뿐'이라고 했다. 츠빙글리는 '그리스도인임을 고백하는 표지일 뿐'이라고 했다. 혁명가들의 그릇된 생각은 당연히 논리적으로 성사의 효과마저 부인하기에 이르렀다. 만일 선행으로 의화되지 않고 믿음으로써만 의화된다면, 그리고 의화된 영혼 안에 아무런 내적 변화도 없이 다만 그리스도의 공로를 겉으로만 입는 것이라면, 성사는 믿음을 자극하는 것 외에는 아무런 목적도 없을 것이고, 영혼에게 하느님의 은총을 가져다주는 물길이 아니라 공연한 표지일 것이다. 종교 혁명가들은 이런 생각 때문에 그리스도로부터 그 당시에 이르기까지 연이어 내려온 보편적인 그리스도교회의 신앙으로부터 근본적으로 갈라져 나가는 비극을 연출했다.

그렇다면 일곱 가지 성사가 있다는 뚜렷한 증거는 무엇인가? 여러 개신교는 오로지 세례성사와 성체성사 두 가지 성사만 인정한다. 사실 그리스도교회의 전통적 가르침을 부수고 성사의 수효를 세 가지로 줄인 첫 사람은 루터다. 그는 나중에 칼뱅의 영향을 입어 다시 두 가지로 줄이고, 고해성사마저 부인했다.

　신약 성경에는 모든 성사에 관해서 실려 있지만 오늘날 우리가 신학책에서 보는 바와 같이 체계적으로 실려 있지는 않다. 그러나 교회는 사도 시대로부터, 비록 그 즉시 이 모든 것을 체계적으로 찾아내지는 않았을망정 실천면에서는 이를 은총과 성화의 수단으로 써 왔다. 초대 교부들은 예비 신자들과 교우들에게 이 일곱 가지 성사를 모두 가르쳤다. 다만 성사의 정확한 뜻을 체계적으로 제시하지만 않았을 뿐이다.

그리스인의 신앙

　초대 교회에 이 신앙이 널리 전파되어 있었다는 사실은 그리스 정교에서도 오늘에 이르기까지 줄곧 이를 믿어 온다는 사실로써 더욱 확고하고 두드러지게 증명된다. 예컨대 1576년에 예루살렘 총대주교 예레미아스는 루터의 무리들이 일곱 가지 성사를 부인한다는 이유로 비텐베르크의 한 패가 되기를 거절했다. 또 1638년의 콘스탄티노플 종교 회의는 그곳의 루카리스가 두 가지 성사만 주장하는 루터의 교리를 추종한다 하여 이를 파문함과 아울러, 그리스도께서 일곱 가지 성사를 세우셨음을 선언했다.

　여기서 명백한 사실은 성사는 그리스도가 세우셨지만, 이의 신학은 교회가 낳았다는 점이다. 브로글리A. Broglie는 이렇게 지적했다. "결국 교리는 어느 시대나 매한가지다. 우리가 모든 성사에 대해서 언제나 그 효과를 믿어 왔기 때문이다. 그러나 이의 체계적이며 철학적인 형식은 발전되어 왔다. 신약의 성사는 일곱 가지가 있고 또 이것만이 은총을 낳는다는 명제는 지금은 '믿을 교리'로 되어 있지만, 11세기까지는 명확한 말이 없었던 탓으로 지금처럼 명백하게 드러나지 않았다. 교회로 말하면 진리의 지식이 발전한다. 천천히 또 신중하게 진보하되 어떻든 발전한다. 세기가 바뀔 때마다 지식이 좀 더 명백하게 되고 좀 더 완전하게 된다. 그리고 이러한 발전은 인간의 사상을 지도하고 오류를 억누르는 성령의 도우심이라는 조건 아래 성취된다."(Conferences sur la Vie Surnaturelle, 307)

마술 냄새

이제 성사란 마술 냄새가 풍긴다는 시비를 따지기로 하자. 대체로 마술이라는 것은 어울리지 않는 불충분한 원인에서 얼토당토않은 굉장한 결과를 기대할 때를 두고 말한다. 말하자면 물질적인 원인에서 영적 또는 신적 결과가 나오기를 바라는 것이다. 그러니까 돌멩이를 형겊에 문지르면서 옛날 얘기를 하기를 바란다면 이는 마술이다. 그런데 성사의 본성에는 이런 것과 비슷한 그림자조차도 없다. 성사의 효과는 이를 집행하는 사람에게 달려 있는 것도 아니거니와, 어느 인간이 꾸며 낸 형식으로 하느님을 강박하여 어떤 일을 하도록 하는 것도 아니다. 그렇기는커녕 이는 예수 그리스도께만 달려 있는 것이다. 그분이 이 성사를 세워서 당신 은총의 물길로 삼으셨다.

그러므로 아우구스티노 성인은 이렇게 말한다. "세례는 세례를 주는 사람이나 세례를 받는 이의 공로에 달려 있는 것이 아니라, 이를 세우신 그분으로 말미암아 그 자체가 거룩하고 진실하다." 히포의 주교가 세례의 효과의 원천에 대해서 말한 이 말씀은 다른 모든 성사에 대해서도 그대로 적용된다.

포프 신부는 이렇게 지적한다. "성사에 있어서 효과를 내는 원인은 그리스도의 수난이고, 이의 연장(도구)이 되는 원인은 질료와 형상, 곧 성사의 외적 표지다. 이 외적 표지는 성사를 세우신 그리스도께서 이를 사람들에게 베풀어 주기 위하여 합당하게 마련하신 집행자들이 행하는 행위다." 결과는 원인을 초월할 수 없다. 우리 구세주 그리스도가 은총의 원천이요, 성사는 이를 우리에게 가져다주는 물길일 뿐이다. 마술이라고 비난하는 이는 성사에 관한 가톨릭의 교리를 온전히 몰이해한 탓이다. 또한 가톨릭 교회가 마술과 미신을 사용하기는커녕 그것을 이성과 상식에도 어긋나는 것으로 단죄하고 있다는 사실조차 알지 못한 탓이다.

그렇다면 성사와 마술이 가톨릭 교회와 전혀 관계없다는 것은 어느 교파에 속하든 무사 공평한 사람이기만 하면, 누구나 다 명백히 알 만한 사실이 아니겠는가? 몇 억의 가톨릭 신자들에 대해서, '자기가 마술을 믿으면서도 정작 마술이라면 오만상을 찌푸리고 대죄로 단죄하고 있으니 얼마나 우스꽝스러운 노릇이냐'고 이유도 없이 중상하는 사람들에게 우리는 무어라 할까? 우리는 이런 이를 그저 하느님께 맡길 뿐이다. 정말 그들이 악의로 그러는지 또는 중상모략에 속아서 그러는지를 다 아시는 공의公儀하신 판관께서 그들을 판결하실 것이다.

이교도의 예식에서 빌려 왔는가?

성사나 그 밖의 초대 교회의 신심 행사는 이교도의 예식에서 빌려 온 것이라는 시비가 있다. 이런 소리는 앤리치Anrich, 퀴몽Cumont, 케네디Kenedy, 존스Jones, 슈바이처Schweitzer 등 가톨릭 신자가 아닌 학자들과, 라그랑주Lagrange, 자키에Jacquier, 망제노Mangenot, 프라트Prat, 베나르Venard 등 가톨릭 학자들이 충분히 반박하여 온 터다. 환상에 들떠서 그리스도교를 여러 이교 예식이 한데 버무려진 것으로 발전했다고 떼쓰는 비교 종교 학자도 있는데, 이런 이는 희미하고 막연하게 닮은 점이 있다 해서 즉시 그들이 혈연관계라고 성급하게 결론을 내리고 마는 이들과 같다. 프라트 신부는 이렇게 지적한다. "종교적 본능이 암시하는 온갖 신심 행사는 서로 비슷한 점이 있다. 그렇다고 해서 이것들이 서로 관계가 있는 증거라고 우기는 환상은 용서할 수 없는 잘못이다."

초대 교회 신자들이 이교도의 우상 숭배와 미신 행위를 얼마나 지겨워하였는지는 새삼 말할 나위도 없는 명백한 사실이다. 그들은 이런 일에 가담해 이교도의 우상 앞에 향을 피우기보다는 차라리 순교하기를 택했다. 이교도의 우상 숭배나 마술이나 미신의 냄새가 풍기기만 하면 그들은 목숨을 내걸고 거절했다. 이상으로 성사는 뜻 없는 예식이 아니라 영혼 안에 생긴 효과를 겉으로 드러내는 아름다운 표지며,

따라서 신심 생활에 도움이 되는 것임이 충분히 밝혀졌다고 본다. 거듭 말하지만 이는 하느님의 은총을 각 영혼에게 흘려 넣는 크나큰 물길이다.

교회는 하느님께서 세워 주신 성사로 말미암아 모든 사람이 태어나면서부터 무덤에 이르기까지 영적으로 필요한 모든 것을 효과 있게 얻도록 한다. 교회는 인생의 위기가 닥칠 때마다 특별한 은총으로써 이 위기를 극복할 힘을 북돋아 주는 성사로써 돌보아 준다. 교회는 한 사람이 탄생하면 귀여운 아기의 이마에 세례수를 부어 원죄를 씻어 주며, 이로써 하느님의 자녀, 천국의 상속자가 되게 한다. 차차 이성의 꽃봉오리가 피어오름에 따라 교회는 이 어린이에게 조심을 다하여 첫영성체를 준비시킨다. 천사의 빵으로 그의 영적 생명을 양육하는 것이다. 교회는 그가 견진성사를 받아 힘을 얻어, 그리스도의 용감한 군인으로서 그리스도를 위하여 용전하고 죽기까지 할 태세를 갖추게 한다.

그가 청춘의 욕정의 폭풍에 쓰러져 인생행로의 가시밭에서 헤맬 때, 교회는 부드러운 팔로 안아 일으켜 고해소로 인도하여, 거기서 죄의 용서를 받아 다시 일어서는 용기를 얻게 한다. 어른이 되는 날 아침, 죽기까지 계속될 사랑의 결합을 찾아 새로운 정서에 사로잡힐 때, 교회는 어여쁜 신랑과 신부를 하느님의 제대 앞에 데려와 혼인의 풀릴 수 없는 끈으로 결합하게 한다. 드디어 인생의 불이 꺼져 가며 천사들이 내려와 죽음의 포장이 눈앞에 닥칠 때, 사제는 씩씩하게도 그의 임종을 돌보며 종부의 기름을 발라 힘을 돋우고, 예수 그리스도의 살과 피의 노자성체를 영하도록 하여 영원한 여행에 지치지 않게 한다. 이와 같이 사람이 승리를 얻기에 필요한 특별한 은총과 힘을 주시기 위하여 교회는 그리스도께서 세우신 성사로써 그 자녀들이 위기에 부딪칠 때마다 그 옆에 서서 돌보아 주고 있다.

실천

- 본문을 때때로 되풀이해서 읽으며 더욱 두터운 신심으로 고해성사를 하고 성체를 영하기.
- 종교 개혁자들의 행위를 보상하는 뜻으로 자주 성체 조배 하기.
- 모든 성사에 관해 비신자들에게 잘 설명할 수 있는 교리 지식을 기르기.

제13장

세례성사

그리스도는 세례성사를 세워 사도들에게 세례를 주기를 명하셨다. "너희는 가서 모든 민족들을 제자로 삼아, 아버지와 아들과 성령의 이름으로 세례를 주고……."(마태 28,19) 마르코 복음사가의 증언도 이와 비슷하다. "너희는 온 세상에 가서 모든 피조물에게 복음을 선포하여라. 믿고 세례를 받는 이는 구원을 받고 믿지 않는 자는 단죄를 받을 것이다."(마르 16,15-16)

사도들과 제자들은 이 명령에 순명하여 당시에 알려진 세상을 두루 다니며 복음을 설교하고 세례를 주었다. 예컨대 성령께서 사도들의 머리 위에 불혀의 모양으로 강림하신 바로 그날에, 베드로는 무수한 무리들 앞에서 설교하여 그리스도 신앙의 세례를 주었다. "베드로의 말을 받아들인 이들은 세례를 받았다. 그리하여 그날에 신자가 삼천 명가량 늘었다."(사도 2,41)라고 루카 복음사가도 증언하고 있다.

세례는 원죄와 아울러 지금까지 범한 모든 본죄의 때를 씻어 깨끗하게 하여 세례를 받는 사람이 하느님의 아들이 되고 천국의 상속자가 되게 하는 성사다. 원죄는 우리의 선조가 범죄를 저지른 결과로 우리가 태어나면서 받는 죄의 그림자 또는 죄의 상태다. "한 사람을 통하여 죄가 세상에 들어왔고 죄를 통하여 죽음이 들어왔듯이, 또한 이렇게 모두 죄를 지었으므로 모든 사람에게 죽음이 미치게 되었습니다."(로마 5,12)라고 바오로는 말한다. 다만 오직 하나의 은총의 특별한 기적으로 복되신 동정 마리아만은 원죄에 물들지 않으셨다. 이것이 원죄 없는 잉태의 교리다. 가톨릭이 아닌 사람 중에는 이 교리를 마리아께서 동정녀로서 그리스도를 잉태한 교리와 혼동하는 이가 많다.

세례는 문이다

세례는 그리스도의 교리로 들어가는 문이다. 세례를 받지 않은 이는 다른 성사를 받아도 무효다. 세례를 받아야 그리스도교 신자가 되며 초자연적인 천국의 권리를 받게 된다. 이 권리는 자연적으로 탄생하였다는 사실만으로는 얻을 수 없는 것이다. 그러므로 세례는 영적 재탄생, 즉 영혼이 다시 탄생되는 성사다. 바오로 사도는 이렇게 선언한다. "우리 구원자이신 하느님의 호의와 인간애가 드러난 그때, 하느님께서 우리를 구원해 주셨습니다. 우리가 한 의로운 일 때문이 아니라 당신 자비에 따라, 성령을 통하여 거듭나고 새로워지도록 물로 씻어 구원하신 것입니다. 이 성령을 하느님께서는 우리 구원자이신 예수 그리스도를 통하여 우리에게 풍성히 부어 주셨습니다. 그리하여 우리는 그분의 은총으로 의롭게 되어, 영원한 생명의 희망에 따라 상속자가 되었습니다."(티토 3,4-7)

세례의 중요성과 필요성은 주님께서 친히 니코데모에게 하신 말씀에 힘차게 드러난다. "내가 진실로 진실로 너에게 말한다. 누구든지 물과 성령으로 태어나지 않으면, 하느님 나라에 들어갈 수 없다."(요한 3,5) 이는 온 인류에게 적용되는 말씀이다. 교회에서 갓난아기일지라도 세례를 부당하게 지체하지 못하게 하며, 또 사제가 없는 경우에는 이성을 쓸 수 있는 사람이면 누구라도 세례를 줄 수 있는 교리를 인정하는 이유가 여기에 드러나고 있는데, 곧 세례성사를 받지 못한 채 죽지 않도록 하기 위함이다.

세례의 세 가지 방법

세례는 세 가지 방법 중 어느 것으로 주든지 유효하다. 곧 세례자를 물속에 담그거나 또는 세례자에게 물을 뿌리거나 또는 붓거나 하는 방법이다. 12세기까지는 세례를 줄 때 흔히 물속에 담갔는데, 다른 두 가지 방법도 함께 사용되었다. 그래서 2세기에 테르툴리아노는 세례를 "아무 물이나 뿌리는 것"이라고 썼다. 아우구스티노 성인은 "물이 어린이에게 조금만 뿌려져도" 그 세례는 유효하다고 선언했다. 토마스 아퀴나스 성인은 13세기에 일반적으로는 물에 담그는 방법이 상례지만

"세례는 물을 뿌리거나 부어서 줄 수도 있다."라고 찬찬하게 덧붙여 놓았다.

성령 강림 날 베드로가 설교한 끝에 3천 명에게 세례를 주었으니, 그 많은 수효와 예루살렘의 물 상황을 고려하면 이들을 다 물에 담갔으리라고는 도저히 생각할 수 없다. 또 마찬가지로 필리피에 있는 감옥에서 일하던 간수와 그의 가족의 세례도, 또 코르넬리우스의 집에서 세례를 받은 이들도 물에 담그는 세례를 받았으리라고는 도저히 생각할 수 없다. 반스 주교가 쓴 책《고적에 드러나는 초대 교회 *The Early Church in the Light of the Monuments*》를 보면, 초세기에 성 프리실라 묘지와 오스트리아노의 묘지와 폰시아노의 묘지에 건립된 세례소들은 초기 교회에서도 물을 붓는 세례를 행하였다는 흔들릴 수 없는 증거라고 한다.

어쨌든 그리스도께서 어떠한 방법으로 물로 씻느냐는 것은 결정하시지 않고, 다른 여러 사정과 마찬가지로 이것도 그 세세한 것은 교회가 결정하도록 위임하신 것만은 명백하다. 현재 교회는 이 세 가지 방법이 모두 유효하다고 인정하지만, 실제로는 물을 붓는 방법만을 쓰고 있다. 왜냐하면 이 방법이 가장 편리하고 가장 실제적인 까닭이다.

수세, 화세, 혈세

세례에는 세 가지가 있다. 곧, 수세(물의 세례)와 화세(원의의 세례)와 혈세(피의 세례)다. 화세는 세례받기를 간절히 원하였으나 부득이한 사정으로 물의 세례를 받지 못한 경우의 것이다. 이것은 초대 교부들의 가르침이다. 유명한 실례는, 392년에 로마 황제 발렌티노 2세가 예비 신자로서 죽었을 때 당시 밀라노의 주교이던 암브로시오 성인이 조사(弔辭) 설교에서 다음과 같이 말한 사실이다. "그대들은 그가 세례받지 못했기에 슬퍼하는 줄 안다. 그대들은 우리 안에 의지와 탄원 외에 대체 무엇이 있는지 말해 보라. 그는 이탈리아에 오기 훨씬 전부터 원의를 갖고 있었고, 되도록 빨리 세례받기를 내게 표명해 왔었다. 그렇다면 그가 그토록 원하던 그 은총을 받지 못했을 것인가? 아니, 그는 그것을 원했었기에 분명 받았느니라."(De Obitu Valent, 51)

이는 아우구스티노 성인도 증언하는 바이다. "그리스도의 이름을 위하여 고통을 받음으로써 세례받지 못한 것을 기울 수 있을 뿐 아니라, 세례를 집행할 시간이 없는 경우에는 신앙과 회심만으로도 세례받지 못한 것을 기울 수 있음을 아노라."(De Bapt.)

인간 영혼을 철저하게 사랑하여 단 하나의 영혼이라도 잃지 않으려고 끊임없이 걱정하는 교회는 세례를 받아야 된다는 그리스도의 계명은 모르지만, 다만 착하게 살려고 노력하며 하느님 뜻을 따르려는 무수한 사람들은 원의의 세례를 받으리라고 가르친다. 그리스도의 복음이 알려지지 못한 저 땅 끝에 사는 사람이라도 하느님의 뜻대로 만사를 행하려는 사람이라면 이 원의의 세례를 받았으리라고 말할 만하다. 곧, 하느님의 뜻을 따르겠다는 의향 속에는 세례를 받을 원의가 함축되어 있는 것이다. 세례를 받아야 된다는 것은 하느님의 거룩하신 계명이기 때문이다. 세례를 받겠다는 함축적 원의라 함은, '세례가 구원에 꼭 필요한 것인 줄 알기만 하였다면 세례받기를 열렬히 열망했을 마음의 상태'다. 물론 그렇다고 해서 물의 세례를 받아야 된다는 그리스도의 명백한 계명을 알고 있는 이들마저 그 엄격한 계명을 소홀히 해도 된다는 말은 아니다. 이 계명을 알고 있는 이는 반드시 물의 세례를 받아야 한다. 다만 사람이 자기 양심을 거스르지 않는 이상, 제 탓이 없는 허물을 하느님께서는 결코 벌하시지 않는다는 교회의 가르침이 여기에도 적용되는 것뿐이다.

또 하나는 피의 세례다. 초대 교회에서는 그리스도를 위해서 순교함을 물의 세례와 동등하게 여겼다. 가령 아우구스티노 성인은 초대 교부들의 가르침을 되풀이해서 이렇게 말한다. "다시 낳는 물의 세례를 받지 못했을망정 그리스도께 대한 신앙을 고백함으로써 순교한 모든 이는 세례대에서 물로 세례받았음과 똑같은 효력으로 죄의 용서를 받는다."(De Civ. Dei., XIII, 2)

갓난아기의 세례

신약 성경에는 갓난아기의 세례에 대해서 명시된 말씀이 없다. 하지만 바오로 사도가 리디아와 스테파나스 집안 사람들과 필리피의 간수의 온 가족들에게 세례를 주었을 때, 그중에 갓난아기도 포함되어 있었으리라는 것은 믿음직한 일이다. 사도들의 바로 뒤를 이은 후계자들의 글을 보면 갓난아기에게 세례를 주는 것이 사도 시대에서 비롯된 것이라는 데 의심할 여지가 없어진다. 가령 요한 사도의 제자인 폴리카르포의 이레네오 성인은 이렇게 썼다. "그리스도께서는 갓난아기건, 어린이건, 소년이건, 청년이건, 노인이건, 당신으로 말미암아 하느님께 다시 낳음을 받은 모든 이를 구하러 오셨다."(Adv. Haer., II, 22)

오리게네스는 원죄의 때를 씻기 위해서 갓난아기라도 세례를 받아야 된다는 것은 사도들로부터 내려온 제도라고 선언한다. 치프리아노 성인과 253년 카르타고의 제3 공의회는 어린이의 세례는 낳은 지 여드레까지 연기할 필요 없이, 될 수 있는 대로 속히 주라고 규정했다. 아우구스티노 성인은 이를 사도들의 가르침의 반복에 지나지 않는 것이라고 했다.

그런데 갓난아기가 세례를 받지 못한 채 죽으면, 그 영혼은 그 본성에 따라서 합당한 행복을 누린다는 것이 토마스 아퀴나스 성인을 비롯한 신학자들의 공통된 가르침이다. 세례는 못 받았더라도 무죄한 어린이의 영혼은 모든 선善과 은총의 근원이신 하느님께로부터 공의함과 인자함뿐 아니라, 사랑과 너그러우심을 넘쳐흐르도록 받을 것이다.

가장 큰 선물

간호사나 의사나 그 밖에 병원에서 해산 수발하는 모든 이는 가톨릭 신자가 낳은 갓난아기가 죽을 위험에 임박했을 경우, 곧 세례를 받도록 주선해 주어야 한다. 세례를 주는 이에게 필요한 조건은, 그리스도와 성교회의 뜻을 따라서 세례를 준다는 의향만 있으면 족하다. 그리고 어린이의 이마에 물을 부으면서 "나는 성부와 성자와 성령의 이름으로 세례를 줍니다."라고 외우면 된다. 전에 세례받지 않은 것이 거의 확실한 개종자에게는 조건부로 세례를 주는 것이 상례다. 다시 말하면 맞갖은 방법으로 세례를 주지 않았다거나 세례를 준 이의 맞갖은 지향이 없었다거나 하면 그 세례는 무효다. 그런데 다른 성사를 유효하게 받으려면 반드시 세례를 받았어야 하는 만큼 교회 당국에서는 합당하게 조사해 본 결과 세례가 의심이 가는 경우에는 조건부로 다시 세례를 주도록 지시하고 있다. 조건부 세례라는 것은 세례자가 아직 유효한 세례를 받은 적이 없다는 조건 아래 세례를 준다는 지향으로 주는 세례다. 즉, 그 사람이 전에 유효한 세례를 받았으면 이번 것은 성사가 아니라 다만 예절을 되풀이하는 것이 될 뿐이다.

세례를 받는 이는 대부모를 세우는데, 대부나 대모가 되는 이는 세례를 받는 이를 자기의 영적 자녀로 삼아, 이들의 신앙생활을 보살펴 주며 신앙을 충실히 항구하게 지켜 나가도록 격려해야 한다.

이제까지 말해 온 것으로 성사는 하느님께서 사람에게 주시는 가장 큰 선물임을 명백히 깨달았을 줄 안다. 이는 구원의 은총과 축복을 각 영혼에게 가져다주는 물길이다. 세례는 그리스도 안에서 다시 낳음을 받아 하느님의 자녀가 되고 하늘나라의 상속자가 되는 성사다. 날마다 물질적인 것에만 접촉하는 탓으로 영적인 것에 대해서는 감수성이 둔한 세속의 눈앞에서, 교회는 이의 창설자이신 하느님께서 맡기신 임무를 나날이 새삼스럽게 공포하고 있다. "그러므로 너희는 가서 모든 민족들을 제자로 삼아, 아버지와 아들과 성령의 이름으로 세례를 주고,

내가 너희에게 명령한 모든 것을 가르쳐 지키게 하여라."(마태 28,19-20)

실천

- 세례성사는 무엇인지 알아보기.
- 세례 때에 대부모가 된 이는 이의 의무를 배워 실천하기.
- 기회 있을 때마다 세례 때의 맹세를 새롭게 하기.

제14장

견진성사

견진성사는 주교가 견진을 받는 이의 머리를 손으로 덮으며 이마에 성유를 바르고 기도함으로써, 세례받은 사람이 신앙을 굳세게 하고 참다운 그리스도인으로서 생활하도록 하며 성령의 은혜를 받게 하는 성사다.

이 성사를 견진성사라 하는데, 이는 하느님의 은총으로써 영혼을 굳세게 하는 성사이기 때문이다. 또 때로는 안수례라고도 하는데, 이는 주교가 견진받는 이의 머리에 안수하며 성령을 받도록 기도하는 까닭이다.

신약 성경에는 그리스도께서 이 성사를 세우셨다는 말씀이 명확하게는 없다. 그러나 사도들의 행적을 읽어 보면 이에 관한 말씀이 많다. 필리포스 부제가 사마리아에서 설교할 때 수많은 개종자가 입교했다.

그는 개종자들에게 세례는 주었으나 견진은 주지 않았다. 이때 일어났던 일을 루카 복음사가는 사도행전에 다음과 같이 기록했다. "예루살렘에 있는 사도들은 사마리아 사람들이 하느님의 말씀을 받아들였다는 소식을 듣고, 베드로와 요한을 그들에게 보냈다. 베드로와 요한은 내려가서 그들이 성령을 받도록 기도하였다. 그들이 주 예수님의 이름으로 세례를 받았을 뿐, 그들 가운데 아직 아무에게도 성령께서 내리지 않으셨기 때문이다. 그때에 사도들이 그들에게 안수하자 그들이 성령을 받았다."(사도 8,14-17)

견진은 세례와 다르며, 다른 효과를 낸다는 뚜렷한 말씀이다. 루카 복음사가는 에페소의 제자들도 그러하였음을 말하고 있다. "바오로가 그들에게 안수하자 성령께서 그들에게 내리시어, 그들이 신령한 언어로 말하고 예언을 하였다."(사도 19,6) 히브리인들에게 보낸 서간에서도 견진성사가 세례성사나 고해성사와 마찬가지로 그리스도교의 기본 교리 중의 하나임을 밝혔다. "그러므로 그리스도에 관한 초보적인 교리를 놓아두고 성숙한 경지로 나아갑시다. 다시 기초를 닦을 필요는 없습니다. 그 기초는 곧 죽음의 행실에서 돌아서는 회개와 하느님에 대한 믿음, 세례에 관한 가르침과 안수, 죽은 이들의 부활과 영원한 심판입니다."(히브 6,1-2)

교부들의 증언

교부들도 사도들과 똑같은 교리를 선언하여 견진성사가 그리스도인의 신앙을 굳세게 하기 위하여 하느님께서 정하신 성사임을 한결같이 가르쳤다. 예컨대 테르툴리아노는 2세기에 다음과 같이 썼다.

"살(육)에 성유를 바름은 영혼이 축성되기 위함이요, 살에 표적을 그림은 영혼이 굳세어지기 위함이며, 손으로 머리를 덮음은 성령으로써 영혼이 비추어지기 위함이다."(De Resur. Car. I)

3세기의 치프리아노 성인은 그 당시의 그리스도인들도 사도들이 세례받은 사마리아인들에게 준 견진성사와 똑같은 견진성사를 받고 있다고 선언한다. "그들은 이미 법다운 세례를 받았으므로 …… 베드로와 요한이 와서 그들의 머리를 손으로 덮으며 성령이 그들에게 임하시도록 기도함으로써 그 부족한 것을 기웠다. 그런데 우리 시대에도 바로 그것이 실천되고 있으니 교회에서 이미 세례를 받은 이들이 주교께 나아가 안수와 기도로써 성령을 받으며 주의 인호로써 완전한 자가 되고 있다."(Epist., 73)

예로니모 성인도 견진성사가 보편적으로 실천되고 있었음을 증언한다. 그는 당시의 루시페리안 개신교를 거슬러 이렇게 썼다. "세례받은 신자의 머리를 손으로 덮고 성령이 임하시도록 기도해야 하는 것이 교회의 관례임을 아는가? 그것이 어디에 쓰여 있느냐고 묻는가? 그것은 사도행전에 쓰여 있다. 그러나 비록 성경에 아무 말씀도 기록되어 있지 않다고 하더라도 온 세상이 이 점에 관해서 모두 일치하고 있음은 족히 법다운 효력이 있는 것이다."(Dia ladv. Lucifer)

끝으로 예루살렘의 교부 치릴로 성인의 말씀을 인용하면, 그는 견진을 성체에 비기고 있다. "그대들은 성유를 바름으로써 그리스도의 한 몫에 참례하게 되었다. 이는 그냥 여느 기름을 바른 것과는 다르다. 밀떡이 축성된 후에는 그냥 빵이 아니요 그리스도의 몸이듯, 이 성유도 축성된 후에는 그냥 기름이 아니요 하느님으로 말미암아 효과를 내는 그리스도와 성령의 은혜다. 그대들의 이마에 성유가 발려짐은 그대들의 첫 범죄자가 범한 부끄러움에서 구원되기 위함이요, 그대들이 하느님의 영광을 가림 없이 관상하기 위함이다. 마치 그리스도께서 세례를 받고 성령이 그 위에 임하신 다음에 원수를 쳐부수었음 같이, 그대들도 세례를 받고 신비로운 성유를 바르고 성령의 갑옷을 입었으니, 이제 원수를 거슬러 '나를 굳세게 해 주신 그리스도 안에서 이제 나는 모든 일을 할 수 있다'고 맞서 나가게 되었도다."(Cat. 21, Mys. 3 De S Chrism)

동방 이교에서도 지금껏 견진성사를 행하고 있다. 그런데 이들 교회 중에는 이미 4세기에 갈려져 나간 것도 있다. 이들 교회가 그다지도 오랫동안 로마를 떠나 있으면서도 지금도 견진성사를 행하고 있다는 사실은 이 성사가 사도 시대에서 비롯된 것임을 밝히는 증거다.

견진성사를 행하는 방법

견진성사는 주교가 견진자의 머리에 안수를 하며 견진자의 이마에 성유를 바름으로써 행해진다. 성유는 올리브 기름과 향료를 섞은 것인데, 이는 예수 수난 전날 성목요일에 주교가 축성하는 것이다. 주교는 견진자의 이마에 성유를 십자 표지로 바르면서 "성령 특은의 날인을 받으시오."라고 말한다.

안수는 성령이 강림하심을 상징한다. 옛날에는 씨름꾼이나 운동선수가 근육과 팔다리에 기름을 발라서 몸을 매끄럽게 했고, 시신을 썩지 않게 보존하기 위해서 향료를 썼다. 견진자에게 성유를 바르는 것은 이들이 그리스도의 용감한 군사로서 싸울 힘과 영혼의 초자연적 생명을 썩지 않게 보존하는 은총을 받는다는 뜻이다. 주교는 견진자에게 성유를 바른 다음 견진자의 뺨을 가볍게 친다. 이는 이제부터는 그리스도교 신앙을 위하여 어떠한 박해라도, 심지어는 죽음까지도 참아 받아야 할 각오를 명심하게 하기 위한 것이다. 다음에 주교는 "평화가 여러분과 함께"라고 말한다. 이는 견진자가 신적 지휘관의 깃발 아래 싸우기를 맹세하였기에, 그 지휘관에 대한 충성심과 착한 양심에서 나오는 참평화를 기억하게 하는 것이다.

견진자는 성인의 이름을 자기 이름으로 정하는데, 이는 그가 이 성인의 본을 따르겠다는 뜻이다. 견진 때에도 세례 때처럼 대부모가 있어, 친부모가 견진자의 종교적 지도를 게을리하거나 죽는 경우에 이를 대신할 것을 약속한다.

견진은 세례처럼 구원에 반드시 필요한 것은 아니다. 그렇다 하더라도 모든 그리스도인들은 될 수 있는 한 이 성사를 받아야 한다. 트리엔트 공의회의 결정은 이러하다. "한 사람도 빠짐없이 하느님의 은총이 이렇게도 많이 내리는 거룩함에 가득 찬 이 성사를 받아야 하며, 아무도 이를 소홀히 하지 않도록 온갖 정성을 기울여야 한다."

　이 성사를 행하는 이는 보통 주교지만 특별한 사정이 있는 경우에는 교황청에서 사제에게 이를 행할 권리를 준다. 본당 신부는 이 성사를 받지 못하고 임종하는 이에게 이를 줄 수 있다.

실천

- 자기 자신도 이 성사를 받기를 게을리하지 말고, 남도 이 성사를 받도록 권하기.
- 성직자들의 사도직에 참여하는 자격을 받은 이 가톨릭의 성사인 견진성사의 가치를 묵상하기.
- 성령께 대한 신심 행위를 실천하기.

제15장

사제가 죄를 용서할 수 있는가?

흔한 질문에 명답

유명한 정신학자요 성공회의 작가인 올리버J. R. Oilver 박사가 하버드 대학 학생이었을 때, 열심한 침례교도인 그의 조부는 손자의 '로마 냄새 나는 행동'을 몹시 걱정했다. 어느 날 저녁 그는 손자를 붙들어 앉혀 놓고, '귀엣말로 고해하는 일'이 나쁘다는 것을 지루하게 강의했다. 올리버 박사는 그때의 꾸지람을 이렇게 말한다.

"'네 어미는 왜 네게 그런 일을 시키는지 모르겠다.' 조부는 그때 나를 아직도 철부지 소년으로 여겼던 모양이다. '네 어미가 너를 성공회에서 세례를 주겠다고 우겼을 때 앞날이 어떻게 될지 몰랐었단 말이다. 너희 교회는 도대체 어떻게 되는지 모르겠다. 고해라니……. 한마디만 말하마, 똑똑히 들어라. 우리 영혼과 하느님 사이에는 어떤 인간도 개입할 수 없단 말이다. 알아들었냐?'"

올리버 박사는 그의 조부의 고해에 대한 선입견을 이렇게 비판한다. "그때 가톨릭의 고해성사에 대해 소위 열성적인 대부분의 개신교 신자들의 태도는 그러했다. 나의 조부도 '한 인간'(사람이 되신 하느님)이 그와 하느님 사이에 개입하여 있었을뿐더러(당신 친히 스스로 세상이 하느님께 되돌아갈 길이 되어) 사람이 영원하신 성부께 가까이 가기 위한 물길이 되었다는 것을 깨달을 수가 없었다."

보통 있는 생각

개신교와 가톨릭이 아닌 사람들은 흔히 이런 비슷한 말로 사제에게 죄를 용서하는 권한이 있다는 가톨릭의 교리를 반대하기 때문에, 여기서 예를 든 것이다. 오늘날에는 여러 개신교 신학자 중에도 그 태도가 많이 변하기는 하였지만, 아직도 가톨릭 밖에 있는 거의 모든 사람들은 고해성사를 의심하고 수상쩍게 여기며, 이를 성직자들이 꾸며 낸 간계나 하느님과 개인 사이에 개입한 쓸데없는 간섭으로 여긴다.

고해성사에 대한 이러한 일반적 편견은 고해성사의 참뜻을 오해했기 때문이며, 흔히는 이를 그릇되게 선전하거나 풍자한 것을 곧이들은 탓이다. 특히 1928년 미국에서 가톨릭 신자인 스미스가 대통령 후보로 입후보했을 때 이런 중상모략이 크게 퍼졌었다. 실상 이 교리는 이치에 맞아 어떠한 비난이나 반대를 받을 점이 없을뿐더러, 이는 우리 구세주의 명확한 가르침이며, 실로 나약하고 죄 많은 인간에 대한 하느님의 선물 중에서도 가장 고맙고 가장 위로가 되는 것임을 밝히려 한다. 이 진리를 밝히기 위해서 교회의 권위 있는 선언만 인용하면 재미가 없을 테니 그리스도의 말씀과 우리 상식으로 따져 보기로 하자.

여기서 독자들에게 한 가지 부탁한다. 이 문제를 따지는 데 편견 때문에 새로운 증거를 보지 않으려 눈을 감고 고찰하지 말고, 마음을 공평하게 탁 터놓고 실제의 사실을 모조리 따지자는 것이다. 물론 이런 청을 들어주실 줄로 믿는다. 일찍이 여섯 군데나 되는 개신교 교파들의 회의 때에 바로 이 문제를 내걸고 토론했을 때 이에 참석했었고 또 회의 끝에 질문에 응답한 경험이 있는 나는, 그때마다 청강자들이 고해성사에 대한 가톨릭의 참다운 가르침을 얼마나 열성스레 듣고자 하는지를 너무나 잘 알기 때문이다.

그리스도의 사명

그렇다면 사제에게 사죄권이 있다는 증거는 무엇인가? 이 질문에 대답하기 위해서 한 가지 묻겠다. 그리스도께서 세상에 오신 목적은 무엇이었던가? 인간을 그 죄악으로부터 구원하고, 이들에게 영적 완성과 영원한 생명을 얻기에 맞갖은 방법을 마련해 주는 데 있지 않았던가? 복음에는 장마다 고통받는 죄인에 대한 그리스도의 자비와 동정심이 발로된 실례가 가득 실려 있다. 그분은 눈먼 이를 보게 하고, 귀머거리를 듣게 하며, 벙어리를 말하게 하고, 앉은뱅이를 걷게 하셨다. 마태오 복음사가는 이 사실을 종합해서 간단하게 말하고 있다. "앓는 사람들을 모두 고쳐 주셨다."(마태 8,16) 그는 육신의 병자에게 은혜를 베푸는 한편, 그보다도 더 영혼의 병을 고치기를 힘쓰셨다. 그리스도의 사명은 바로 그분의 이름으로 명백히 드러나 있다. "그 이름을 예수라고 하여라. 그분께서 당신 백성을 죄에서 구원하실 것이다."(마태 1,21)

그리스도, 죄지은 여자를 용서하시다

주님의 공생활 중에서 가장 감명 깊은 것 중 하나는 길가에 쓰러졌을망정 통회하고 다시 일어나려는 나약한 죄인에게 자비를 베푸시는 장면이다. 독자 여러분은 유다인들이 간음한 여인을 예수 앞으로 끌고 와 모세의 법에 따라 돌로 쳐 죽여야 하지 않겠느냐고 질문한 장면을 기억할 것이다. "예수님께서 몸을 일으키시어 그들에게 이르셨다. '너희 가운데 죄 없는 자가 먼저 저 여자에게 돌을 던져라.' 그리고 다시 몸을 굽히시어 땅에 무엇인가 쓰셨다. 그들은 이 말씀을 듣고 나이 많은 자들부터 시작하여 하나씩 하나씩 떠나갔다. 마침내 예수님만 남으시고 여자는 가운데에 그대로 서 있었다. 예수님께서 몸을 일으키시고 그 여자에게, '여인아, 그자들이 어디 있느냐? 너를 단죄한 자가 아무도 없느냐?' 하고 물으셨다. 그 여자가 '선생님, 아무도 없습니다.' 하고 대답하자, 예수님께서 이르셨다. '나도 너를 단죄하지 않는다. 가거라. 그리고 이제부터 다시는 죄짓지 마라.'"(요한 8,7-11) 하고 말씀하셨다.

이 간음한 여인 못지않게 극적인 장면은 예수께서 베타니아에 있는 바리사이파인 시몬의 집에서 식사를 하고 있을 때 일어난 사건이다.

콧대 높은 바리사이들에게 멸시당하던, 행실이 나빴던 여자가 그 집에 들어섰다. 그녀는 예수의 발을 제 눈물로 씻고 제 머리털로 훔치고 제 머리에 바를 향유를 예수의 발에 발라 드렸다. 그리스도께서 그 죄지은 여자가 당신의 몸을 만지도록 묵인하고 있음을 보고 분개한 바리사이들은, 그녀가 그 자리에 있음으로 해서 자기들이 더럽혀지기를 원치 않았다. 응당 그녀를 내쫓으려 했었으리라. 시몬은 속으로 중얼거렸다. "저 사람이 예언자라면, 자기에게 손을 대는 여자가 누구이며 어떤 사람인지, 곧 죄인인 줄 알 터인데."(루카 7,39)

예수께서 바리사이들의 생각을 따라 그녀에게 멸시와 욕설을 퍼부으며 내쫓아 버리셨던가? 천만의 말씀이다. 예수는 이 거리의 여인에게 무한히 눈물겨운 자비의 말씀을 하셨을 뿐이다. 그는 도도한 바리사이들에게 이렇게 말씀하셨다. "'이 여자는 그 많은 죄를 용서받았다. 그래서 큰 사랑을 드러낸 것이다.' 그리고 나서 예수님께서는 그 여자에게 말씀하셨다. '너는 죄를 용서받았다.', '네 믿음이 너를 구원하였다. 평안히 가거라.'"(루카 7,47-50 참조)

무거운 죄에 짓눌려 허리가 구부러졌으나, 뉘우침의 눈물로 눈이 먼 사람은 그녀뿐이 아니었다. 그리스도의 말씀은 그녀 한 사람에게만 적용되는 것이 아니다. 이 말씀은 장차 시간이란 배 속에서 태동할 온 인류에게 하신 말씀이다. 죄지은 여자는 온 인류의 상징일 뿐이다. 대죄의 짐에 짓눌려 꺾어졌으나 뉘우침의 눈물로 눈이 멀게 된 모든 이의 귀에 그리스도는 저 무한히 부드러운 사죄의 말씀을 불어넣어 주신다.

"나도 너를 단죄하지 않는다. 가거라. 그리고 이제부터 다시는 죄짓지 마라."(요한 8,11)

예수, 죄인을 받아들이시다

간음한 여인과 죄지은 여인을 용서하시고 당신을 죽이는 자들이 용서받기를 죽어 가는 입술로 기도하시는 구세주의 이러한 모습은 정녕 죄인의 마음에는 영원한 불의 숨결처럼 부풀어 오르리라. 이 말씀은 절망의 어둠 속에 허덕이는 영혼에게 마치 캄캄한 한밤중에 별처럼 빛나는 것이다. 영혼이 비록 정욕이나 탐욕이나 질투나 미움이나 또는 이 모든 것이 함께 어울린 죄로 뒤덮여 있다 할지라도, 그리스도께서는 언제라도 이 모든 것을 깨끗이 씻어 주실 준비가 되어 있다. "너희의 죄가 진홍빛 같아도 눈같이 희어지고 다홍같이 붉어도 양털같이 되리라."(이사 1,18) "그는 부러진 갈대를 꺾지 않고 꺼져 가는 심지를 끄지 않으리라. 그는 성실하게 공정을 펴리라."(이사 42,3)

예수께서 죄인들에게 얼마나 너그럽고 아량이 컸던지, 바리사이들은 이것을 가지고 그리스도의 제자들에게 시비를 걸었다. "'당신네 스승은 어째서 세리와 죄인들과 함께 음식을 먹는 것이오?' 예수님께서 이 말을 들으시고 그들에게 말씀하셨다. '튼튼한 이들에게는 의사가 필요하지 않으나 병든 이들에게는 필요하다. 너희는 가서 '내가 바라는 것은 희생 제물이 아니라 자비다.' 하신 말씀이 무슨 뜻인지 배워라.'"(마태 9,11-13)

이 말씀이 바로 구세주께서 친히 당신이 세상에 오신 사명을 밝히신 구절이다. 곧 심술궂은 죄인을 당신께 돌아오도록 하는 사명이다. 그리스도께서는 이 진리를 더욱 생생하게 설명하시고자 세 가지 비유를 들었다. 첫째는 착한 목자의 아름다운 비유다. 아흔아홉 마리의 양을 사막에 버려두고라도 길 잃은 양 한 마리를 찾아 헤매어 기어코 찾아내고야 만다는 얘기다. "그러다가 양을 찾으면 기뻐하며 어깨에 메고 집으로 가서 친구들과 이웃들을 불러, '나와 함께 기뻐해 주십시오. 잃었던 내 양을 찾았습니다.' 하고 말한다. 내가 너희에게 말한다. 이와 같이 하늘에서는, 회개할 필요가 없는 의인 아흔아홉보다 회개하는 죄인 한 사람 때문에 더 기뻐할 것이다."(루카 15,5-7)

둘째는 은전 열 개의 비유다. "또 어떤 부인이 은전 열 닢을 가지고 있었는데 한 닢을 잃으면, 등불을 켜고 집 안을 쓸며 그것을 찾을 때까지 샅샅이 뒤지지 않느냐? 그러다가 그것을 찾으면 친구들과 이웃들을 불러, '나와 함께 기뻐해 주십시오. 잃었던 은전을 찾았습니다.' 하고 말한다. 내가 너희에게 말한다. 이와 같이 회개하는 죄인 한 사람 때문에 하느님의 천사들이 기뻐한다."(루카 15,8-10)

셋째는 그리스도의 입술에서 나온 비유 중에서 가장 아름답게 느껴지는 유명한 되찾은 아들의 비유다. 이것이야말로 그리스도의 능란한 예술적 말솜씨가 마음껏 발휘된 것으로, 듣는 이는 누구나 감동하지 않고는 못 배기는 얘기다. "어떤 사람에게 아들이 둘 있었다. 그런데 작은아들이, '아버지, 재산 가운데에서 저에게 돌아올 몫을 주십시오.'

하고 아버지에게 말하였다. 그래서 아버지는 아들들에게 가산을 나누어 주었다. 며칠 뒤에 작은아들은 자기 것을 모두 챙겨서 먼 고장으로 떠났다. 그러고는 그곳에서 방종한 생활을 하며 자기 재산을 허비하였다. 모든 것을 탕진하였을 즈음 그 고장에 심한 기근이 들어, 그가 곤궁에 허덕이기 시작하였다. 그래서 그 고장 주민을 찾아가서 매달렸다. 그 주민은 그를 자기 소유의 들로 보내어 돼지를 치게 하였다. 그는 돼지들이 먹는 열매 꼬투리로라도 배를 채우기를 간절히 바랐지만, 아무도 주지 않았다. 그제야 제정신이 든 그는 이렇게 말하였다. '내 아버지의 그 많은 품팔이꾼들은 먹을 것이 남아도는데, 나는 여기에서 굶어 죽는구나. 일어나 아버지께 가서 이렇게 말씀드려야지, '아버지, 제가 하늘과 아버지께 죄를 지었습니다. 저는 아버지의 아들이라고 불릴 자격이 없습니다. 저를 아버지의 품팔이꾼 가운데 하나로 삼아 주십시오.'' 그리하여 그는 일어나 아버지에게로 갔다. 그가 아직도 멀리 떨어져 있을 때에 아버지가 그를 보고 가엾은 마음이 들었다. 그리고 달려가 아들의 목을 껴안고 입을 맞추었다. 아들이 아버지에게 말하였다. '아버지, 제가 하늘과 아버지께 죄를 지었습니다. 저는 아버지의 아들이라고 불릴 자격이 없습니다.' 그러나 아버지는 종들에게 일렀다. '어서 가장 좋은 옷을 가져다 입히고 손에 반지를 끼우고 발에 신발을 신겨 주어라. 그리고 살진 송아지를 끌어다가 잡아라. 먹고 즐기자. 나의 이 아들은 죽었다가 다시 살아났고 내가 잃었다가 도로 찾았다.' 그리하여 그들은 즐거운 잔치를 벌이기 시작하였다."(루카 15,11-24) 이것이 그리스도께서 그 옛날에 친히 그리신 자화상이며, 또한 오늘의 자화상이기도 하다.

그리스도의 사명은 계속된다

마음이 공평한 사람치고 예수 그리스도의 이처럼 명백한 가르침을 살펴보고도 그리스도의 첫 사명이 죄인을 하느님께 화해시키는 것이 아니라고 주장할 사람이 있겠는가? 그리스도께서 친히 세우신 교회에 당신이 세상에 오신 사명을 계속할 권리와 권능을 주지 않겠다는 것이 있음직한 일인가? 그리스도는 단지 그 당시의 죄인의 회개만 원하셨던가, 그렇지 않으면 온 인류가 하느님께 돌아오기를 원하셨던가? 그리스도께서 그 당시의 죄인뿐 아니라 온 인류가 회개하기를 지향하셨다면, 그리스도를 눈으로 볼 수 없게 되었을 때에 살고 있을 사람들의 죄를 씻어 줄 어떠한 방법을 마련하셨을 것이 아니겠는가?

이러한 우리의 상식적 판단은 복음에 기록된 그리스도의 행적에 그대로 들어맞는다. 곧, 그분은 당신이 친히 가지고 계신 것과 똑같은 사죄권을 사도들에게 주셨다. 그분은 당신이 죄를 용서하는 권한을 갖고 계심을 증명하시기 위해서 물리적 기적을 행하셨다. "예수님께서 그들의 믿음을 보시고 중풍 병자에게 말씀하셨다. '애야, 너는 죄를 용서받았다.' 율법 학자 몇 사람이 거기에 앉아 있다가 마음속으로 의아하게 생각하였다. '이자가 어떻게 저런 말을 할 수 있단 말인가? 하느님을 모독하는군. 하느님 한 분 외에 누가 죄를 용서할 수 있단 말인가?' 예수님께서는 곧바로 그들이 속으로 의아하게 생각하는 것을 당신 영으로 아시고 말씀하셨다. '너희는 어찌하여 마음속으로 의아하게 생각하느냐? 중풍 병자에게 '너는 죄를 용서받았다.' 하고 말하는 것과 '일어나 네 들것을 가지고 걸어가라.' 하고 말하는 것 가운데에서 어느 쪽이 더 쉬우냐? 이제 사람의 아들이 땅에서 죄를 용서하는 권한을 가지고 있음을 너희가 알게 해 주겠다.' 그러고 나서 중풍 병자에게 말씀하셨다. '내가 너에게 말한다. 일어나 들것을 들고 집으로 돌아가거라.' 그러자 그는 일어나 곧바로 들것을 가지고, 모든 사람이 보는 앞에서 밖으로 걸어 나갔다. 이에 모든 사람이 크게 놀라 하느님을 찬양하며 말하였다. '이런 일은 일찍이 본 적이 없다.'"(마르 2,5-12)

권능을 주시다

그리스도는 이와 똑같은 사죄권을 베드로와 모든 사도들에게 주시기를 약속하셨다. "내가 진실로 너희에게 말한다. 너희가 무엇이든지 땅에서 매면 하늘에서도 매일 것이고, 너희가 무엇이든지 땅에서 풀면 하늘에서도 풀릴 것이다."(마태 18,18) 이보다 더 명확하고 더 인상 깊은 것은, 그리스도께서 부활하신 후 정식으로 사도들에게 사죄권을 수여하신 태도다. "예수님께서 다시 그들에게 이르셨다. '평화가 너희와 함께! 아버지께서 나를 보내신 것처럼 나도 너희를 보낸다.' 이렇게 이르시고 나서 그들에게 숨을 불어넣으며 말씀하셨다. '성령을 받아라. 너희가 누구의 죄든지 용서해 주면 그가 용서를 받을 것이고, 그대로 두

면 그대로 남아 있을 것이다.'"(요한 20,21-23)

그리스도께서는 전에 '맨다' 또는 '푼다'라는 비유의 말투를 써서 말씀하신 그것을 글자 그대로 알아들을 수 있는 쉬운 말로 되풀이한 것이다. 그리스도께서 이 권능을 사도들에게 주실 때 "아버지께서 나를 보내신 것처럼 나도 너희를 보낸다."(요한 20,21)라고 하여 당신의 사명과 사도들의 사명이 동일함을 선언하셨음에 주목하자. 풀어 말하자면, 내가 죄인을 하느님과 화해시키려 세상에 온 것처럼 너희도 같은 사명을 완수하도록 불렸다는 뜻이다.

또 주의할 것은, 그리스도께서는 그들에게 다만 죄의 용서를 받았다고 선언만 할 권리를 주신 것이 아니라, 진실로 죄를 용서하는 권한을 주셨다는 사실이다. "너희가 누구의 죄든지 용서해 주면 그가 용서를 받을 것이고, 그대로 두면 그대로 남아 있을 것이다."(요한 20,23) 만일 사도들의 권능이 겨우 "하느님께서 너희를 용서하신다."라는 것만을 선언하는 것뿐이라면 그들이 이런 선언을 유효하게 하기 위해서는 반드시 번번이 특별한 계시를 받아야만 할 것이다. 더군다나 이 권능은 사법적인 것이다. 곧 아무 분별 없이 마구 용서해 주는 것이 아니라, 죄인에 따라 이에 합당하게 판결하는 권능이다. 따라서 죄를 아는 특별한 방법, 말하자면 고백이 필요하다. 마지막으로 이 권능은 특정 종류의 죄에만 제한되어 있는 것이 아니라, 모든 죄가 하나도 예외 없이 모두 이 재결권 안에 속하게 된다.

눈부신 증거

그리스도께서는 그렇듯 쉬운 말과 엄숙한 태도로 사도들에게 사죄권을 주셨다. 과연 이보다 더 또렷하고 틀릴 수 없게 이를 설명할 수 있겠는가? 구세주께서는 이미 아름답고도 비유에 가득 찬 아람어로 선언하신 그것을 글자 그대로 알아들어 절대로 잘못 알아들을 수 없는 가장 쉬운 말씀으로 되풀이하심으로써 그 뜻이 오해될 가능성마저 영구히 없앨 생각이신 듯하다. 그리스도 친히 가지고 계시던 사죄권과 똑같은 사죄권을 교회에 주셨다는 결론을 피한다는 것은 적어도 그리스도께서 가르치신 진리를 믿는다는 그리스도인으로서 과연 있을 수 있는 일일까?

사도들이 그 사죄권을 받았음은 인정하되, 그 후계자들에게는 이 권한이 전해지지 않았다고 하는 사람은 곧 이런 잘못을 저지르고 있는 셈이다. 즉, 그리스도께서 그 당시의 사람만 염두에 두셨다는 말이며, 따라서 이는 그리스도의 말씀과 온전히 어긋나는 생각이다. 그리스도의 말씀을 들으면 사도들에게 이 권한을 주셨을 때 한 개인의 자격으로서 주신 것이 아니라, 세상 마칠 때까지 계속될 당신 교회를 맡은 공인이라는 공식 자격으로서 사도들에게 주신 것이다. 그러므로 그분은 사도들에게 이렇게 선언하셨다. "내가 너희에게 명령한 모든 것을 가르쳐 지키게 하여라. 보라, 내가 세상 끝 날까지 언제나 너희와 함께 있겠다."(마태 28,20)

말할 나위도 없이 사도들과 제자들은 모두 죽지 않을 수 없는 인간이었기에, 그들이 받은 권한은 당연히 그 직무를 계승할 후계자들에게 전해지지 않을 수 없음은 명백한 일이다. 그렇지 않다면 그리스도의 교회는 사도들의 죽음과 더불어 멸망해 버렸으리라. 죄인들을 하느님과 화해시켜야 될 필요성은 오늘이나 그 당시나 마찬가지다. 그리스도께서 세우신 가톨릭 교회는 마지막 영혼이 창조주의 품 안에 안기기까지 죄인을 회개하게 하는 그 거룩한 사업을 계속할 것이다.

중요한 구별

이제 이 성사에 대해서 흔히 들을 수 있는 비난 몇 가지를 따져 보기로 하자. 어떤 친구가 필자에게 많은 이들의 생각을 대변해서 다음과 같은 편지를 보내온 적이 있다. "저는 하느님만이 죄를 용서하실 수 있다고 믿습니다. 신부님들은 하느님이 아닙니다. 당신들은 우리와 똑같은 인간입니다. 당신들도 결점이 있고 나약합니다. 따라서 내게 사죄권이 없음과 마찬가지로 당신들에게도 사죄권이 있을 수 없습니다. 만일 당신들이 사죄권을 갖고 있다면 우리도, 또 다른 모든 이들도 당신들과 똑같은 사죄권이 있어야 할 것입니다."

이제 필자는 이 친구에게 대답한 말을 여러 독자들에게도 소개하고 싶다.

"당신은 미결수에 대해서 재판관과 똑같이 재판석에서 무죄 선고를 내릴 수 있습니까?"

"그거야 안 될 말이지요."

"당신이나 재판관이나 다 같은 인간이 아닙니까? 그리고 당신도 다른 모든 이와 마찬가지로 사죄권이 있어야 할 것이라고 말하지 않았습니까?"

"그렇게 말했지요. 그러나 여기에는 구별이 있습니다. 재판관은 한 인간으로서 사죄권이 있는 것이 아닙니다. 그가 그러한 권한을 갖고 있음은 오직 재판관이라는 직책 때문입니다."

"그렇다면 교회가 한 인간으로서의 신부와 그가 맡은 직책으로 행사하는 권능을 구별하는 그 근본적 구별을 당신도 인정하는 셈입니다. 나는 김씨니 이씨니 하는 사사로운 개인의 자격으로서는 당신이나 다른 모든 이와 마찬가지로 아무 권능도 없습니다. 그렇지만 나는 전능하신 하느님의 이름과 권위로써 행동하는 하느님의 사절이라는 공적 자격으로는 인간의 자격을 훨씬 초월한 권능, 진실로 하느님이 친히 갖고 계시는 바로 그 권능을 행사하는 것입니다."

유비

한 인간으로서의 개인 자격과 사절로서의 공식 자격 사이의 구별은 미국 정부의 날실과 씨실이 되어 아주 기묘하고 긴밀하게 짜여 있다. 가령 어느 저명한 외교관이 미국 정부의 사절로서 런던의 야고보 성인 법정에 파견되었다 하자. 그가 미국의 사절로서 정식으로 위임된 사법권의 범위 안에서 행동하고 미국과의 관계에 대한 문서에 서명할 때, 그 뒤에 겨우 나약한 인간 한 명의 힘만 작용하는 것일까? 천만에, 그 뒤에는 1억 5천만 명 이상 미국인의 힘과 권위가 있다. 왜? 그는 미국의 사절로서 미국인의 이름과 권위로 행동한 까닭이다.

바오로 사도가 코린토 신자들에게 편지를 보내어 하느님의 섭리가 죄인의 회개를 위해서 얼마나 자애롭게 마련되어 있는지를 설명했을 때에 지적한 구별이 바로 이것이다. "이 모든 것은 그리스도를 통하여 우리를 당신과 화해하게 하시고 또 우리에게 화해의 직분을 맡기신 하느님에게서 옵니다. 곧 하느님께서는 그리스도 안에서 세상을 당신과 화해하게 하시면서, 사람들에게 그들의 잘못을 따지지 않으시고 우리에게 화해의 말씀을 맡기셨습니다. 그러므로 우리는 그리스도의 사절입니다. 하느님께서 우리를 통하여 권고하십니다. 우리는 그리스도를 대신하여 여러분에게 빕니다. 하느님과 화해하십시오."(2코린 5,18-20)

바오로 사도는 자신의 무가치함과 나약함을 공공연하게 드러냈다. 그는 앞서 하느님의 교회를 박해하였고 사탄의 종인 육신과 싸워야 했다. 그러나 드디어 그는 그리스도께서 천사들을 선택하지 않으시고, 나약하고 죄 많은 인간을 택하시어 당신의 사절로 삼으셨음을 깨달았다. 모든 사제는 주교로부터 사죄권을 받는다. 주교의 권능은 끊임없이 계속된 주교들의 계열을 따라 사도로부터, 따라서 궁극적으로는 바로 그리스도로부터 물려받은 것이다.

일반 방침

그리스도께서는 하느님과 죄인을 화해하게 할 사절을 파견하실 때 복음에 뚜렷이 기록되어 있듯이, 그저 일반 방침을 따르셨을 뿐이다. 곧 사람을 택하여 당신의 이름으로 성사를 집행하고 설교하는 사절로 삼으셨다. 사도들에게 당신의 이름으로 가르치기를 명하여 "너희에게 명령한 모든 것을 가르쳐 지키게 하여라."(마태 28,20)라고 하셨고, "아버지와 아들과 성령의 이름으로"(마태 28,19) 세례를 주라는 위임까지 하셨다.

그리스도께서 사람을 택하시어 당신의 복음을 전하고 세례성사와 그 밖의 다른 성사를 집행하게 하셨음을 솔직히 인정하는 그리스도인들이 화해의 성사에 있어서만은 인간을 제외하고자 하는 사실은 과연 무슨 마음인지 모르겠다. 이것은 분명히 바오로 사도는 고사하고 바로 그리스도의 명백한 가르침을 직접 어기는 것임을 공평한 독자들은 즉시 깨달을 줄로 안다.

거의 모든 비신자들이 부딪치는 또 하나의 어려움은, 곧 하느님께 사사로이 직접 자기 죄를 고백하고, 또 그렇게만 해도 충분하다고 믿는다는 점이다. 필자가 지도하는 어떤 대학생이 이렇게 물었다. "신부님, 저는 하느님께 기도할 때 제 결점을 인정하고 있음을 하느님께 고백하고 있습니다. 저는 전능하신 하느님께 용서를 빕니다. 지금까지 하느님께서는 목사라든지 신부의 중재 없이 직접 죄를 용서하여 주신다고 믿어 왔고, 또 그렇게 배워 왔습니다. 하느님께는 분명히 제 죄를 용서해 주실 권한이 있습니다. 그런데 왜 사제의 사죄 선언 없이는 하느님께서 제 기도를 들어주시어 용서해 주시지 않는다는 것입니까?"

고백, 이는 사제에게 하는 것이 아니다

이 젊은 친구에게 대답한 것을 독자들에게도 소개하려 한다. 하느님께서 직접 사람의 죄를 용서하여 주실 수 있음은 맞는 말이다. 신부가 중간에 끼어 있다는 것이 전능하시고 전선全善하신 하느님의 권능과 자비를 제한하는 것은 결코 아니다. 그러나 하느님께서 우리 죄를 용서해 주실 정상적인 길을 우리에게 계시해 주셨으니 그 길을 통해서 죄의 용서를 구해야 하지 않겠는가? 하느님께 우리 각 개인이 제멋대로, 마음먹은 대로 우리 비위를 맞추어 달라고 요구할 수 없음은 뻔하다.

그대는 하느님께 어떠어떠한 방법으로 내 죄를 용서해 주십사 하고 요구할 권리가 있는가? 또는 그대의 죄를 용서해 주시는 하느님께 당신의 자비를 베푸실 방법을 그대가 정할 권리가 있겠는가? 물론 그 권리는 하느님께 있다. 그리고 하느님께서는 죄를 용서해 주실 정상적인 방법을 당신의 성자를 통해 계시해 주셨다. 이 길이 성경에 기록되어 있는 바와 같이 고해성사이며, 고해성사란 정식으로 임명된 하느님의 사절에게 죄를 고하는 것이다.

말할 나위도 없이 임종하는 사람이 사제를 만나지 못하는 경우에는 직접 하느님께 죄를 고하고 완전한 통회를 발함으로써 하느님께 직접적으로 죄를 용서받을 수 있다. 하느님께서는 어느 인간에게라도 불가능한 것을 요구하시지는 않는다. 앞에 말한 바와 같은 이례적인 경우에는 하느님께서 이와 같이 각별한 방법으로 통회자를 직접 용서해 주실 뿐 아니라, 사실상으로 용서해 주신다는 것이 교회의 가르침이며 아울러 이성의 명령이기도 하다. 사실 완전한 통회를 발할 때마다 직접 하느님께 죄를 용서받는다. 다만 이런 경우 이 사실을 고해소에서 밝힐 의무는 남아 있다.

날조한 장난인가?

만일 평상시에도 죄인이 사사로이 하느님께 직접 고백함으로써 하느님께 직접 죄를 용서받는다면 주님께서 사도들과 그 후계자들에게 엄숙하게 사죄권을 위임하셨다는 것은 정말 무의미하고 헛된 일일 것이다. 만일 죄인이 직접 하느님께 나아갈 수 있고 그리스도께서 화해의 사절로 임명한 사제들을 완전히 무시할 수 있다면, 누구라도 자기의 허물을 다른 이에게 고백하려 들지 않을 것이다.

이러한 반대는 새로운 것이 아니다. 벌써 4세기에 아우구스티노 성인은 이런 반대에 부딪쳤었다. 이 히포의 빛나는 주교는 이렇게 경고한다. "아무라도 '내 혼자 사사로이 하느님께 통회한다. 나는 하느님 앞에서 직접 통회한다'고 말하지 마라. 그렇다면 '너희가 무엇이든지 땅에서 매면 하늘에서도 매일 것이고, 너희가 무엇이든지 땅에서 풀면 하늘에서도 풀릴 것이다'(마태 18,18) 하신 그리스도의 말씀은 헛된 것이 아닌가? 교회에서 열쇠를 줌은 헛일이 아니겠는가? 성경도, 그리스도의 말씀도 다 헛소리로 만들 셈인가?"(Sermo, ocxc Ⅱ)

아우구스티노 성인이 이 말씀에서 우리에게 지적하는 문제는 하느님께서는 어떻게 행하실 수 있느냐 하는 것이 아니라, 하느님께서 실제로 어떠한 방법을 택하셨는가다. 하느님께서는 지금의 세상과 다른 세상을 창조하실 수 있는 것처럼 죄인의 회개를 위해서 다른 방법을 택하실 수도 있다. 그러나 우리가 관심을 갖는 것은 하느님께서 실제로 어떠한 방법을 택하셨으며, 또 나약하고 죄 많은 인류를 위한 이 놀라운 은혜를 어떻게 힘입은 것인가를 알아내는 일이다.

그리스도께서는 죄를 용서하신다는 것을 개개인의 감정이나 주관적 기분 따위, 불면 날아가 버릴 모래 위에 바탕을 두기를 허락하지 않으셨다. 주님께서는 이 가장 중요한 일을 확실하게 성취시키기 위한 확정된 객관적 대리 기관을 설치하셨다. 고해성사로써 받는 용서에는 어떤 사사로운 고백에서도 얻을 수 없는 위로와 안도감과 확실성이 있다. 일생에 가장 행복한 때가 언제냐고 가톨릭 신자에게 묻는다면, 그는 서슴지 않고, "가장 행복한 순간은 고해성사를 받은 직후, 영혼이 대죄의 짐을 벗어 버리고 양심이 완전한 평화를 누릴 때"라고 대답할 것이다.

성직자들의 속임수인가?

마지막 반대는 이렇다. 즉, 사제에게 죄를 고백하는 것은 초대 교회에는 없었던 것으로 여러 세기가 지난 후에 발전된 것이며, 사제들이 평신도들을 지배하기 위해서 꾸며 낸 간계라고 하는 이가 있다. 이에 대한 대답은 간단하다. 그리스도께서 이 사죄권을 사도들에게 주셨을 때는 실제로 이것이 이용되기를 바라셨다. 그렇지 않다면 부질없는 일이다. 실제로 이것이 이용되었다는 사실을 루카 복음사가가 사도행전에 기록한 바 있다. "신자가 된 많은 사람들이 나서서 자기들이 해 온 행실을 숨김없이 고백하였다."(사도 19,18) 만일 사도들이 그렇게 하라고 일러 주지 않았다면, 그들이 어째서 사도들에게 자기 죄를 고백하였겠는가? 요한 사도도 이것이 그리스도의 가르침이며 사도들의 가르침이라고 증언하고 있다. "우리가 우리 죄를 고백하면, 그분은 성실하시고 의로우신 분이시므로 우리의 죄를 용서하시고 우리를 모든 불의에서 깨끗하게 해 주십니다."(1요한 1,9)

이러한 성경 텍스트의 의의는 초대 교회의 교부들의 글로 더욱 뚜렷해진다. 교부들은 모두 철두철미하게 고해성사는 하느님께서 세우신 것이라고 주장하고 있다. 이제 이러한 증언들 중에 감명 깊은 몇 가지를 인용하고자 한다. 암브로시오 성인은 4세기에 노바시아노파들이 "주님께서만 사죄권을 갖고 계심으로써 주님께 대한 존경을 표시한다."라는 것을 단죄했다. "주님의 명령을 차 버리고 주님께서 맡기신 직무를 버리는 것보다 더 큰 잘못은 없다. …… 교회는 죄를 매고 푸는 두 가지 점에서 주님께 순명하고 있으니 주님께서 이 두 가지 권능이 동등하기를 지향하신 이유다."(De Poenit, I, II, 6) 그는 또한 이 권능이 사제직에 속하는 것임을 가르쳤다. "통회만으로 죄의 용서를 얻기는 불가능하게 보인다. 그리스도께서는 이 권능을 사도들에게 주셨고, 이는 사도들로부터 사제직에 전해 내려오고 있다."(동 II, II, 12)

교부들의 증언

마지막 증언을 들어 보자. 대 바실리오 성인도 4세기에 사제에게 죄를 고백하는 것과, 의사에게 육신의 앓는 곳을 치료받기 위해서 보여 주는 것을 비교했다. "죄를 고백하는 데는 육신의 앓는 곳을 드러내 보이는 때와 똑같은 방법을 써야 할 것이다. 육신의 앓는 곳을 아무에게나 마구 드러내지 않고 오직 치료 방법을 아는 이에게만 보여 주듯, 죄도 이를 용서해 줄 권능이 있는 이에게만 고할 것이다."(In Reg. Brev., quaest, ccxix, T. I. I., p.492) 또 후에 이것이 어떤 사람인가를 말하고 있다. "우리 죄는 반드시 하느님의 신비를 나누어 줄 임무를 띠고 있는 이에게 고해야 한다. 예전 사람들도 이렇게 했었다. 이는 사도행전에 기록되어 있으니, 그들은 사도들에게 고백했고 사도들로부터 세례를 받았다."(동 cclxxxvⅢ, p.516)

그리스도는 지금도 말한다

결론적으로 고해는 사제들이나 주교나 교황이 꾸며 낸 것이 아니고, 오직 그리스도께서 친히 세우신 성사다. 이는 교회로 하여금 그리스도의 본질적 사명(의인을 부르는 것이 아니라 죄인을 회개시키는)을 수행하게 하는 성사다. 이는 인류에 대한 그리스도의 불멸하는 사랑의 살아 있는 증거다. 그리스도께서 일찍이 간음한 여인과 행실 나쁜 여자와 십자가에 사형되는 강도와 당신을 죽이는 자들에게 베푸신 저 부드럽고 감명 깊은 장면을 읽을 때, 우리도 그 시대에 살아 그분의 손으로부터 직접 축복을 받고 그 인자하신 입술로부터 직접 사죄의 말씀을 듣고픈 마음이 간절해진다.

다음 순간에는 우리가 그리스도께서 아직도 당신 교회 안에 살고 계심을 깨우치는 것이다. 아무리 시간이 흘러가더라도 그분의 손을 멀게 할 수도 없고, 그분의 목소리를 사라지게 할 수도 없다. 정식으로 임명된 그분의 사절의 손이 고해소 안에서 우리 죄인의 사죄를 위하여 들어 올려질 때, 우리 신앙의 눈은 예루살렘의 먼지를 함빡 뒤집어쓴 여자를 용서하시고 축복해 주신 그리스도의 손을 보는 것이며, 우리 귀는 그녀에게 속삭이시던 주님의 음성을 그대로 듣는 것이다. "나도 너를 단죄하지 않는다. 가거라. 그리고 이제부터 다시는 죄짓지 마라."(요한 8,11)

실천

- 자기의 잘못을 뉘우치기 위하여 자주 고해성사하기.
- 고해성사를 하고 난 후 고해 신부를 위해서 열심히 기도하기.
- 비신자를 성당에 데리고 와서 고해소를 보여 주고 설명해 주기.

제16장
고해는 범죄를 조장하는가?

비밀 고해소를 흘깃 본 오해

　기차 안에서 다섯 명의 승객이 여행의 지루함을 잊으려 시사 문제에 대해 서로 이야기하고 있었다. 그들은 저희 멋대로 다음 대통령을 선출하기도 하고, 고통에 허덕이는 농민을 구해야 한다느니, 영원한 세계 평화는 어떻게 해야 성취된다느니 하며 말하고 있었다. 이렇게 큰 세계 문제를 알렉산더 대왕처럼 손쉽게 해결해 버리고는 할 일이 없어져서 하품을 하고 기지개를 펴기 시작했다. 그때 갑자기 한 친구가 침묵을 깨고 종교 문제를 끄집어내어 화제를 이었다.

　"가톨릭 사제들이 불쌍한 농촌 사람들한테는 가지 않는다는 것을 아십니까? 무슨 이유인지 아세요? 실은 이렇습니다. 사제들은 근사한 돈벌이가 있거든요. 소위 고해소라는 것이 있는데, 가톨릭 신자들은 얼마, 얼마에 자기 죄를 용서받으러 간답니다. 사제들이 죄를 용서해 주는 값은 죄의 종류와 횟수에 따라 다르대요. 그럴싸하지요? 그것은 사제들의 손쉬운 돈벌이거든요."

이 얘기는 최근에 어떤 비신자가 내게 들려준 이야기였다. 그 사람은 그때 그 자리에 있었던 사람인데, 예비 신자가 되어 교리 공부를 하고 신자가 되었다. 지금 인용한 얘기는 가톨릭 교회 밖에 있는 무수한 사람들 사이에 널리 퍼진 고해에 대한 개념이 꾸밈없이 노골적으로 표현된 것이다. 이런 생각은 민심에 독을 부어 교회와 사제에 대해서 반감을 자아내게 하고, 성교회가 그리스도께서 온 인류에게 종교의 계시 진리를 가르치고 하느님께 이르는 정의와 진리와 사랑의 길로 인도할 목적으로 세우신 교회임을 선언하는 말에 귀를 기울여 보고 조사해 볼 마음조차 애초에 막아 버리는 것이다.

터무니없는 말

우리를 떠난 무수한 형제들 거의 모두가 아마 고해소에 관한 그런 말을 들었을 것이다. 필자가 노스캐롤라이나의 어떤 광장에서 강연을 끝마쳤을 때 한 사람이 물었다.

"가톨릭 신자들은 왜 죄를 용서받는 돈을 사제에게 냅니까?"

필자는 이렇게 생각하는 이가 얼마나 되는지 알고 싶었다.

"여러분 중에 사제가 죄를 용서하고 돈을 받는다고 생각하시는 분은 손을 들어 보십시오." 아니나 다를까 거기에 모였던 군중은 남자건 여자건 거의 모두 손을 들었다. 그들은 그런 말을 들었을 뿐 아니라, 그렇게 믿고 있었다.

어떤 비신자 친구는 이런 말을 목사가 하더라 하고 내게 전해 주었다. 진리의 왕의 사절로서 설교단에 올라가는 목사가 그렇게 말하다니! 이런 맹랑한 소리에 가톨릭 신자는 그저 쓴웃음만 지을 뿐이다. 사람들이 너무나 경솔하게 곧이듣는 데 대해서 새삼스레 다시 한번 놀랄 뿐이다. 자, 그러면 이러한 말에 대해서 뭐라고 대답할까? "뭐 그렇지요. 하지만 실은 그렇지 않습니다."라고 할까? 사제들은 고해성사의 값을 받지 않을뿐더러 교회법은 지나치리만큼 엄격해서 사죄의 값으로 여겨질 만한 것은 단 하나도 받지 못하게 되어 있다.

어떤 가톨릭계 출판사에서는 여러 해 동안에 걸쳐 고해성사 때에 사죄하는 값으로 돈을 받은 적이 있었다는 것을 믿게 할 만한 증거를 제시하는 사람에게 1천 달러의 현상금을 걸었다. 결과는 뻔했다. 험담하는 사람들이 그렇게 많고, 이렇게 여러 해 동안 현상금을 걸었는데도 어느 누구도 찾아오는 사람이 없었다. 이는 단지 잘 속는 이들(흉계를 꾸민 안 좋은 말에 속은 희생자들)의 혼란한 사상 속에만 존재하는 것이다. 그래도 이 책을 읽는 분 중에 아직도 내 말을 믿지 못하는 이가 있다면, 언제라도 좋고 세계의 어느 가톨릭 교회라도 좋으니, 한번 고해소를 찾아가 사제에게 죄를 용서해 주는 값을 얼마나 치러야 되느냐고 물어보면, 이 문제를 해결할 수 있다.

고해의 비밀

비신자들 사이에 흔하게 일어나는 또 한 가지 반대는, 사사로운 일에 대한 부질없는 간섭이고, 또 숨은 죄가 공개될지도 모른다는 불안을 일으키게 한다는 것이다. 이 불안이라는 것도 먼저 것과 마찬가지로 고해성사를 받아 본 일이 없는 이들이 품는 부질없는 걱정이다. 실제는 이렇다. 고해 때에는 누구도 이름을 밝히지 않는다. 고해 신부는 다른 여느 사람과 마찬가지로 예의범절을 지나치게 세심할 정도로 지켜야 한다. 죄의 고백은 간결하게, 또 관계없는 것은 모두 생략하고 아울러 온전히 객관적인 태도로 한다. 더군다나 고해자는 아무 신부에게나 자기 마음대로 고해할 수 있다.

고해자의 비밀은 절대로 누설되지 않는다는 것을 보증받는다. 고해 신부와 고해자 사이에는 고해틀이 가로막혀 있고 고해자는 무릎을 꿇고 고해틀의 좁은 창살을 통해서 고해 신부의 귀에, 곧 하느님의 사절에게 속삭이는 것이다. 어떠한 경우에도, 심지어는 고해 신부 자신의 생명을 보존하기 위해서라도, 또한 아무리 사소한 죄라도, 고해 신부는 고해 때 들은 내용을 입 밖에 낼 수 없다. 이 비밀이 얼마나 충실히 준수되어 왔는가는 역사가 웅변적으로 말하고 있다. 고해의 봉인을 조금이라도 찢을 양이면 차라리 죽음을 택해 온 것이 사제들의 태도다.

예컨대 14세기에 보헤미아의 왕 벤체슬라오는 미친 듯 왕비를 의심하여, 그녀가 고해 때에 무슨 말을 했는지 알아내려고 했다. 그래서 그는 그녀의 고해 신부였던 요한 네포묵을 앞에 불러 세웠다.

"왕비가 그대에게 고백한 것은 무엇인가? 바로 말하면 재물을 줄 것이요, 만일 이를 거절하면 감옥 맛을 보게 될 것이다."

"하느님의 사절에게만 속삭인 사정은 폐하께도, 보헤미아의 어느 누구에게도 털어놓을 수 없습니다."

이에 황제는 이 사제를 투옥시켰다. 그러고는 그의 강철 같은 의지를 꺾고자 그의 몸을 고문틀 위에 올려놓고 시뻘겋게 불붙은 관솔을 살에 댔다. 못 견딜 고문에도 불구하고 그의 입술에서 새어 나온 말은 "예수, 마리아"뿐이었다. 황제는 자기가 생각해 낸 고문으로는 굳게 다문 사제의 입을 열 길이 도무지 없음을 깨닫자, 다음에는 손발을 묶고 1383년 5월 16일, 주님 승천 대축일 저녁에 프라하에 있는 다리 위에서 블타바강의 시커먼 물속에 빠뜨려 죽였다. 그 사제는 그렇게 고해의 봉인을 순교로써 지켰다. 3세기가 지난 1719년에 프라하 대성당에 묻혀 있던 그의 무덤을 열었을 때 그의 육체는 모두 썩어 있었다. 그런데 비록 말라 버리기는 했지만 썩지 않고 남은 지체가 하나 있었는데, 바로 그의 혀였다. 이는 지금도 말없이 하느님께 영광을 드리고 있으며, 고해성사의 찢어질 수 없는 봉인을 힘차게 입증하는 것이다.

요한 네포묵 성인이 당한 순교야말로 가톨릭의 모든 사제들이, 고해 때 들은 것은 비록 사소한 소죄일망정 이를 입 밖에 내기보다 즐겨 받는 고난이다. 인생사에 있어 그 어떠한 것도 고해소의 봉인처럼 절대적으로 보존되는 비밀은 없다고 말해도 과언이 아니다.

범죄를 간접적으로 장려하나?

앞의 것보다 더 보편적이며 압도적인 반대가 있는데, 이는 좀 성질이 다르다. 교회 밖에 있는 이들 중 대다수가 그렇다고는 말하지 못하지만, 어쨌든 많은 이들이 고해성사에 관해서 느끼는 어려움을 어떤 비신자가 필자에게 질문한 적이 있다.

"비신자들은 일반적으로 이렇게 생각하고 있습니다. 즉, 사제에게 죄를 고하기만 하면 용서를 받는다니, 이는 너무나 수월하지 않습니까? 외적이며 기계적인 면만 지나치게 강조하고 죄에 대한 내적 통회를 경시하는 것이 아닙니까? 참통회는 오직 내적인 것이 아닙니까? 그저 죄를 사제에게 기계적으로 늘어놓는 것만으로 어디 죄의 보상이 있습니까? 어디 죄를 통회하고 정개定改(다시는 죄를 짓지 않겠다는 결심)하는 보증이 있습니까? 실제로 죄를 용서받기가 아주 쉽기 때문에, 고해라는 것은 오히려 도덕의 이완을 장려하는 것이 아닙니까? 가령 어떤 이가 무슨 죄의 유혹을 받을 경우 이를 억제하지 못하고 저지르게 됩니다. 즉, 이 죄가 아무리 중대하다 하더라도 이름을 숨긴 채 고해소에서 말만 하면 되니까 말입니다. 그러면 죄는 쉽게 용서되지 않습니까?" 그가 맺은 결론은 이렇다. "그러니까 외적 형식을 강조하는 고해는 죄를 막는 방벽이 되기는커녕 범죄를 간접적으로 자극 또는 장려하는 셈입니다."

이것도 고해성사에 대한 다른 반대와 마찬가지로 고해의 본질과 이 성사를 타당히 받기에 필요한 마음의 준비를 알지 못하는 탓이다. 만일 비신자들이 그리는 그림이 정확한 것이라면, 이 결론과 다를 수는 없다. 그러나 사실 그 사람은 이 성사의 겉껍데기만 그렸지, 그 알맹이는 미처 보지 못하고 있는 것이다. 이제 필자는 그 사람에게 설명한 것을 독자들에게도 말하고자 한다.

통회가 없으면 죄의 용서도 없다

만일 단지 기계적으로 사제에게 죄를 늘어놓기만 해서 죄를 용서받는다면, 고해성사는 진정 가장 지겨운 형식주의요 허식주의라는 말을 들어도 어쩔 수 없다. 또 개과천선할 희망이 전적으로 달려 있는 정신과 마음과 의지의 내적 지향을 무시한다는 말을 들어도 할 수 없다. 그렇지만 사실은 그렇지 않다. 교회는 고해자가 죄에 대한 통회와 정개의 정이 없으면 아무 죄도 용서받을 수 없음을 가장 똑똑하고 쉽게 가르치고 있다. 그러므로 교회는 이렇게 선언한다. 어떤 사람이 죄를 모든 사제들과 모든 주교들과 추기경들과 아니 교황에게까지 고백하여 이 모든 성직자들이 모두 그의 죄를 풀어 주는 경문을 외웠다 하더라도, 만일 그가 내심으로부터 죄를 통회하고 앞으로 죄를 피하겠다는 정개의 결심이 없다면 정말로 용서받은 죄는 하나도 없다고 말이다.

양심 성찰보다 한층 더 중요한 것은 통회의 정을 발하는 것과 정개의 결심이다. 그러므로 트리엔트 공의회는 고해성사를 타당히 받기에 필요한 조건을 열거하였는데, 그중에 통회를 첫 자리에 놓았으며, 여기에 정개를 포함했다. "처음으로 고해자가 해야 할 일인 통회는 이미 범한 죄를 슬퍼하고 미워함이니, 이에 다시는 범죄하지 않겠다는 결심이 포함된다."(Sess. XIV, C. 4)

그런 만큼 죄인이 그저 '죄를 사제에게 말해 버리는 것'만으로 용서 받는다는 생각은 이 성사의 본질을 잘못 전하는 것이다. 만일 고해자가 고백을 하면서 또 기회가 있으면 다시 범죄하리라고 마음먹는다면 그는 죄 사함을 받지 못했을 뿐더러 또 하나의 죄, 즉 성사를 모독한 독성죄를 범하는 것이 된다. 마찬가지로 남의 재산을 훔친 고해자가 그것을 주인에게 돌려주라는 고해 신부의 명령을 거부하면, 사제는 그의 죄를 용서해 주지도 않는다. 왜? 그는 죄 사함을 받기에 타당한 마음의 준비, 곧 정개의 굳은 결심이 없기 때문이며, 이 정개에는 훔친 재산을 주인에게 돌려줄 의향이 포함되어 있는 까닭이다.

내적 개과천선이 필요하다

만일 어떤 기금을 훔쳐 상당한 기간 동안 부정하게 지니고 있었다면, 원금뿐 아니라 보통으로 따져서 여기서 나올 이자까지 갚아야 한다. 이것은 형체가 있는 재산뿐 아니라 형체가 없는 재산, 예컨대 명예라든지, 소문이라든지, 평판에도 적용된다. 따라서 갑이 을의 인격에 대해서 거짓말로 그 명예를 훼손했을 때 갑이 용서를 받으려면 귀찮더라도 불가불 을에게 끼친 손해를 갚겠다는 약속을 해야 한다.

이처럼 고해성사는 장난도 아니거니와, 그렇다고 마음도 의지도 영혼도 죄를 뉘우치지 않는 자에게 그냥 죄 사함의 흰 망토를 뒤집어씌우는 것도 아니다. 그렇기는커녕 이 성사는 마음속으로부터 개과천선할 것과, 정신과 영혼이 죄를 피하고 하느님께 대한 사랑과 충성에 분발해야 할 것을 요구한다. 바꾸어 말하면 고해성사는 외적 껍데기를 뚫고 들어가 선과 악의 뿌리가 박혀 있는 인간의 마음속 깊은 곳을 꿰뚫음으로써 악의 뿌리를 송두리째 뽑아 버리는 것이다.

그러므로 자주 고해성사를 받는 이가 고질적인 악습에 물들어 있기는 윤리적으로 불가능하다. 왜? 다시는 죄스러운 행동을 범하지 않겠다는 굳은 결심을 자주 새롭게 하는 이는, 하느님 은총의 도움을 입어 범죄의 악습의 사슬을 끊어 버리게 되는 까닭이다. 이미 말한 바와 같이 진정한 정개의 결심은 과거에 범죄한 경험에 비추어 또다시 범죄에 유인될 기회, 곧 그러한 사람이나 장소나 물건까지 멀리 삼가야 되기 때문이다.

사람이 죄의 악습을 뿌리치기 위해서 할 수 있는 일로, 고해성사에서 요구되는 것 외에 또 무엇이 있겠는가? 그런데 고해성사에서는 이 의지의 자연적 힘에다가 성사로 말미암은 하느님 은총까지 덤으로 받는다. 그리고 과거에 죄를 많이 범한 만큼 또 죄를 범하더라도 별 차이가 없다는 자포자기의 더러운 양심이 아니라, 깨끗한 마음으로 재출발한다는 의식으로 인한 힘과 용기까지 받는다. 고해성사야말로 오늘의 세계에 가장 힘 있고 가장 효과적인 인간 도덕의 개선법이라 해도 과언이 아니다.

선을 위한 힘찬 지렛대

설교, 강연, 훈계, 책 이런 것은 너무나 흔하다. 고해성사만이 인간 행위의 고삐를 쥐고 힘차게 끌어 인간이 무감각하게 되거나 방향을 그르치는 것을 막는다. 대중 강연이라면, 그 초점이 흩어져 있기 때문에 명중될 수도 있고 안 될 수도 있다. 그러나 고해소에서는 백발백중으로 고해자의 심장에 명중한다.

그러니 기본스 추기경이 사람들의 도덕과 영혼에 필요한 사정을 돌보아 50년 이상이나 봉사하고 설교로, 책으로, 또는 종교 교육을 위한 학교 설립으로 고해성사에 대한 사람들의 인식을 개선하고자 애쓴 끝에, 그 파란 많은 인생의 황혼기에 이르러 다음과 같은 말로 이에 대한 확신을 피력한 것도 당연한 일이다. "내가 경험한 것은, 고해성사는 사람을 죄의 시궁창으로부터 건져 올리기 위하여 하느님께서 마련하신 가장 힘찬 지렛대라는 것이다." 교파를 초월해서 모든 이들로부터 사랑을 독차지했던 이 탁월한 추기경의 판단에 대해서는, 다소라도 사람의 영혼을 다뤄 본 경험이 있는 사제들은 모두 마음으로부터 찬성할 것이다.

이는 단지 사제라든지 고해자라든지 하는 고해성사의 실제 경험자들의 확신일 뿐 아니라, 자주 고해소를 드나드는 사람들에게 미치는 고해소의 영향을 유심히 관찰한 적이 있는 교회 밖의 인사들이 얻은 결론이기도 하다. 그래서 볼테르Voltaire같이 교회와 담을 쌓은 사람도 결국에는 "고해성사만큼 유익한 제도는 없을 것이다."라고 선언한 것이다(Remarques sur l'Olympe). 또 볼테르 못지않게 교회를 욕하던 루소의 생각도 그러했다. "가톨릭 신자들 사이에 고해성사로써 얻지 못하는 보상이 몇 가지나 있을까?"《에밀》

독일의 유명한 철학자 라이프니츠Leibniz는 가톨릭 신자가 아니었는데도, 고해성사가 사회 복지에 기여하는 유익성에 대해서 찬사를 표한다. "고해성사야말로 하느님의 지혜에 어울린다. 그리고 그리스도인들의 은혜 중에 칭찬할 만한 것이 있다면, 틀림없이 바로 이 놀라운 제도다. 죄를 고백해야만 한다는 필요성으로 말미암아 죄를 피하게 되고, 보속을 한 후에 다시 죄에 떨어질지도 모를 그에게 희망을 준다. 참으로 경건하고 신중한 고해 신부야말로 인간의 재기를 위한 하느님의 손에 든 위대한 연장이다. 왜냐하면, 사제의 친절한 충고는 사람이 욕정을 지배하고, 잠재해 있는 죄를 알게 되고, 범행의 기회를 피하게 하고, 또 부정하게 번 재물을 반환하게 하고, 혹은 침울하고 의혹이 있은 후에도 희망을 갖게 하고, 괴로움이 지난 후에 평화를 주기 때문이다. 한마디로 모든 악을 제거하거나 적어도 감소시키는 데 크게 이바지하는 것이다. 충실한 친구에 대한 기쁨보다 더 큰 기쁨이 세상에 없다면 직접 필요한 때에 참다운 벗이 되어 주는 사제에 대해서는 어떠한 존경을 표시해야 할까!"(Systema Theologicum, p.270)

가톨릭이 아닌 이도 찬탄하다

영국의 뛰어난 개신교 신학자 마텐슨Martensen 박사도 고해소가 다만 진리와 정직과 정의를 강조하고, 또 이것이 침범되는 경우에는 이를 보상하게 함으로써 직접적으로 사회 복지에 이바지할 뿐 아니라, 영적 재생에 대한 갈망에도 직접적으로 공헌한다는 이유로 고해소를 칭찬하고 있다. "교회가 사도들로부터 전승한 맺고 푸는 권한으로부터 우러나는 성부와 성자와 성령의 이름으로 죄를 용서하는 성사는 조건이 없는 것이 아니다. 이는 복음 자체가 판정하는 바와 똑같은 조건, 즉 개심과 신앙에 달려 있다. 고해성사가 인간 본성의 심각한 필요성에 적합한 것임을 경솔하게 부인할 수는 없다. 사람이라는 것은 자신의 죄를 하느님께 고백할 때는 물론이거니와 동료에게 고백할 때 비로소 죄의 참뜻과 자신의 착한 목적을 향한 항구심을 깨닫는 경우가 종종 있다고 말한 파스칼의 말에는 심리학상 큰 진리가 있다. 가톨리시즘은 고해 때문에 칭찬받는 일이 가끔 있다. 곧, 고해 때에 자기 죄를 다른 이의 가슴에 고백하고, 또 그것은 가장 거룩한 봉인으로서 비밀이 절대적으로 보존되며, 아울러 주의 이름으로 죄를 용서받는 위로를 얻은 까닭이다."(Christian Dogmatics, 443)

미국에서는 개신교의 온 교파를 통틀어서 아마 뉴욕의 리버사이드 침례교회의 목사 포스딕 박사의 말만큼 수많은 사람들이 존경과 열성을 기울여 듣는 것은 없을 것이다. 뉴욕 교회 총연맹의 연례회에서 1,000명 이상의 목사들을 앞에 놓고 포스딕 박사는 개신교에도 고해소를 부활시켜야 한다고 강력히 주장했다. "우리 개신교는 개인과 밀접한 접촉을 가지지 못함으로써 더할 수 없는 큰 손실을 보고 있다. 가톨릭 신자라면 그의 정신적 고통을 사제에게 가서 털어놓을 것을, 개신교 신자는 정신 분석 학자나 또는 그와 비슷한 종류의 사람에게 가며, 교회에는 실제로 믿는 바가 없다. …… 개신교의 현관에서 내동댕이쳐 버린 고해소를 들창으로 되찾아오고 있다. 물론 개신교에 어울리는 새로운 형식, 지성적으로 설명할 수 있는 아주 신식의 것으로……. 그러나 개인의 내적 문제의 해결을 진정으로 돕겠다는 동기로 움직인 것이다.

목사들은 이러한 운동에 '근심 진찰', '영적 문제에 대한 개인 상담', 또는 '개신교 고해소' 등의 이름을 붙이고 있다. 이름이야 어떻든 상관없다. 문제는 교회가 다음의 것을 새삼스럽게 주목했다는 점이다. 곧, 죄와 영적 고통을 고백해서 동정과 지성적 치료를 받아야 되는 인간 본성의 요구를 채워 줄 광범한 분야에서 개신교 목사들은 정신 분석학자들에게 굴복당할 위험에 처해 있다는 말이다. 하기야 현명한 목사는 정신 병리학자와 협력하지, 이를 배척하지는 않는다. 그러나 만일 교회가 개인의 영적 문제를 다루는 데 성공하지 못한다면, 다른 것을 아무리 성공한다 하더라도 이야말로 가장 두드러진 기능을 잃고 마는 것이다."(Literary Digest, Dec. 17, 1927, p.2)

심리학적 필요를 채운다

포스딕 박사가 고해소의 부활을 주장하고 있음은, 그것이 죄책감으로 괴로워하는 이들의 심리적 필요를 채운다는 이유 때문임은 주목할 만하다. 바꾸어 말하면 고해소는 부자들이 정신 분석 학자나 정신 병리학자에게 많은 돈을 허비할 것을 대중을 위해서 그냥 해 주는 것이다. 고해소가 정신적 건강을 촉진시키는 데 대단한 가치가 있음은 의심할 여지가 없다.

마음의 평화를 교란하는 원인은, 만일 이것이 합리화의 과정으로(즉, 걱정한다고 해 보았자 사태가 좋아지지는 않는다든가, 당면하는 문제를 너무 지나치게 중요시하고 있다든가를 인식하는 등) 어떤 다른 치료 방법으로 걱정을 제거하지 않는다면, 어쨌든 어떤 초점焦點을 맺어 결국에는 이것이 다른 정신 분야에도 만연되어 여러 가지 정신 질환을 야기시키고야 만다는 것이 현대 심리학의 원리다. 이런 것이 인간 정신생활의 미묘한 평형을 뒤엎고 여러 가지 공포증, 경련, 복합 의식을 길러내는 옥토다.

이제 대다수의 사람들에게 공통되는 걱정의 한 가지 원인은, 때때로 자기도 도덕적 악임을 알면서도 그것을 범해 놓고는 뉘우침으로 괴로워하는 의식일 것이다. 만일 이 뉘우침의 상처로 인해서 죄책감을 벗어 버리지 못해 정신적 평화를 잠시도 누리지 못한다면, 그 사람의 행복은 송두리째 사라질 뿐더러 정신 건강도 위태롭다.

정신의 건강을 좀먹는 그러한 걱정을 없애기 위해서, 현대 심리학과 아울러 인간 경험이 증명하는 가장 효과적인 방법은 무엇일까? 이는 괴로움의 원인인 죄를 고해소라는 비밀 장소에서 사제에게 고백하는, 즉 벗에게 마음을 탁 털어놓는 간단한 방법이다.

죄를 고백하면 그 즉시 범죄의 의식이 깨끗이 가시고 마음의 평화가 돌아온다. 이는 어두컴컴함 속에서 곰팡이가 슨 다락의 문을 활짝 열어젖히는 것과 같다. 신선한 공기와 햇빛이 흘러 들어가면 어둠 속에서나 번식하는 곰팡이는 금방 사라져 버리기 마련이다. 마찬가지로 마음의 문을 열어젖히고 비꼬인 생각이나 과장된 걱정이 이성의 햇빛과 벗의 건전한 충고를 쬐면 이것들도 금방 없어져 버리고 만다. 마음을 짓누르고 정신의 기능조차 마비시키는 걱정을 정신 밖으로 내쫓는 것을 심리학자들은 카타르시스라 부른다. 이 심리학의 학술어가 귀에 익은 이는 드물겠지만, 실상은 누구나 다 이를 경험하는 것이며, 이것이 마음의 평화를 위해서 얼마나 필요한지도 다 알고 있다.

마음의 평화를 되찾는다

고해자들이 경험하는 안도감이 얼마나 현저한지는, 고해 신부라면 누구라도 그 무수한 실례를 상기할 수 있다. 때로 고해자의 마음은 눈에 보이게 헝클어져 있고, 그 목소리는 쉬고 떨리며, 괴로움에 지친 한숨 소리는 땅이 꺼질 듯하고, 눈물을 줄줄 흘리기까지 한다. 그렇지만 고백이 끝나고 하느님의 사절로부터 죄를 용서받고 훈계의 말씀과 아울러 하느님의 도우심 아래 용기와 신앙을 새롭게 하여 다시 일어나 싸우라는 격려의 말씀을 듣고 나면 고해자들은 마음의 평화를 되찾아 전혀 딴 사람이 된 듯, 용기를 얻어 고해소를 물러난다.

이러한 실례는 가톨릭의 사제나 신자들에게는 그다지 신기한 말도 아니지만, 비신자 중에는 대죄 중에 허덕이던 고해자에게 고해소가 미치는 영향력을 눈여겨본 이가 있음은 흥미로운 일이다. 예컨대 성공회의 작가이며 뛰어난 정신과 의사인 올리버 박사는 어느 토요일 오후에 때마침 고해자가 많았던 성당에서 자신이 목격한 일을 이렇게 쓰고 있다.

"몇 주일 전에 나는 성당 뒤쪽에서 무릎을 꿇고 앉아 있었다. 내 앞에는 열대여섯 살쯤 된 소녀가 무릎을 꿇고 있었다. 그 소녀는 몹시 긴장된 모습에 괴로운 빛이 역력히 드러나 있었다. 그 소녀는 계속 안절부절못하며 몸을 비비 꼬고 있었다. 그 소녀의 얼굴을 흘깃 보니 큰 고민에 휩싸여 있는 얼굴이었다. 나는 그 소녀에게서 잠시도 눈을 뗄 수가 없었다. 고민 그 자체인 듯 보이던 그 소녀는 몇 분 후 고해소로 들어갔다. 나도 일어나 제대 앞쪽으로 가서 무릎을 꿇었다. 시간이 훌쩍 지나갔다. 그때 누군가가 내 곁을 스쳐 지나 얼마 떨어지지 않은 곳에서 무릎을 꿇었다. 그 소녀였다. 그 소녀는 긴장이 깨끗이 가셔 있었고, 언제 근심 걱정이 있었느냐 싶게 안도감과 후련함, 한마디로 행복감에 젖어 있었다. 그 소녀의 입술에는 미소가 깃들어 있었다. 나는 아직껏 어떠한 사람에게서도 그런 변화를 본 적이 없다. 정신과 의사인 내가 겨우 15분 동안에 이루어진 이 변화를 세 시간이 걸려서라도 줄 수 있다면, 정말 나는 굉장한 의사라고 뽐낼 수 있을 것이다.

나는 그 소녀가 침착하고 정확하게 이마에서 가슴으로 다음에 양어깨로 십자 성호를 긋고는 두 손을 가슴에 모으고 감실을 향해 얼굴을 드는 것을 보았다. 그 얼굴에는 아직도 눈물의 흔적이 있었지만 두 눈은 맑게 빛나고 있었다. 나는 그 소녀를 뒤로하고 나왔다. 감사의 기도 속에, 사람과의 평화 속에, 하느님과 온전히 함께한 채.

'모두 마술이다. 모두 미신이다. 감정적 자아도취다.'라고 유물론자 친구들이 말해도 좋다. 뭐 좋을 대로 말하라지. 만일 그들이 자신들의 마술이나 최면술을 써서 이와 똑같은 효과를 얻기나 한다면 그들에게 귀를 기울이겠지만……."(Scribners, July, 1930, p.66)

정신 병리학자도 찬양하다

최근에 이르러서는 종교 지도자뿐 아니라 심리학자들도, 구원과 위안을 찾는 가톨릭 신자들의 정신적 건강에 영향을 미치는 고해소의 치료력을 한층 더 똑똑히 인정하고, 한층 더 높이 평가하게 되었다. 일리노이 대학의 보건학 부장인 비어드J. H. Beard 박사가 일찍이 이 문제에 관한 현대의 걸작이라고 칭찬했던 《정신위생학Mental Hygiene》의 공저자 그로브스Groves와 블랜차드Blanchard는 가톨릭 신자들이 아닌데도 고해소의 치료 가치를 다음과 같이 절찬하고 있다.

"가톨릭 교회는 사제에게 죄를 고백하는 고해성사를 마련하고 있는데, 일반적으로 이는 개신교 교회에는 없는 것이며, 도덕적 치료 가치가 있다. 요즘에는 신경 정신과 학자들이 자주 사제의 역할을 하고 있다. 환자들은 직무상 비밀 보존에 보호되지 않는 사람 이외에는 누구에게도 털어놓지 않을 죄를 고함으로써, 이제는 더 이상 숨겨진 짐에 짓눌려 있을 필요가 없다는 보장을 받는다. 개신교는 죄스러운 것을 통틀어 고백하는 것 말고, 죄책감을 다룰 대책을 강구해야겠다. 누구나 본성적으로 죄의 짐을 벗어 버리기 위해 죄를 일일이 따지려는 열망이 있는데, 현재로서는 오로지 가톨릭 교회의 고해성사만이 이를 맞갖게 다루고 있는 형편이다."(Henry Holt & Co., N.y., 1930, p.316)

죄를 그저 동정해 주는 벗에게 털어놓기만 해도 치료의 효과가 있다면 가톨릭의 고해성사는 얼마나 큰 가치를 지닐 것인가? 고해성사는 죄를 고백하는 것만이 아니라, 가장 중요한 것, 즉 하느님께로부터 죄를 용서받기 때문이다. 괴로운 영혼에게 평화와 안정을 주기는 전자가 후자에 비할 바가 아니다. 하느님의 대리자로 인하여 통회와 정개의 결심을 하고, 이로써 지극히 높으신 분에게서 죄를 용서받을 때 또다시 괴로워할 이유가 어디 있겠는가? 하기야 죄를 고백하겠다는 욕망이 있기는 하다. 그러나 그보다 심각한 갈망은 죄를 용서받겠다는 것이다. 바로 이 때문에 고해소는 고해자의 정신적 건강에 지극히 놀라운 영향을 미치는 것이다.

포스딕 박사와 그 밖의 다른 개신교 지도자들이 고해소를 부활시키자고 하는 희망을 모든 가톨릭 신자들은 동정의 눈으로 볼 것이다. 그렇지만 다음의 사실을 명심하지 않으면 안 된다. 즉, 고해소와 아울러 이의 바탕이 되는 교리, 바꾸어 말해서 합당하게 임명된 하느님의 대리자에게 죄를 고백하면 죄를 용서받는다는 교리를 부활시키는 게 아니라면, 고해소는 그 풍부한 치료의 가치를 발휘하지 못한다.

중요한 차이

혜안이 있는 학자 올리버 박사는 잡지 〈스크리브너 Scribners〉 1930년 7월 호에 정신병리학과 고해소에 관한 논문을 실었는데, 그 논문에서 감탄할 정도로 명확하게 인식하고 표현한 것도 바로 이 중요한 진리였다. 박사가 가톨릭 신자로 자처하는 것을 보면, 그는 성공회 중에서도 앵글로 가톨릭에 속하는 것이 분명하다. 그는 고해소의 치료적 가치 때문에 고해소를 부활시키자는 개신교 측의 현저한 경향을 이렇게 비판한다.

"우리 개신교 형제들도 이와 똑같은 것을 하고 있다. 그러나 개신교가 '고해소의 불법화'로 인한 손해를 메울 수 있다고 상상한다면, 그것은 큰 오산이다. 장로교나 감리교에서 '고백실'이라는 것을 만들어 놓고 창살 한쪽에 목사들이 자리 잡고 앉아 신자들이 걱정거리를 털어놓거나 죄를 고백하는 것을 들을 수는 있다. 그렇게 마음을 털어놓은 사람이면 그로써 도움을 받기도 하겠고, 고백하기 전보다 충고를 듣고 난 후에 더 행복하게 될 수도 있겠다. 그러나 세계에 있는 모든 개신교 고백실을 모두 한데 모은다 하더라도 거기에는 본질적인 것이 없다. 즉, 가톨릭에서 말하는 사죄가 없다. 이것은 고백을 천만 번 되풀이하는 것보다 더 중요한 것이다.

고해소가 위대한 치료의 힘을 갖는 이유는 바로 이 죄를 용서받는 것 때문이다. 이것이 고해성사이며 사제들이 '우리 주 예수 그리스도께서 자기 죄를 진정으로 통회하고 당신을 믿는 죄인들을 용서해 주기 위하여 세상에 남겨 놓으신 권능'으로서, 그리스도의 이름과 권위로 '죄를 용서해 주고', 십자가상에서 흘리신 성혈, 온 세상의 모든 죄를 구원하시는 유일하고 완전한 희생의 피를 통회자의 머리 위에 붓는 것이다. 따라서 사제직이 없는 곳에 과거의 모든 죄를 말끔히 씻어 줄 자가 없으며, 하느님의 은총과 완전한 용서를 회복할 길이 없다. 가톨릭에서 고해와 사죄는 새 출발이다. 가톨릭 신자로서 그리스도인의 생활을 다시 시작하는 것이다. 과거의 온갖 죄는 말끔히 씻기고, 인생행로의 재출발을 위한 싱싱한 은총을 받는 것이다."

생활의 향상을 필요로 한다

또 한 가지 주의할 것은, 고해성사는 고해로 말미암아 하느님의 사죄를 받음으로써 정신의 평화를 회복한다는 이익(온 세상의 모든 금덩이를 주고도 사지 못할 마음의 평화)보다도 더 큰 이익을 인간 사회에 제공한다는 점이다. 즉, 고해성사는 인생의 실질적 재생을 오게 하여, 이 세상에서 가장 유효한 도덕 개혁 기관의 구실을 하고 있다. 이것의 가치는 감정의 영역에만 국한되는 것이 아니다. 이러한 내적 지향이 행동으로 옮겨지도록 하는 것이다.

각 개인은 생활을 향상함으로써 자기 결심의 진실성을 드러내야 한다. 대인 관계에서 정직과 정의와 애덕을 실천함으로써 인격을 도야하겠다는 갈망이 겉으로까지 드러나야 한다. 한마디로 고해성사는 말이 아니라 행위를, 약속이 아니라 실천을 요구한다. 그러므로 고해성사를 그저 불쾌한 기분이나, 죄책감으로 억압된 마음을 푸는 등의 수단으로서만 간주해서는 안 된다. 이 점도 물론 귀중한 공헌이기는 하지만 보다 큰 공헌은 죄악의 시궁창 속에서 허덕이는 인생을 실제로 건져 주고, 머리를 들고 정의와 애덕과 진리의 길을 걷게 하는 강력한 지렛대가 된다는 데에 있다. 고해성사는 '의인을 부르러 오지 않고 죄인을 회개시키러 오신' 주 예수 그리스도의 자비하심뿐 아니라 그분의 공의하심도 반영하는 것이다. 따라서 이 성사가 죄를 피하고 생활을 향상하겠다는 약속을 채우기 위하여 고해자에게 씩씩하고 용감하게 분투하기를 명하는 것은 지당하다. 성사는 하느님만이 목격할 수 있는 영혼의 은밀한 곳에 작용하느니만큼, 이 성사가 새로운 희망과 용기를 찾으러 오는 무수한 인생들에게 미치는 도덕적 재생의 강력한 힘에 관해서 이 세상이 충분히 깨달을 수는 없을 것이다.

그렇지만 만일 우리 눈이 인간 행위의 은밀한 원천을 감추고 있는 베일을 꿰뚫고 들여다볼 수만 있다면, 실로 거기에는 전 세계의 모든 경관보다도 강력하고 효과 있는 제재력이 범죄를 방지하고 있음을 볼 수 있을 것이다. 고해성사는 단지 죄에 떨어지지 않게 하는 방벽일뿐더러, 도덕적인 생활을 위한 가장 강력한 자극제이기도 하다. 고해성사는 예루살렘 거리의 먼지를 뒤집어쓴 죄지은 여인을 용서해 주신 그리스도의 말씀인 "나도 너를 단죄하지 않는다."라는 영속일 뿐 아니라, 그녀를 잡아 일으켜 찬란한 덕행의 길을 꼿꼿이 걷게 하신 하느님 손의 도구이기도 하다. "그리고 이제부터 다시는 죄짓지 마라."

실천

- 고해성사의 중대함을 인식하고 있음을 고해성사를 받기 전후의 태도로 드러내기.
- 고해성사를 설명할 때 참다운 통회와 진실한 정개가 필요함을 특히 강조하기.
- 게으른 신자들도 고해성사를 자주 받도록 모범을 통해 이끌어 주기.

제17장

대사란 무엇인가?

　일리노이 대학의 저명한 사학부장인 라르손L. M. Larson 교수가 필자를 찾아와 이렇게 말한 적이 있다. "신부님, 저는 영국사를 쓰려고 하는데요. 대사의 본질에 대한 역사가들의 말이 너무나 천차만별이어서, 가톨릭 교회의 대변자인 신부님께 도대체 대사의 본질이 무엇인지 물으러 왔습니다. 저는 이에 관한 가톨릭의 권위 있는 가르침을 배워서 독자들에게 이 교리를 진실하고 정확하게 소개하려고 합니다. 이를 계기로 교회에서 진정으로 말하는 대사의 참뜻을 이해하지 못하는 권위자들이 갈피를 잡지 못하는 설명을 되풀이하지 못하게 하려고 합니다."

　지금까지 여러 다른 저자들이 라르손 교수처럼 주의 깊게 연구하지 않고 그저 뜬소문이나 터무니없는 편견으로 꾸며 낸 풍자를 그대로 옮겨 놓은 탓에, 비신자들은 대부분 이를 곧이듣고 대사에 관해 해괴망

측한 생각을 갖고 있다. 대사가 과거의 죄를 용서하는 것이라고 여기는 이도 많고, 미래의 죄를 허가하는 것으로 여기는 이도 있다. 어떤 이는 이것을 그리스도교인들을 속박하는 법, 또는 의무를 면제하는 것이라고 생각하고 있다. 심지어 어떤 역사책은 대사가 영혼을 연옥에서 천당으로 끌어 올리는 일종의 마술 지렛대라며 비난하고 있다.

싸구려 대사?

흔히 이런 생각을 하는 사람이 많다. "어떤 종류의 대사라도 일정한 값을 치르면 살 수 있다. 대사는 모두 다 파는 것이고, 그 근본은 돈을 벌자는 수작이다." 그래서 '대사'라는 말이 비신자 사이에서는 로마 교회가 돈을 벌어들이는 사기 행각, 또는 부패의 상징처럼 되어 버렸다. 또한 대사는 루터가 이를 로마의 미신과 속임수의 가장 지겹고 더러운 요소로 여겨 반항의 불을 지르게 된 성냥처럼 여겨지고 있다.

나는 비신자인 독자들이 라르손 교수의 태도를 본받기 바란다. 진리 파악을 위해서 뿌리까지 파고들어 간 교수의 진실성과 고집으로 말미암아, 교수는 이 분야에 있어 세계적인 학자가 된 것이다. 독자들은 그의 본을 따라 대사의 참뜻을 통찰할 수 있을 것이다. 그러면 자신들이 눈살을 찌푸리고 못마땅하게 여기는 것이 실은 가톨릭의 교리가 아니라, 가톨릭을 중상모략 하는 자들이 꾸며 낸 욕설이며 터무니없는 모략에 속은 이들이 상상해 낸 풍자임을 깨달을 것이다.

만일에 대사라는 것이 정말로 비신자들이 흔히 상상하는 것처럼 돈벌이를 위한 사기 행위라면, 나 자신이 그들 못지않게 이를 극구 반대할 것을 주저하지 않고 선언하겠다. 대사에는 악에 대한 자극제가 아니라 덕행에 대한 자극제가 있다고 생각한다. 그 이유는 내가 이에 관한 교회의 권위 있는 가르침을 알기 때문이다. 여기서도 내가 독자들에게 부탁하는 것은 마음을 탁 터놓아 달라는 것이다. 그 대신 나는 가톨릭에 유리한 것만 추리고 불리한 것은 다 묵살하는 비겁한 행동을 하지 않고, 이 대사에 관한 비난도 장점도 모조리 공평하게 기록하는 역사가의 구실을 하겠다.

참뜻

그렇다면 대사의 참뜻은 무엇인가? 한마디로 이는 죄를 용서받은 후에 남아 있는, 죄로 인한 '한이 있는 벌'을 면하게 하는 것이다. 이 정의 속에 비신자들이 알아듣지 못할 말은 '한이 있는 벌', '잠벌暫罰'이라는 말일 것이다. 이것을 먼저 설명하겠다. 가톨릭 교회에서는 모든 본죄는 두 가지의 벌을 받는다고 가르친다. 하나는 저승에서 받을 영원한 벌이고, 다른 하나는 연옥에서나 이승에서, 또는 이 두 군데에서 받는 잠벌이다.

대죄와 이로 인한 영벌永罰은 고해성사를 타당히 받으면 반드시 용서받는다. 잠벌은 통회의 정도에 따라 고해성사 때에 용서받을 수도 있고, 받지 못할 수도 있다. 용서받지 못하는 경우에는 보속과 덕행 등 속죄력이 있는 행위를 하거나, 교회에서 어떤 특정한 애덕 행위와 신심 행위에 부여하는 대사로써 용서받을 수 있다.

이 개념의 바탕이 되는 것은, 대죄의 결과인 영벌을 용서받은 후에도 이로 말미암은 잠벌은 남아 있을 수 있다는 생각이다. 이러한 생각은 현재로는 가톨릭 밖에서는 알지 못하는 것이지만, 그 근거는 성경에 있다. 예컨대 모세는 하느님께 죄를 용서받았지만, 그에 대한 벌로 약속한 땅에는 들어가지 못하고 느보산 위에서 바라만 볼 수 있었다.

잠벌

다윗은 살인과 간음이라는 두 가지 죄를 용서받았지만, 이 간음에서 출생된 자식의 죽음이라는 잠벌을 받아야만 했다. "주님께서 임금님의 죄를 용서하셨으니 임금님께서 돌아가시지는 않을 것입니다. 다만 임금님께서 이 일로 주님을 몹시 업신여기셨으니, 임금님에게서 태어난 아들은 반드시 죽고 말 것입니다."(2사무 12,13-14) 이것이 나탄 예언자의 선언이었다. 이는 영벌을 받을 죄를 용서받은 후에도 잠벌은 남아 있다는 명백한 실례다. 이러한 잠벌에 대한 하느님의 공의를 기워 갚고, 이로써 잠벌의 용서를 받는 것이 곧 대사의 기능이다.

잠벌의 뜻을 아직 명확히 이해하지 못한 분들을 위해서 또 하나의 예를 들겠다. 지금 갑이라는 자가 옆집에 사는 을의 돈 백만 원을 훔쳤다고 하자. 범인은 체포되어 유죄 판결을 받고 1년 동안 징역살이를 하게 됐다.

그런데 감옥에 있는 동안 갑은 자기가 을에게 저지른 죄가 중죄임을 깨닫고 완전한 통회를 발했다. 그리고 을에게 편지를 써서 진심으로 용서를 청하고, 출옥해서 돈을 벌면 백만 원을 갚겠다고 했다. 이 죄수의 진정한 통회와 그 정개의 결심에 감동한 을은 사법부에 그를 용서해 주기를 청원했다. 조사 결과 그 죄수는 복역하고 있던 넉 달 동안 모범적인 죄수였음이 판명됐다. 그래서 이 사실과 을의 청원으로 법관은 갑의 나머지 복역 기한을 면제하고 가석방을 허락했다.

이 예에서 1년 형의 언도는 죄인이 통회하여 그 형상의 죄책罪責이 용서받은 후에도 남아 있는 잠벌에 해당한다고 볼 수 있다. 그리고 나머지 여덟 달의 복역 면제는 대사를 표상한다. 이 예는 잠벌이 통회하는 죄인에게 미치는 영향까지도 잘 보여 준다.

대사를 베푸는 권능

이제 잠벌이 있다는 사실은 인정한다 하고, 그렇다면 교회가 이를 용서해 줄 권능을 갖고 있다는 증거는 무엇인가? 이는 그리스도께서 베드로에게 주신 권능에 포함된다. "또 나는 너에게 하늘나라의 열쇠를 주겠다. 그러니 네가 무엇이든지 땅에서 매면 하늘에서도 매일 것이고, 네가 무엇이든지 땅에서 풀면 하늘에서도 풀릴 것이다."(마태 16,19) 그리스도의 이 말씀에서 명백하게 알 수 있듯이 어떠한 죄든(영벌이든 잠벌이든) 용서할 수 있는 교회의 권능에는 아무런 제한이 없다. 그러므로 대사는 고해성사를 보족補足하여, 하느님과 사람과의 사랑을 가로막는 모든 장애를 없애 주는 것이다.

대사에는 두 가지가 있다. 부분 대사와 전대사다. 부분 대사는 잠벌의 일부를 면제하고, 전대사는 잠벌을 전부 면제해 준다.

대사의 이양

대사는 살아 있는 이들만이 얻을 수 있고, 이를 살아 있는 다른 사람에게는 이양할 수 없다. 다만 연옥 영혼에게는 이양할 수 있다. 이것을 대사(은사)의 이양이라 하는데, 이를 이해하려면, 우선 그리스도와 교회의 세 가지 가르침을 알아야 한다.

1. 모든 성인의 통공

그리스도교인들은 이 세상에 있든지, 천국에 있든지 또는 연옥에 있든지 모두 그리스도의 신비체의 지체이며, 기도와 선행으로 서로 도울 수 있다. 바오로 사도는 이렇게 말한다. "우리도 수가 많지만 그리스도 안에 한 몸을 이루면서 서로서로의 지체가 됩니다."(로마 12,5)

2. 대속代贖의 원리

의인의 모든 선행은 이중의 효과가 있다. 하나는 공로요, 또 하나는 속죄 또는 보속이다. 공로는 인격적인 것으로 사양할 수가 없지만, 보속은 다른 이에게 양보할 수가 있다. 바오로 사도는 이 진리에 대해서 콜로새 신자들에게 이렇게 말했다. "나는 여러분을 위하여 고난을 겪으며 기뻐합니다. 그리스도의 환난에서 모자란 부분을 내가 이렇게 그분의 몸인 교회를 위하여 내 육신으로 채우고 있습니다."(콜로 1,24) 더구나 모든 그리스도인은 우리가 그리스도의 속죄의 수난과 죽음으로 인하여 구원되었음을 인정하느니만큼 대속의 원리는 그리스도교 신앙에 있어 근본적인 것이다.

3. 교회의 영적 보고寶庫

그리스도께서는 우리의 죄를 구원하기에 필요 이상의 괴로움을 당하셨고, 또 그분의 죽으심을 통해 무한한 속죄의 밑천을 장만해 놓으심으로써 교회는 잠벌의 값을 치를 무진장한 보고를 갖게 되었다. 이 영적 보고는 동정 성모 마리아와 모든 성인들의 남은 보속 행위로 말미암아 더욱 풍부해지고 있다. 토마스 아퀴나스 성인은 이렇게 말했다. "모든 성인들은 그들이 하느님을 위하여 행하고 고통을 받는 일이 그들 자신들뿐 아니라 온 성교회의 이익이 되기를 지향했다."(Quodlib, II, q. vii, art. 16)

클레멘스 6세 교황은 교회에 무한한 공로의 보고가 있다고 1343년 정식으로 선언했다. "그리스도께서는 십자가의 제대에서 당신의 성혈을 단 한 방울만 흘리신 것이 아니라(이 한 방울만으로라도 '말씀'과의 결합으로 인하여 전 인류를 구원하기에 넉넉하였지만) 피를 모두 쏟으심으로써 인류를 위하여 무한한 보고를 마련하셨다. 주님께서는 이 보고를 헝겊으로 가리지도 않으셨고, 뒤에 감추지도 않으셨고, 오직 그분 열쇠의 보관자인 베드로와 그 후계자들에게 맡겨 이를 잠벌의 전부 또는 일부를 용서하기 위하여 신자들에게 맞갖게 나눠 주도록 마련하셨다."
(Unigenitus Dei Filius, Jan. 25, 1343) 그러므로 루터가 "교황이 대사를 베푸는 교회의 보고는 그리스도와 성인들의 공로가 아니다."라고 말했을 때, 레오 10세 교황은 이를 즉시 단죄했다.

교회가 지금껏 그 자녀들의 죄로 인한 잠벌의 대가로 치르는 대사를 끄집어낼 그러한 영적 보고가 없다면, 대사란 전혀 무효하고 뜻 없는 것이다. 이 공동의 보고의 밑천이 어느 정도로, 또 어떠한 조건으로 각 신자에게 이용될 것인가를 결정하는 것은, 그리스도께서 베드로와 그 후계자들에게 맡기신 권한에 속한다.

예스러운 교리

그리스도의 무진장한 공로와 모든 성인들의 넘쳐흐르는 보속으로 이루어지는 영적 공동 보고의 개념은 대사를 이해하는 데 본질적인 것이지만, 교회 밖에 있는 이들에게는 귀에 익지 않은 말이니만큼 개신교가 탄생되기 여러 세기 전에 이 교리가 그리스도교 신앙 속에 얼마나 깊이 뿌리박혀 있었나를 보는 것도 유익할 것이다. 13세기에 토마스 아퀴나스 성인은 이러한 보고의 존재와, 이것이 잠벌을 용서하는 데 이용되는 것임을 모든 신자들이 믿었음을 입증하고 있다.

"이 보고의 관리권이 교회의 수장들에게 일임되어 있음은 우리 주님께서 베드로에게 교회의 열쇠를 주셨기 때문이다. 그렇다면 이를 유용하게 또는 필요에 의해 써야 될 경우, 교회의 수장은 이 무한한 공로의 보고로부터, 교회의 어떤 회원에게라도 사랑으로써 합당하다고 여겨지는 만큼(그의 잠벌의 전부 또는 일부를 속죄할 만큼) 끌어내서 줄 수 있다. 그리고 그것은 그리스도(이분으로 말미암아서만 다른 이의 공로도 유효하게 된다)와 아울러 다른 성인들의 수고 수난이, 마치 자기 죄를 용서받으려고 이 보속을 필요로 하는 사람이 스스로 고난을 참아 받은 것처럼, 그 보속 공로를 나눠 받는다. 곧, 갑이 을을 위해서 대신 보속하는 것과 같다."(Quodlib. Ⅱ, q. vii, art. 16)

따라서 죽은 이와 산 이의 영혼을 위해서 대사를 베풀 수 있다는 교리의 바탕은 이 세 가지 기본 교리, 곧 모든 성인의 통공과 대속의 원리와 교회의 공동 보고에 있다. 대사를 베푸는 권위는 이미 말한 바와 같이 그리스도께서 베드로와 그 후계자들에게 맡기신, 맺고 푸는 무제한적인 열쇠의 권능에서 나온다.

중요한 차이점

대사를 산 이와 죽은 이에게 적용하는 경우, 이 둘 사이에는 큰 차이가 있다. 산 이는 교회의 직접적 관할권에 속하지만, 죽은 이는 그렇지 않다. 그러므로 교회가 산 이에게 대사를 베푸는 것은 사법권에 속하는 것이고, 죽은 이에게는 기도와 희생을 대신함으로써 대사를 베푸는 것이다. 바꾸어 말하면 교회는 우리의 보속 행위를 받아 주시어 연옥에서 고생하는 영혼의 괴로움을 덜어 주시기를 하느님께 탄원하는 것이다. 죽은 이는 하느님의 사법권에만 속한다.

그러면 산 이가 죽은 이를 위하여 대사를 얻어 준다면 틀림없이 그 영혼에게 적용된다고 말할 수 있는가? 우리는 그 영혼이 어느 정도 이익을 받는다는 것은 신앙으로 믿지만, 그 대사 전체가 모두 바로 그 영혼에게 적용된다고 단정할 수는 없다. 이것은 전능하신 하느님의 권한에 속하는 것이며, 우리는 이것이 무한히 공의하시고 인자하신 성부의 수중에 있다는 것을 아는 것으로 만족한다.

그리고 저승에 관해서는 꿰뚫고 들여다볼 수 없는 베일이 가려져 있음도 명심해야 할 것이다. 이것을 구태여 들여다보려는 경우, 흔히는 이리저리 사색만 하거나 미묘한 사고력의 장난으로 끝나고, 이렇다 할 확신을 얻지 못하고 만다. 결국에는 그저 모른다고 솔직히 인정할 때만큼 시원한 대답을 얻지 못한다. 따라서 이 문제에 대한 해답 역시, 천상 성부의 지혜에 맡기는 것으로 만족할 여러 가지들 중 하나다.

겉만 번드레한 속임수인가?

어떤 비신자 친구가 이렇게 질문했다. "대사라는 것은 겉만 번드레한 속임수가 아닌가? 제대로 하려면 시간이 걸리는 보속 행위 대신 게으른 자들이 누워서 떡 먹자는 식으로 꾸며 댄 수작이 아닌가? 그리스도께서 통회하는 것이 당신의 사랑을 회복하는 길임을 지적한 이상 나는 대사의 필요성을 인정하지 않는다. '이토록 극진한 사랑을 보였으니 그만큼 많은 죄를 용서받았다. 이제부터 다시는 죄짓지 말라'는 그리스도의 말씀이야말로 주님께서 인류에게 주신 복음의 주지였다. 대사는 그러한 내적 통회와 정개의 결심을 감소시키느니만큼 도덕적으로 마땅하지 않다고 본다."

이는 비신자들의 공통된 견해다. 그러나 이는 대사를 얻기 위한 본질적 조건을 잊은 말로, 대사는 죄를 속이는 것이 아니다. 이것은 그것과는 전혀 상관없는 것이다. 대사를 얻으려면 이에 앞서 고해성사로 대죄의 용서를 받아야 한다. 고해성사는 진정한 통회와 정개의 결심이 필수 조건이므로, 대사란 이미 하느님과 화해하고 하느님을 사랑하는 이만이 얻을 수 있는 것이다.

대사는 참다운 통회와 정개하려는 마음을 감소시키기는커녕 오히려 이 두 가지가 절대적으로 필요하다고 강조한다. 왜냐하면 이러한 통회가 없으면 대사도 없고, 따라서 고해성사로 말미암아 교회로부터 용서받지 못하며 직접 하느님으로부터 용서도 받지 못한다. 죄를 용서받으려면 진정한 통회가 불가결한 조건임을 가톨릭 교회만큼 강력히 주장하는 곳은 이 세상에 없다. 그러므로 죄의 시궁창 속에서 허덕이는 인간이라도, 자선 행위를 함으로써 정개의 보속 행위를 아니하고 대사를 얻을 수 있다고 생각한다면, 이는 가톨릭의 가르침을 반영하는 것이 아니다. 이런 생각은 다만 우리를 떠난 형제들의 상상에서만 존재하는 것이고, 대사에 대해서 널리 유포된 오해다.

덕행에의 자극제

대사의 교리는 성경에 명백하게 실려 있지 않지만, 적어도 함축적으로 실려 있는 것만으로도 믿기에 넉넉하다. 그리고 이 교리는 이성에도 맞는다. 이는 참된 통회와 정개의 결심을 뒤엎기는 고사하고 대사를 얻으려면 오히려 이것이 필요하다는 것을 강조함으로써 통회와 정개의 주관적인 마음을 깊숙이 자극한다.

이 문제에 관한 교회의 공식 가르침은 트리엔트 공의회 때에 표명되었다. "대사를 베풀 수 있는 권한은 그리스도께서 교회에 주신 것인 만큼, 교회는 애초부터 하느님에게서 받은 이 권능을 행사하여 왔다. 가장 건전하고 거룩한 공의회의 권위로써 인정된 그리스도교인들을 위하여 대사를 쓰는 것이 교회에 보류되어야 한다고 거룩한 공의회는 가르치고 명한다. 따라서 대사가 쓸데없다든가, 또는 교회에 대사를 베푸는 권한이 있음을 부인하는 자는 파문에 처한다."(Sess. xxv)

교회의 가르침을 공식 발표하는 경우에는 얼마나 온건한 말투를 쓰는지 눈여겨볼 것이다. 여기에도 오직 두 가지 진리, 곧 교회는 대사를 베풀 권한이 있다는 것과 구원을 위해서만 이를 쓴다고 선언하고 있다. 그러므로 교회가 아무 신자에게나 함부로 대사를 베푸는 것이 아님은 뚜렷하다. 만일 교회의 원수들이 말하는 부정적인 말을 물리치고 교회에서 실제로 가르치는 대사의 진정한 교리를 검토하는 사람이면, 다음의 두 가지 결론을 얻으리라고 생각한다.

1. 대사는 덕행과 애덕과 신심 행위의 강력한 자극제이며 하느님께 대한 사랑과 동포애를 촉진시킨다.

2. 대사는 하느님 섭리의 아름다운 배려로 인류의 사회적 연대를 강화하고, 사랑과 기도의 황금 끈으로 우리 모두를 그리스도 신비체의 지체로 한데 묶는 것이다.

우리는 허덕거리며 인생의 험악한 산길을 기어오르다가, 도중에 쓰러져도 아무도 일으켜 주거나 힘을 북돋아 주는 이가 없는 외로운 행인처럼 고생하지는 않는다. 우리는 좋은 벗과 함께 순례하는 사람처럼 또 강력한 군대의 군사처럼 여행하기에, 우리가 엎어질 때는 천사의 손이 잡아 일으켜 주고, 신심 깊은 이들이 지극히 높으신 분의 옥좌 앞에서 우리를 위하여 기도해 준다. 손에 손을 맞잡은 형제들의 희생과 선행은 우리가 여행에 지칠 때 기운을 북돋아 주는 힘이 된다. 그러므로 대사를 얻는다는 것은 모든 성인의 통공이라는 저 고마운 교리의 없을 수 없는 부분이다. 이것이 너무나 이치에 맞는 것임을 테니슨 Tennyson은 아름다운 구절로 읊어 놓았다.

이 세상이 꿈꾼 것보다
기도 소리 더 많은 것을 노래하노니,
그대 목소리
나를 위해 밤낮으로
샘솟아 주오.
사람이 하느님을 알고도

저와 또 벗이라는 이를 위해

기도의 손을 들지 않을진대

보이지 않는 생명을 두뇌 속에 처먹이는

양이나 염소보다

우월한 점 있을까?

둥근 땅덩이 모두

황금 사슬로 묶인

하느님의 발치에 이르는 길이려니(《아서 왕의 죽음The Passing of Arthur》).

실천

- 날마다 되도록 많은 대사를 얻기로 지향을 두기.
- 날마다 성경을 15분씩 읽고 대사를 받기.
- 성수를 찍어서 십자 성호를 그어 이로써 대사를 받기.

제18장

실재, 사실인가 꾸밈인가?

**오늘날 늘 되풀이되는 질문에 대해서
그리스도는 어떻게 대답하시는가?**

"당신은 가톨릭으로 태어났으니, 불가불 예수 그리스도가 성체 안에 실체적으로 존재한다고 믿지 않을 수가 없겠군요. 성체라는 저 얇은 빵 조각 속에 그리스도가 참으로 현존하신다는 것은 도저히 믿기지 않습니다. 그러한 교리를 믿게 되는 것은 결국 어렸을 때부터 그렇게 배워 왔고, 철이 들면서는 그러한 신앙 속에 파묻혀 살았기 때문이라고밖에 보이지 않습니다." 이는 주치의가 했던 말이다. 이 의사는 성체 안에 그리스도께서 실재하신다는 교리에 대한 여러 비신자들의 생각을 솔직히 대변해 준 셈이다. 그러므로 이에 대답하는 김에 우리에게서 갈라져 나간 형제들도 이 문제를 스스로 검토해 주기를 바란다.

가톨릭 교회의 전통적 방침으로 말하면 신자에게 어떤 교리를 믿으라 하는 경우에는 언제나 그 교리가 명백하게 진실하기 때문이다. 그런데 그리스도께서 성체 안에 실재하신다는 교리는 이 일반 법칙을 벗어난 예외일까? 앞서 소개한 의사의 말대로 아직 철이 들지 않아 판단을 못 하는 어린이들의 정신에 이 교리를 강박함으로써 교회가 이 교리를 지탱하고 있을까? 이 질문에 대답하기에 앞서, 필자는 비신자 여러분께 그저 마음을 터놓고 문제의 사실을 직시하고 증거의 무게에 따라서 결정을 내려 달라는 부탁을 드린다.

그리스도가 실재한다는 신앙은 어떤 사제, 주교, 교황 또는 공의회의 추리나 결정으로 인한 것이 아니라, 예수 그리스도의 말씀에 근거를 둔 것이다. 그런데 우리 구세주께서 이 교리를 가르치셨을 때, 흐릿하고 애매했었던가, 명명백백하여 잘못 알아들을 수 없었던가? 그리스도의 가르침은 원래 모두 명백하고 간명한 말씀으로 표현되어 있지만, 그중에도 특히 요한 복음서 6장과 최후의 만찬 때의 복음인 성체 교리만큼 똑똑하고 또 의심을 품을 여지가 없도록 하기 위해 이보다 더 많이 애쓴 흔적은 성경 어디에도 없다. 교육학을 전공하는 이는 여기서 문제에 대한 능숙한 설명과 교육 과정의 순서에 대한 날카로운 통찰력을 보고 놀랄 것이다. 설명은 네 단계로 나눠 볼 수 있다.

준비

첫째는 준비 단계다. 그리스도께서는 현명한 스승답게, 우선 당신이 가르치시려는 위대한 교리를 청중들이 맞갖게 받아들이도록 그들의 마음을 준비시키셨다. 즉, 군중이 당신을 따라 갈릴래아 호수의 동북쪽에 있는 산까지 오게 하여, 거기서 빵 다섯 개와 물고기 두 마리로 제자들과 5천 명의 장정들과 그 가족들을 배불리 먹게 하는 기적을 행하셨다.

이 초자연적인 권능의 표시가 군중에게 얼마나 강한 인상을 주었는지는 쉽게 상상할 수 있다. 이 기적은 전 인류가 알아들을 수 있는 하나의 보편적 개념이 되었다. 잘못 알아들을 수 없는 이 말로써 주님께서는 당신의 신적 권능과 권위를 믿게 하셨다. 구세주께서 자랑삼아 이 기적을 행하신 것은 아니다. 이는 당신이 하느님의 권능을 갖고 계심을 확신하게 하여 위대한 성체 교리를 받아들이게 한다는 각별한 목적이 있는 것이었다.

빵과 물고기를 많게 하는 기적을 행하신 직후, 그리스도는 갈릴래아 호수 위를 걸어서 이미 호숫가에서 10여 리나 노 저어 나간 사도들의 배에 오르시는 또 하나의 기적을 행하셨다. 이 두 가지 기적은 당신이 바야흐로 설교하고자 하신 숭고한 교리를 위해 사람들의 마음을 준비시키는 데 놀라운 구실을 했다.

약속

둘째는 약속의 단계다. 예수께서는 당신을 믿어야 할 필요성을 깨닫게 하시기 위하여 미리 두 가지 기적을 행하셨다. 그때 유다인들이 예수께 "'하느님의 일을 하려면 저희가 무엇을 해야 합니까?' 하고 묻자, 예수님께서 그들에게 대답하셨다. '하느님의 일은 그분께서 보내신 이를 너희가 믿는 것이다.'"(요한 6,28-29)

예수께서는 그들과 맺을 약속에 이르고자 일찍이 당신을 그들의 조상들이 광야에서 받아 먹은 만나와 비교하였다. "나는 생명의 빵이다. 너희의 조상들은 광야에서 만나를 먹고도 죽었다. 그러나 이 빵은 하늘에서 내려오는 것으로, 이 빵을 먹는 사람은 죽지 않는다. 나는 하늘에서 내려온 살아 있는 빵이다. 누구든지 이 빵을 먹으면 영원히 살 것이다."(요한 6,48-51) 당신이 사람들에게 주시고자 하는 빵이야말로 그들의 조상들이 하늘로부터 받아 먹은 만나보다 우월함을 지적한 후, 그러면 그 빵이 무엇인가를 가르치시기 위하여 그리스도께서 한 걸음 더 내걷고 설파하셨다. "내가 줄 빵은 세상에 생명을 주는 나의 살이다." (요한 6,51)

유다인들은 그리스도의 이 위대한 약속을 비유로 알아들었는가, 또는 글자 그대로의 말씀으로 알아들었는가? 그들이 예수께서 글자 그대로의 뜻으로 말씀하신 것이라고 알아들었다는 것은, 그들이 즉시 외친 대답을 들으면 명백하게 알 수 있다. "'저 사람이 어떻게 자기 살을 우리에게 먹으라고 줄 수 있단 말인가?' 하며, 유다인들 사이에 말다툼이 벌어졌다."(요한 6,52)

그런데 만일 그리스도께서 비유로 말씀하신 것을 이들이 잘못 알아들었다면, 예수께서는 "너희들은 잘못 알아들었다. 나는 그저 비유를 들어 말했을 뿐인데, 너희는 내가 실제로 내 살을 준다는 줄로 오해하는구나."라고 말씀하셨을 것이다. 이는 하느님의 아들이 아니라도, 정직한 스승이라면 의무적으로 으레 그랬어야 하지 않겠는가? 그리스도께서는 실제로 어찌하셨는가? 요한 사도가 말한 것을 보자. "내가 진실로 진실로 너희에게 말한다. 너희가 사람의 아들의 살을 먹지 않고 그의 피를 마시지 않으면, 너희는 생명을 얻지 못한다."(요한 6,53)

다시금 강조하다

여기서 예수께서는 일찍이 하지 않았던 표현으로 강조해 말씀하셨음을 주의해야 한다. 두 번씩이나 거듭 "내가 진실로 진실로 너희에게 말한다." 하고 말씀하신 것은, 그다음의 말씀이 특별히 중요하다는 것을 나타내는 것이다. 그분은 당신의 말씀을 부드럽게 하시기는커녕 오히려 힘을 주어, 당신의 위대한 선물을 일부러 거부하는 경우에는 영원한 생명을 얻지 못한다고까지 강조하셨다.

그러고는 숨 돌릴 사이도 없이 그리스도께서는 가장 명료하고 쉬운 말씀으로 가르침을 다시금 선언하신다. 이에 이르러 그 뜻을 알아듣지 못한다는 것은 그 군중 속에 가장 둔한 자에게라도 불가능한 일이다. "내 살을 먹고 내 피를 마시는 사람은 영원한 생명을 얻고, 나도 마지막 날에 그를 다시 살릴 것이다. 내 살은 참된 양식이고 내 피는 참된 음료다. 내 살을 먹고 내 피를 마시는 사람은 내 안에 머무르고, 나도 그 사람 안에 머무른다."(요한 6,54-56)

이 짧막한 문장 속에 번번이 '내 살을 먹고 내 피를 마시라'는 구절이 반복되고 있음을 명심해야 한다. 귀찮을 정도로 되풀이되었다고 생각될 만큼 우리 주님께서는 그 뜻을 명확하게 하시기 위해서 사람의 말로 할 수 있는 모든 말씀을 다 하셨다. 주님께서 이를 영원한 것으로 정하셨음은 시비할 여지도 없이 명백하다.

예수께서는 곧이어, 사람들에게 줄 당신의 선물을 약속하셨고 이를 행하는 자는 "내 안에 머무르고, 나도 그 사람 안에 머무른다."라는 자애 깊은 계획을 드러내셨다. 이는 피조물의 영혼이 하느님과 친밀하게 일치하리라는 약속이다. 이리하여 주님께서는 당신의 하느님의 권능과 권위를 기억하게 하신다. "살아 계신 아버지께서 나를 보내셨고 내가 아버지로 말미암아 사는 것과 같이, 나를 먹는 사람도 나로 말미암아 살 것이다."(요한 6,57)

어려운 교리

이 교리가 아무리 감미롭고, 아무리 빛나고 또는 이를 뒷받침하는 권위가 아무리 압도적이라 할지라도, 이 교리의 멍에에 쉽게 머리를 숙이지 않으려는 것이 인간의 본성이다. 이 교리에는 신비, 즉 현의가 포함되어 있다. 이에 대한 설명이 명백함에도 불구하고, 또 그 스승의 신적 권위에도 불구하고, 이 말씀은 하나부터 열까지 모두 이해하지 않으면 어떠한 교리도 믿지 않겠다는 이들을 당황하게 했다. 요한은 제자들 중에 이 교리를 두고 투덜거리는 이가 있었음을 보여 준다. "제자들 가운데 많은 사람이 예수님께서 말씀하시는 것을 듣고 말하였다. '이 말씀은 듣기가 너무 거북하다. 누가 듣고 있을 수 있겠는가?'"(요한 6,60) "이 일이 일어난 뒤로, 제자들 가운데에서 많은 사람이 되돌아가고 더 이상 예수님과 함께 다니지 않았다."(요한 6,66)

예수께서 이 말씀을 도저히 알아듣지 못하겠다는 제자들의 불평을 들으시고, 이를 뜯어고쳐 신비를 없애시고 초자연의 무한한 영역에서 자연계로 끌어내리시고 유한한 인간 지성의 테두리 안에 가두어 두셨던가? 사랑하는 제자들의 구원을 위하여 강생하신 그분이, 당신 곁을 떠나는 그 제자들을 붙드셨는가? "돌아오거라. 내 교리를 고치겠다. 너희에게 내 참살과 참피를 약속하지 않고, 그냥 내 기념인 상징만 약속하겠다. 거기서 초자연적인 신비는 모두 빼 버리고, 또 내가 너희에게 선언한 진리를 믿어야만 한다는 의무를 면제해 주마."라고 말씀하셨던가?

예수께서는 그렇게 말씀하지 않으셨다. 그렇게 행하지도 않으셨다. 오히려 당신이 간택하신 열두 사도에게 이렇게 물으셨다. "너희도 떠나고 싶으냐?"(요한 6,67) 그리스도께서는 방금 가르쳐 준 위대한 교리와 약속을 바꾸기보다는 차라리 사도들마저 당신을 떠나는 편이 낫다고 생각하셨다. 여기서 베드로는 저 흔들릴 수 없는 신앙으로써 영원히 기억될 대답을 했다. "주님, 저희가 누구에게 가겠습니까? 주님께는 영원한 생명의 말씀이 있습니다."(요한 6,68) 이리하여 약속의 단계는 끝을 맺는다.

약속이 성취되다

셋째 단계는 약속의 성취, 곧 성체성사의 설정이다. 구세주께서는 그 약속을 실현하기에 가장 적합한 때가 오기까지 약 1년을 기다리셨다. 즉 돌아가시기 전날 저녁, 최후의 만찬 때다. 주님께서는 당신의 유언을 사도들에게 말씀하시고자 사도들을 한자리에 불러 모으셨다. 분위기는 심상치 않게 장엄했다. 주위 환경은 너무나도 사무치고 너무나도 뼈저리는 것이어서, 구세주의 이 획기적 말씀에 더욱 감동스러운 분위기를 자아냈다. 마태오 복음사가는 그 당시의 광경을 이렇게 그리고 있다. "그들이 음식을 먹고 있을 때에 예수님께서 빵을 들고 찬미를 드리신 다음, 그것을 떼어 제자들에게 주시며 말씀하셨다. '받아 먹어라. 이는 내 몸이다.' 또 잔을 들어 감사를 드리신 다음 제자들에게 주시며 말씀하셨다. '모두 이 잔을 마셔라. 이는 죄를 용서해 주려고 많은 사람을 위하여 흘리는 내 계약의 피다.'"(마태 26,26-28)

그리스도께서 얼마나 글자 그대로 그 약속을 실천하셨는지 주의해야 한다. 그리고 이 설정의 말씀과 약속의 말씀이 놀라울 만큼 일치되고, 앞뒤가 맺고 끊은 듯 빈틈이 없음도 눈여겨보라. 그리스도께서 얼마나 간단명료하게 말씀하셨는가를 보라. '이는 내 몸이다. 이는 내 피다.' 이보다 더 쉬운 말이 또 있겠는가? 전능하신 분일망정 이보다 더 똑똑한 말씀으로 이 교리를 보증하실 수 있었겠는가? 그리스도께서는 이 교리를 명확하고, 결코 잘못 알아들을 수 없도록, 할 수 있는 모든 수단을 다 쓰신 듯하다.

여기서 문제가 생긴다. 사도들이 스승의 말씀을 어떻게 알아들었느냐는 문제다. 기원후 1900년 동안에 갈라져 나간 비평가들이나, 날마다 쓰는 제 나라말도 제대로 통달하지 못한 사람들이 그리스도의 말씀의 참뜻을 깨닫는 것은, 주님의 목소리를 직접 들었고 주님과 똑같은 말을 하던 사도들에 비하면 정말 참새가 황새를 쫓는 격이 아닐 수 없다.

실천

이 문제에 대한 해답을 찾으려면, 사도들이 그리스도의 가르침을 어떻게 실천에 옮겼는가를 살피는 수밖에 없다. 이는 넷째이며 마지막 단계, 곧 이 가르침을 실천에 옮기는 것이라 볼 수 있다. 사도들은 그저 빵과 포도주를 축성하고 나눠 주었을 뿐이었나? 또는 빵과 포도주의 형상 안에 예수 그리스도의 살과 피가 존재한다는 신앙을 집행했는가? 만일 사도들이 구세주의 살과 피의 상징이나 기념을 행한 것뿐이라고 선언했다면 가톨릭의 해석은 땅에 떨어질 것이다. 만일 이와는 반대로 그들이 참으로 구세주의 살과 피를 나눠 주고, 그것도 주님께서 명백히 명하신 대로 행한 것임을 선언했다면, 가톨릭의 해석은 말할 것 없이 사도들의 해석이며, 그리스도의 해석이고 이것만이 지탱될 해석임을, 공평한 사람이라면 누구나 인정할 수밖에 없을 것이다.

모든 사도들을 대표해서 바오로 사도가 한 대변을 보자. 그는 마태오 복음사가가 복음을 쓴 후 약 8년 후에 코린토의 그리스도교인들에게 이렇게 써 보냈다. "우리가 축복하는 그 축복의 잔은 그리스도의 피에 동참하는 것이 아닙니까? 우리가 떼는 빵은 그리스도의 몸에 동참하는 것이 아닙니까? 사실 나는 주님에게서 받은 것을 여러분에게도 전해 주었습니다. 곧 주 예수님께서는 잡히시던 날 밤에 빵을 들고 감사를 드리신 다음, 그것을 떼어 주시며 말씀하셨습니다. '이는 너희를 위한 내 몸이다. 너희는 나를 기억하여 이를 행하여라.' 또 만찬을 드신 뒤에 같은 모양으로 잔을 들어 말씀하셨습니다. '이 잔은 내 피로 맺는 새 계약이다. 너희는 이 잔을 마실 때마다 나를 기억하여 이를 행하여라.' 사실 주님께서 오실 때까지, 여러분은 이 빵을 먹고 이 잔을 마실 적마다 주님의 죽음을 전하는 것입니다. 그러므로 부당하게 주님의 빵을 먹거나 그분의 잔을 마시는 자는 주님의 몸과 피에 죄를 짓게 됩니다. 그러니 각 사람은 자신을 돌이켜보고 나서 이 빵을 먹고 이 잔을 마셔야 합니다. 주님의 몸을 분별없이 먹고 마시는 자는 자신에 대한 심판을 먹고 마시는 것입니다."(1코린 10,16; 11,23-29)

바오로 사도는 이 말씀에서, 성체 안에 그리스도께서 참으로 실재하신다는 사도들과 초대 교회의 신앙을 도무지 의심할 수 없게 똑똑히 밝힌 것이다. 합당하지 않게 성체를 영하는 자들을 '주님의 몸과 피'의 죄인으로 단죄하고 있음을 명심해야 한다. 사람이 그냥 빵 한 쪽과 포도주 한 모금 마신 것이 어째서 그렇게 무서운 죄를 범한 것이 되는가? 물론 사람이 어떤 이의 그림이나 초상에 폭행을 가했더라도, 원래의 사람에게 손가락 하나 대지 않았다면 살인죄를 범한 것이 될 수 없다. 따라서 바오로 사도의 장엄한 훈계도, 성체를 영하는 이가 진정으로 그리스도의 몸과 피를 영하는 것이 아니라면 전혀 무의미한 말이 될 것이다.

옛 가르침

와이즈먼Wiseman 추기경은 이렇게 말한다. "성체께 대한 독성죄가 성립되려면 반드시 그리스도의 몸이 그 안에 실재하셔야 함은 그 이유가 쉽고도 간단하다. 어떤 이가 불경죄를 범하려면 그가 범하는 객체 속에 '존엄자'가 존재해야 한다. 마찬가지로 성체께 대한 독성자를 그리스도의 몸과 피의 죄인으로 단죄함도 성체성사 안에 그리스도의 몸과 피가 실재하지 않는다면 성립될 수 없다."(Lectures on the Real Presence, p.319)

바오로 사도의 말을 이와 같이 해석한 것은 초대 교부들과 박사들의 일치된 가르침의 되풀이에 불과하다. 그중 한 분의 증언을 들어 보자. 예루살렘의 치릴로 성인은 4세기에 이렇게 썼다. "우리는 생명을 주는 성사로 빵과 포도주의 형상 안에 그리스도의 거룩하신 몸과 피를 갖고 있다."(In Luc. xxⅡ, 19)

초대 교회의 신앙을 더 깊이 알기 위하여 이 성사를 이루는 방법을 살펴보자. 공심재를 지키고 나서 성체를 영하는 관습은 초대 교회 때로 소급된다. 사제가 성체를 나눠 줄 때 "그리스도의 몸"이라 하면 성체를 모시는 이는 "아멘"이라고 대답하고는 두 손으로 성체를 받아 즉시 입에 넣었다. 그다음 부제가 잔을 들고 "그리스도의 피"라고 하면 성체를 모시는 이는 "아멘"이라고 대답한 후 마셨다. 이것이 구세주의 몸이니만큼 신자들은 성체의 부스러기라도 흘리지 않게 최대한 주의를 기울이도록 지도받았다.

또 성체를 병자와 죄수에게 가져다주는 것도 일반적 풍습이었다. 박해 때문에 부제가 이를 행하기 위험한 때에는 어린이라도 이 거룩한 임무를 수행할 허락을 받았다. 이는 그리스도인으로 하여금 하늘의 음식을 받아 먹지 않은 채 죽게 하는 것보다는 훨씬 낫다고 여겼기 때문이었다. 타르시치오Tarsicius라는 소년이 그리스도교 박해자의 손에 순교한 것도 이 사명 때문이었다. 이 어린 순교자의 묘비에 다마소 성인 교황은 이렇게 새겼다. "그는 미쳐 날뛰는 개들에게 그리스도의 천상의 지체를 넘겨주기보다는 차라리 제 넋을 버리기를 택하였노라." 사람들이 또 심지어는 어린이까지도 그냥 빵 한 쪽을 지키기 위해서 제 목숨을 빼앗길 위험을 범하겠는가? 이는 대답할 나위조차 없다. 성체 안에 그리스도께서 참으로 실재하심을 초대 교회가 믿었다는 것은, 어떤 이론보다도 타르시치오 성인의 묘비명이 한층 더 힘차게 증언한다.

이는 사도들과 초대 교회의 신앙이었을 뿐 아니라, 16세기에야 비로소 출연한 개신교를 제외한 모든 그리스도인들이 19세기가 흘러간 오늘날에도 한결같이 믿어 온 신앙이다. 지금부터 1000여 년 전에 가톨릭에서 갈라져 나간 그리스 정교회, 지금의 러시아 정교회, 콥트 정교회, 아르메니아, 시리아, 칼데아 교회 등 사실상 모든 동방 교회가 로마와 그렇게 오랫동안 교의教誼를 끊고 있었는데도 불구하고, 아직도 성체 안에 주님의 몸과 피가, 영혼과 신성이 참으로 실재하신다는 그리스도의 가르침과 사도들의 신앙을 굳게 지키고 있다.

한 가지 형상으로만

어떤 이가 내게 이렇게 물었다. "당신네들은 평신도에게 성체를 영해 줄 때 빵의 형상으로만 해 주고, 포도주의 형상으로는 해 주지 않는데 왜 그렇습니까?" 실은, 이 질문의 바탕이 되는 가정과는 반대로, 그리스도께서는 빵의 형상 안에도, 포도주의 형상 안에도 똑같이 온전히 실재하신다. 그리스도께서는 이를 다음과 같이 가르치셨다. "누구든지 이 빵을 먹으면 영원히 살 것이다."(요한 6,51) 바오로 사도도 똑같은 진리를 가르쳤다. "부당하게 주님의 빵을 먹거나 그분의 잔을 마시는 자는 주님의 몸과 피에 죄를 짓게 됩니다."(1코린 11,27) 12세기까지는 두 가지 형상으로 영성체하는 것이 일반적인 관습이었지만, 그와 동시에 한 가지 형상으로만 영성체하는 관습도 교회의 인정을 받은 것이었다.

평신도에게는 빵의 형상으로만 영성체하도록 한다는 현행법은, 포도주도 절대적으로 필요하다고 우긴 보헤미아의 후스Hus를 단죄한 1414년의 콘스탄츠 공의회 이후 발효된 것이다. 트리엔트 공의회도 이를 확인했다. "평신도와 미사를 드리지 않을 때의 성직자는 두 가지로 성체를 배령하라는 하느님의 명령에 매여 있지 않은 만큼, 어느 한 가지로만 성체를 영해도 구원받기에 넉넉하다는 신앙을 잃지 않음을 결코 의심하지 말 것이다."(Sess. 21, Ch.1)

현행법이 발효되기 훨씬 전부터 현실적으로 실천하기에 편리한 빵의 형상만으로 영성체하는 관습이 널리 행해졌었다. 트리엔트 공의회가 열거한 이유는 이러하다. '성혈을 쏟을 위험, 포도주의 형상으로 모셔 두는 어려움, 전염병자의 입술이 닿은 잔으로 마시게 되는 위생상의 문제' 등이다. 이 문제는 다만 규율에 관한 것이므로 교회는 성사의 보호자로서 위임된 권한에 의거하여 시대적인 상황에 따라 이의 집행 양식을 적용하도록 하고 있다.

간단한 비유

이제 여기서 텍스트를 분석하고 해석하는 등의 골치 아픈 일을 떠나서, 쉬운 예를 들어 설명하려 한다. 이편이 오히려 문제의 핵심을 파악하게 해 줄 것 같다. 가령 창고도 있고 가축도 있고 기계까지 딸린, 모든 설비를 완비해 놓은 농장주가 있는데, 죽게 되면 이 모든 것을 자녀들에게 유산으로 남겨주겠다고 자주 약속했다 하자. "이것은 너희에 대한 내 사랑의 표징이다. 이것을 더 많이 불려서 너희에게 유산으로 남겨주마."

그러던 중 소생할 수 없는 병이 아버지를 엄습했다. 의사는 앞으로 몇 시간밖에 살 수 없다고 말했다. 아버지는 자녀들을 머리맡에 불러 놓고 말했다. "이제 너희에게 물려줄 내 유산을 보여 주마." 자녀들은 농장을 유산으로 주겠다던 아버지의 약속을 상기했다. 이윽고 아버지는 베개 밑에 두었던 농장 사진을 꺼내 보여 주며, "바로 이것이다. 이 농장의 사진이 너희에게 줄 유산이다. 이는 내 기념이요 내 상징이다."라고 말하는 것이었다.

자녀들이 아버지에게서 이 이상한 말을 듣고 얼마나 놀랐을지는 독자들도 가히 짐작할 수 있을 것이다. 그들은 이렇게 중얼거렸으리라. "아버지는 착각을 일으키신 게 틀림없어. 망령이야, 틀림없이. 그렇지 않다면 마지막 떠나시는 이 마당에 지금까지의 약속을 한낱 장난으로 돌릴 이런 말씀을 하시다니……. 아무려면 이따위 가치도 없는 종이 한 장을 남겨주면서 우리를 놀리실 리 있겠어?"

이제 주님께서 최후의 만찬 때에, 그렇게 거듭거듭 약속하신 참몸과 피를 주시는 대신 그 상징으로 겨우 빵 한 조각과 포도주 한 모금을 기념으로 남겨 두었다고 말하는 이가 있으니, 죽어 가는 이 농부의 장난 같은 일을 그리스도께서 하셨다는 말이 아니겠는가? 그들은 구세주를 사기꾼으로 몰고 있는 것이 아니겠는가? 아니 그보다 더 악질적이다. 그들은 한편으로는 그리스도께서 군중에게 가장 큰 은혜를 약속하고 믿으라고 강조하여 그들의 마음에 희망을 북돋워 놓고서는, 잔인하게도 즉시 이 모든 것을 놀림감으로 만들고, 그들의 따뜻한 희망과 당신께 대한 신뢰를 송두리째 뽑아 버렸다고 꾸미고 있다.

이런 생각은 예수의 고귀한 성품에 대한 모욕일 뿐더러, 그분이 창립하신 종교에 대한 신앙의 가능성마저 부숴 버리는 일이다. 성체 안에 예수께서 참으로 실재하신다는 신앙은 그분의 진실성과 도덕적 인격 전체와 밀접히 결합되어 있을뿐더러, 그분의 이름과 권위로 인류에게 믿기를 명하신 종교의 유효성과 신빙성과도 밀접히 결합되어 있다는 것은 조금만 생각해 봐도 알 만한 사실이다.

참이유

그러므로 성경에 기록되어 있는 대로 그리스도께서 성체 안에 참으로 실재하신다는 가르침을 명백하고 잘못 알아들을 수 없게 가르치셨다는 것은 사실을 정직하게 보는 모든 독자들에게 뻔한 사실이 아니겠는가? 가톨릭 신자들이 이 교리를 믿는 것은, 다만 예수 그리스도의 진실성과 교도권에 대한 신앙을 표시하는 것에 불과하다는 것도 뻔하지 않은가? 그렇다면 가톨릭이 아닌 그리스도인의 대다수가 구세주의 가르침이 그렇게 똑똑함에도 불구하고 이를 믿지 않음은 무엇 때문일까?

필자가 판단하기에 가장 큰 이유 중의 하나는, 그리스도의 신성과 틀릴 수 없는 스승으로서의 권위가 벌써 대다수의 개신교로부터 지지를 받지 못하고 있다는 사실이다. 또 하나의 이유는, 신비를 포함하여 이것을 완전히 이해한다는 것은 인간 지혜의 능력을 초월한다는 사실이다. 신비라든지 초자연이라는 것은 오늘날 가톨릭이 아닌 이들에게 받아들여지지 않는다. 그리고 또 다른 이유는, 그들의 환경이나 배경이 이 교리에 대해 그들의 마음을 닫게 하여 그들 스스로 애써 연구할 마음이 일어나지 않게 되었다는 점이다.

그런데 여기 가장 대답하기 어려운 문제가 있다. 곧, 자칭 그리스도인임을 선언하고 그리스도의 신성을 믿고 고백하는 이들이 어찌 예수 그리스도께서 가장 명백하게 가르치신 이 교리를 부정할 수가 있겠는가? 불가지론자들은 그리스도의 신성을 부인하기 때문에 이 교리를 부인하는 것이 이해가 간다. 그렇지만 그리스도교의 교도권을 믿는다고 고백하는 이들이 그리스도께서 그렇게 똑똑하게 가르치신 것을 부인한다는 것은 아무리 이해하려고 해도 이해할 수가 없다.

1500년 동안 그리스도인들은 구세주의 말씀을 글자 그대로 이해한 점이 일치했다. 16세기에 이르러 성경을 제멋대로, 제 마음 내키는 대로 마구 해석하는 것이 유행이 됐다. 이 유행 때문에 야기된 종교적 혼란과 난립은 불과 75년 동안에 "이는 내 몸이다."라는 그리스도의 간단명료한 말씀에 대해서 200개 이상이나 되는 해석을 낳았으니 가관이다. 1577년에 인골슈다트에서 라스페르제C. Rasperger는 《'이는 내 몸이다'에 대한 이백 가지 해석Two Hundred Interpretations of the words 'This is My Body'》이라는 책을 썼다. 이는 신교파의 창립자들이 얼마나 혈안이 되어서 그들 제멋대로의 해석을 고집하였는지 잘 보여 주고 있다.

루터는 당치도 않은 논리로 미사성제를 거슬러 싸웠다고는 하나, 츠빙글리, 칼슈타트, 외콜람파디우스 등의 혁명가들을 거슬러서는 죽는 날까지 글자 그대로 해석할 것을 고수했다. 사실 그는 교황을 비난하려는 마음으로 실재설實在說을 부인하도록 유혹되었다고 고백하지만, 성경에 기록된 그리스도의 말씀이나 성전의 목소리는 너무도 압도적이라고 했다. 그는 1524년에 쓴 스트라스부르의 그리스도인들에게 보낸 편지에서, 이 말씀의 쉽고도 똑똑하고 무리가 없는 뜻이 지극히 힘차고 명백하기 때문에 도저히 빠져나갈 수 없음을 인정했다. "나는 잡혀 있다. 도망갈 수가 없다. 텍스트는 너무나 힘차다."(De Wette, Ⅱ, 577)

공정한 결론

성경의 말씀은 이를 비유로 해석해야 될 무슨 충분한 이유가 없는 경우에는 반드시 그 명백한 뜻대로 해석해야 한다는 것이, 학자들이 보편적으로 인정하는 해석 원칙이다. 그런데 "내 살을 먹고 내 피를 마셔라."라는 그리스도의 말씀을 비유로 해석하면, 이 문장 전체에 폭행을 가하는 것이 된다. 왜냐하면 이 구절은 비유적으로 해석하면 전체 문장과 모순이 되는 뜻을 나타내기 때문이다. 고대 유다인들이 "살을 먹고 피를 마신다."라는 표현을 비유로 말하는 경우에는, 상대를 중상모략 하든가 물고 뜯어서 중대한 상해를 입힌다는 뜻을 의미했다. 따라서 이 구절을 비유로 해석하면 주님께서 당신을 중상하고 모략하고 미워하고 물고 뜯고 할퀴고 하면 영원한 생명을 주겠다고 약속하신 셈이 된다. 그런 어불성설이 또 있는가?

성체께 대한 그리스도의 말씀은 그 쉬운 글자 그대로의 뜻, 액면 그대로 받아들이지 않으면 말에 조리가 서지 않고 뜻도 없어진다. 아니 그보다 나쁜 것은 예수께서 사기꾼이 되어 버리고 만다. 가톨릭이 아닌 이들의 관점에 따르면 주님께서는 순전히 비유로 말씀하시면서도 제자들에게는 글자 그대로 알아들으라고 강조하신 까닭이다. 그리스도의 말씀에는 우리가 충분히 깨닫지 못하는 진리, 즉 신비가 포함되어 있다. 그렇지만 삼위일체 교리나 강생 교리도 신비가 아닌가? 물론 우리는 그렇다고 해서 이를 휴지통에 쓸어 넣지는 않는다. 오히려 우리는 구세주 그리스도의 권위로 인하여 이를 믿는다. 만일 신비를 포함하는 교리를 하나하나 모두 걷어차 버린다면 그리스도교의 생명은 오래 가지 못할 것이다. 인생이니 과학이니 하는 것도 신비에 가득 차 있다. 왜 종교만 유독 예외가 되란 말인가? 그러니 이제까지 말해 온 증거를 정직하고 공평하게 보는 독자들은, 그 증거의 무게로 따지든지, 논리의 법칙으로 따지든지, 다음의 결론에 공감할 것이다. 성경은 그리스도께서 실재설을 가르치셨다고 말한다. 가톨릭 신자들이 이 가르침을 받아들이고 있음은 다만 예수 그리스도께서 충실하시기 때문일 것이다. 이렇게 하지 않는다면, 예수 그리스도의 권위를 조롱하는 것이 될 것이고, 그리스도교 신앙의 바탕을 온전히 뒤엎는 것이 된다. 여러 교파들이 어깨를 으쓱거리고 "이 말씀은 듣기가 너무 거북하다. 누가 듣고 있을 수 있겠는가?"(요한 6,60) 하며 떠나갈 때, 그리스도께서는 일찍이 제자들에게 물으셨듯, 오늘날의 성교회에게도 "너희도 떠나고 싶으냐?" 하고 물으신다. 그러면 성교회는 베드로의 저 역사적인 대답을 빌려 자기 대답으로 삼는다. "주님, 저희가 누구에게 가겠습니까? 주님께는 영원한 생명의 말씀이 있습니다."(요한 6,68)

실천

- 되도록 자주, 할 수 있으면 날마다 영성체하기.

- 성체의 그리스도를 자주 조배하기.
- 성체께 대한 특별한 신심을 발하기. 매달 첫 금요일에 영성체, 성체 강복에 자주 참례하기.

제19장

성체와 이성

과학과 이성이 신앙과 조화되는가?

 현대의 두드러진 특징 중 하나는 이성을 지나치게 내세운다는 점이다. 반세기 전만 하여도 개신교가 어떤 신앙 교리를 받아들이려면 우선, "그 교리는 성경에 근거를 둔 것인가? 영감을 받은 하느님 말씀의 권위가 이를 뒷받침하고 있는가?"라는 질문이 앞섰었다. 이것이 지난날 개신교가 신앙 개조의 정통성을 식별하는 첫째 표준이었다.

 그런데 요즘의 개신교는 이러한 전통적 표준에 따라서 교리의 유효성을 식별하려는 경향이 거의 없다. 이는 오늘날의 비신자들에게는 성경의 영감성과 불류성不謬性에 대한 믿음이 훨씬 줄어든 까닭이다. 성경의 사사로운 자유 해석으로 말미암아 서로 상극이 되는 갖가지 의견이 많이 나와, 이로 인한 교파의 난립과 갈등과 상쟁을 지켜보는 일반 사람들에게 성경 텍스트의 뜻에 대해서 이야기할 맛이 날 리 없다. 하물며 성전을 따진다는 것은 말할 것도 없다. 실상 종교사에 관해서 초대 교부들과 발을 맞추어야 한다는 것을 멋쩍게 여기고, 초세와 중세의 그리스도교인들이 지닌 순박한 개념을 벗어나야 한다는 것을 이른바 진보라 여기는 사람이 많은 듯하다.

현대인은 지난날의 표준을 걷어차 버리고 그 대신 이렇게 묻는다. "그 교리는 이성에 맞는가? 오늘의 과학과 문화인의 지성에 어울리는가? 기껏해야 케케묵은 성경이나 낡은 성전에 뿌리박은 것이기에 오늘날 지성인들의 비위에는 거슬리는 것을 믿으라는 것이 아닌가?"

우리는 이미 성체 안에 그리스도께서 참으로 실재하신다는 교리가 성경에 기록된 그리스도의 말씀에 근거를 두었고, 성전도 이를 온전히 입증하고 있음을 말했다. 그러면 이것이 오늘의 과학적 지식과 문화인의 지성에도 맞는다는 것을 보여 줄 수 있는가?

물론 비신자들은 거의 모두 "그럴 리가 없다. 성경이나 성전이 무엇이라고 말하든 그 교리는 오늘의 지성과 과학 정신에 직접적으로 어긋난다."라고 거침없이 말한다.

이성에 어긋나는가?

이제 다시 독자들에게 부탁하는 것은 선입견 없이 성체 교리를 따져 보고, 가톨릭 신앙의 중추가 되는 이 교리 속에 불합리한 것이 있는가 없는가를 스스로 판단해 달라는 것이다.

우선 이 교리는 신비를 포함하고 있음을 솔직히 말씀드린다. 이 교리도 삼위일체 교리나 강생 구속 교리와 마찬가지로 인지의 능력만으로는 완전히 이해할 수 없다. 이 교리가 이성에 어긋나서 그런 것이 아니고 이성을 초월하는 까닭에 그렇다. 다시 말하면 이성으로 진리를 따질 수 있는 범위 안에서는 모순 배반되는 요소가 도무지 없다.

한마디로 이 교리는 사제가 "이는 나의 몸이다. 이는 내 피다." 하고 성체를 축성하는 말을 하자마자 곧 빵과 포도주는 구세주 예수 그리스도의 몸과 피, 영혼과 신성으로 변화된다는 말이다. 이 변화는 하느님의 대리자, 곧 정식으로 서품을 받은 사제가 하느님의 권능을 대행함으로써 이루어지는 것이다. 어떻게 해서 이렇게 되느냐 하는 것은 우리가 알 바 아니다. 이렇게 된다는 것을 그리스도의 권위로 믿는 것이다.

전능하신 하느님께서 이러한 변화를 이루실 수 있음을 믿는다고 해서 이치에 어긋날 것은 없다. 하느님께서는 어떤 것을 창조하실 수도 있거니와 소멸시키실 수도 있다. 가톨릭 교회가 일컫는 실체 변화는 곧 한 실체가 다른 실체로 변함이니, 이는 창조와 소멸의 이중의 권능으로써도 이루어질 수 없는 것을 뜻하지 않는다. 다시 말하면 창조와 소멸의 권능을 가진 분은 실체 변화를 이루실 수 있다. 그런데 모든 그리스도인들은 하느님께서 이 두 가지 권능을 가지셨음을 믿는다. 더구나 신약 성경을 작심해서 읽는 신자라면 누구라도 이 실체 변화와 아주 비슷하게 변질하는 실례를 읽을 것이다. 그리스도께서 갈릴래아 카나의 혼인 잔치 때에 물을 술로 변하게 하신 기적이 요한 복음서에 기록되어 있다(요한 2,1-11 참조). 이것이 실체 변화가 아니면 무엇인가? 또 보리빵 다섯 개와 물고기 두 마리를 가지고 5천 명의 장정과 거기 있던 다른 이들을 배불리 먹이신 기적도 실체 변화와 같은 성질의 기적이다.

모순인가?

어떤 비신자가 "성체 교리는 그 자체가 모순을 포함하고 있습니다. 즉, 같은 것이 빵인 동시에 빵이 아니라 하니, 이는 도무지 불가능한 일입니다. 성체가 빵인 동시에 살이라 하니, 이는 이성과 상식의 가장 기본적 법칙까지도 어기는 모순이 아닐 수 없습니다."라는 편지를 보내 온 적이 있다.

이런 착각은 가톨릭 신앙에 대한 다른 여러 가지 반대와 마찬가지로 교회의 참가르침을 이해하지 못한 데서 기인한다. 성체 교리는 성체를 축성한 다음에는 빵의 실체는 이미 없고, 그리스도의 몸이라는 실체로 변화되어 있다는 뜻이다. 변화되지 않은 것은 빵의 허울, 곧 빛깔, 크기, 모양, 맛, 무게, 즉 감각에 나타나는 외형뿐이다. 그런데 물체의 실질은 그 우유성偶有性 또는 감각에 나타나는 부분에 있지 않고 허울 아래 있는 실체에 있다. 수증기와 물과 얼음의 외형은 얼마나 다르게 보이는가? 그래도 그것들은 오직 한 가지 실체, 똑같은 요소로 구성되어 있다.

성체에 있어서 그리스도의 몸의 실체는 사람의 몸처럼 감각적으로 느껴지는 성질이나 외형이 없다. 따라서 "그리스도의 몸이 길다거나 둥글다거나 색이 엷다."라고 말할 수 없다. 성체는 비록 빵의 허울과 감각적 성질이 그대로 보존되어 있기는 해도, 그 안에 있는 그리스도의 몸은 공간을 차지하는 연장延長을 갖지 않는다. 여기에 신비가 있다. 이는 우리 이성에 어긋나는 것이 아니라 이를 초월하는 것이다. 이와 아주 비슷한 비유가 있는데, 이는 사람의 영혼이라는 영적 실체가 육신 속에 있다는 사실이다. 영혼도 다른 모든 영적 존재와 마찬가지로 아무런 연장이 없다. 그런데도 그것은 공간을 차지하는 육신을 살아가게 한다.

영혼처럼 계시다

달게른Dalgairns 신부는 다음과 같이 성체와 영혼을 비교했다. "하느님께서 성체 안에 계시는 그리스도의 몸에 하시는 것은 이렇다. 이는 연장이 중지되는 동시에 공간에 매이는 속박을 벗어난다. 이 말은 동시에 여러 곳에 있다는 뜻이 아니라, 공간에 적용되는 일반 법칙의 지배를 전혀 받지 않게 되었다는 뜻이다. 이는 한 영신체靈神體처럼 '오스티아' 전면에 퍼져 있다. 물론 이것은 어느 일정한 장소를 정하기 위하여 빵이 차지하였던 장소를 그대로 차지하기는 한다. 그러나 마치 영혼이 육신을 통하여 공간과 현존 관계를 맺고 있듯, 이것도 간접적으로 외형을 통하여 공간의 영역에 들어온다는 것뿐이다. 여기에 모순이 있다거나 또는 이것이 전능의 힘을 초월하는 것이라고 말할 이가 있겠는가?"(The Holy Communion, I, 35, 36)

따라서 성체 안에 계신 그리스도의 몸에 대해서, 성체의 어느 부분은 그리스도의 머리이고 어느 부분은 손, 발이라는 그런 주책없는 해석을 하면 안 된다. 그리스도는 성체의 어느 부분에도 온전히 전체로 계신다. 사람의 영혼도 이와 마찬가지로 몸의 어느 부분에만 국한되어 있지 않고 몸 전체에 있다. 그리스도께서 성체 안에 계시는 모습은 유일한 것이지만, 영혼이 육신 안에 있는 모습과는 비슷한 점이 있다. 그러므로 성체를 여러 조각으로 잘랐을 때, 그리스도의 몸이 부서졌다든가 찢어졌다든가 하는 생각은 옳지 않다.

실체 신비

여기서 우리는 신비라는 것과 마주치게 되는데, 실체라는 그것부터가 대체 무엇이냐는 것이 철학자와 과학자들에게도 하나의 신비임을 지적해 두는 것이 좋을 듯싶다. 물질의 궁극의 성소成素는 무엇이며 그 본성은 무엇인가? 밀리컨, 퍼핀, 에딩턴, 진스 같은 유명한 과학자들은 이제까지 전력을 기울여 연구를 해 왔어도 이에 대한 답을 얻을 수 없었다고 고백한다. 원자 이하의 놀라운 신세계가 발견되어, 원자가 양자와 전자로 분해됨이 밝혀지면서 물질의 개념은 근본적으로 전복되었다. 물질은 아직도 사람들이 상상하고 있듯이 단단하고 활동 없는 입자들로 구성되어 있지 않고, 무서운 활동력을 지닌 무한소無限小의 성소들로 이루어져 있음을 과학이 가르쳐 주고 있다.

원자는 조그마한 태양계로 생각할 수 있다. 양자라는 원자핵의 둘레를 마치 유성이 태양의 둘레를 회전하듯 전자가 돌고 있다. 그런데 그 운동은 명백히 고정된 궤도를 돌고 있지 않다. 원자는 육안으로는 보이지 않는 아주 작은 것인데, 과학은 전자의 속도까지 측정하여 이것들이 지름 백만 분의 1인치 이하의 궤도를 비행기나 총알보다도 빠른 속도로 돌고 있음을 알아냈다. 즉, 전자는 원자핵의 둘레를 매초 평균 수천조 번 돌며 그 속도는 초속 수백 마일이나 된다. 전자는 유성이나 다른 별보다도 빠른 이 놀라운 속도로 직경 백만 분의 1인치보다 작은 무한소의 조그만 방 안에서 맴돌고 있다는 것이다.

현대 물리학이 자신만만하게 단언하는 이 놀라운 사실을 반세기 전의 사람들이 듣는다면 비웃음과 야유를 하며 이상한 소리 말라고 코웃음 칠 것이다. 그들은 이것이 실체 변화보다 더 큰 기적이라고 말할 것 아니겠는가? 그리하여 옛날의 유다인처럼 "이 말씀은 듣기가 너무 거북하다. 누가 듣고 있을 수 있겠는가?"(요한 6,60)라고 외치지 아니하겠는가?

물질의 새 개념

지금까지 두어 가지 현대 물리학의 발견을 소개한 것은 오로지 "여기까지만, 이 앞으로는 하느님의 권능으로도 못 간다."라고 버티던 크누트 왕의 흉내를 내어, 일개 인간의 힘으로 전능하신 하느님의 권능을 제한하려 덤비는 것이 얼마나 어리석은 것인가를 보여 주기 위함이었다. 예컨대 반스 박사가 실체 변화는 현대 과학의 발달로 말미암아 시대에 뒤떨어진 것이 되었다고 말함으로써 영국을 뒤흔들던 바로 그 때에, 물리학자들은 실험실에서 하나의 화학 원소를 전혀 다른 화학 원소로 변화시키는 데 몰두하고 있었다. 그들은 옛 물리학의 두 가지 기본 법칙, 곧 질량 보존의 법칙과 에너지 보존의 법칙을 쓰레기통에 내던져 버리고 있었다. 이리하여 진스는 1929년에 "20세기 물리학의 두 가지 기본적 기둥인 질량 보존의 법칙과 에너지 보존의 법칙은 다 폐기되었다."라고 선언했다(Sir James Jeans, The Universe Around Us, p.178)

물질에 관한 전통적 개념을 뿌리째 뒤엎은 이 이론은 물리학자들 사이에 일반적으로 인정되고 있는데, 이에 의거하면 우주 전체는 두 가지 궁극적 성소, 곧 양전기와 음전기의 다른 이름에 지나지 않는다. 더군다나 각 원소들의 차이라는 것은 원자 속에 있는 핵의 구조와 전자의 수효의 차이에 불과하다.

예컨대 일리노이 대학의 수리 물리학 교수이며 사계斯界의 뛰어난 권위자인 쿤즈Kunz 박사는 과학자들이 이미 원자의 핵 구조를 바꾸어서 한 원소에서 다른 원소를 만들어 낸다고 말했다. 베릴리움 원자의 양자를 알파 미분자로 파괴하면 핵 구조 변화가 일어나, 거기로부터 아주 다른 수소 원소를 얻을 수 있다고 한다. 이는 알루미늄이나 인이나 다른 원소에 대해서도 마찬가지다. 알파 미분자는 초속 1만 2천 8백 마일로부터 늦어도 8천 8백 마일이라는 놀라운 속도로 움직인다.

겨우 인간 재능이나 힘을 가지고 있을 뿐인 과학자들이 일종의 질을 바꿀 수 있다면, 전능하신 하느님께서 이런 권능을 갖고 계시지 않다고 우길 만큼 어리석은 사람이 있을까? 한 원소가 다른 원소로 변화하는 데 모순이 있다고 누가 말할 것인가? 현대 과학의 놀라운 발견에 비추어 볼 때, 요즘 사람들은 현 세기 초의 사람들보다 그런 일은 불가능하다는 주장을 훨씬 덜해야 할 것이다.

그래도 신비롭다

과학은 지난 세대의 사람들이 제아무리 이성을 쥐어짜도 받아들일 수 없었던 이러한 사실을 글자 그대로의 사실로 믿으라 한다. 거의 무한에 가까운 가능성의 세계가 물질의 미분자 속에 갇힌 채, 유능한 영웅이 그들의 노예 상태를 해방시켜 주기를 기다린다는 것이다. 콩알보다도 작은 석탄 부스러기 속에 저장되어 있는 에너지를 생각해 보자. 진스는 과학적 사실로 그 작은 석탄 부스러기 속에 갇혀 있는 원자 에너지가 전부 해방된다면 능히 거선巨船 모레타니아호가 대서양을 왕복 횡단하기에 충분할 것이라고 말한다. "만일 한 파운드의 석탄 속에 있는 에너지를 완전히 이용할 수만 있다면 전 영국인이 2주일 동안 계속해서 밥을 지어 먹고 방에 불을 때고, 공장, 기차, 발전소, 그 밖의 선박 전부를 움직이기에 충분할 것이다."(Jeans, ibid, p.181)

과연 물질에 대한 전통적 개념은 현대 과학의 발견으로 말미암아 혁파되고 말았다. 케임브리지 대학의 명망 높은 과학자 에딩턴은 "이제까지 흔히 생각해 온 우주와 지금 생각되는 우주를 비교하여 보면, 거기에 가장 눈에 띄는 변화는 아인슈타인에 의한 시간과 공간의 새로운 재편성이 아니고, 우리가 아주 딱딱한 것이라고 여기던 모든 것이 부유하는 조그만 부스러기로 분해된다는 것이다. 물건이란 그 겉모양과 얼마쯤은 비슷한 것이려니 여기는 이는 이 말을 듣고 어안이 벙벙하리라. 현대 물리학이 알려 주는 원자 속에 공허가 있다는 말은 천문학이 뭇 천체들 사이에 거대한 공허가 있다고 알려 준 것보다 훨씬 더 사람을 어리둥절하게 만든다. 원자는 태양계처럼 빈틈이 많고, 구멍이 많다. 만일 사람 몸의 빈틈을 전부 메우고 양자와 전자를 한데 모은다면, 놀랍게도 사람은 현미경으로 들여다보아야 보일 만큼 작은 점이 되어 버리리라."라고 말했다(A. S. Eddington, The Nature of the Physical Universe, pp.1~2).

다시 말하면 키가 180센티미터에 가깝고 몸무게가 60킬로그램인 고체 덩어리라 볼 수 있는 사람 몸을 냉철하게 관찰하면, 빈틈투성이에 다만 힘이 작용하는 작용령作用領에 불과하고, 무한소의 소립자만을 빼놓고는 텅 빈 것인 만큼 그 소립자들을 한데 모으면 맨눈으로는 보이지 않을 만큼 작은 점에 지나지 않는 물질로 구성되어 있다는 말이다. 여기서 다짐할 것은, 이 말은 꾸며 낸 도깨비 얘기가 아니고, 현대 물리학이 일반적으로 인정하는 텍스트의 한 페이지라는 것이다.

현대 과학의 이러한 발견은 지난 세대의 사람들이 아득히 바라보던 지평선보다 훨씬 더 멀리 가능의 경계선을 밀어 놓았다. 이것은 거의 끝없는 가능성의 세계의 문을 열었고, 또 참으로 실체라는 것이 신비로운 것임을 보여 주고 있다. 오늘날 과학은 양자와 전자를 전 우주의 궁극적 소료所料라고 여기고 있으나, 이것은 단지 양전기와 음전기의 다른 이름에 지나지 않는다. 그러면 전기電氣란 무엇인가? 과학은 아무 대답도 없다.

오늘의 과학자와 철학자들에게도 몇 세기 전의 선인先人들처럼 실체의 궁극적 본성이란 여전히 머리를 흔들게 하는 신비다. 이 문제에 관한 현대 과학과 철학의 연구도 결국 19세기 뉴먼 추기경의 결론을 새삼스럽게 강조하게 할 뿐이다. 연구와 사색으로 일생을 마친 뉴먼은 "실체 또는 물질에 대해서 내가 아는 바가 무엇이냐? 가장 위대한 철학자와 같을 뿐, 아무것도 모른다."(Card. Newman, Apologia, p.375)라고 말했다.

유비

이제까지 전능하신 하느님께서 그 대리자인 사제가 행하는 성체 축성을 통해서 행하시는 원소의 변화가 물리학자들이 실험실에서 하는 일종의 질을 변화하는 것 사이에 있다고 말했는데, 이는 곧 실체 변화란 무턱대고 불가능한 것이라고 성급하게 머리를 흔드는 사람들의 성미를 누그러뜨리기 위함이었다. 이제 먼저 것보다 못지않게 놀라운 또 하나의 유비를 비신자 여러분에게 소개하려 한다.

몇 해 전에 어떤 공립 고등학교 화학 시간에 교사가 화학 원소의 항존성恒存性(이것은 방금 우리가 얼떨결에 본 바와 같이 현대 과학의 지도자들이 철저하게 폐기해 버린 설이지만)을 강조했다.

"원소의 형체와 겉모양은 여러 가지 화합 작용으로 변하게 할 수는 있습니다. 그러나 원소는 서로 구별되고 변할 수 있어도 원소의 본성을 변하게 할 수는 없습니다." 그쯤만 해 두었어도 괜찮았겠는데, 이 교사는 딴소리를 했다. "가톨릭 신자들은 성체라는 이상한 교리를 믿고 있습니다. 그 사람들은 빵과 포도주가 예수님의 몸과 피가 된다고 믿습니다. 그러나 이는 불가능한 것이며 화학 법칙에 어긋나는 것입니다. 빵은 언제까지나 빵이고, 포도주도 언제까지나 포도주이지 다른 어떤 것으로 변화될 수는 없습니다."

이 말을 듣고 있던 그 반의 가톨릭 신자인 소녀가 일어섰다. "선생님, 빵과 포도주가 살과 피로 변화될 수 없다니 무슨 말씀입니까? 더군다나 화학의 이름으로 그렇게 말씀하신다는 것은 참으로 뜻밖입니다. 선생님이 잡수시는 빵과 포도주는 어떻게 변화됩니까? 그것은 자연 법칙에 따라서 선생님의 살과 피가 되지 않습니까? 하느님께서 자연 법칙에 따라서 그러한 변화를 하실 수 있다면, 자연의 주재자主宰者이신 그분이 당신의 권능으로써 직접 그런 변화를 일으키실 수 없다는 것은 무슨 이유입니까?"

야무진 대꾸였다. 이 비교는 참으로 경탄할 만하다. 조리가 정연하고 결론은 빈틈이 없다. 교사는 아량이 있는 사람이었다.

"아, 고맙습니다. 나는 이제까지 인체에 동화 작용이 끊임없이 계속되어, 그 변화가 학생이 믿는 성체 축성 때에 일어나는 변화와 같은 것임을 미처 생각하지 못했습니다. 앞서 얘기한 나의 비판은 터무니없는 말이며 틀린 것이니 취소하겠습니다."

하느님의 사절

　모든 그리스도인들은 자연 법칙의 능력은 그 창조주이신 하느님께로부터 온다는 것을 인정한다. 만일 하느님께서 이런 법칙으로 빵과 포도주를 살과 피로 변화시키신다면, 아무도 이 소녀의 조리 있는 논리를 부인할 수 없다. 즉, 하느님께서 당신의 피조물에게 이렇게 할 권능을 주시고, 이렇게 하도록 위임하신 것은 물론 하느님 친히 하실 수 있다는 말이다. 일찍이 초서G. Chaucer가 이른 것처럼 말이다. "자연이란 전능하신 주님의 대리자일 뿐이다."(Parlement of Foules, I, 379)

　자연법은 하느님의 사절이기 때문에, 우주의 벌판과 골격 뒤에는 무한한 지성이 현존함을 선언하고 있다. 자연계의 이 무수한 법칙들이 지향된 목적을 달성하도록 기막히게 훌륭히 조화 협조하도록 꾸며 놓은 이 지성이 없다면, 우주는 질서를 잃어 그야말로 뒤범벅이 될 것이다.

　이제까지 여러 가지로 말하여 왔지만, 한마디로 말한다면 그래도 성체는 무서울 만큼 도무지 알 수 없는 신비임은 어쩔 수 없다. 죽음을 면치 못하는 이 세상에서는 어쩔 수가 없다. 인간 지성의 어두움이 하느님의 광명으로 비추임을 받는 저쪽 생명을 누리게 되는 날이면, 왜 그리스도께서 밀떡이라는 형상 밑에 계시면서 우리의 양식이 되고 끝없는 힘이 되고 계신가를 이해하게 될 것이다. 그럴지라도 신비라는 사실은 인간 지성이 이를 받아들일 수 없게 하는 장애는 되지 않는다. 왜냐하면 자연 그 자체가 글자 그대로 신비에 휩싸여 있기 때문이다. 우리 주위는 온통 신비로 가득 차 있다.

'어떻게'의 신비

한 포기 풀잎이 어떻게 생명이 없는 무기 물질을 생명이 있는 원형질로 변화시켜 그것에 생식력을 줄 수 있을까? 이 세상에서 제아무리 이름을 떨치는 화학자들이 연구를 하고 실험실 속에서 갖은 설비를 다 갖추어 애쓰더라도, 온갖 풀잎이나 나뭇잎이 매일매일 하는 그 생명 작용을 재현할 수는 없다. 나뭇잎은 신비로운 어떤 방법으로 무생물과 생물을 갈라놓은 심연(어떠한 과학도 아직 건너 보지 못한 심연)에 다리를 놓는 데 성공하고 있다. 그렇다면 모래알 하나 속에도 방대한 원자력이 저장되어 있어, 이를 이용하려는 인간 재능에 도전하는 비밀은 대체 무엇인가? 과학은 아무 대답도 없다.

먼지의 미립자 자체는 사람의 눈에는 전혀 움직이지 않는 것처럼 보이는데도, 그 티끌 속의 원자 속에 있는 전자들은 직경 백만 분의 1인치도 못 되는 그 좁디좁은 감옥 속에서 비행기보다도 빠른 속도로 움직이고 있다니 어찌 된 일인가? '골치 아픈 신비'라는 것이 겨우 과학의 대답이다.

이제 겉으로 보기에 가장 간단한 행동, 즉 손가락을 드는 행동을 예로 들어 보자. 손가락을 들겠다는 마음 또는 생각이 이에 해당되는 신체의 지체에 전해지면, 거기에는 몇 백만이나 되는 신경원이 제각기 활동을 일으켜 어떤 신경 계통은 열리고, 어떤 신경 계통은 닫히고, 어떤 근육은 자극되고 어떤 근육은 수축되어, 드디어 애초에 원하던 대로 손가락을 들어 올리게 되는데, 이것은 대체 어떻게 되는 것일까?

이 간단한 문제에 대해서까지도 세상의 모든 심리학자들은 대답을 못 하고 있다. 다른 문제나 다름없이 이것도 신비로 남아 있다. 겉으로 보기에 이다지도 간단한 문제를 과연 사람이 장차 대답할 수 있을까 하는 것조차 아마 이 세상에서는 불가능한 일인 듯하다. 요컨대 우리가 여러 가지 행동을 하여 그 결과가 일어났지만, 가장 간단한 행동조차 그 궁극에는 어떻게 해서 된다는 뚜렷한 방법과 자세한 과정은 여전히 들여다볼 수 없는 장막으로 뒤덮여 있다.

손을 맞잡고

우리 주위가 숨 쉬는 공기로 둘러싸여 있듯이 신비로 둘러싸여 있음을 깨달았을 때, 이로부터 지성의 겸손이 우러나와 어떤 교리가 신비에 싸여 있다 해서 무턱대고 걷어차 버리는 것과 같은 경솔한 행동은 삼가게 된다. 이 점에 있어 필자는 결코 불가지론을 주장하는 것이 아님을 밝히고 싶다. 다만 과학의 관점에서 제공하는 기본적 사고방식 그대로, 과학의 분야가 아닌 종교 분야에 놓여 있는 신앙의 진리에 대해서 무효하다고 여기면 안 된다는 말일 뿐이다. 즉, 어떻게 해서 그러한 결과가 이루어지는지 자세한 것을 알 수 없다는 이 단순한 이유 하나 때문에, 충분한 증거가 있는데도 동의를 주저해서는 안 된다는 말이다.

말하자면 성체 속에 어떻게 그리스도께서 실재하실 수 있는가를 이해할 수 없다 해서, 이 이유 하나만으로, 성체 교리를 믿는 것이 이성에 폭력을 가하는 것이라고는 결코 말하지 못한다. 이것은 이성을 손상시키기는커녕 오히려 이성에게 합당한 존경을 표하는 것일 뿐더러, 종교사에 있어서도 과학이나 다른 분야에 있어서와 똑같은 방법을 이성이 따라야 한다는 것일 뿐이다. 과학이나 다른 분야에 있어서는 오감에 의한 검사가 절망시되는 자연의 비밀 속에 숨어 있는 많은 진리를 인정함으로써 이성이 그 위엄을 높여 왔다. 그러므로 성체 안에 그리스도께서 실재하심을 믿는다는 것은 이성과 신앙이 손을 맞잡고 걸어간다는 것이다.

말뿐?

몇몇 피상적인 비평가들이 있는데, 이들은 성체를 축성하는 말은 단지 말일 뿐이지 원소에 아무런 변화를 일으키지 않는다고 한다. 그들은 이 말 위에 있는 힘을 이해하지 못한 것이다. 이는 말 그것만이 아니라 효과를 결정하는 말이다. 물을 예로 들자. 물은 그 스스로는 전기를 발전시킬 수 없다. 그러나 수력과 기술자의 기술이 뒤에 있어 발전기가 돌아가도록 기술자가 만들어 놓으면, 결국 우리 모두가 전기를 쓸 수 있게 된다. 종이 한 장을 예로 들자. 존경받는 인사가 이 종이 위에 서명을 하면 전쟁이냐 평화냐가 결정되고, 냉전이냐 세계 평화냐가 결정된다.

또한 말을 예로 들자. 시인의 힘이 이 뒤에 있으면 이는 노래가 되고, 아름다움이 되고, 음률이 되어 사람의 심금을 울린다. 웅변가의 힘이 이 뒤에 있으면 무수한 군중이 움직인다. 판사의 힘이 이 뒤에 있으면 무죄냐 유죄냐, 자유냐 감옥살이냐, 생명이냐 죽음이냐가 결정된다. 하느님의 힘이 이 뒤에 있으면 아무것도 없는 허무로부터 우주가 존재하게 된다. 빵 한 쪽을 예로 들자. 사람의 힘이 이 뒤에 있으면 이는 그 사람의 살과 피로 변화된다. 간략하게 줄여 말해서 하느님의 힘이 이 뒤에 있으면, 이는 영광스러운 우리 주 예수 그리스도의 살과 피, 영혼과 신성으로 변체變體된다.

결정하는 것, 가장 중요한 그것은 말이 아니라, 말 뒤에 있는 힘이다. 말 뒤에 무한한 권능과 지성이 있다면, 이는 지존하신 분의 전권 대사가 되고, 마치 태양 빛이 깜박이는 촛불을 능가하듯, 인간 권능을 초월하는 신적 효력을 입는다. 하느님과 한 말씀은 능히 이 우주를 무無로부터 존재로 이끌어 내는 것이다. 하느님과 한 말씀은 가장 높으신 사제, 인류의 죄를 위하여 골고타의 희생이 되신 예수 그리스도를 보잘것없는 빵과 포도주의 형상 아래 제대 위에 계시게 할 만하다.

성사의 열매

끝으로 이 위대한 성사의 효력에 대해서 이야기하겠다. 성체성사는 성자 강생의 연장이며 인간 영혼을 위한 것이다. 영성체는 사랑으로써 그리스도와 영혼을 한층 더 친밀히 결합하게 하며, 영혼을 성화 은총으로 넘쳐흐르게 하고, 죄를 이기는 힘을 많게 해 주며, 장차 영광스럽게 부활하여 지복직관 속에 사랑으로 하느님과 일치하게 될 약속이다. 합당하게 영성체하는 이만이 "내 살을 먹고 내 피를 마시는 사람은 내 안에 머무르고, 나도 그 사람 안에 머무른다."(요한 6,56)라고 그리스도께서 말씀하신 천국과 사랑의 일치를 세상에서도 미리 맛볼 수 있다. 애인들은 서로 헤어지는 것을 생각조차 하기 싫어하며, 사랑하는 사람과 늘 결합하여 있기를 간절히 바란다. 그리스도께서는 성체의 사랑을 통해서 세말까지 우리를 끌어당기신다.

몇 해 전 필자는 이런 경험을 한 적이 있다. 성지에서 돌아오던 길에 이집트 카이로에 머물 때였다. 어느 날 저녁, 흰옷을 입은 어떤 이집트 소년이 사제관으로 달려와 어떤 미국인이 죽어 가고 있는데 신부를 찾는다고 전했다. 나는 임종자에게 마지막 성사를 주려고 달려갔다. 내가 그 환자를 찾아낸 곳은 그 도시 빈민굴의 어떤 허름한 음식점 2층의 자그마한 방이었다. 그는 상선을 타고 오랫동안 인도양을 항해하던 돈 많은 군인이었는데, 흑사병에 걸려 죽어 가고 있었다. 그의 얼굴은 창백하고 여위어 홀쭉하였다.

그는 고해하고 성체를 영한 다음 이렇게 말했다.

"신부님, 저는 지난 몇 주일 동안 낯선 세상의 한구석에서 친구도 가족도 만나 보지 못한 채 혼자 죽어 간다는 것을 생각하며, 쓸쓸하고 외롭고 허전한 마음을 걷잡을 길 없어 자포자기의 심정에 빠져 있었습니다." 그의 눈에는 이슬이 맺혔다. "그러나 이제 저는 평안합니다. 저는 이제 모든 이를 만날 것입니다. 그리스도께서 저를 안전한 본향으로 데려다주실 것이기 때문입니다."

내가 나오려고 할 때 그는 이렇게 말했다. "신부님, 제가 20년 전에 고향인 남캘리포니아에서 첫영성체를 했을 때 모신 그 그리스도를 이곳 아프리카에서 모시게 되다니 참 감개무량합니다."

나는 이 옛 도시의 어두침침하고 꾸불꾸불한 거리로 나섰다. 이 도시를 굽어보는 언덕 위에는 한때 나폴레옹이 이 도시를 정복했을 때 세운 성채가 솟아 있었고, 동녘에는 5천여 년 전에 파라오들이 세운 스핑크스와 거대한 피라미드들이 엷은 달빛 아래 우뚝 서 있었다. 그 파라오들의 거세던 군대는 그 후 50세기 동안 사하라의 사막 밑에서 잠들어 있다. 밤하늘 아래 큰길가마다 이슬람 교당이 기괴한 모습으로 뿌옇게 이어 있었다. 죽어 가던 그의 말이 다시 떠올랐다. 캘리포니아와 카이로가 갑자기 마주 서 있지 않은가? 몇 세기라는 심연은 다리로 이어졌다. 산 넘고 바다 건너 8천 마일에 걸친 장애물은 시간이나 공간이나 국경이나 인종이나 겨레의 차별을 모르는 하느님 사랑의 힘으로 깨끗이 사라졌다.

성체성사야말로 전능하신 분께서 바오로 사도가 어렴풋하게 말한 지복직관 속에서 이루어지는 형언할 수 없는 사랑의 일치를 이 세상에서도 당신 자녀들에게 미리 맛보게 하시려는 황금 끈이다. "어떠한 눈도 본 적이 없고 어떠한 귀도 들은 적이 없으며 사람의 마음에도 떠오

른 적이 없는 것들을 하느님께서는 당신을 사랑하는 이들을 위하여 마련해 두셨다."(1코린 2,9)

실천

- 자연의 아름다움과 신비 속에서 하느님의 영광을 볼 수 있도록 하기. 맑은 하늘을 상쾌하게 쳐다보기.
- 우리에 대한 하느님의 사랑을 더욱 잘 알게 되는 성체의 그리스도를 찾아뵙기.
- "저는 믿습니다. 믿음이 없는 저를 도와주십시오."(마르 9,24)라는 기도문을 자주 외우기.

제20장
왜 성체를 자주 영하는가?

영혼을 살리는 천상의 양식

자애로우신 하느님께서 인류에게 주신 가장 큰 선물은 예수 그리스도시다. 예수 그리스도는 사람으로 태어나신 하느님이신 까닭이다. 사람의 자녀들과 함께 계시는 것이 그분의 기쁨이다. 그분은 사람들과 벗으로서, 영감을 주는 충고자로서, 지존한 사제로서, 항상 함께 계시고자 실재하시는 성사를 세우셨다.

성체 안의 그리스도께서는 이 세상 방방곡곡에 흩어져 있는 무수한 감실 속에서 당신의 백성들과 더불어 계신다. 그분은 그들과 함께 머물러 계실 뿐 아니라, 그들의 영혼을 먹여 살리는 양식으로 당신 자신을 주고 계신다. 영원한 성부의 아들 예수 그리스도, 성부와 더불어 한 하느님이신 그분은 당신 자신을, 영혼과 신성을, 살과 피를 성체성사로써 죽을 인간에게 주고 계신다. 예수 그리스도께서는 하느님의 권능의 기적을 말미암아 당신 자신을 우리에게 매일의 양식으로 주고 계신다.

여기에 인간성의 나약한 가슴속으로 스스로 흘러 들어가시는 하느님의 전능이 있다. 여기에 사람의 마음속에 스스로 소진되시는 하느님의 사랑이 있다. 당신의 눈부신 광휘 때문에 사람들이 질려 버리지 않게 하시고자 신성의 외적 광채를 스스로 없애시고, 보잘것없는 성체의 형상 아래 예수 그리스도께서는 약하고 죽을 인간에게 오신다. 그분은 우리의 일용할 양식이다. 이것이야말로 인간에게 주시는 하느님의 최상의 선물이다. 아무리 무한하신 하느님이실지라도 인류에게 이보다 더 큰 선물을 주실 수 있을까 하는 생각만으로도 눈이 글썽거리고 아찔해진다.

나병 환자를 깨끗이 하고, 눈먼 이를 눈뜨게 하고, 앓는 이를 고쳐 주고, 죄인을 용서하고, 인류의 구원을 위하여 골고타의 십자가 위에서 죽으신 그리스도께서는 지금 성체 안에 현존하신다. 그리스도께서 부활하신 후 다락방에 숨어 있던 제자들에게 나타나셨을 때, 문이란 문, 창이란 창은 모두 꼭꼭 닫혀 있었다. 그런데 그리스도께서는 갑자기 그들 가운데 나타나셔서 그들에게 말씀하셨다. 그리스도는 물질의 특성을 초월한 그 같은 영광스러운 몸으로 지금 당신 사랑의 성사에 현존하신다.

그러므로 그리스도께서 성체 안에 현존하심은 암울한 현대 사조에 대한 해독제이며, 조수같이 흔들리는 현대의 불안정과 의심에 대한 닻이다. 이는 하느님을 사색의 세계로부터 끌어내어 우리의 충고자, 우리의 영감자靈感者, 우리의 항구한 벗으로서 우리 가운데 모시는 것이다. 그분은 영성체 때에 천상의 만나, 천사들의 빵, 영혼의 양식으로서 우리에게 오신다. 이 역사적 그리스도교의 중추 교리를 고수하는 이는 누구라도, 여기에 현대의 불신앙의 공격을 막아 내는 난공불락의 장비가 갖추어져 있음을 발견할 것이다.

그리스도의 말씀만으로 충분하다

어느 날 프랑스의 왕 루이 14세에게 시종이 숨을 헐떡거리며 달려와 놀라운 뉴스를 전했다. "폐하, 속히 성당으로 가 보소서. 기적이 일어났사옵니다. 신부님이 미사성제를 드리고 있는데, 성체 축성이 끝나니 성체 대신 그리스도께서 사람의 모습으로 제대 위에 계시지 않겠사옵니까! 모두들 놀라고 있나이다. 사라지기 전에 속히 가 보소서."

그러나 이 시종이 더욱 놀란 일은 이 성인다운 임금의 조용한 대답이었다. "성체성사 안에 주님께서 실재하심을 의심하는 사람이나 가 보도록 하라. 짐은 비록 제대 위에 사람의 모습으로 나타나신 예수님을 보고, 짐의 손으로 그분을 만지고, 그 목소리를 듣는다 할지라도, 성체성사 안에 그분이 실재하심에 대한 신앙이 지금보다 더 굳어질 여지는 없느니라. 짐에게는 그리스도의 말씀만으로 충분하도다. 짐에게는 기적이 필요 없느니라." 모든 이의 신앙이 이래야 할 것이다. 그리스도인에게 있어 그리스도의 말씀보다 더 큰 신앙 개조가 있을 수 있는가?

이제 문제에 부딪치게 된다. 전능하신 하느님의 권능으로 인해 인류에게 주실 수 있는 가장 큰 선물(성체성사 안에 그리스도께서 참으로 현존하심)을 우리는 어떻게 이용하고 있는가? 우리는 거룩한 미사에 참례하여, 우리 죄를 속량하시는 성체의 희생을 사제와 더불어 봉헌하고, 제대 위의 감실 속에 계시는 성체성사의 임금님께 조배하고, 또 특별히 영성체를 통해 하느님을 받아 모심으로써 이러한 하느님의 은혜를 누릴 수 있다. 자주자주, 매일매일 영성체하는 것보다 더 신심 깊은 행위는 없다. 비오 10세 교황은 모든 신자들이 이 천상의 양식을 자주 영하도록 권했다. 이는 정직하고 거룩한 생활에 가장 큰 도움이며, 우리에게 엄습하는 온갖 유혹을 물리치는 확실한 방패다.

성사의 열매

이 성사의 효과는 다양하다. 우선 하느님께서 실재하심을 더욱 심각하게 인식하게 하고 그분의 따뜻한 사랑을 의식하게 하며, 하느님께서 우리 모든 행위의 증인이시며 우리의 모든 말을 듣는 분이시고, 또한 영혼의 말 없는 영역에서 마구 용솟음치는 생각이나 원의를 목격하는 분이심을 깨닫게 한다.

그분은 우리 숨결보다 가까이 계시고, 우리 손발보다도 가까이 계신다. 이리하여 성체성사는 우리를 볼 수 있고 만질 수 있고 손에 잡히는 것에 매어 있는 감각의 폭군으로부터 해방시켜 준다. 이는 우리로 하여금 인생의 가장 심오한 실재는 영적인 것이고, 이는 감각이 닿을 수 없는 곳에 있음을 인식하게 하는 데 이바지한다. 이로써 바오로 사도의 말씀을 이해할 수가 있다. "보이는 것은 잠시뿐이지만 보이지 않는 것은 영원합니다."(2코린 4,18) 우리도 모든 시대의 거룩한 영혼들과 함께 이렇게 외치고 싶은 충동을 일으킨다. "아! 손에 잡을 수 없는 그리스도, 나는 당신을 잡나이다. 알아들을 수 없는 당신을, 당신을 나는 파악하나이다."

또 이는 하느님의 현존을 인생의 가장 항구한 사실로 깨달은 모든 세대의 간선된 영혼들과 우리를 일치하게 함으로써, 우리를 시간과 공간이라는 좁은 감옥으로부터 구출해 낸다. 아울러 이는 우리로 하여금 외적 환경의 껍데기를 벗어 버리고, 이것만이 인생에 의의를 부여하는 영적 실재의 알맹이를 파악하게 한다. 영적 실재에 대한 이 날카로운 지각, 하느님의 현존에 대한 이 드높은 인식, 바로 이것이 신앙인과 세속 사람과의 본질적인 차이점이다. 필자는 1925년에 성지를 순례했었는데, 그때 터키의 이즈미르를 지나가게 되었다. 그때는 터키인들이 그 도시에서 그리스도인들의 구역을 약탈하고 불 지르며 여러 사람을 살해한 직후였다. 폐허 가운데 수도원 하나가 다행히 남아 있었다. 수녀들 중에 아일랜드 출신 수녀가 한 명 있었다.

필자는 그녀에게 물었다. "고향에서 이렇게 멀리 떠나 있으니 오죽이나 적적하시겠습니까? 후미진 세상 한구석 남모르는 곳에 홀로 버림 받은 것처럼 느껴지지는 않습니까?"

그러자 그녀는 감실을 가리키며 이렇게 대꾸했다. "신부님, 성체가 계시는 곳이 곧 저의 집입니다. 여기에 저의 주님이시며 제 하느님께서 계십니다."

얼마나 놀라운 말인가. 이것이야말로 모든 사제, 수도자, 평신도들이 할 수 있는 말이다. 성체의 그리스도께서는 이역의 흙을 밟은 선교사들의 마음에서 향수병을 깨끗이 씻어 주고 계신다. 우리 주 하느님께서 계시는 곳에 향수병이란 있을 수 없다. 그분이야말로 각 가정의 본질적인 요소이시기 때문이다.

숨은 힘의 샘

필자는 멕시코를 방문한 적이 있는데, 그곳에서는 수녀들이 평상복을 입고 정부의 금령禁令을 무릅쓰고 교육 사업에 종사하고 있었다. 그곳에서는 종교적인 그림이나 동상, 상징, 감실, 제대, 성당이나 경당 등은 아무것도 허락되지 않았다. 그럼에도 불구하고 집집마다 방 하나를 따로 정해 놓고, 서랍 속이나 책장 속에, 또는 다른 살림살이 속에 성체를 감춰 모셔 두고 있음을 보았다. 여기서 수녀들은 혁명 정부의 조직적인 종교 탄압에 대한 항전을 계속할 힘과 용기를 길렀다. 그들은 수도복, 제대, 경당, 십자가 등 온갖 외적 신앙의 표상을 모조리 빼앗겼지만, 성체 안의 주님께서 그곳에 계시는 이상 그들에게는 그것만으로도 충분했다.

그들은 숨은 곳으로 영성체하러 갔고, 그리하여 성교회의 카타콤의 영광스러운 전통을 20세기에 되살리고 있었다. 거듭된 박해 속에서도 멕시코에서 신앙의 생명을 유지하게 하는 것은 성체성사였다. 정부 앞잡이들의 눈이 닿지 못하는 몇 천의 가정에, 창고 속에, 굴속에 모셔 둔 성체였다. 성체 안에 계시는 상냥하신 그리스도께서는 멕시코의 가톨릭 신자들을 이 시련의 시대에 숨은 힘과 용기의 샘으로써 힘을 북돋아 주고 계셨다. 성체의 그리스도께서는 등을 벽에 기대고 별을 쳐다보는 그들에게 투쟁을 계속하라고 격려하신다. 그들의 영혼이 다시 한 번 불멸의 신앙으로 단련되었을 때는, 기관총이나 불을 토하는 포병대일지라도 벌거벗은 영혼조차 죽이지 못한다는 사실을 세상에 보여 줄 때까지.

그렇지만 성체께서 힘과 용맹을 가져다주는 대상은 이국에 가 있는 선교사들이나 박해의 총칼 아래 신음하는 그리스도교 신자들에게 국한된 것이 아니다. 고향을 그리는 고독한 모든 영혼에 대해서도 그렇다. 어느 날 일리노이 대학의 학생이 내게 이렇게 말했다.

"신부님, 제가 몇 주일 전 대학에 처음 왔을 때는 집 생각이 간절하고 무척 외로웠습니다. 학교 시설이 제법 큰 데다가 집을 떠나 있기는 이번이 처음이기 때문입니다. 그런데 영성체를 한 후에는 고독이라든지 향수병이 깨끗이 가셨습니다."

그리스도께서 우리 마음에 임하시면 우리가 어느 나라 어느 도시에 있든, 그곳이 곧 우리 집이 된다는 말이다. 자주자주 영성체하면서 그리스도의 따뜻한 사랑을 맛본 이는 누구라도 다음의 시에 공감할 것이다.

지존하신 분의 영을 느끼었으니

어느 누구도 그분을 의심하거나 부인하지 못하겠으나

오, 이 세상아,

너 한마디로 그분을 부인하도다.

그러나 나는 저편에

나는 이편에 서 있노라(W. H. Myers, in 'A Victorian Anthology', p.291).

죄악의 해독제

영성체가 주는 또 하나의 효과는 유혹을 물리치고 죄악의 습관을 고칠 힘을 준다는 것이다. 자주 영성체하는 것은 죄의 위험을 멀리 떠난 거룩한 영혼들만의 특권이라고 여기는 이가 많다. 그러나 공의회의 생각은 그렇지 않다. 공의회는 〈날마다 영성체함에 관한 포고〉에서 이렇게 밝히고 있다.

"모든 신자들은 날마다 거룩한 잔치에 참례할지니, 이는 예수 그리스도와 아울러 교회의 원의이며 다음과 같은 목적을 위함이다. 곧 하느님과 일치한 신자들이 이 성사로써 다섯 가지 감각의 정욕을 물리치고, 날마다의 과오의 때를 씻으며, 나약한 인간성 때문에 떨어지기 쉬운 큰 죄를 피할 힘을 얻기 위함이다. 따라서 이 성사의 목적은 주님께 맞갖은 영광과 존경을 드리는 데나, 영성체하는 자의 덕행을 쌓는 데 있을 뿐 아니라 성체성사를 '우리가 이로써 날마다의 과오를 피하고 죽음의 죄로부터 보호되는 해독제'라고 트리엔트 공의회는 불렀다."

그러므로 성체는 모든 약한 이들, 죄스러운 버릇의 올가미를 벗어나려고 분투하는 모든 이들에게 필요하다. 이는 진정 유혹을 물리치는 최상의 성약聖藥이며, 악습에서 벗어날 가장 강력한 힘이다. 그 악습의 사슬이 아무리 질기더라도 이 성사의 쇠망치에 견딜 수는 없다. 관능, 술주정, 분노, 질투, 탐욕 등의 올가미는 이 쇠망치의 신력 앞에 가루가 되어 버리고 만다.

이 진리는 필립보 네리 성인이 말한 것처럼 어떤 사건에 잘 드러나고 있다. 이 거룩한 사제는 로마 청년들을 오랫동안 지도한 결과, 영성체는 가장 효과적인 덕행의 보호자일 뿐 아니라 습관적인 관능의 사슬을 끊는 오직 하나의 효과적 방법임을 늘 입버릇처럼 말했다. 어느 날 어떤 청년이 고해 때 이렇게 말했다.

"신부님, 저는 육욕의 사슬에 손발이 묶여 꼼짝도 못하겠습니다. 아무리 고치려고 해도 번번이 유혹에 다시 떨어지곤 합니다. 제 일생을 생지옥으로 만드는 이 육욕의 굴욕에서 벗어날 수만 있다면 무슨 일이라도 하겠습니다."

"정말 그 악습에서 벗어나고 싶은가?"

"신부님, 무슨 보속이라도 명하십시오. 그리고 제가 그 보속을 기쁜 마음으로 채우는지 살펴보십시오."

"그렇다면 좋네. 틀림없는 특효약을 주지. 한 달 동안 날마다 영성체할 것! 만일 불행히도 다시 하느님을 배반하는 죄에 단 한 번이라도 떨어지면 그 즉시 고해하고 영성체를 계속할 것! 알겠나?"

이 청년은 그대로 실천했다. 그는 한 달 후에 이렇게 말할 수 있었다. "신부님, 몇 해만에 처음으로 자유롭게 숨을 쉴 수 있게 됐습니다. 매일의 영성체는 저를 이 악습에서 해방시켜 주었을 뿐 아니라, 이 악습에 대한 반발력까지 채워 주었으므로, 다시는 그런 부끄러운 일을 범하지 않을 자신까지 생겼습니다."

이 청년의 경험 속에는 젊은이건 늙은이건 모든 이의 체험이 반영되고 있다. 이 사실은 정말 진리로서 모든 고해 신부들은 육욕의 흙탕물 속에 허덕이고, 누범累犯의 쇠사슬에 얽매어 있는 고해자들에게 같은 말을 해 줄 수 있다. "벗이여, 진정으로 이 악습에서 벗어나고자 하는가? 그렇다면 이 악습을 고칠 때까지 매일 영성체하게. 이를 실천하고 싶지 않다면 자네가 세운 정개의 결심이란 거짓일세. 결심도 성실도 없다는 말일세." 이때야말로 통회자가 정개의 결심이란 입술의 운동만이 아님을 절실히 깨닫게 된다. 이는 효력이 입증된 치료약을 진심으로 이용한다는 것, 간단히 말해서 매일 영성체한다는 것을 뜻한다.

그러나 이제는 강하다

로마 황제 디오클레티아누스의 박해 때 그리스도의 신앙을 위해서 목숨을 바친 순교자들이 무수했다. 그들 중 아버지와 어린 아들이 함께 잡힌 일이 있었다. 이들이 이교도의 법정에 끌려 나왔다. 황제는 그 아버지에게 로마 제국의 잡신들에게 향을 피우든지 그렇지 않으면 목숨을 내놓으라고 호령했다.

그러자 아버지는 이렇게 대꾸했다. "예수 그리스도의 거룩한 피의 값을 치른 신앙을 배반하느니 차라리 죽여 주소서."

그래서 그는 원형 극장에 끌려가 미친 듯 날뛰는 폭도들 앞에서 목을 잘림으로써 십자가에 죽으신 그리스도의 신앙을 아로새겼다. 그때 겨우 열두 살 먹은 그의 아들은 자기 아버지의 이 처참한 죽음을 목격하고는 겁에 질려 버렸다. 얼굴은 두려움으로 창백해졌고, 두 눈에서는 눈물이 넘쳐흘렀다. 황제는 이 소년이 겁에 질린 것을 이용했다.

"설마 넌 네 애비처럼 못난 짓을 하지 않겠지? 자, 이리 와서 로마의 신들에게 향을 피워라. 그러면 네 목숨을 살려 줄뿐더러 네가 원하는 것은 무엇이든 다 주마."

향을 피우러 몇 발자국 내디뎠을 때 소년은 갑자기 온몸이 마비되어 우뚝 섰다. 소년의 귀에 죽어 가면서 외치던 아버지의 목소리가 들려왔던 것이다. 소년은 홱 돌아서기가 무섭게 아버지의 뜨거운 피가 아직도 검붉게 배어 있는 모래 위로 달려갔다. 모래를 두 손에 움켜쥔 그는 반듯이 서서 외쳤다. "몇 분 전까지만 해도 저는 마음이 약해져 배반할 뻔했습니다. 그렇지만 이제는 아버지의 피로 굳세게 됐습니다. 그리스도의 피와 순교하신 아버지의 피의 값을 치른 신앙을 배반하다니 차라리 저도 죽여 주소서."

그는 파릇파릇한 얼굴에 미소를 머금고 입술로는 기도를 올리며 기꺼이 제 목을 바쳤다. 목이 떨어지자 선혈이 샘솟아 그 아버지의 뜨거운 피와 함께 엉겨 모래를 흥건히 적셨다. 이를 지켜본 경건한 그리스도인들은 그 피의 결합 속에서 하늘 저 너머 또 하나의 결합을 보았다. 거기에서 아버지와 아들이 주님의 팔에 안겨 영광스러운 순교의 화관을 받음을.

고대 로마의 이 순교 소년의 말마디는 참으로 모든 영성체자가 발할 수 있는 말이다. "조금 전에는 약해질 뻔했습니다. 그러나 이제는 저의 성부, 저의 하느님의 피로 굳세어졌습니다. 자원해서 대죄를 범하여 주님을 배반하다니, 차라리 저 또한 죽겠습니다."

영성체 때에 우리는 피에 젖은 모래를 움켜쥘 뿐 아니라, 바로 우리 마음속에 구세주 예수 그리스도의 살과 피, 영혼과 신성을 모시는 까닭이다. 하느님의 생명에 참여하게 되고, 천국의 본질적 행복인 지복직관 속에 그리스도와의 일치를 미리 누리는 까닭이다.

더욱 많은 효과

영성체의 여러 효과 중에서도 특히 두드러진 것은, 성화 은총의 증가, 소죄의 용서, 의지의 강화, 죄를 한층 더 두려워함과 죄로 말미암은 잠벌의 용서 등이다. 대죄라도 이를 깨닫지 못하고 선의로써 영성체하는 이는 이 죄를 용서받는다. 다만 영성체자는 자신의 모든 죄를 통회하고, 나중에 그 대죄가 생각나는 경우에는 이를 고해 때에 밝혀야 한다. 영성체로써 대죄가 이같이 간접적인 용서를 받는 이유는, 알면서 장애물을 놓아두지 않는 영혼에게는 영성체를 하면 성화 은총이 흘러 들어가게 마련이라는 사실에 있다. 그런데 성화 은총은 영혼을 아름답게 꾸밀 뿐 아니라 거기 있을지도 모를 대죄나 소죄 간의 모든 죄를 없애 준다. 따라서 영성체는 대죄라도 간접적으로 용서해 준다.

유혹을 이기는 의지를 굳세게 하는 성체성사의 효과에 대해서 트리엔트 공의회는 이렇게 가르친다. "또한 이 거룩한 신비 속에는 우리를 순결히 보존하고 죄악과 유혹의 공격으로부터 보호하는, 말하자면 무서운 질병에 쉽게 감염되지 않도록 천상의 약으로 영혼을 예방하는 효과가 있다. …… 아울러 이는 육욕을 억제하고 영혼을 애덕의 빛으로 더욱 치열하게 하여 필연적으로 욕정의 불꽃을 꺼뜨리기 때문이다."
(Part Ⅱ, Ch. 4, Quest. 51)

교회의 신학자 중에 으뜸인 토마스 아퀴나스 성인은 영성체의 이러한 크나큰 효과를 이렇게 요약했다. "주님 몸의 성사는 마귀를 내몰고, 우리를 악습과 욕정의 자극에서 보호해 주며, 영혼의 죄를 씻어 주고, 하느님의 분노를 풀며, 하느님을 깨달을 이해력을 비추고, 하느님께 대한 사랑으로써 의지와 감정을 불사르며, 영적 감미로움으로써 기억을 채우고, 선행에 굳세어지게 하며, 영원한 죽음을 면하게 하고, 착한 생활의 공로를 배가하며, 우리를 영원한 본향으로 이끌고, 육신을 영원한 생명에 소생하게 한다."

크누트 로크니의 얘기

유혹을 이길 힘을 받은 이는 그로부터 한 걸음 더 나아가 덕행과 영예와 정의와 용감히 맞서 싸울 힘을 얻는다. 자신에게는 죄가 없고 창조주와 우의友誼를 맺고 있음을 아는 이가 영성체로써 한층 더 친밀해지면 그만큼 더 큰 용기와 열성으로 자기 일을 해 나가게 된다. 노트르담 대학의 유명한 코치인 크누트 로크니Knute Rockne는 자신이 지도하는 선수들이 시합이 있는 날 아침에 영성체하러 가는 것을 보고 깊은 인상을 받았다고 한다. 이들 선수들이 야성의 범처럼 용감히 시합에 몰두했다는 사실을 그의 눈이 놓칠 리 없었다. 로크니의 말을 간추리면 이렇다. "나는 선수들이 매일 아침 영성체하러 가는 걸 보고 깊은 인상을 받았다. 결국에는 나도 시합이 있는 날 아침 그들과 함께 미사에 참례하기로 했다. 시합을 위해 그 도시에 도착했을 때, 우리 선수들은 기차에서 내리자마자 성당으로 달려갔는데, 코치인 내가 차를 몰고 호텔로 가서 쉬고 있다면 아무래도 꼴사나울 것이기에, 다른 이유야 어떻든 겉으로라도 시합 날 아침에는 선수들과 함께 성당에 가기로 했다.

동부에서 큰 시합이 있기 전날 밤, 나는 다음 날의 시합이 걱정되어서 잠을 이루지 못하고 침대 위에서 뒤척거리고만 있었다. 결국에는 이불을 걷어차고 일어나, 옷을 주워 입고 로비에 내려와 혼자 의자에 걸터앉아 있었다. 아무도 없는 로비에 도착한 것은 아마 새벽 두 시나 세 시쯤 되었을 것이다. 거기서 의자 하나를 끌어내 앉아 종업원들과 잡담이라도 하면서 축구 시합의 걱정을 잊으려 했다. 새벽 대여섯 시쯤에 나는 혼자 호텔의 로비를 왔다 갔다 하고 있었는데, 갑자기 달려나온 우리 선수 두 명과 부딪치고 말았다. 짐작은 갔지만 나는 그들에게 지금 어디에 가는 참이냐고 새삼스럽게 물었다.

나는 다시 로비 한구석에 있는 의자에 앉았다. 그 자리는 아무에게도 눈에 띄지 않지만, 문을 드나드는 사람은 누구라도 볼 수 있는 곳이었다. 한 4, 5분 지날까 말까 했을 때, 한패의 선수들이 또 몰려나왔다. 마지막으로 거의 다 나간 다음 나는 다음에 뛰어나올 선수에게 말을 걸 수 있을 만큼 문턱에 다가섰다. 또 몇 분 지나니까 마지막 한패가 승강기에서 뛰어나와 문 쪽으로 달려왔다. 나는 그들을 불러 세우고 미사에 참례하러 가는 거냐고 물었더니, 그들은 그렇다고 대답했다. 그래서 나도 같이 가기로 했다.

젊은 사람들은 별로 느끼지 못하는 듯했지만, 나는 그들의 열심에 크게 감동했다. 선수들이 모두 영성체하러 나가는 것을 본 나는, 이 때문에 그들이 몇 시간의 달콤한 잠을 밑졌다는 것을 깨달았고, 나는 그들의 신앙이 축구 시합에 얼마나 큰 도움이 되고 있는가를 처음으로 깨달았다. 이때가 정말로 내가 빛을 보기 시작한 때다. 내 생활에 있어야 될 것이 없음을 깨닫는 빛을 보기 시작한 것이다. 그 후 나는 선수들과 함께 제대 앞에 무릎을 꿇는 기쁨을 누리게 됐다."

매일 영성체할 자격

매일 영성체하려면 어떤 조건이 필요한가? 이 질문에 답변하는 1905년 12월 16일 공의회의 결정은 이렇다.

1. 자주자주, 또는 매일 영성체하는 것은 우리 주 그리스도와 성교회

가 바라는 것이며, 지위가 높고 낮음을 막론하고 모든 신자들에게 개방되어 있다. 그러므로 성총 지위에 있고, 합당하고 열심한 준비로 거룩한 잔칫상에 가까이 오는 이는 누구라도 합법적으로 이 권리를 침해받지 않는다.

2. 타당한 준비는 이러하다. 거룩한 잔칫상에 가까이 가는 이는 그저 버릇으로나, 허영심으로나, 인간적 존경 때문으로는 영성체하지 말 것이며, 오직 하느님을 기쁘게 해 드리고, 애덕으로써 그분과 더욱 밀접하게 일치하고, 자신의 약점과 허물을 고칠 천상의 약을 찾는다는 목적으로 해야 한다.

이제 명백해진 것처럼, 대죄 중에 있음이 확실하지 않은 이와, 천상의 빵으로 자기 영혼을 양육하고자 거룩한 상에 가까이 가는 이는 누구라도 이 성사에 참여할 수 있다. 대죄 중에 있음이 아주 확실하지만 않으면, 그저 세심함이나 의심만으로는 영성체를 금하기에 충분한 이유가 되지 않는다.

더욱이 영성체하러 갈 때마다 번번이 고해할 필요는 없다. 이렇게 하면 오히려 불편하고, 이 때문에 많은 이가 영성체를 그만둘 것이 뻔하다. 공의회는 명백하게 선언한다. 성총 지위에 있고 타당한 준비만 되어 있으면 매일 영성체할 수 있다. 성교회가 매일 영성체를 이렇게까지 쉽게 할 수 있게 한 것은, 신자들이 되도록 자주 영성체하기를 원하고 있다는 표시다.

공심재

성교회에서는 과거 여러 세기 동안 신자들이 영성체하려면 그 전날 밤중부터 공심재를 지키기를 명했다. 그런데 1953년 비오 12세 교황은 영성체를 위한 공심재의 규정을 쉽게 정했고, 1957년에는 교우들이 더욱 자주 영성체하도록 한층 더 쉽게 고쳤다.

영성체 전에 물을 마시는 것은 공심재를 깨뜨리는 것이 아니다. 비록 병석에 누워 있지 않은 이라도 약이나 알코올이 아닌 음료를 마신 병자는 영성체할 수 있다. 모든 신자는 한 시간 전부터 고형 음식과 알코올 성분의 음료를 먹지 말아야 하고, 알코올이 아닌 음료도 한 시간 동안 공심재를 지키면 된다. 이 공심재의 규정은 아침 미사나 오후 미사나 저녁 미사뿐 아니라 새벽 미사에도 적용된다.

물론 할 수 있다면 종전대로 밤중부터 공심재를 지키고, 새로운 특전을 이용하는 경우에는 보속 행위나 애덕의 행위로 이를 대신할 것이지만, 이런 것이 의무는 아니다. 무슨 원인으로든지 죽을 위험이 있거나 또는 성체가 모욕을 당하지 않게 하기 위해서 불가피한 경우에는, 공심재를 지키지 않고도 영성체할 수 있다.

생명의 양식

미국 주재 교황 사절 치코냐니 대주교는 뉴올리언스에서 개최된 성체 대회 석상에서 이렇게 선언했다. "현대는 그리스도교 문명 시대라 불리고 있다. 이제 그리스도인이란 그리스도를 따르는 자들을 뜻하며 그리스도인의 본질은 곧 우리 안에 우리의 생각과, 우리의 사사로운 또는 공식 행위 속에 계시는 그리스도의 생활이다. 그러한 생활이 없다면 그리스도인은 그야말로 유명무실하다. 이렇게 되면 이는 우리의 영광이기는커녕 수치가 될 뿐이다.

제대는 이 생활의 중심이다. 사제를 위해서는 그곳이 성체의 제사를 바치고 하느님의 말씀을 전하는 중심이 되며, 신자를 위해서는 성당에 모여 제대 앞 감실에서 영혼을 굳세게 하는 중심이다. 우리는 감실을 그저 조배만 하는 신전으로만 여기거나, 성체를 단지 영광을 받을 성스러운 상징으로만 여겨서는 안 된다. 이는 진정 받아먹을 양식이요, 생명의 음식이며 그리스도인들 생활의 양식이다. 따라서 이는 성체의 생활이어야 하며, 성체적 생활은 하나의 사도직 외의 다른 것이 될 수 없다."(The Register, Oct. 23, 1938)

비오 11세 교황은 이 대회에 부치는 라디오 연설에서 애석한 악폐를 지적한 후 이렇게 말했다. "그럴지라도 그대들과 모든 백성들 사이에 성체께 대한 사랑과 이 장엄한 성사께 대한 날로 증가하는 열렬한 신심이 또다시 꽃피었기에, 온 성교회의 앞날에 희망을 두면 잘못일까? 나는 어버이의 사랑으로 그대들이 성체께 지극히 거룩한 열정을 발하기를 권장하는 한편, 씩씩한 젊은이들, 재력과 능력이 뛰어난 그대들이 가톨릭 신앙과 그리스도인의 덕행에 있어서도 빛나는 모범이 되기를 그대들과 더불어 열렬히 기도한다."

자주 영하기에 부당하다

이제 자주 또는 매일의 영성체를 반대하는 몇 가지를 따져 보자.

"나는 자주 영성체하기가 부당하다고 생각한다."

이 반대는 영성체의 제1 목적을 곡해한 데서 기인한다. 이는 덕행에 대한 갚음이라기보다는 죄에 대한 해독제다. "만일 그대가 매일 영성체하기에 부당하다면, 1년 동안 영성체를 안 하고 나면 합당해지겠는가?"라고 암브로시오 성인은 묻는다(De Sacramentis, lib. V. C. IV). 약하고 죄에 떨어지기 쉽다고 느끼는 바로 그 사실이 자주 영성체해야 하는 이유다. 교회는 영성체 전에 사제와 더불어 다음과 같이 겸손한 반성을 되풀이하기를 명한다. "주님을 모시기에 합당치 않사오나……." 이 천상의 양식을 멀리할수록 그만큼 이를 영하기에 더 부당하게 될 것이다. 그러므로 트리엔트 공의회는 이렇게 지적한다. "이로써 우리의 매일의 잘못과 죽음의 죄악으로부터 구해 주는 해독제다."

파데레프스키Paderewski는 하루라도 피아노 연습을 하지 않으면 즉시 그 표가 난다고 말한 적이 있다. 이틀을 하지 않으면 아내가 그것을 깨닫게 되고, 사흘을 안 하면 친구가 알고, 나흘을 안 하면 모든 청중이 다 안다고 말했다. 손가락이 아니라 마음과 양심을 매일 영성체로써, 늘 은총의 음악과 하느님 사랑의 따뜻한 가락을 민감하게 느끼는 이들도 이와 마찬가지다. 하루하루 성체를 멀리하는 결과는 눈에 보일 만큼 성령의 감도하심을 잃게 되어 양심의 감수성을 둔하게 하고, 성체 안의 주님께 대한 사랑의 맛을 잃게 한다.

기계적인 일과

"너무 친숙해지면 성체께 대한 존경심과 신심을 잃을까 봐 걱정이다. 영성체가 너무도 기계적인 버릇이 되어 버릴 것이다."

신심을 잃음은 맞갖은 준비를 하지 않은 결과다. 영성체를 신심 있게 준비한다면, 자주 영성체할수록 존경과 사랑이 깊어진다. 친근하다는 것도 그리스도께 대한 친밀한 일치라는 뜻이면, 이는 불가한 것이기는커녕 모든 기도와 모든 신심 행위의 목적이다. 일과 또는 버릇이라는 것도 두 가지로 분간해야 한다. 하나는 날마다 영성체함에 관한 포고의 둘째 규칙에서 배척된 것이다. 이는 순전히 기계적으로 영성체하는 것으로, 불경스럽거나 적어도 무관심한 태도이며, 간단히 말해서 '타당하고 열심한 준비'가 없는 것이다.

이 태도는 존경과 사랑으로써 타당하게 준비하여 자주 영성체하는 경우의 태도와는 정반대다. "나를 먹는 이들은 더욱 배고프고 나를 마시는 이들은 더욱 목마르리라."(집회 24,21) 이 집회서의 말씀이야말로 자주 영성체하는 모든 신심 깊은 이들의 체험을 반영하는 말이다.

또 한 가지 일과는 습관과 같은 뜻이다. 여기에서 일과는 행위를 쉽게 한다는 뜻으로, 모름지기 모든 덕행에 대해서 바람직한 것이다. 예컨대 날마다 습관적으로 아침 기도와 저녁 기도를 한다는 것은 대단히 바람직하다. 그러므로 매일 영성체를 그저 기분 내키는 대로 하지 않고 습관적으로 함은 대단히 칭찬받을 만하다. 영적 생활의 전체적 목표는 한마디로 덕행의 습관을 기르는 것이다.

날마다 고해?

"고해하지 않고는 영성체할 마음이 나지 않는다. 그렇다고 날마다 고해할 시간도, 기회도 없다."

교회는 대죄를 의식하는 경우만 제외하고는 고해하지 않고도 영성체를 거듭할 수 있다고 가르친다. 그렇다면 왜 교황께서 요청도 하지 않은 일을 주장하는가? 날마다 영성체함에 관한 포고는 단 두 가지 조건, 곧 '성총 지위'와 '타당하고 신심 깊은 준비'만이 필요하다고 명언하고 있다. 교황 이상으로 엄격하게 된다는 것이 착한 가톨릭 신자의 표지가 아니다. 따라서 원한다면 단 한 번의 고해로 몇 주일 동안 영성체를 계속할 수 있다.

성체의 힘

하느님께서는 윤리 또는 신심의 표준이 남자를 위한 것과 여자를 위한 것이 따로따로 있지 않다. 기도와 성사는 남자에게나 여자에게나 아이에게나 매한가지로 은총을 얻는 방법이다. 이 성사를 주로 부녀자를 위한 것이라고 생각하는 것은, 그리스도께서 성체성사를 세우신 목적을 대단히 오해하는 것이다. 이는 모든 이를 위한 것이고, 특별히 위험에서 시달리는 이를 위한 것이다. 이 성사야말로 가장 안전한 성채다.

일찍이 로마의 원형 극장 속에서 박해자의 칼날에, 또는 흉맹한 사자들 앞에 맞서 나가던 순교자들은 처참하고 극한 시련에도 흔들리지 않은 힘을 정성 어린 영성체로써 받았던 것이다. 리히터는 이렇게 말했다. "순결한 자 중에 가장 순결한 자, 강한 자 중에 가장 강한 자인 그리스도는 당신의 상처 입은 손으로 여러 제국의 멍에를 벗겨 주시며 세기의 흐름을 변하게 하셨다." 이 천상의 만나를 자주 영하기 위하여 머리를 숙이는 이는, 사람 중에서 가장 강한 자, 가장 씩씩한 자, 가장 용감한 자가 된다.

스나이트는 중국을 여행하는 도중에 소아마비에 걸렸는데, 그때 의사는 그가 앞으로 1주일밖에 더 못 산다고 말했었다. 그러나 그는 무서운 병을 극복하였다. 하기야 그 부모들이 놀라운 참을성을 가지고 헌신적으로 간호하고, 의학상 할 수 있는 모든 것을 다 했다지만, 그래도 이것만으로는 그의 꺾일 줄 모르는 용기, 샘솟는 힘, 지칠 줄 모르는 쾌활함을 다 설명할 수는 없다. 직접 그에게 물어보면, 그는 날마다 영하는 성체의 힘이라고 말한다.

이 병이 그의 호흡근을 마비시킨 후로, 그는 한마디도 말할 수가 없었다. 쇠로 만든 폐의 벽에 꼭 졸라매인 그는 그저 목만 마음대로 움직일 수 있었다. 혼자서는 움직이지도 숨 쉬지도 말하지도 못했다. 얼마나 힘들었겠는가? 그러나 이 무서운 위기에도 사제는 날마다 그에게 힘과 용기를 가져다주었다. 몇 달이 지난 후 내가 거기에 갔을 때, 그의 아버지는 이제 그가 옆에 서 있는 사람이 겨우 들을 수 있는 목소리로 한마디만은 할 수 있게 됐다고 했다. 그 한마디는 '하느님'이었다. 이것이 그렇게 오랫동안 숨도 쉬지 못하고 말 한마디 못하던 그가 처음으로 던진 말이었다.

그는 조금씩 회복되어 몇 마디의 말을 할 수 있게 됐다. 하루는 사제가 성체를 영해 주고자 성체를 올려 들었을 때, 그의 입에서 겨우 들릴 만한 화살 기도가 새어 나왔다. "오, 하느님! 베풀어 주신 이 은혜에 어떻게 감사드려야 할지요." 진실로 성체는 용기와 힘과 씩씩함의 샘이며 천사들의 빵이요, 영웅들의 양식이다.

시간이 없다

"나는 영성체를 맞갖게 준비할 시간도 없거니와, 영성체 후에 감사드릴 시간도 없다. 그러니 자주 영할 수가 없다."

물론 영성체할 때는 맞갖은 준비가 있어야 한다. 그렇다고 기도문만 많이 외우거나 신심 행위만을 많이 행하는 것이 타당한 준비일까? 그렇지 않다. 영성체를 위한 최상의 준비는 착하게 살아 일상생활을 성화하는 것이다. 더욱이 라피드도 이렇게 말했다. "자주 영성체함이 영성체의 가장 좋은 준비이며, 오늘 한 영성체는 어제의 영성체의 감사이며, 오늘의 영성체는 내일의 영성체를 위한 최상의 준비다." 또 알폰소 성인은 이렇게 말했다. "그러므로 무슨 선행 또는 국가의 일 때문에 준비할 시간이 없을 때에도 이 때문에 영성체를 궐하지 말 것이다. 다만 쓸데없는 잡담이나 요긴하지 않은 일을 삼가기만 하면 족하다."

급한 경우에는 성당에 가면서 준비하고 집에 돌아오면서 감사를 드리면 된다. 여기에도 두 가지 격언이 들어맞는다. 즉, '지성이면 감천', '사랑에는 수가 있다'는 것이다. 영성체로써 그리스도와 날마다 일치하는 친밀한 맛을 경험한 이에게는 냉랭한 이와 무관심한 이들의 사소한 핑계란 아주 우스꽝스러운 것이다.

계속할 수가 없다

"계속하지 못할 게 뻔한데, 어떻게 매일 영성체하기를 시작할 수 있겠는가?"

반이라도 아주 없는 것보다는 낫다. 학교를 떠나거나 이사하거나 해서 계속 못 하는 한이 있더라도 하다못해 어느 기한 동안만이라도 자주 영성체함으로써 인격을 강화하고 덕행을 쌓아 올리는 것이 지극히 중요하다. 젊은이는 청춘이라는 연軟한 시기에 영적 단련을 하는 것이, 인격이 이미 굳어 버린 후에 하는 것보다 훨씬 좋다. 청춘기에는 새로운 정열에 눈을 뜨고 또 경험이 아주 한정되어 있어 몸속에서 용솟음치는 힘을 조종하기가 힘들다. 좋든지 나쁘든지 인격을 조각하여 가는 이 위험한 청춘기에는 자주 영성체하는 습관을 길러, 이 세상에서 가장 힘 있는 편을 마련하는 것이 지극히 유리하다.

만일 청년이 그를 둘러싸고 덤벼드는 갖가지 유혹을 물리치는 데 이 가장 유효한 해독제를 사용한다면, 그 결과가 반드시 성공하리라는 것은 의심할 여지가 없다. 자주 영성체하는 버릇은 청춘의 위기를 극복하게 하고, 그 젊은 넋에 경신敬神과 덕행의 씨를 깊게 심어, 이로부터 굉장한 수확을 거두게 한다. 우리나라 모든 학교의 젊은이들에게 매일 영성체하는 습관을 길러 주겠다는 것이 교황이 우리에게 맡긴 이상

理想이다. 미국의 가장 큰 대학에서 근 40년 동안 일해 온 나는 이러한 습관을 기르는 것이 청년들의 불굴의 신앙과 인격의 최상의 보증이며, 또 우리가 그들에게 줄 수 있는 가장 가치 있는 공헌임을 확신한다.

"그리스도는 문을 두드리신다. 그러나 문은 그대가 열어야 한다."

옥스퍼드의 케블 대학 성당에는 홀먼 헌트Holman Hunt의 유일한 걸작 '세상의 빛'이 걸려 있다. 이는 주님께서 포도 덩굴이 뒤덮인 문을 두드리시는 그림이다. 주님께서는 손에 등불을 들고 서서 "보라, 나 너의 문 앞에 서서 두드리고 있다."라고 말씀하신다. 헌트는 이 그림을 완성한 다음에 화가 친구들을 초청하여 이를 보여 줬다. 이들은 여러 각도로 주의 깊게 그림을 검토한 후, 불후의 걸작이라며 극구 찬양했다. 그런데 그중 한 사람이 말했다. "하나 잊어버린 게 있군!" "뭔데?" 하고 헌트가 묻자, 그는 "문에 손잡이를 빠뜨렸네." 하고 대답했다. 그러자 헌트가 말했다. "아닐세. 잊은 게 아니라 일부러 그리지 않았네. 이 문은 사람의 마음이거든. 이것은 안에서만 열게 되어 있단 말일세."

그리스도는 문을 두드리리라. 그는 탄원도 하리라. 그러나 그분을 들어오게 할 수 있는 이는 우리뿐이다. 그리스도는 오늘도 모든 사람의 마음의 문 밖에 서서 당신 사랑의 성사로 들여보내 주기를 간청하고 계신다. 여러분은 매일 문을 열어 그분을 영접하지 않겠는가?

자주자주 또 매일이라도 영성체하는 것이 수월하고도 효과적인 것임을 신자들이 알기만 한다면, 자주 영성체하는 이의 수효는 급증할 것이다. 한 주일에 한 번 영성체함은 분명히 쉽다. 모든 신자는 주일 미사에 참례할 의무가 있다. 그러니 그날 영성체 때에 일어나 제대 앞으로 나아가 모든 선과 거룩함의 근원이신 분을 영하지 않는 이유는 무엇인가? 가장 큰 효과가 있는 성체성사를 영하지 않는 이유는 무엇인가?

주저함과 망설임을 깨끗이 버리고 자주 영성체함으로써 이 영성체 부흥에 참여하면 어떨까? 이것이야말로 개인의 행복과 세계 평화에 이바지하는 바가 지대한 것이다. 우리는 실천이라는 웅변으로써, 주 예수 그리스도의 말씀을 불멸의 신앙으로서 믿고 있음을 세계에 다시 한 번 드러내기로 하자. "내 살을 먹고 내 피를 마시는 사람은 영원한 생명을 얻고, 나도 마지막 날에 그를 다시 살릴 것이다. 내 살은 참된 양식이고 내 피는 참된 음료다."(요한 6,54-55)

실천

- 할 수 있으면 매일, 아니면 적어도 1주일에 한 번은 영성체하기.
- 자기가 속해 있는 공동체나 가족끼리 매일 미사에 참례해서 영성체하기 모임을 맺고, 날마다 적어도 대표자 한 명이 꼭 미사 참례와 영성체를 해 보기.
- 실제로 날마다 영성체를 할 수 없으면 영적으로 하느님을 마음에 모시기. 다음 경문을 암송하고 아침 기도 때마다 외워 보기.

신령성체의 기도

예수님, 당신이 이 지극히 거룩하신 성사에 참으로 살아 계심을 성실히 믿사오며, 또 당신을 만유 위에 사랑하오며, 당신을 제 마음에 모시기를 간절히 원합니다. 저 이제 현실적으로는 성체를 영하지 못하오니, 오 주님 신령한 법으로 제 마음에 임하소서. 당신이 제 마음에 들어오심을 맞이하오며 저를 온전히 당신께 결합하오니, 청컨대, 저로 하여금 영원히 당신을 떠나지 말게 하소서(300일 은사).

제21장

사제직 – 신정 제도

사제는 그리스도의 사절

가톨릭 교회는 제대와 사제직을 갖고 있다는 점에서 다른 개신교 교파들과 구별된다. 가톨릭은 전능하신 하느님을 기도뿐 아니라 제사로써도 흠숭한다. 이는 골고타에서 바치신 그리스도의 제사를 피 흘림 없이 바치는 것이다. 이 제사는 구약에 레위 사제직의 피 흘리는 제사로 예표되었다. 그때의 제물은 양, 염소, 황소였다. 살렘의 임금이며 동시에 지존하신 분의 사제인 멜키체덱은 빵과 포도주의 제사를 바쳤으니, 이는 말라키 예언자가 말했던 정결한 희생의 전형이다.

"해 뜨는 곳에서 해 지는 곳까지, 내 이름은 민족들 가운데에서 드높다. 내 이름이 민족들 가운데에서 드높기에, 곳곳에서 내 이름에 향과 정결한 제물이 바쳐진다. 만군의 주님께서 말씀하신다."(말라 1,11) 이것이 조촐한 희생, 곧 그리스도가 세우신 교회의 흠숭 행위의 중심을 이루는 미사성제에 관한 하느님의 영감을 받은 예언이다.

사제가 없으면 제대도, 제사도 있을 수 없음을 우리를 떠난 무수한 개신교파들의 경험이 입증하고 있다. 설교와 기도는 있을 수 있다. 하지만 구약에 너무나 많이 기록되어 있는 대로 흠숭의 본질적 요소는 제사다. 이는 사제직이 없으면 덩달아 없어진다. 그리스도는 제사를 드릴 사제직을 마련하지 않고 교회를 세우셨던가? 그분은 당신이 시작한 사업을 만대에 계속할 사제직을 설정하지 않으셨는가? 그분은 장래의 여러 세기에 걸쳐 해도海圖도 없는 바다를 인도할 선장이나 선원도 없이 당신의 배를 출범시키셨던가?

이상한 방법

그리스도가 이같이 괴상하게 행동하였다는 것이 가톨릭이 아닌 이들의 믿음인 듯하다. 하기야 그들 눈에는 설교하는 목사가 아무런 신권도 없는 자이고, 그 권위는 그를 고용하는 무리로부터 유래된 것이다. 그는 풍금을 치는 예술가나 책을 보관하는 비서나 다름없이, 그를 고용한 회중 마음대로 면직시킬 수 있다. 그리스도는 이렇게 괴상한 일을 하지 않으셨다는 것, 교회를 세우실 때는 일정한 사제직을 정하여 영속을 꾀하였다는 것이 그리스도가 세우신 교회의 불변적인 신앙이다. 교회는 그리스도가 단지 사제직을 설정하셨을 뿐만 아니라, 여기에 명백한 권능과 권위를 부여하셨다고 가르친다. 하느님이신 예수 그리스도가 인류 만대의 영적 필요에 응해서 교회를 세우실 때, 그와 동시에 사제직을 세우셨고, 교회가 하느님으로부터 맡은 사명을 완수하기에 필요한 권능과 권위를 사제에게 주시지 않았다는 것은 도저히 생각할 수 없는 일이다. 이성적으로나 상식적으로나 그렇게 하셨을 수밖에 없다.

바로 이것이 그리스도가 실제로 행하신 것임을 신약 성경이 보여 주고 있다. 신약 성경을 보면, 그리스도는 열두 사도를 선정하여 이들을 첫 사제로 삼으셨다. 그리고 그 사업을 계속하시기 위하여 다른 이를 서품할 권능을 이들에게 주셨다. 사람을 서품하고, 사제직의 직무를 수행할 권능과 은총을 주는 성사가, 곧 성품성사다.

첫 서품

최후의 만찬 때 그리스도는 빵과 포도주를 성체와 성혈로 축성하신 다음 사도들에게 이렇게 말씀하셨다. "너희는 나를 기억하여 이를 행하여라."(루카 22,19) 트리엔트 공의회는 선언한다. "누구라도 '나를 기억하여 이를 행하여라'는 말씀으로써 그리스도께서 사도들을 사제로 설정하지 않으셨고, 그들이나 다른 사제들이 그리스도의 살과 피를 봉헌하도록 서품되지 않았다고 말하는 자가 있다면 파문받을 것이다."

멜키체덱의 뒤를 따르는 신약의 최고의 사제이신 예수 그리스도는 최후의 만찬 때에 당신의 살을 먹도록 주고, 당신 피를 마시도록 주겠다는 약속을 실천하셨다. 그분은 당신이 방금 봉헌하신 성체의 제사를 영구적이며 공식적인 흠숭 행위로 설정하셨다. 당신이 방금 행하신 바를 사도들이 행하기를 명하시면서, 그분은 여기에 포함된 권능, 곧 축성권도 주셨다. 그리스도는 당신이 설정하신 당신 자신의 제사를 봉헌할 권능을 사도들에게 주시면서, 사도들과 그 후계자들을 당신의 영원한 사제직의 분담자로 삼으셨다.

그리스도가 당신의 사제직을 사도들에게 분담하게 하기를 완료하신 것은 그보다 며칠 후, 그들에게 사제만의 특권인 사죄권을 주셨을 때다. 그리스도는 당신이 부활하신 바로 그날 사도들에게 나타나시어, "아버지께서 나를 보내신 것처럼 나도 너희를 보낸다."(요한 20,21) 하시고, 이 말씀을 하신 후에 그들에게 숨을 불어넣으시며, "성령을 받아라. 너희가 누구의 죄든지 용서해 주면 그가 용서를 받을 것이고, 그대로 두면 그대로 남아 있을 것이다."(요한 20,22-23)라고 말씀하셨다.

이때부터 사도들은 화해의 사절로 자처했다. 바오로 사도는 코린토 신자들에게 이렇게 썼다. "이 모든 것은 그리스도를 통하여 우리를 당신과 화해하게 하시고 또 우리에게 화해의 직분을 맡기신 하느님에게서 옵니다. 그러므로 우리는 그리스도의 사절입니다. 하느님께서 우리를 통하여 권고하십니다. 우리는 그리스도를 대신하여 여러분에게 빕니다. 하느님과 화해하십시오."(2코린 5,18-20) 바꿔 말하면 하느님께서는 죄인을 회개시키고자 그리스도를 보내셨고, 그리스도는 사제를 보내고 계시다. 사제들은 죄인들에게 파견된 자비의 사절이며, 죄인들을 깨끗이 씻어 주는 사명을 하느님께 받은 이들이다.

그리스도가 당신의 사제들에게 준 세 번째 위대한 권능은 권위로써 복음을 설교하는 권한이다. 이는 미사성제를 봉헌하고 죄를 용서하는 권한처럼 명백히 사제적인 권능은 아니지만, 그래도 평신도와 구별되는 신적 위임의 한 가지 표지다. 그리스도의 이름으로 가르치는 권한은 주님께서 "그러므로 너희는 가서 모든 민족들을 제자로 삼아, 아버지와 아들과 성령의 이름으로 세례를 주고, 내가 너희에게 명령한 모든 것을 가르쳐 지키게 하여라. 보라, 내가 세상 끝 날까지 언제나 너희와 함께 있겠다."(마태 28,19-20)라고 말씀하셨을 때 그의 첫 사제들에게 수여된 것이다. 권위로써 복음을 설교한다는 사제의 교도권은 평신도 편에 이를 듣고 이 계명을 지켜야 될 의무가 있음을 포함한다. 그리스도는 이 의무를 다음과 같이 밝히셨다. "너희 말을 듣는 이는 내 말을 듣는 사람이고, 너희를 물리치는 자는 나를 물리치는 사람이며, 나를 물리치는 자는 나를 보내신 분을 물리치는 사람이다."(루카 10,16)

이를 행하라

신약 성경의 증언을 보건대, 그리스도는 사도들을 사제로 서품하고 이들에게 성체의 제사를 봉헌할 권능을 주셨을 때, 별다른 의식 없이 그저 "나를 기념하여 이를 행하여라."라는 간단한 말씀만 하셨음은 거의 확실하다. 여기에 있어서도 다른 성사에 있어서와 마찬가지로, 그리스도는 성사를 설정하신 후 그 질료와 형식, 말하자면 성사를 수여하는 구체적 방법은 교회가 결정하도록 맡겨 두셨다. 이는 분명히 성사 설정 직후에 결정되었다. 즉 루카 복음사가는 사도행전에, 바오로 사도는 그 서한에 이 성사의 요소, 즉 안수와 기도의 외적 표상의 의식과 이로써 받는 내적 은총과 그리스도께서 이 성사를 설정하셨음을 자세히 기록했다. 가령 루카 복음사가는 이렇게 썼다. "사도들은 기도하고 그들에게 안수하였다."(사도 6,6) 또 "그들은 단식하며 기도한 뒤 그 두 사람에게 안수하고 나서 떠나보냈다."(사도 13,3)

바오로와 바르나바는 여러 사제들을 서품하여 새로 개종한 그리스도교인들의 지방에서 전도하게 하고, 자신들은 새 땅으로 옮겨 갔다. "교회마다 제자들을 위하여 원로들을 임명하고, 단식하며 기도한 뒤에, 그들이 믿게 된 주님께 그들을 의탁하였다."(사도 14,23) 바오로는 티모테오에게 거룩한 성직에 확실히 맞갖은 후보자에게만 성품성사를 주도록 주의를 주었다. "아무에게나 선뜻 안수하지 말고, 남의 죄에 연루되지 마십시오."(1티모 5,22)

한갓 직원인가?

몇몇 비신자 작가들은 성직자와 평신도의 구별은 다만 교회를 유지하기 위한 필요성에서 생긴 것에 불과하며, 따라서 사제들은 그 권위를 회중으로부터 받은 직원일 뿐이라고 했다. 그렇지만 이러한 주장은 초대 그리스도교부터 이구동성으로 일치된 소리에 완전히 어긋나는 것이다. 우리는 이의 명확한 근거를 사도행전과 바오로 사도의 서한에서 발견할 뿐더러, 시초부터의 교부들이 주교들과 사제들과 부제들에게 보낸 글에서도 찾아 얻는다. 클레멘스 성인은 분명히 말한다. "그리스도는 하느님께로부터 오고 사도들은 그리스도로부터 왔다. 사도들은 이 도시에서 저 도시로 전국 방방곡곡에 설교하면서, 처음 개종자들을 성령으로써 시험하여 장차의 그리스도인들을 위한 주교와 부제로 임명했다."(Ad Cor., 43:2) 그리고 또 그는 코린토의 그리스도인들을 "사도들과 그 후계자들이 임명하고, 온 교회의 승인을 받은 사제들을 그 직책에서 추방하려 했다."라고 엄책했다(44:3).

초대 교회가 사제직을 신정 제도로 인정했고, 이 직책을 받기 위하여 성품성사가 설정되었다는 것을 명백히 보여 주는 초대 교부들의 인증을 필자는 많이 알고 있다. 니사의 그레고리오 성인의 말을 인용한다. 이는 모든 초대 저술가들의 생각을 대변하는 것이다. "말씀의 같은 권능이 사제를 고귀하고 숭고하게 한다. 그는 서품으로써 군중으로부터 선발된 자다. 어제까지도 군중의 한 사람이었던 그가 갑자기 지휘자가 되고, 사령관이 되고, 정의의 스승이 되고, 숨은 신비를 나눠 주는 자가 된다."(Orat, in Bapt. Christi, Pat. Graec. Tom, XLV)

성직 계급

가톨릭 교회에는 주교, 사제, 부제 등 신정의 성직 계급이 있고, 주교는 사제들의 장상이며, 견진과 성품성사를 줄 권능이 있다고 트리엔트 공의회는 선언한다(Sess. 23 Canons 6, 7). 그리스도는 성직을 영구한 제도로 마련한 만큼 어떤 사제, 곧 주교에게 그 사제직을 남에게도 전할 권능을 수여했음은 확실하다. 신약 성경을 보면 사도들이 주교였음이 명백하다. 즉, 그들이 주교품을 가진 이의 직능이며 서품권을 자주 행사하였다는 기록이 있는 까닭이다. 주교직은 사제직의 완성이다.

안티오키아의 이냐시오 성인은 주교, 사제, 부제의 세 성직을 말하고, 아울러 주교직은 하느님께로부터 왔다는 것과, 이것은 사제직보다 높다는 것을 명백히 지적하고 있다. "장로단은 주교에게 매여 있기를 마치 가야금에 줄이 매여 있듯이 한다."(Ad Eph., 4:1. Pat. Graec. Tom. V) "주교 있는 곳에 (믿는) 무리 있음은 예수 그리스도 있는 곳에 가톨릭 교회 있음과 같다."(Ad Symr., 8:2. Pat. Graec. Tom. V)

"사제는 왜 결혼 안 합니까?" 비신자들에게 흔히 이런 말을 듣는다. 성직자의 독신은 신법 또는 자연법의 계명도 아니거니와 가톨릭의 교리도 아니다. 이는 다만 서방 교회의 규율이며, 사제직을 한층 더 효과 있게 하고, 우리 최고의 사제인 예수 그리스도의 이상에 한층 더 접근하기 위한 목적으로 제정된 것이다. 바오로 사도는 이렇게 말한다. "혼인하지 않은 남자는 어떻게 하면 주님을 기쁘게 해 드릴 수 있을까 하고 주님의 일을 걱정합니다. 그러나 혼인한 남자는 어떻게 하면 아내를 기쁘게 할 수 있을까 하고 세상일을 걱정합니다."(1코린 7,32-33)

처음 3세기 동안은 교회에 독신제를 강요하는 법률이 없었다. 알렉산드리아의 클레멘스는 결혼한 사제나 부제에 관해서 말한 바 있고, 소크라테스는 동방 교회에 결혼한 주교가 있다고 말했다. 오늘도 로마와 일치하는 그리스 가톨릭의 교구 사제는 결혼하고 있다. 다만 주교는 독신이다. 한마디로 이 문제는 교리Dogma의 문제가 아니라 교회의 규율 문제일 따름이다. 서방 교회와 동방 교회는 모두 사제직이 하느님에게서 비롯되었다는 교리를 주장하지만, 이 규율 문제에 있어서만은 서로 다르다.

숭고한 직무

사제직과 그 본질적 권능이 하느님에게서 왔음을 성경과 초대 교부들의 글로 증명하였으므로, 이제 이 직무의 존엄성과 이를 행사함으로써 얻는 인간 사회의 이익에 대해서 잠깐 생각해 보기로 하자. 사제는 하느님께서 인간에게 보내시는 사절로 선정된 사람이다. 그리스도께서 최후의 만찬 때에 사도들에게 하신 말씀은 모든 사제들에게 그대로 적용된다. "너희가 나를 뽑은 것이 아니라 내가 너희를 뽑아 세웠다. 너희가 가서 열매를 맺어 너희의 그 열매가 언제나 남아 있게 하려는 것이다."(요한 15,16) 성경 저자가 히브리인들에게 되풀이한 말도 바로 이와 같이 똑같은 하느님의 가르침을 반영한 것이다. "이 영예는 어느 누구도 스스로 얻는 것이 아니라, 아론과 같이 하느님에게서 부르심을 받아 얻는 것입니다."(히브 5,4) 사제가 하느님의 부르심을 받음은 다만 아론의 계열에, 레위의 족속에, 사무엘의 가족에, 멜키체덱의 사제직에 들어가는 것뿐 아니라, 실로 예수 그리스도의 제자가 되는 것이다. 그는 땅 끝까지 이미 소문이 퍼진 그 제자들에게 끼게 되는 것이다. 그들은 2천여 년 동안 줄곧 북극의 얼어붙은 눈 나라로부터 사하라의 불붙는 사막, 아니 오스트레일리아의 파도에 씻긴 해안에 이르기까지 온갖 백성, 모든 겨레들에게 구세주의 가르침을 전해 왔다.

"내가 세상 끝 날까지 언제나 너희와 함께 있겠다."(마태 28,20) 하고 그리스도는 말씀하셨다. 사도들은 이 말씀을 들으며 두려움 없이 온 백성들에게 복음을 설교하면서, 당시 알려진 전 세계를 두루 다녔다. 그들은 로마 원형 극장의 사자 앞에서도, 로마인들의 칼싸움 시합을 비추는 관솔불 노릇을 당하려 역청과 콜타르를 몸에 발리우면서도 굽힐 줄 몰랐다. 왜? 그들이 설교한 것은 그들 자신의 이름으로 한 것이 아니라 예수 그리스도의 이름으로 한 것이며, 또 자신들은 그 이름으로 가르칠 전권을 주님으로부터 받은 하느님의 사절임을 깨달았기 때문이다. 그러므로 바오로 사도는 지당한 말을 한다. "누구든지 우리를 그리스도의 시종으로, 하느님의 신비를 맡은 관리인으로 생각해야 합니다."(1코린 4,1)

사죄권

사제직의 특출한 권능은 사죄권이다. 사제가 오른손을 들고 고해소에 있는 죄인에게 사죄경을 염해 줄 때 죄는 통회자의 영혼에서 씻겨 나간다. 사제가 죄를 용서하는 효력은 그리스도의 입술로부터 이 말씀이 떨어짐과 같다. 이는 왕이나 황제의 그것을 초월하는 권능이다. 왕의 권능은 인간의 몸은 지배하지만, 영혼의 왕국에서는 무력한 것이기 때문이다. 사제의 손은 하늘 저쪽 나라에까지 미쳐 황금 열쇠로 하느님의 자비와 사죄의 보고를 열어 이를 인간 영혼들에게 나눠 준다.

사제는 자신의 목숨을 희생할지언정 고해소의 비밀을 누설하지 않는다. 사제는 고해 때에 들은 것은 어떠한 일이 있더라도 입 밖에 내지 않는다는 말이다. 이 신임을 배반하지 않기 위해서 모든 가톨릭 사제들이 어떠한 희생을 치르고 있는가를 다음의 역사적 사실이 잘 입증한다. 1899년 프랑스의 사제 뒤물랭 신부가 살인죄로 고발되었다. 실은 성당지기가 부자인 부인을 죽이고 돈을 훔친 것이었다. 그는 혐의를 면하기 위하여 아직도 연기가 나오는 권총에 피해자의 피를 묻혀 뒤물랭 신부 방에 놓고 나갔다. 그러고는 사제의 입을 봉하기 위하여 그 뒤물랭 신부에게 고해하러 가서 자신이 살인했음을 고했다.

상황 증거는 사제를 지적했다. 범인은 자신이 성사의 봉인 뒤에 안전하게 숨어 있음과 사제가 목숨을 버릴지언정 그 입술이 죄인의 이름을 폭로하지 않음을 알고 있었으므로 신부를 유죄로 몰 거짓 증거를 댔다. 그 결과 신부는 사형보다도 더 무서운 벌을 선고받았다. 즉, 마귀섬의 뜨거운 열대의 햇볕 아래서 일생 동안 중노동을 하라는 판결이었다. 여기는 프랑스에서 가장 악질적인 죄수들이 보내지는 곳이었다. 뒤물랭 신부는 옛날의 명성을 일시에 잃었고, 벗들로부터 '조개껍질 추방'[2]을 받았고, 민중으로부터 모욕을 당하는 사형보다 더 큰 괴로움을 겪으면서도 착한 사제답게 자기 직책에 충실했다.

25년 동안 그는 추방된 자들 틈에 끼어, 작열하는 태양 아래에서 고

---

2 그리스에 있었던 국외 추방 — 역자 주

역을 참아 가며 자기 가슴속의 비밀을 지켰다. 그 25년이 흐르는 동안 그는 자신의 모친이 울화병으로 죽어 아들의 오명을 무덤에까지 가지고 갔음을 보았다. 25년간의 죄수 생활로 머리는 백발이 되고, 얼굴은 주름살투성이가 되고, 허리는 구부러져 정말 무덤 문턱에 서 있는 것 같았다.

그때쯤 파리의 빈민굴 어느 초라한 침대에서 한 사나이가 죽어 가며 미친 사람처럼 신부를 찾고 있었다. 신부가 들어서자 그는 큰 소리로 외쳤다. "뒤물랭 신부님이 했다는 살인은 제가 저지른 겁니다. 제가 고해성사를 봐서 그분의 입을 봉하고 죄를 그분께 뒤집어씌웠습니다." 자기의 영혼을 더럽히는 죄를 지닌 채 하느님을 대할 수 없었던 그는, 자신이 전에 무죄한 신부에게 죄를 뒤집어씌우기 위해 고해의 비밀을 악용한 바로 그 고해성사를 통해 죄를 용서받고자 한 것이다.

그러나 이 갚음은 너무나도 늦었다. 이는 25년 동안의 정신적 고통을 갚을 수도 없고, 죽은 이를 무덤에서 불러낼 수도 없으며, 그들에게 그의 무죄함을 밝힐 수도 없었다. 그렇지만 이것이야말로 진정 그리스도교의 모든 사제들이 고해 때 들은 것은 제아무리 작은 죄일지라도 이를 입 밖에 내기보다는 차라리 스스로 받는 길이다. 바로 이것이 사제가 고해 때에 들은 모든 내용을 지키는 절대적 불가침의 비밀이다.

축성권

사제직의 최상의 권능은 축성권이다. 토마스 아퀴나스 성인은 "그리스도의 몸을 축성하는 것보다 위대한 행위는 없다."(Summa Theol. lib. Ⅲ in Suppl. q. 40. a. 4, 5)라고 말한다. 성직의 이 본질적인 면에 있어서 사제의 권능은 주교나 대주교나 추기경이나 교황의 그것에 못지않다. 이것은 온전히 그리스도의 그것과 동등하다. 이때 사제는 하느님, 그분의 목소리와 권위로 말하는 까닭이다. 사제가 축성하는 놀라운 말을 발할 때, 그는 하늘에 닿아 그리스도를 그 옥좌에서 제대 위로 모시고 내려와 다시 인간의 죄를 위한 희생으로 봉헌한다. 이는 군주나 황제의 그것보다 우월한 권능이다. 이는 성인과 천사들의 그것보다 우월하며 세라핌과 케루빔의 그것보다 위대하다. 실로 이는 동정 마리아의 권능보다도 위대한 것이다. 즉, 복되신 동정 성모님의 권능은 그리스도께서 오직 한 번 강생하신 인간적 매개인데, 사제는 그리스도를 하늘에서 모셔 와 인간의 죄를 위한 영원한 희생으로 제대 위에 현존하게(그것도 한 번이 아니라 몇 천 번이라도) 하는 까닭이다. 사제가 말한다. 그때 보라. 그리스도, 영원하시고 전능하신 하느님께서 사제의 영과 함께해 주신다. 이와 같이 이 세상에서 그리스도의 사절로서, 대리자로서 행동하는 특권을 가진 그리스도교 사제들의 직무는 얼마나 숭고한 존엄성을 지닌 것인가! 그는 그리스도의 본질적 사명을 계속하고, 그리스도의 권위로 가르치며, 그리스도의 권능으로 통회하는 죄인의 죄를 용서하고, 일찍이 그리스도께서 골고타에서 봉헌한 흠숭과 속죄의 제사를 또다시 재현한다. 그런 만큼 영적 작가들이 사제들을 '또 하나의 그리스도alter Christus'라고 즐겨 부르는 것도 당연하다. 사제야말로 또 하나의 그리스도이며, 또 하나의 그리스도여야 하는 까닭이다.

사제직은 약하고 죄 많은 인간보다 천사들에게 어울리는 숭고한 직무다. 진실로 그리스도교 사제직의 위대함에 대해서 기원전 600년에 이사야 예언자가 예언적 통찰력으로써 발한 말은 진정 참되다. "얼마나 아름다운가, 산 위에 서서 기쁜 소식을 전하는 이의 저 발! 평화를 선포하고 기쁜 소식을 전하며 구원을 선포하는구나. '너의 하느님은 임금님이시다' 하고 시온에게 말하는구나."(이사 52,7)

사제와 제대

이제까지 말해 온 것을 공평한 눈으로 본다면, 어느 교파를 믿는 사람이든지 그리스도교 사제직은 예수 그리스도께서 세우신 것이고, 이로써 사제들은 복음을 설교하고, 죄인을 화해시키고, 지존하신 분께 제사를 봉헌할 권능과 권위를 받은 사람들임을 정확히 알 것이다. 루터가 사제직을 배척하자 죄인을 화해시키는 재판소인 고해소와 미사성제를 장엄하게 봉헌할 제대는 자취를 감췄다. 우리를 떠난 형제들의 예배당에는 겨우 벽 네 개와 설교단이 남았을 뿐이다. 흠숭의 최고의 요소인 미사성제가 완전히 자취를 감추었으므로, 그 밖의 흠숭의 요소도 급속히 꺼져 가고 있다. 콘클린 E. S. Conklin 박사가 목사들에게 한 연설을 들어 보자. "많이 관찰하고, 읽고, 주의 깊게 조사한 결과, 나는 종교적 흠숭 행위가 개신교 교파들에서 사라져 가고 있다는 결론을 내리지 않을 수 없게 되었다."(The Disappearance of Worship, The Christian

Century, July 11, 1934)

그리고 가톨릭이 아닌 이들의 교회에서 흠숭이 쇠퇴하고 있음은 첫째로 사제직을 배척한 데서 기인한다는 것도 명백하지 않은가? 또한 전국적으로 교회 출석자의 수효가 크게 줄고 있다는 목사들의 탄식도 결국은 이 사제직의 배척과 이로 말미암은 제사와 흠숭이 없어진 데 기인하지 않은가? 이러한 교회는 점점 더 하느님 흠숭의 신전이 아니라 정치, 사회, 경제 등 문제의 토론을 위한 공회당이 되어 가고 있다. 그러나 사람은 빵으로만 살 수 없다. 인간은 인간성의 그윽하고 깊은 곳에서 지금도, 카인과 아벨과 멜키체덱의 시대나 매한가지로 조물주 하느님께 제사와 흠숭을 봉헌하고자 하고 있다. 그윽한 심정은 이때나 그때나 같다.

그는 가톨릭의 사제직에서 신정의 대행자를 발견할 것이니, 이로써 인간 본성의 깊고도 감출 수 없는 굶주림이 비로소 만족하게 될 것이다. 진리의 탐구자는 성교회에서 설교나 기도나 찬미가뿐 아니라 그것 이상의 것, 곧 제대와 사제, 흠숭과 제사를 발견할 것이다. 성교회의 사제들의 귀에는 지금도 예수께서 최후의 만찬 때 그의 첫 사제들에게 하신 엄숙한 말씀이 쟁쟁하게 울리고 있다. "나를 기념하여 이 예를 행하여라." 사제들은 이 명령을 충실히 지켜 날마다 세계 각국에서 미사 성제를 장엄하게 봉헌하며, 시편 저자의 말씀을 읊는다. "구원의 잔을 들고서 주님의 이름을 받들어 부르네."(시편 116,13)

실천

- 날마다 사제들을 위해서 기도하기.
- 직책과 사람을 구분하기. 사제들은 우리 영혼의 구원을 위해서 하느님께서 주신 권능을 지니고 있는 분들인 만큼 이들을 공경하기.
- 사제가 집을 방문했을 때는 축복을 청하기.

제22장

병자성사

비신자들은 거의 모르는 성사

가톨릭 교회 밖의 사람들에게는 거의 알려지지 않은 성사가 있다. 곧 병자성사(종부성사)다. 다음의 사실은 이를 잘 드러낸다. 몇 해 전에 나는 영국의 가톨릭 증거 사업 위원회의 지도자인 쉬드F. Sheed가 런던의 하이드파크에서 많은 청중들에게 가톨릭 교리를 해설하는 것을 들은 적이 있다. 강연이 끝난 후 가톨릭 교회에 대한 여러 가지 질문이 있었다. 그때 그 군중 가운데 어떤 사람이 이렇게 물었다.

"신문에서 봤는데, 가톨릭 사제가 어떤 앓는 부인에게 병자성사를 주었는데, 그것을 받고서 그 부인이 죽었답니다. 사제들의 그러한 잔인한 행위를 당신은 어떻게 변명하십니까?"

쉬드가 물었다. "사제가 병자성사를 줄 때 무슨 일을 했다고 생각하십니까?" "글쎄요. 이런 게 아닐까요? 그 부인이 이것을 받고 죽었다는 사실로 미루어 보면 주먹으로 한 대 먹인 게 아니겠습니까?"

우리나라 비신자 중에 병자성사를 권투로 여기는 이야 설마 없겠지만, 그렇다고 이것이 무엇인지 그 본질을 이해하는 이도 드문 것 같다. 그러니 이제 이 성사의 본성과, 그 목적과 또 이는 예수 그리스도께서 세우신 것임을 고찰하기로 하자.

병자성사는 사제가 병자에게 성유를 바르고 기도함으로써, 이 병자가 영적 도움을 받고, 또 구원에 유익한 경우에는 그 육신까지도 건강을 회복하게 하는 성사다. 이를 '종부'라고도 하는 것은, 이를 영하는 이가 죽을 위험에 놓여 있거나 중태에 빠져 있는 때에 영하는 성사이며, 또 보통으로는 이것이 마지막으로 받게 되는 성사이기 때문이다. 처음 성유를 바르는 것은 세례 때고, 두 번째는 견진 때다.

야고보 사도는 이 성사에 관해서 이렇게 말한다. "여러분 가운데에 앓는 사람이 있습니까? 그런 사람은 교회의 원로들을 부르십시오. 원로들은 그를 위하여 기도하고, 주님의 이름으로 그에게 기름을 바르십시오. 그러면 믿음의 기도가 그 아픈 사람을 구원하고, 주님께서는 그를 일으켜 주실 것입니다. 또 그가 죄를 지었으면 용서를 받을 것입니다."(야고 5,14-15) 사도는 이 성사의 본질적 특성을 기술한 셈이다. 기름을 바름과 사제의 기도는 영혼에 죄를 용서하는 원인이 되는 성화 은총을 주는 것이니 외적이고, 볼 수 있는 표지다.

교부들의 증언

이 성사에 관한 초대 교부들의 글은 굉장히 많다. 가령 오리게네스는 '레위인'에 대한 설교집에서 이 성사를 고해의 보충이라 했다. "또 죄인이 그 죄를 주님의 사제께 고백하여 용서받기를 부끄러워하지 않은 때 통회로써 죄를 용서받는다. 여기서 야고보 사도의 말씀이 성취된다. '여러분 가운데에 앓는 사람이 있습니까? 그런 사람은 교회의 원로들을 부르십시오. 원로들은 그를 위하여 기도하고, 주님의 이름으로 그에게 기름을 바르십시오.'"(Homil. ii : 43)

요한 크리소스토모 성인은 사제직에 관한 논문(Lib. 3 de Sacred)에서 사제의 권능과 부모의 그것을 비교하고 있다 "양친은 우리를 이 세상에 낳고 사제는 저 세상에 낳는다. 양친은 우리 육체의 죽음도 물리쳐 줄 수 없고 병고도 당하지 않게 해 줄 수 없지만, 사제는 자주 영혼이 병들어 죽게 되었을 때 이를 살려 주고, 어떤 이의 벌은 감소시켜 주며, 어떤 이는 죄에 떨어지지 않게 예방해 준다. 이것도 가르침으로써만이 아니라 기도로써도 도와준다. 그리고 그들이 우리를 다시 낳을 때(세례)만 우리 죄를 용서해 주는 것이 아니라, 그 후에 범한 죄도 사할 권능이 있다. 곧 야고보 사도는 이렇게 말했다. '여러분 가운데에 앓는 사람이 있습니까? 그런 사람은 교회의 원로들을 부르십시오. 원로들은 그를 위하여 기도하고, 주님의 이름으로 그에게 기름을 바르십시오.'" 병자성사는 죄를 용서하여 주느니만큼, 이는 교회에서 세운 것이 아니라 그리스도께서 세우신 것이다. 그리스도만이 성화 은총을 주실 수 있는 까닭이다.

416년에 인노첸시오 1세 교황이 구비오의 데첸시우스 주교에게 쓴 편지에 야고보 사도의 말씀을 인용하여, 병자성사가 고해성사나 성체성사와 똑같은 성사임을 증명했다. 그는 한 걸음 더 나아가, 그 성유는 주교만이 축성해야 하지만, 이 성사는 주교도 사제도 집행할 수 있고 죄를 용서하는 것임도 밝혔다.

전례가 증언한다

이집트의 주교 세라피온의 성사론은 4세기 초엽에 쓰인 것이다. 그런데 이 전례서에는 병자에게 바르는 기름을 축성하는 기도가 실려 있다. 즉, 그 당시에도 현대와 마찬가지로 영혼과 육신을 치료하는 효과를 얻고자 병자성사를 집행하고 있었음을 알 수 있다. 내용은 이러하다. "우리 구세주 예수 그리스도의 성부여! 비오니 독생 성자의 치유의 권능을 이 기름에 보내 주사, 이로써 이 기름을 바르는 자들의 모든 질병을 내쫓고, 온갖 마귀의 독을 물리치며 성총과 죄 사함과 생명과 안전의 약이 되고, 영혼과 육신과 영혼의 건강과 완성을 위한 완전한 강장제가 되게 하여 주소서."(Dictionnaire d'Archaeologie et Liturgie, V. 1032)

서방에서는 젤라시오의 성사론(735년)과 그레고리오의 성사론(795년) 이 둘 다 병자의 기름을 축성하는 기도를 포함하고 있다. 둘 다 하느님께 "병자의 병을 고칠 뿐 아니라 그 모든 죄를 불쌍히 여기심을 바라며, 당신의 약을 다만 그의 육신에 뿐만 아니라 영혼도 얻게 하시기를"

기원하고 있다. 동방과 서방의 이 전례는, 곧 초대 교회의 가르침과 신심 행사를 권위 있게 입증하는 것이다. 교회의 기도는 그 신앙의 틀릴 수 없는 지표이기 때문이다.

9세기에 로마 가톨릭에서 분리된 그리스 정교회도 마찬가지로 병자성사가 성사의 특성을 지니고 있다고 주장한다. 그 신앙 선언서에는 이렇게 쓰여 있다. "일곱째 성사는 병자성사이니, 이는 그리스도께서 세우신 것이다. 그분께서 제자들을 둘씩 보내신 후(마르 6,7-13 참조), 제자들은 여러 사람에게 기름을 바르고 병을 고쳐 주었으며, 이는 교회가 야고보 사도의 서간에서 배운 바와 같이 그 이후 신심 깊은 관례가 되어 왔다. 이 성사의 고유한 효과는 야고보 사도가 선언하는 대로 죄를 사함과 영혼의 건강과 힘, 곧 육신의 건강이다. 여기에서 마지막 효과는 반드시 얻는 것이 아니나, 적어도 죄를 용서함으로써 영혼의 상태를 좋게 함은 사실이다."

그 밖의 동방 교회들도 어떤 것은 5세기에 로마를 떠났지만, 모두 병자성사를 일곱 성사에 넣고 있다. 그렇게 여러 세기 동안 멀리 떨어진 교회들이 아직도 이 교리에 대해 일치를 잃지 않고 있다는 사실은, 이 성사가 바로 그리스도교의 창설자이신 예수 그리스도께서 설정하신 것이라는 확증이 아닐까?

성사의 효과

이 성사는 주교가 축성한 성유를 사제가 병자의 이마와 두 손에 십자로 바르면서 "주님, 주님의 자비로우신 사랑과 기름 바르는 이 거룩한 예식으로 성령의 은총을 베푸시어 ○○를 도와주소서. 또한 ○○를 죄에서 해방시키시고 구원해 주시며 자비로이 그 병고도 가볍게 해 주소서."라고 기도한다. 임종이 급박한 경우에는 이마나 다른 부분에 기름을 한 번만 발라도 충분하다. 이 성사는 병이 위독한 사람만 받을 수 있는 것으로 전쟁에 나가는 군인이나 사형을 당하는 죄수는 받지 못한다.

이 성사의 주요한 효과는 트리엔트 공의회가 열거했듯이, 은총을 주고 죄를 용서하고 병고를 감하는 것이다. 공의회는 이렇게 선언한다. "이 효과는 성령의 은총이며, 이 기름을 바름으로써 죄를 씻어 주며, 병자에게 하느님의 자비하심에 대한 확신을 북돋움으로써 그 영혼을 위로하고 굳세게 하며, 이로써 병자가 병고를 쉽게 견디어 내고 여러 가지 유혹을 쉽게 물리치며, 또 구원에 유익한 경우에는 육신의 건강까지 회복하게 한다."

이 성사의 제1 효과는 굳셈의 은총을 주는 것이고, 제2 효과는 죄를 용서하는 것이다. 이는 살아 있는 이의 성사이므로, 이 성사를 받는 이에게 대죄가 없음을 전제로 한다. 그러나 그 병자가 대죄 중에 있지만 이를 고해할 수 없는 경우, 또는 이에 대해서 불완전한 통회만 발하는 경우에는 이 성사로 대죄까지 용서받는다.

이 성사는 병자가 의식을 잃을 때까지 일부러 미루면 안 된다. 병자가 의식이 있고, 사제의 기도를 병자도 함께 외울 수 있을 때에 주어야 할 것이다. 이 성사를 받는다고 해서 반드시 죽는다는 법은 없다. 오히려 육신의 건강 회복이 이 성사의 또 한 가지 목적이라는 점을 명심해야 한다. 육신의 필요에 응해서 의사를 부르기를 주저하지 않는다면, 왜 육체와 영혼 양편의 필요를 채워 줄 사제를 부르기를 주저할 것인가? 기본스 추기경은 이렇게 말한다. "임종을 맞은 신자에게 죽음에 대한 공포심을 없애 주며 위안을 주고 용기를 일으켜 주며, 현세로부터 영원의 세계로 들어가게 하는 구원의 묘방妙方이 바로 병자성사다. 이것은 마귀에게 시달려 극도로 쇠약해진 영혼에게 주는 천상 의사의 영약이다. 우리 모두가 감사하는 마음으로 이것을 받아들여 그 은덕을 충분히 입어야 할 것이다."(제임스 기본스, 《교부들의 신앙》)

요한 복음사가가 갈릴래아의 산허리에서 일어난 광경을 그린 감동스러운 장면이 있다. 주님께서는 제자들을 거느리고 막 유다에서 갈릴래아로 돌아온 참이었다. 그때 왕실 관리 한 명을 만났다. 그는 갈릴래아의 분봉왕 헤로데 안티파스의 고관이었다. 그의 마음은 카파르나움 집에서 죽어 가고 있는 자기 아들 때문에 터질 듯했다. 그는 구세주를 따르지는 않았지만, 그분이 유다와 사마리아에서 행한 놀라운 기적, 곧 병자를 낫게 하고 눈먼 이를 보게 하며, 귀머거리를 듣게 하고 나병 환자를 깨끗하게 하며, 절름발이를 고쳐 주었다는 소문을 들었다. 그는 초면에도 염치 불구하고 죽어 가는 아들에 대한 아버지로서의 걱정에 못 이겨 불쑥 주님 앞으로 나아가 애처롭게 간청했다. "주님, 제 아이가 죽기 전에 같이 내려가 주십시오."(요한 4,49) 예수께서는 그를 돌

아보시고 지극히 상냥하게 위로의 말씀을 하셨다. "가거라. 네 아들은 살아날 것이다."(요한 4,50)

주님의 자비에 넘친 이 부드러운 멜로디를 기억 속에 간직하면서, 인류는 20세기 동안 구세주께 애원하는 눈을 돌려 위독할 때마다 옛날 갈릴래아의 고관의 외침을 되풀이해 왔다. "선생님, 제 아이가 죽기 전에 같이 내려가 주십시오." 구세주께서는 20세기 동안 줄곧 이 부르짖음을 굽어 들으셔서, 병자성사로써 앓는 이의 끓는 이마를 식혀 주시고, 임종자에게 용기와 힘을 주셨다. 이것이야말로 구세주의 인자하심과 구원을 병자와 임종자에게 가져다주도록 하느님께서 정하신 방법이다.

죽음의 고통을 덜어 준다

여러 해 전 성탄 때 나는 펜실베이니아의 탄광 지구에 있는 주임 신부를 도우러 간 적이 있었다. 성탄 날 아침 미사를 마치자 누가 신부를 부르러 왔다. 나는 연로한 주임 신부를 대신해서 나섰다. 조그만 오막살이에서 그의 아버지가 죽어 가고 있었다. 그는 25년 동안 어두운 탄광에서 일해 왔는데, 종종 그러하듯 석탄 가루가 섞인 공기를 줄곧 호흡한 관계로 폐를 상하는 소위 진폐증으로 죽어 가고 있었다.

얼굴은 고통 때문에 일그러졌다. 움푹 팬 두 눈에는 슬픈 기색이 가득히 서려 자기 운명을 저주하는 듯했다. 밖에서는 썰매의 방울 소리가 어깨를 들먹거리게 하고 크리스마스 캐럴이 즐겁게 울리며 온통 성탄의 기쁨으로 가득 차 있었다. 창밖에서는 사람들이 양손에 크리스마스 선물을 한 아름씩 안고 "메리 크리스마스!"를 연발하는 모습이 보였다.

그가 입을 열었다. "신부님, 제 팔자는 참 기구하기도 하지요? 모두들 성탄이라고 법석인데, 저는 무덤으로 끌려가고 있으니 말입니다."

나는 있는 힘을 다 기울여서 그에게 하느님의 인자하심과 사랑과, 또 이 세상에서의 행복의 불공평함을 천당에서 갚아 주신다는 것을 설명했다. 그리고 너무나 빈약한 내 말로는 도저히 설명할 수 없는 그것을 성사에 의지했다. 고해를 듣고 노자 성체를 영해 주며 성유를 발라 주고 마지막 강복을 주었다. 강복을 주는 동안 내 말을 받아서 그도 함께 외우게 했다. "주님, 이 세상에서는 육신을 태우며 자를지라도, 영원한 몫을 나눠 주소서." 그랬더니 갑자기 그의 목소리에 생기가 돌고 얼굴의 굳은 주름살이 펴지며 평화와 안정이 넘쳤다.

내가 떠나려 하자 그는 순박하고도 부드러운 얼굴로 내 손을 꼭 잡고, 성당을 향해 발걸음을 재촉하는 사람들을 가리키면서 "신부님, 저 사람들은 제대에 꾸며 놓은 크리스마스 구유를 보겠지요? 하지만 저는 이제 곧 진짜 아기 예수님을 이 눈으로 직접 볼 수 있을 거예요."

병자성사로 말미암아 펼쳐진 하느님의 손이 아니고서는 이처럼 감동스러운 변화를 일으킬 수가 없었다. 하느님의 보고 속에 있는 무진장한 재보를 끌어내는 성사의 생명을 주는 은총만이 분노와 저주에 가득 찬 영혼을 부드러움 자체로 바꿀 수 있었다.

죽음이라는 처절한 손길이 모든 난로를 부수고, 결국에는 죽어야 할 인간의 마지막 숨을 거두려 덤벼든다. 그러나 위대한 위로의 병자성사로써 죽음은 그 괴로움의 가시를 잃게 되고, 무덤은 그 승리를 빼앗기고, 죽어 가는 이들에게는 하느님의 힘이 주입된다. 이는 인생의 가장 큰 위기에 함락될 수 없는 보루를 마련해 준다. 참으로 병자성사는 하느님께서 시간과 공간의 사막이 가로막힌 저 세상으로부터 손을 뻗쳐, 지친 우리 손을 잡아끌어 이 어둠과 죽음의 골짜기로부터 저 영원히 찬란하고 영롱한 산봉우리로 부드럽고 감미롭게 인도하는 성사다.

실천

- 중병에 걸렸을 때, 병자성사를 받기에 필요한 물건을 항상 준비하여 두고 상床도 마련하기.
- 할 수 있으면 환자가 아직 의식이 있을 때 사제를 모시기.
- 사고가 발생했을 때, 부상자가 가톨릭 신자임을 알면 사제를 얼른 모셔 와야 함을 명심하기.

제4편

교회와 결혼
행복을 찾는 지침

제23장

여성의 보호자

결혼과 여성의 '새로운 자유'

"가톨릭 교회는 반동적이다. 여성의 완전한 해방을 방해하고 있다. 이는 혼전 동거와 이혼을 반대한다. 부부 맹세의 신성함이라든가 혼인의 불가해소성 등의 낡은 교리를 아직도 고집하고 있다. 이 교회로 말하자면 과거라는 시신의 손이 무겁게 내리눌러 현대 사상의 각성을 받아들일 가능성마저 말살한다."

"여성의 눈앞에는 자유의 신세계가 전개되고 있는데, 교회는 아직도 여성을 시대에 뒤떨어진 과거 인습의 사슬로 묶어 놓고 있다. 교회의 결혼관은 구식이어서 오늘의 진보적 성미와 보조가 맞지 않는다. 어떠한 경우에라도 이혼할 수 없다고 하니, 이는 결혼하고 나서야 비로소 그릇된 결혼임을 깨달은 많은 이들의 행복을 가로막는 것이다. 한마디로 현대에 와서는 교회가 여성의 벗이 아니라 원수다."

이것이 이른바 여성의 '새로운 자유'를 주장하는 사람들에게서 나오는 말들이다. 이들은 교회가 이혼과 재혼이 불가함을 고집하여, 재혼으로 다시 행복을 찾고자 하는 사람들의 인생을 가로막고 있다고 여긴다. 어쩌다가 주임 신부에게 이를 전했더니, 사제의 얼굴이 파리해졌다. 그는 자신이 읽었던 역사를 잊지 않았다. '교회는 여성의 벗이 아니라 원수'라는 쓰라린 말마디가 귀에 쟁쟁히 울려 멍하니 쳐다보고만 있었다. 사제관의 담벽이 퇴색되는 듯했다. 그러자 그 자리에 여러 가지 광경이 스쳐 갔다.

클레멘스 7세, 캐서린을 옹호하다

1527년 10월 그믐쯤, 영국 템스강변 헨리 8세의 휴가지인 햄프턴 궁정의 어느 방, 헨리 8세는 캐서린 왕비의 시녀들 중에서 새로운 얼굴을 발견했다. 앤 불린의 어여쁜 얼굴이었다. 그녀를 쫓는 두텁고 육감적인 입술과 음란한 눈초리는 이미 그의 머릿속에 꾸며 놓은 흉계를 드러냈는데, 사실 그는 이미 그녀의 동생 메리와 내통하고 있었다. 그런데 앤은 메리와는 달랐다. 앤은 자신을 왕비로 삼아 왕좌 옆에 앉혀 주기까지 그의 청을 거절하였다. 헨리는 자신의 정욕을 채우기 위해서 정숙한 아내 캐서린을 걷어차고 교황청에 불손한 요구를 했다. 간추리면 이러하다. "앤 불린과 결혼할 수 있게 캐서린과의 이혼을 승인하라. 만일 이를 거절하면 나는 교회를 떠날 뿐 아니라, 영국도 나와 더불어

떠날 것이다."

당시의 교황인 클레멘스 7세는 이 협박이 허풍이 아님을 잘 알고 있었다. 한편에는 왕, 영주들, 귀족들, 국회, 또 왕의 비위만 맞추는 울지, 크롬웰 등 사실상 대영제국의 모든 권력들이 즐비하게 늘어서 있었고, 다른 한편에는 오직 버림받은 캐서린만이 홀로 눈물을 흘리며 서 있었다. 그런데 결국에는 캐서린의 가냘픈 울음소리가 천둥 같은 왕의 세력을 이긴 것이다. 하느님으로부터 받은 직무에 충실한 그리스도의 대리자는 버림받은 캐서린 편을 들어 왕의 도전에 다음과 같이 대답했다. "그대를 위해서나 영국을 위해서나 나는 하느님의 계명을 어길 수 없다. '하느님께서 짝을 지어 주신 것을 사람이 갈라놓아서는 안 된다.' 하느님의 천사가 그대의 눈에 죽음의 막을 드리울 때까지 캐서린은 그대의 법적인 아내다."

이리하여 헨리는 폭력으로 거의 전 영국을 자신과 더불어 배교하게 했고, 스스로 교회를 세워 자신이 영적 우두머리가 되었다. 한편 경건한 클레멘스 7세 교황은 늙고 힘없는 사람이었지만, 한 순간의 흔들림도 없이 캐서린을 옹호하였다. 전 유럽, 전 그리스도교계의 여론과 권력 중에 그리스도의 대리자만은 심통쟁이 남자의 정욕과 잔인한 격정에 걷어차인 약한 여성의 편에 서 있었던 것이다.

비오 7세와 나폴레옹

석양이 파리 노트르담 대성당의 종각을 황금빛으로 물들이고 있었고, 그 아래 샹젤리제 거리는 군중들로 북적이고 있었다. 나폴레옹의 대관식 전날 저녁이었다. 황제의 강박으로 말미암아 파리에 머무르게 된 비오 7세 교황은 튀일리궁의 방에서 무릎을 꿇고 기도하고 있었다. 그때 점잖게 문을 두드리는 소리가 났다.

조제핀이 흐느끼며 방으로 들어와 교황의 발아래 엎드리고 말했다.
"성하, 저희 결혼은 아직 교회의 강복을 받지 못했습니다."

이런 조제핀을 본 비오 7세는 즉석에서 나폴레옹을 불러들여, 하느님과 교회법에 따라 이 결혼을 정식으로 인정하기를 명했으나 나폴레옹은 이를 거절했다. 연로한 교황은 오랜 박해와 불의에 시달려 여위고 쇠약했으나, 이 정복자의 얼굴을 뚫어지게 쏘아보았다. 교황의 두 눈에 번개가 번쩍 비치는가 하더니, 의자에서 벌떡 일어나 유럽의 지도를 변경한 사나이, 아우스터리츠의 전승에 취해 있는 이 원수元帥에게 말했다. 쇠약할 대로 쇠약해진 노인이 전 유럽의 가장 강력하고 오만한 지배자의 얼굴에 대담무쌍한 최후통첩을 선언한 것이다. "그대가 해 지기 전에 조제핀과 결혼을 하든지, 아니면 내일 내가 쓰고 있는 삼중관과 내가 들고 있는 왕홀의 권위로써 프랑스 황제에게 수여할 왕관을 포기하든지, 마음대로 하시오."

서산을 넘는 해의 마지막 광선이 센강의 검푸른 물을 뒤덮은 하늘에서 채 사라지기 전에 나폴레옹은 드디어 조제핀 옆에 무릎을 꿇고 페슈 추기경으로부터 여성의 방패이며 그리스도교 가정을 보호하는 혼인성사를 받았다. 여기서 또다시 교회는 그리스도의 대리자로서 단독으로 약하고 도움 없는 여성을 보호하기 위해 맨주먹으로 전 유럽의 가장 강력한 군주에 대항한 것이다.

잉게보르그, 로마에 호소하다

세기의 막이 올랐다. 1193년 8월 어느 날, 프랑스 아미앵에서 국왕 필리프 2세는 장엄한 예절과 민중의 환호 속에 덴마크의 왕 발데마르의 딸과 백년가약을 맺었다. 필리프 2세는 주님의 제대 앞에서 랭스의 대주교 샹파뉴의 윌리엄 임석하에 잉게보르그를 법적인 아내로 맞이하고, 그날부터는 죽기까지 좋든지 싫든지, 부자가 되든지 가난하든지, 앓든지 건강하든지 간에 함께 살기로 굳게 약속하였다.

그런데 결혼한 바로 그날, 필리프 2세의 마음이 변했다. 그의 초청에 응해서 덴마크의 왕궁을 떠나 낯선 땅에서, 말도 통하지 않는 사람들 속에서 살겠다고 시집 온 아리따운 왕비를 그는 잔인하게도 걷어찰 심산이었다. 그는 콩피에뉴 회의를 소집하여 결혼 무효를 선언하라고 요구했다. 아첨쟁이 귀족들과 주교는 그의 청에 응했다. 개선가를 높이 부른 필리프 2세는 새로운 정부 아녜스 드 메라니와 결혼했고, 왕비는 에탕프 성에 유폐했다. 버림을 받고 친정과 멀리 떨어져 있던 잉게보르그에게는 도움을 줄 단 한 명의 벗도 없었다.

그러자 그녀는 본능적으로 로마로 향했다. 그녀는 서툰 프랑스어로 부르짖었다. "나는 무력한 여성의 보호자이신 그리스도의 대리자에게 콩피에뉴 회의의 판결을 상소합니다." 에탕프 성에 갇혀 있던 잉게보르그의 외침은 알프스 산맥을 넘어 바티칸 망루의 파수병에게 들렸다. 인노첸시오 3세 교황은 일각의 지체도 없이 진리와 정의의 편에 서서 여성의 권리를 옹호하기 위한 불리한 투쟁에 과감하게 돌진했다. 교황은 군주의 얼굴에 대담무쌍하게 최후통첩을 했다. "그대가 죽기까지 충실히 지키겠다던 맹세를 존중하여 잉게보르그를 그대 옆의 정당한 왕좌에 도로 앉혀라. 그렇지 않으면 나는 그리스도의 대리자로서 그대를 살아 계신 하느님 교회의 부당한 신자로서 파문하겠노라."

필리프 2세는 이를 거역했다. 교황은 즉각 왕을 파문했다. 그래도 왕이 고집을 꺾지 않자, 교황은 그의 가장 강력한 영적 무기를 휘둘러 전 프랑스에 성직 집행 중지령을 내렸다. 아홉 달 후에 비로소 필리프 2세는 잉게보르그와 화해하는 척했다. 처음에는 교황 사절 옥타비안의 면전에서, 다음은 수와송 회의에서, 이렇게 화해하기까지 그동안 프랑스 안에서는 미사가 한 대도 거행되지 못했다. 교황은 그녀에 대한 불의와 그녀의 손해를 갚기 위하여 이러한 최후 수단을 쓴 것이다. 이는 잔인한 불의에 대한 국민의 양심을 각성시키는 데 이바지하였다. 낯선 이역에서 혼자 외롭게 눈물 흘리는 가냘픈 한 여성의 권리를 옹호하기 위해서 교황청은 이러한 조치를 강구한 것이다. 결국 이 고집쟁이 군주와의 35년에 걸친 투쟁은 교황청의 승리로 끝이 나, 잉게보르그는 프랑스 왕비로서의 법적 지위를 되찾았다.

여기서도 교회는 그리스도의 대리자로서, 외롭고 힘없는 여성 권리의 옹호자로서 세상의 눈앞에 뚜렷이 드러난다. 그리고 또다시 교회는 권리와 위신과 명예를 짓밟으려는 국왕, 전 유럽을 휩쓴 사나이와의 싸움에서 승리를 거둔 것이다. 이는 다만 클레멘스 7세의 발아래 무릎 꿇은 캐서린뿐만이 아니며, 비오 7세의 발아래 쓰러진 조제핀만도 아니고, 인노첸시오 3세의 발아래 엎드린 잉게보르그만도 아니다. 그들은 어디에나 있는 여성의 상징에 불과하다. 이는 그리스도 대리자의 발아래 무릎 꿇고, 남자의 정욕으로부터 보호하고자 하는 모든 시대, 모든 그리스도교 국가의 여성이다.

친절한 주임 신부는 역사를 되살리다가 문득 제정신이 들었다. 그리고 자신을 찾아온 이에게 물었다. "교회가 여성의 원수라니요? 왜 그렇습니까? 이교 시대에 남성의 노리개가 되어 있던 낮은 지위의 여성을 해방시킨 것은 온전히 그리스도교의 힘입니다. 변화무쌍한 세상에서 여성의 권리를 위해 변함없이 싸우는 오직 하나의 제도가, 곧 예수 그리스도께서 세우신 교회입니다. 오늘날 여성이 전 그리스도교계를 통틀어 각별한 존엄성과 존경을 누리고 있음은 순전히 교회의 덕분입니다. 과거 2천 년의 역사가 가르치는 가장 명료한 교훈에 대해서 어느 누구도 교회가 여성의 권리와 행복에 대해서 무관심하다고 욕하지 못할 것입니다." 방금 그려 본 역사적 사건을 읽은 독자들, 특히 비신자 중에는 이렇게 말하고 싶은 사람들이 있을지도 모른다. "과거는 좋다고 하자. 그러나 오늘은 어떤가? 오늘날 교회는 이론상으로는 이혼을 금하고 있지만, 실제로는 무효라든가 관면이라는 제도가 있어 이를 허용하고 있는 셈이 아닌가?"

이에 대한 대답은 이렇다. 교회는 결혼의 절대적 불가해소성에 관한 그리스도의 가르침을 고수하는 그 역사적 태도에서 이론적으로나 실제적으로나 한 번도 이탈해 본 적이 없다. 물론 교회는 관면을 허락하기도 한다. 그러나 이것은 자연법이나 신법에 관면을 허락하는 것이 아니라 오직 교회법에 관면을 줄 뿐이다. 교회는 현대 국가와는 달리 유효한 결혼을 무효로 선언하는 일이 절대로 없다. 다만 신중히 조사한 결과 어떤 결혼이 애당초 무효였음을 선언하는 것뿐이다. 교회의 무효 선언에 관해서 일반 대중이 오해하는 이유는 대부분 그 사건의 진상과 혼인에 관한 교회법을 모르는 탓이다. 교회에도 국가처럼 혼인 계약을 규정하고 옹호하는 법규는 하나가 아니라 여러 개가 있기 때문이다.

차별이 없다

교회법에는 부자를 위한 법이 따로 있고, 가난한 이를 위한 법이 따로 있지 않다. 또 재산이나 권력 때문에 그 판결이 좌우되지도 않는다. 오로지 사건의 진상만을 응시하여, 국왕이거나 농부거나 똑같이 공평하게 정의로 다룬다. 교회 법정에서는 누더기를 두른 거지나 백만장자나 관계없이 동등하다. 프랑스의 유력한 귀족 카스텔란의 보니 자작이 부유한 미국인 안나 골드와의 결혼 무효를 요청했을 때, 교황청 대법원에서는 이 사건을 3년 동안 조사한 후 결정적이며 최종적으로 '부정' 판결을 내렸다.

사건의 진실성이 보증되지 않은 채 무턱대고 무효 선언을 받기 원하는 부자, 권력자들에 대해서 교회는 오늘도 일찍이 비오 7세 교황이 나폴레옹에게 답한 말을 되풀이하고 있다. 나폴레옹이 자신의 아우 제롬과 볼티모어의 패터슨이 맺은 결혼이 무효함을 선언해 달라고 요청했을 때, 교황은 이렇게 회답했다. "이제까지 내가 들은 정보로 미루어 보건대, 이 경우 무효를 선언할 권한이 내게 없음을 그대도 이해할 것이다. 나는 교회법에 어긋나는 판결을 내릴 수 없으며, 또 교회법을 어기지 않고서는 이 결혼이 무효하다고 선언할 수 없다. 이 결혼은 하느님의 말씀을 따르면, 어떠한 인간도 풀 권능이 없다."

우리 법정이 결혼의 신성한 인연을 갈라놓아 평균 네 가정 중 한 가정이 파괴되는 현실에서 앞날을 염려하는 정치가가 그 종파 여하를 막론하고 이혼에 대한 교회의 변함없는 태도를 주목하여, 이것이야말로 가정을 보존하고 사회 질서를 공고하게 하는 가장 강력한 힘임을 인정하기에 이른 것은 오히려 당연한 일이다. 가정의 파탄에 뒤따르는 사회적 비극과 정신적 타격을 깨달은 전 세계의 비신자들 중에서도 레오 13세 교황의 〈하느님의 지혜〉라는 대칙서의 말씀을 마음으로부터 찬성하는 이가 날로 늘어 가고 있다. 이 회칙에는 이렇게 쓰여 있다.

"가톨릭 교회가 결혼의 신성성과 영속성을 옹호함으로써 전 인류의 복지에 가장 크게 이바지하여 왔음을 인정해야 할 것이다. 교회는 이 문제에 관해서 1세기 전에 그다지도 심각하게 속 썩인 여러 민법에 공공연하게 대항했다는 것, …… 그리고 초세기에 있어서까지도, 이혼을 인정한 국법을 배척하였다는 것에 대해 크게 감사받을 만하다. 협박으로 자신들의 이혼에 대한 교회의 승인을 얻으려 했던 유력한 군주들을 거슬러 역대 교황들이 용감히 맞서 온 것은 다만 종교의 안전뿐 아니라 실로 문화의 안전을 위한 것이었다."

거의 없는 무효 선언

적의를 품은 비평가들은 가끔 교황청 대법원 Roman Rota이 제멋대로 손을 뻗쳐 무효 선언을 함으로써, 이 때문에 적어도 실제로는 혼인 성사의 인연의 영속성을 파괴하고 있다고 한다. 그러나 그들은 교황청 대법원이 얼마만큼 깊은 주의와 수고를 들여서 모든 사건을 법적으로 조사하는지 또 그중에 무효 선언을 받는 것은 거의 없다는 사실을 전혀 모르고 하는 소리다. 예컨대 이 법원은 5년 동안에 전 세계로부터 소송이 제기된 것 중 다만 98건만 무효를 선언했을 뿐이다. 이것을 단 1년 동안에 약 50만 건의 이혼이 법정에서 인정되는 미국의 기록과 비교해 보라. 공평한 사람으로 실제의 증거를 보면서 교회에서 혼인을 보호한다는 가르침과 실천이 일치하지 않는다고 말할 수 있을까? 교회만큼 주의해서 결혼의 단일성과 영속성을 굳게 지키는 법정이나 제도가 또 어디 있다는 말인가? 교회는 이 그리스도의 가르침을 추상적인 이상으로서만 믿고 있는 것이 아니다. 이것을 실천하고 있다. 전 세계에 퍼져 있는 교회의 자녀들의 일상생활 속에 빛나는 이상의 금실이 속속들이 짜여 있다.

그리스도교 혼인성사의 신성성과 영속성을 옹호함에 있어, 교회는 가정의 신성성과 함께 특히 여성의 권리와 행복을 위해 싸우고 있다. 가정이 파탄될 때 제일 큰 고통을 받는 것은 그 가정의 주부인 까닭이다. 여자는 보통 남자보다 재혼하기도 어렵고, 더군다나 아이들이 있으면 재혼은 더욱 어렵다. 그런 데다가 자신과 아이들을 먹여 살릴 생업의 기회도 적기에, 일반적으로 보아 가정이 파괴되는 경우 그 비극의 가장 큰 희생자는 여성이다.

대조

누구든지 여성의 권리에 관한 교회의 가르침이 미치는 영향력을 보고자 하면, 아직도 그리스도교가 거의 전파되지 않은 지역, 곧 이슬람교국이나 브라만교국이나 불교국을 가 보면 된다. 그런 나라의 여성의 지위와 그리스도교 문명국의 그것을 대조해 볼 때, 그 차이에 놀라지 않을 자가 없을 것이다. 1925년 여름, 다르다넬스 해협을 거의 거슬러 올라 마르마라해를 지나갔는데, 그때 탄 배의 아래층에 그리스에서 터키로 돌아가는 터키인 가족 몇 명이 타고 있었다. 그들은 그리스도교 나라에서는 보려야 보기 힘들 만큼 불결한 곳에서 살고 있었다. 한 귀퉁이에 여자 여섯 명과 남자 한 명이 몰려 앉아 큰 그릇에서 무엇을 퍼 먹고 있었다. 여자들은 입까지 천을 드리우고 있었다. 심상치 않은 무리이길래, 도대체 그 사람들은 어떤 관계냐고 물었더니, 그 여섯 명의 여자들이 모두 그 터키인의 처라고 했다. 아연실색할 노릇이었다.

마룻바닥에 앉아서 주인을 섬기는 노예들처럼 시중들고 있는 이 여성들의 모습이야말로 이교도 여성들의 지위를 여실히 보여 준 그림이다. 이는 지금도 비그리스도교 국가에서 볼 수 있는 광경이다. 소위 여성의 '새로운 자유'를 부르짖는 사람들이 이 모습을 보고 두 가지를 비교해 주었으면 좋겠다. 주인의 시중을 드는 노예이며, 노리개에 불과한 이들 나라의 여성의 지위와, 존경을 함께 누리는 그리스도교 국가의 그것을 견주어 보라.

혼인의 영구한 단일성에 관한 그리스도의 계명 때문에 투덜거리는 여성들은 파헤쳐 놓은 헤르쿨라네움과 폼페이의 도시들을 구경해 보는 것이 좋다. 이교 시대에 있던 이들 옛 로마의 가정에는 첩들이 사는 방이 따로 있어서, 가장은 이 방에 자주 드나들며 하고 싶은 대로 하고 살았다. 그 모습을 보고도 그러한 이교도들로부터 여성들을 끌어내어 오늘날의 존경을 받는 지위에까지 들어 올려 준 단 하나의 지렛대를 꺾어 버릴 것인지 생각해 보면 좋겠다. 그 지렛대는 바로 그리스도의 가르침이다. 이교의 어둠 속을 헤매는 인류의 발을 이끌어 그리스도교 생활과 문화의 세련된 아름다움으로 인도한 등대로서, 19세기 동안 줄곧 교회가 굳게 지켜 온 그리스도의 가르침이다.

성모 마리아의 영향

여성을 들어 올려 새로운 위신을 마련해 준 그리스도의 가르침을 보충한 것이 있으니, 곧 여성의 덕과 아름다움의 거울인 구세주의 모친

성모 마리아의 영향이다. 인간은 이념보다 이상에서 더 큰 영향을 받는다. 인간의 마음은 덕행을 추상적인 말로 듣는 것보다 이를 구체화한 살아 있는 표본을 보는 것에서 더 큰 인상을 받게 마련이다. 그리스도 시대 이래, 마리아는 처녀와 아내와 어머니의 덕의 표본이 되어 왔다. 전 인류 중에 오직 성모 마리아만이 처녀이며 어머니라는 두 가지 영예를 누린다. 옛날부터 화가나 조각가나 시인이나 역사가들은 그분의 순결함과 어머니의 사랑이 지닌 매력을 함께 표현하고자 무던히 애쓰고 있다. 그리스도는 어머니의 팔에 안겨 향기로운 숨결을 내쉬던 갓난아기 때부터 골고타에서 십자가에 못 박혀 죽는 마지막 시간까지, 당신 어머니께 존경과 사랑과 영예를 바쳐 왔다. 주님의 표양은 금세 널리 전파되었다. 인류는 모두 그분의 발자취를 겸손되이 따랐다. 하느님의 자녀들의 이상으로서, 또 비신자 시인 워즈워스가 읊었듯이 '우리 때 묻은 인간성이 자랑할 유일한 사람'으로 공경받는 마리아는 모든 여성을 들어 올려 남성들의 눈앞에서도 존경과 위엄에 가득 찬 새로운 지위를 차지하게 했다.

거룩함의 아름다움

마리아의 인격의 영적 매력과 아름다움은 고대 그리스의 미술과 사상에 영향을 끼친 어떠한 이상보다도 우월하다고 스토우가 웅변적으로 열변을 토했는데, 이는 교회 밖에 있는 학자들의 증언을 대변하는 것이다. "어머니의 사랑만큼 인간 마음을 깊게 울리는 명제는 없다. 그런데 예술가들이 어머니의 헌신의 높이와 깊이를 약간 엿보이게 하는 데에도 몇 세기가 걸렸다. 그리스의 이상은 유노나 프리네의 비너스였다. 그리스의 조각가들은 새하얀 대리석으로 놀라운 아름다움과 흠 없는 모습을 새겨 냈다. 그의 이상은 마치 얼어붙은 노랫소리같이 전해졌다. 이는 감성적인 사람의 마음을 울렸고, 영웅들의 황홀한 칭찬을 불러일으켰다. 그러나 그리스의 얼굴에는 넋이 없었다. 이다의 산중에 버림받아 파리스를 위해서 눈물을 뿌린 오이노네가 그리스인이 읊을 수 있는 시의 전부였다. 실로 여성의 아름다운 이상이 세상에 알려지기는 라파엘로의 마돈나로 비롯한다. 비너스에게는 애인이 있었으나, 마리아는 자신의 아들을 보살폈다. 비너스는 죽어 가는 세상에서 술을 마시고 흥겨워했지만, 마리아는 영혼을 지녔고, 그 이마에는 아름다움의 거룩함과 거룩함의 아름다움이 깃들어 있었다. 산림의 정령도, 날뛰는 바다의 요정도, 활과 화살통을 들고 사냥을 하는 디아나도, 마리아의 매력인 왕후다운 사랑과 보호에 도무지 견줄 바가 못 된다. 마리아의 얼굴은 내적인 빛이 빛나는 바, 이는 유노나 비너스가 전혀 모르는 빛이다. 그러면서도 마리아는 세상 마칠 때까지 인류 역사상 가장 부드러운 이름으로 남을 것이다."(Frederick A. Stowe, Peoria Journal-Transcript, May 14, 1922)

기본스 추기경도 여성의 도덕적 지위가 그리스도교에 의해서 향상된 발자취를 회고하면서 여성의 이상인 동정 성모의 영향력을 강조했다. "여성의 도덕적 지위를 향상하는 데 이바지한 마리아의 영향력은 아무리 높이 평가해도 지나치지 않는다. 그는 이교도의 여성에게서 볼 수 있는 온갖 위대함과 착함과 고상함을 온전히 결합한 존재로서 아무런 티도 허물도 없다."(제임스 기본스, 《우리 신자들이 유산이다*Our Christian Heritage*》)

지브롤터의 바위

마리아의 정결한 아름다움의 이상이 그리스도교계의 지성과 정서와 상상 위에 불멸의 도장을 찍은 수천 가지 정묘한 방법을 일일이 열거한다면 책 몇 권을 써도 모자랄 것이다. 다만 여기서는 혼인의 신성성과 불가해소성에 관한 그리스도의 직접적 가르침을 따로 두면, 전 그리스도교계를 통틀어 여성의 지위 향상과 영적 해방에 가장 이바지한 것은 정결하신 하느님의 모친이라는 이상이었다는 점을 밝혀 두고자 한다.

그러므로 교회를 여성의 '새로운 자유'의 문을 가로막는 장애물로 여기고, 또 가정의 신성성과 영속성에 관한 그리스도의 가르침을 고집함으로써 여성의 행복을 방해한다고 우기는 이들은 근시안일 뿐 아니라, 역사의 가장 명백한 가르침에 대해서도 앞을 보지 못한다고 말할 수 있지 않겠는가? 온 세계의 인간 경험은 하느님 법을 어기고서는 결코 영원한 행복을 얻을 수 없음을 지나칠 만큼 증명하고 있지 않은가?

유혹은 여전히 금단의 과실을 따먹으라고 보챈다. 도깨비불은 지금도 낯선 길로 들어서라고 손짓한다. 미련한 자의 불은 경솔한 이를 속여 늪의 함정이나 시궁창으로 유인하고 있다. 그러나 신중히 반성하고 숙고하면, 그러한 길이란 오로지 비참과 고통의 가시밭에 이를 뿐이라고 경고해 주는 인간 체험을 여성들은 결코 무시해서는 안 됨을 깨달을 것이다. 여성은 가톨릭 교회 안에서 어느 때든지 가장 충실한 최상의 벗을 찾아 얻을 것이다. 여성은 이 교회에 속함으로써 남자의 방종과 정욕으로부터 자신을 보호해 주는 성채를 발견할 것이다. 인간 정욕의 거센 파도가 밀려오지만, 영원히 헛된 부딪침을 거듭하도록 꿋꿋이 서 있는 지브롤터의 거대한 바위를 발견하게 될 것이다.

실천

- 그리스도인들의 결혼의 이상을 위해 될 수 있는 대로 좋은 모범을 보이기.
- 인간을 하느님의 자녀로 끌어 올리는 데 복되신 동정녀께서 얼마나 큰 힘이 되었던가를 비신자들에게 설명해 보기.
- 날마다 묵주 기도를 한 단이라도 바치며 하느님의 어머니께 대한 신심을 새롭게 하기.

제24장

청혼과 결혼

젊은이는 으레 사랑에 빠지게 마련이다. 흔히 꽃피는 청춘기에 이를 경험하게 된다. 청년들이 서로 앞으로 인생행로의 배우자로 삼기를 원하는 애인을 찾으면서, 지금까지 속에서 열렬히 끓어오르던 사랑의 심지에 불이 당겨져 뜨겁게 타오르기 시작한다. 꽃이 만발하고 향기 그윽한 인생의 틈에서부터 노랗게 물들고 낙엽이 지는 가을에 이르기까지 갖가지 사건이 이를 둘러싸고 얽히고설킨다. 이 선택의 결과는 인생 여행의 끝과 피안에까지 미친다.

이 선택은 피 끓는 격정으로 말미암아 물불을 가리지 않는 청춘기에 이루어지느니만큼, 지도자가 필요하다. 이때는 정서가 지성의 기능마저 마비시키기 일쑤다. 그들은 자기들만의 사랑의 말을 한다. 그러나 이 말 속에 이성의 목소리가 있어야 하고, 이 소리를 들어야 한다. 사랑은 서로의 눈을 멀게 한다. 지성만이 이를 눈뜨게 할 수 있다.

청년이 달콤한 사랑의 속삭임을 들으면서도 땅을 딛고 서서 한 귀로 이성의 소리를 경청하는 동안은 진정 행복하다.

물론 사랑의 젊은 꿈에 냉수를 끼얹으려고 이런 소리를 하는 것은 아니다. 오히려 나는 이 사랑의 꿈이 실현되기를 바란다. 애인의 꽃송이가 남편과 아내라는 사랑으로 만발하는 행복, 아버지와 어머니라는 영광에 이르는 것을 보기를 고대한다. 우리는 저들의 영롱한 꿈이 그리스도인 가정의 낙원으로 실현되어, 여기서 사랑과 평화와 행복을 누리기를 바란다. 우리는 그들의 가정이 이 세상에서의 천국이 되고 끝없는 황홀경에 사랑을 누리는 영원한 본향의 전조가 되기를 희망한다. 어떻게 하면 청년의 꿈이 실현될 수 있을까? 자모이신 성교회의 충고와 지도를 따르면 된다. 교회는 청년에게 하느님의 말투로 말한다. 이론적인 소식을 전해 줄 뿐 아니라 몇 세기에 걸친 풍부한 경험을 일러준다.

교회는 제대에서 수백만 명의 청춘 남녀들이 백년가약을 맺음을 들어 왔다. 교회는 가정 비극의 얘기를 들어 왔고, 그 처절한 눈물도 보아 왔다. 교회는 그리스도인 결혼의 신성성과 영속성을 보호하고자 왕들의 음욕을 거슬러 싸워 왔다. 교회는 이 세상에 있는 어떠한 제도보다도, 무수한 함정이 있는 위험한 길을 걷는 젊은이들을 더욱 안전하게 이끌어 행복한 결혼으로, 그리고 성가정으로 인도한다.

죽기 전에 결혼의 인연은 풀릴 수 없다고 가르치는 교회는 젊은이들이 별거와 이혼의 비극을 야기시킬 요인을 미리 경계하도록 경고한다. 이혼의 두드러진 원인 중의 하나는, 부부가 결혼한 후에야 비로소 짝이 맞지 않음을 깨닫는다는 사실이다. 그들은 밀월여행의 달콤한 꿈나라가 매일 일해야 사는 현실의 세계로 옮겨졌을 때에야 비로소, 누구라도 그전에 지적할 수 있었을 것, 그들은 맞는 점이 거의 없다는 것을 깨닫기 시작한다. 성격과 마음이 맞지 않는다. 도덕적 인격과 종교관이 다르다. 교양과 취미가 각각이다. 이런 면에 마음이 맞으면, 부부간의 금실은 감정이 다 식어 버린 후에라도 상하지 않고 그대로 남아 있지만, 이 금실의 끈이 없으면 부부는 처음에는 매력을 잃고 다음에는 관심이 없어지고 권태가 스며들면 공연히 미워지게 된다. 그렇게 되면 이혼 재판소가 또다시 분주해진다.

가치 있는 것

젊은이들은 왜 이런 사실을 늦기 전에 깨닫지 못할까? 왜 많은 사람들이 이렇게 중요한 지성과 인격의 성품을 미리 애써 알려고 하지 않을까? 이것이 없다면 부부 관계는 감정의 모래 위에 서 있는 집에 불과하다.

젊은이들은 대부분 눈매나 얼굴 모습이나 몸매 등 외적인 것에 반해서 청혼한다. 그러나 인격, 마음씨, 지성, 이해력, 동정심, 이타적인 태도 등이 진정으로 가정의 행복과 결합을 영속하는 데 가치 있는 것들이다.

미모라든지 아름다움이라는 것도 무시할 것은 아니다. 하지만 이보다 훨씬 가치 있는 것들은 이미 말한 것처럼 지성과 마음과 영혼의 소양이다. 용모의 아름다움은 사라지지만 인격은 남는다. 해가 갈수록 힘과 아름다움, 아량은 커진다. 인격이라든지 마음씨는 거들떠보지도 않고, 용모라든지 겉모습이라는 가느다란 실 위에 부부의 행복의 성을 쌓아 올리려는 자는 나중에는 으레 굳은 토대를 쌓는다는 중요한 일을 무시했음을 후회하게 마련이다. 참된 행복은 바보의 파라다이스에는 없다.

교회는 젊은이에게 행복하고 끝까지 계속될 결합에 가장 중요하고 불가결한 요소에 맞갖은 주의를 기울이도록 권장한다. 교회는 이 점을 무시하거나 성급히 진행해 버리는 자에게는 미리 중한 벌을 내린다. 교회는 성직자가 되기를 원하는 이들을 오랫동안 훈련하고, 또 그들이 선택한 길이 얼마나 중요한가를 여러 번 숙고하게 한다. 그렇다고 성품성사를 받기에 필요한 기한이 혼인성사를 받기에 필요한 기한보다 길어야 한다는 법은 없다. 이 두 가지가 다 죽을 때까지 그 결과가 계속되는 성사다. 그렇다면 결혼을 희망하는 이들은 적어도 성직을 희망하는 이들에게 요구되는 그 신중한 고려와 세심한 주의의 그 몇 분의 일이라도 해야 하지 않겠는가?

중대한 결정

누구나 알 수 있는 뚜렷한 진리는, 결혼을 생각할 때에는 하늘과 땅의 모든 소리를 듣고 반드시 영속될 행복의 유일한 보증이 될 수 있는 지성과 마음과 영혼이 이런 성품을 갖추고 있는지를 확실히 해야 한다는 것이다. 마음이 사랑의 날개를 달았을 때에는 현실의 견고한 땅 위에 발을 딛고 이성의 소리를 들어, 자신이 어디로 뛰려는지 주의 깊게 살펴야 한다. 이성은 인생의 어느 면에 있어서든지 풍부한 수확을 거두게 하며, 이를 무시한 경우에는 크나큰 손실을 맛보게 마련이다. 그런데 일생 동안의 배우자를 선택하는 경우보다 이익이나 손해가 큰 일은 없다.

이처럼 중대한 일에 임해서는 미리 부모든지 또는 그 밖에 경험이 풍부한 어른들의 충고를 명심해야 한다. 이는 경솔하지 않은 모든 이가 취해야 할 태도다. 중대한 사업에 착수하려는 이가 신중한 사람이면 미리 자기보다 지식도 경험도 많은 이의 충언을 듣고자 힘쓴다. 이러한 충언이 절대 틀릴 수 없는 것은 아니지만, 위험을 감소시키는 것은 사실이다. 하물며 영속될 행복을 찾아 일생을 투자하려면 당연히 자기가 생각하는 중대한 선택에 대해서 현명하고 슬기롭고 분별 있는 이들과 의논해 보아야 하지 않겠는가?

젊은이들은 자기들의 약혼에 대해서 아무도 신용하지 않고 모든 것을 결혼 후까지 숨겨 두는 경향이 있는데, 이는 확실히 슬기롭지 못한 선택으로 인한 위험을 적어도 경감하여 주는 유익한 도움에 대해서 문을 잠가 버리는 행동이다. 일생의 배우자를 선택하는 일보다 더 큰 결과를 내포하는 선택과 결정은 없다. 그러므로 젊은이들은 어느 때보다도 그 신중한 숙고와 상식을 총동원해서 다시는 돌이키지 못할 잘못을 저지르지 않도록 해야 한다는 결론이 나온다.

상식의 대용품은 없다

나이가 든 이들은 지금부터 한 세대 전에 한창 유행되었던 유행가의 가사를 기억할 것이다. 그런데 이 가사는 오늘날에도 여러 사람의 마음에 한 가지 물음을 던지고 있다.

> 누군가 내게 친절히 일러 줄까
> 누군가 내게 알려 주었으면
> 복숭아만 자라는 줄 알았던
> 사랑의 동산에서 왜
> 레몬을 땄는지.

나중에 이르러서야 이러한 물음을 던지는 사람이 되기 전에 미리 알 만한 벗에게 의논하기만 하였다면 이 질문에 대한 답을 싫도록 들었을 것이다. 그러나 때는 너무 늦다. 인생에는 슬기롭고 실제적인 상식에 맞설 만한 대용품은 없다.

독자 중에는 이렇게 말하고 싶은 이가 있을지도 모른다. "정말 그렇습니다. 젊은이들이 일생의 배우자를 고르는 데는 슬기와 이성을 최대한 활용해야 될 것입니다. 그런데 당신은 이렇게 뻔한 것을 뭐 그리 계속 말하고 있습니까?" 하지만 이론적으로는 이렇게 뻔한 진리를, 실제로는 무시하기가 일쑤다. 해마다 수천수만 명이 결혼하되, 많은 부부가 즉시 이혼 소송으로 끝맺고 있다. 왜? 이는 오로지 젊은이들이 이성 따위는 문제 될 것이 없다고 걷어차 버리고, 안정된 결합, 영속될 행복을 위해 불가결한 요소를 고려해 보기를 거부한 까닭이다.

무엇 때문에 나중에 이르러서야 이렇게 탄식하는 이가 많을까? "조금만 더 생각해 봤더라면! 마음의 고동 소리만 듣지 말고 이성에 귀를 기울였다면, 내가 얼마나 어리석고 눈이 멀었는지를 깨달았을 것을! 아, 다시 한번 선택할 수만 있다면 이런 바보짓은 안 할 텐데."

이러한 애석한 탄식을 자주 듣지 않는 본당 신부가 있을는지? 참으로 만일 젊은이들이 주도면밀한 상식으로 슬기롭고 분별 있는 벗에게 의논하고, 감정뿐 아니라 마음이 맞는지를 조사해 보고, 본인의 인격과 마음씨와 신뢰와 종교관 등을 확실히 알아 놓았더라면 불행한 결혼은 거의 다 피할 수 있을 것이다.

진리를 안다는 것과 이를 실천한다는 것은 다르다. 요한 사도는 늙어서 늘 "제자들이여, 서로 사랑하시오."라는 단순한 진리만 귀가 아프도록 되풀이했다고 한다. 그때 청중 가운데 한 사람이 단조로운 이 말을 너무 되풀이하는 까닭에 싫증을 내고 불평을 하자, 요한 사도는 이렇게 말했다. "다른 일은 별로 문제 될 것이 없다. 이 계명만 지키면 다른 것도 이와 마찬가지로 지키게 되기 때문이다." 만일 요한 사도의 사랑이 이보다 작았더라면 아마 이렇게 말했을 것이다. "너희가 이 진리를 실천하기 시작할 때까지 내가 이를 계속 설교하리라." 교회는 인생의 배우자를 선택할 때 최대의 주의를 기울여야 한다는 가장 중요한 사실을 자녀들에게 깨우쳐 주기에 지칠 줄 모른다.

성급함의 위험

교회가 경고하는 위험 중의 하나는, 일을 너무 성급하게 해치운다는 것이다. 결혼하기 전에 혼인 공시를 해야 한다는 교회법은 성급한 행동을 억제하는 브레이크 구실을 한다. 이혼 재판소에서 통할하는 재판관들이 확신에 가득 차 입버릇처럼 하는 말을 들으면, 제기되는 이혼 소송은 거의 모두 너무 조급하게 결혼해 버렸기 때문이라고 한다. 젊은이는 갑자기 어떤 소녀에게 반한다. 그 소녀의 얼굴이라든지 눈이 반짝인다든지 하는 것 때문이다. 단 한 번 보고 사랑에 빠지는 것이 아니라 미쳐 버리고 만다. 허둥지둥 청혼한 후에 갑작스럽게 집을 떠난다. 밀월여행에서 깨어나서야 비로소 둘은 서로 낮과 밤처럼 다르다는 것을 깨닫는다. 이혼 재판소가 쉴 겨를이 없게 된다는 말이다.

재판관들은 이러한 관찰 결과 조급하게 결혼에 돌진하지 말기를 거듭거듭 경고한다. 그리고 각자가 결혼하고자 하는 경우에만 미리 결혼할 뜻을 제출하고 결혼까지 어느 일정한 기한 동안 기다리게 하는 법률이 제정되어야 한다고 주장한다. 잘못된 배필이면 기한이 지나는 동안에 열이 식을 것이고, 따라서 상기된 감정의 색안경을 통해서 보지 않고 이성의 맑은 눈으로 서로 상대를 볼 수 있게 될 것이라는 게 이 생각의 착안점이다. 밤에는 달빛의 마력에 속아 향기로운 로맨스의 꿈을 발산하지만, 대낮의 빛나는 태양 빛은 만나면 많은 결점이 즉시 그 지저분한 면을 드러내고 만다. 이렇게 잘못된 결혼의 홍수를 막고자 이미 위에 제시한 뜻을 따라 법률을 제정한 곳도 있다.

컬럼비아 대학에서 사회학 강의 시간에 기딩 박사가 이렇게 지적한 적이 있다. 성급하게 결혼해 버린 부부들은 결혼 후 조금만 한가해지면 즉시 이를 뉘우치게 되는데, 여기에는 무슨 브레이크 장치가 꼭 필요하다는 것이다. 그때 가톨릭 신자인 학생이 일어나 혼인 공시에 관한 교회법을 설명했다. 교수는 이 설명을 듣자 다음과 같이 흥미 있는 견해를 발표했다. "나는 그것의 종교적 의미는 전혀 도외시한다 하더라도, 그러한 법률의 사회적 유효성을 높이 평가하고 싶다. 나는 사회학 교수로서 확신한다. 이러한 법률이 미국 각 주에 제정된다면, 잘못 짝지어진 많은 이들이 다짜고짜 약혼해 버리고, 그 후 즉시 이혼 재판소의 조서를 지저분하게 쓰는 귀찮은 일을 하게 되기 전에 자신들의 짝이 잘못되었음을 발견하게 될 것이다." 그러므로 이 교회법은 다만 그 성사적 성격뿐 아니라 인간 사회의 복지에 중대한 구실을 하는 제도로서도 결혼의 옹호자가 되고 있다.

너무 지나친 장기간

교회는 너무 지나치게 빨리 청혼하는 것도 경고하거니와, 이에 못지않게 너무 오래 끌지도 못하게 한다. 그렇다고 정확히 말해서 청혼 기간은 얼마만큼 길어야 한다는 규정을 만들어 놓을 수도 없다. 일반적으로 말해서 젊은이들이 상대편의 인격, 마음씨 등을 잘 알기에 충분한 기한이면 족하다. 반년 내지 1년 걸리면 보통 알 만한 것은 알 수 있을 것이다.

청혼은 여러 면에서 보아 긴장된 기간이니만큼 부당하게 오래 질질 끌 것이 아니다. 여러 해 동안 그냥 교제만 하고 있으면 혼인성사의 좋은 열매를 맺지 못하고 큰 위험에 처해 버리는 것이다. 너무나 청혼을 오래 끌면, 그 청혼은 빛을 잃게 되고 앞날이 축복되는 로맨스를 암초에 걸리게 한다.

청혼의 목적은 젊은이들이 함께 인생의 항로를 출범하기에 필요한 만큼 상대편을 알게 하는 데 있다. 그런데 그러한 목적이 기대되지 않은 경우에 청혼은 거의 아무런 뜻도 없다. 청혼은 말하자면 현관이다. 이를 통해서 문 안으로 들어선다. 그러니 현관에 들어서서는 우물쭈물하고 여기가 종점이 아니라 집 문턱에 지나지 않는다는 것을 깨닫지 못하는 이들은 어떤 사람들인가? 청혼이라는 문턱에 들어서고는 이것이 마지막 목적이 아니라 다만 목적을 위한 수단, 위대한 성사로 가는 현관임을 잊는 이들도 이와 마찬가지다. 유명한 미국의 유머리스트인 빌 나이와 관련된 재미있는 사건이 있다. 그는 젊은 시절 어느 일요일 오후에 사륜마차를 타고 여자 친구를 만나러 갔다. 그때 그는 객실에서 약 한 시간 동안 그녀를 기다렸는데, 그에게는 그 시간이 아주 길게 느껴졌다. 드디어 젊은 아가씨가 잘 차려입고 나타났다. 그러고는 문을 열고 막 마차에 올라타려다가 말라빠지고 병든 말을 보게 되었다.

그녀는 화를 발각 내고 소리 질렀다. "이게 뭐예요! 말라비틀어진 말 꽁무니에 날 태울 작정이에요?" 빌 나이가 대꾸했다. "그럼, 내가 여기 왔을 때는 통통한 말이었는걸."

상대방에 대한 존중

젊은이들도 청혼을 이처럼 부질없이 질질 끌면 상대방으로부터 이런 말을 듣게 되어도 별수 없다. "당신과 처음 교제했을 때는 나도 젊었지만 이제는 벌써 중년이 되어 버린걸요." 어쨌든 상대방의 마음을 몇 해씩 독차지해 놓고 상대방에게서 많은 기회를 빼앗아 버리고는 파릇파릇한 매력이 사라지기가 무섭게 걷어차 버린다는 것은 상대방에게 중대한 불의를 행하는 것임은 명백하다. 공정하지도 못할 뿐더러 공평하지도 못하다.

미국에서는 결혼이 당사자 둘만의 일이라고 강조하고 있다. 만일 부모가 진정으로 자식의 행복을 걱정한다면, 이제 말한 것처럼 성실하고 효과적인 태도로 그 걱정을 표시하면 좋지 않을는지? 유럽의 여러 나라에서는, 자녀들이 훌륭한 결합을 이루도록 부모가 보다 더 적극적으로 도와주고 있다. 그들은 이 문제를 미국인보다는 덜 감정적으로 보며, 훨씬 실제적 상식으로 따진다. 문명 세계의 어느 나라보다도 이혼율이 높은 미국에서는 이제 부모나 사제들이 인생의 가장 중대한 이 문제(일생을 함께할 배우자의 선택)가 성공적으로 해결되도록 젊은이들을 도와주는 데 더 많은 관심을 기울여야 할 때가 왔다.

젊은이들도 전 인류와 함께 행복을 끝없이 추구하고 있다. 그러나 행복은 사사로운 개인적 일도 아니고 고립된 문제도 아니다. 가령 어떤 이에게 "여기에 천 달러가 있소. 이것으로 당신 혼자만의 행복을 사 오시오. 그렇지만 우정이나 다른 이의 사랑 속에서 행복을 찾으면 안 되오." 하고 말했다 하자. 이렇게 말하면 이는 우리가 그에게 목적을 제시해 놓고, 그 목적을 달성하기 위한 효과적인 방법은 금하고 있는 셈이다. 왜냐하면 본래 행복이란 사회적인 것이기 때문이다. 이는 타인에 대한 존경, 우정, 사랑 속에 있다. 달이 햇빛을 반사해서 빛나는 것처럼 행복도 남의 동정과 신뢰와 애정을 반사하는 데 있다. 부귀나 지식이나 명예는 이의 대용품이 될 수 없으며, 따라서 진정한 행복을 가져다줄 수도 없다.

사랑의 빛

인생의 비참함 중에서도 가장 비참한 것은 도저히 어쩌지 못하는 고독이다. 저녁에 집에 돌아와 봐도 자신의 괴로움에 어느 누구도 관심을 갖거나 성공을 기뻐하거나 실패를 공감하고 이해하는 진정제의 구실을 해 주는 이가 없다면, 이는 우정과 사랑이라는 햇빛이 거의 꿰뚫을 수 없는 어두운 방에 살고 있는 것과 같다. 생물이 햇빛을 쐬지 못하면 시들어 죽듯, 인생도 사랑과 동정이라는 햇빛을 잃으면 그 열정, 그 취미, 그 힘과 살맛이 없어지고 만다. 보딜론은 이 깊은 진리를 소박하고 아름다운 시로 읊었다.

> 밤의 눈은 천 개가 넘어도
> 낮에는 하나뿐
> 그러나 밝은 세상의 빛은
> 지는 해와 더불어 꺼진다.
>
> 머리의 눈은 천 개가 되어도
> 마음에는 하나뿐
> 그러나 온 인생의 빛은
> 식는 사랑과 더불어 꺼진다.

가톨릭 교리를 배우던 청년이 필자에게 이렇게 말했다. "신부님, 저는 제가 일하는 은행의 시계가 네 시를 알리면 저녁까지 두 시간을 어떻게 지낼까 하는 것이 큰 걱정거리였습니다. 그런데 결혼해서 아이까지 낳고 보니, 시계가 네 시를 알리기까지가 견디기 어려웠고, 빨리 집에 가서 아내와 자식과 함께 있고 싶어서 못 견딜 지경이 되었습니다. 행복은 가정의 화롯가에 있다는 교회의 가르침이 맞습니다. 저도 전에는 독신자들의 마음을 끄는 향락 속에서 행복을 찾았습니다만, 부부의 사랑과 아버지가 되었다는 큰 기쁨을 맛본 오늘에는, 정말로 인생이 이제야 시작되었다고 말하고 싶습니다. 사람은 이 두 가지를 경험해 보기 전에는 결코 인생의 의의나 목적을 모르는 것입니다." 이 말 속에서 모든 사제들은, 인생의 큰 모험인 하느님 앞에서의 결혼이라는 성소를 받은 많은 청춘 남녀들이 속삭이는 말이 되풀이되고 있음을 깨달을 것이다.

하느님의 계획

연애, 청혼, 결혼 등을 경솔히 다루고 장난삼아 하는 이들이 있으니만큼, 여기서 이것도 하느님 계획의 한 부분임을 지적해 둘 필요가 있다. 이는 인간이 존재하기 시작한 바로 첫새벽에 막이 열린 광경을 보면 명백하다. 전능하신 하느님은 우주와 그 위에서 살아갈 모든 생물을 창조하신 후, 사람을 낙원에 두어 모든 생물을 다스리게 하셨다. 아담은 낙원의 지배자로서 온갖 재보와 자연계의 티 없는 아름다움을 어느 누구보다도 실컷 누렸지만, 그럼에도 불구하고 그의 외로운 마음에 어두운 장막처럼 덮쳐누르는 공허가 있었다. 그때 하늘에서 전능하신 하느님의 목소리가 들려왔다. "사람이 혼자 있는 것이 좋지 않으니, 그에게 알맞은 협력자를 만들어 주겠다."(창세 2,18) 아담은 하와의 얼굴에서 아름다움을 다투는 자연계의 그 어느 것에도 비길 수 없는 새로운 아름다움과 사랑스러움을 발견했다. 그의 마음속에 있던 허전함이 메워졌다. 지금껏 맛보지 못한 새로운 감정을 느꼈다. 백화만발한 산문적 색채는 즉시 시적 아름다움의 찬란한 옷차림으로 변했다. 새들의 뜻 없는 지저귐이 감미로운 멜로디의 교향악이 되었다. 인생은 새로운 뜻, 싱싱한 값을 갖게 되었다. 그는 비로소 인간 존재의 아름다움과 시와 로맨스를 보았다.

그는 하느님의 은총을 받아 하와와 불멸의 서약을 맺었다. 그리하여 인생의 아침에 순결한 하늘의 천개天蓋 아래에서 자연의 사제 임석하에 아담은 첫사랑의 키스로 그의 서약을 박아 놓았다. 하느님은 쓰이지 않은 미래에 대한 예언적 통찰로써 그때 전 인류를 위한 법률을 선포하셨다. "남자는 아버지와 어머니를 떠나 아내와 결합하여, 둘이 한 몸이 될 것이다."(마태 19,5) 이는 둘의 심장을 하나로 일치하게 하는 인간의 사랑이라는 커다란 신비다. 이는 거룩한 불꽃이다. 이는 영원하고 창조되지 않은 하느님 사랑의 불로 켜진 거룩한 불꽃이다.

중재자

"사람이 혼자 있는 것이 좋지 않으니……."(창세 2,18) 인류의 새 아침에 전능하신 하느님께서 하신 말씀이다. 사제들이 고해소에 여러 시간 동안 앉아서 인생행로를 혼자서 여행하는 남녀들의 죄를 들을 때, 얼마나 자주 이 말씀이 머리에 떠오르는지 모른다. 사제들은 하느님의 훈계를 다시금 새삼스럽게 생생히 깨닫는 것이다. 아무도 하느님의 사제만큼 명백하게 깨달을 수는 없다. 그에게는 외로운 여행자의 앞길에 가로놓인 마음의 온갖 비밀, 위험, 함정, 비극을 다 털어놓기 때문이다.

하느님은 남자에게 길동무로서, 행복을 고취하는 자로서, 덕행의 보호자로서 배우자를 창조해 주셨다. 그러므로 혼인성사는 남녀 간에 상호 위로의 위대한 샘이며, 아울러 서로 덕행에 대한 위대한 방패다. 고해 신부가 혼인성사를 귀중한 영적 예방약이며, 또 영원한 구원을 얻기에 크나큰 도움임을 기회 있을 때마다 일러 주는 이유가 이것이다.

그러나 이 영적 도움은 전혀 별개의 문제로 하더라도, 혼인성사는 인격을 여러모로 완성하고 인간 행복을 증진하게 하는 가장 강력한 힘이다. 장미꽃은 만발하여 산들바람에 그 향기를 힘껏 내뿜으며, 이렇게 무르익어 완전한 아름다움을 드러낸 후에 시들어짐으로써만 꽃의 값을 다 드러내듯, 인간성도 자기를 잊고 남을 섬김으로써만 영적으로 성숙해지고 미화되고 자기를 극복하게 된다.

두 가지 성

남성의 불완전한 본성을 보완하는 것으로서 전능하신 손으로 꾸며진 여성은 하느님으로부터 이러한 은혜를 받았다. 여성은 남성의 성공의 영감이며, 역경의 어둠에 있어서는 남성의 위로자다. 하와가 아담의 허전함을 메우러 왔을 때부터 사도들이 모두 도망간 후 마리아가 십자가 밑에서 울고 있을 때까지, 여성은 줄곧 하느님의 창조력의 빛나는 화관이 되어 왔다.

혼인성사로 이 두 개의 성이 결합되는 데서 그리스도인의 가정이 생긴다. 이는 인간 사회의 모퉁잇돌이며, 부부 정덕貞德의 성소며, 그곳 감실 앞에는 불멸의 사랑의 빛이 밤새 비치는 것이다. 교회는 얼마나 주의 깊게 이 성소의 주위를 드높은 성채로 둘러싸고 잡스러운 침범자를 감시하는지 모른다. 이리하여 우리의 가장 행복하고 가장 거룩한 추억들이 가정의 화롯가에 꽃피게 마련이다.

백만 달러

만일 어느 부유한 자선가가 성년기에 이른 젊은이에게 백만 달러를 주겠다고 약속한다면 그 청년은 얼마나 기쁠까? 그런데 하느님의 섭리는 성년이 될 무렵에 도달한 젊은이에게 이보다 더 큰 선물을 마련하고 있다. 독자 중에는 이렇게 말하는 이가 있을지도 모른다. "거짓말이다. 과장이다. 허풍이다." 그렇다면 보자.

그로건J. Grogan은 대학을 졸업한 후 3년 동안 일했는데, 그동안 많은 친구들과 어울리며 파티와 춤 속에서 살았다. 그런데 이 모든 것이 헛된 것으로 느껴지기 시작했다. 이는 옛날 에덴동산에 혼자 있던 인류의 첫 조상 아담의 마음을 괴롭히고, 지금껏 그 모든 자손들의 가슴에 메아리치던 태곳적부터 굶주려 온 소리였다. 그는 자신을 더 큰 성공으로 채찍질해 줄 자극제, 더 높은 이상으로 북돋아 줄 사람이 필요하다는 것을 느꼈다. 어느 날 그는 고해소에서 이를 사제에게 이야기했다. 그러자 고해 신부는 서로 사랑하도록 특별한 은총을 하느님께서 마련해 주신 것이 바로 혼인성사임을 일러 주었다. 그제야 그는 이 성사를 새로운 빛으로 보게 되었다.

그는 이 중대한 문제를 신중히 탐구하는 중 겉만 꾸미고 속은 가꾸지 않는 사람들을 보았다. 그들은 조금만 지나면 보잘것없음이 탄로

나게 된다. 그가 일생의 배우자로 찾는 사람은 바람에 날리는 갈대와 같은 여성이 아니었다. 그는 보다 본질적인 어떤 것, 솔솔 부는 봄바람뿐 아니라 겨울의 눈보라도 함께 견딜 수 있는 배우자를 원했다.

드디어 그는 발견했다. 사랑스러운 가톨릭 신자 여성, 이기심 없는 사람이었다. 그는 사랑을 하게 되고 거룩한 결심을 하게 되었다. 사제가 혼인 미사 때 그들을 불멸한 성사의 일치로 결합했을 때, 그들은 하느님이 이 눈물의 골짜기에서 사람에게 주시는 가장 감미로운 행복을 맛보았다. 그러자 하느님께서는 가장 놀라운 선물로써 그들의 결합을 축복했다. 사람의 살을 지닌 예쁜 천사가 태어났다. 그는 그제야 인생의 로맨스와 신비를 이해했다. 그 아기는 두 사람의 마음을 축복받은 사랑의 삼위로 한층 더 밀접하게 결합시켰다. 그녀는 그의 아내일 뿐만 아니라 그 아기의 엄마이기도 했다. 그는 온 마음을 다해 그녀를 사랑했다. 가정이라는 성소에서, 거룩한 사랑의 감실에서, 그는 이 세상에서 도달할 수 있는 가장 가까운 거리까지 천상의 낙원에 접근한 것이었다.

하느님의 완전한 선물

청천벽력 같은 일이 일어났다. 아내가 중병에 걸린 것이다. 그녀는 며칠 동안 사선을 넘나들었다. 그는 너무도 놀라 밤낮없이 기도하며 그녀의 머리맡을 지켰다. 쉰 목소리로 기도할 때 그의 눈에서는 뜨거운 눈물이 줄줄 흘렀다. "하느님, 그녀를 살려 주소서. 그 대신 저를 당신 뜻대로 하소서." 그때 기도하는 그에게 가서, 혼인성사를 받음으로써 얻은 하느님의 선물을 버리고 그 대신 무엇을 갖겠느냐고 물어보라.

그가 백만 달러와, 아니 미국 대통령의 지위와 그녀를 바꾸겠는가? 아니 솔로몬이 소유하는 광산의 금덩이 전부로도, 미국 대통령의 지위로도, 또는 찬란한 왕좌로도 그녀 곁에서 그를 떠나게 할 수 없을 것이다. 그에게는 그녀가 인생의 전부인 까닭이다. 재산이나 지위는 모두 먼지에 불과하다. 인생에 그 뜻이 있게 하는 사랑이 없는 탓이다. 드디어 하느님은 그의 기도를 들으시고, 인생의 가장 귀중한 선물을 그에게 다시 주셨다.

이는 이 위대한 혼인성사를 받기에 타당한 모든 젊은이들에게 전능하신 하느님이 주시기로 약속한 선하고 덕스러운 사랑이다. 선물이다. 애인의 가슴속에 타는 사랑의 불꽃은 사람의 손으로 켜지는 것이 아니라, 영원하고도 거룩하신 하느님 사랑의 불로 켜지는 것이다. 이는 아담에게는 에덴의 권태를 행복의 동산으로 바꿔 주고, 그 모든 후손에게는 인생의 고통을 사랑의 노동으로 바꿔 주는 선물이다. 이는 인간에게 주시는 하느님의 완전한 선물이다. 참된 행복은 가정의 화롯가에 있다는 것을 젊은이들은 언제 깨닫게 될까.

20세기의 궤변이라도 인류사의 시초에 하느님이 말씀하신 사람이 혼자 있는 것이 좋지 않다, 라는 경고를 쓸데없는 잔소리라든가 시대에 뒤떨어진 말이라고 여기지 못하고 있다. 이 경고야말로 모든 세대에 영원한 가치를 지닌 말이다. 왜냐하면, 이는 사랑과 행복에 대한 사람 마음의 변함없는 굶주림과 끊임없는 갈증에 바탕을 두는 말이기 때문이다.

실천

- 배우자를 위한 기도를 바치고 성모님과 요셉 성인의 특별한 보호를 청하기.
- 이성과 사귈 때 부모나 또는 합당한 웃어른과 자유로이 또한 신중히 이야기하기.
- 집 안을 성가정의 그림으로 꾸며 보기.

제25장

왜 이혼을 못 하는가?

교회는 가정의 화롯가의 성소를 보호한다

"가톨릭 교회는 왜 이혼을 금하는가?" 이는 비신자들이 자주 묻는 질문이다. 미국에서 맺어지는 결혼 네 건 중에서 한 건이 이혼 재판소에서 결말을 짓고 있음을 지켜보는 개신교도들은, 왜 가톨릭 교회가 이혼을 반대하는 역사적 태도를 고집하는지 이상하게 여긴다. 그러고는 자기들 교파의 목사들이 전에 두 번 세 번 결혼한 적이 있는 이들의 결혼을 주례하고 있음을 볼 때, 그들은 또 한 번 놀란다.

가톨릭 교회가 이혼을 한결같이 반대하는 근본 이유를 알려면, 우선 교회는 두 사람의 그리스도인, 즉 세례받은 두 사람의 결합을 그저 민법상의 계약으로만 보지 않고, 그리스도께서 설정하신 성사로 본다는 점을 지적할 필요가 있다. 이 개념은 그리스도인의 결혼을 배타적인 국가 권위의 관할권 밖으로 끌어내어, 적어도 종교 면만이라도 이를 그리스도와 교회의 관할권 밑에 둔다는 뜻이다. 그러므로 혼인성사를 유효하게 받을 수 있는 조건을 선언함은 종교적 권위에 속하는 일이다.

혼인은 성사다

이제 혼인의 성사적 성격을 말하려 한다. 바오로 사도는 에페소 신자들에게 편지하여 혼인을 그리스도와 교회와의 관계에 비겨 크나큰 신비라 선언했다(에페 5,25-32 참조). 아우구스티노 성인은 4세기에 이의 성사적 성격을 말했는데, 이는 초대 교회의 보편적 신앙을 대변하는 것이다. "사도께서 남편이 그 아내 사랑하기를 그리스도께서 그 교회를 사랑함같이 하라고 말씀하신 것은, 혼인하는 신자들에게 혼인의 열매인 자녀를 많이 낳고 또 정덕을 충실히 지키라고 일러 주는 것만이 아니라, 이것이 한 가지 성사임을 깨우쳐 주는 것임이 확실하다. 이 성사의 본질은 물론 혼인으로 결합된 남녀는 살아 있는 이상 서로 헤어질 수 없다는 데 있다."(De Nupt. et Concup., i., 10) 종교 혁명 시대에 이르기까지의 모든 그리스도인들은 혼인의 성사적 성격을 보편적으로 믿었다. 이 사실은 동방 교회의 신조, 예컨대 네스토리안, 모노피지스트, 콥트, 자코비테 교파 등의 신조에서도 발견되기에 더욱 확실하다. 이들은 5세기 이래 자모이신 성교회를 떠나 있는데도, 그들의 전례에는 혼인성사를 일곱 성사에 포함시키고 있다. 16세기에 튀빙겐 대학의 교수들이 그리스 정교회를 종교 혁명가들의 신조 속에 끌어넣으려 했을 때, 그리스 정교회의 총주교 예레미아는 분연히 저들의 제안을 거절하고, 자기 교회는 두 개의 성사만 믿는 그들의 교리를 받아들일 수 없다고 일축했다. 그는 혼인성사를 포함한 일곱 성사를 믿어 온 동방 교회의 불변적인 신앙을 선언하면서 그들의 교섭을 거절했다. 이와 같이 그리스도교 성전의 소리는 혼인의 성사적 성격을 웅변적으로 입증하고 있다. 다른 모든 성사와 마찬가지로 이것도 그리스도께서 세우신 것이다.

이제 질문에 대답하기로 하자. 교회는 왜 이혼을 못 하게 하는가? 대답은 간단하다. 그리스도께서 이를 금하신 까닭이다. 하느님이 세우셨고, 당신의 교리를 가르칠 명을 받은 교회는 그리스도의 명령을 어기지 않고는 이혼을 용인할 수 없다. 여기서 이혼과 합법적 별거를 구별해야 되느니만큼, 이 글에서 이혼이라는 것은 보통 비신자들이 이해하는 뜻으로 쓰기로 한다. 곧, 이혼이라 함은 결혼의 인연을 끊어 버리고, 다시 결혼할 자유를 누린다는 뜻이다.

그리스도의 가르침

우리 주님께서 이혼을 금하셨음은 복음사가 세 분의 기록으로 명백한 데다가, 바오로 사도가 이를 더욱 확증하고 있다. "바리사이들이 다가와 예수님을 시험하려고, '무엇이든지 이유만 있으면 남편이 아내를 버려도 됩니까?' 하고 물었다. 그러자 예수님께서 이렇게 대답하셨다.

'너희는 읽어 보지 않았느냐? 창조주께서 처음부터 '그들을 남자와 여자로 만드시고' 나서, '그러므로 남자는 아버지와 어머니를 떠나 아내와 결합하여, 둘이 한 몸이 될 것이다.' 하고 이르셨다. 따라서 그들은 이제 둘이 아니라 한 몸이다. 그러므로 하느님께서 맺어 주신 것을 사람이 갈라놓아서는 안 된다.' 그들이 다시 예수님께, '그렇다면 어찌하여 모세는 '이혼장을 써 주고 아내를 버려라.' 하고 명령하셨습니까?' 하자, 예수님께서 그들에게 말씀하셨다. '모세는 너희의 마음이 완고하기 때문에 너희가 아내를 버리는 것을 허락하였다. 그러나 처음부터 그렇게 된 것은 아니다. 내가 너희에게 말한다. 불륜을 저지른 경우 외에 아내를 버리고 다른 여자와 혼인하는 자는 간음하는 것이다.'"(마태 19,3-9)

예외 없다

이에 대해서 어떤 비신자는 아내가 간음을 범한 경우에 그 남편은 그 아내를 내쫓을 뿐더러 다른 여자와 결혼할 수 있다는 추론을 내리고 있다. 그러나 그러한 추론은 아무런 근거도 없다. 왜냐하면 그리스도는 아무런 제한도 없이 그냥 버림받은 여자와 결혼하는 것도 간음하는 것이라고 선언하는 까닭이다. 이는 남편이 아내의 부정 때문에 아내를 내쫓더라도 그 결혼의 인연만은 그대로 남아 있다는 전제 아래에서만 참될 수 있다. 그러므로 바리사이들에게 대답한 그리스도의 말씀은 이런 뜻이다. "결혼의 맹세를 어기는 경우 남편은 그 아내와 갈라질 수는 있지만, 그렇다고 다른 결혼을 하면 그때는 자신이 간음을 범하는 것이 된다."

이것이 구세주의 가르침의 올바른 해석임은 마르코 복음사가와 루카 복음사가가 확증한다. "집에 들어갔을 때에 제자들이 그 일에 관하여 다시 묻자, 예수님께서 그들에게 말씀하셨다. '누구든지 아내를 버리고 다른 여자와 혼인하면, 그 아내를 두고 간음하는 것이다.'"(마르 10,10-12) "아내를 버리고 다른 여자와 혼인하는 자는 누구나 간음하는 것이다. 남편에게 버림받은 여자와 혼인하는 자도 간음하는 것이다." (루카 16,18)

서로 갈라선 당사자들의 재혼에 대해서 직접 언급하는 이 텍스트들에서 알 수 있는 바와 같이, 그리스도는 아무런 예외도 인정하지 않으신다. 그분은 가장 명백하고 가장 절대적인 말투로 선언하신다. 앞에서 말한 것 같은 중대한 이유가 있는 경우에는 헤어져 살 수는 있지만 상대편이 살아 있는 동안에는 재혼할 수 없으며, 재혼하면 이는 간음을 범한 것이다. 곧, "그러므로 하느님께서 맺어 주신 것을 사람이 갈라놓아서는 안 된다."(마태 19,6)라는 엄숙하고도 인상적인 선언을 하실 때, 그리스도는 어떠한 인간 능력으로도 혼인의 인연을 풀 수 없게 하신 것이다.

나의 말이 아니라, 주님의 명령

혼인 인연의 불가해소성에 관한 그리스도의 가르침을 바오로 사도는 이렇게 증언한다. 그는 코린토 신자들에게 보낸 서간에서 이 가르침은 자신이 창안한 것이 아니고 그리스도께서 친히 가르치신 것임을 깨우치게 했다. "혼인한 이들에게 분부합니다. 내가 아니라 주님께서 분부하시는 것입니다. 아내는 남편과 헤어져서는 안 됩니다. – 만일 헤어졌으면 혼자 지내든가 남편과 화해해야 합니다. – 그리고 남편은 아내를 버려서는 안 됩니다."(1코린 7,10-11)

위대한 이방인의 사도 바오로의 말씀은 오늘날의 우리 눈앞에도 똑똑히 제시되어야 한다. 오늘날에는 거의 모든 이가(심지어는 자칭 그리스도인이라는 이들까지도) 혼인의 인연이 풀릴 수 있다고 여기는 현실이기 때문이다. 그들은 혼인도 여느 계약이나 마찬가지로 계약 당사자들의 뜻대로 파기될 수 있다고 여긴다. 이러한 생각이 그리스도인이 아닌 이들의 지지를 받음은 그래도 이해가 가지만, 자칭 그리스도의 가르침을 굳게 따른다는 이들마저 그리스도교의 창설자가 명백히 단죄한 이 생각을 다른 종교를 믿는 이와 다름없이 우기고 있음은 참으로 이해할 수 없다.

바오로 사도가 19세기 전에 코린토 신자들에게 보낸 "내가 아니라 주님께서 분부하시는 것"이라는 경고를 오늘날 그들에게 다시금 되풀이해야만 하겠는가? 그리스도교 혼인의 인연은 절대적으로 풀릴 수 없다는 이 교리는 사도들의 발명도 아니고, 공의회나 교황 또는 어떠한 인간의 창안도 아니다. 오직 예수 그리스도께서 친히 가르치신 쉽고도 잘못 알아들을 수 없는 가르침이다. 가톨릭 교회는 그리스도를 믿고 그분을 공경하기 위해 힘씀으로써 오늘에 이르기까지 줄곧 세기를 이어 그리스도교 혼인의 신성성과 영속성에 관한 가르침을 지켜 오고 있다. 그렇지 않다면 교회는 이의 창립자이신 하느님께 반역죄를 범하는 것이 된다.

법의 목적

이혼하면 가정의 불행이 구제되는가? 또 사회적 이익이 있는가? 그리스도교 신앙의 창립자가 하느님이심을 믿는 이는 그리스도의 가르침이 사회 복지를 해치거나 인류의 영속적 행복을 파괴할 것이라고 생각하지 않는다. 혼인의 신성함과 불가해소성의 법률도 다른 모든 그리스도의 법률과 마찬가지로 그 목적은 전체로서의 인간 사회 복지에 있다.

일반적 복지를 위해서는 제아무리 건전하고 필요하다 하더라도 몇 군데 개인을 얽매이지 않는 법률이란 거의 없을 것이다. 또 혼인이 파탄으로 끝났을 때 무죄한 편에 큰 희생, 심지어는 영웅적 희생까지도 요구하는 특수한 경우가 있음을 부인할 필요도 없다. 더군다나 결혼의 속박을 완전히 끊고 재혼할 특혜를 베풀어 주어야만, 이런 결혼의 무죄한 희생자가 행복을 누리게 되는 경우도 있을 수 있다. 그렇다면 이혼이란 정당한 것이 아닌가? 천만의 말씀이다.

교회는 모든 자녀들의 행복을 걱정하느니만큼, 사정에 따라서는 부부의 별거를 허락한다. 그러나 그리스도의 이혼 금지법에 대해서 단 한 번만이라도 예외가 허락된다면, 즉시 그 금지법은 수많은 예외의 집중 공격을 받아 그 법은 급기야 그 목적, 곧 사회 전반의 복지를 달성할 수 없게 된다. 특히, 인간 본성을 조절하여 전체 사회의 이익을 도모하고자 하는 법률인 경우에는 더욱 그렇다.

치명적인 쐐기

여기서 말한 진리를 의심하는 이가 있다면, 개신교 형제들의 경험을 한번 훑어볼 것이다. 개신교의 종교 혁명이 있기 전, 그리스도교 양 우리 안에서는 이혼이라는 것을 알지도 못했다. 복음사가들과 바오로 사도와 또 15세기에 걸쳐 줄곧 성전으로 전해 내려온 그리스도의 명백한 가르침을 버린 혁명가들은, 간음이라는 이유로는 이혼할 수 있다고 주장했다. 이는 아무도 감히 풀지 못한다는 그리스도의 가르침을 어기며 수백만의 부부를 찢어 놓은 치명적 쐐기였다. 굴레를 벗고 날뛰는 인간 정욕으로 인한 이혼의 핑계는 급작스럽게 불어, 오늘날에는 그 수효가 엄청나고, 따라서 어처구니없이 사소한 이유로도 거룩한 인연을 마구 끊어 버리고 있다.

필자가 이 글을 쓰던 바로 그날, 미국의 모든 신문은 다음과 같이 AP통신의 기사를 실었다. 캘리포니아의 어떤 도시에서 어느 부인이 남편에게 이혼 소송을 제기했다. "내가 아침 식사 때 먹으려고 만든 말랑말랑한 과자 위에 남편은 자기가 코치를 맡은 축구팀의 공격형을 계획적으로 그렸다."라는 것이 이혼 사유였다. 그녀는 이를 '정신적 학대'라고 우겼다. 이래서 이혼 소송이 벌어졌다. 만일 재판소가 어처구니없는 이유로 이혼을 허가해 온 관행을 고치지 않는다면, 이 글이 인쇄소의 기계에 올려지기도 전에 이 민감한 부부는 이혼 허가를 받을 것이다. 부부가 맺는 가장 신성한 서약(불멸의 사랑과 충성의 서약)은 이처럼 멋지게 타락해 버렸다.

가톨릭이 아닌 교파의 거의 모든 목사들은 요즘에는 부부의 짝을 맺어 주고는 세 번, 네 번 또는 그 이상이라도 다시 결혼하도록 이혼시키고, 그리스도교의 창립자이신 하느님의 엄격한 경고, "그러므로 하느님께서 맺어 주신 것을 사람이 갈라놓아서는 안 된다."라는 말씀을 거들떠보지도 않는다. 이리하여 혼인의 신성함과 영속성에 관한 그리스도의 가르침은 산산조각이 났다. 이혼이 허락되는 수백 가지의 핑계는, 실제로 모든 개신교파의 교회에서 혼인의 신성함과 불가해소성에 관한 그리스도의 법률을 허수아비로 만들고 말았다.

종교 혁명가들의 과오

그러므로 이 문제에 관해 가톨릭이 아닌 교파들의 경험은 예외가 있을 수 없는 그리스도의 법률(특히 인간의 정욕을 억제하는 법률)에 예외를 마련하는 것이 얼마나 어리석은 일인가를 역력히 입증하는 셈이다. 혼인에 관한 그리스도의 법률에 단 하나의 예외라는 쐐기를 박는 것은 마치 네덜란드의 얕은 지역을 위해서 바닷물을 막는 둑에 얇은 칼을 박는 것과 같다. 무시무시한 바다의 거센 파도는 이 극히 좁은 틈을 금세 활짝 허물어 젖혀 순식간에 바닷물이 밀려들어 육지에 범람하고 온갖 것을 휩쓸어 간다. 교회는 그리스도께서 세우신 혼인성사의 둑을 망보는 파수병이다. 이 둑은 닥치는 대로 파멸을 일삼는 정욕을 억제하여 인류의 행복과 복지를 촉진하게 하는 것이다.

이와 관련해서 지적해 둘 것은, 저 종교 혁명의 주역인 마르틴 루터는 혼인의 단일성과 영속성을 믿는 그리스도교 신앙을 가장 심하게 파괴한 자다. 이는 그가 "혼인은 그저 세속적인 일"이라고 선언함으로써 비롯한다(Dr. Martin Luther's Saemitliche Werke, Vol. XVI, pp.518~519). 그때 그는 설교단에서 자기 배우자에게 만족하지 못하는 모든 남편은 페르시아 왕의 본을 따라 와스티를 에스테르로 갈아치우고, 종을 주부의 자리에 올려놓으라고 이혼을 선동했다(Sermon on Marriage, Vol. XX). 그는 한 걸음 더 나아가 다처제를 인정했다. 《모세의 설교에 관한 첫째 권》에서 그는 이렇게 말했다. "비록 오늘날 내가 권장할 수는 없지만 남자가 한 명 이상의 아내를 취함은 금지되어 있지 않다."

그는 이를 이론으로 가르치는 데서 그치지 않고 이를 실천에 옮겼다. 그는 동료 혁명가들인 멜란히톤, 부서, 렌닝, 코리브누스, 빈트페르트 등과 더불어 헤센의 백작 필립이 이미 여덟 명의 자녀를 두었고, 또 별거할 뜻이 없는 첫 번째 처와 같이 살고 있는데, 둘째 아내를 맞는 것을 인정했다. 이에 이르러 개신교의 탄생과 더불어, 인간 정욕의 폭력에 눌려 그리스도께서 선언하신 위대한 이상(어떤 사람의 힘으로도 풀 수 없는 결혼의 인연)을 푸는 힘이 그 무수한 교파 속에서 쉴 새 없이 작용하여 왔다.

솔직한 고백

요즘에 와서 개신교 신자들은 그리스도교 가정을 파괴하는 폐습이 혁명가들의 가르침과 실천 덕분임을 솔직히 인정하고 있다. 예컨대 메인의 개신교 감독은 몇 해 전에 다음과 같이 고백했다. "혼인의 신성함과 이혼 문제에 대한 타락한 견해는 16세기 유럽의 개신교에서 비롯되었다. 이는 곧이어 대륙의 개신교 국가의 법률로 나타나고, 거의 때를 같이하여 뉴잉글랜드의 법률까지 영향을 미쳤다. 그때부터 오늘에 이르기까지 우리나라에도 차차 번져 왔다. 특히 뉴잉글랜드와 직접 이런 사상과 관습의 영향을 받는 주에서는 혼인의 본성과 의무에 관한 그리스도교적 개념은 입법에 있어서나 지배적인 사회 감정에 있어서나 도무지 찾아볼 수 없다."(The Calling of a Christian Woman, by Rev. Morgan Dix) 그러나 이 경향은 서부의 여러 주에도 급속히 퍼져 갔음을 주의해야 한다. 오늘날 네바다의 리노에 있는 이혼 재판소는 사소한 핑계로 결혼의 신성한 인연을 푸는 데 신속하고도 간편하기로 유명하다.

이혼의 증가

이제 이혼의 쐐기로 말미암아 현대 사회의 가정생활에 야기되는 혼란을 잠깐 훑어보자.

1870년부터 1900년까지 기혼자 10만 명에 대한 이혼율은 81건에서 200건으로(약 150퍼센트) 껑충 뛰었다. 35년 전 미국에서는 결혼 12건당 1건이 이혼으로 끝을 맺었다.

1942년 5월 25일 자 미국 조사국 발표를 보면 1940년도의 이혼율은 역사상 최고를 기록하였다. 이혼 26만 4천 건, 이는 결혼 6건당 1건 이상의 비율이다. 전쟁통에 서둘러 맺은 혼인이 결국 전국적으로 이혼의 사태를 야기한 것이다. 그것은 종전의 모든 기록을 다 깨뜨렸다.

〈라이프〉지의 조사에 의거하면, 1946년에는 총 60만 건을 훌쩍 넘어섰다. 이는 도시에서는 결혼 건수 2건마다, 시골에서는 3건마다 1건이 이혼으로 끝맺었음을 뜻한다. 그저 1946년의 이혼 총수가 비정상적이며 과도기의 것이었기를 바랄 뿐이다. 그러나 현대 문명의 골수 속에 쐐기가 점점 깊이 박혀 들어가고 있는 슬프고도 비극적인 사실만은 여실하다.

종교 문제는 도외시하더라도, 혼인의 서약에 대한 타락이 점점 심해지고 있음을 목도하는 주의 깊은 관찰가들은, 이것이 개인적으로나 사회적으로나 불행한 결과를 초래함을 탄식하고 있다. 예컨대 멘켄H. L. Mencken은 종교나 도덕적 이유로가 아니라 인간 심리의 근본 원리를 침범한다는 이유로 연애 결혼을 선동하는 자를 단죄했다. "우애 결혼의 어려운 점은, 이것이 안정과 신뢰를 파괴하는 데 있다. 당사자들의 어느 누구도 상대에 대해서 아무런 확신을 갖지 못하며, 따라서 상대방을 마음으로부터 신뢰하지 못한다. 정상적인 사람이라면 원수가 될지도 모른다고 생각되는 여인과 결혼할 리가 없고, 자신의 영원한 벗으로 생각되는 여인과 결혼하게 된다. 우애 결혼 속에 행복이 있을 수 있는 기회가 있다면, 지금껏 인간 심리에 대해서 배워 온 모든 것이 거짓말이 될 것이다."

와이즈Rabbi Stephen S. Wise는 일리노이 대학에서 한층 더 쉽게 이혼할 수 있는 결혼법을 만들려는 운동에 대해서 이렇게 주장했다. "필요한 것은 종교 혁명가들이 생각한 것처럼 결혼법을 변경하는 것이 아니라, 부부의 서약을 충실히 지키기 싫어하고 그 대신 욕정만 떠받들려는 자들의 마음과 도덕을 변혁하는 것이다."

첫째로 공공복지

국가 사회의 생명을 보존하려면 각 구성원에게 사회 연대성과 사회 복지를 위한 개인의 희생 관념을 고취하지 않으면 안 된다. 전시에 국민은 목숨을 걸고 조국 방위를 위해 소집에 응해야 한다.

개인이 자진해서 자기 개인의 이익을 가족과 국가와 인류 전체의 복지 밑에 두는 척도는 주로 그의 희생정신과 고상한 인격에 달려 있다.

결혼이 실패하고, 무죄한 희생자가 이혼하고 재혼의 유혹을 받게 될 때 그리스도는 그런 이에게 전체 사회의 보다 큰 복지를 위해서 개인적 이익을 희생하도록 요청한다. 만일 이런 경우에 단 하나의 예외만 있어도 명확한 한계선을 그을 수 없을 것이고, 따라서 혼인의 단일성과 신성성은 여지없이 파괴될 것임을 하느님께서 그에게 깨우쳐 주실 것이다. 그때 개인은 자기희생의 영웅으로서 공공 사회의 복지를 개인의 이익보다 위에 두어야 함을 깨닫는다. 그러면 사람은 적의 공격으로부터 조국을 수호한 병사나 진배없는 감사를 동포들로부터 받을 자격을 얻는다. 뿐만 아니라 전능하신 하느님의 상을 받을 자격까지 얻는다.

그리스도와 그의 복되신 어머니는 이렇게 할 필요가 정말로 없었음에도 율법을 지키는 표양을 보여 주지 않으셨던가. 어린 예수님은 정화의 예절을 필요로 하지 않았음에도 모세의 율법이 명하는 대로 할례를 받지 않으셨는가. 또 마리아의 정결은 어머니가 됨으로써도 조금도 손상되지 않았음에도 불구하고 예수님이 탄생하신 후 40일 만에 유다의 율법이 요청하는 대로 취결례取潔禮를 받지 않으셨는가. 이처럼 그리스도와 복되신 어머니는 당신들은 예외라고 우기지도 않으시고 오히려 율법에 복종하심으로써 만대의 그리스도인에게 훌륭한 표양을 주셨다.

예

이 점은 대단히 중요하고 또 나의 생각으로는 불행한 결혼의 무죄한 희생자가 개인적으로 심한 고통을 받을지언정 공공복지를 위하여 법률을 준수해야 한다는 유일한 논리적 근거이기 때문에 마지막으로 또 하나의 예를 들기로 한다. 고해소의 비밀의 법률은 고해 신부가 고해 때에 고해자로부터 들은 죄는 아무리 사소한 것이라도 절대 입 밖에 내지 못하게 금하는 법률이다. 그런데 특별한 사정이 있어 그때 들은 정보를 세상에 밝혀야만 되는 것처럼 보이는 경우가 있을 수 있다.

예컨대 중대한 범죄의 판결을 받은 죄수가 있다고 하자. 그런데 어떤 사제가 그 사람이 아닌 다른 사람이 그 범죄의 진범이라는 고백을 듣게 되었다. 그런 경우 "고해소의 비밀을 국가에 알려 억울한 누명을 쓴 저 죄수를 석방시켜 주고 진범을 벌해야 한다. 그렇게 해야 정의가 선양될 수 있다. 그러니 이런 특수한 경우에는 고해소의 비밀의 법률은 효력이 중지된다."라고 말할 수 있지 않겠는가? 천만에. 전혀 틀린 소리다.

이런 특수한 경우, 이렇게 해야 정의가 고취되고 한 사람이 피해를 입지 않게 된다는 것은 솔직히 인정하지만, 그 반면 고해소의 절대적 봉인에 대한 신뢰심은 몽땅 날아가 버리게 되어 수백만 명이 피해를 입게 된다. 이는 결국 공공복지와 전 인류의 행복을 해치게 된다. 말하자면 단 한 사람의 경우를 위해 법률에 예외를 둔다면, 얻을 수 있는 이익의 몇 백만 배의 손해를 보게 된다는 것이다. 혼인에 관한 것도 이와 같다. 신랑과 신부가 서약하는 불멸의 충성 맹세가 항구한 신뢰를 불어넣는 것이기에, 예외를 두어서는 안 된다. 신뢰는 물론이거니와, 그 결과로 혼인의 인연 그 자체의 신성함과 영속성에 대한 믿음마저 몽땅 사라져 버리게 되는 까닭이다.

공정한 결론

지금까지 열거한 사실들로 비추어 볼 때 다음의 결론은 충분히 보증될 것이다. 곧 혼인의 신성성과 불가해소성에 대한 확고부동한 교회의 태도는 민주주의의 가장 강한 방패와 성채다. 바꾸어 말하면 교회는 가정을 안전하게 보존함으로써 질서 있는 정부의 기초를 옹호할 뿐 아니라, 가정생활의 가장 높은 본보기를 고취한다. 교회는 남편과 아내와 아이들의 이익뿐 아니라 그들의 행복까지 보호하고 있다.

교회는 그 자녀들에게 개인의 사사로운 이익을 공공복지 밑에 예속시키기를 가르침으로써 국민 생활의 가장 고상한 본보기를 향상하게 하는 데 값으로 따질 수 없는 공헌을 하고 있다. 가정의 영구한 단일성을 악착같이 고집하여 보호하는 교회의 태도는, 조국과 사회 전반이 복지를 개인의 사사로운 만족보다 위에 두는 모든 국민들에게서 찬사를 받음은 당연하다. 그리스도교 결혼에 관한 교회의 숭고한 표준을 낮추라고 조르고, 혼인의 불가해소성의 법률을 무수한 예외로 두려는 이들의 귀에, 교회는 위대한 사도 바오로의 말씀을 다시금 속삭인다. "내가 아니라 주님께서 분부하시는 것입니다."(1코린 7,10)

실천

- 젊은이들이 결혼 문제에 관해 충분히 토론하고 논의하도록 돕기.
- 결혼하려는 청년들에게 결혼에 관한 책을 선물해 보기.
- 결혼 전에, 또는 결혼 후에 날마다 이 '큰 성사'가 성공하기를 기도하기.

제26장

가톨릭의 혼인과 혼종혼

개신교와 가톨릭이 관련되는 아픈 점을 솔직히 따지다

"왜 가톨릭 교회에서는 그 신자가 교회 밖의 사람과 결혼하기를 금합니까? 우리나라에서는 종교적 아량이 넓어야만 하고 또 무슨 수단을 써서라도 이렇게 되도록 힘써야 하는데, 이 문제에 관한 당신 교회의 규칙은 너무나 소견이 좁아 화통을 터트리기가 쉽습니다. 이는 우리 국민 사이에 불필요한 장벽을 쌓는 것입니다. 이는 신자들을 파벌적으로 따로 갈라놓는 것이고, 우리나라처럼 갖가지 인종과 교파로 구성되어 있는 국가의 안녕과 질서를 위해서 본질적인 일치와 융합의 길을 막는 것입니다."

이것은 어떤 비신자 친구의 의견이다. 이 말은 우리를 떠난 형제들 사이의 공통된 감정을 반영한다. 이 비판에 대답하기 전에 우선, 우리 국민 생활 전반에 걸쳐 비단 아량뿐 아니라 우애와 선의까지 있어야 함을 충심으로 동의하기를 비신자 독자들에게 부탁하고 싶다. 실업이나 정치에 있어서 단순히 종교나 인종 때문에 사람을 차별하는 것은 민주적이 아님은 말할 것도 없다. 우리 가톨릭은 그런 차별 대우를 받은 희생자 중 으뜸의 자리를 차지하는 만큼, 이 가톨릭이 부질없는 외고집을 부릴 리가 없다. 민족적 완고함이든 종교적 완고함이든, 이는 모두 비민주적이고 비가톨릭적이며, 단연 비난을 받아 마땅한 것들이다.

극단으로 쏠리다

그러나 아량이라는 것도 아주 극단으로 쏠릴 수가 있다. 아무 상관도 없는 영역까지 들어갈 수가 있다는 말이다. 예컨대, "둘에 셋을 더하면 몇이냐?"라는 물음에 "구십칠"이라고 대답한다면, 교사가 "다섯"이라고 대답한 사람에게 보내 줄 부드러운 미소와 똑같은 미소를 기대할 이는 없을 것이다. 왜 그런가? 진리는 오류를 물리치는 권리가 있기 때문이다. 아량이라는 것은 사람이 어떤 원리는 참이라 하고 어떤 것은 허위라 했다고, 소견 좁은 사람이라는 말을 들어야 한다는 뜻이 아니다.

가톨릭 신자들은 그리스도께서 가르치시고, 그분이 세우신 교회가 공포한 교리는 참된 것임을 믿는다. 또 계시 진리에 어긋나는 것은 그 어떤 것을 막론하고 거짓이라고 믿는다. 그러나 그들은 종교적 신앙 문제를 사업이나 정치 등 전혀 당치도 않는 분야까지 끌고 들어가 종교를 달리하는 이라고 차별하지는 않는다. 이렇게 한다면 그야 물론 소견이 좁고 완고한 것이다. 이는 가톨릭 교회 전체의 정신과 가톨릭이 내세우는 모든 것에 반대가 되는 일이다.

왜 교회가 반대하는가?

이제 여기까지 준비를 갖추었으니 본론으로 들어가자. 도대체 교회는 왜 혼종혼을 반대하는가? 이는 가톨릭이 아닌 이들을 무시해서 그러는 것도 아니고, 그 사람들의 행복에 무관심해서 그러는 것도 아니다. 그렇기는커녕 교회는 비신자들도 우리나 마찬가지로 하느님의 자녀들이므로 사랑하며, 그들의 행복과 복지에 대해서도 가톨릭 신자나 다름없이 걱정하고 있는 까닭에, 그들은 그들끼리 가톨릭은 가톨릭끼리 혼인하기를 명한다. 교회는 오랜 세월에서 얻은 경험으로 종교와 신앙이 다른 각각 열심한 신자들이 결혼하는 경우에는, 그 쌍방의 행복과 결혼의 안정성에 위협을 주는 위험한 요소가 포함되어 있음을 알고 있다.

교회가 이 문제에 대해서 충고하는 것은 한 시대, 한 나라의 경험으로 말하는 것이 아니다. 세계 각국에서 세기를 연이어 온 경험에서 말하는 것이다. 이성과 상식이 증언하는 바와 같이 인생의 가장 중요한 문제에 관해서 태도가 다른 데에는, 이 세상에서 가장 긴밀한 결합이라고 볼 수 있는 결혼의 결합(마음과 정신과 영혼의 결합, 포부와 기도의 결합)에 끼어 있어서는 안 될 틈바구니가 반드시 있다.

그리고 또 교회는 창립자이신 하느님에게서 부과된 의무를 마음에 새겨 교회의 자손들이 신앙을 지키도록 하기에 충실하다. 그러니 교회의 자녀들이 신앙을 해치거나 적어도 냉담하게 될 분위기 속에 살아가야 될 것을 몹시 꺼리는 것도 당연하다. 교회가 이를 금하는 이유는, 이러한 결혼이 당사자들의 종교 무차별과 또 거기에서 출생되는 자녀들의 종교 교육을 무시하게 되기가 쉽기 때문이다. 교회의 눈으로 볼 때 인생의 가장 큰 보배는 예수 그리스도께서 인류에게 주신 종교 진리라는 보배다. 바로 이것이 가장 값진 진주다. 교회는 그 신앙을 부인하고 신뢰를 배반하기보다는 차라리 천백 번 죽기를 감수한다. 교회는 그 자녀 중 단 한 명의 신앙이라도 이를 어떠한 부귀영화나 사회적, 정치적 세력과도 절대 바꾸지 않는다.

참어머니

예수 그리스도가 세우신 종교의 숭고한 가치를 이처럼 확신하고, 인류 만대를 위해서 그 진리의 재보를 완전히 보호하라는 하느님의 명령을 뼈저리게 의식하는 교회가, 그 자녀들의 신앙을 위협하는 모든 위험을 경고함은 당연하지 않겠는가? 만일 교회가 자녀들이 태어났을 때부터 가진 권리를 위협하는 어떠한 조건이라도 제거하기에 전력을 기울이지 않는다면, 교회는 그 자녀들에 대해서 성실한 어머니라고 할 수 없을 것이다. 그렇다면 신앙의 중대한 위험으로부터 자녀들을 보호하는 교회의 일관된 정책(그 최상의 가치를 확신하는 데만 있을 수 있는 정책)을 어떤 교파를 믿는 사람이든지 공평한 사람이라면 칭찬할 수밖에 없을 것이다.

"그렇지만 만일 가톨릭 교회가 진정으로 가톨릭 신자가 믿는 것처럼 참종교라면, 가톨릭 신자가 아닌 이와 결혼한다 해서 그 신앙을 잃을 위험이 있겠는가? 이는 가톨릭 교리의 내적 힘에 대한 확신이 없다는 증거가 아닌가? 가톨릭 교회는 온실 같은 분위기가 필요하고, 또 이를 위해서 밖으로부터 아무 바람도 새어 들어오지 못하게 막고 있음을 입증하는 것이 아닌가?"

비신자 독자 중에는 이처럼 반박하고 싶은 생각이 들 수도 있을 것이다. 그런데 이 반박은, 남자와 여자가 그저 논리적 추리를 하는 기계가 아니라 지적 사고에 못지않게 정서와 감정에도 지배되는 살과 피라는 중대한 사실을 깨닫지 못하고 하는 말이다. 가령 도덕률을 마땅히 지켜야만 한다는 확신을 지닌 젊은이가 있다고 하자. 이 확신은 이성에 바탕을 둔 것임은 물론이다. 그런데 사방에서 유혹의 공격을 받을 환경에 그를 두어 보라. 요염한 옷을 걸친 악덕이 그의 상상을 유혹하고 감정을 뒤흔들어 정욕에 불을 붙인다. 그는 바람에 나부끼는 갈대와도 같다. 날마다의 환경이 인간에게 미치는 감화력이 얼마나 무서운 것인지는 경험 있는 이라면 누구도 의심하지 않을 것이다. 교회가 그 자녀들을 일생 신앙에 맞지 않는 환경에 두지 않도록 노력하는 것도 이 사실을 인식하는 까닭이다.

더군다나 학교나 가정에서의 종교 교육이 부족하기 때문에 교회의 자녀들 중 그 신앙의 바탕이 확고하게 굳지 못한 이가 많다. 그 결과 못마땅한 비평이나 비웃음이나 사회적 압박이나 정치적 차별이나 그 밖의 많은 외부적 사정에 억눌려 생득권을 죽 한 그릇과 바꾸게 되고 만다.

자녀들에 대한 결과

가정 환경이 가장 강한 영향력을 미치는 대상은 아마 자녀들일 것이다. 부모가 믿는 종교가 다르면 그들에게서 출생되는 자녀들이 확고부동한 신앙을 갖게 되기는 하늘의 별 따기임에 틀림없다. 그러한 집안에서 자란 아이들이 "우리 아버지 어머니조차도 어떤 것이 참종교인지 서로 의견이 일치되지 않는데 내가 어떻게 알아?"라고 말한다 해서 이상할 것은 없다. 더군다나 가톨릭 신자가 아닌 아버지가 아무 교회에도 나가지 않으면서, 아이들에게는 가톨릭 신자인 엄마를 따라서 교회에 가라고 한다면 무슨 소용이 있겠는가. 표양은 명령보다 강하다. 명령과 표양이 맞지 않을 때, 그 명령은 헛소리에 지나지 않는다. 실례를 들어 보자.

어떤 비신자인 아버지가 결혼 때 약속한 것(자녀들을 가톨릭 신앙으로 기르겠다는 약속)을 지키기 위해 노력했다. 겉으로 보기에는 이 노력이 성공한 듯했다. 일요일 아침마다 아버지는 자녀들을 엄마와 함께 성당에 꼭꼭 보냈으니까. 그러나 자신은 집에 남아서 세속의 성경, 신문을 읽는다. 아버지의 표양이 명령과 전혀 반대가 되는 이러한 환경에서 아이들이 자라 이럭저럭 철이 들게 됐다. 드디어 어느 일요일 아침, 아버지는 여느 때처럼 성당에 가라고 아이들을 깨웠는데 아들 녀석이 말을 듣지 않았다. 아버지는 놀라며 물었다.

"얘, 웬일이냐? 네가 어릴 때부터 종교 의무를 지키도록 키워 오지 않았니? 왜 오늘은 다른 주일처럼 성당에 가지 않는 거냐?" 아들이 대꾸했다. "아버지는 늘 제게 성당에 가라고 하시지만, 아버지는 한 번이라도 가셨나요? 저는 어린애가 아닙니다. 이제 다 컸어요. 왜 아버지는 안 가셔도 괜찮은데 저는 가야 하나요? 저도 이제 성당에 안 가도 괜찮다고 생각합니다."

아들의 조리 있는 대꾸에 아버지는 말문이 막혔다. 그는 자기의 명령만으로 아이들에게 심어 주려던 신앙의 바탕을 자기의 표양이 뒤엎고 있다는 것을 조금도 깨닫지 못했던 탓이다. 이와 같이 종교 신앙이 일치되지 않는 가정은 모두 그 부모의 표양의 힘이 서서히, 그러나 확실하게 감수성이 강한 어린이의 지성과 기억에(아이들이 죽는 날까지 지닐) 착잡한 인상을 새기는 것이다.

표양의 감화력

표양은 극히 중요한 만큼 어찌하여 교회가 혼종혼을 이상으로 여기지 않는가 하는 이유를 정확히 이해하기 위해서 또 하나의 예를 들어 본다. 어느 대도시의 교구에서 첫영성체를 준비하는 주일 학교 반이 있었다. 본당 신부는 그전부터 아이들이 첫영성체를 할 때에는 부모들이 아이들의 양옆에서 함께 영성체하는 아름다운 풍습을 실시해 왔다. 그날도 신부는 제대에서 내려가 첫영성체 하는 어린이와 그 자랑스러운 부모들에게 천사의 빵을 내려 주고 있었다. 위를 쳐다보는 귀여운 어린이들의 얼굴에서 빛나는 아름다움과 순결과 행복은 눈이 부실 지경이었다. 그러나 그가 여덟 살 된 소녀 앞에 다가섰을 때 그 소녀의 눈은 벌겋게 충혈되고 슬픈 기색이 가득 차 있었다. 거룩한 기쁨에 넘친 다른 아이들의 모습과는 대조를 이루고 있었다.

그 소녀의 옆에는 엄마가 있었지만 아빠의 자리는 비어 있었다. 어떤 걱정이 그 소녀를 괴롭히고 있음을 눈치챈 사제는 몸을 굽히고 이렇게 말했다. "걱정하지 말아라. 예수님께서 위로해 주시고 강복해 주실 거야." 소녀의 혀 위에 천상의 만나를 올려놓은 후 사제가 속삭였다. "미사가 끝난 다음 제의방으로 오려무나." 그 소녀가 엄마와 함께 제의방에 왔을 때 비밀의 진상이 드러났다.

그날 흰옷으로 곱게 단장하고 화관을 쓰고, 마음속으로부터 우러나오는 기쁨의 미소를 띠면서 미사에 참례하러 가기 직전, 그 소녀는 아버지에게 "아버지, 저 첫영성체 할 때 옆에 와 계셔 주세요. 아버지, 꼭이요. 네?" 하고 말했다.

그러나 아버지는 소녀에게 "난 그따위 것은 믿지 않는다."라고 쏘아 붙이고는 성큼 나가 버렸다.

그 소녀의 아버지는 딸의 가슴에 비수가 되는 말을 했다. 학교의 수녀들이나 엄마에게서는 영성체가 성체 안에 계시는 구세주를 영하는 것이라고 배웠는데, 아버지는 그 거룩한 날에(비록 그가 딸의 마음을 상하게 할 뜻은 없었다 하더라도) 딸의 마음을 아프게 한 것이다.

가정의 영향

값이 있는 것은 표양이다. 가정의 영향은 학교의 그것보다 강하다. 이는 말뿐 아니라 실천으로 가르치는 것이기 때문이다. 하느님과 자연은 부모를 자녀들의 가장 힘 있는 스승으로 마련했다. 따라서 이 두 스승이 종교 문제에 관해서 일치하지 않고서는 제자들이 종교에 대한 혼란과 갈피를 잡지 못하는 괴로움에서 벗어나기를 바랄 수는 없다.

하기야 "종교가 다르다고 해서 가정생활의 행복이나 일치가 영향을 받지는 않는다."라고 말하는 이가 있음은 사실이다. 그러나 이들이 만일 아버지의 말이 어린 자녀들에게 끼치는 파괴력을 목격하기만 했다면, 그들은 자신들이 그저 이론의 세계에서만 살았지 현실에서 살지 않았음을 깨달을 것이다. 현실 세계에서 종교의 차이라는 칼로 두 쪽이 난 가정은 눈물을 쏟고 마음을 짓누르는 괴로움을 맛보게 마련이다. 종교는 가정의 행복을 좌우한다. 이것은 결합의 끈이 되기도 하거니와, 이들을 찢어 놓는 칼이 되기도 한다. 이는 가정의 위기에 결합의 끈을 자른다. 물론 예외도 있다. 그러나 그 예외는 이 원칙을 증명할 따름이다.

혼종혼

"교회에는 혼종혼을 금하는 법이 있다면서 왜 그다지도 자주 관면해 주어 이런 결혼을 허락하는가?" 이런 질문이 비신자 친구의 입에 자주 오르내린다. 교회는 가톨릭 신자끼리 결혼한다는 이상을 굳게 지키지만, 이것이 모든 환경에서 실현될 수 있는 것이 아님도 이해한다. 10억이 넘는 방대한 수효의 신자들이 세계 각국에 퍼져 있으니 말이다.

우리를 둘러싸고 있는 타 종교인들과 날마다 접촉하는 가톨릭 신자들이 비신자들과 사귀어, 그 우정이 발전하여 청혼하고 결혼하게 되는 경우도 있음을 교회는 안다. 이러한 환경에서는 비신자와의 결혼이 불가피하다는 것도 안다. 교회는 불쾌한 현실을 모른 척하려고 머리를 모래 속에 처박지는 않는다. 교회는 현실에 그대로 솔직하고 정정당당하게 직면한다. 교회는 그 자녀들의 행복과 복지(현세의 것과 아울러 영원한 그것)를 항상 염두에 두고서 현실의 조건에 비추어 교회법을 적용하고 있다.

관면받을 조건

사정에 따라 이상이 실현될 수 없는 때에는, 교회는 그다음으로 최선이 되는 결과를 얻을 수 있는 법을 세운다. 교회는 비신자와 깊은 사랑에 빠져 있어 그와 결혼해야만 일생 행복하겠다고 여기는 교회의 자녀에게 "어떤 일이 있어도 그와 결혼할 수 없다."라고 잘라 버리지는 않는다. 그 대신 보다 더 자애 깊은 태도를 드러낸다. 이는 인간의 행복을 고취하고 신자들의 신앙을 보존하기를 아울러 걱정하는 교회의 태도를 반영하는 정책이다. 교회는 충분한 근거가 있는 경우에는 어느 개인에게 관면을 주어, 개신교 신자 또는 전혀 종교를 갖지 않은 이와의 결혼을 허락한다. 그러나 여기에는 가톨릭 신자인 배우자와 출생할 자녀들의 신앙을 합당하게 보호할 확증을 얻은 경우에만 허락한다.

이 확증은 사제의 입회 아래 비신자인 상대가 서명하는 서약서에 드러나며, 교우도 마찬가지로 서약한다.

소견이 좁은가?

"교회가 모든 자녀들에게 반드시 가톨릭 신앙의 교육을 받아야 한다고 우기는 것은 소견이 좁은 억지가 아닌가? 어떤 아이는 아버지의 종교를 따르게 하고, 다른 아이는 어머니의 종교를 따르게 하면 더 공평하지 않겠는가?" 비신자들에게서 자주 듣는 질문이다. 대답은 이렇다. 이러한 질문의 바탕이 되는 것은 비신자들이 흔히 말하는 것처럼, 모든 종교는 모두 대체로 비슷한 것, 곧 모두 다 좋고 모두 참되다는 가정이다. 이 가정으로 따지면 성교회는 분명히 한편으로 치우치고 있다. 그렇지만 이 가정은 틀린 것이다.

그리스도는 여러 교회를 세우지 않고 오직 하나의 성교회만 세우셨다. 가톨릭 신자들은 가톨릭이 바로 그 성교회임을 믿는다. 현실의 사실과 역사적 진리에 근거를 둔 교회의 정책은 우격다짐이 아니다. 그렇기는커녕 진리를 위해서 오류를 배척할 권리를 요구하는 오직 하나

타 교파 혼인에 대한 허가나
미신자 장애에 대한 관면을 위한 서약서

(교회법 제1086조; 제1124~1126조)

(성경에 손을 얹고 서약한다.)

신자인 배우자: 당신의 배우자가 비록 천주교회의 신자는 아닐지라도 당신의 신앙을 이해하고 있으므로, 당신은 혼인한 후에도 변함없이 굳은 신앙생활을 계속할 것이며, 자녀들도 다 천주교회에서 세례를 받게 하고 종교 교육을 받도록 노력할 것을 서약합니까?

_____

신자 아닌 배우자: 당신의 배우자가 혼인한 후에도 천주교회의 신앙생활을 계속할 것이며, 자녀들도 모두 천주교회에서 세례를 받게 하고 종교 교육을 시켜야 할 중요한 임무가 있으므로, 그것을 약속하였습니다. 그 사실을 알고 계십니까?

_____

의 것이다. 만일 교회가 타협을 하여 성교회 밖에서 교육하기를 허락한다면, 교회는 그리스도께서 가르치신 진리를 모든 인류에게 가르칠 신명을 어기는 것이 된다. 성교회는 그 자녀들과 그 후대 자녀들의 신앙을 보호할 의무를 하느님으로부터 받았다. 교회는 하느님으로부터 온 기원과 임무를 믿는 데 그치지 않고, 이 신앙을 실천에 옮기는 용기를 갖고 있다.

같은 이유로 교회는 혼인이 마땅히 가톨릭 사제 앞에서 행해져야 할 의무를 느낀다. 만일 교회가 그 자녀들이 가톨릭이 아닌 목사 앞에서 가톨릭 신자가 아닌 이와 결혼함을 허락한다면, 이는 곧 교회가 인간이 세운 그런 개신교파들을 예수 그리스도가 세우신 가톨릭과 동등시함을 함축적으로 인정하는 것이 된다. 이는 교회가 이에 대한 지성적 순결의 노력이나 희생을 치러야만 가능하다.

더욱이 가톨릭 교회는 혼인을 성사로 보지만, 목사들은 거의 대부분 그렇지 않다. 나는 가톨릭 신자가 아닌 독자들의 감정을 상하게 할 뜻이 전혀 없지만, 성교회는 하느님으로부터 온 기원과 임무를 명확히 자각하는 까닭에, 창립자이신 하느님께서 그러하신 것처럼 오류를 인정할 수가 없다는 말을 한다.

한 가지 반역

마르틴 루터나 칼뱅, 존 녹스, 존 웨슬리, 메리 베이커 에디 부인이나 에이미 셈플 맥퍼슨 부인 등이 세운 교회를 그리스도께서 세우신 성교회와 같은 자리에 두고 같은 권위를 인정한다면, 이는 곧 성교회에 대한 배교 행위가 될 것이다. 성교회가 개신교 목사 앞에서 그 자녀들이 결혼하는 것을 금하는 이유가 이것이다. 이 엄중한 법률을 알면서 일부러 어기는 신자는 성교회로부터 파문의 벌을 받는다. 그들은 교회에 크게 불순명했을 뿐더러 예수 그리스도의 신앙을 반역했기 때문이다.

민법으로만 결혼하려는 가톨릭 신자가 있다면 이는 대죄를 범하는 것일 뿐더러 그 결혼은 종교상 무효다. 그러나 파문의 벌을 받지는 않는다. 이는 신앙을 배반하거나 반역하는 행위가 아니기 때문이다. 비오 10세 교황의 칙령 〈두려워하지 마라 Ne Temere〉(1908년 4월 19일 부활 주일부터 발효)가 반포된 이래 가톨릭 신자의 결혼은 가톨릭 사제 앞에서 거행된 것이라야 유효하다. 이 법은 가톨릭 신자에게만 적용된다. 가톨릭이 아닌 이를 위해서 이렇게 입법한 것이 아니기 때문이다. 자주 안 좋은 말을 듣는 일이지만, 교회는 개신교 목사 앞에서나 또는 민법으로 맺은 개신교 신자의 결혼은 유효함을 인정한다.

"가톨릭 교회는 겉으로는 혼종혼을 반대하고 있지만, 실제로는 돈만 넉넉히 내면 관면을 주는 것이 사실 아닌가?" 우리를 떠난 친구들은 거의 모두 이러한 생각을 지니고 있다. 그러나 이는 허무맹랑한 소리다. 트리엔트 공의회는 관면 혼인을 주는 경우에는 반드시 무료로 주라고 규정했다(Sess IV. De Ref. Mat. 5). 이와 똑같은 법규는 종래 교황들이나 성성聖省에서 여러 번 반포된 바 있다. 다만 교구 본부와 로마 당국의 비용 때문에 약간 기부하는 것은 허락한다. 문서를 발행하고 이를 기록하고 또 그런 일을 맡는 사무원과 서기 등이 있기에 비용이 드는 것은 뻔한 일이고, 이것은 응당 그런 일을 해 달라고 청하는 이가 부담해야 할 것이다. 그런데 그 금액은 적고 그나마 가난한 이는 이것을 부담하지 않아도 된다. 이것은 교회법에 명시되어 있다.

진리의 우월성

개신교, 유다교, 가톨릭 신자들이 상호 간의 시민 관계에 있어 불필요한 알력의 뿌리를 뽑기 위해서 일리노이 대학에서 우호적 세미나가 개최되었다. 이때 개신교 대표가 우호적인 태도로, 가톨릭 교회의 혼인법이야말로 적개심을 야기시키는 원인이라고 말했다. "가톨릭은 가톨릭 신자가 개신교 신자와 결혼하는 경우, 반드시 가톨릭 신부 앞에서만 예식을 거행하고, 자녀들은 모두 가톨릭 신앙으로 교육되어야 한다고 고집한다. 많은 개신교 신자들은 이에 분개한다. 우리가 보기에는 이것이 고집이거니와, 가톨릭 교회가 우리 교파의 많은 신자들을 자기네 교회로 끌어들이려는 속임수로만 여겨진다. 개신교 측도 혼인 주례사를 선택하고 그 자녀들의 종교 교육 문제에 있어서도 동등한 권리를 가질 수 있도록 이 조건을 좀 완화할 수 없는가?"

이 질문에 대답하는 김에 다시 다짐하는데, 앞서 지적한 대로 이 문제 하나만 따로 떼어 놓고는 적합하게 대답할 수 없다. 더 깊이 파고들어 가, 전체의 관점 아래 문제를 제기하고 해결할 필요가 있다. 곧 모든 종교가 동등하게 유효하고, 똑같이 좋고 참된가? 예수 그리스도께서 세우신 교회는 오직 하나뿐이고, 이것만이 사람이 세운 어떠한 교파도 주장할 수 없는 권리와 권위를 가지고 있는가? 우리는 객관적 증거에 의거해서 이를 증명하고자 한다. 역사적 사실로, 그리스도의 언행으로, 사도들의 가르침으로, 성전의 소리로, 사도 전승의 중단 없는 계속으로, 모든 종파의 공평한 역사가들의 압도적 증언으로, 가톨릭 교회가 예수 그리스도께서 세우신 교회일 뿐더러 개신교가 탄생되기 15세기 전부터 존재해 왔음을 보여 주고 있다. 그리스도는 일생 동안 줄곧 신앙의 통일을 고집하셨다. 교회도 창립자의 본을 따라 똑같이 주장한다.

만일 교회가 예수 그리스도의 신앙에 어긋나는 어떤 신조를 타협적으로 받아들인다면, 그 즉시 교회는 그 두터운 신임을 배반하는 것이 될 것이다. 물론 교회가 그 가르침의 진리에 관해서 독선적 태도를 고집하는 그것, 자기와 모순이 되는 신조에 대해서 동등한 것을 인정하기를 단연 거부하는 그 태도가 가톨릭이 아닌 이를 각별히 불쾌하게 할 수도 있다. 아까 그 대표의 말대로 화가 나게 할지도 모른다. 그러나 이것은 그 창립자의 태도와 전혀 다를 바가 없다. 그분은 엄숙하게 선언하셨다. "믿고 세례를 받는 이는 구원을 받고 믿지 않는 자는 단죄를 받을 것이다."(마르 16,16)

속임수

성교회의 혼인법은 개신교 신자들을 될 수 있는 대로 많이 끌어들이려는 속임수라는 개신교 대표의 두 번째 비난에 대한 대답 역시 뻔하다. 이것이 참말이라면 성교회는 혼종혼을 금하기는커녕 장려할 것이 아니겠는가? 그런데 실은 이를 경고하고 있다.

과거에는 혼종혼일 경우 성당에서는 거행할 수 없고, 사제관에서만 거행할 수 있었다. 이는 교회가 이를 찬성하지 않음을 뜻한다. 최근에는 여러 교구에서 이런 혼인도 성당에서 거행하기를 허락하고 있는데, 이는 결혼이란 그저 사회적·국가적 예식일 뿐 아니라, 본질적으로 종교 예식임을 강조하기 위함이다. 이 중요한 진리를 강조할 필요성 때문에 모든 혼인성사를 성당의 제대 앞에서 거행하는 풍습이 전국적으로 전파되고 있다. 그러나 이러한 결혼의 혼인 공시는 생략된다. 혼인 반지를 축복받지도 못하고, 혼인 강복도 받지 못한다. 이 모든 것은 교회가 그 자녀들에게 혼종혼이 이상이 아니라는 것을 뼈저리게 느끼게 하기 위한 것이다. 교회는 오랜 경험에 비추어 이러한 결혼에서 출생되는 자녀들은 어떤 교회에도 나가지 않고, 결국에는 모든 기성 종교에 대해서 무관심하게 된다는 것을 잘 알고 있다. 교회로서는 아무것도 안 믿는 신자보다는 어떤 교회에라도 속해 있는 편이 훨씬 낫다.

더군다나 교묘한 농간을 부려서 사람을 올가미에 걸리게 한다는 것은 교회 정신과는 아예 맞지 않는다. 교회는 자신의 자유 의지로 오는 이만, 또 교리 공부를 철저하게 마쳐서 교회에서 가르치는 진리를 깊이 확신한 다음이 아니면 누구라도 신자로 받아들이지 않는다. 조금이라도 강요당한 빛이 보이거나, 그냥 한때 충동으로 결심하였거나 지성의 확신이 전혀 없는 이를 받아들일 생각은 꿈에도 없다.

교회의 눈으로 볼 때 신앙의 우리 안에 들어오는 사람은 더할 수 없는 보배다. 그러나 이는 억지로 되는 것이 아니라, 오직 지성과 의지에서 와야 한다. 그러기에 개신교 친구들은 가톨릭 교회가 혼종혼에 관한 법률로써 올가미를 씌워 가톨릭으로 잡아끌려 한다고 걱정할 필요는 조금도 없다. 교회는 개신교 신자들이 자기들끼리 결혼함을, 마치 가톨릭 신자들이 자기들끼리 결혼하는 이상을 기뻐하듯 즐겨 한다. 신조와 신심 행위가 다르면 신앙이 약해질 테지만, 끼리끼리 결혼하면 신앙 행위가 일치단결되느니만큼 싱싱하게 되기 때문이다.

근본적 차이

미국에서 개최된 그리스도교 연합 회의는 혼종혼에 관한 가톨릭의 요구 조건을 비난했다. 미국 성직자 집행 위원회 위원장은 이 비판에 대답하여, 성교회는 이러한 혼인을 장려하지 않고 같은 종교를 믿는 사람끼리 혼인하기를 강조하는 점에 있어 비가톨릭 지도자들과 발을 맞추고 있음을 지적했다. 혼종혼을 못 하게 하고 같은 교인끼리 결혼하기를 권장하기 위해서는, 성교회는 지금 하고 있는 이상의 일을 할 수 없을 것이다. 가톨릭이 아닌 이들은 거의 모두가 이 요구 조건에 서명하기를 종교적으로 거의 또는 전혀 꺼리지 않는다. 이 사실은 그들이 자기 교파를 그야말로 우습게 여기고 있다는 증거다.

이는 개신교의 중추 원리, 즉 종교에 있어 개인의 사사로운 판단이 윗자리를 차지한다는 원리에 기인한다. 이 원리 위에서 행동하는 개신교 신자들은 자기가 먼저 믿던 신조를 버리고 더 매력을 느끼는 다른 신조를 믿어도 양심에 아무런 거리낌을 느끼지 않는다. 그는 자신의 교파가 언제까지라도 자신을 얽매어 둘 수 없음을 안다. 즉, 개신교의 원리에 의하면(이로부터 수백 가지 교파가 생겨났는데) 개인의 판단이 다시는 상소할 데가 없는 최고 재판소가 되는 까닭이다.

이와는 반대로 가톨릭 교회에서는 개인의 판단에 대치하는 권위의 원리가 최상의 것이다. 예수 그리스도와 그의 이름으로 가르칠 권능을 받은 교회의 권위가 종교 신앙 문제에 있어 안전하고 믿음직한 지침이다. 그러므로 가톨릭 신앙의 근본 원리는 가톨릭이 아닌 이가 그다지도 쉽사리 교파를 옮기는 그런 뼈대 없는 행동을 용인하지 않는다. 가톨릭이 아닌 교파는 자칭 예수 그리스도께서 세우신 유일한 참교회라고 우길 자신이 없을 것이다. 오늘날 모든 개신교 교파들에게는 불안감이 특징이 되고 있는데, 이는 스스로 그들보다 더 큰 진리에 대해서 안절부절못하고 이를 열망하고 있다는 사실에 반영된다. 이런 특징은 이름만 걸고 있는 수많은 개신교 신자들에게서 역력히 드러난다. 이런 사실은 혼종혼으로 말미암아 야기될 종교적 양자 관계의 이동에 대해서 정직하고 공평하게 연구하는 모든 이가 명심해야 될 요인이다.

하느님과 사람의 사랑

　요컨대 가톨릭 교회는 혼종혼을 기회로 삼아서 가톨릭이 아닌 편의 신앙을 빼앗음으로써 신자를 불린 적도 없거니와, 불릴 생각도 없다고 말해도 전혀 과장이 아니다. 그와는 반대로, 교회는 신자들이 어떠한 교파의 신자와도 평화롭게 지내기를 바라고 있다. 교회는 신자들과 다른 종교인들의 시민 관계에 존재하는 모든 불필요한 알력의 원인을 없애려고 무진 애를 쓰고 있다. 교회에 혼인법이 있음은 자기 신자뿐 아니라 교회 밖에 있는 모든 이의 행복과 복지를 진심으로 염려하기 때문이다. 교회는 가톨릭이 아닌 이로부터 자기가 사랑하는 사람과 결혼할 일말의 가능성마저 몽땅 빼앗아 버림으로써 그의 행복한 꿈을 여지없이 깨뜨려 버리지 않고, 신앙을 보존하기 위한 합당한 보호가 보장된다는 조건 아래 이런 결합을 허락하고 있다.

　이러한 어머니다운 태도야말로 진리에 대한 불변의 충성과, 가톨릭이든 아니든 모든 인류의 행복에 대한 자애 깊은 걱정이 감탄할 만큼 융합되어 있음을 반영하는 것이 아닌가? 가톨릭 교회가 비신자에게도 부부의 애정과 행복의 꿈을 실현시켜 주기 위해서, 하느님으로부터 받은 많은 사명을 배반하지 않는 범위 안에서 할 수 있는 모든 것을 다 하고 있음을 보는 사람들은 혼종혼에 대한 교회의 태도가 정당하다고 판정할 수 있으리라 생각한다. 이제까지 흉금을 털어놓고 공평무사한 태도로 이 문제를 다루어 온 비신자 독자 여러분은, 이 말썽 많은 문제에 대한 교회의 태도 속에 창립자에 대한 교회의 사랑과 충성과 아울러 신자들에 대한 교회의 사랑과 헌신이 훌륭히 반영되고 있음을 깨달았을 줄 믿어 의심치 않는다.

실천

- 본당 청년들이 서로 사귀고 소통하는 단체를 조직하도록 돕기.
- 자녀들을 위해서 결혼에 관한 가톨릭 책을 찾아 읽고 추천해 주기.
- 행복한 가톨릭 결혼을 위해 기도할 것.

제27장

가톨릭 혼인, 어떻게 하면 되는가?

교회의 이상을 달성하기 위한 건설적 수단

비오 11세 교황은 평신도들도 이 지상의 그리스도 왕국을 넓히는 데 한층 더 적극적으로 활동하라는 메시지를 여러 번 반포했다. 교황은 그리스도의 가르침을 인류의 사회 경제 생활에 침투시키는 것은 사제의 노력만으로는 이루어질 수 없고, 모든 신자들의 몸과 마음을 다하는 협력과 원조가 있어야만 성취된다고 지적했다. 교황이 그다지도 자주 강조한 가톨릭운동은 본질적으로 말하면 평신도들이 사제들의 사목을 받아들이기만 하는 수동적인 태도를 지양하고, 오늘날 세계의 사회적·정치적·산업적 생활에 그리스도교 복음을 적용하는 데 적극적이고 능동적 태도를 취하라는 뜻이다.

그런데 교회의 이상을 달성하는 것이 결혼처럼 직접적으로 평신도들의 협력 여하에 달려 있는 분야는 별로 없고, 있다 해도 극히 드물다. 교회의 이상은 가톨릭 혼인이다. 곧 부부야말로 그리스도께서 세우셨고, 사도들과 그 후계자들이 오늘에 이르기까지 전파하여 온 거룩한 신앙을 지닌 이들의 집합체다. 이러한 결합이라야 그 신앙이 더욱 굳어지고 그대로 자손에게 전해질 것이다.

미국 그리스도교회 연합회는 최근에 혼종혼의 결과에 대해서 못마땅한 비판을 하고, 이것이 가톨릭과 가톨릭이 아닌 이들 사이에 존재하는 마찰의 원인이라 했다. 그런데 가톨릭 교회 역시 그러한 결혼을 못마땅하게 여기며, 이는 부부의 신앙을 약하게 하고, 그 자녀들은 신앙을 잃게 되는 결과를 야기한다고 여기고 있다. 그러므로 성교회가 교우들끼리 혼인하라고 권장한다 해서 소견이 좁다든가 또는 가톨릭이 아닌 이들의 높은 인격과 결백한 품성을 멸시한다고는 볼 수 없다. 성교회가 이렇게 하는 것은 가톨릭이 아닌 교역자들을 돕는 셈이다.

어떻게 돕는가?

우리 평신도들이 이러한 이상을 달성하고, 혼종혼에 대한 가톨릭의 요구 조건을 가톨릭이 아닌 이들을 끌어들이는 올가미라 여기는 비신자들의 분노의 원인을 없애려면 어떻게 할 것인가? 대답은 간단하다. 교우끼리 혼인하면 된다. 그런데 이는 가톨릭의 젊은이들이 사교 면에서 같은 교우들과 사귈 기회가 충분히 주어져야 함을 내포한다. 다시 말하면 젊은 남녀들이 서로 사귀고 우정을 두텁게 할 가톨릭적인 사회

생활을 해야 한다는 전반에 걸친 문제가 야기된다. 전 인구의 20퍼센트 정도에 불과한 가톨릭 신자 수효는 가톨릭적 사회생활을 배양하기 위한 조직적인 노력이 없는 한, 일생의 배우자는 결국 가톨릭 교회 밖에 있는 이들 중에서 선택되는 경우가 점점 많아지리라는 것이 뻔하다.

  인생의 슬픔을 경감하고 기쁨을 크게 하는 배우자의 사랑과 길동무를 굶주려 함은 하느님께서 친히 사람의 마음에 심어 주신 것이다. 그러므로 이러한 갈망을 무시하거나 우습게 여기지도 말고 이것이 하느님 계획의 반영임을 깨달아야 한다. 원래 타고난 이러한 보편적 갈망을 채우기에 알맞은 준비를 정직하고 솔직하게 해야 할 필요가 있다. 이의 성취는 그저 마음 내키는 대로 맹목적 기회에 맡길 것이 아니다.

  스팔딩S. M. Spalding은 기회 또는 운명의 짓궂은 장난을 그렸는데, 이 세상 양 끝에서부터 생전 보지도 못한 이를 함께 묶어 주기도 하고, 이웃에 살고 있는 이를 떼어 다시는 만나지도 못하게 한다고 읊었다(Best Loved Poems of the American People, p.138).

> 둘이는 날 때 넓은 세상 양 끝에 있더니,
> 서로 다른 혀를 놀리고
> 서로서로 있는지도 몰랐다네.
> 알지 못할 바다 건너 낯선 땅에,
> 조난을 피하고 죽음과 맞서며 건너가,
> 모르는 새에 손발을 움직여

하나의 목적지를 향해서 걸음을 지척거렸다네.

어느 날 갑자기 어둠 속에서

서로 만나, 서로의 눈에서

인생의 뜻을 읽었다네.

또 둘이 인생의 좁은 길을 걸으니

너무나도 바싹 스쳐 거닐었다네.

목을 조금 돌리기만 하였더라면

얼굴과 얼굴이 마주칠 뻔했다네.

그러나 부러운 눈은 결국 만나지 못하고

잡으려는 손은 잡지를 못하고

헛되이 부르는 입술은 귀에 들리지 않은 채

진종일 찾아 헤매 지쳤다네.

어화, 이루어지지 못한 채 죽었나니

오호, 운명은 이렇다네.

  이 시인이 그린 사건이 세계 각국으로부터 사람들이 모여드는 미국에서 특히 자주 일어나는 것은 사실이지만, 그 결론 '운명은 이렇다네'는 주의 깊은 분석의 대상이 되지 않고 있다. 우리 자신의 운명을 새기고 우리 운명을 찍어 내는 것은 우리 자신이다. 소위 운명의 명령이라는 것은 우리 자신의 손가락이 쓰는 것이다. 교양도 취미도 성격도 맞고 믿음도 같은 두 젊은이가 바로 곁에 살면서도 한 번도 만나 보지 못한 탓을 애꿎은 운명에 돌릴 것이 아니라, 우리 자신에, 우리 개인에, 우리가 구성원이 되는 사회에 돌릴 것이다. "브루투스여, 잘못은 우리를 종으로 삼은 운명에 있지 않고 우리 자신에게 있도다."

그러면 가톨릭적 사회생활이 청춘 남녀로 하여금 가톨릭 혼인이라는 교회의 이상을 달성하게끔 잘 조직되어 있는가? 여기에 우리의 큰 약점이 있다. 그리고 이 약점은 주교와 사제와 평신도와 모든 이가 애석하게 생각하는 것이다.

학교에서의 남녀 격리

이에 대한 맞갖은 건설적 방법을 제시하기 위해서 우선 현 사회제도를 한번 훑어봄으로써 젊은이들이 사교하기가 얼마나 어렵고, 또 이로 인하여 적어도 이론적으로라도 성취하려고 노력하는 목적, 즉 가톨릭 혼인을 지향하는 노력이 수포로 돌아가고 있음을 보기로 하자. 우선 학교부터 보기로 하자. 상급반에 있어서는 재원財源이 허락하는 대로 남녀를 격리하는 것이 통례다. 교사校舍도 따로따로 두고, 여자는 수녀들이 가르치고, 남자는 사제나 수사들이 가르친다. 가톨릭에서는 고등학교에서나 대학교에서나 남녀를 격리한다.

여기서는 남녀 격리 또는 남녀 공학의 교육적 효과의 상대적 가치는 논외로 하고, 다음의 사실만 지적하는 것으로 그치겠다. 곧 가톨릭의 교육 제도로서는 젊은이들이 청소년기와 성숙기 동안 두 개의 다른 세계에 격리되어 있기 때문에 서로 접촉하는 일이 거의 없고 사이가 멀다는 것이다. 몇몇 가톨릭 대학에서 젊은 여성을 강의실에 들여보낼 의향이 생긴 것은 최근의 일이다. 그런데 이는 그리 대단한 망념이 아닌 듯하다. 곧, 그러한 경향이 점차 현저하게 증가하고 있으니 말이다.

종래의 관습을 보면 젊은 남녀의 교육을 위해서 고등학교와 대학교를 따로따로 세울 뿐 아니라, 이 두 학교의 학생들 사이에 사교를 거의 허락하지 않았다. 이러한 두 대학이 인접해 있는 경우라도, 교장이나 교사들은 기를 쓰고 이 학생들이 서로 만나지 못하게 금했다. 돌담을 높이 쌓아 올리고 어마어마한 금지 명령을 써 붙여 가톨릭 남자 대학생과 여자 대학생이 서로 사귀지 못하게 했다. 따라서 교제를 한다고 해도 거의 모두 비밀로(돌담을 기어 올라가서 만나거나 교장의 감시가 잠깐 뚫린 틈을 타서) 하기가 일쑤였다.

이전에 여대생을 맡은 수녀들은 가톨릭 남자 대학 근처에 자리 잡고서, 대부분의 학생들이 살고 있는 큰 길까지 여대생들을 데려다주곤 했다. 이런 수고를 들인 것은 여대생들이 가다가 남학생들과 만나 사귈지도 모른다는 수녀들의 노파심 때문이었다. 이처럼 가톨릭 여성이 같은 신앙과 같은 교양을 지닌 청년과 사귀고 우정을 갖는 것은 대단히 엄격하게 금지되었다. 그런 데다가 이런 젊은이들은 혼종혼의 위험과 해독을 강론 때 자주 듣는다. 결국 가톨릭 대학은 대학생들에게 혼종혼을 피할 적극적 방법을 주지 않아 어리석게도 종종 그런 결혼을 하지 않을 수 없게 만들어 왔다.

만일 우리가 같은 이해관계, 비슷한 교양을 지닌 가톨릭 청춘 남녀의 두 그룹을 행복한 가톨릭 혼인을 지향해서 서로 사귀게 한다면, 기를 쓰고 격리만 시키려는 제도 속에 얽매인 학생들을 눈여겨보지 않고 무엇을 주목하겠는가? 그러니 가톨릭 대학을 졸업했으면서도 타 학교를 졸업한 가톨릭 신자와 거의 같은 비율로 배우자를 교회 밖에서 고른다는 사실이 이상할 것이 있는가? 이보다 더 많지 않다는 것이 오히려 이상하다. 그렇지만 다행히 사태는 호전되어 가고 있다. 요즈음에는 고등학교, 대학 근처에 이성의 가톨릭 학교가 있는 경우, 이들 학생 단체 사이에 우정 관계를 맺는 것을 그전처럼 오만상을 찌푸리고 바라보지 않을 뿐더러 오히려 장려하고 있다.

지난날에 그다지도 고집을 부리고 무시하던 명백한 사실, 즉 이러한 학생은 언젠가는 결국 결혼할 것이니, 만일 비슷한 교양을 지닌 가톨릭 이성과 만나지 못하게 되면 부득불 비신자와 결혼하게 될 가망성이 농후하다는 사실을 드디어 인정하기에 이르렀다. 이 점에 대해서 고려할 근거가 아직도 많다는 것은 어느 누구보다도 가톨릭 교육자들이 솔직히 인정하고 있다. 최근에 어떤 교육자가 나에게 이런 편지를 보냈다. "우리는 어리석게도 가톨릭 학생들의 대다수가 수도 생활을 준비하고 있다는 가정 아래 행동해 왔다. 그런데 실제로는 96퍼센트가 결혼 생활을 계획하고 있다. 다시 말하면 우리는 대부분의 학생이 지향하는 결혼 생활에 필요한 실제적인 면을 무시해 온 것이다."

본당에서의 사회생활

우리 본당은 어떠한가? 우리 청년들이 만나 사귈 수 있는 단체가 마련되어 있는가? 시골이나 조그만 도시에서는 신자들이 사실상 서로 안면이 있으니 그리 큰 문제가 없을 것이다. 그러나 큰 도시의 경우는 문제가 대단히 복잡하다. 이런 본당 신부는 일반적으로 보아 이 문제에 만족할 대답을 줄 사회 조직이 없음을 인정하고 있다. 가지각색의 상업적 오락 시설과 경쟁하여, 본당 청년 단체의 간부들이 회원을 많이 포섭하기란 대단히 어렵다. 우리 젊은이들에게 마음에 맞는 배우자를 만날 기회를 충분히 제공함으로써 점점 잦아지는 교회 밖의 사람들과의 접촉 기회를 견제해야 할 것이다. 그런데 우리 젊은이들이 활발한 사회생활을 유지하지 못한다는 사실은 우리 조직체가 대단히 빈약하다는 증거다. 이는 성직자나 평신도들이 모두 인정하고 있는 바다.

필자는 혼종혼의 원인에 대해서 평신도들의 의견을 수렴하고자 방방곡곡의 학식 있고 신심 두터운 일반 남녀 교우들에게 이 문제에 대한 비판을 부탁한 적이 있다. 이 회답들의 요지는, 사람을 사귀게 되는 것은 결국 만날 기회가 있느냐 없느냐에 달려 있는데, 우리는 젊은이들이 서로 우정을 나누게 될 적극적인 방법을 도무지 강구하지 않는다는 것이었다.

오랫동안 교육계에 혁혁한 공을 세웠고 교회 안에서도 평판이 좋은 어떤 분은 다음과 같이 솔직하게 자신의 견해를 피력했다. "나는 혼종혼에 관한 강론이 필요하긴 하지만 그다지 좋은 것이라고 느껴 본 적은 없습니다. 만일 성직자들이 본당 신자들을 위해서 청년들이 함께 참여할 어떤 조직체를 마련하는 데 관심을 기울인다면, 이는 혼종혼에 대해서 귀가 아프도록 강론만 되풀이하는 것보다 훨씬 좋은 성과를 거둘 것입니다. 교회의 태도에는 되도록 남녀 학생을 격리시켜 두자는 경향이 있습니다. 이것이 좋으냐 나쁘냐 하는 것은 차치하고, 이렇게 되면 가톨릭 청년들이 가톨릭 여성을 만나기보다는 개신교의 젊은 여성들과 만나기가 쉽고, 또 여성들도 그러하리라는 것은 두말할 필요도 없습니다.

내가 보기에는 신자들이 교회에서 멀어지는 원인은 주로 혼종혼에 있습니다. 그래서 위와 같은 결론을 내렸습니다. 아시다시피 개신교는 상당히 넓은 사회적 바탕 위에 조직되어 있습니다. 한편 가톨릭은 이렇다 할 사회적 바탕 위에 조직되어 있지 않습니다. 집에서 멀리 떨어져 있는 여러 대학에서 상급생으로서 또 졸업생으로서 지낸 내 경험에 비추어 보아도, 가톨릭 신자와 사귀기보다는 개신교 신자와 사귀기가 언제나 훨씬 쉬웠습니다. 가톨릭 신자는 자기 본당에 낯선 이가 와도 전혀 관심을 보이지 않습니다. 나는 젊었을 때 여러 대학 단체와 관계를 맺고 있었는데, 가톨릭 집안과 사귀기가 수월하다고 느낀 적은 단 한 번도 없습니다."(오하이오 주립 대학 제임스 헤거티 학장이 필자에게 보낸 편지)

팔을 펴다

지금까지의 견해는 이 문제에 대해서 기고해 준 다른 평신도 여러분과 또 필자가 이 문제에 관해 토론한 여러 평신도들의 압도적 견해를 대변한다. 어느 분은 이렇게 간결하게 말했다. "혼종혼은 우리 대부분의 본당의 특징이 되는 비사교성을 반영하는 것이다. 일반적으로 보아 도시의 본당도 어느 시골에서나 볼 수 있는 비슷하게 큰 단체나 마찬가지로 비사교적이며 비우호적이고, 주저주저한다고 말해도 과언이 아니라고 본다. 가톨릭적 사교 의식, 우호적 조직 관념, 우리 가운데 있는 낯선 사람에게 손을 내민다는 것, 교제를 갈망하는 청년 남녀에 대한 따뜻한 관심, 애석하게도 이런 것이 전혀 없다."

이런 상황이고 보니, 우리 본당에 현재처럼 얼음장 같은 공기가 가시기 전에는 혼종혼의 경향이 점점 커져도 이상할 것이 없다. 교회가 그 초자연적인 요소, 종교적 요소를 강조하는 것은 옳은 일이다. 그러나 그 신심을 보충하고 보조하는 어떤 것이 있어야 신자들 사이에 가톨릭적 사교 의식과 우호 관념이 발전할 것이 아니겠는가?

고립된 가톨릭 사교

다른 평신도들도 필자에게 같은 뜻을 투고했다. 한 분은 직업상 열두어 군데나 되는 도시들을 6개월 내지 3년 동안 전전한 분이었다. 그는 그렇게 돌아다니는 곳마다 그곳 본당에 다녔는데, 그동안 교회에서 후원하는 어떤 활동 단체를 통해서 신앙을 같이하는 이와 사귈 기회는 거의 없었다고 말했다. 그들 본당 교우들은 거의 모두 사교 생활이 전혀 없었다. 젊은이들의 사교는 주로 교회와 상관없는 곳에서 이루어지고, 그 결과 가톨릭 청년이 같은 신앙의 여성을 만나는 비율은 미국의 경우 5분의 1도 채 못 된다. 이러한 환경 아래 있는 만큼 현재처럼 혼종혼이 많아도 조금도 이상할 것이 없을 뿐더러, 오히려 더 많지 않다는 것이 이상할 정도다.

또 다른 투고를 보면, 그는 가족을 데리고 서해안에서 몇 달간 지내다가 최근에 돌아왔다고 한다. 돌아오는 길에 자연스럽게 여러 성당에서 미사 참례를 하게 되었는데, 이를 계기로 사귄 사람은 실제로 아무도 없었다. 그러는 중 그들은 중서中西 지방 어느 도시에서 주일을 보내게 되었다. 그들은 길 가는 이에게 제일 가까운 가톨릭 교회가 어디에 있는지를 물어 허둥지둥 찾아 들어갔다. 미사 시간이 걱정되어서 돌기둥에 '성공회'라고 새겨 놓은 글자를 볼 겨를이 없었는데, 안에 들어가 보니 사람이 적어 정말로 가톨릭 교회인지 의심이 일기 시작했다고 한다. 제대에서는 제의를 입은 성직자가 미사를 봉헌하고 있었는데 미사가 끝나자 사람들이 몰려와서 그들을 반갑게 맞아 주면서 함께 미사에 참례한 것을 대단히 반가워하더라는 것이다. 이 투고자는 이렇게 말했다. "그때 우리는 비로소 그곳이 가톨릭 성당이 아니라는 것을 알았습니다. 가톨릭이라면 손님이 왔다 해도 본체만체하지 그렇게 야단스럽게 반가워하지는 않았을 것이기 때문입니다."

우리는 교회가 어디까지나 종교로서 자기의 본질적 성격에 충실함을 자랑한다. 그리고 또 엄격히 종교적 요소(하느님께 대한 흠숭, 지존하신 분께 대한 찬미와 희생과 순명의 봉헌)를 강조하고 있음도 자랑한다. 어떠한 값을 치르더라도 우리는 그 강조를 감축하거나 또는 다른 가치로 바꾸기를 용서하지 않을 것이다. 그러나 또 한편으로 명심해야 할 것은, 교회는 하느님으로부터 사회적 본성을 타고난 인간 존재로 구성되어 있다는 사실이다. 교회는 인류의 사회적 행복을 고취하는 데도 항상 노력해 왔다. 교회는 병자, 죽은 이, 집을 떠난 부랑자, 장애인, 고아, 노인 등을 위해서 봉사하는 자애 깊고도 박애로운 제도로써 세상 사람들의 찬사를 받아 왔다.

그러나 수효로 보아 5 대 1의 약세인 사회로서는, 본당마다 어떤 각별한 조직체를 마련하여 젊은 남녀들이 사교하고 서로 사귀어 우정을 나누게 해야 할 것이다. 곧, 가톨릭 혼인을 고취할 건설적 방법으로써 그 반대 현상이 일어날 가능성을 줄일 필요가 있는 듯하다. 이는 점점 격증하는 혼종혼의 화근을 근절하려면 불가불 내디뎌야 할 가장 긴급한 조치 중의 하나다.

가톨릭 혼인의 양성

약 400가구가량 되는 어느 도시의 본당에 혼종혼이 많았는데, 그곳 본당 신부는 혼종혼을 줄이고 가톨릭 혼인을 고취할 무슨 방법이 없을까 궁리했다. 우선 본당 청년들을 모아 모임을 조직하고, 합당한 감독 밑에 연극이나 오락 등 여러 가지 친목 행사를 어느 정도 자유롭게 하게 했다. 그러고는 이 모임의 간부들을 도와 회원을 많이 포섭하게 하고, 몇 쌍의 젊은 부부들도 '잠정 위원暫定委員'이라는 이름으로 협력하게 하여 가장 수줍은 회원까지도 친구를 사귀게 했다. 그의 보고를 보면 2~3년 후에는 혼종혼이 사뭇 줄고 그 반면 가톨릭 혼인이 격증하였다고 한다.

본당 신부는 이렇게 써 보냈다. "신부님, 이 일은 참 큰 일입니다. 그렇지만 대단히 값진 일입니다. 우리 중에는 가톨릭 혼인을 고취하기 위해서 아무 일도 안 하고 그저 제대에서 혼종혼을 말로만 금하는 손쉬운 방법을 따르는 것으로 만족하는 사제가 너무나 많습니다. 이는 분명히 청년들을 위해서 공평하지 않습니다. 그들은 죄를 짓는다기보다 죄 지음을 당하고 있습니다. 우리의 몸과 마음에 심각한 장애가 없다면 벗을 찾는 그들의 외침을 못 들으며, 그들의 얼굴에서 하느님이 본성에 심어 주신 우정의 굶주림을 못 볼 수가 없을 것입니다. 본당 신부가 그들의 사회적 행복을 촉진시키는 데 관심을 표시하기만 하면, 젊은이들은 이에 감사하고, 그 감사의 뜻으로 본당 일에 한층 더 충성과 열성을 기울일 것입니다. 뿐만 아니라 이로써 가톨릭의 윤리가 향상되고 본당의 영적 사업이 힘차게 강화될 것입니다."

평신도가 할 일도 있다

필자는 성직자의 한 사람으로서 우리 형제 사제들의 이름으로 우리에게 아직도, 가톨릭 혼인을 양성하기 위한 건설적 방법을 시작해 주고, 이런 계획을 수행하기 위한 지도를 해야 할 일이 많음을 인정한다. 그러나 필자는 우리 가톨릭 평신도 독자들도 이 문제에 관해서 게을리한 적이 없었는지 묻고 싶다. 왜 가톨릭 평신도들은 그들을 위해서 마련한 모임에 많이 참석하지 않는가? 필자는 30년 이상 가톨릭 남녀 대학생들을 위해서 일해 왔다. 특히, 그들이 서로 사귀고 우정을 두텁게 하도록 힘써 왔고, 강력한 가톨릭 단체 정신을 기르도록 노력해 왔다. 그런데 필자는 다른 여러 본당 신부와 똑같이 어째서 젊은이들이(비록 반대까지는 안 하지만) 이성과 만나는 회합에 별스럽게도 무관심한 척하는지 그 이유를 도저히 이해할 수가 없었다. 필자는 상당히 오랫동안 그들을 위해서 일해 온 만큼 그들이 마음속으로 서로 만나고 싶어 하고 어떻게든지 만나려 하는 줄 알고 있다.

여기서 필자는 가톨릭 독자 여러분이 우리 여러 본당의 단체 활동을 활발하게 하려는 본당 신부에게 진심으로 너그럽게 협력하기를 부탁한다. 필자는 본당 신부들이 영적 지도로써 가톨릭 신자들끼리 사귀고 결혼할 방법을 즐겨 마련해 줄 것임을 보장한다. 평신도들은 이러한 사회적 방법을 고취하는 데 성직자보다 입장이 여러모로 유리하다. 그런 만큼 여러분은 여러분의 도움으로 일생의 배우자를 얻게 된 이로부터는 물론, 본당 신부에게서도 언제까지나 감사를 받을 것이다.

둘째 방책

평신도가 가톨릭 혼인을 촉진하는 데 한몫할 수 있는 또 하나의 방법은, 그들이 교제하는 비신자들을 사제에게 데리고 와서 성교회의 진리를 모두 배우게 하는 방법이다. 미국 대부분의 교구에서는 비신자들은 혼인과 그 밖의 기본 교리에 대해서 여섯 번 교리를 받아야 되도록 정해져 있다. 이렇게 간단하게 한번 훑어보는 것을 너무 과소평가할 것은 아니지만, 그래도 결혼하기 몇 달 전부터 본당 신부에게 성교회의 진리에 대해 완전히 강습을 받는 편이 훨씬 낫다.

이러한 비신자들은 아무 편견이나 선입견 없이 오는 사람이면 거의 모든 교회의 신적 기원과 사명에 관한 교리가 압도적이며, 그 가르침이 아름답고도 유용함에 감동되어 그 조상들이 15세기 또는 그보다 오랫동안 흠숭해 온 성교회로 돌아오게 될 것이다. 그들의 오해는 진리의 빛 앞에 쓰러질 것이다. 그들은 자기들이 이제까지 싸워 온 그것은 성교회에서 가르치는 그것이 아니라, 성교회의 원수들이 꾸민 중상모략임을 깨달을 것이다. 그리하여 애초에는 혼종혼으로 보이던 것이 가톨릭 혼인으로 되어 버린다.

이러한 결과가 이루어지도록 하기 위해서는 가톨릭 신자인 사람의 태도가 지극히 중요하다. 만일 가톨릭 신자인 사람이 무관심한 태도를 취하여 교리의 전 과정을 배우라고 권하지 않고, 최소한의 요구 조건만 채우는 것으로 만족한다면, 다른 종교를 믿는 이를 그리스도의 양 우리 안으로 끌어들일 가망성은 거의 없다. 본당 신부에게는 그러한 차가운 무관심한 태도를 나무라는 것이 비신자의 편견이나 오해를 극복하기보다 한층 더 괴로운 일이다. 사랑하는 이의 목소리는 어느 신부의 말보다도 더욱 효력이 있고 더욱 웅변적이다. 따라서 그 목소리가 차갑고 냉랭하고 무관심하면, 꽃봉오리가 열리려던 예비 신자의 관심은 즉시 시들어, 겨우 몇 번 교리를 듣는 척하다가 말 것이다.

도움이 되는 태도

이와는 반대로 가톨릭 신자인 사람이 상대방이 성교회의 교리의 전모를 깨닫게 되기를 염려해 주고, 이 종교를 실천하면 어떠한 행복의 세계가 초래되는가를 솔직히 일러 준다면, 그 비신자는 그리스도교라는 종교를 성심껏 또 철저하게 연구하게 될 자극을 받을 것이다. 그 결과 그는 당연히 이렇게 말할 것이다. "만일 당신의 종교가 당신에게 그렇게 좋은 것이라면, 내게도 그만한 뜻이 없을 리 없다. 이것을 내가 공평하고 정직하게 연구해 보고, 내 이성이 진실성을 확신하면, 이를 믿기에 주저하지 않을 것이다." 교회는 아무에게도 이 이상의 것은 요구하지 않는다. 교회는 이의 신적 기원과 모든 이에게 설교할 그 사명에 대한 객관적 증거를 압도적이니만큼 가지고 있기에 허심탄회한 사람이면 하느님 은총의 도움과 빛을 받아 이를 믿게 되고야 만다는 것을 잘 알고 있는 까닭이다. 덴버 대성당의 전 주임 신부 맥메나민 신부는 이러한 방법으로 무엇이 성취될 수 있는지를 훌륭하게 증명했다. 그는 보좌 신부들의 협력 아래, 과거 40년 동안 매년 평균 65명의 개종자를 냈다. 필자가 이 문제에 대한 그의 체험담을 발표해 주기를 청하니, 그는 즉시 너그럽게 수락했다.

"아주 적은 열성으로 가톨릭 청년과 결혼하기를 원하거나 이미 결혼한 젊은 여성이면 열 명 중에서 아홉 명까지 열심한 가톨릭 신자로 만들 수 있다. 그런데 혼종혼에서 남자가 비신자인 경우에는 이 비율은 훨씬 작지만 하여튼 비슷한 결과가 나타난다. 가톨릭 신자와 결혼하기를 원하는 청년들은 거의 모두 교리를 받을 수 있다. 어떻게? 비신자가 결혼하겠다고 우리를 찾아오면 우리는 으레 교회의 규칙대로 15분 내지 30분 동안 서약서를 설명해 주고, 아울러 개신교는 이 교파나 저 교파나 다 좋은 것이라고 여기고 있느니만큼, 이것을 양심적으로 서명할 수 있을 것임도 지적한다. 가톨릭이라면 양심을 어기지 않고서는 그러한 양보를 할 수 없다. 그다음, 서명을 얻은 후 이 서약을 더욱 의지적으로 더욱 지성적으로 지키기 위해서 한 발자국 더 내디며, 가톨릭 신자인 배우자가 신심생활을 실천하는 것에 보조를 맞추기 위해서 불가불 가톨릭 교회에 대해서 조금이나마 알아야 될 필요성이 있음을 지적한다. 그러면 으레 교리를 받겠다고 약속하고야 만다."

방법의 변경

"할 말은 다했다. 이제 이것이 개종의 가장 효과적인 방법의 하나고, 혼종혼의 폐단을 가장 적게 하는 방법임을 알리라. 그러한 개종자 한 명은 다른 개종자 두어 명과 맞먹는다. 아이들의 신앙을 구한 것이다. 우리는 가끔 이런 질문을 받는다. '겨우 가톨릭 신자와 결혼할 욕심으로만 교회에 나오는 이에게 뭐 그리 대단한 열성을 부리는가?' 우리는 이렇게 대답한다. '우리는 그런 것은 상관없다.' 우리는 여러 사람이 그런 이유로 교리를 받는다는 것을 안다. 그러나 그들의 동기가 변했음도 안다. 재미있는 실례가 많지만 여기서 하나만 소개한다.

어느 젊은 여성이 비신자 남성을 필자에게 데려왔다. 그녀는 오직 한 가지 조건, 곧 그가 가톨릭 신자가 되고 그러기 위해서 교리를 듣는다는 조건 하나로 그와 결혼하겠다고 밝혔다. 그녀는 휴가 동안 동부에 있는 자기 고향에 갔다. 그는 교리를 위해 매주 두 번씩 내게 왔다. 그녀가 돌아오면 결혼하기로 되어 있었다. 3주일이 지난 후 나는 그 젊은 여성으로부터 편지를 받았다. 거기에는 그녀가 옛 애인을 만나서 약혼했으므로 다이아몬드 반지를 보내니 이를 그 청년에게 돌려주라는 사연이었다. 짐작한 대로 그 반지를 받은 날 그 청년은 교리 공부에 집중하지 못했다. 하지만 그는 집으로 돌아가며 이렇게 말했다. '신부님, 언제 또 올까요?' 그는 교리 공부를 계속했고, 드디어 신자가 되었다. 그러고는 어느 소녀에게 교리를 가르쳐 주라고 데리고 온 후 그 소녀와 결혼했다. 그들은 훌륭한 성가정을 이루었다."

이상의 실현

지금까지 했던 이야기를 요약하면 다음과 같다. 가톨릭 혼인은 교회의 이상이다. 혼종혼을 줄이고 가톨릭 혼인을 늘리기 위해서, 우리는 이 글을 읽는 많은 가톨릭 신자들의 협력을 얻고 그 열성에 응할 두 가지 건설적 방법을 제시한다.

첫째, 활발한 가톨릭 사회생활을 확립하여 청년들이 교회 안에서 사귈 만한 교우는 전부 사귀게 하여, 결혼에 대한 건전하고도 정상적인 희망을 품은 모든 청춘 남녀들이 열심한 가톨릭 신자를 일생의 배우자로 선택할 수 있도록 할 것. 때로는 이러한 사회적 모임에서 사제는 금처럼 귀한 기회를 얻는다. 곧, 실제로 이런 면에 관심을 갖는 이들로 하여금 이런 모임에서 혼종혼과 가톨릭 혼인을 올바르게 비판하도록 주선한다.

둘째, 가톨릭 신자와 결혼하고자 하는 모든 비신자를 교리 시간에 데리고 올 것. 이리하여 교회의 신적 기원과 모든 이에게 가르칠 사명에 대한 압도적 증거와 틀림없는 하느님 은총의 빛은 많은 이를 예수 그리스도의 교회로 인도할 것이다.

이 두 가지 방법을 성심껏 실천하면, 부모와 자녀들의 신앙 위험을 제거하고, 가정생활의 단결과 항구한 인간 행복을 고취하는 데 이바지하는 바가 클 것이다.

실천

- 본당에 청년들이 모일 수 있는 모임을 만드는 데 힘쓰기. 모임이 끝날 때마다 서로 소통하는 시간을 마련하기.
- 본당 단체에 참석하기.
- 가톨릭운동에 대한 전 교황의 의향을 공부하고 생각해 보기.

제28장
그리스도인 가정 - 국가의 방패

가정은 청년의 최상의 훈련소

프랑스에는 매년 수천 명의 관람객이 발을 멈추는 명승지가 있는데, 그중의 하나가 나폴레옹과 조제핀의 옛 집 말메종이다. 말메종과 프랑스의 관계는 스트랫퍼드 어폰 에이번[3]과 영국의 관계, 마운트버넌[4]과 미국의 관계와 같다. 파리에서 2마일 정도 떨어진 곳, 생제르맹으로 가는 길에 있는 이곳은 제1 총통의 일생에 여러 가지 극적 사건이 벌어졌던 곳이다. 나폴레옹이 유럽과 이집트에서 빛나는 승리를 거두고 돌아온 곳이 이곳이었다. 숲이 아름답게 우거진 이곳에서 그는 조제핀과 가장 행복한 시절을 보냈다. 프랑스의 온갖 영화를 갖춘 어전 회의가

---
3   셰익스피어의 출생지 — 역자 주
4   워싱턴의 출생지 — 역자 주

소집된 곳이기도 하다. 프랑스 국민들이 이 집을 국가적 사당(祠堂)으로 여기고, 아이들을 데리고 가 전 유럽의 지배자였던 조상의 위업을 찬양하는 것도 당연하다.

모든 방은 그 위대한 나폴레옹이 쓰던 그대로 꾸며져 있다. 그가 자던 침대며, 그가 쓰던 책상이 그대로 있다. 그가 마렝고, 아우스터리츠, 예나, 피라미드 등지에서 유럽의 지도를 바꾼 대승리를 거둔 작전에 썼던 펜까지도 그대로 있다.

지금도 총칼이 쨍그랑거리고 대포 소리가 요란한 싸움터의 분위기가 느껴지는 이 방을 나와 일단 조제핀의 방에 들어서면 관람객은 너무나 대조적이어서 어안이 벙벙하게 된다. 여기에는 전쟁의 냄새를 풍기는 것이라고는 하나도 없다. 여성의 일상생활에 필요한 것 몇 가지와 그녀의 마음을 지배하던 것(사랑과 가정생활의 표지)을 반영하는 몇 가지 물품이 있을 뿐이다. 쇼데가 세 자매 신[5]을 조각한 예쁜 시계와 한 복판에 백조 한 마리가 외롭게 그려져 있는 양탄자, 미녀 프시케에게 달려드는 큐피드를 새긴 조그마한 조각과 방 한가운데에는 그 어떠한 것보다도 눈에 띄게 조제핀이 가장 행복한 시절에 켰던 하프가 있다.

끊어진 하프

그 하프는 지금도 입을 다문 채 조용히 거기 있다. 그 줄은 끊겨 있다. 사정을 알고 있는 관람객의 눈에 그 하프는 가정의 평화와 달콤한

---

5   그리스 신화에서 아름다움과 온유함과 기쁨을 준다는 세 자매 여신 — 역자 주

화목의 상징으로 비치지 않고, 가정불화의 시끄러운 소리가 울려 나오는 것으로 보일 뿐이다. 이것은 소리 없는 웅변으로 파괴된 가정, 갈려진 가족, 짓밟힌 거룩한 맹세의 가련한 얘기를 말하며, 위대한 보나파르트의 가문에 불멸의 오점을 찍은 비극을 말하고 있다. 유럽을 정복하고 새로운 제국을 세우고 새로운 왕조를 수립하여 자기 형제들을 스페인과 이탈리아와 네덜란드의 왕좌에 앉히는 데 성공한 나폴레옹이 가장 중요한 제국인 자신의 가정을 건설하는 데는 실패했던 것이다.

군마에 올라타고 저 멀리 엑바타나까지 휘몰아쳐 더 정복할 세계가 없음을 슬퍼하면서도 겨우 열흘이 못 되어 자기 자신의 억제하지 못할 욕정의 희생이 되어 버린 알렉산더 대왕처럼 나폴레옹도 전 유럽 각지에 새로운 제국들을 세울 수는 있었지만, 자기 가정에서는 비참하고도 다시 회복할 수 없는 패배를 맛보았다. 말메종의 조제핀의 방에 있는 하프는 짓궂게도 어떠한 나라, 어떠한 사람을 정복하더라도 대신할 수 없는 가정의 비극에 대해서 오늘의 세계에 경종을 울리고 있다.

이것은 또 평화와 사랑에 넘친 안정된 가정의 건설이 인간 최상의 공적이며, 가장 깊고도 가장 항구한 행복의 원천임을 인류에게 깨우쳐 준다. 비록 사람이 사업과 정치와 그 밖의 다른 일에 실패하더라도 자기 가정의 왕국을 보존하고, 동감과 이해라는 몇 겹이나 되는 끈을 끊지 않고 두기만 한다면 다른 실패의 가시는 뭉툭하게 느껴질 뿐이다. 사랑과 행복이라는 풍부한 갚음을 가져다줄 가정의 성공으로 그런 실패의 쓰라림은 메워지게 마련이다.

가정의 바탕

그리스도교계의 위대한 백의의 목자도 바티칸 언덕의 망루에서 행복으로 가는 새 길을 찾아 헤매는 인류를 굽어보면서, 세계 방방곡곡에서부터 오는 갖가지 정보를 파수병으로부터 들어 가며 이와 비슷한 경고를 발하고 있다. 비오 11세 교황은 그 회칙 〈그리스도인의 혼인 Casti Connubii〉에서 그리스도교 결혼의 단일성과 불가해소성이 지극히 중요함을 깨우쳐 주며, 가정의 성소를 파괴하려는 자들을 경고했다. 가정이야말로 인간 사회의 바탕이다. 교황은 이렇게 지적한다. 가정을 파괴하라. 그러면 그 즉시 사회와 안정된 정체正體를 받쳐 주는 견고한 바탕은 허물어져 버리리라. 사회학자 또는 정치학자들이 제아무리 머리를 쥐어짜서 생각해 낸 방책이라도, 이 혼인 서약의 거룩함과 그 결합의 불가해소성과 또한 그리스도인 가정의 영속성 등에 관한 그리스도교회의 가르침만큼 인간 사회와 질서 있는 정체를 보호하는 강력한 방패는 없다는 것이다.

어머니는 하느님께서 마련하신 자녀들의 가장 효력 있는 최초의 스승이다. 어린아이는 엄마에게 생명과 영양을 받으면서 이에 못지않은 열성으로 엄마의 무릎에서 배우는 교훈까지 들이켠다. 어린아이의 마음은 연한 초처럼 쉽게 인상을 받는다. 이러한 최초의 인상은 가장 깊게 침체되고 가장 오래 머무르는 것이다. 어릴 때 받은 인상은 그 사람의 정신 형태와 행위 규범을 형성하며, 그 후의 모든 체험은 이 빛에 따라서 해석되고 평가된다. 이 사실은 현대 발생 심리학도 단언하고 있다.

이런 인상은 나이를 먹을수록 깊어지고 굳어진다. 의식을 하든 안 하든 이를 무덤까지 갖고 간다. 세 살 버릇이 여든까지 간다. 심리학자는 이 현상을 새로운 학술어로 설명하지만, 이는 실은 이미 오래전부터 인정해 온 진리다. 예컨대 잠언의 저자는 몇 천 년 전에 이렇게 썼다. "마땅히 걸어야 할 길을 아이에게 가르쳐라. 그러면 늙어서도 그 길에서 벗어나지 않는다."(잠언 22,6)

최초의 학교

어머니는 최초의, 그리고 가장 효력 있는 스승이니만큼 가정은 가장 오래되고 가장 중요한 학교다. 어머니에게 양육되는 어린이는 남에게, 또는 인공영양으로 양육되는 아이보다 일반적으로 더 튼튼하고 씩씩하다. 이와 마찬가지로 어머니에게 도덕 계명과 종교 교육을 받는 아이들은 일반적으로 낯선 이로부터 배우는 아이들보다 훨씬 더 신앙이 굳다. 아이들은 이 세상의 누구보다도 어머니를 더 사랑하고 신뢰한다. 어머니에게 받는 교육은 무턱대고 믿고 의지하고 받아들이는 것이다. 그러기에 어느 평신도 교사라도, 아니 수녀나 사제라도, 스승인 어머니를 대신하기에 마땅하지 않다. 그러므로 열렬한 수녀들이 날마다 가르치는 성당 학교나 주일 학교도 젊은이를 위한 학교로서의 가정을 대신할 수는 없다. 이러한 이들과 기관이 겨우 할 수 있는 일은 가정에서 하는 어머니의 일을 보충하는 것에 불과하다. 어머니가 교육을 등

한시하면 어떠한 인간적 대행 기관도 이 손실을 갚을 수가 없다. 이는 그만큼 최종적이고 다시는 어찌할 수 없는 것이기 때문이다.

이 점은 대단히 중요한 만큼 비유를 들어 본다. 어른 신체의 체격과 체력은 주로 어릴 때와 젊었을 때 받은 양육과 훈련에 달려 있다. 골격이 형성되고 자라는 데 필요한 자양분을 받지 못한 어린이를 생각해 보자. 부모가 이 어린이에게 필요한 자양분을 주지 않았다면 영양실조로 말미암아 뼈가 연하고 형태가 구부러지게 되어 신체 각 부분의 무게와 운동을 적당하게 지탱할 수 없게 된다.

그런데 이렇게 몸에 문제가 생긴 젊은이를 이 세상에서 가장 유명한 정형외과 의사에게 데리고 가서 진단을 받게 하고, 록펠러 재단의 지원으로 고쳐 보려 한다고 해야, 이 청년이 잃은 유산을 되찾지는 못한다. 의사와 간호사의 자양분이 그 청년을 도와줄 수 있었던 때가 있었다. 그것은 그의 골격이 형성되고 있었을 때, 자연의 힘이 인체의 영구한 골격을 단 한 번만 형성하고 있었을 저 중대한 때였다. 그런데 지금은 이미 그때가 지났다. 골격은 이미 온전하지 못하게 되어 버렸다. 어떠한 인간의 능력으로도 이를 고칠 수가 없었다. 어떠한 인재도 돈도 그가 잃어버린 유산을 절대로 되찾을 수는 없다.

잃어버린 유산

아이들의 도덕적, 영적 유산도 이와 마찬가지다. 만일 가정이 이러한 사정에 관해서 아이들에게 합당한 훈련을 베풀지 않으면, 교사나 수녀나 사제나 학교나 교회가 가정의 나쁜 표양을 고치도록 하고, 그 게으름을 대신해서 아이들에게 잃어버린 유산을 되찾아 주려고 한다고 해야 이 노력은 수포로 돌아갈 뿐이다. 가정이 이상적 훈련소라는 것은 다만 어머니가 이상적 교사이기 때문일 뿐 아니라, 표양이 명령보다 훨씬 유력한 교사이기 때문이다. 아이들이 숨 쉴 때마다 들이켜는 가정의 공기를 이루는 것은 부모의 표양과 언행과 태도다. 아이들이 교회와 학교에서 가르치는 이상에 순응하든 불응하든 하도록 하는 힘이 바로 가정의 분위기다.

젊은이들의 교육에 여러 해 동안 이바지해 온 수녀나 사제 중에, 그들 젊은이들이 각기 가정에서 깊이 새겨지는 교육이 얼마나 중요한지 모르는 이는 아마 없을 것이다. 한 예를 들면, 여러 해 동안 어느 수녀들의 여학교에서 지도 신부로 있던 사제가 최근 그의 오랜 경험을 이렇게 말했다.

"여학생들은 학교에 있는 동안에는 주일뿐 아니라 평일에도 날마다 미사에 참례한다. 그리고 성당에서 밤 기도도 함께 바친다. 한 주일에 닷새는 종교 교육을 받는다. 겉으로 보기에는 신앙이 몸에 배어 있는 듯하다. 거기다가 훌륭한 수녀들의 표양이 있다. 그런데 유월이면 여학생들이 집에 돌아간다. 그중 상당히 여러 명이 어머니가 죽었다든가 이혼하였다든가 부모의 신앙이 흐린 집에서 온 학생들이다. 가을에 학교에 돌아오면 나는 이 소녀들이 집에서도 신앙생활을 했는지를 물어본다. 나는 그중 대다수가 그들 가정의 특징이 되는, 또 그들이 수도원

학교에 들어오기 전에는 그들의 성품의 한 부분이 되어 있었던 것 같은 저 흐릿하고 냉담한 생활로 되돌아갔었음을 알게 된다. 일단 그런 냉담한 가정의 분위기 속으로 돌아가기만 하면, 수녀들의 감독 밑에서는 그렇게 열심인 듯했던 종교적 태도도, 부모의 종교 의무에 대한 무관심과 종교를 무시하는 집안 분위기에 의해 재빨리 허물어져 버리는 것이다. 이는 정말로 어처구니없는 노릇이지만, 나는 결국 학교가 가정교육의 결함을 대신할 수는 없다는 확신을 얻게 됐다."

가정은 학교보다 중요하다

내가 동료 사제들과 주립 대학에서 가톨릭 청년들을 몇 십 년 동안 교육해 온 경험으로 얻은 확신은 이렇다. 가정에서 신앙심이 투철한 부모에게 받은 종교 교육은 가장 중요하고 영속적이다. 이는 성당 학교, 고등학교, 대학교, 아니 이 모든 것을 전부 합한 것보다도 월등하다. 주의 깊은 가정교육으로 아이들에게 철저하게 심긴 신앙은 어떠한 시련의 폭풍우에도 견디어 나간다.

때로는 거룩한 종교를 공격하는 궤변가들을 말로는 반박하지 못할 때가 있지만, 깊은 확신과 일종의 신적 직관으로써 그들이 틀렸음을 확신한다. 곧 부모로부터 물려받은 고귀한 인격을 발전시키기에, 자기가 믿는 거룩한 종교의 힘이 어떠함을 아는 그는 따지고 말고 할 여지도 없는 웅변과 확신으로 속지 않고 궤변가들의 허위를 물리친다. 표양은 말보다 더 힘 있는 웅변이다. 그리고 언제나 그러하듯 오늘에도 인격과 항구한 확신의 조각가다. 그리스도교 신앙의 가장 치명적인 위험은 악덕한 생활이다.

나의 벗인 버어진 신부는 가톨릭 교육 사업에 반세기를 바친 분이다. 그는 수사 때는 초등학교에서, 사제가 되어서는 고등학교와 대학교와 신학교에서 교편을 잡았다. 수천 명의 평신도와 수백 명의 사제들이 그의 슬하에서 배웠고 그중 많은 사람들이 주교나 고위 성직자가 되었다. 그는 오랜 세월에 걸친 풍부한 열매를 맺은 일에서 얻은 확신을 이렇게 피력했다. "오늘날 미국에서 가장 필요한 것은 가정에서의 종교 교육이 차지하는 중차대한 중요성을 역설하는 것이다. 나는 아이들에게 인격을 육성하고 종교를 뿌리박아 주는 가정의 힘이 교회나 학교의 그것보다 훨씬 중요함을 주장하기에 주저하지 않는다. 부모들은 자녀들에게 거룩한 종교를 가르치고 훈육할 책임이 신법으로 부과되어 있음을 깨달아야 한다. 학교와 교회의 수녀나 사제들은 부모들이 핑계를 대며 아이들에게 교리 교육과 실천에 대한 가르침을 게을리한다면, 유치원에서부터 대학에 이르는 우리 학교 사업도, 우리 가톨릭 출판 사업도, 교회 자체의 사업도 크게 꺾일 것이라고 말한다."

나자렛의 가정

예수, 마리아, 요셉의 나자렛 가정은 모든 그리스도인들의 본보기다. 예수님은 하느님의 아들임에도 어머니와 양부 요셉께 효도를 다하기를 주저하지 않으셨다. 성경은 이것을 간단하게 표현한다. "예수님은 부모와 함께 나자렛으로 내려가, 그들에게 순종하며 지냈다."(루카 2,51) 이렇게 하느님이신 주님께서는 모든 젊은이들에게 본보기를 남겨 두셨다. 한편 마리아와 요셉은 하느님이신 아드님에게 가장 깊은 사랑과 걱정을 드러냈다.

이 세상 모든 부모에게는 마리아와 요셉에게 맡겨진 사명에 못지 않은 영예로운 사명이 위임되어 있다. 이는 젊은이의 정신과 마음을 하느님의 표양에 따라서 키운다는 숭고한 사명이다. 부모들은 얼마동안 전능하신 하느님의 협력자로서 숭고한 창조 사업, 인간을 존재하게 하는 일에 한몫 끼게 된다. 그들이 낳는 자녀는 하느님의 모상을 닮아서 만들어진다. 그들은 예수 그리스도의 보혈로 구속되어 천국에서 하느님과 함께 영원한 행복을 누리게 마련이다. 부모는 그들의 뒤뚱거리는 발걸음을 인도하여 인생의 덕행과 고결한 길로 안전히 이끌 사명을 하느님으로부터 받고 있다. 그들 부모가 빛의 천사가 되어 자녀들을 영원한 생명으로 인도하든지, 또는 어둠의 종이 되어 하느님으로부터 멀어지게 하는지는 부모들 하기에 달려 있다. 그들의 결정에 따라 영원에 이르는 결과가 달려 있다.

아이들의 인격을 스스로의 훌륭하고 거룩한 모상을 닮게 한 성인다운 어머니들의 힘이 어떻다는 것은 역사적 실례가 허다하다. 아우구스티노 성인이 젊어서 타카스테의 집을 떠나 카르타고에 갔을 때, 그는 그 도시에 범람하는 유혹에 탐닉했다. 양심의 순결을 잃은 그는 신앙의 순결마저 잃어 그 당시 한창이던 마니교에 물들고 있었다. 그때 그의 성인다운 어머니 모니카는 실망하지 않고 참어머니로서 변함없는 사랑으로 길 잃은 아들을 위해 눈물의 기도를 열렬히 바쳤다.

어느 거룩한 주교가 이를 보고 예언했다. "저러한 기도와 눈물의 아들이니 절대로 잃지 않을 것입니다."(Confessiones, 1, C. 12) 그는 드디어 방탕한 생활의 반 고비에 이르러 성인 같은 어머니의 기억이 되살아났다. 그는 죄악과 과오로부터 깨어났다. 모니카 성녀는 죽기 전에 자신의 아들이 하느님과 교회로 돌아옴을 보는 위로를 받았다. 아우구스티노 성인은 《고백록Confessiones》에서 자신의 개종은 성인다운 어머니의 일생의 감화력과 자신을 위한 꾸준한 기도의 덕분이라 하여 보기에도 부러운 사랑으로 어머니를 말하고 있다. 이는 실로 그 후 15세기 동안 사람의 마음을 울리고 있다.

프랑스의 루이 성인

프랑스 왕 중에서 가장 훌륭한 왕이었던 루이 성인은 거룩한 어머니의 감화력을 보여 주는 또 하나의 빛나는 실례다. 그는 자신이 국민들로부터 그렇게 사랑받고 프랑스 역사상 가장 빛나는 치세를 할 수 있었던 것은, 하느님 다음으로 자신의 어머니 블랑카 황후 덕분이라고 말했다. 왕이 어렸을 때 모후가 말한 유명한 말은 아들을 덕행과 거룩함의 길로 인도한 부모 마음의 본보기다. "나는 너를 더할 수 없이 사랑한다. 그러나 네가 한 번이라도 대죄를 범하는 것을 보는 것보다는 차라리 네가 내 발아래 쓰러져 죽는 꼴을 보는 것이 낫고, 프랑스가 왕위를 계승할 후계자를 잃는 편이 낫다."

블랑카 황후가 국가의 일이 그다지도 분주하였음에도 자기 아들의 종교 교육에 이만한 주의를 기울일 수 있었다면, 오늘의 어머니들이 이만큼 하지 못할 까닭이 없다. 비록 그들의 아들들이 왕위에 오르지는 않을지언정 높은 시민의 왕좌에 올라 여러 가지 의무를 정직하고 충실하게 실천할 수는 있을 것이다. 일상적으로 입에 오르는 다음의 속담에는 시보다 앞서는 진리가 있다. "요람을 흔드는 손은 세계를 지배하는 손이다."

인생과 인격을 형성하는 데 미치는 어머니의 크나큰 영향력에 대해서 섀넌은 한층 더 깊이 관찰했다. "그들은 대리석으로 초상을 조각하는 것이 아니다. 그들은 화려한 색채로 캔버스를 꾸미는 것도 아니다. 학자적 취미로 책을 쓰는 것도 아니다. 달콤한 가락으로 작곡하는 것도 아니다. 사람을 뒤흔드는 변론으로 연단을 독점하는 것도 아니다. 그렇지만 이 모든 것에 비길 뿐 아니라, 이 이상의 일을 하고 있다. 그들이야말로 탐구될 수 없고 표현될 수 없는 하느님의 제자들이기 때문이다. 그들은 조각가로서 살과 피가 맥박 치는 대리석을 새겨, 살아서 호흡하는 인간상을 만든다. 화가로서 불멸의 영혼에 정의의 색채를 칠한다. 작가로서 아들들의 마음에 하느님의 문학을 쓴다. 음악가로서 딸들의 영혼에 정결의 흰 노래를 부른다. 변론가로서 스스로의 생활을 통해, 보이지 않는 신적인 것들에 대해서 웅변을 토하고, 죽어 이 세상을 하직한 후에도 영원한 높은 곳으로부터 말하고 있다."(F. F. Shannon,

The Country Faith, p.105)

요한 크리소스토모 성인이 5세기 전에 다음과 같이 말했을 때의 생각도 이와 같은 것이었다. "청춘의 마음을 형성하는 것보다 더 고귀한 것이 있을까? 아이들의 덕성을 꾸미는 이들은 내 판단으로는 어떠한 화가나 조각가보다도 훨씬 고상한 일을 실천하는 사람이다."

어느 아들의 원망과 꾸짖음

가정의 감화력으로 젊은이들이 훌륭한 인격을 양성한 역사적 실례가 많지만, 한편으로는 부모의 의무를 소홀히 함으로써 실패한 역사적 실례도 부지기수다. 시카고의 쉐일 주교는 대학 졸업생들에게 연설하면서 시민의 교육 기관으로서의 가정의 중요성을 강조했다. 그때 부모의 태만으로 말미암은 비극적인 결과를 보여 주는 실례를 들었다.

"내가 아직 젊은 사제였을 때, 시카고 주립 교도소에서 죄수들을 돌보아 준 적이 있었습니다. 어느 겨울 새벽에 나는 스물세 살 된 젊은 죄수가 사형당하는 데 입회해 달라는 청을 받았습니다. 그 젊은이는 숱하게 강도질을 했고, 결국에는 그를 잡으려던 경관마저 죽였습니다. 사형 집행 직전 그에게 마지막으로 할 말이 있으면 하라고 하자 그는 사형장에 모여 서 있는 사람들을 둘러보았습니다. 그 사람들 중에서 자신의 사형 집행을 보러 온 가족과 친척을 발견한 그는 자신의 아버지를 손가락질하면서 이렇게 외쳤습니다. '내가 교수형을 받게 된 것은 저 사람, 바로 내 아버지 탓이오. 그는 자신의 본분을 게을리하고 내가 밤낮 깡패들과 몰려다니는 것을 묵인했소. 깡패들이 하는 행동에 대해서 한 번도 내게 주의를 준 적도 없었고, 그 결과가 어떻게 될지 일러준 적도 없었소. 내가 지금 교수대에 목을 매이는 창피를 당하게 된 것도 그가 자신의 본분을 게을리한 탓이오. 목에 올가미를 걸어야 할 사람은 내가 아니고 그 사람이오. 그가 진짜 범인이오.'"

이 얼마나 무서운 원망과 꾸짖음인가? 그 말마디는 시뻘겋게 달궈진 쇳덩이처럼 그 아버지의 가슴을 꿰뚫었으리라. 그의 인생이 과연 죽어 가며 외치던 아들의 기억을 씻어 버릴 만큼 길까? 죽어야 안 들릴 것이다. 정말 그런가? 저 원망의 손가락질, 그가 전능하신 하느님의 심판대 앞에 서서 자기가 살았던 회계 장부를 내밀 때도 또다시 저 손가락이 그를 꿰뚫을 것이 아닌가? 부모의 생활에 일어날 무서운 비극이 또 많지만, 다만 그의 생각이 미치지 못할 뿐이다.

책임 있는 소작인

나일강변의 갈대밭 속에서 어린 모세가 울고 있음을 본 파라오의 딸은 모세의 어머니를 불러 아이를 길러 달라고 청했다. "이 아기를 데려다 나 대신 젖을 먹여 주게. 내가 직접 그대에게 삯을 주겠네."(탈출 2,9) 전능하신 하느님께서 인간의 살을 지닌 조그마한 천사를 부모에게 줄 때 속삭이는 말씀의 골자가 이것이다. 부모는 아이들을 제멋대로 아무렇게나 다룰 수 있는 절대적 전제 군주가 아니다. 그들은 하느님으로부터 아이들을 돌보아 고귀하고 거룩한 생활로 훈련하도록 임명된 소작인에 지나지 않는다. 따라서 지존하신 분의 심판대 앞에 설 때에는 세세히 적은 계산서를 바쳐야 한다.

만일 그 무서운 순간에 자기 자녀들로부터, "재난을 당하고 있을 때에 부모로서의 본분을 게을리하였으니 진범은 저들이다."라는 원망의 손가락질을 당한다면 그들은 얼마나 경악하겠는가! 바오로 사도는 이러한 부모에게 경고한다. "어떤 사람이 자기 친척 특히 가족을 돌보지 않으면, 그는 믿음을 저버린 자로 믿지 않는 사람보다 더 나쁩니다."(1티모 5,8) 이와 반대로 아이들을 올바르게 인도하여 하느님께 선택된 무리들에 끼게 했을 경우, 그 부모의 훌륭한 표양, 현명한 충고, 걱정하는 마음 등에 대해서 아이들이 천국에서 기도와 감사로서 두 손을 펼치고 있음을 볼 때 그 기쁨은 어떻겠는가? 다니엘 예언자는 이렇게 말했다. "현명한 이들은 창공의 광채처럼 많은 사람을 정의로 이끈 이들은 별처럼 영원무궁히 빛나리라."(다니 12,3) 이것이 부모로서 최상의 의무를 다하고, 거룩한 가정을 건설하고, 그리스도를 본받아 아이들을 양육하고, 비틀거리는 아이들의 발걸음을 영생으로 인도하는 길로 이끌고 나가는 부모들에 대한 보상이다.

부모들이 인생의 위대한 사명을 완수하려면, 자녀들의 도덕적 인격의 조각가이며 자녀들의 이상으로서 평화와 사랑이 깃든 가정을 건설해야 한다. 그리고 이 거룩한 영역으로부터 모든 분노와 말싸움과 고약한 성질의 분위기를 일소해 버려야 한다. 우리의 이 낮은 본성이 싹터 오르면 이것은 무엇보다도 재빨리 가정의 아름다움을 더럽힌다. 가정은 지상에서 천국의 편린이며, 이 세상의 싸움이나 고통의 피난처여야 하며, 부부는 여기서 언제나 동감과 용기와 영감을 발견할 수 있어야 한다. 만일 가정에서 일상생활의 고투와 걱정의 피난처를 발견하지 못하고 오히려 괴로움이 더욱 심해진다면, 가정은 그 아름다움과 매력을 잃어버린다. 그때에는 지상의 낙원, 천국의 편린이기는커녕, 이 세상의 지옥이라고는 하지 못하겠지만 연옥이 된다. 비극이 난롯가에서 뒤끓는 것이다.

말조심

성급하고 심통맞은 말이 언제나 싸움에 불을 지르는 법이다. 신혼부부는 결혼식을 올린 직후 아무리 화가 치미는 일이 있더라도 서로 절대로 불쾌하고 골이 난 말투를 하지 않을 것을 약속할 것이다. 여러 가지 어려운 일이 일어날지도 모르고 그럴 때마다 언제나 조용히 조리 있게 의논할 수 있을 것이다. 친절하고 상냥한 태도로 조리 있게 의논하면 해결이 되고, 또 실제로 결국에는 해결되고야 말 것이지만, 그걸 가지고 서로 화를 내고 소리를 지르는 부부 사이에는 노래도 없거니와 이성도 없다.

오랫동안 젊은이들을 지도하고, 가정의 안정을 파괴하는 요소를 주의 깊게 여러모로 연구해 온 어느 사제는 다음과 같은 결론을 내리고 있다. 결혼하는 젊은이들은 모두가 서로 친절하고 서로 너그럽게 이해해 가며 살리라고 결심한다. 그런데 밀월여행의 달콤한 꿈에서 일상생활로 돌아오면 서로의 사소한 버릇과 행위가 눈에 띄게 되고 진력이 나게 된다. 이것을 깨닫게 될 즈음이면 벌써 서로 상대편의 감정을 건드릴 만한 거친 말이 오고 간 후다. 한 마디가 두 마디로 된다. 말다툼이 꼬리를 문다. 그들 결합의 순결한 아름다움에 때가 묻는다. 사랑으로 뒤덮였던 환상이 깨진다. 우상은 사실 진흙에 발을 딛고 있는 자임을 깨닫는다. 그들은 이미 빛나는 이상이 아니고, 과거의 어떤 특이한 것에 지나지 않는 여느 인간이 되어 버린다.

말다툼의 싹은 꽃피기 전 봉오리일 때에 잘라 버려야 그렇지 않으면 만성이 되어 버린다. 그렇게 되면 인생의 가장 아름답고 우아한 꽃(부부 사랑의 감미로운 꽃)은 죽어 버리고 만다. 필자는 이 위험을 미리 경고하는 목적으로 30년 이상 줄곧 결혼 직후 신랑과 신부를 불러서 일러 주는 것이 버릇이 되었다.

필자는 그들에게 그들의 사랑을 거칠고 날카로운 말로 해치지만 않으면 얼마나 행복할 것인가를 일러 준다. 무슨 일이 있더라도 서로 마음을 상하게 할 거친 말을 하지 않는다는 약속을 혼인 서약에 다음 가는 진실한 태도로 맺게 한다. 이제까지 아무도 이 제안을 반대한 신혼 부부는 보지 못했다. 오히려 나중에 이 약속이 자기네 가정의 끊임없는 평화와 행복에 크게 이바지했다면서 감사했다. 그리고 이 약속은 어느 누구라도 결혼하는 날 맺을 만한 약속인 동시에 부부의 맹세를 지키는 것과 똑같이 충실하게 지킬 만한 약속이다.

상호 희생

　부부간의 행복을 보존하려면 불가불 상호 희생이 필요함은, 젊은 부부가 읽게 되어 있는 예식서 속에 아름답고 인상 깊게 명시되어 있다. '그대들은 결혼 생활을 자기 희생의 대원칙 위에 두는 것이 결혼 생활의 가장 합당한 보증이다. 그러니 그대들은 결혼 생활을 시작하면서 서로 공동으로 보다 깊고 보다 넓게 살도록 마음을 써야 한다. 이로써 그대들은 서로 더욱 완전히 속하게 된다. 그대들은 정신도 마음도 감정도 하나가 되어야 한다. 그리고 차후 이 공동생활을 보존하기에 필요한 어떠한 희생이라도 언제나 너그럽게 참아 받아야 한다. 희생이란 어렵고 싫증나는 것이다. 사랑만이 이를 쉽게 하고 완전한 사랑만이 이를 오히려 기쁨이 되게 한다. 사랑하는 그만큼 희생을 즐겨 하게 된다.

　결혼 생활에 있어 끝까지 충실하고 진실하고 순수한 부부의 사랑보다 더 큰 축복은 있을 수 없다. 그러므로 원컨대 오늘 그대들의 손과 마음을 결합하는 이 사랑이 절대로 식지 말고, 해가 감에 따라 더더욱 깊어지고 뜨거워지기를 바란다. 그리고 참사랑과 완전한 희생정신이 모든 행동을 이끌어 나간다면 이 눈물의 골짜기에서 인간이 누릴 수 있는 가장 큰 행복을 기대할 수 있을 것이다. 그 나머지는 하느님의 손에 있다. 그리고 하느님은 그대들이 필요로 하는 것을 채워 주실 능력이 있다. 하느님께서는 그대들이 지금 받으려 하는 거룩한 성사로 당신의 은총을 종신토록 베풀어 주시겠다고 약속하신다.'

　로버트 몽고메리는 북극성의 빛과 부부를 특징지어 주는 단일성과 항구성을 아름다운 비유로 그려 놓았다. 천문학자의 말을 들으면 북극성은 아주 근접한 두 개의 별이 마치 하나처럼 빛을 내고 있다고 한다.

    북쪽 하늘의 과녁
    뱃사람의 눈에는 하나로만 보이나
    실은 쌍둥이별
    두 별 모두 제각기 태양을 뺨치네.
    벗들이여, 거꾸로 보자꾸나.
    이 세상에 둘처럼 보이는 것
    하늘에서 보기에는 꼭 하나로세.
    어화, 북극이 상징하듯
    영겁의 겹친 별.

굳센 보루

가장 위대한 전략가들이 입을 모아 찬양하던 스톤월 잭슨이 챈설러즈빌의 싸움터에서 죽어 쓰러졌을 때, 그를 경애하던 장교의 한 사람은 주검에 허리를 굽혀 싸늘한 손을 만지며 이렇게 말했다.

"오늘밤 카이사르를 만나거든 우리는 아직 싸우고 있다고 말하시오."

19세기 동안 줄곧 모든 나라에서 그리스도의 깃발 아래 싸워 온 전우들인 우리도 오늘 이 세상을 향하여 가정의 거룩함과 가정생활의 순결을 뒤엎으려는 온갖 세력을 거슬러 "우리는 아직 싸우고 있다."라고 외친다. 가정의 영속성과, 부부 사랑의 거룩함과, 우리의 고귀한 전통이 깃들인 가정의 거룩함을 위한 성전聖戰에 우리 모든 교우들도 함께 참전하지 않겠는가? 가정과 가족 제도의 단일성과 순결성을 보존하기 위하여 이처럼 싸우는 우리는 이로써 우리 사랑하는 조국을 보조하기 위한 굳센 보루가 되고 있는 셈이다.

실천

- 하느님께서 부모에게 맡기신 것처럼, 가정에서 자녀들의 종교와 도덕을 훈육할 부분에 대해서 신중히 명심하고 자녀를 대하기.
- 본당에서 부모와 교육자의 모임이 만들어지도록 노력하기.
- 가정을 되돌아보고 모범 가정이 되는 데 방해가 되는 문제가 있다면 그 문제를 해결할 수 있도록 노력하기.

제5편

미사와 신심
기도 생활의 설명

제29장
미사 – 골고타의 재현

그리스도 다시금 봉헌되신다

　제사란 하느님께서 삶과 죽음을 주재하심을 드러내기 위하여 감각적으로 느낄 수 있는 어떤 물건을 하느님께 봉헌하는 행위다. 제사를 드리는 관습은 인류와 더불어 역사가 깊다. 인류 역사의 첫 막이 열리면 아담의 아들들이 지존하신 분께 제물을 봉헌하는 광경이 나타난다. 아벨은 자기가 치는 양 떼의 만물을 봉헌했고, 카인은 땅에서 생산된 열매를 봉헌했다. 노아가 자신과 자신의 가족을 홍수에서 구해 준 방주에서 내려서 제일 처음 한 행위는, 전능하신 분께 자신들의 생명을 보존해 주셨음을 감사하는 번제를 올린 일이었다. 유다교 사제들은 날마다 하느님께 두 마리의 어린양을 봉헌하였으니, 이는 '세상의 죄를 없애시는 하느님의 어린양'을 날마다 제대에서 봉헌하는 신약의 위대한 제사의 예표였다.

　구약의 제사는 신약의 제사의 준비와 예표로 이바지하였다. 따라서 신약의 제사가 설정됨으로써 구약의 제사는 끝을 맺었다. 옛 제사는 깨끗한 제물로 계승되게 되었다. 새로운 제사는 예루살렘에서만이 아니라 온 세상에서 봉헌되도록 마련된 제사다. 하느님께서는 말라키 예언자의 입을 빌어 유다인에게 이렇게 말씀하셨다.

　"너희 가운데 누구라도 성전 문을 닫아걸어서 너희가 내 제단에 헛되이 불을 피우지 못하게 하였으면 좋겠다. 나는 너희를 좋아하지 않는다. - 만군의 주님께서 말씀하신다. - 나는 너희 손이 바치는 제물을 받지 않으리라. 그러나 해 뜨는 곳에서 해 지는 곳까지, 내 이름은 민족들 가운데에서 드높다. 내 이름이 민족들 가운데에서 드높기에, 곳곳에서 내 이름에 향과 정결한 제물이 바쳐진다."(말라 1,10-11) 이러한 예언의 말씀은 그대로 이루어졌다. 곧 그리스도께서 인류의 죄를 씻기 위한 깨끗한 제물로서 온 세상 방방곡곡에서 봉헌되는 미사성제가 그것이다.

　미사란 골고타의 제사를 피 흘림 없이 새롭게 하는 제사다. 미사는 빵과 포도주를 그리스도의 몸과 피로 축성함으로써 인류의 구원을 위하여 골고타에서 희생된 바로 그 제물을 하느님께 봉헌하는 십자가상 제사의 영속이다. 미사를 봉헌하는 사제는 자기의 이름으로 하는 것이 아니라, 그리스도의 사절로서 그리스도께서 친히 최후의 만찬 때 하신 바로 그 말마디를 말하는 것이다. 그러므로 예수 그리스도는 미사성제에서나 십자가상 제사에서나 지존하신 사제인 동시에 제물이시며, 더구나 이 두 제사는 봉헌되는 목적이 온전히 같다.

다만 이 두 제사는 봉헌되는 양식만 다를 뿐이다. 곧 십자가상에서는 그리스도께서 실제로 성혈을 흘리시고 죽임을 당하셨지만, 미사성제에서는 실제로 피를 흘리시지 않거니와 실제로 죽으시지도 않는다. 그러나 빵과 포도주를 따로따로 축성하고 봉헌함은 그리스도의 몸과 피가 갈라졌음을 상징하며, 따라서 주님이 십자가상에서 죽으심을 상징한다. 미사는 골고타의 제물을 다시금 하느님께 봉헌하며, 그리하여 십자가의 제사를 기념하여 이를 상징적이며 신비적으로 새롭게 하고, 아울러 십자가상 그리스도의 죽음의 효과를 각 영혼에게 베풀어 주고 있다는 점에서 십자가의 제사를 영원히 새롭게 하고 있는 제사다. 그러기에 미사의 효능은 온전히 골고타의 제사로부터 비롯된 것이다.

최후의 만찬 때 세우시다

그리스도는 당신이 돌아가시기 바로 전날 밤 최후의 만찬 미사를 세우셨다. 마태오 복음사가는 이 상황을 이렇게 기록한다. "그들이 음식을 먹고 있을 때에 예수님께서 빵을 들고 찬미를 드리신 다음, 그것을 떼어 제자들에게 주시며 말씀하셨다. '받아 먹어라. 이는 내 몸이다.' 또 잔을 들어 감사를 드리신 다음 제자들에게 주시며 말씀하셨다. '모두 이 잔을 마셔라. 이는 죄를 용서해 주려고 많은 사람을 위하여 흘리는 내 계약의 피다.'"(마태 26,26-28)

그리스도는 이 축성이 끝난 다음 사도들에게 "너희는 나를 기억하여 이를 행하여라."(루카 22,19)라고 말씀하심으로써 이 성체의 성제를 새롭게 하기를 명하셨다.

그리스도의 명을 받드는 우리 교회는 사도 시대로부터 오늘에 이르기까지 이 거룩한 제사를 날마다 새롭게 해 왔고, 또 앞으로 세상 마칠 때까지 계속할 것이다. 여러 나라 말로 전해 내려오는 성전聖傳은 초대 교회 때에 이미 미사성제가 보편적으로 봉헌되고 있었음을 선언한다. 그 당시에는 미사성제를 '거룩한 신비'라 불렀다. 로마 제국의 박해를 피하고자 그리스도인들은 어두운 카타콤으로 들어갔다. 그곳 순교자들의 무덤 위에서 그들의 영적 목자들이 성체의 성제를 다시금 새롭게 할 때, 신자들은 기도와 시편을 읊으며 사제들과 마음을 함께하였다. 유스티노 성인은 이 사도적 신앙을 이렇게 증언한다. "깨끗해진 나병 환자들을 위해서 봉헌하도록 명령된 밀가루의 제물은 일종의 성체의 빵이니, 이는 예수 그리스도께서 우리에게 명하신 것이다. 우리 온 백성들이 도처에서 봉헌하는 이 제사로 말하면 이는 곧 성체의 빵이요, 또 마찬가지로 성체의 잔이다."(Dial. cum. Tryph. 41)

테르툴리아노는 2세기에 이미 성체의 성제를 봉헌하는 관습이 널리 전파되고 있었음을 증언한다. "그대가 하느님의 제대 앞에 서게 될 때, 그대는 재계齋戒를 더욱 엄하게 지키고 싶지 않겠는가? 그대가 주님의 몸을 영할 때, 그대는 성제에 참례하는 것이 될 뿐 아니라 의무를 채우는 것도 된다."(De Oratione 19)

치프리아노 성인은 3세기에 미사에 관한 가톨릭의 교리를 20세기의 신학자 못지않게 명확히 설명했다. 곧 성체는 희생된 제물이며 참되고 온전한 제사다. 이는 그리스도께서 세우신 것이고, 그분 수난의 기념이며, 더구나 그 수난과 똑같은 것이다. "그리스도가 곧 이 제사의 스승이시요 창설자이시다. 하느님 성부께 제사를 봉헌했고, 또한 멜키체덱이 봉헌한 바로 그것, 곧 빵과 포도주, 즉 당신의 몸과 피를 봉헌한 예수 그리스도보다 더한 사제가 있는가? 왜냐하면 만일 우리 주님이시요 하느님이신 예수 그리스도께서 친히 성부의 으뜸 사제이며, 제일 처음으로 당신 자신을 성부께 봉헌했고, 당신의 기념으로 이를 행하라고 명하셨다면, 그리스도께서 행하신 것을 본받는 사제야말로 진정 그리스도의 직책을 다하는 사람이다. 이리하여 사제는 그리스도께서 봉헌하셨던 그 양식을 따라서 봉헌할 때에 참되고 완전한 제사를 교회 안에서 성부께 봉헌하는 것이다. 우리는 제사마다 주님의 수난을 기억하는(주님의 수난은 우리가 봉헌하는 제사니까) 것이니만큼 주님께서 행하신 것 이외에는 아무것도 행하지 말아야 한다. 성경에는 주님께서 오실 때까지 이 빵을 먹고 이 잔을 마실 때마다 주님의 죽음을 드러내라고 기록되어 있다."(Epis. 63)

그리스도는 최후의 만찬 때, 성사이며 제사인 이 성체성사를 세우셨다. 성사로서의 제1 목적은 인간의 영혼을 거룩하게 함이요, 제사로서의 제1 목적은 전능하신 하느님께 존경과 흠숭을 바침이다. 영성체의 성사로는 최후의 만찬의 영속이며, 미사성제로는 골고타 제사의 영속이다.

가톨릭 흠숭 행위의 핵심

미사성제가 봉헌되는 목적은 그리스도께서 십자가 위에 죽으신 목적과 같다. 곧 전능하신 하느님께 우리 인류의 죄를 속죄하고 그분께 존경을 드리며 그 베푸신 은혜를 찬송하고 감사하며 은총과 축복을 비는 것이다. 그러므로 우리가 미사에 참례할 때에는 마치 우리가 십자가 아래에 두 무릎을 꿇고 죽어 가는 그리스도를 세상의 죄를 면해 주는 희생으로 봉헌하듯, 경건한 태도를 가져야 한다. 그리스도는 제대 위에서 그전에 골고타의 십자가 위에서와 똑같이 봉헌되고 있기 때문이다. 미사는 어떠한 기도보다도 값진 것이다. 이는 피조물이 창조주께 드릴 수 있는 최상의 봉헌이다. 토마스 아 켐피스는 이를 적절하게 표현했다. "사제가 미사를 드리면 하느님을 경배하고 천사들을 즐겁게 하고, 성교회를 건설하고, 살아 있는 사람들을 돕고, 죽은 이들을 평안히 쉬게 하고, 자기 자신을 모든 선에 결합시키게 된다."(토마스 아 켐피스, 《준주성범》)

미사는 가톨릭 흠숭 행위의 핵심이다. 마치 심장이 몸의 펌프의 구실을 해서, 생명의 피를 각 지체에 보내 몸을 살게 하고 자양분을 골고루 나눠 주듯, 미사는 풍성한 은총과 공로를 성교회의 모든 신심 행위에 골고루 방사하여, 미사의 힘과 권능으로 이런 신심 행위를 부요하게 하고 싱싱하게 한다. 마치 태양의 둘레에 몰려 있는 유성들이 태양에서 빛과 열을 받아들이듯, 여러 가지 기도와 전례도 미사성제를 중심으로 몰려 있다. 미사야말로 가톨릭 교회 흠숭 행위의 핵심이다. 영적 효능과 풍성함으로 말하면 다른 어떠한 신심 행위도 미사에 견줄 바가 못 된다.

쿠퍼 신부는 이렇게 말한다. "이는 성부께 대한 우리 인간의 마음속 가장 깊은 곳에서부터 우러나오는 존경과 순정과 열렬한 간청의 결정 結晶이다. 종교 문학의 모든 부문을 통틀어 보아도 그 아름다움, 그 존엄성, 그 숭고함에 있어 미사의 기도문들과 견줄 만한 것은 도무지 찾아볼 수가 없다. 미사의 기도문들은 한결같이 존엄하고, 최상의 그리스도인의 흠숭 행위답게 엄숙하고 단순하다. 더군다나 1900년 동안이나 줄곧 어느 시대, 어느 나라, 어느 겨레를 막론하고 성체의 그리스도께 신앙과 충성을 고백한 모든 백성들이 한결같이 봉헌하여 왔다는 사실로 말미암아 더욱더 존귀하고 마음에 스며드는 것이다."(Religion Outlines for Colleges, p.180)

이리하여 미사에 관한 성교회의 가르침을 트리엔트 공의회는 다음과 같이 요약한다.

1. 가톨릭 교회에는 예수 그리스도께서 세우신 참제사(빵과 포도주의 형상 아래 계시는 성체와 성혈의 제사)가 있다.
2. 이 제사는 예수 그리스도께서 사제이시며 동시에 제물이시니만큼 십자가의 제사와 동일하다. 다만 봉헌하는 양식만이 다르다.

즉, 십자가 위에서는 피 흘림이 있었고, 제대 위에서는 피 흘림이 없다.
3. 이는 우리 죄와 아울러 그리스도 안에 산 이와 죽은 이(이들을 위하여 이 미사를 봉헌한)의 죄를 속죄하는 속제贖祭다.
4. 이의 효능은 십자가상 제사에서 말미암은 것으로 십자가상 제사의 무한한 공로를 우리에게 나눠 주는 것이다.
5. 이는 하느님께만 봉헌되는 것으로 성인들을 공경하고 기념하는 뜻으로 봉헌될 수 있다.
6. 미사는 최후의 만찬 때 그리스도께서 제정하신 것이다. 그때 그리스도는 우리를 구속하시고자 십자가의 제대 위에서 죽으심으로써 스스로를 봉헌하려 하시고, 당신의 십자가상 성혈이 제사를 기념하도록 당신 교회에서 볼 수 있는 제사를 세워 주고자 하셨다. 그분은 멜키체덱에 이은 대사제로서 빵과 포도주의 형상 아래 당신의 몸과 피를 성부께 봉헌하셨고, 당신의 사도들을 이 같은 제사를 당신이 다시 오실 때까지 새롭게 하는 신약의 사제로 삼으셨다. "나를 기념하여 이 예식을 행하여라."(Sess. 22)

웅변적인 제사

예수께서는 미사로서 영원하신 성부의 옥좌 앞에 우리 사정을 애원하는 우리 변호사가 되신다. 요한 사도는 이렇게 말한다. "누가 죄를 짓더라도 하느님 앞에서 우리를 변호해 주시는 분이 계십니다. 곧

의로우신 예수 그리스도이십니다. 그분은 우리 죄를 위한 속죄 제물이십니다. 우리 죄만이 아니라 온 세상의 죄를 위한 속죄 제물이십니다."(1요한 2,1-2) 미사를 봉헌하는 사제는 이 진리를 반영하는 것으로 다음과 같은 미사의 기도문을 외운다. "온 누리의 주 하느님, 찬미받으소서. …… 주 하느님, 진심으로 뉘우치는 저희를 굽어보시어 오늘 저희가 바치는 이 제사를 너그러이 받아들이소서. …… 사제의 손으로 바치는 이 제사가 주님의 이름에는 찬미와 영광이 되고, 저희와 온 교회에는 도움이 되게 하소서."

미사성제는 우리 인간이 영원하신 성부께 봉헌할 수 있는 가장 유효한 기원이다. 성경은 이렇게 말한다. "염소와 황소의 피, 그리고 더러워진 사람들에게 뿌리는 암송아지의 재가 그들을 거룩하게 하여 그 몸을 깨끗하게 한다면, 하물며 영원한 영을 통하여 흠 없는 당신 자신을 하느님께 바치신 그리스도의 피는 우리의 양심을 죽음의 행실에서 얼마나 더 깨끗하게 하여 살아 계신 하느님을 섬기게 할 수 있겠습니까?"(히브 9,13-14) 모세와 다윗의 기도가 하느님의 자녀들을 위해서 저렇게 힘이 있었거늘, 하물며 우리의 변호인이신 예수 그리스도의 중개는 얼마나 강력하랴! 순교자들의 수난이 우리를 위해서 저다지도 웅변적으로 호소한다면, 하물며 우리를 위해 제대 위해서 날마다 흘리시는 그리스도의 성혈은 얼마나 웅변스러우랴! 성인들과 천사의 무리들이 소리를 합하여 하느님의 옥좌 앞에서 우리를 위해서 중개해 준다고 하더라도, 십자가에 죽으시기까지 스스로 낮춘 성자에 도저히 비할 바 못

된다. 진실로 미사는 '하느님의 자비와 은총을 받아서 필요한 때에 도움을 받게 될' 하느님 은총의 옥좌다(히브 4,16 참조). 이는 모든 선과 완전한 선물을 주시는 분께서 우리에게 주신 온갖 보물 중에서도 그 값을 이루 헤아릴 수 없는 가장 값진 것이다.

실천

- 새벽 미사에 참례해 보기.
- 미사 참례 전에 매일미사를 읽어 보기.
- 때때로 묵상하여 이 위대한 제사를 더욱 마음에 새길 수 있도록 노력하기.

제30장

미사 전례

전체 인격이 하느님을 흠숭한다

가톨릭 교회의 전례를 구경해 본 사람이면 누구나 느끼게 되는 것 하나는, 가톨릭은 신자들에게 말만 하지 않는다는 사실이다. 가톨릭은 황홀한 멜로디를 통해서, 또 시편과 성가를 노래함으로써 신자들의 영혼을 드높여 준다. 뿐만 아니라 예술가의 화폭 위에 빛과 그림자를 아롱지게 겹쳐 놓고 찬연한 무지개를 수놓음으로써, 또 조각가들의 정성이 깃든 성상의 아름다움을 빌려서도 성교회는 그 복음을 예술화하고 있다.

더군다나 성교회는 직접 눈에 보이는 장엄한 전례의 흠숭 행위를 통해서, 또 몸짓과 표지와 찬란한 장식을 통해 신자들에게 가르치고 있다. 그런 만큼 성당 안에서는 모든 사람이 한결같이 마음이 느긋해진다. 어느 겨레든, 어느 종족이든 이 전례의 뜻에 서먹서먹할 리가 없다. 성교회는 이처럼 온갖 감각 기관을 총동원해서, 따라서 그만큼 영혼의 창문을 많이 만들어 전체 인격, 즉 지·정·의를 모두 흠숭 행위에 바치게 된다.

그렇기는 하지만 전례의 뜻에 대해서 익숙하지 못한 이들은 그 종교적 예절의 뜻을 이해하지 못할 뿐 아니라, 이 예절이 각 개인의 영성 생활을 얼마나 풍성히 해 주고 있는지를 이해하지 못한다.

제대도, 조각도, 그림도, 꽃도, 촛불도 없는 허전한 네 개의 벽 속에 우두커니 세워 놓은 설교단만 보아 온(애당초 장식이라고는 그림자조차도 없이 예배해 온) 이들이 가톨릭의 신심 행위, 특히 그 흠숭 행위의 중심이 되는 미사성제의 거창한 전례를 보고 어리둥절하게 되는 것도 무리는 아니다. 우리에게서 갈라져 나간 이런 형제들은 그저 교회 전례의 뜻을 모른다는 것을 드러낼 뿐이거니와, 한 걸음 더 나아가서 이런 전례는 예배자의 마음을 산란하게 하여 제1 목적, 곧 하느님께 대한 흠숭에 어긋나는 것이라고 주장하는 이도 있다.

그래서 이제 종교적 흠숭 행위에 있어 전례의 기능이 어떠한지를 살펴보고, 이런 전례가 철학적 또는 심리학적으로 맞갖은 근거가 있는 것인지 따져 보기로 하자.

전례의 철학적 바탕

전례의 철학적 바탕은 조물주께서 인간에게 부여한 두 가지 본성,

즉 심리적인 것과 육체적인 것에 있다. 그 결과 토마스 아퀴나스 성인이 지적했듯이, 사람은 자신의 이 두 가지 본성을 반영하는 이중의 흠숭 행위를 하느님께 바쳐야 한다. 곧 하나는 영적 흠숭으로, 이는 인간에 대한 하느님의 최상 통치와 아울러 인간은 완전히 하느님께 매여 있음을 의식하는 영혼의 내적 신심이다. 또 하나는 육체적 흠숭으로, 이는 신체의 각 지체를 통해서 인간에 대한 창조주의 최상 통치를 인식하는 외적 신심이다. 하기야 영혼의 내적 지향, 가령 사랑과 존경을 (이것이 없이는 외적 흠숭은 무의미한 것인 만큼) 응당 더욱 내세워야 하겠지만, 그렇다고 하느님을 흠숭할 때 중요한 구실을 하는 신체를 너무 소홀하게 여기는 것은 종교와 심리학의 관점에서 볼 때 어리석은 행동이다.

사람의 이 두 가지 본성은 지극히 밀접하게 결합되어 있어 하나의 유기체를 이루고 있다. 그래서 온갖 내적 감정은 몸의 어떤 움직임이나 태도로 나타나지 않고는 못 견디게 마련이다.

존경과 사랑과 공경의 내적 감정을 겉으로 표현하지 못하게 늘 억압하고만 있다는 것은, 흠숭 행위에서 극히 중요한 신체적 요소를 빼앗는 것일 뿐 아니라, 감정 그 자체를 억눌러 마침내 이 감정마저 완전히 말살시켜 버리고 마는 일이다.

리카비는 이렇게 말했다. "침묵의 흠숭, 말이나 몸짓의 이 표현 없는 흠숭(오르간이나 노래나 또는 그보다 단순한 읊조림도 없고, 손을 올리거나 혀를 움직이거나 무슨 공경을 표하는 몸짓이 도무지 없는 흠숭)은 여느 사람으로서는 으레 막연하고 흐릿한 명상이 되어 버리고 공상에 잠겨 꿈이나 꾸게 하고

만다."(Joseph Rickaby, Moral Philosophy, p.193)

그러나 감정의 육체적 표현으로 말미암은 심리적 반향은 전혀 다른 문제라고 하더라도, 전례의 철학적 바탕을 논의함에 있어 다음의 사실을 지적하는 것만으로도 충분하다. 곧 인간이란 흠숭을 육체적으로 표현하지 않고서는 절대로 엄격한 뜻으로 조물주께 합당한 흠숭을 할 수는 없다는 것이다. 육체로 말하면 그 존재와 움직이는 능력이 몽땅 조물주의 창조력에 힘입고 있다. 그러므로 육체도 자연법칙에 뿌리박고 있는 관계, 즉 창조주의 절대적 최상 통치권과 인간 육체의 완전한 예속성의 관계를 외적으로 인정하기 위해 조물주께 대한 흠숭 행위에 참여해야 한다. 그래야 이치에 맞는다.

육체란 자신에게 생명력을 주는 원리에서 동떨어져 단독으로 하느님을 공경할 수 없다. 그러나 육체도 비록 종속적일망정 영혼과 함께 행동하여 사뭇 중요하게 이런 합동 흠숭 행위를 할 수는 있다. 오튼도 이렇게 말했다. "인간은 영혼과 육신을 위해서 하느님께, 하나는 사랑을 또 하나는 존경을 바침으로써 그분께 십일조를 바쳐야 한다."(The Reason Why, p.71)

토마스 아퀴나스 성인이 흠숭 행위에 있어 종교 전례란 단지 맞갖은 부속물일 뿐 아니라 조물주께서 사람에게 주신 것으로, 영육의 결합에서 우러나오는 어쩔 수 없는 당연한 결과라고 가르치는 이유가 이것이다. 요한 사도는 때때로 인간 이성이 현기증을 일으킬 정도로 드높은 데까지 꿰뚫어 본 요한 묵시록에서 앞에 말한 창조 행위를 모든 종교적 흠숭의 바탕이 되는 근본 이유라고 지적했다. "주님, 저희의 하느님 주님은 영광과 영예와 권능을 받기에 합당한 분이십니다. 주님께서는 만물을 창조하셨고 주님의 뜻에 따라 만물이 생겨나고 창조되었습니다."(묵시 4,11)

두 손을 모아 머리를 숙이고 무릎을 꿇는 것은 인간 육신이 영혼과 합동으로 만물에 대한 하느님의 최상 통치권을 인정한다는 것을 드러내는 것일 따름이다. 조물주의 자녀들의 마음에서 하느님의 옥좌로 향기롭게 피어오르는 시편의 노래와 기도 소리를 하늘의 성부께서 즐거워하시고 받아 주시지 않겠는가? 진종일 일에 시달리다가 저녁 때 집에 돌아오는 아버지를 마중 나와 두 팔을 활짝 벌리고 달려드는 자녀를 껴안아 주는 것이 아버지로서 무슨 뜻이 있는지 물어보는 것이 좋겠다. 자녀들의 눈에 반짝이는 사랑의 빛과 또 일에 지친 자기 얼굴의 주름살을 매만져 주는 자녀들의 천사같이 보드라운 손길이 과연 부질 없고 무의미한 것인지 물어보는 것이 좋겠다.

진정 이는 바로 그에게서 나오는 숨결이요, 그의 굶주린 마음을 배불리는 만나다. 자기 자녀들이 사랑과 존경심을 겉으로 표현함을 보고 행복에 젖어 고동치는 그의 마음은, 사람을 사랑하는 하느님의 마음의 모습이다. 하느님의 마음도 역시 그 자녀들의 사랑과 존경의 표현을 볼 때 기쁨에 고동친다. 조물주는 당신의 자녀들을 단지 인생의 바다에 표류하는 대로 내버려 두고, 그들의 복지와 행복을 걱정하지 않고 버려두려고 창조하신 것이 아니다. 그분은 당신의 마음을 본떠서 사람의 마음을 만드셨고, 또 당신과 사귈 권능을 주시어 마치 이 세상의 아버지에게 달려들듯 사랑으로 달려들어 조를 수 있는 능력을 주셨다.

아버이로서 그분의 마음은 당신 자녀들의 사랑과 찬송이 솟아남을 보면서 즐거워하시고, 그들이 냉랭하고 게으르면 슬퍼하신다. 그러므로 몸과 마음이 함께 참여하는 흠숭과 찬송과 존경을 외적으로 드러내어 실천함이 바로 종교적 흠숭의 본질이다. 바로 이것이 인간이 전능하신 하느님께 전폭적으로 존경을 드릴 수 있는 방법이다. 요한 사도는 지당하게도 이렇게 말한다. "우리 하느님께 찬미와 영광과 지혜와 감사와 영예와 권능과 힘이 영원무궁하기를 빕니다."(묵시 7,12) 이러한 것이 종교적 흠숭에 있어 존경을 겉으로 드러내며 전례를 행하는 근본적인 철학적 바탕이다.

전례의 심리학적 바탕

이러한 외적 흠숭의 철학적 가치를 온전히 떠나서, 종교적 흠숭에 전례가 필요하다는 심리학적인 근거가 있는가? 바꾸어 말하면, 비록 흠숭이 본질적으로 공경과 사랑과 경배의 내적 감정으로 이루어져 있고 지성과 마음에서 우러나오는 것이라 하더라도, 이러한 내적 감정이나 정신의 태도를 자극하고 보존하기 위하여 신체를 움직이는 것이 옳은가? 현대 심리학은 이렇게 증언한다. 즉, 종교적 흠숭에 있어 신체도 참여하는 것은 정신 상태를 이에 맞갖게 자극하는 데 큰 도움이 될 뿐더러, 자극된 종교 감정을 강화하는 데 큰일을 한다는 것이다. 그러한 감정을 표현하는 신체의 움직임을 억제함은 결국 내부 감정이 일어나지 못하도록 하는 장애가 될 뿐더러, 그 힘을 줄이고 마침내 이 감정을 죽여 버리는 결과를 초래한다. 따라서 종교적 흠숭에 전례가 필요함은 현대 심리학으로 충분한 근거가 있다.

이 근거는 정신 신체학적 관계의 근본 법칙, 즉 정신과 신체가 상호 작용에 서로 영향을 미친다는 법칙에 있다. 몸의 지체가 자동적 또는 반사적 단계 이상으로 움직이면 반드시 이에 상응한 정신 작용이 일어나게 마련이다. 마찬가지로 내적 감정도 어떻게 해서든지 신체의 어느 기관을 통해서 이에 맞갖게 겉으로 표현하지 않고는 못 견딘다. 현대 심리학은 이렇게 주장한다. 곧, 어떠한 정신 질환이든지 이에 상응한 신경병을 일으킨다는 것이다. 정신의 원리, 곧 영혼은 어떤 알 수 없는 방법으로 신체에 작용하며 또 거꾸로 신체의 기관으로부터 영향을 받는다.

이 사실은 가톨릭 교회의 저 거창한 전례 속에서, 그리고 흠숭 행위의 중심인 미사성제에서 충분히 입증된다. 미사는 최후의 만찬 때 시작해서 십자가 위에서 완성된 제사의 계속이다. 그러므로 이는 골고타에서 바친 그리스도의 제사를 피 흘림 없이 새롭게 하는 것이다. 미사는 그 자체로 종교적 흠숭의 네 가지 요소를 모두 포함하고 있다. 즉, 흠숭과 속죄와 감사와 기원이다. 사제뿐 아니라 신자들도 가장 깊은 신앙과 정성으로써 이 가장 숭고한 제사에 참례한다.

미사가 시작될 때 사제는 제대에서 고백 기도를 외운다. 이 기도는 제사를 드리기에 자신이 부당한 존재임을 고백하는 것이다. 사제는 천상의 모든 영혼들을 불러 그 앞에서 "전능하신 하느님과 형제들에게 고백하오니, 생각과 말과 행위로 죄를 많이 지었으며, 자주 의무를 소홀히 하였나이다. 제 탓이요, 제 탓이요, 저의 큰 탓이옵니다."라고 고백한다. 사제는 깊은 겸손과 아울러 자신이 이처럼 숭고한 직능을 행하기에 부당하다는 것을 드러내는 뜻으로 이를 외운다.

사제가 이 겸손한 행동을 하는 동안의 자세를 주목해 보아라. 꼿꼿이 서 있던 사제는 갑자기 몸을 숙인다. 이 기도를 다 외울 때까지 얼굴을 아래로 하고 몸을 구부린 채 서 있다. 자기가 범한 죄를 자인하여 "제 탓이요, 제 탓이요, 저의 큰 탓이옵니다."라고 외우면서 사제는 자기가 죄 많음을 겉으로 표현하여 주먹으로 가슴을 친다.

이러한 외적 행동이 이에 상응한 정신 태도, 곧 자기가 부당하다는 자각을 표현하기 위해 어떻게 잘 적용되어 있는지 주목해 봐야 한다. 몸을 굽히고 얼굴을 아래로 숙이고 눈을 내리깔고 가슴을 치는 이러한 동작은, 그가 지향하는 겸손의 자세를 일으키기에 그만큼 힘찬 육체적 자극이다. 목을 꼿꼿이 세우고 눈을 위로 향하고 가슴을 떡 벌리는 자세는 겸손한 마음을 일으키기에는 사뭇 지장을 줄 뿐더러, 오히려 건방지고 교만한 내적 감정을 일으키기에 안성맞춤일 것이다. 어떤 신체적 자세가 그에 상응되는 일정한 정신 태도를 유발한다는 것은 인류 역사에 깊게 뿌리박은 것인 만큼 여기서 새삼스럽게 다시 말할 필요도 없겠지만, 어떻든 이 사실은 모든 심리학자들이 한결같이 인정하는 것이다.

그다음 사제는 기도문을 외우는데, 그때 양팔을 벌리고 외운다. 이 자세는 독서를 읽기 전 본기도를 바치는 동안 그대로 계속된다. 여기서도 역시 목적하는 기원의 의식 상태를 환기하는데, 얼마나 훌륭한 자세를 취하는지 주목할 만하다. 태고로부터 무엇을 기원하는 자는 으레 양팔을 위로 벌리고 기도하였던 것이다. 이와 같은 육체적 자세는 무엇을 간청하는 정신 태도를 유발하는 데 강력한 자극이 된다.

복음을 읽는 전례의 뜻

사제는 독서와 화답송, 복음 전 노래를 다 마치면 복음을 읽을 준비를 한다. 거룩한 복음을 맞갖게 선언하기 위해서는 다만 깨끗한 마음과 깨끗한 입이 요구될 뿐 아니라, 이를 선언하는 이는 하느님의 축복과 허락으로써 특별한 사명을 받아야 한다. 그러므로 사제는 제대 중앙에서 잠깐 멈춰 서서 눈을 들어 십자가를 우러러본다. 이는 무한한 축복과 영적 도움이 솟아 나오는 위대한 샘, 곧 십자가상 그리스도의 죽음을 확인하는 외적 행동이다.

그다음 사제는 복음의 숭고한 진리를 선언하기에 자기가 영적으로 부당함을 겉으로 드러내기 위해 몸을 숙인다. 이런 겸손한 자세로 몸을 숙인 채 사제는 그 태도에 드러나는 그대로 다음과 같은 감동스러운 기도문을 외운다. "전능하신 하느님, 제 마음과 입술을 깨끗하게 하시어 합당하게 주님의 복음을 선포하게 하소서."

사제는 복음을 읽기 전에 엄지손가락으로 복음의 첫마디에 십자를 긋는다. 이는 여기에 포함되는 모든 영적 가치는 그리스도의 십자가상 죽음의 공로로 말미암아 우리에게 부여된다는 사실과 복음이 그리스도의 생활과 수난의 역사를 기록한 것이라는 사실을 겉으로 드러내는 것이다. 그다음 사제와 신자들은 제각기 자기 이마와 입술과 가슴에 십자를 긋는다. 이는 하느님의 말씀에 대한 존경을 공식적으로 세 번 고백하는 것이며, 머리로 믿고 입술로 전하고 마음으로 사랑한다는 것이다.

사제가 복음을 읽으려 할 때, 신자들은 모두 일어서서 복음을 다 읽을 때까지 그대로 서 있는다. 여기서도 역시 이에 상응한 정신 상태를 유발하기에 신체의 자세가 얼마나 훌륭히 취해지는지 살펴보자. 일어선다는 것은 신자들이 다른 어떠한 인간의 선언문에도 드러내지 않는 최상의 존경을 복음에 드린다는 표시이며, 한 걸음 더 나아가 복음의 교훈을 즐겨 받아들여 실천에 옮기겠다는 정신 태도를 일으키기에 어울리는 자세다.

사제는 복음을 다 읽으면 미사 경본을 손에 들고, 방금 읽은 복음의 첫마디에 공경스레 입 맞춘다. 하느님의 말씀에 애정 깊은 존경의 내적 정신 태도를 환기하기 위해 성교회가 얼마나 적절하게 육체적 행동을 마련하고 있는지 다시 한번 주의할 만하다. 대체로 입 맞춘다는 행위는 아득한 옛날부터 사람의 가슴속에 용솟음치는 사랑을 가장 잘 표현하는 행위다. 신성한 종교 전례에 있어서는 피조물이 구세주께 대한 잠재적 사랑을 새삼스럽게 각성하게 하고, 그분의 거룩한 사명을 실천에 옮기려는 의지를 활발히 불태우는 행동이다.

복음의 교훈을 전폭적으로 마음으로부터 순종하려면, 다만 인식 능력에 호소함으로는 충분하지 않고 의지의 발동력까지 호소할 필요가 있다.

이는 구세주께 대한 피조물로서의 사랑의 각성이며, 의지까지 전달하여 인간 행위의 샘을 터놓는 것이다. 가톨릭 전례가 일으키는 것은 매몰차고 차가운 지성적 태도가 아니라, 머리를 숙여 경건한 신앙을 받아들이고 거룩한 감정에 마음을 들끓게 하는 태도이니, 이는 의지를 이에 맞갖은 움직임, 곧 외적 행동으로 드러내는 것이다.

미사 전례가 정신 신체학의 근본 원리, 즉 신체의 자세와 움직임이 이에 상응한 일정한 정신 태도를 유발하는 데 강력한 구실을 한다는 원리를 슬기롭게 드러내고 있음을 일반적으로 말해 왔다. 이제 결론을 맺기 전에, 미사성제의 가장 중요한 부분인 축성(또는 실체 변화)을 간단히 살펴보기로 하자.

축성

복사는 바야흐로 시작되려는 감동적인 장면에 신자들의 주의를 집중시키기 위해서 종을 친다. 그러면 사제는 손에 빵을 들고 이를 축복한 후, 몸을 굽히고 그리스도께서 친히 최후의 만찬 때 하신 장중한 축성의 말씀을 외운다. 사제가 몸을 깊숙이 굽히고 고개를 숙이고 신적 권능의 기적으로, 그리스도의 몸과 피가 될 빵과 포도주를 들고 온 정성을 기울이는 모습이 얼마나 감동적이며 황홀한 정신 상태를 일으키는지 주의함이 좋다. 이 긴장된 자세가 얼마나 효과적으로 정신이 산만해지거나 흐릿해지는 것을 방지하는지 보라. 자세, 온 신경, 감각의 집중, 이 모든 것이 사제가 천천히 또 장중하게 외우는 "이는 너희를 위하여 내어 줄 내 몸이다."라는 말의 기막힌 뜻에 온갖 정성을 쏟아 정신을 집중할 수 있도록 강력한 자극이 되는 것이다.

사제는 즉시 온전한 마음과 영혼으로 성체의 주님을 흠숭함을 표시하기 위하여 머리를 숙여 깊이 절한다. 그다음 홀연히 신자들이 볼 수 있게 성체를 높이 받든다. 그때 신자들도 "나의 주님, 나의 하느님!"이라는, 마음으로부터 우러나는 화살 기도로 영혼 안에 요동하는 깊은 신앙과 사랑의 찬미를 드린다.

사제는 성체를 다시 제대 위에 모시고 다시 한번 절한다. 곧, 성체의 임금님께 바쳐야 할 흠숭을 강조하는 외적, 육체적 태도다. 성작 속의 포도주를 주님의 피로 축성할 때에도 앞에서 했던 자세와 동작을 되풀이한다. 그동안 신자들은 전신에 주의를 집중하고 깊은 신앙으로 무릎 꿇은 채 눈으로는 사제가 행하는 동작을 뒤따른다. 이상의 실례를 보아도 몸과 마음의 상호 관계의 근본 법칙이 미사 전례 중에 훌륭히 구현되고 있음을 알고도 남을 것이다.

전례의 교육적 가치

이제 여기서 우리는 미사 전례의 심리학적 의의를 살피기를 마치고, 교육상으로는 어떠한 구실을 하고 있는지 보기로 하자. 즉, 전례는 단지 추상적인 말로 표현하는 것만으로는 보통 신자들이 똑똑히 깨닫지 못하는 교리의 의미를 감각으로 느끼게 하여 깨닫게 하는 일을 도맡는 까닭이다.

성당 문턱에 서면 성화, 성상, 벽화, 또는 스테인드글라스 창의 아롱진 여러 가지 그림이 즐비하게 눈에 띈다. 눈길이 닿는 물건마다 아름다운 인상이 오감에 비처럼 쏟아진다. 그림, 초상, 오르간 소리, 촛불 등 건물 전체가 제대 위 감실 속에 계시는 성체의 임금님께 소리를 높여 찬미와 영광을 노래하고 있는 듯하다.

성교회는 이처럼 실물 교수법을 코메니우스나 페스탈로치가 발견하기 훨씬 이전부터 널리 응용하고 있다. 페스탈로치는 그 당시의 교육법을 근본적으로 개혁하고 현대 방법론의 근본 개념이 되는 이 방법의 체계를 세우면서 이렇게 말했다. "내가 출발한 가장 본질적인 점은 이렇다. 곧, 자연의 감각 인상이 인간 지식의 유일한 참된 바탕이다. 다른 모든 것은 이 감각 인상의 결과이며, 이로부터 추상된 과정이다." 감각 인상의 중요성, 즉 감각 인상이 모든 개념의 필연적인 바탕임은 스콜라 철학도 똑같이 주장한다. 스콜라 철학은 "어떤 방법으로든지 먼저 감각 속에 있지 않고서는 지성 속에 있을 수 없다Nil in intellectu nisi prius aliquomodo in sensu."는 원리를 거의 자명한 것으로 여기고 있다.

페스탈로치와 스콜라 철학이 주장하는 이 원리는 성교회의 실생활에 널리 응용되고 있다. 성령 강림, 구원, 십자가, 부활, 거룩한 변모 등의 뜻이 그림과 조각과 벽화와 스테인드글라스에 새겨진 모자이크 등에 그려져 있다. 베들레헴의 말구유 안에 천상 아기가 누워 있고, 그 옆에 마리아와 요셉이 지켜보고 있다. 외양간에는 집짐승이 있고, 양치기와 양들이 탄생하신 임금님을 조배하러 유다의 산허리를 서둘러 걸어가는 그림을 보면, 아무리 어린아이라도 구세주 탄생의 뜻을 생생하게 깨달을 것이다. 교리의 추상적 개념을 심어 줄 목적으로 감각 인상과 풍부한 상상력을 키우기 위해서 교회가 응용한 이러한 심리학적 방법을 평가하려면, 가톨릭 교회에 널리 응용된 이 시청각 교수법의 가치를 올바르게 인식해야 한다.

미사 – 일종의 종교극

종교 진리를 전하는 데 감각을 이용하는 손쉬운 방법은 연극이다. 여러 가지 빛깔의 제의를 입고 생생한 전례로 거행되는 미사는 올리브 산에서 그리스도께서 바치신 제사를 피 흘림 없이 극적으로 재현하는 것이다. 미사의 상징과 예절로 미사에 참례하는 이들의 마음은 구세주의 수난을 되살리게 된다. 겟세마니에서 구세주의 고민은 사제가 몸을 깊이 숙이고 가슴을 치며 고백 기도를 외울 때, 십자가상의 죽으심은 성체를 쪼갤 때 각각 표상된다. "미사가 끝났으니 가서 복음을 전합시다."라는 말은 사도들에게 맡기신 구세주의 마지막 사명을 표상한다.

또 사제가 입는 제의의 갖가지 색깔이 지닌 생생한 뜻에 대해서도 주목할 만하다. 흰색은 순결과 기쁨을 표상하고 있으며, 부활·성탄 시기, 주님의 축일, 성모 축일, 천사 축일, 순교자가 아닌 성인 축일에 입는다. 홍색은 신자들에게 그리스도께 대한 신앙 때문에 흘린 피를 회상하게 한다. 그러므로 붉은 제의는 순교자와 사도, 복음사가들의 축일과 주님 수난 예식일, 성지 주일과 불혀의 형상으로 사도들에게 강림하신 성령을 기념하는 성령 강림 대축일에 입는다. 녹색은 희망을 표상한다. 황폐한 겨울이 지나가고 난 후, 자연계에 생명이 움트는 최초의 표지인 푸른 풀잎과 싱싱한 나뭇잎은 육신이 죽은 후 영혼 생명의 희망을 표상하기에 적절하다. 녹색 제의는 때로는 아무 고유한 빛깔이 없는 때, 가령 주님 공현 대축일 후부터 사순 시기 전까지의 주일들과, 삼위일체 대축일부터 대림 시기 전까지의 주일들에 입는다. 자색은 통회를 표상하며, 대림 시기와 사순 시기에 입는다. 흑색은 죽음의 상징이며, 죽은 이를 위한 미사 때 입는다. 이처럼 교회는 축일이나 미사의 성격을 빛깔이라는 생생하고 보편적인 언어로 신자들에게 가르치고 있다.

이와 마찬가지로 미사의 감명 깊은 전례는 그리스도의 수난과 죽음의 뜻을 묘사한다. 곧 미사는 축성하는 순간, 즉 성체를 높이 들어 올릴 때 절정에 달한다. 인류의 가장 예스러운 말(몸짓과 무언의 동작이라는 에스페란토)로 관중에게 말하는 연극이다. 교회는 시청각 교수법을 맘껏 활용해서 조형 미술이나 그림을 이용하고, 또 가장 정묘한 미사의 표상,

또 다채로운 전례를 쓰는 만큼 그 연극과 엄숙한 장관 때문에 신자들이 받는 인상이란 실로 감동적인 것이다. 이처럼 자극제가 여러 방법으로 흘러 들어가 이것이 마음에 닿으면 즉시 감정이 들끓게 되어 흠숭 행위에 전 인격을 몽땅 쏟지 않을 수 없게 된다. 신심 행위는 단지 목청만 돋우는 기계적인 몸짓에 그치지 않고, 감정과 의미를 지닌 싱싱하고 함축적인 것이다. 흠숭 행위를 이처럼 싱싱하게 하는 데는 생생한 감각 인상과 풍성한 지성적 영상이 극히 근본적으로 중요하다.

전례의 미적 영향력

마지막으로 가톨릭의 전례는 넓은 뜻으로는 신자들로 하여금 심미감을 지니게 하는 데 큰 효력이 있다. 가장 극적이요 가장 인상적인 전례가 발생된 것은 미사의 뜻을 표지와 동작으로 옮기자는 노력에서 비롯된 것이다. 숭고한 음악이 창작된 것은 거의 모두 노랫가락의 조화를 빌려서 골고타 제사를 피 흘림 없이 재현함으로써 솟아나는 미묘한 종교 감정을 묘사하려는 노력에서 태어난 것이다. 그림에 있어서도 불멸의 걸작품들 중 대부분이 종교적 충동에서 영감을 받은 것이다. 라파엘로, 레오나르도 다빈치, 티치아노, 미켈란젤로, 프라 안젤리코, 프라 바르톨로메오 등 값을 따질 수 없는 대가들의 그림을 보존하는 유럽의 대성당들은 오늘날에 이르기까지 세계 미술품의 대보고大寶庫가 되고 있다. 오늘날 그곳을 여행하는 이들은 대화가들이 거의 모두 종교적인 것을 주제로 그림을 그렸음을 보고 새삼 놀랄 것이다.

나는 피렌체의 성 마르코 성당에 있는 고색창연한 도미니코 수도원의 방마다 프라 안젤리코가 불멸의 붓으로 벽에 그린 종교화를 보았다. 이처럼 미술은 종교의 종으로서 신심을 각성하게 하며, 인류의 창조적 재능이 낳을 수 있는 가장 아름다운 걸작으로 초자연의 세계를 되도록이면 생생하고 실감나게 표현하려고 힘쓰고 있다. 위대한 조각가들도 불멸의 작품을 낳게 된 동기가 종교에 있었다. 로마의 성 베드로 대성당 안에 있는 미켈란젤로의 모세상 앞에 15분쯤 서 있기만 해도 누구든지 이스라엘의 위대한 입법자다운 엄숙한 성격이 뼈에 스며들 듯한 인상을 받는다. 이 모세상은 아마도 이 세상의 다른 방법으로는 도저히 모방할 수 없을 만큼 생생한 맛을 지니고 있을 것이다.

가톨릭의 흠숭 행위를 미화하는 데 미술을 응용하고 있음은 의식적, 무의식적으로 심미감을 배양하는 데 큰 효과가 있다. 혼H. Horne은 이렇게 말한다. "이 의식은 지성적이요 의지적일 뿐 아니라 정서적이기도 하다. 그리고 아름다움의 관념은 인간의 감정생활의 가장 섬세한 변화를 가진 것이다. 차가운 지성과 비좁은 실천은 아름다움의 사랑으로 말미암아 뜨거워지고 넓혀진다. 아름다움은 지성적인 사람에게 쓰일 수는 없어도 느껴지는 가치가 있음을 가르쳐 주며, 실천적인 사람에게는 쓸데없으면서도 귀중한 것이 있음을 가르쳐 준다. 진리를 안다는 것은 분별이 있게는 하지만 부러움을 알려 주지는 않는다. 선에 대한 의욕적 자세는 사람을 정직하게 해 주기는 하지만 매력은 없다. 진실로 인생을 하나의 완전한 통일체로 완성되게 해 주는 것은 아름다움의 사랑이다.

아름다움의 관념이 배양되는 것은 눈과 귀와 넋이 인간과 아울러 자연의 걸작을 받아들일 때, 보기 흉한 건물을 보고 낯을 찡그릴 때, 눈이 완성된 초상이나 황홀한 그림을 만족스레 파고들 때, 귀가 교향악을 즐길 때, 영혼이 문학의 의미심장한 메시지에 고동칠 때, 산과 숲이 힘을 줄 때, 맑은 하늘이 마음을 드높여 줄 때, 산속의 호수가 고요함을 줄 때, 대양이 마음속에 영적인 아쉬움을 자아낼 때, 무지개가 약속을 맺고, 지는 해와 환경과 황혼이 빛을 줄 때, 밤이 무섭지 않고 폭풍우가 장중한 외경심을 자아낼 때, 눈에 보이고 귀에 들리는 자연의 모든 것이 우리가 살고 있는 이 물질세계에 '완전'이 있고, 이것을 우리가 누리기만을 고대하고 있다는 관념을 우리로 하여금 자각하게 할 때다. 한마디로, 인간의 본성이 온갖 추한 것을 싫어하고, 온갖 아름다운 것을 즐거워할 때다."(Psyhological Principles of Eduction, p.245)

비할 데 없이 아름다운 워즈워스의 시가 그린 것도 종교적 체험의 숭고한 고동 속에 각성되고 배양된 이 본성의 심미감이다. 실로 이는 미사라는 위대한 연극에 참례하는 모든 경건한 신자들이 느끼는 감정을 반영하는 것이다.

나는 느꼈노라.
드높여진 깨달음의 기쁨으로
나를 가로막는 존재가 계심을

저녁 찬연한 노을 속에

끝 모르는 대양大洋에

싱싱히 살고 있는 공기 속에

푸르도록 맑은 하늘에

사람의 마음속에

사뭇 깊이 파고드는

어떤 분이 계시다는

숭고한 의식.

아름다움의 느낌과 일반적 생리적 이완을 연결하고 숭고한 느낌과 생리적 긴장을 연결하려고 애쓴 버크E. Burke로부터 이 학설을 실험적 토대 위에 올려놓고, 다시 순수한 과학의 자리로 되돌리고자 애쓴 페히너G. T. Fechner에 이르기까지 미학의 심리를 연구한 이들은 모두 아름다움의 감정과 윤리의 감정이 밀접한 관계가 있음을 인정하고 있다. 엘리엇G. Eliot도 《로몰라Romola》에서 두 감성이 서로 긴밀한 관계가 있음을 적절하게 표현하고 있다. "아름다움이란 선이 말을 하는 것이며, 완성된 말의 한 부분인 성싶다."

이제까지 말해 온 바로 가톨릭 흠숭 행위의 중심인 미사성제의 전례는 결코 부질없는 몸짓이 아님을 이에 생소한 사람이라도 명확히 깨달았을 줄 안다. 오히려 이것이야말로 전능하신 하느님을 흠숭하기에 사람의 전체 인격을 몽땅 바치는, 인지人智로 할 수 있는 최상의 업적임을 알 수 있을 것이다. 이는 명백한 존경 행위와 놀라울 만큼 조화를 이루는 지성의 태도와 감정을 유발하며, 또 이것에 내적인 깊이와 공명을 자아내게 한다. 내적 깊이와 공명이 없다면 그저 기계적이고 형식적인 것이 되어 버리고 말 것이다. 바이올린을 켤 줄 모르는 이가 아무렇게나 줄을 튕겨서 내는 시끄러운 소리와 음악가가 교묘하게 켜는 황홀한 멜로디에 엄청난 차이가 있는 것처럼, 엉터리 복음 전도사들이 제멋대로 소리치고 몸을 요동하는 꽹과리 같은 잡음과 올리브산에서 바친 그리스도의 제사를 극적으로 장엄하게 재현하는 면밀한 기도와 전례의 조화로 말미암은 위대한 심령 교향악에 흘러드는 섬세한 감정에는 하늘과 땅 사이처럼 엄청난 차이가 있다.

대조

일찍이 나는 옛 도시 다마스쿠스의 교외에 있는 어느 이슬람교 사원에 들러, 큰 소리로 말하고 손뼉 치고 춤추는 이들의 모습을 구경한 적이 있다. 몸을 뒤틀고 현기증이 날 만큼 맴돌며 짤막한 기도를 쉴 새 없이 되뇌는 모습이란 과연 장관이었다. 광신 상태에 빠지며 소리 지르고 춤추던 이교도들은 칼로 자기 몸을 찌르고, 조그만 뱀을 먹고 빨갛게 달은 숯덩이나 쇳덩어리를 들기도 한다. 이쯤 되면 종교 의식이라기보다는 일종의 최면 상태에 떨어지는 것이었다.

이처럼 극단적인 광신 상태에 떨어진 것은 아닐지언정, 샤머니즘의 '거룩한 맴돌이'나 소생회蘇生會라는 모임도 이와 비슷한 것이다. 제주는 뛰고 소리 지르면서 회중을 흥분 상태로 이끌고 간다. 그러면 회중은 제멋대로 외마디 소리를 외치다가 맥이 풀리면 입에서 거품을 뿜고 의식을 잃고 만다.

이러한 행태와 미사성제의 엄숙하고도 조용한 전례를 비교해 보자. 여기에는 이성이 감정의 파도에 휩쓸리기는커녕 이성의 지배 아래 감정이 위엄 있고 신중하게 조화된다. 감정마다 미사의 어느 부분과 가장 잘 조화를 이루면서도 어떠한 경우에도 흠숭 행위의 합리적인 모습을 조금도 흐리게 하지 않는다. 바꾸어 말하면 종교적 광신 상태, 또는 히스테리의 흥분 상태에 빠져 이성을 감정의 노예가 되게 하는 것이 아니라, 어디까지나 이성이 정상 의식이라는 왕좌를 차지한다. 소리를 아무렇게나 마구 내는 것이 아니라, 슬기롭게 조화음을 골라서 교묘하게 가락을 맞추어 감동적인 교향악을 연주하는 것이다.

영원하신 분을 부르는 것

미사의 전례와 기도가 지닌 심리학적 힘과 미묘한 매력에 관해서는 옥스퍼드의 대학자인 뉴먼 추기경만큼 이를 아름답게 표현한 이는 없을 것이다. 그는 이렇게 말한다. "내게는 우리가 바치는 미사만큼 위로가 되고 가슴을 찌르고 감동스럽고 압도적인 것이 없다. 나는 영원히 미사 참례를 한다 해도 싫증을 느끼지 않을 것이다. 이것은 말로만 하는 이야기가 아니다. 이 세상에 있을 수 있는 가장 위대한 행동이다. 이것은 단지 불러들이는 기원 invocatio이 아니다. 억지로 표현하라면 영원하신 분을 불러내는 것evocatio이다. 그분은 제대 위에 살과 피로 현존하시게 되고, 그분 앞에서 천사들은 경배하고 마귀는 무서워 떤다. 이야말로 신의 존엄성을 완전히 드러내는 무서운 일이다. 말이 필요하되 이는 목적이 아니라 수단일 뿐이다. 말은 은총의 옥좌께 인사드리는 것일 뿐이 아니라, 축성과 제사라는 보다 높은 것을 위한 연장이다. 말은 그 사명을 완수하기가 조급한 듯 빨리 지나간다. 뛰어간다. 모든 것이 빨리 간다. 이 모든 것은 하나의 완정完整된 행동의 부분이기 때문이다. 빨리 지나간다. 제사의 외경스러운 말이기 때문에, 우물쭈물하기에는 너무나 위대한 일이기 때문에……. '네가 하려는 일을 어서 하여라.'(요한 13,27)라고 말씀하신 대로 속히 지나간다. 주님께서 살아 계셨을 때, 호숫가를 지나시면서 제자들을 즉시즉시 부르셨기에 빨리 지나간다. 이쪽 하늘에서 번개가 번쩍하여 저쪽으로 사라지듯, 사람의 아들의 강생도 그러하셨기에 속히 지나간다. 이는 주님께서 구름을 타고 내려오시어 모세 앞을 지나가시며 '주님은 자비하시고 너그러운 하느님이다. 분노에 더디고 자애와 진실이 충만하다.'라고 선포하셨기에 산 위에 있던 모세처럼 우리도 '얼른 땅에 무릎을 꿇어 경배하는' 것이다."

(Newman, Loss and Gain)

이렇게 명백하게 가톨릭의 흠숭 전례, 특히 그중 가장 위대한 미사성제는 실로 구세주 하느님께 대한 사랑과 존경을 표명하기 위하여 인간이 19세기 동안에 걸쳐 경험과 노력으로 얻은 무르익은 열매로써, 종교 신심 행위 중에서도 인지로 할 수 있는 최상의 업적으로써 찬연히 빛나고 있다. 이것이야말로 현대 심리학의 근본 원리를 종교적 흠숭의 분야에서 가장 두드러지게 증명하는 것이다. 실로 피조물의 마음이 하느님의 마음에 말씀을 올리는 완성된 말이다.

실천

- 미사에 참례할 때 모든 몸의 움직임이 흠숭의 정성을 드러내도록 하기.
- 거양 성체 때에 성체를 바라보며 "저의 주님, 주님은 저의 참하느님이십니다."(요한 20,28 참조)라고 고백하기.

제31장
주일 미사 참례

세상을 놀라게 하는 광경

"가톨릭 교회에는 강제적인 요소가 너무나 많다. 이것은 해라, 저것은 하지 마라 등 허다한 규칙들이 신자들을 얽매고 있다. 신자들은 자유 선택의 여지가 거의 없다. 일요일 미사 참례하는 것만 보아도 그렇다. 신자들은 이를 궐하면 대죄가 된다는 의무를 짊어지고 있다. 아이들도 결국에는 어른이 된다는 사실을 왜 인정하지 않는가? 지성의 성숙을 존중해서 미사에 참례할 의무를 실정법으로 강요하지 말고, 미사 참례를 하든지 말든지 각 개인의 결정에 맡기지 않는 이유는 무엇인가? 선택이 아닌 의무로 강박해야 할 이유가 무엇인가?"

이것은 비신자들에게 자주 듣는 말이다. 성교회를 칭찬하면서도 자유를 극도로 제한받을까 봐 교회에 들어서기를 주저하고 있다는 이가 많다. 마음이 내킬 때만, 하고 싶을 때만 종교 신심 행위를 하겠다는 것이다. 그들에게 있어서 흠숭의 예배에 참석하는 것은 기분 문제일 뿐이지, 기분과는 상관없이 신자를 구속하는 원칙 또는 법규의 문제가 아니라는 말이다.

종교 생활의 실천이 기분에 달렸느냐, 또는 원리나 법규라는 고정된 기초 위에 있느냐에 따라 개신교와 가톨릭의 근본적 차이가 생긴다. 여기서는 주일 미사 참석에 관한 것만 따지기로 한다. 왜냐하면 이 문제에 관한 말마디가 다른 문제에 관해서도 그대로 해당되기 때문이다. 여기서 친애하는 비신자 독자 여러분께 부탁드리는 바는, 흉금을 터놓고 이 문제를 따져 보아, 이 점에 관한 교회의 방침이 과연 하느님의 소리와 이성의 소리를 반영하는지, 그렇지 않은지를 스스로 판단해 달라는 것이다. 우선 교회의 가르침이 개인의 자유를 극도로 얽매는 잔소리인지, 또는 제멋대로 날뛰는 개인주의의 혼란을 막는 힘찬 방패로서, 기분대로 살려는 종교 생활을 안정된 것으로 보호하기에 필요한 해독제의 구실을 하는지 연구해 보기로 하자.

보편적 의무

일반적 의무를 모든 사람으로 하여금 예외 없이 지키게 하려면 불가불 이를 특화, 또는 종별화할 필요가 있다. 그런데 하느님을 흠숭해야 할 의무는 보편적인 것이다. 이는 피부색에 관계없이 온갖 인종이 짊어진 의무다. 따라서 이를 준수해야 할 의무는 기분에 관한 문제가 아니다. 번갯불과 천둥소리 요란한 가운데 시나이산에서 주님께서 모세에게 십계명을 내려 주셨기 때문이다. "안식일을 지켜 거룩하게 하여라."(신명 5,12) 이처럼 전능하신 하느님께서 일반적 의무를 특정화하셨다.

하느님을 흠숭하라는 계명은 단지 돌판 위에만 새겨진 것이 아니다. 실은 사람의 마음이라는 살(肉) 위에 새겨진 것이다. 경신은 우리 본성의 가장 깊은 곳에서 자발적으로 우러나는 마음의 고향이다. 어느 종족을 막론하고 우주의 최고 통치자에게 기도 또는 제사를 바치지 않은 족속은 야만족에서부터 문화 민족에 이르기까지 전부 다 경신 행위를 실천해 왔다고 고대 민족의 생활상을 연구하는 인류학자나 역사가들은 말한다. 그런 만큼 포프의 시도 과학적으로 정확한 것이라고 할 만하다.

> 만물의 아버지
> 어느 시대나
> 어느 풍토에서나
> 거룩한 이, 야만인, 슬기로운 이들
> 한결같이 경배하였도다.
> 야훼, 주피터, 또는 주님을.

흠숭과 제사의 방법은 수천 가지가 되고, 하느님을 부르는 이름도 수천 가지가 되고, 흠숭하는 형식 또한 갖가지지만, 결국 이 모든 것을 꿰뚫는 것은 사람의 마음속에서부터 부르짖는 소리, 즉 창조주께 대한 피조물의 소리, 주 하느님께 대한 절대적 예속을 시인하는 소리다. 모든 흠숭 행위의 골수를 이루는 것은 창조주께 대한 피조물의 완전한 예속을 인정하는 마음이다. 우리가 성당에 들어가 무릎을 꿇고 기도하고, 특히 미사에 참례하는 등의 모든 행위는 하느님께 예속되었음을 고백함이요, 하느님께서 우리 위에 군림하심을 인정하는 다양한 방법인 것이다.

어떤 권리로?

경신 행위는 보편적이요 예로부터 이어져 오는 것이나 그저 관습적인 것만은 아니다. 이는 자연의 근본 법칙에 근거를 두고 있는 것이다. 전능하신 하느님은 무에서 우리를 창조하심으로써 가장 위대한 권리자, 곧 창조주로서 우리 위에 군림하고 계시기 때문이다. 조각가들은 거칠고 흉측하고 값없는 대리석 덩어리에 '영원히 아름다운' 초상을 조각함으로써 이 초상에 대해 정당한 권리를 갖는다. 그의 재능과 수고를 들여 여기에 값어치가 생기게 했기 때문이다. 따라서 하느님은 절대적 창조라는 더할 수 없는 권리로써 당신의 창작물인 모든 피조물에 대한 완전한 지배권을 갖는다. 그러므로 자연법에 뿌리박고 있는 조물주와 피조물의 관계는 피조물 편에서 볼 때, 그 창조와 보존이 온전히 창조주께 의존되는 관계다. 인간은 경신 행위로써 이 의존 관계를 인정해야 될 의무가 있다. 따라서 경신의 의무는 자연법에서 생긴 것으로, 이는 철이 든 모든 인간을 구원하며 전능하신 하느님께서 모세에게 내려 주신 실정법에 뚜렷이 규정되어 있다.

그런데 우리는 경신 행위를 겉으로 표현하지 않고 내적으로만 함으로써 이런 본분을 채울 수도 없는가? 즉, 어떤 이의 말대로 이러한 것이 아닌가? "나는 일요일에는 집에 머물러서 마음속으로 하느님을 경배한다. 무릎을 꿇거나 합장을 하거나 기도문을 외우거나 하지 않고 그저 자연적인 경신 행위를 하면 될 줄로 안다." 그러나 이렇게만 하는 이는 하느님께 정당한 경배를 드리지 않는 것이다. 하느님께서는 우리의 머리나 영혼뿐 아니라 몸까지 모두 창조하신 분이시기 때문이다. 그러므로 몸과 마음이 온통 완전히 하느님을 경배해야 마땅하다.

실상 이와 같은 이성의 명령은 현대 심리학이 제공해 주는 재미있는 방증으로 한층 더 확인된다. 심리학은 이렇게 일러 준다. 곧, 내적 감정을 겉으로 표현하지 않는 이는 이 감정을 질식시키고 둔하게 하고 차차 이 기능을 말살시켜 버리지만, 이를 적당히 겉으로 표현하면 이 감정은 강화된다는 것이다. 그러므로 신자들이 경건하게 제대 앞에 무릎 꿇고 합장하며 가슴을 치고 열렬히 기도를 바치는 성교회의 신심 행위는 신앙의 열을 식히지 않을 뿐 아니라 오히려 크게 강화하고 새롭게 해 준다.

하느님을 경배해야 될 일반적 의무가 온 인류에게 있다는 말은 이제 그만하려 한다. 다음에 이 의무를 채울 구체적 방법에 대해서, 우리 이성으로써가 아니라 하늘에서 오는 빛을 통해 연구해 보고자 한다.

하늘로부터의 빛

구약 시대에는 안식일의 규정을 어기는 자는 사형이라는 극형을 당하게 되어 있었다. "주 너의 하느님이 너에게 명령한 대로 안식일을 지켜 거룩하게 하여라."(신명 5,12) 예언자들은 안식일을 어긴 자들을 호되게 나무랐다. "여러분은 어쩌자고 안식일을 더럽히며 이런 악한 일을 저지르고 있소? 여러분의 조상들이 그렇게 하였기 때문에, 우리 하느님께서 우리와 이 도성에 이 모든 재앙을 내리신 게 아니오? 여러분까지 안식일을 더럽혀, 이스라엘에 하느님의 진노를 더 많이 끌어들이고 있소."(느헤 13,17-18) 마카베오기에는 폭군 안티오코스가 성전을 모독하여 벌을 받아 몹쓸 병으로 죽었다고 기록되어 있다.

이 세상에 오신 그리스도는 이 법률을 무효화하지 않으셨을 뿐더러 오히려 확인하는 모범을 보여 주셨다. 다만 그날에는 애덕의 자선 행위마저 불법이라고 고집한 바리사이들의 부질없는 부칙만 삭제하셨다. 사실 그리스도가 벳자타의 연못가에서 병자를 낫게 하시고(요한 5,2-18 참조), 회당에서 한쪽 손이 오그라든 사람의 손을 고쳐 주며, 수종을 앓는 사람을 낫게 하신 날이 안식일이었다. 주님께서 안식일에 선행을 하셨다는 것을 분히 여긴 바리사이들을 주님께서는 이렇게 타일렀다. "사람의 아들은 안식일의 주인이다."(마태 12,8) "안식일이 사람을 위하여 생긴 것이지, 사람이 안식일을 위하여 생긴 것은 아니다."(마르

2,27) "너희 가운데 어떤 사람에게 양 한 마리가 있는데, 그 양이 안식일에 구덩이에 빠졌다고 하자. 그러면 그것을 잡아 끌어내지 않겠느냐? 사람이 양보다 얼마나 더 귀하냐? 그러니 안식일에 좋은 일은 해도 된다."(마태 12,11-12)

왜 일요일인가?

구약 시대에는 일곱째 날을 안식일로 지켰다. 이날에 하느님께서 창조 사업을 마치고 쉬셨으며, 또 이날에 하느님께서 유다인들을 이집트의 속박에서 해방시켜 주셨기 때문이다. 따라서 안식일을 지킨다는 것은 하느님의 말씀으로 그들이 기적적으로 해방되었음을 기념하는 전통적인 뜻이 있다. "너는 이집트 땅에서 종살이를 하였고, 주 너의 하느님이 강한 손과 뻗은 팔로 너를 그곳에서 이끌어 내었음을 기억하여라. 그 때문에 주 너의 하느님이 너에게 안식일을 지키라고 명령하는 것이다."(신명 5,15)

구약은 장차 올 빛과 진리의 예표에 지나지 않았다. 그 빛이 예수라는 인격으로 나타남으로써 모세의 옛 법률은 메시아의 내림을 위해서 유다인을 준비시킨다는 그 기능을 완수하였고, 이에 그 전례적 규정은 그리스도의 새로운 법률로 말미암아 폐지되었다.

사도들은 구약에서 신약으로 옮겨 왔음을 표시하기 위하여 안식일의 규정을 주일의 첫날인 일요일로 옮겼다. 하필 일요일을 택한 이유는 그리스도교의 가장 큰 기적, 곧 그리스도께서 죽은 자들 가운데에서 부활하신 날이 일요일이었고, 성령이 사도들을 위해 강림하여 사도들로 하여금 복음을 전파하도록 세상에 파견하신 날이 일요일이었던 까닭이다. 그러므로 일요일은 그리스도교의 탄생일이다.

    그러면 우리는 어떻게 일요일을 지킬 것인가? 교회는 하느님으로부터 받은 권능에 의하여 교회의 근본 법규인 십계명 중 제3계명에 명백히 규정지어 놓았다. 모든 주일과 지정된 대축일에 미사에 참례하고 육체노동을 삼가야 한다. 이 법규의 적극적인 면으로 말하면, 철이 난 모든 신자들은 주일과 지정된 대축일에 미사에 참여하지 않으면 대죄를 짓는다는 규칙 아래 미사 참례의 의무를 부과하는 법규다. 병이 났다든가, 또는 일정한 거리 안에 성당이 없다든가, 그 밖에 다른 사정으로 미사에 참례하기 어려운 경우에는 미사 참례를 궐해도 죄가 되지 않는다. 양심이 있는 사람이면 사소한 핑계나 불편을 터무니없이 크게 핑계 삼는 일은 없다. 날이 궂다든지, 비나 눈이 온다든지 춥다든지 되지도 않는 핑계는 참다운 그리스도인으로서는 어울리지 않는 소리다. 전능하신 하느님께서는 마음속의 비밀마저 환히 들여다보시는 만큼, 양심 있는 사람이라면 사소한 핑계로 감히 전지하신 하느님의 눈을 속이려는 어리석은 행동을 할 마음을 먹지 않는다.

종교의 생명력

    과거 약 1900년 동안의 역사는 성교회가 앞에 언급한 하느님의 계명을 구체적인 것으로 규정하고, 여기에 맞갖는 제재를 가하였음이 얼마나 슬기로운 것인지를 증명한다. 바꾸어 말하면, 이 규정을 대죄의 벌로 양심에 결부시키고 있다는 뜻이다. 실로 우리나라뿐 아니라 그리스도교 국가 전반에 걸쳐 가톨릭 신자들은 미사 참례로써 종교의 생명력과 흠숭에 맞먹는 하느님께 대한 줄기찬 신앙을 세계에 자랑하고 있다.

몇 해 전에 시카고의 어느 신문사에서 일요일에 교회에 나가는 이가 얼마나 되는지 조사한 일이 있다. 이 큰 도시의 모든 예배당에 기자를 파견해서 조사해 본 결과 놀라운 사실이 드러났다. 일요일에 종교 행사에 참가하는 이들 중 85퍼센트가 성당에 간다는 사실이었다. 이 수효는 전 세계의 그리스도교 국가를 통틀어 보면 대단한 숫자다.

일리노이 대학을 예로 들어 본다. 이 대학의 학생들은 거의 전국 각 도시에서 모여 온 만큼, 대체로 미국 인구의 교차점을 이루고 있다고 볼 수 있다. 그런데 이 대학 구내에 있는 다른 교회를 거의 다 참례해 본 어느 비신자의 통계를 보면, 이 모든 교회에 참례하는 학생 총수는 평균 2천 명가량으로 되어 있다. 이 숫자는 이 대학 전교생의 약 1할에 해당된다. 가톨릭 성당에는 일요일마다 이들 교회 출석자를 모두 합한 수효의 학생들이 참례하고 있다.

내가 이것을 말하는 것은 자랑하기 위해서가 아니다. 이 문제를 기분의 문제로만 다루기를 지양하고 엄격한 본분이며 하느님의 계명에 대한 복종의 문제로 다루기 위해서 하는 말일 뿐이다. 이는 또한 언제나 하느님께 대한 흠숭과 사랑과 봉사를 제1 목적으로 삼는 가톨릭의 무한한 생명력과 활동력의 증거이기도 하다.

어찌 된 영문인가?

어느 학생이 귀성하는 일요일에 이 대학 구내에 있는 '자유 교회' 두 곳에 가 본 일이 있다고 〈데일리 일리노이 The Daily Illini〉지에 발표한 적이 있다. 그는 이렇게 썼다. "대학에 있는 교회에 많은 사람이 참석하려니 예상했었지만, 실제로 내가 목격한 것은 매우 쓸쓸한 모습으로 한 곳은 37명, 또 한 곳은 49명에 불과했다. 도대체 이 대학 학생들은 어찌 된 영문인지 모르겠다." 이것이 그의 슬픈 결론이었다. 그렇지만 그렇게 탄식할 것이 아니라, 차라리 "이런 교회는 어찌 된 영문인지 모르겠다."라고 했으면 오히려 더욱 적절하였을 뻔했다.

대답은 이렇다. 그들은 가장 중요하고 교회다운 기능, 즉 하느님께 대한 흠숭과 사랑과 불멸의 신앙을 사람들의 마음속에 부어 주는 일을 포기했다는 말이다. 경신 행위를 위한 교회가 아니라, 사회학, 경제학, 윤리학, 철학, 과학, 정치학 등의 문제를 토론하는 강당이다. 하느님이라는 단어가 튀어나오기는 대단히 드물지만, 그나마도 입막음으로 하는 소리에 불과하다. 또 때로는 하느님이라는 단어를 자연, 또는 우주라는 말과 혼동해서 애매하게 얼버무려 버린다. 이 말에는 '인격'과 관계되는 뜻이 전혀 없다. 그리스도께서 그 당시 성전을 속되게 더럽힌 자들을 엄중히 꾸짖으신 말씀을 이제 현대어로 번역해 보면 이렇게 될 것이다. "내 집은 기도하는 집이다. 그러나 너희는 이를 하늘 아래 있는 온갖 것(오직 종교만을 빼놓고)을 토론하는 강당으로 삼고 있다."

사실을 한마디로 말하면 이렇다. 사람들은 과학이나 예술을 토론할 수 있다. 장미색 옷에 흥미를 느껴도 괜찮다. 저녁노을이나 폭포를 칭찬해도 상관없다. 그러나 사람이 사랑할 수 있는 대상은 오직 사람뿐이며, 또 하느님만을 흠숭할 수 있는 것이다. 인격을 지닌 하느님, 하늘의 성부와 대치될 대용품이란 있을 수 없다. 우리는 모두 그분으로부터 나왔고, 마지막에는 그분의 따뜻한 품 안으로 돌아갈 것이다. 황금 노다지, 관능 만족의 삼매경, 과학 예찬 등 이따위 것들은 한때의 흥미를 끌지는 모르지만, 창조주 하느님과 일치를 누리겠다는 심각한 인간의 갈망을 절대로 채워 주지 못한다. "하느님 당신은 우리 마음을 당신께로 향하도록 만드셨으니, 우리 마음은 당신 안에 쉬기까지 항상 안타까워하나이다." 관능에 흠뻑 젖은 옛 로마에 쩌렁쩌렁 울린 아우구스티노의 이 부르짖음은 어깨를 들먹이게 하되 결코 만족을 주지는 못하는 오늘날의 춤과 향락에 넋을 잃은 인간들도 귀를 기울여야 할 말이다.

톰슨은 하느님과 사람의 영원한 관계를 다음과 같은 관능적인 말투로 읊었다. "나를 배반하는 그대에게는 만물이 배반하리라." 우주의 마음속에는 선과 진리와 아름다움과 사랑을 하느님께서 반드시 갚아 주신다는 그 무엇이 있고, 이에 반대되는 것에 대해서는 죽음과 파멸을 면치 못할 것이라는 그 무엇이 있다.

미사란 무엇?

미사는 가톨릭 교회의 신심 행위의 핵심이다. 이는 골고타 제사의 피 흘림 없는 재현이다. 사제가 몸을 굽히고 빵과 포도주 위에 그 외경스러운 무서운 말마디(사람의 입술에서 나오는 가장 중대한 말)인 "이는 내 몸이다. 이는 내 피다."를 외울 때, 하늘의 문이 열려 우주의 왕 예수 그리스도는 우리 제대 위에 강림하시어 세상의 죄를 씻는 제물로서 거양된다. 만일 우리 눈에서 구세주의 모습을 가리는 베일을 치울 수만 있다면, 우리는 숨도 못 쉬고 황홀하여 그 자리에서 당장 엎드러질 것이다. 뉴먼 추기경은 이렇게 말한다. "나는 영원히 미사에 참례한다 해도 싫증을 느끼지 않을 것이다." 미사를 드리는 그 짧은 시간이 일주일 중 가장 행복하고 가장 거룩한 시간이다.

미사 참례는 실천적인 가톨릭 신자의 표지다. 미사 참례를 소홀히 여김은 가톨릭 신자라는 이름에 어울리지 않는다. 일반적으로 대죄마다 중대한 악의가 있지만, 미사 참례를 궐하는 데는 각별한 악의가 있다. 분노라든지 음탕함이라든지 하는 죄는 이성을 흐리게 하고 의지를 뒤흔드는 욕정으로 말미암는 결과지만, 미사 참례를 하지 않는 것은 냉정하고 침착한 고의로 하는 행위다. 그런 죄인은 결과적으로 이렇게 말하는 셈이 된다. "당신은 나 때문에 올리브산에서 참지 못할 고난을 겪고 생명까지 바치셨지만, 나는 당신으로부터 매주 받는 168시간 중에서 단 한 시간도 당신께 바치고 싶지 않다." 이는 배은망덕도 이만저만한 것이 아니다. 따라서 하느님께서는 이에 상응한 벌을 내리신다.

이는 분명히 스스로 제 종교를 잃고 대죄 중에 묶는 길이다. 나무는 기울어지면 쓰러지게 마련이다. 쓰러지면 쓰러진 채로 있을 뿐이다. 사람은 반드시 살아 있는 그 모습대로 죽는다. 그 모습대로 영원 속에 들어간다.

왜 미사 참례를 궐하는가?

사람들은 왜 미사 참례를 궐하는가? 미사의 뜻을 이해하지 못한 탓, 부주의, 게으름, 속된 마음, 다른 이들 틈에 살아감으로써 윤리적 기백을 잃음 등이 원인일 것이다. 그러나 따지고 보면 그 주요 원인은 죄스러운 생활이다. 드러난 것이든 감춰진 것이든 범죄의 습관은 종교 행사에 참례하는 것과는 상극이 되는 것이며, 늘 가책이 되는 것이다. 순간마다 시간마다 숨은 죄 때문에 마음을 들볶이면서 어떻게 미사 참례를 할 수 있겠는가? 이것이 불가피하게 일어나는 물음이다. 실례를 들어 보겠다.

어느 학생이 전부터 미사 참례를 궐하고 신심 행위를 다 중단해 버렸다. 그는 자신에게 충고하는 벗에게는 이렇게 대꾸했다. "종교란 다 엉터리야. 사제라는 자는 이것을 이용해서 단맛을 보거든. 그따위 수작에 넘어갈 줄 알아? 난 이제 아무것도 안 믿기로 했어." 몇 달 후, 그는 아버지로서의 친권 문제로 체포당할 처지에 이르자 차를 잡아타고 뺑소니를 쳤다. 전속력으로 커브를 돌다가 그만 전복되어 불쌍하게도 차 밑에 깔려 버렸다. 그는 때마침 달려온 경관에게 울부짖었다. "아이쿠, 하느님! 신부님 좀 불러 주시오. 나 죽겠소. 신부님 좀 불러 주시오." 바야흐로 영원한 세상이 그를 덮쳐누르려고 하자, 그는 드디어 가면을 벗어 버리고 무서운 현실과 직면했다.

붉은 피가 목덜미와 이마에서 펑펑 쏟아졌다. 경관은 거기서 몇 백 킬로미터 떨어진 제일 가까운 성당으로 내달려 사제를 그곳으로 모셔 왔지만 이미 때는 늦었다. 그의 눈은 의식을 잃어 흐려졌고, 대죄를 지닌 채 죽어 간다는 공포 때문에 얼굴은 일그러졌다. 이것이 사제가 본 그의 모습이었다. 사제는 그래도 그에게 엎드려 고해를 들으려 했다. 그러나 그의 입술은 "하느님, 하느님!" 하고 무의식적으로 움찔거리다가, "너무 늦었다. 너무 늦었다……." 하고는 두어 번 경련을 일으키듯 움직이더니 숨을 거두고 말았다.

그의 겉옷 호주머니에서 신문지 조각이 나왔다. 거기에는 잘못을 저지른 어느 신부의 기사가 실려 있었다. 이 닳아 빠진 신문지 조각이 몇 달 동안 그의 정신에 굉장한 빛을 던졌으리라. 그가 자신의 괴로운 양심에 작은 끄나풀이라도 잡으려고 얼마나 바둥거렸는지는 심리학 전문가가 아니더라도 가히 짐작할 만하다. 안팎이 다른 이중생활을 한다는 의식과 달콤한 범죄의 습관에 젖은 그는 어떻게 해서든지 자기 행위를 꾸며 대려 했다. 즉, 신앙의 규범에 순응하기 싫어하고, 오히려 신앙을 파괴하려 덤벼들었다. 그래서 "그런 것은 모두 엉터리야. 그건 다 근사한 수작일 뿐이야."라고 말했던 것이다. 그러고는 겨우 한다는 행동이 마치 물에 빠진 자가 지푸라기라도 잡듯 사제 한 명이 과오를 범했다는 신문 기사에 매달렸던 것이다. 유다가 그리스도를 배반했으니까, 베드로가 그리스도를 부인했으니까, 토마스가 의심했으니까 하는 따위의 이유 때문에 종교가 송두리째 엉터리 수작이 되어 버리고 만다. 이것은 세기를 이어 죄스러운 양심이 기를 쓰고 쥐어 온 지푸라기지만, 자기 영혼을 고뇌의 바닷속에 던져 버리는 회한의 물결을, 이 지푸라기를 의지해서 헤쳐 나가 보려고 제아무리 애쓴다고 해 보아야 소용없음은 뻔한 일이다.

도피의 기계주의

심리학자들은 이런 핑계를 행위의 합리화 경향이라고 부른다. 그렇지만 실상은 행위의 불합리화 경향이라고 부름이 오히려 맞는다. 사실이 그렇기에 말이다. 자연이라는 것은 원래 양단(兩斷)을 반대한다. 따라서 한 사람이 갑을 믿고 또 갑과 정반대가 되는 을도 믿을 때, 자연은 거기에 융합을 찾으려 애쓴다. 자기 행위를 자기가 인정하는 도덕률에 순응시키는 것이 순리다. 그런데 이렇게 되지 않는 경우 자연은 신앙을 행위에 순응시킴으로써 회한의 고통을 면하려 든다. 이러한 지능의 교묘한 눈속임이 이른바 도피의 기계주의요, 마음이 헝클어진 징조다. 이것은 불쾌한 상태에서 비현실 세계로 도피하는 것이며, 어리석음이 날씬한 차림을 하고 손재주의 화장 밑에 눈 가리고 아옹 하는 식이다.

체스터턴은 반은 농담처럼 이렇게 말했다. "여인들은 제 직관을 지탱할 이유를 찾기에 머리를 쓰지만, 죄인들은 개과천선하기 싫어 자기

생활을 정당화할 이유를 찾느라고 지능을 혹사한다. 악행을 합리화하려는 지능의 경향은, 그 말마디만은 새롭지만 그 방편은 옛날부터 알려진 것이다. 셰익스피어는 훌륭한 예를 들었다. 맥베스는 인버네스 성에서 던컨 왕을 죽여 두 손에는 아직도 피비린내 나고 공포에 질려 파리해진 얼굴로 맥베스 부인을 만나 왕의 두 시종들이 꿈에서 깨어나 말하던 것을 보고한다. 그다음 이런 대화를 주고받는다."

맥베스   한 놈이 "하느님이시여, 축복하소서."라고 하니까, 또 한 놈이 "아멘" 하고 소리쳤소. 두 놈은 사람 백정 같은 내 손을 본 모양이오. 나는 그놈들이 무서워 떠는 소리를 들었지만, 아무래도 "아멘"이라고 응답할 수는 없었소. 그놈들이 "하느님이시여, 축복하소서." 할 때에…….

맥베스 부인   그리 깊이 생각하지 마세요.

맥베스   그런데 왜 나는 "아멘"이라고 응답하지 못했을까? 하느님의 축복이 가장 필요한 자는 난데. "아멘"이 목에 걸려 버렸단 말이오.

맥베스 부인   그런 일을 그렇게 생각하지는 마세요. 그렇게 하면 우리는 미쳐 버릴 거예요.《맥베스*Macbeth*》 2막 2장)

셰익스피어가 맥베스 부인으로 하여금 이런 말을 토하게 한 것은, 이로써 인간 마음이 자기의 악행을 솔직히 고백하지 않고 덕행의 탈을 덮어씌워 도망치려는 보편적 경향이 있음을 그린 것이다. 이로써 살인이 무죄라는 향기로운 냄새가 풍기는 아름다운 이름을 갖게 된다. 이런 버릇은 아담과 더불어 예스러운 것이다. 아담은 자기 죄를 자기 아내인 하와의 뒤에 감추려 했었다.

미사를 온전히 참례할 것

　미사 참례를 궐하거나 신앙생활의 실천을 게을리하거나 신앙을 잃지 않게 하는 약에 대해서는 더 말할 여지가 없다. 으슥한 구석에 숨겨둔 비밀을 치워 버리고, 숨은 악행을 고백하고, 도덕률을 준수하기 시작하고, 통회와 기도 속에 그리스도의 슬하에 돌아오는 것이 약이다. 하느님을 보고 영적 세계의 볼 수 없는 현실을 느끼는 데는 깨끗한 눈보다 착한 양심과 순수한 마음이 한층 더 도움이 된다. 빛을 향해서 걸어라. 그러면 그림자는 그대의 뒤로 물러설 것이다.
　미사 참례의 계명은 성제가 시작되는 시초부터 참례하라는 의무를 뜻한다. 다른 약속이나 기차 시간 같은 것은 10분이나 15분쯤 미리 갈 만큼 부지런한 사람도 어찌 된 일인지 이 장엄한 미사 참례에는 놀랄 만큼 느려 미사가 시작된 다음에야 들어온다. 이렇게 되면 미사에 참례하는 모든 이가 분심이 들 뿐 아니라, 제대에서 봉헌되시는 최상의 제물이시며 사제이신 지존하신 주님께 대한 예의를 거스르는 행동이다. 하기야 사정이 있을 때도 있으니까 부득이한 경우에는 나무랄 수 없을 수도 있겠다. 그렇지만 자주 또는 습관적으로 으레 늦게 들어오는 이에게는 미사성제를 소홀히 여기는 마음이 틀림없이 있다. 가만히 보면 주일마다 미사에 늦는 사람은 정해져 있다. 예물 기도 전에 들어오지 않으면 죄가 되므로 조심할 것이다. 이 기도문은 사제가 성체포를 벗기기 전에 외우는 짤막한 기도문이다. 적어도 미사 시작 5분이나 10분 전에는 성당 안에 들어와 있어야 한다.

콜럼버스의 표양

참다운 가톨릭 신자라면 사소한 불편을 핑계 삼아 미사 참례를 궐할 리는 없다. 어떻게 해서든지 적어도 미사에는 참례한다. 실례로 콜럼버스는 아무리 어려운 사정이 있어도 주일만은 거룩히 지낸 감동스러운 표양을 남겨 놓았다. 이것은 해도도 없이 신세계를 찾아 미지의 바다를 항해하던 그가 하느님께서 인도해 주시리라는 것을 얼마나 굳게 믿었는지를 잘 드러낸다. 이 용감무쌍한 탐험가는 아무리 가도 육지가 나타나지 않자 자기 자신도 하루빨리 항해를 끝맺고 싶은 마음이 간절하였음에도 불구하고 조바심을 내는 뱃사람들을 타일러 가면서 주일을 지키기 위하여 산타 마리아호와 다른 배를 정박하게 하고, 그 하루를 기도의 날로 보내기를 고집하였다. 주님께서는 이러한 그의 충성을 돌아보시고 세계사에 그의 이름을 남겨 놓는 것으로 보상해 주셨다.

주일의 거룩함을 파괴한다면 문명은 다시금 이교 유물론의 어둠과 악몽으로 돌아갈 것이다. 이는 진보라는 시계의 바늘을 거꾸로 돌리는 것이다. 프랑스 혁명의 뒤를 이은 종교의 혼란 속에 반종교가들은 일요일을 거룩하게 지내지 못하게 탄압했지만, 그 결과는 오히려 국민들로 하여금 이 신정법神定法에 되돌아가게 할 뿐이었다. 국민들은 인간 본성과 국가의 발전이라는 점에서 이들에게 반항했던 것이다. 루소는 종교의 벗이 아니었는데도 주일을 지키는 것이 국가의 안녕과 질서 유지를 위해 없어서는 절대로 안 되는 것임을 주장했다.

가톨릭 신자의 대다수가 이 계명을 경탄할 만큼 충실히 지키고 있다. 몇 천, 몇 만, 몇 백만, 아니 몇 억이라는 무리들이 산간벽촌에서, 도시에서 성당으로 몰려든다. 농부도, 기술자도, 아낙네도, 장사꾼도, 학자도, 임금도, 모두 함께 높이 거양된 구세주 왕께 흠숭의 머리를 조아리며 '해 뜨는 곳에서 해 지는 곳에 이르기까지 온 백성들이 정결한 제물을 바치는 제사'에 참례하러 모여든다.

예언이 이루어지다

사람이 사는 곳이면 이 세상 어디에서나 말라키 예언자가 예언한 정결한 제물을 바치지 않는 곳이 없다. 북극의 얼음 벌판 위의 조그만 얼음집 속에서 검은 수단을 입은 예수회의 선교사들이 에스키모인들의 눈앞에서 경건한 미사성제를 바치는가 하면, 남쪽으로는 사하라 사막의 불 같은 모래 위에서 흰옷을 입은 도미니코회 회원들이 아프리카 원주민들의 입에서 나오는 귀에 낯선 기도 소리를 왕 중의 왕이 들으시도록 하늘의 문을 열어 제대 위에 모시고 있음을 본 사람은 누구나 이 예언이 이 세상 도처에서 이루어졌음을 깨달을 것이다. 동양의 골짜기 속에 파묻혀 있는 성당에서 영원히 눈에 뒤덮일 마터호른의 성당에 이르기까지, 또는 유럽 대도시의 대성당에서 애리조나와 뉴멕시코의 삭풍이 휘몰아치는 대평원에 산재하는 자그마한 성당에 이르기까지 어디에서나 '미사'라는 최상의 극, 신비 중의 신비, 골고타 제사의 피 흘림이 없는 재현이 봉헌되고 있다. 세계 방방곡곡에서부터 하늘 높이 솟아오르는 찬미의 노래 속에는 이탈리아인, 스페인인, 프랑스인들의 부드러운 말투가 있는가 하면, 투턴, 슬라브족의 날카로운 말투가 흔연히 함께 어울려 있고, 인류의 온갖 언어가 모두 함께 지존하신 분의 옥좌 앞에서 대찬미가를 노래하고 있다. 이 비할 데 없이 크나큰 무리, 가톨릭 교회, 지상에 있는 하느님 나라의 자녀가 됨은 얼마나 놀라운 특전이랴!

실로 10억이 넘는 남녀노소의 무리들이 세상살이 걱정을 떠나 맑거나 궂거나 춥거나 덥거나 가리지 않고 주일마다 미사에 참례하는 이 놀라운 광경은, 우리를 떠난 형제들에게는 한없는 놀라움과 부러움을 자아내는 샘이 되고 만다. 그들의 교회에서는 음악회를 연다, 가수를 초청한다, 신문에 광고를 낸다는 등 수선을 떨어도 빈자리가 많다. 왜 이다지도 다른가? 한편은 하느님께서 세우신 교회요, 영원히 타오르는 성령 강림의 불을 받은 교회이기 때문이다. 하느님의 말씀으로써 모든 인류에게 가르쳐 줄 의무를 하느님으로부터 받았음을 의식하는 성교회는, 신자다운 신자라면 모두 하느님을 흠숭하고 주일 미사에 참례하기를 명하고 있는 까닭이다.

반면, 사람이 세운 교회들은 아무런 신적 권위도 의식하지 못하는 만큼 감히 명령할 수가 없다. 그들은 간청하고 애원하고 타이르고 달랠 따름이다. 그런데 사람들은 그런 말이 불확실하고 허전한 것임을 알아차리고 있다. 따라서 기분에 따라 좋을 대로 하고 만다. 그 결과 예배당에는 빈자리가 많고 종교 흠숭이 시들게 된다. 이 점으로 보아서도 가톨릭 교회가 일요일의 흠숭 행위를 인간의 기분이라는 모래 위에 세워 두지 않고, 원리와 법규라는 견고한 기초 위에 세워 둔 정책이 현명하고 공정한 것임은 가톨릭 신자가 아니라도 공평한 사람이라면 누구나 명백히 깨달았을 것이다. 진실로 성교회는 편리해서가 아니라 원리이기 때문에 그렇게 하는 것이다. 이는 또한 자연법, 이성의 소리, 하느님의 계명에 맞갖은 방침이다.

실천

- 사소한 핑계로 주일 미사 참례를 미루거나 빠지지 말기.
- 미사에 늦지 말기.
- 정신을 맑게 하고 정성을 기울여 미사에 참례하기.

제32장
성인들의 전달

모든 성인의 통공이라는 교리에서 나온 결과

가톨릭이 아닌 교파에 속한 대부분의 그리스도인들이 뜻도 제대로 알지 못하면서 외우는 사도신경에 "모든 성인의 통공을 믿으며"라는 구절이 있다. 이 말은 천국에서 개선凱旋을 누리든지, 이 세상에서 구원의 전쟁을 벌이든지, 연옥에서 정화의 단련을 받든지, 모든 하느님의 자녀들이 서로 공로를 통교한다는 그리스도와 사도들의 가르침을 믿는다는 뜻이다. 그리스도는 당신 신비체의 머리이고, 우리는 그 지체다. 모든 성인의 통공으로 말미암아 하늘에서 축복을 누리는 영혼들은 우리를 위해서, 또 연옥에 있는 영혼을 위해서 하느님의 옥좌 앞에 기도를 드리고 우리의 기도를 중개해 줄 수가 있다. 그리고 또 우리도 연옥의 영혼들을 돕기 위해서 기도와 제사를 바칠 수 있고, 그들도 세상에서 싸우는 그리스도의 지체인 우리를 위해서 하느님께 기도를 바칠 수 있다.

성인들의 전달은 모든 성인의 통공이라는 일반적 교리에서 나온 하나의 결과라고 말할 수 있다. 트리엔트 공의회는 이에 관한 교회의 가르침을 이렇게 규정한다. "그리스도와 더불어 다스리고 있는 성인들은 사람들을 위해서 그들 자신의 기도를 하느님께 바친다. 우리의 유일한 구세주이신 성자 예수 그리스도를 말미암아 하느님께 은혜를 얻고자 성인들께 전구를 간청하고 그분들의 기도와 도움을 청함은 좋고도 유익하다. 천국에서 영원한 행복을 누리는 성인들에게 전달을 구할 수 없다고 주장하는 자, 또 성인들이 우리를 위해서 기도하지 않는다고 주장하는 자, 우리 각자를 위해서 그들에게 기도하여 주기를 청하는 것을 우상 숭배이며, 하느님의 말씀을 어기는 것이며, 하느님과 인간의 유일의 중개자이신 예수 그리스도의 명예를 손상하는 것이라고 고집하는 자는 불경죄를 범하는 자이다."(Sess. 25)

구약 성경도 신약 성경도 우리 형제들의 기도를 구하는 원리와 실천을 명백히 가르쳐 주고 있다. 즉, 하느님께서는 아비멜렉에게 아브라함의 기도를 청하기를 명했다. "그가 너를 위하여 기도하면 너는 살 것이다."(창세 20,7) 또 하느님께서는 사막에서 죄스러운 이스라엘 민족을 위하여, 대신하여 바친 모세의 기도를 들어주셨다. 하느님께서는 욥의 벗에게 이렇게 말씀하셨다. "나의 종 욥이 너희를 위하여 간청하면, 내가 그의 기도를 들어주어, 너희의 어리석음대로 너희를 대하지 않겠다."(욥 42,8) 바오로 사도는 이렇게 썼다. "형제 여러분, 나는 우리 주 예수 그리스도를 통하여 성령의 사랑으로 여러분에게 부탁합니다. 나를 위하여 하느님께 기도드리며 나와 함께 싸워 주십시오."(로마 15,30) 또 테살로니카 신자들에게 "형제 여러분, 우리를 위하여 기도해 주십시오."(2테살 3,1)라고 써 보냈다.

세상에 있을 때 벗들을 위하여 기도했던 그리스도인이 일단 천국에 들어가 하느님의 집안 식구가 됐다고 해서, 그 벗들을 기억하고 걱정해 주지 않으리라고 여기는 것이 과연 이치에 맞을까? 그의 관심이 줄어들기는커녕 오히려 훨씬 커질 것이다. 왜냐하면, 그때야말로 세상에 사는 벗들이 영적 도움을 얼마나 필요로 하는지를 한층 더 잘 알게 되며, 하느님의 성인 중의 한 사람으로서 대신 기도하기가 훨씬 수월한 까닭이다. 이는 실로 사도 시대로부터 오늘에 이르기까지 줄곧 믿어 온 교회의 신앙이다. 초대 교회의 이 신앙에 대한 예로니모 성인의 증언을 들어 보기로 하자.

"만일 사도들과 순교자들이 아직 살(육)을 지니고 있어 그들 자신을 걱정할 필요가 있을 때에도 남을 위해 기도할 수 있었다면, 그들이 승리하여 개선의 월계관을 쓴 후에는 얼마나 남을 위하여 기도를 많이 할 것인가. 모세는 한 인간으로서 60만 명의 무장한 이들을 위해서 하느님의 용서를 구해 얻었고, 스테파노는 자신을 박해하는 자들을 위해서 기도했다. 그런데 그들이 그리스도와 함께 있을 때 그 힘이 줄어들 것인가? 바오로 사도는 자기와 함께 배를 탔던 276명이 자기 기도의 효과를 믿었다고 한다. 그런데 그가 죽은 후 입을 다물었을까? 그리고 전 세계에 걸쳐 복음을 믿는 이들을 위해서 한마디도 중얼거리지 않게 되었을까?"(Adv. Vigil, 6)

또 천사들이 우리 인간을 위해서 기도함을 우리는 즈카르야의 환상에서, 또 라파엘 천사가 토비야에게 한 말인 "너와 사라가 기도할 때에 너희의 기도를 영광스러운 주님 앞으로 전해 드린 이가 바로 나다."(토빗 12,12)로부터 배워서 안다. 그리스도 친히 "회개하는 죄인 한 사람 때문에 하느님의 천사들이 기뻐한다."(루카 15,10)라고 하시며, 천사들이 우리에게 관심을 가지며 우리의 승리를 기뻐함을 말씀하셨다.

빌려 온 빛

가톨릭 신자가 아닌 한 사람이 성인들에게 기도함에 대해서 이렇게 반박한 적이 있다. "하느님은 우리 창조주이시고 그리스도는 우리 구세주이십니다. 그런데 당신네 가톨릭 신자들은 성인들에게 기도함으로써 하느님을 모욕하고, 예수 그리스도의 중개를 업신여기고 있습니다. 결국 당신들은 피조물을 창조주 위에 올려놓고 하느님께만 속하는 명예를 피조물에게 돌리고 있습니다." 이 반박을 읽어 보면 우리가 마치 하느님과는 별도로, 또 성인들과 하느님과의 관계는 상관없이 성인들에게 기도하는 줄 아는 모양이다. 만일 이 추측이 옳다면 이런 반박이 근거가 있다고 하겠다. 그런데 사실은 그렇지 않다. 그렇기는커녕 성교회는 하느님만이 온갖 축복과 은총의 샘이시며, 모든 선과 완전한 선물을 주시는 분이라고 가르치고 있다.

교회의 가르침은 이렇다. 성인들이 지니는 힘은 어떠한 것을 막론하고 하느님으로부터 오며 하느님과의 관계에서 비롯한다. 마치 달이 태양의 빛을 빌려 입듯, 모든 성인들도 정의의 태양이신 예수 그리스도로부터 그 힘을 빌려 입는다. 바오로 사도는 이렇게 말했다. "하느님은 한 분이시고 하느님과 사람 사이의 중개자도 한 분이시니 사람이신 그리스도 예수님이십니다."(1티모 2,5) 그러므로 우리가 성인들에게 기도하는 것은 예수 그리스도의 공로를 말미암아 우리를 도와주기를 그들에게 부탁하는 것이요, 그리스도께는 당신의 공로를 인하여 우리를 도와주시기를 간청하는 것이다. 성교회는 이 구별을 똑똑히 가르치고 있다. 그러기에 실제로 성인들에게 전달을 구하는 모든 기도는 "우리 구세주 예수 그리스도를 통하여"라는 말로 끝맺는다.

성인들의 전달을 구하는 것에 대한 둘째 반박은 이렇다. "이렇게 하는 것이 하느님께 아무런 명예 손상이 되지 않는다고 하더라도 아직도 의문이 있다. 우리는 우리 기도를 직접 듣고 대답해 주실 수 있는 하느님께 직접 기도드릴 수 있는데, 왜 하필이면 그들에게 기도하는가?"라는 질문이다. 이에 대해서 기본스 추기경은 이렇게 대답한다. "야곱도 천사에게 기도를 하였고, 하느님께서도 욥의 친구들을 위해 욥에게 기도해 달라고 부탁하셨다. 바빌론의 포로가 된 유다인들도 예루살렘의 형제들에게 기도를 부탁하였고, 바오로 사도도 신자들에게 기도를 간청하지 않았는가. 또한 오늘날의 우리도 서로에게 기도를 간청하곤 한다. 이런 경건한 행위가 모두 잘못이란 말인가. 본당 신부의 기도로 은혜를 받을 수 있는 우리는, 우리의 기도를 듣는 것을 기뻐하는 천상 성인들에게 기도를 청하는 것이 적어도 그만큼 유익할 것이다. 우리가 성인들에게 기도하면 그 기도 정도에 반비례하여 하느님께 대한 우리의 기도 가치가 감소된다고 오해하지 말아야 한다."(제임스 기본스, 《교부들의 신앙》)

사실은 이렇다. 하느님께 대한 우리의 기도는 성인들에 대한 기도 때문에 줄지도 않거니와 줄어질 것도 아니다. 오히려 성모 마리아나 성인들에 대한 신심은 필연적으로 하느님께 대한 사랑을 두텁게 하고, 하느님께 대한 충성과 공경을 촉진하게 마련이다. 그리고 또 명심해야 할 것은 교회는 하느님께 기도하는 것이 구원을 위해서 없어서는 안 될 것이라고 가르치며, 성인들에 대한 기도는 "우리의 유일한 구세주이신 성자 예수 그리스도를 말미암아 하느님께 은혜를 얻고자 성인들께 전구를 간청하고, 그들의 기도와 도움을 청함은 좋고도 유익하다."라고 가르칠 뿐이라는 점이다.

성인들께 기도하는 관습은 신자들의 마음속에 천국의 실재성과 이 세상에서 하느님을 충실히 섬긴 자들에게는 하느님의 갚음이 실제로 있음을 생생하게 깨닫게 하는 데 도움이 된다. 개신교 설교단마저 천국에 대해서 애매하고 불확실하게 말하는 이때, 성인들의 전구에 관한 가톨릭의 가르침은 실로 세찬 풍파에 대한 닻이며, 그리스도와 사도들의 가르침에 대한 신자들의 확고부동한 신앙을 보호하는 것이다. 가톨릭 신자에게 천국은 우리가 살고 있는 이 지상처럼 의심할 여지 없는 현실이다. 하느님의 천상 가족인 성인들과 천사들도 이 지상에 살고 있는 사람과 다름없이 우리에게는 현실이다.

실천

- 우리는 모든 성인의 통공을 믿는다. 이것이 우리 아버지이신 하느님을 섬기는 인간의 형제적 사랑이 교리를 완성하는 것임을 묵상하기.
- 항상 우리 주 그리스도를 통하여 성인들에게 신심을 바치기.
- 수호성인에게 자신의 삶을 잘 인도해 달라고 청하며 기도하기.

제33장

성인들의 그림과 유해

이것이 표상하는 바를 공경하는 것이지 흠숭하는 것이 아니다

　가톨릭 교회는 그림을 '흠숭'함을 우상 숭배라고 단죄한다. 다만 거룩한 분의 그림과 초상을 '공경'하도록 명할 뿐이다.[6] 성교회가 이를 인정함은 이것을 구성하는 물질 때문이 아니라, 이것이 표상하는 그것 때문이다. 가톨릭이 십자가나 그리스도의 상본을 흠숭한다는 소문은 너무나 어처구니가 없어 대꾸할 생각조차 없다. 그리스도의 십자고상 앞에 무릎 꿇고 기도하는 가톨릭 신자에게 그 고상 자체를 흠숭하느냐고 물어보라. 그는 "흠숭은 단지 하느님께만 바친다."라고 대답할 것

6　오해할 사람이 있을까 봐 흠숭과 공경의 본질적 차이를 간단히 소개한다. 흠숭은 만물의 창조주이신 하느님께만 드리는 것이요, 공경은 피조물에게 드리는 존경심의 표지다. 성모 마리아는 피조물이로되 하느님의 어머니라는 특전을 누리는 만큼 상경上敬의 예를 드린다. 따라서 흠숭과 공경, 상경은 본질적으로 다르다. 어떠한 피조물에게든지 흠숭의 예를 드린다면 이는 곧 우상 숭배다. 상경과 공경은 본질적으로 다른 것이 아니다. 가톨릭의 마리아 공경을 비난하기 전에 미리 이런 구별을 똑똑히 명심해 두어야 한다. ― 역자 주

이다. 곧, 그는 십자고상이 십자가상에서 돌아가신 구세주를 표상하는 까닭에 이를 공경할 따름이다.

그러므로 이에 관한 가르침을 트리엔트 공의회는 아래와 같이 똑똑히 규정한다. "그리스도와 동정 성모 마리아와 성인들의 상본을 특히 성당 안에 모셔 두고 이에 맞갖은 존경과 공경을 드려야 한다. 그러나 이는 이것 자체에 어떤 신성이 있다거나 덕이 있다고 믿어서 예배하거나 기도를 드리거나 또는 옛날 이교도들이 하듯 우상에게 희망을 두는 것이 아니다. 다만 이것을 공경함은 이것들이 표상하는 근본과 관련되어 있을 뿐이다. 우리가 이것에 입을 맞추고 모자를 벗고 절하는 것은 이것이 표상하는 그리스도를 흠숭하고 성인들을 공경하는 것이다. 만일 이런 거룩한 신심 때문에 무슨 남용이 스며든다고 한다면 거룩한 공의회로는 차라리 이를 전폐하기를 간절히 바라는 바다."(Sess. 25)

가톨릭의 교리서에도 똑똑히 쓰여 있다. "십자고상이나 성해聖骸나 상본은 그리스도와 성인들과 관련을 갖고 이를 기념하는 것이므로, 그 한도 안에서만 공경을 드려야 한다. 그러나 성해나 상본에 기도하는 것은 나쁘다. 이것들은 볼 수도 들을 수도 도와줄 수도 없는 까닭이다." 바꾸어 말하면 초상이나 그림에 기도하는 것은 엄격히 금지되어 있다. 가톨릭이 이것들을 이용함은 문명인들이 위대한 정치가나 영웅들의 초상이나 사진을 이용하는 것과 같다. 국가의 영웅이나 은인의 초상이 서 있지 않은 국가는 세계 어느 나라에도 없을 것이다. 워싱턴, 런던, 파리, 베를린, 빈, 로마, 그리고 서울 또 그 밖의 무수한 도시에는 으레 그곳에서 뛰어난 분들을 위한 기념물을 무수히 건립하여 시민들이 이분들을 기억하고 이에 합당한 존경을 드리고 있음을 볼 수 있다.

이 관습을 우상 숭배라고 할 것인가? 물어보나 마나 대답은 뻔하다. 그렇다면 성당 안에 모셔 둔 그리스도나 성모 마리아나 성인들의 초상이나 그림을 보고 개신교 신자들이 눈살을 찌푸릴 근거가 어디 있는가? 이를 모셔 두는 것은 다만 신자들의 신심을 두텁게 하고, 거룩한 감정과 포부를 북돋아 그분들의 성덕을 배우게 하기 위한 것일 뿐이다.

초대 그리스도교 신자들은 카타콤에 그리스도의 모습이나 성경에 나오는 장면을 그려서 장식했다. 그중에서도 특히 유명한 것은 바위를 지팡이로 두드리는 모세, 사자 굴속에 있는 다니엘, 그리스도의 탄생, 동방 박사의 경배, 카나 혼인 잔치, 라자로의 부활, 착한 목자이신 그리스도 등이다. 그 당시 초상이 흔하지 않았던 것은 값이 비싸고 만들기가 어려웠기 때문이다. 그러나 교회는 카타콤에서 해방되자마자 모자이크나 그림이나 초상으로 성당을 아름답게 꾸미기 시작했다.

우상 파괴주의

콘스탄티노플의 황제인 레오가 성화상에 만행을 저지른 것은 8세기에 이르러서의 일이었다. 그는 성당 벽에서 그리스도나 성인들의 그림을 뜯어내어 태워 버리라고 명했다. 백성들의 집까지 침입해 성화상이라면 모조리 몰수해, 청동이나 은이나 금으로 만든 것은 모두 녹여서 돈을 굽고 거기에 자신의 모습을 새겨 넣게 했다. 그는 헨리 8세나 크롬웰처럼 흠숭의 예를 순결히 보존하겠다는 열성으로 인해서 그랬다고 꾸몄으나, 사실은 탐욕이 진짜 동기였다.

이 싸움은 그의 후계자인 콘스탄티노스 코프로니무스에 의해서 계속됐다. 그때 용감한 수도자 스테파노가 어느 날 황제 앞에서 이 폭군의 초상이 새겨져 있는 동전을 꺼내 들고 이렇게 물었다.

"폐하, 이는 누구의 초상입니까?"

"짐이니라."

그러자 그 수도자는 이 동전을 땅바닥에 내동댕이치고 발로 짓밟았다. 그는 당장 왕의 시종들에게 붙들려 참혹한 사형을 당하게 되었다.

그때 이 거룩한 수도자는 황제에게 외쳤다. "아, 죽어 갈 한 인간의 초상에 불경을 범한 죄 때문에 이런 벌을 받아야 한다면, 하물며 예수 그리스도의 초상을 태운 자가 받을 벌은 무엇일까요!"

성화상을 파괴하는 행위는 루터를 비롯한 16세기의 종교 혁명가들에 의해서 되풀이됐다. 성당이나 수도원들은 중세기 미술의 크나큰 미술관이었다. 그런데 값을 매길 수 없는 귀한 성화상은 파괴되고 벽화는 모조리 지워졌다. 그리스도나 성인들의 모습을 아로새긴 훌륭한 스테인드글라스 창은 무참히도 부서졌다. '성상 파괴 운동'은 특히 독일과 네덜란드와 영국에서 가장 심했다. 이런 나라를 여행하다 보면, 지금은 개신교 예배당으로 사용되는 파괴된 그 옛날 성당의 벽감 속에 부서진 그리스도나 성인들의 초상이 아직도 남아 있음을 볼 것이다.

이것은 슬프게도 종교적 기념물에 대한 야만스럽고 횡포한 행위를 추억하게 한다. 진정 이는 다만 독성일 뿐 아니라, 미술에 대한 능욕이기도 하다. 만일 이런 철없는 행동이 이탈리아, 프랑스, 스페인에까지 미쳤더라면, 인류는 가장 고귀한 보물들을 영원히 잃었으리라. 이 약탈 행위를 장려한 루터파나 튜더Tudor 등의 왕자들은 모두 귀한 보석을 박아 넣은 금 그릇 은 그릇을 몰수하기에 조금도 꺼리지 않았음을 주목해야 할 것이다.

스토다드는 이렇게 말한다. "개신교가 종교의 종婢인 그림이나 초상을 그다지도 인색하게 이용하고 있음을 나로서는 이해할 수 없다. 옛날에 그들은 그리스도교의 표상에 대한 지독한 편견으로 성당, 수도원, 대성당의 십자가, 십자고상, 사도들의 초상, 성모 마리아의 그림 등을 뜯어냈을 뿐 아니라, 가장 고귀한 성소 입구에 새겨져 있는 조각까지 부수고 주교들의 무덤에 세워 놓은 초상의 코를 깎고 수도원의 벽화를 말끔히 씻어 냈다. 오늘날에도 몇몇 개신교 신도들은 예배당의 벽을 될 수 있는 한 아무것도 없게 만들고 매력 없게 하는 것이 하느님께 대한 흠숭이라고 여기고 있다. 그들 대부분은 오늘날에도 교회 꼭대기에 십자가를 세우려 하지 않는다. 또 그리스도 수난의 상징인 십자가는 제단 위에 두어도 십자고상은 두려고 하지 않는다."

그는 다음에 이 알 수 없는 행위의 원인을 찾으려 한다. "주님을 사랑한다고 우기는 자들, '그리스도의 십자가를 찬미한다.' 또는 '영광의 주님께서 죽으신 기적의 십자가를 바라볼 때' 등의 찬송가를 노래하는 자들이 주님의 초상을 이다지도 미워하는 원인은 무엇인가? 세기를 이어 이 표상을 세상에서 가장 거룩한 것으로 받들어 온 가톨릭에 대한 부당한 미움이 원인이 아닐까? 그러한 기념물이 필요하지 않다고 말하는 이는, 제 마음속에서는 그럴지 모르지만 결코 모든 이의 마음을 대변하는 소리는 될 수 없다. 그런데도 실은 이런 것을 축복받은 것이라고 보는 이가 많다. 이것은 지성의 문제라기보다는 감정과 연상의 문제다. 예를 들면, 나는 교육을 받고 또 웬만해서는 감상적인 기분에 움직이지 않을 나이인데도, 솔직히 말하면 성자 예수 그리스도나 성모 마리아나 성인들의 아름다운 기념물을 바라보면 순수한 기쁨을 맛본다. 물론 나는 그런 것에 기도를 드리지는 않는다. 그렇지만 기도나 묵상을 하는 동안 마음의 준비를 하는 데 도움이 되기 때문에 이런 것을 바라보기를 즐긴다."(Stoddard, Rebuilding a Lost Faith, p.199)

의향은 확실하다

전에 나는 웨스트민스터 수도원에 가 본 적이 있는데, 그곳은 옛날에 성당이었다가 개신교 예배당으로 사용되었다. 거기에는 도처에 초상이나 기념비가 있었다. 이것들은 그곳에 묻힌 영국의 저명한 이들을 기념하는 것이다. 그런데 가령 내가 이 역사 깊은 예배당에서 예배하는 영국 개신교 신자에게 "어허, 당신 교회에는 초상이 많군요. 그렇다면 당신들도 우상 숭배를 하는 셈이네요?"라고 말을 건넸다고 하자. 그러면 그는 "천만에요. 나는 초상을 흠숭하거나 예배하지 않습니다. 이것들은 그냥 기념물이지요."라고 대답할 것이다.

가톨릭 신자들도 그렇다. 우리 성당에 있는 초상이나 그림도 기념물이다. 다만 이 세상 영웅들의 것이 아니라, 그리스도와 성인들의 것이라는 점이 다를 뿐이다.

전례에 참석한 사람들의 마음속에 있는 의향이라는 것이 가장 중요하다. 기본스 추기경은 재미있는 실례를 들었다. 어느 영국 신사가 가톨릭 신자인 친구에게 이렇게 말했다.

"가톨릭 신자들은 성상에 기도를 한다지?"

"가톨릭 신자들은 성상 앞에서 기도하지만, 성상 그 자체에 기도하지는 않네."

"그러나 속으로 가진 그런 의향을 누가 알아주나?"

"자네는 밤에 잠들기 전에 기도하지 않는가?"

"안 할 수 있나? 침상 앞에서 하지."

"그렇지. 침상 다리에 대고 기도하는 것이지?"

"이 사람, 그럴 수가 있나? 그런 의향은 조금도 없네!"

"그러나 속으로 그런 의향이 없다는 것을 누가 알아주나?"(제임스 기본스, 《교부들의 신앙》)

나는 일리노이 대학 구내에 새로 지은 아름다운 성당의 봉헌식을 거행한 후, 이 대학의 약 150여 명의 교수들로 구성된 평의원들과 그 가족들을 성당으로 초대해서 교회 미술과 준성사의 상징 등에 대해 설명한 적이 있다. 교회가 신자들의 신심을 굳세게 하고 북돋우기 위해서 그림, 모자이크, 조각, 스테인드글라스의 그림 등을 마음껏 이용하고 있음에 대해 그들은 교육자로서 강한 인상을 받았다. 어디를 둘러보든 아름다운 준성사가 그들의 주의를 끌었고, 또 하느님과 그분의 천상 가족들에게도 마음을 향하게 했다.

교육 심리학 교수 한 분이 올리브산의 그림이 있고, 최후의 만찬을 그린 천개가 덮인 제대와 또 십자가의 길 14처와 또 그 밖의 많은 그림과 초상들을 가리키면서 이렇게 말했다. "신심의 자극제가 이렇게 많으니, 이 성당 안에 들어서면 누구든지 거룩한 것 이외의 것은 아무것도 생각할 수 없겠군요. 건축, 그림, 조각 등은 종교를 아름다움이라는 말로 통역해 줄 수 있고, 전례에 참석한 사람들의 마음을 움직여 그리스도께서 사람을 구원하신 그 사랑을 깨닫게 해 줄 수 있는데, 여기는 그 모든 것이 전부 이용되고 있군요. 이것이야말로 오감이라는 문을 통해서 마음에 이르는 실물 교육입니다. 가톨릭 교회는 설교단에서 말로만 가르치지 않고, 눈을 통해서 얻을 수 있는 환상으로도 마음을 북돋아 주는군요. 시청각 교육은 그 내용을 가장 풍부하고 가장 오래 기억 속에 남게 합니다."

아름다움의 추방

어느 영문학 교수의 반응도 이에 못지않게 뜻깊었다. "저는 개신교 신자 집안에서 태어났고, 자란 곳도 뉴잉글랜드의 도시입니다. 그곳은 식민지 시대의 청교도들의 정신이 남아 있는 곳이었습니다. 말하자면 저는 골수 개신교 신자입니다. 그런데 지금은 16세기 종교 혁명가들이 성화상을 파괴하고, 우리 교회로부터 아름다움을 추방한 것은 큰 잘못이었다고 깨닫습니다. 그들은 교회를 평평한 벽 네 개와 텅 빈 설교단만 있는 건물로 퇴보시켰고, 종교를 초라하게 만들었습니다. 저는 사람들이 머지않아 종교 개혁 시대까지 성행하던 권위 있는 그리스도교의 관점으로 되돌아가 온갖 아름다움을, 아름다움과 거룩함과 사랑인 하느님의 반영으로 여기게 되기를 바랍니다. 미술은 종교의 종이 되어야 할 것이니, 피조물의 마음으로 하여금 영원한 분을 묵상하게 할 때 그 최고의 목적을 달성하는 것이겠습니다."

그림이나 조각의 걸작품은 종교적 영감 아래 탄생되었고 거창한 대성당을 장식하고 있지만, 그렇다고 비천하고 가난한 이들의 성당을 장식하는 평범하고 아담한 성화상을 너무 업신여기면 안 된다. 이런 것은 이런 사람들이 알아들을 수 있는 말로 말하는 것인 만큼, 교양이 있고 심미안이 있는 이들이 대성당의 대걸작품을 보는 것 못지않게 종교심을 북돋아 준다. 뉴멕시코의 초가집 성당에 들어가, 인디언들이 그리스도의 수난을 그린 여러 그림(어린아이의 장난 같은 것들이지만)이 둘러 있는 제대 앞에 무릎 꿇고 기도하는 모습이라든지, 티롤의 농부가 손으로 거칠게 깎은 십자가를 모셔 둔 길가 경당에서 무릎 꿇고 기도하는 모습을 본 적이 있는 사람이면, 아주 보잘것없는 작품일지라도 신자들의 종교심을 북돋는 힘이 있음을 부인할 수 없을 것이다.

성당은 박학한 대학자에게도, 무지한 사람에게도, 부자에게도, 가난한 이에게도 신앙의 집이다. 10억이 넘는 크나큰 가족 속에는 별의별

종족이 다 있고 기질도 천차만별이다. 성교회는 낮은 사람들을 천대하기는커녕 평범한 그들의 생활을 윤택하게 하고, 단조로운 그들의 일상생활을 다채롭게 하고 아름다움을 보게 하여 그들의 상상력을 길러 주려고 힘쓰고 있다. 그들이 어려서부터 경외하는 마음으로 눈여겨보아 온 성화상의 기억은 죽을 때까지 마음속에 남으며 그 성격에 큰 영향을 미친다.

이 감화력이 대단히 심원하다는 것을 깊이 통찰한 사람으로, 영국의 역사가 렉키보다 더 뛰어난 이는 아마 없을 것이다. "일생을 같이 살 사랑하는 배우자를 맞이한 제대, 사랑하던 이들이 묻혀 누워 있는 묘지, 그리스도의 수난을 눈앞에 그리게 하는 십자가의 길을 꾸며 놓은 산언덕, 포도원 문턱, 폭풍우에 죽을 듯 까불리다가 이를 모면한 사공이 자신의 오막살이, 초라한 자신의 침대를 바라보면서 감사를 드린 경당, 이 모든 것 위에 아로새겨진 어린 시절 추억과 성당 종소리와 함께 부드러운 아름다움과 비애 등, 갖가지 감정이 가난한 사람의 환상에 영원히 붙어 다녀 삶의 가장 깊은 곳까지 파고들어 뿌리를 박는다. 어떠한 웅변적인 말보다도 어떠한 교리의 가르침보다도 이런 것이 사람의 성격을 변혁하고 정복하여, 드디어는 나약함과 고통의 성스러운 맛을 깨닫고 동정과 유순함의 고상한 맛을 깨닫게 한다."(Lecky, History of European Morals, p.106)

성화상 공경에 대한 본론을 끝맺기 전에 성해를 공경함에 대해서 한 마디 하는 것이 적절하다고 생각된다. 트리엔트 공의회는 이렇게 가르친다. "이제 그리스도와 더불어 살고 있는 순교자나 그 밖의 성인들의 거룩한 몸(그리스도의 살아 있는 지체이며 성령의 궁전이요, 그리스도에 의해서 영원한 생명으로 거양되어 영광을 받은 몸)은 신자들로부터 공경을 받게 마련이다. 이 몸으로 인해 많은 은혜가 하느님으로부터 인간에게 내려온다. 따라서 성인들의 성해에 존경을 드림이 옳지 않다거나, 성해나 다른 거룩한 기념물을 신자들이 공경함은 부질없는 짓이라고 하거나, 성인들을 추억하고자 봉헌된 곳을 도움을 얻기 위하여 순례해도 소용없다고 주장하는 자는 벌을 받을 것이다."(Sess. 25)

비신자들의 인상과는 어긋나겠지만 성교회는 성해 자체에 마술 냄새 나는 어떤 권능을 인정하지 않는다. 다만 성경에 의거해서 성해가 때로는 하느님께서 기적을 행하시는 기회가 되기는 한다고 가르칠 뿐이다. 즉, 성경에는 주 예수의 옷자락 술을 만짐으로써 병이 나은 부인(마태 9,20-21 참조)이나, 베드로의 그림자가 드리워져 나은 병자(사도 5,15-16 참조)나, 바오로의 몸에 닿았던 수건이나 앞치마를 만짐으로써 병이 나은 사람(사도 19,12 참조)의 이야기가 기록되어 있다.

그리스도교의 성해 공경은 그리스도교와 더불어 역사가 깊다. 2세기로 거슬러 올라가면 화형당한 폴리카르포 성인의 제자들은 그의 유골을 보석이나 순금보다도 더 귀중히 여겨 이를 모아 적당한 곳, 즉 그의 순교일을 축하하기 위해서 우리가 기쁨과 즐거움에 넘쳐 모이는 곳에 모셨음을 알 수 있다(Mart. Poly). 4세기에 예로니모 성인은 우상 숭배자 또는 재灰 숭배자라는 비난을 이렇게 반박했다. "우리는 피조물을 흠숭하거나 예배하거나 그 앞에 엎드려 절하지 않는다. 창조주께만 그렇게 한다. 그렇지만 우리는 순교자들이 죽음으로써 흠숭한 하느님을 더욱 흠숭하기 위해서 순교자들의 유해를 공경한다."(Ad Riparium)

아들로 하여금 자기 어머니의 머리털 한 줌을 보물처럼 위하게 하고, 미국인으로 하여금 자유의 종을 보물처럼 간직하게 하며, 마운트 버넌에 있는 워싱턴의 무덤 위에나, 알링턴에 있는 무명용사들의 무덤 위에 꽃다발을 얹게 하는 정신이 그리스도인으로 하여금 성인들의 성해를 공경하게 하고 있다. 따라서 이를 소홀히 하는 것은 성인들에 대한 존경심뿐 아니라 전능하신 하느님께 대한 존경심이 없다는 뜻이 된다. 왜냐하면 성인들은 하느님의 충실한 종이었으며, 또 그분을 위해서 우리가 성인들을 공경하기 때문이다.

실천

- 십자가와 주님과 성인들의 그림을 가정에 모셔 두고 존경을 드리기.
- 차에 크리스토포로 성인의 기도문을 놓고 성인의 보호를 청하기.

제34장

연옥 영혼과 죽은 이를 위한 기도

성경과 성전과 이성에 바탕을 둔 신심

"왜 가톨릭 신자는 죽은 이를 위해서 기도하는가?" 이는 비신자들이 자주 묻는 말이다. 죽은 영혼을 위해서 기도하는 관습은 연옥의 교리에 바탕을 둔 것인데, 이 교리는 16세기 종교 혁명가들이 배척하였으므로 오늘날의 개신교 신자들은 사실상 모르는 바가 되고 말았다. 그러니까 가톨릭이 죽은 형제를 위해 기도하는 관습, 또는 이른바 '불쌍한 영혼을 위한 신심'을 그들이 이해하지 못하는 것도 당연하다. 성교회에서는 11월 2일을 '위령의 날'로 정하여, 이미 죽은 모든 영혼들을 위해서 사제들이 미사를 세 번 계속해서 드리기를 허락하고, 또 11월 한 달을 불쌍한 영혼들을 위한 위령 성월로 정하여 신자들이 이 신심에 열성을 드러내기를 바라고 있다. 이제 이 신심 행위가 성경과 이성에 바탕을 둔 것인지를 비신자 여러분과 연구해 보려 한다.

연옥 영혼과 죽은 이를 위한 기도

성경은 우선 우리에게 이 세상에서 서로 기도하고 성인들과 천사들의 전달을 구하기를 권장할 뿐더러 이미 죽은 우리 형제들의 영혼을 위해서도 기도하기를 장려한다. 마카베오기 하권에 보면 이런 구절이 있다. 유다가 고르기아스를 패주시킨 후, 부하를 거느리고 전쟁에서 죽은 유다인을 묻으러 갔다. 그는 은전 2천 드라크마를 모아 죽은 이의 죄를 위한 제사에 써 달라고 예루살렘에 보냈다. 이는 그가 그들의 죄악이 크다고 여겼기 때문이 아니고, 하느님을 섬기면서 영면한 이는 큰 은총을 받을 것이라고 생각했기 때문이었다. "경건하게 잠든 이들에게는 훌륭한 상이 마련되어 있다고 내다보았으니, 참으로 거룩하고 경건한 생각이었다. 그러므로 그가 죽은 이들을 위하여 속죄를 한 것은 그들이 죄에서 벗어나게 하려는 것이다."(2마카 12,45)라고 성경의 저자는 여기에 포함된 교리를 명백히 밝혔다.

우리를 떠난 형제들은 마카베오기를 영감을 받은 성경으로 여기지 않지만 어쨌든 이 책이 그리스도 강생 전에 세기를 이어 유다인이 믿어 온 바를 입증하는 충실한 역사적 기록인 것만은 인정하지 않을 수 없다. 실상은 이 책도 이사야서나 요한 복음서나 그 밖의 성경과 마찬가지로 성경에 포함된 모든 책이 영감을 받은 것임을 선언하는 교회의 틀릴 수 없는 교도권에 바탕을 둔 것이다.

구세주께서는 '내세'에 죄를 사하심(마태 12,32 참조)을 말씀하셨는데, 이는 아우구스티노 성인과 그레고리오 성인에 따르면 연옥에 관한 말씀이다. 바오로 사도는 코린토 신자들에게 이렇게 써 보냈다. "심판 날에 모든 것이 드러나기 때문에 저마다 한 일도 명백해질 것입니다. 그 날은 불로 나타날 것입니다. 그리고 저마다 한 일이 어떤 것인지 그 불이 가려낼 것입니다. 어떤 이가 그 기초 위에 지은 건물이 그대로 남으면 그는 삯을 받게 되고, 어떤 이가 그 기초 위에 지은 건물이 타 버리면 그는 손해를 입게 됩니다. 그 자신은 구원을 받겠지만 불 속에서 겨우 목숨을 건지듯 할 것입니다."(1코린 3,13-15) 이 말씀으로 바오로 사도는 그러한 영혼은 한동안 연옥의 정화하는 불을 견뎌야 하지만 결국에는 구원될 것임을 가르치고 있다.

이는 초대 교부들의 일치된 해석이며 세기를 이어 내려온 성전이기도 하다. 이는 순교자의 무덤으로부터, 초대 교회 신자들의 시체가 누워 있는 카타콤으로부터 우리에게 전해지고 있다. 나는 로마 성 밖의 평야 아래 있는 성 갈리스토의 카타콤을 지나갔을 때, 죽어 가던 그리스도인들의 마지막 말마디가 아직도 되풀이되는 수많은 비문을 본 적이 있다. "그대보다 먼저 간 우리를 기도 중에 기억해 주오." 뒤에 남은 이들의 대답은 "그대, 그리스도 안에서 영원한 빛을 누리소서."였다. 성직자 반스는 이렇게 말한다. "처음 3세기 동안 그리스도인의 무덤에는 이러한 비문이 많이 있다."(A. S. Barnes, The Early Church in the Light of the Monuments, pp.149~157)

사도 시대로부터 시작된 죽은 이를 위한 기도의 관습은 동방과 서방의 교부들이 한결같이 증언하고 있다. 테르툴리아노는 기일 미사에 대해서 두 번이나 말했다. "우리는 매년 하루를 가려, 죽은 이를 위하여 제물을 봉헌하기를 마치 그들의 생일처럼 한다."(De Cor. Mil., 3), "신자인 과부가 남편의 영혼을 위하여 기도하고 그가 중간 안식소에 들어 첫 부활에 참례하기를 애원하며 그가 죽은 기일에 기도를 바친다."(De Monag. 10)

밀라노의 주교 암브로시오는 테오도시우스 황제를 추도하는 제사에서 이렇게 설교했다. "주여, 당신의 성인들을 위하여 마련하신 완전한 안식을 당신 종인 테오도시우스에게도 주시옵소서. 저는 그를 사랑하였기에, 그를 따라 생명의 나라로 가겠나이다. 그렇지 않으면 눈물의 기도로써 그를 인도하여 그의 공로가 부르는 곳, 거룩한 산에 인도하기까지 그를 떠나지 않겠나이다."(De Obitu. Theod.)

이 논제에 관한 교부들의 글 중에서 가장 감동 깊은 것은 아우구스티노 성인의 글이다. 5세기 초엽에 살던 이 주교 학자는 자신의 어머니가 죽을 때 자신에게 이러한 유언을 남겼다고 말한다. "이 몸은 아무 데나 묻어도 좋으니, 이 때문에 번거로이 걱정하지 말라. 다만 한 가지 네게 유언하노니, 네가 어디에 있든지 제대에서 나를 기억해 다오."《고백록》제9권)

그 아들은 어머니의 유언을 명심하여 열렬한 기도를 바쳤다. "그러므로 제 마음의 주님이시여, 저 이제 제 모친의 죄를 위하여 당신께 간청하나이다. 나무에 매달리신 당신 상처의 약으로 인하여 제 기도를 들으소서. 제 모친이 그 남편과 함께 평안히 쉬게 하소서. 그리고 주여, 제가 목소리와 마음과 펜으로 봉사한 당신 종인 제 형제들에게 영감을 주시어, 이 글을 읽는 모든 이들이 당신 제대에서 당신 종인 모니카(아우구스티노 성인의 어머니)를 기억하게 하소서."《고백록》이 사실로 보아도 초대 교회에서 죽은 이를 위하여 기도하는 관습이 널리 실천되고 있었을 뿐더러, 연옥이라 불리는 상태도 믿고 있었음을 잘 알 수 있다.

죽은 친척이나 벗의 영혼을 위해서 기도와 제사를 바치는 관습은 옛 유다인 사이에 깊이 뿌리박힌 것으로, 그동안 그들이 여러 번 흩어져 방황하였음에도 불구하고 오늘까지 계속되어 오고 있다. 나는 몇 해 전에 예루살렘의 유명한 '통곡의 벽'에서 수많은 사람들이 죽은 이를 위해 기도하고 있음을 보았다. 히브리인들이 쓰는 공식 기도서에는 장례식을 위해 아래와 같은 공식 기도문이 있다.

"이미 죽은 형제여! 그대는 천국의 문이 열려 평화의 나라, 안전한 집을 보며 즐거이 그대를 마중 나오는 천사를 만나십시오. 지존하신 사제께서 그대를 받아들여 그대는 목적지에 닿아 평화 속에 쉬며 또다시 소생할 것입니다. 이로써 천국의 안식처에 죽은 우리 형제의 영혼이 쉬게 될 것입니다. 그는 하늘과 땅의 주인이신 하느님의 뜻을 따라 우리를 떠났으니, 원컨대 주님의 성령은 그를 낙원에 인도하소서. 원컨대 임금 중에 가장 높으신 임금님께서는 무한하신 자비를 말미암아 그분 날개의 그늘 아래 그를 감춰 주소서. 그리하여 끝 날에 저를 일으

키시어 그분의 기쁨의 흐름을 마시게 하소서."(Jewish Prayer Book)

콘웨이 신부는 이렇게 말한다. "종교 혁명가들이 연옥 영혼과 죽은 이를 위한 기도에 관한 성경과 증거를 모두 버렸음은 실로 이상하다. 그런데 예수 그리스도의 복음에 실려 있는 교리는 서로 뗄 수 없게 얽혀 있기에 중심이 되는 어떤 교리를 부정하면, 논리적으로 다른 여러 교리도 부정하는 것이 된다. 루터는 믿음으로써만 의화된다는 그릇된 학설을 고집하여 대죄와 소죄의 구별, 잠벌의 사실, 선행의 필요성, 은사의 효력, 죽은 이를 위한 기도의 유용성을 부인하기에 이르렀다. 죄를 용서받지 못하고 그냥 감춰지기만 한다면[7] 또 복음에 실려 있는 '새 사람'이 여전히 죄인인 자에게 당신의 정의를 씌우는 그리스도를 뜻한다면, 죽은 이의 죄를 용서받도록 그를 위해서 기도함은 쓸데없는 일일 것이다. 루터의 연옥 부정은 이로써 경건한 그리스도인을 많이 잃게 하는 잔인한 교설이며, 또 이는 현대의 영벌을 부정하거나 또는 영혼이 죽을 때에 하느님이 '갑자기 마술을 써서' 그 영혼을 깨끗이 해 준다는 터무니없는 가설에 대해서도 어느 정도 책임이 있다."(The Question Box)

연옥이라는 낱말은 성경에 없지만, 이 낱말이 표상하는 실재는 신약에도 구약에도 동방, 서방 교부들의 저서에도 모두 언급되어 있다. 죽은 이를 위하여 기도하면 유효하다는 것은 초대 교회에서 보편적으

---

[7] 루터는 죄인은 죄를 용서받아 의화되지 않고 오직 그리스도의 공로를 외투처럼 겉으로 뒤덮어 씀으로써 내적으로는 썩은 채 하느님께 의인으로 인정된다고 했다. — 역자 주

로 믿었으므로 연옥에 대한 신앙도 보편적이었다고 결론지을 수 있다. 즉, 연옥이 없다면 죽은 이를 위한 기도란 부질없는 일이기 때문이다.

연옥 – 이성의 요구

성경이나 성전의 증거를 떠나서 이성만으로 따져 봐도, 천당과 지옥과의 중간 상태가 존재하지 않을 수 없다. 곧, '조금이라도 더러운 것은 천국에 들어갈 수 없기에' 소죄를 지닌 채, 또는 잠벌을 아직 다 채우지 못한 채 이 세상을 떠난 영혼은 천국에 들어갈 수 없다. 그런데 그가 영원한 지옥에 떨어진다면 이는 정의에 어긋날 것이다. 영원한 벌은 그가 저지른 잘못과는 비례가 되지 않기 때문이다. 그런데 소죄만 지닌 채 죽는 이가 무수할 것이다. 그들은 즉시 천당에 들어갈 자격은 없지만, 그렇다고 지옥에 떨어질 수도 없다. 그러므로 그가 범한 죄에 맞는 벌을 받는 상태가 없을 수 없다. 이는 이성의 명령이다. 이성이 요구하는 이 상태가 바로 연옥이요, 여기서 죽은 이는 그의 소죄가 씻기고 말할 수 없는 행복 속에서 창조주의 엄위하신 현존에 들어가기에 맞갖은 자가 된다.

죽은 벗의 영혼을 위하여 기도함은 성경에 맞는 것일 뿐 아니라, 우리 본성에서 본능적으로 우러나는 것이기도 하다. 모든 성인의 통공의 교리는 우리가 필요한 때 서로 도울 수 있음을 가르침으로써 인류의 사회적, 정신적 연대성을 강조하고 있다. 이것은 또 죽음의 공포를 없애 주는 데 큰 효력이 있다. 16세기 종교 혁명가들은 이 교리를 부정함으로써 성경과 16세기 동안 이어 온 교회 전통에 폭행을 가했을 뿐더러 우리 본성과 우리 마음의 갈망에 손상을 입혔다. 실로 그들은 하늘과 땅(육체 속에 있는 영혼과 육체라는 그릇을 벗어난 영혼)을 잇는 부드럽고도 거룩한 끈을 끊어 버렸다.

내가 이 세상을 사는 형제를 위해서 기도할 수 있다면, 그가 유명을 달리하여 영원한 세상으로 넘어갔다고 해서 기도를 계속하지 못한다는 이유가 어디에 있는가? 죽음이라는 것은 단지 몸만 없어지고 영혼은 그대로 사는 것이 아닌가? 그러므로 그는 아직도 살고 있어, 생각하고 기억하며 사랑하고 있지 않은가? 그렇다면 내 기도 중에 그를 계속 기억하고 부질없이 눈물만 흘리지 말고 그를 위하여 자비하신 하느님께 간청함으로써 그에 대한 사랑을 증명하지 말아야 된다는 이유가 어디 있단 말인가? 무덤을 파헤쳐 놓고 사랑하는 몸을 그곳에 묻는 것을 보면서 눈물 어린 눈으로 하늘을 향해 "하느님, 제가 사랑하는 이의 영혼에 평안함을 주소서." 하고 부르짖지 않을 그리스도인이 어디에 있겠는가?

개신교 신자들은 죽은 이를 위한 기도가 유효함에 대해서는 언급하지 않으면서 자기 마음의 소리에는 귀를 기울여 모든 인류가 알아듣는 사랑과 동정이라는 말로 이에 대답하고 있다. 죽어 간 벗의 말 없는 입술에서 그는 역경 중에 허덕이던 욥이 애원한 바로 그 간청을 또다시 듣는다. "여보게, 나의 벗들이여, 날 불쌍히 여기게나, 불쌍히 여기게나. 하느님의 손이 나를 치셨다네. 자네들은 어찌하여 하느님처럼 나를 몰아붙이는가?"(욥 19,21-22) 이러한 애원이 들리지 않는다는 것은 사람의 마음이 편견 때문에 사랑과 동정심을 잃은 적이 없다는 증거다. 영원한 세계로 가 버린 영혼들, 그리고 우리가 기도 중에 기억해 주기를 연옥에서 간청하는 영혼들에 대해서 우리는 확실히 이렇게 말할 수 있다. "그들은 우리 손이 닿지 않는 곳, 우리가 볼 수 없는 곳으로 가 버렸도다. 하지만 하느님께 감사하라! 그들은 결코 우리 사랑과 기도가 닿지 않는 곳에는 가 있지 않도다."

기본스 추기경은 50년 이상의 전교 체험에서 비롯된 아래와 같은 실화를 이야기한 적이 있다. "나는 일찍이 임종을 맞은 부친을 지극한 효성으로 간호하는 신앙 깊은 한 프로테스탄트 여인을 보았다. 그녀는 고민과 불안 속에서 밤을 새워 가며 아버지의 타는 입술을 적셔 드리기도 하고, 이마를 식혀 드리기도 하며 베개를 높여 드리기도 하였다. 증상의 일진일퇴를 따라 표정이 밝았다 어두웠다 하여 자식으로서 우러나오는 정을 숨길 길 없었다. 그러나 결국 아버지는 돌아가시고 말았다. 그 여인은 비록 가톨릭 신자는 아니었으나 관 옆에 서서 북받쳐 오르는 비애의 울음소리로 '주여, 아버지의 영혼을 불쌍히 여기소서!' 하며 부르짖었다."(제임스 기본스, 《교부들의 신앙》)

테니슨도 그리스도교 전통과 인간 마음에서 우러나는 자연적 그리움을 표현하여, 죽어 가는 영웅 아서 왕으로 하여금 그의 벗 베디베르에게 이렇게 말하게 한다.

나는 내 인생을 다 살았노라.

원컨대, 주님께서는 그 안에 내가 한 모든 것을 깨끗하게 하소서.

그러나 그대,

그대가 내 얼굴을 다시는 못 볼지라도, 내 영혼을 위하여 기도하오.

기도로써는 이 세상의 꿈도 꾸지 못할 일이 이루어지노니,

나를 위해, 그대 목소리

밤낮으로 샘솟아 주오(Morte d'Arthur, in The Best of Tennyson, p.606).

힘찬 교리

스토다드는 종교 진리의 확실한 빛을 찾아 어둠의 안개 속에서 허덕일 때, 때마침 어느 가톨릭 친구로부터 편지를 받고 연옥에 관한 교회의 아름답고도 이치에 맞는 교리를 암시받았다. 그에게 있어 가장 빛나고 도움이 된 이 편지는 사실을 아래와 같이 놀라울 만큼 명확히 말하고 있었다. "옛날의 어느 종교 체계를 보더라도 이것(연옥)과 비슷한 것이 없는 경우는 거의 없다. 이 불멸의 교리는 16세기 종교 혁명가들이 배척하도록 남겨진 듯하다. 그들이 가톨릭의 거룩한 미사와 그 밖의 성사를 부정했을 때, 연옥 교리도 도매로 넘겨 버렸다. 만일 죽은 이의 영혼이 즉시 영원히 고정된 상태로 들어가 우리 전구의 힘이 미치지 못한다면, 우리의 연미사(죽은 이를 위한 미사)도 기도도 이와 비슷한 신심 행위도 모두 헛일일 것이다. 그러나 이와 반대로 우리가 모든 성인의 통공을 믿는다면, 즉 삼중의 교회(승리 교회, 정화 교회, 순례 교회)가

서로 통공을 믿는다면, 지상에 있는 우리가 이미 죽어 저승에 간 영혼들에게 영향을 미칠 수 있고, 그들로부터 영향을 입을 수도 있다.

실상 천국에 즉시 들어갈 만큼 순결한 은총의 상태에서 세상을 버리는 이는 거의 없다. 그러나 죽은 이의 중간 집이라 할 수 있는 연옥이라는 고마운 피난처에도 들어가지 못하는 이는 더욱 없기를 바라고 싶다. 나는 개신교 신자들이 어찌해서 이 점에 관해서 오늘과 같이 고집할 수가 있는지 알 수도 없거니와, 그렇다고 그들이 연옥을 부정함으로써 여러 사람들이 지옥까지도 부정하게 된다는 사실에 대해서 놀라지도 않는다. 사실 지옥 교리는 이것만 따로 떼어 놓고 보면 참으로 괴상한 것이기에 말이다. 실상 가톨릭의 모든 교리는 서로서로 의존하고 있다. 그러므로 하나가 서면 모두 서고, 하나가 쓰러지면 모두 쓰러진다. 아치에서 돌 하나를 빼내고서도 아치가 서 있기를 바랄 수는 없다. 그렇게 될 수가 없는 까닭이다. 연옥은 생각해 낼 수 있는 개념 가운데 가장 인정미가 있고, 가장 아름다운 것이다. 죽은 망나니 아들 때문에 못 박힌 마음이 이 교리 덕분에 희망으로 위로를 받은 어머니가 얼마나 많을 것인가?"(Stoddard, Rebuilding a Lost Faith, p.155)

스토다드는 개종한 다음, 자신의 종교적 편력을 《잃었던 신앙의 재건 Rebuilding a Lost Faith》이라는 책으로 서술하였는데, 여기서 그는 자기 마음을 강하게 내리친 연옥 교리가 이치에 꼭 들어맞는 것이라고 밝혔다. "연옥에 관한 가톨릭의 교리를 보면, 사람이 죽은 후 그 영혼이 천국의 기쁨을 누릴 수 있게 되기까지 얼마 동안 단련을 받는 곳이 있다.

즉, 아직 용서를 받지 못한 소죄나 허물이 남아 있거나 대죄로 인한 영벌은 그리스도의 구원 공로로 용서를 받았지만, 그 대죄로 말미암은 잠벌이 남아 있는 까닭이다. 더욱 교회는 우리가 기도나 미사성제로써 그리스도의 공로로 인하여 이들을 도와줄 수 있다고 선언하고 있다. 교회의 공식 교리도 이 이상은 말하지 않는다. 연옥에 무슨 물질적인 불이 있는지 없는지는 가톨릭의 신앙 개조가 아니다. 일반적으로 믿는 것은 연옥에 있는 영혼은 영적 고통을 받는다는 것이다. 곧 그들은 잠시나마 누리지 못하는 완전한 행복에 대한 그리움을 이 세상에서는 결코 느끼지 못할 만큼 강하게 느끼면서, 한편으로는 그들이 이 세상에 사는 동안 천상 성부와 구세주를 거스르는 무수한 죄악이 얼마나 나쁜가를 통절히 깨닫는 까닭이다."

나는 여러 개신교 신자들이 공식 신조로는 연옥 교리를 믿지 않지만, 그러면서도 기도 때에는 죽은 가족을 자주 기억하고 있음을 잘 알고 있다. 또 어떤 열심한 개신교 부인이 대학을 졸업한 지 며칠 만에 자동차 사고로 죽은 아들을 위해서 날마다 기도한다는 말을 들은 적이 있다. 그 부인은 아우구스티노 성인의 글을 읽은 적도 없고 그 이름조차 들어 본 적이 없는 모양인데, 걷잡을 수 없는 마음의 그리움과 인간 본성에서 솟아나는 억제할 수 없는 본능으로 성인의 가르침을 알고 있던 것이다. "이 세상을 떠난 사람 중에는 자비하심을 전혀 입지 못할 만큼 악하지도 않고, 그렇다고 즉시 행복을 받아 누릴 만큼 착하지도 않은 이들이 있다."(De Civ. Dei., 21; 24)

우리를 떠난 형제들도 연옥 교리를 그리스도와 사도들의 가르침에 비추어 보아, 이치에도 맞고 권위도 있다고 깨닫는 이가 날로 증가하고 있다. 말록은 이렇게 관찰했다. "이것은 상선벌악의 신앙이 우리의 정의 개념과 합리 개념에 일치할 수 있는 유일한 교리임을 즉시 알 수 있다. 이것은 무슨 피상적인 미신이기는커녕 실로 이성과 윤리가 요구하는 바로 그것이라고 보아야 한다. 이를 믿는 것은 단지 지성의 승복일 뿐 아니라, 전숲 도덕 이념의 한 부분을 조화한 것이기도 하다."
(Mallock, Is Life Worth Living?, p.290)

요컨대 연옥 교리는 이성의 요구를 채우고 우리 본성의 본능적 갈망에 맞으며 그리스도와 사도들의 가르침을 반영하는 것이다.

실천

- 세상을 떠난 가족과 은인들을 위해서 미사를 청하기.
- 식사 후 기도문을 외울 때, 세상을 떠난 이들을 위한 기도도 포함하기.
- 날마다 기도 중에 세상을 떠난 이들을 기억할 것.

제35장
십자가의 길

그리스도와 함께 골고타로

그리스도께서 나서 살다가 죽으신 곳은 모든 그리스도인들이 항상 사모하는 곳이다. 이곳은 구세주의 추억으로 가득 차 있다. 그중에도 각별히 그리스도께서 십자가를 지고 골고타로 올라가신 길은 그리스도인에게 매우 거룩한 땅이다. 옛날에는 수많은 그리스도인들이 유럽으로부터 아시아로 건너와 이 거룩한 곳을 순례하였고, 거기서 주님의 수난을 묵상하며 골고타의 발자취를 더듬었다.

그런데 성지가 일단 이슬람교도들의 손에 넘어가자 예루살렘을 순례하기는 무척 위험하게 됐다. 포악한 정부와 야만스러운 백성들의 광신으로 말미암은 위험이 컸다. 그래서 팔레스티나까지 여행하던 열심한 순례자들은 그리스도께서 골고타로 걸어가신 광경을 표상하는 기념물을 다른 곳에도 세울 생각을 하게 되었다. 그들은 구세주의 수난을 생생하게 사실적으로 표상함으로써 묵상을 돕고자 했다.

15세기 초엽, 성지를 순례한 적 있는 열심한 도미니코 수도회 수사인 알바레스 복자는 스페인의 코르도바에 조그마한 경당을 쭉 지어 놓고, 경당마다 그리스도 수난의 주요한 장면을 그린 그림을 하나씩 붙였다. 15~16세기에 이르러서는 유럽 각국에 십자가를 지고 골고타로 걸어가는 그리스도의 수난을 재현하는 것들이 세워졌다. 이런 신심 행위는 즉시 모든 그리스도인의 마음을 크게 자극했다. 애초에는 처處의 숫자가 제각기 달랐다. 어떤 곳에는 열 곳을 세웠고, 어떤 곳에는 열둘, 어디는 열넷, 어디는 스물, 또 스물이 넘는 곳도 있었다. 그래서 교회에서는 이를 통일하기 위하여 열넷으로 정하고, 세계의 모든 성당에 14처를 마련하도록 했다.

몇 처의 그림은 성경에 기록된 공경을 그린 것이다. 그 외의 것은 성경에는 기록되어 있지 않으나, 1세기부터 입으로 전해 내려온 성전에서 뽑은 것이다. 성경에는 그리스도께서 세 번이나 넘어졌다는 말도 없고 베로니카가 예수님의 얼굴을 닦아 드렸다는 말도 없다. 이것은 모두 사도 시대로부터 유래된 쓰여진 증거와 쓰여지지 않은 증거에서 취한 것이다.

1694년 인노첸시오 12세 교황은 일찍이 팔레스티나의 성지를 순례하는 자에게 베푼 은사를 이제는 프란치스코회 회원과 이 수도원에 관계있는 이로서 열심히 십자가의 길을 행하면 그전 은사 그대로 얻을 수 있다고 선언했다. 곧이어 베네딕토 13세 교황은 이 은사를 모든 신자들에게 베풀었다. 이 은사는 대단히 큰 것이다. 박학한 신학자인 알스톤 신부는 이렇게 말한다. "십자가의 길보다 더 풍부하게 은사가 주어지는 신심 행위가 없고, '자신을 버리고 제 십자가를 지고 나를 따라야 한다.'(마태 16,24)라는 그리스도의 명령을 이보다 더 글자 그대로 순명하는 것도 없다."(《가톨릭 백과사전 Catholic Encyclopedia》) 1931년 비오 11세 교황은 그전까지의 모든 은사를 취소하고 다음과 같은 은사를 새롭게 반포했다.

1. 십자가의 길을 행함에 따라 전대사
2. ⑴ 영성체를 한 날 십자가의 길을 행하는 모든 이와,
   ⑵ 한 달 안에 십자가의 길을 열 번하고 한 번 영성체하는 이는 모두 전대사
3. 십자가의 길을 다 채우지 못하는 경우에는 처마다 10년과 40일 부분 대사(한대사)

십자가의 길을 행하는 방법

십자가의 길을 통해 은사를 얻으려면 어떻게 하면 되는가? 무슨 기도문을 외울 것인가? 엄격히 말하면 일정한 기도문이 정해져 있지 않다. 다만 그리스도의 수난을 묵상하면서 14처를 한 바퀴 돌면 된다. 각 처에 그려져 있는 장면을 묵상하면 더욱 좋지만, 그러지 못하면 그리

스도의 수난을 일반적으로라도 묵상하면 된다. 《가톨릭 기도서》는 초보자에게 각 처에 알맞은 묵상을 암시해 주고 있기 때문에 큰 도움이 된다. 그리고 각 처마다 성모송 같은 짤막한 기도문을 외우고, 사랑과 통회의 정을 드러내는 간단한 기도를 바치는 것도 좋다. 가령, "예수님, 저는 당신을 제 자신보다 더 사랑합니다. 제가 언제나 당신을 사랑하게 하시고, 다시는 당신을 배반하지 말게 하소서." 등의 기도를 하면 된다. 이 기도에 익숙해지면 5분이나 10분 동안에도 십자가의 길을 할 수 있게 된다.

바다에 있거나 병들어 누워 있거나, 그 밖에 여러 가지 사정으로 성당에 가지 못하는 이는 이 기도를 위해서 특별히 강복된 십자고상을 손에 들고 각 처에 한 번씩 주님의 기도와 성모송을 열네 번 외운 다음 주모경을 다섯 번 외우고, 또 교황의 뜻을 위하여 주모경을 한 번 더 외우면 같은 은사를 얻는다. 이 은사는 자기가 받을 수도 있고, 연옥에 있는 영혼에게 돌려줄 수도 있다. 이처럼 자모이신 성교회는 병약한 이들을 위해서는 그 규칙을 쉽게 함으로써 옛날에는 갖가지 위험과 어려움을 치르고 성지까지 멀고 험한 순례를 해야만 얻을 수 있었던 은사를 손쉽게 얻을 수 있도록 했다.

이 기도를 하면 은사 외에 또 무슨 이익이 있는가? 어떤 영적 효과를 얻는가? 영성 저술가들은 그리스도의 수난을 묵상하는 것보다 영혼에 유익한 묵상 제목은 없다고들 한다. 이는 비르지타 성녀의 생애에 일어났던 사건을 보아도 확실하다. 그리스도께서는 어느 날 손과 발과 옆구리의 모든 상처에서 피가 낭자하게 흐르는 모습으로 성녀에게 발현하셨다. 왜 이렇게 비참하게 되셨는가를 여쭈었더니 구세주는 이렇게 대답하셨다 한다. "이는 내가 십자가 위에서 모든 고난을 받기까지 하면서 드러낸 그 큰 사랑을 돌아보지 않는 이들로 인한 것이다." 우리 거룩한 구세주께서 당신 수난을 우리에게 생생하게 보여 주시는 미사성제를 세우심도 당신 수난을 영속하기 위함이다.

남을 위해서 고통을 받고 희생을 치렀는데도 이것을 그가 몰라준다는 것보다 더 고통스러운 일은 없다. 부모나 남을 위해서 갖은 고초를 다 겪은 이들이 겨우 배은망덕함을 맛볼 뿐이라면 얼마나 절통할 노릇이랴! 셰익스피어도 이 예스러운 경험을 이렇게 외쳤다. "뱀의 혓바닥보다도 날카로운 것은 비열한 배은망덕이리라!"

효험 많은 약

십자가의 길은 우리의 욕정을 진정시키는 약이다. 어떤 이가 사제에게 이렇게 말한 적이 있다. "신부님, 저에게는 정말 억제하지 못하는 성질이 있습니다. 조그만 일에도 금방 화가 머리끝까지 치밉니다." 사제는 이렇게 대답했다. "날마다 십자가의 길을 바쳐 보십시오. 그리고 예수께서 가장 심한 괴로움 중에 십자가상에서 죽어 가면서도 당신을 죽이는 자들을 위해 용서의 기도를 바치시는 12처에 오거든 잠깐 더 머물러 계십시오. 그러한 인내와 참고 견디어 내시는 모습을 보고도 화가 나거나 욕하고 싶은 마음이 일어나는지 보십시오."

그는 그 말대로 실천했다. 그리하여 자기의 죄악 때문에 티 없는 그리스도께서 십자가에서 죽으심을 상기했을 때, 아예 성을 내거나 욕할 마음이 없어졌음을 알았다. 십자가의 길은 그리스도의 명령을 글자 그대로 이행하는 것이다. "누구든지 내 뒤를 따라오려면, 자신을 버리고 날마다 제 십자가를 지고 나를 따라야 한다."(루카 9,23)

몇 해 전에 나는 시카고의 번화한 거리에 있는 오래된 성 마리아 성당으로 성체 조배를 하러 간 일이 있다. 저녁때였다. 각계각층의 남녀들이 직장에서 집으로 돌아가는 길에 성체의 주님께 인사를 여쭙는 것이었다. 기도하다 말고 잠깐 둘러보니, 십자가의 길을 바치는 사람의 모습이 눈에 띄었다. 그는 유명한 대법관으로 모든 이의 존경과 사랑을 받는 분이었다. 그가 성당에서 나올 때 나는 그를 붙잡고 날마다 산더미 같은 재판 사무에 시달리면서도 이 아름다운 기도를 할 시간을 마련하고 있음을 보고 감동했다고 말하자 그는 이렇게 대꾸했다. "신부님, 저는 법원에서 법률가들이 열변을 토하고 논쟁을 하고 저의 인내심을 시험하는 말투를 하루 종일 듣고 난 다음에도, 십자가의 길을 행하면 여기서 위안과 평화를 맛보게 됩니다."

참으로 십자가의 길은 분노의 해독제이고 음욕의 진정제이며, 악덕과 죄악의 예방약이다. 할 수 있으면 날마다, 그러지 못하면 적어도 한 주일에 한 번 십자가의 길을 행하도록 힘쓰는 것이 좋다. 그러면 저 위대한 인간 심령의 철학자 토마스 아 켐피스의 《준주성범》에 쓰여 있는 심원한 진리를 체험하게 될 것이다. "거룩한 십자가의 길과, 또 날마다 극기하는 길 외에는 생명으로 인도하고, 참다운 마음의 평화로 인도하는 다른 길이 없다. 네 뜻대로 어디든지 가 보고, 네가 원하는 대로 무엇이든지 찾아보아도, 거룩한 십자가의 길보다 더 고상한 길을 만나지 못할 것이요, 더 안전한 길을 얻지 못할 것이다."(토마스 아 켐피스,《준주성범》)

실천

- 없애고자 애쓰는 죄, 또는 허물에 대한 해독제로 십자가의 길을 바쳐 보기.
- 세계 평화를 위해서 십자가의 길을 바치기.
- 고해성사를 위한 준비로 십자가의 길을 바치기.

제36장

성심 공경의 이유

전 세계에 전파된 신심 행위의 기원과 발전

예수 성심 공경은 가톨릭의 두드러진 특징의 하나다. 이는 가톨릭 세계에서는 어디서나 볼 수 있으되, 가톨릭 밖에서는 찾아볼 수 없는 신심 행위다. 이 기원과 발전의 역사는 가톨릭 신앙의 생생한 성격을 드러내고 있으며 이 신심은 인류로 하여금 어느 시대를 막론하고 구세주 예수 그리스도께 대한 사랑과 존경심을 가장 감명 깊게 드러내는 방법이다. 이제 우선 이 신심 행위의 성격을 살핀 다음 이것이 전파된 역사를 더듬어 보기로 하자.

정말 이 신심 행위는 어떤 이들이 상상하듯이 구세주 몸의 심장, 곧 단지 생리학적인 하나의 기관을 공경하는 것인가? 천만의 말씀이다. 파리의 교수인 뱅벨J. Bainvel이 지적한 대로다. "예수 성심을 그저 그리스도의 몸의 고귀한 부분으로 공경한다고 여김은, 가톨릭 교회에서 인정하는 예수 성심 공경이 아니다." 실상 이 신심 행위는 예수께 대한, 특히 인류를 위한 그분의 사랑에 대한 신심의 색다른 형식일 뿐이다. 성심은 이 사랑의 상징이다.

문학이나 조각이나 그림에서 심장은 사랑과 애정의 상징으로 사용되고 있다. 그러기에 모든 것을 안아 들이는 그리스도의 사랑, 스스로 십자가에 죽기까지 드러낸 뜨거운 사랑에 관해서 무슨 말을 하게 되면, 으레 자애 넘친 그 마음에 관해서 말하게 됨은 지극히 당연한 일이다. 심장이 생리학적으로 정말 사랑의 바탕이냐 아니냐 하는 문제는 교회에서 심장을 사랑의 상징으로 쓰고 있음이 옳으냐 그르냐 하는 문제와는 아무런 상관도 없다. 교회에서 그렇게 허용한 것은 생리학자의 연구로 말미암은 것이 아니라, 현대 사회의 관습과 전통을 따른 것일 뿐이다.

힘찬 방법

성심 공경은 영원한 성자이신 그리스도의 전인격과 개성을 함축한다. 피를 흘리는 그분의 심장은 우리를 위하여 죽기까지 수난한 사랑의 상징이다. 뱅벨은 이 신심의 대상에 대해서 다음과 같은 똑똑하고도 놀라운 설명을 했다. "하느님의 착하심과 아버지 사랑의 살아 계신 발현이신 예수 그리스도, 끝없는 사랑과 찬미를 받으실 예수 그리스도, 그 사랑의 두드러진 표현 속에 나타나는 예수님이 바로 성심 공경의 대상이다. 실로 예수님은 그리스도교의 대상이다."《가톨릭 백과사전》이 설명에서 말한 바와 같이 인류를 구원하고자 십자가 형틀에 죽은 신인神人 그리스도를 참으로 믿는 사람이면, 아무도 예수 성심 공경이 이치에 맞지 않는다고 말할 수 없을 것이다.

  이 신심 행위가 구세주이신 성자께뿐 아니라, 전능하신 하느님께 대한 신자들의 사랑을 깊고도 굳세게 하는 힘찬 방법이 되고 있음은 자명하다. 이는 사람의 사랑을 드높이 솟아오르게 하여, 사랑의 직접적인 대상을 훨씬 초월하여 드디어 성삼위께서 그의 모든 자녀들에게 쏟아 주시는 사랑이 불타오르게 한다. 이는 인류를 위한 희생적인 헌신과 자아를 돌보지 않는 봉사 속에 뛰어드는 사랑이 사람의 마음속에 용솟음치게 해 왔다. 이는 "자녀 여러분, 말과 혀로 사랑하지 말고 행동으로 진리 안에서 사랑합시다."(1요한 3,18)라는 사랑을 낳아 왔다.

  요한 사도와 바오로 사도가 모두 그리스도의 구원의 사랑을 특히 강조하였지만, 그들 시대로부터 줄곧 교회 안에는 독생 성자를 주시기까지 세상을 사랑하신 하느님과 우리를 구원하고자 당신 생명을 버리기까지 하신 예수님의 사랑에 대한 신심 행위가 항상 있어 왔다. 엄격히 따지자면 이는 성심 공경은 아니다. 이는 그리스도의 심장을 우리를 위한 당신 사랑의 상징으로서 존경하는 신심이 아닌 까닭이다. 사실 처음 10세기 동안은 성심께 대한 특별한 신심 행위가 있었다는 역사적 증거는 없다. 이러한 신심 행위가 있었다는 틀림없는 증거는 11~12세기에 와서야 나타난다. 그때까지는 그리스도의 창으로 찔린 옆구리가 열심한 영혼들의 묵상의 대상이 되어 오다가 차차 상처 입은 심장을 공경하기에 이르렀고, 심장의 상처가 사랑의 상처를 상징하게 되었다.

성심 공경의 기원

성심 공경의 창시자 이름을 들 수는 없지만, 아마 베네딕토 수도회 아니면 시스테르시안 수도회에서 처음으로 성심 공경을 한 듯하다. 복음사가인 요한 사도의 축일에 제르트루다 성녀가 본 현시visio는 13세기 말엽에 이 신심이 널리 전파되는 데 박차를 가했다. 구세주 늑방의 상처에 머리를 기대기를 허락받은 그녀는 성심의 고동 소리를 들었다. 그녀는 구세주께 사랑받던 제자인 요한 사도께 물었다. "최후의 만찬 때 주님의 가슴에 머리를 기대셨으니, 그때에도 이러한 고동 소리를 들으셨습니까? 그럼 왜 진작 이를 일러 주시지 않으셨습니까?" 그때 요한 사도는 그 후 세상이 차가워져서 이 사랑의 불을 켤 필요가 있을 때까지 이 계시를 보류하여 두었노라고 대답했다.

13세기부터 16세기에 걸쳐 신심 깊은 많은 영혼들, 그중에도 특히 여러 수도 단체에서 이 신심을 실천했다. 다섯 상처(그중에도 심장의 상처가 가장 두드러진 것임)에 대한 신심은 간접적으로 성심 공경을 촉진시켰다. 그렇지만 그때까지 개인적 또는 적어도 사사로운 신심이었던 이 성심 공경을 공식적으로 인정하고, 이를 위한 축일을 마련하기는 요한 에우데스 성인의 현시가 있은 다음이었다. 1670년 8월 21일 성심의 첫 축일 미사성제가 장엄한 기쁨 속에 프랑스 렌 대신학교에서 거행되었다. 그제야 이 신심이 전체 그리스도교 세계에 전파될 때가 무르익은 것이다.

그러면 과연 이 특별한 사명을 위해 지존하신 분에게서 선택을 받은 이는 누구였던가? "하느님께서는 지혜로운 자들을 부끄럽게 하시려고 이 세상의 어리석은 것을 선택하셨습니다."(1코린 1,27) 마치 그리스도께서 당신의 종교를 전 세계에 전파하기 위한 인간적 도구로 어부를 선택하셨듯이, 여기서도 그분은 영적 자녀들 중에서 가장 낮고 가장 숨은 이를 뽑았다. 전능하신 하느님은 13세기에 그리스도의 성체 성혈 대축일을 제정하기 위한 수단으로 프랑스의 왕 루이 9세나 신학자의 으뜸인 토마스 아퀴나스 성인을 제쳐 놓고, 오히려 리에주 수도원의 겸손한 율리아나 수녀를 택하셨듯이, 예수 성심 공경을 제정하고 전파하기 위해서도 프란치스코 살레시오 성인 같은 교회 박사를 뽑지 않으시고 프랑스 파레 르 모니알 성모 방문 수도회의 이름도 알려지지 않은 마르가리타 마리아 알라코크 수녀를 택하셨다.

이름도 알려지지 않은 수녀

이 열심한 수녀가 계시를 받기 전에는 성심 공경에 관해서 알고 있었거나 적어도 이에 각별한 주의를 기울이고 있었던 것 같지는 않다. 요한 사도 축일에 그리스도께서는 전에 제르트루다 성녀에게 허락하셨듯이 마르가리타 마리아 알라코크에게도 당신 심장에 머리를 기대도록 허락하셨다. 그리고 그녀에게 전 세계에 당신 사랑의 기묘함을 알려 성심 공경을 하게 하라고 계시하셨다. 그녀가 누린 여러 발현 중에도 그리스도의 성체 성혈 대축일 8부 동안인 1675년 6월 16일에 있었던 발현은 '큰 발현'으로 알려지고 있다.

마르가리타가 제대 앞에 무릎 꿇고 기도하고 있을 때 그리스도께서 나타나셔서 당신 마음을 가리키며 이렇게 말씀하셨다. "사람들을 위해서 아무것도 남겨 두지 않고 몽땅 쏟기까지 사랑한 이 마음을 보라. 그 갚음으로써 내가 인류에게서 받은 것은 모욕, 불경, 독성, 그리고 냉대 등 배은망덕뿐이니라." 이리하여 주님께서는 마르가리타에게 성심 공경을 전파하고 신자들을 격려하여 인류의 죄악과 냉랭함을 보상하는 뜻으로 영성체를 하게 하고, 성심 공경에 자헌自獻하게 하기를 명하셨다.

이 발현과 계시의 소식은 특히 프랑스에서 이 신심이 전파되는 데 큰 도움이 됐다. 그렇지만 이는 얀센주의자와 일부의 성직자들에게 상당한 반대를 받았고, 또 얼마 동안 오스트리아 정부의 반대도 받았다. 교황청은 이 신심을 인가한다는 무슨 표시를 내려 달라는 간청을 여러 번 받았다. 그러나 로마는 들은 척도 하지 않았다. 1697년 방문회의 수녀들과 영국의 전 여왕 메리는 인노첸시오 12세 교황에게 예수 성심 공경을 위해 특별한 성무일도와 미사를 설정해 주기를 간청했다. 그러나 교황청에서는 이때에도 이 신심이 남용되어 그리스도의 사랑의 상징으로써 심장을 쓰는 것이 지나칠 염려가 확실히 있다 해서 이를 각하했다. 1707년 클레멘스 11세 교황도 같은 간청을 역시 각하했다.

로마는 서서히 움직인다

20여 년이 지난 후 베네딕토 13세 교황 때에 이전에 올라왔던 간청이 또다시 온 그리스도 각처로부터 쇄도하였다. 교황은 전례 성사성에 이를 조사하도록 명했다. 성성에서는 오랫동안 조사한 후 이 간청에 대해서 반대를 표명했다. 그동안 이 신심은 줄곧 전파되었으며, 뜻은 좋지만 극성맞은 신자들이 새로운 신심에 종종 덧붙이곤 하는 과장이나 미신이 전혀 없는 건전한 신심이 차차 밝아져 갔다. 수없이 간청을 되풀이한 결과 클레멘스 13세 교황은 다시금 전례 성사성에 이를 조사하기를 명하기에 이르렀다.

이때에는 이미 어려움이나 염려가 깨끗이 없어졌으므로, 드디어 1765년에 이 간청이 허락되었다. 그러나 이는 다만 몇몇 성당에만 한했으며 그나마 이 특전을 받으려면 특별 청원을 해야 했다. 1856년에 이르러 비오 9세 교황은 전 세계 교회의 간청에 못 이겨 이 축일을 온 성교회의 상급 duplex major 축일로 정하였다. 이는 파레 르 모니알 수도원에서 마르가리타에게 발현이 있은 지 거의 200년이 지난 때였다.

성심 공경의 기원과 그 발전 과정을 이처럼 볼 때, 두 가지 사실이 두드러지게 드러난다. 첫째, 새로운 신심에 대해서 교황청을 통하여 취하는 교회의 태도는 지극히 보수적이요 지나칠 만큼 삼가고 거의 의심하는 듯하다는 것, 둘째 이 신심 조사를 보류하는 동안 마르가리타 성녀가 받은 계시는 아무런 값도 없이 무시되었다는 점이다.

교회가 주로 마음을 두는 것

교회가 근본적으로 관심을 두는 것은 이 새로운 신심이 과연 그리스도와 사도들의 가르침과 일치하고 있으며, 또 종래 교회에서 하느님과 구세주께 드린 신심과 엇갈림 없이 조화를 잘 이루고 있는가 하는 점이다. 일단 이 새로운 신심이 종래의 교회 가르침과 완전히 부합하고 하느님의 영광과 신자들의 영적 생활을 향상시키는 데 크게 이바지하며 지나치게 과장될 위험이 전혀 없다고 밝혀진 다음에야 온 교회에서 이 신심을 행하도록 정식으로 인가한 것이다. 그러므로 이 신심이 어느 개인의 계시를 바탕으로 해서 태어난 것이라 말하는 것은 옳지 않다. 어떤 개인에 나타난 계시는 하나의 환상일 수도 있다. 마르가리타 성녀의 계시가 신자들 사이에 이 신심을 촉진시켰음은 사실이지만, 교회가 정식으로 인가한 것은 이 계시 때문이 아니고 이 신심이 교회의 전통적 가르침과 부합되었기 때문이다.

사실 교회가 마르가리타 성녀의 계시를 정식으로 조사시킨 것은 이 신심을 인가하고 난 다음이었다. 그나마 지극히 신중하게 조사한 다음에서야 이 계시를 정식으로 선언했다. 물론 교회의 불류성은 이런 종류의 문제의 결정과는 상관이 없는 것이다. 그럴지라도 가톨릭 신자든 아니든 교회가 이런 문제를 얼마나 신중하게 다루는가를 보는 사람들의 관심이 여기에 집중되고 있다. 그러므로 만일에라도 누가 마르가리타 성녀의 계시가 공상으로 꾸며 낸 것에 불과하다고 우길지라도, 이 때문에 성심 신심은 그 내적 진리와 영적 아름다움을 조금도 잃지는 않는다. 왜냐하면 이 신심은 궁극적으로 우리 구세주 예수 그리스도의 신성이라는 흔들릴 수 없는 기초 위에 서 있기 때문이다.

하느님의 손길

마르가리타 성녀를 성인품에 올린 교회의 결정은 곧 성녀가 창조한 이 신심을 한층 더 힘차게 인준한 셈이 된다. 오늘날 이 신심은 온 세계에서 널리 실천되고 있다. 예수 성심의 초상이나 그림 등의 것을 모셔 두지 않는 성당은 거의 없다. 꽁꽁 얼어붙은 알래스카의 눈 나라로부터 살을 태우는 이집트의 모래밭에 이르기까지 성심을 공경하는 기도나 노래를 읊조리지 않는 성당은 없다. 〈성심의 메시지〉라는 서른한 가지의 정기 간행물은 이 신심이 온 세상에서 풍부한 열매를 맺고 있음을 여러 나라 말로 외치고 있다. 미국의 〈성심의 메시지〉는 뉴욕시의 예수회 신부들이 출판하고 있으며 집집마다 받아 읽을 만한 책이다. 지난번 편집자인 루르크 신부는 나와 일리노이 대학생들에게 열렬한 강론을 들려주었으며, 우리는 이것을 깊이 기억할 것이다.

이 신심이 교회 안팎의 각계각층으로부터 반대를 받고, 또 교회가 정식으로 승인하는 데에 그렇게 오래 걸렸음에도 불구하고 그처럼 놀랍게 전파되어, 오늘날 온 세계의 모든 성당에서 이 신심을 실천하고 있음은 하느님 섭리의 뚜렷한 증거가 아닐까? 가톨릭 신자이든 아니든 마음을 터놓고 공평한 눈으로 이 힘찬 신심이 꿋꿋이 자라 온 사정을 더듬는 사람이면 누구나 이렇게 결론을 맺지 않을 수 없을 것이다. "정말 여기에 하느님의 손길이 있다." 너무나 신비롭고 이상적이라고 꼬집는 짓궂은 비평가도 있겠고, 정반대로 너무나 육체적이요 감각적이라고 하는 이도 있을 것이다. 우리는 이러한 비난이 너무나 지나치지 않는 이상 이에 대해서 바오로 사도가 로마 신자들에게 보낸 서간으로써 대답할 것이다. "아, 인간이여! 하느님께 말대답을 하는 그대는 정녕 누구인가?"(로마 9,20)

다른 신심 행위를 싱싱하게 한다

이제 이 신심의 아름다움과 사람의 마음에 미치는 심오한 영향을 고찰하기로 하자. 실로 성심 신심이야말로 그리스도를 불안과 고통에 싸인 우리의 인생살이와는 동떨어진 하나의 차갑고 공허한 추상抽象으로 몰아내기를(우리를 떠난 형제들의 교파에서 볼 수 있는 그리스도의 모습) 예방하는 데 큰 역할을 해 왔고, 그리스도를 신자들의 눈앞에 생생하게 살게 하며, 이분이 피할 수 없는 구세주이심을 명심하게 해 왔다. 성체성사에 대한 신심을 뜨겁게 하고 싱싱하게 하며, 자주 영성체하기를 독려하고 무수한 괴로운 영혼들로 하여금 주님께서 사시는 감실 앞에서 기도함으로써 용기와 힘을 얻게 해 주는 것이 바로 이 성심 신심이다.

전지전능하시며 영광과 모든 완전성을 무한히 누리시는 하늘과 땅의 창조자이신 하느님의 진짜 본성은 우리 눈이 꿰뚫어 볼 수 없는 신비라는 베일로 가려져 있다. 그러나 우리 사이에 거처하셨고 우리를 당신 친히 죽기까지 사랑하였으며 우리로 하여금 하느님의 정신과 마음을 가장 깊이, 가장 잘 통찰하게 해 주시는 예수 그리스도가 바로 강생하여 사람이 되신 하느님이시다. 우리 주님이신 성자로 말미암아 드러났고, 성자의 성심으로써 언제나 우리 앞에 상징되는 하느님의 사랑 속에 항구함으로써 우리는 최상의 상주자(常主者)이신 실재, 곧 하느님께 견고한 닻을 내리게 된다. 진실로 하느님이 없는 종교는 기껏해야 하나의 윤리로 시들어 버리거나, 아니면 아주 죽어 없어져 버릴 것이다.

명장 로버트

가톨릭이든 아니든 독자 여러분이 지금까지 말한 성심 신심에 따른 여러 가지 결과를 한층 더 똑똑히 이해하기에 도움이 되며, 이 신심의 아름다운 맛을 한층 더 깊게 느끼기에 도움이 되는 역사적 실례로, 지금까지 스코틀랜드 사람의 마음을 사로잡는 로버트 장군의 얘기를 소개하고자 한다. 그들은 이 용감한 장군의 얘기를 감명 깊은 시로, 산문으로, 노래로, 또는 얘기로 읊조려 가면서 그분의 심장을 공경하고 있다. 이를 여기서 잠깐만 소개하더라도 성심 신심을 이해하는 데 빛을 얻을 것이고, 내가 앞서 이 문제에 관해서 말한 모든 것은 잊더라도 이 얘기만은 잊히지 않으리라 여겨진다. 스코틀랜드 역사상 로버트 브루스 장군만큼 사람들의 입에 자주 오르내리는 이름은 없다고 해도 과언이 아니다. 그는 대담무쌍한 용사로서 조국의 자유를 위하여 인생을 온전히 바친 사람이다. 그는 아르질쇠이어에서, 브랜더 산고개에서, 스털링의 들과 배넉번 광야에서, 조국 방위의 눈물겨운 투쟁사를 불멸의 글로써 후세에 남겼다. 그러나 1320년 이 용맹스러운 장군도 드디어 카드로스에서 쓰러지고 말았다. 그 곁에는 그의 충성스러운 부장 더글라스가 무릎을 꿇고 있었다.

"더글라스여, 이제 브루스는 가오. 조국의 원수들의 얼굴에 미움을 쏘았고, 우리 용감한 스코틀랜드 장병들의 모습에 사랑을 쏟은 이 두 눈을 이제 아주 감아 버리리다. 깊숙한 산골짜기에서, 뾰족한 산꼭대기에서 우리 스코틀랜드 용사들을 불러 모으는 나팔을 분 이 입술을 이제 굳게 다물어 버리리다. 칼 뽑아 휘두르며 사랑하는 조국의 원수들의 피를 낭자하게 뿌린 이 손은 이제 힘없이 옆에 드리우리다. 하지만 더글라스여, 이 브루스가 죽거든 내 영혼이 향기 드높은 맛스러운 자유의 공기를 영원히 마시려 저승으로 떠나거든 내 심장을 가슴에서 도려내 주오. 그러고는 이것을 산 넘어 바다 건너 우리 주님께서 거니시던 거룩한 땅에 묻어 주기를 잊지 마오. 더글라스여, 일찍이 저 용감한 십자군이 이슬람교도들의 손아귀로부터 그리스도교 세계의 가장 거룩한 성전(우리 구세주 예수 그리스도의 거룩한 무덤)을 되찾아 낸 예루살렘 성 밖에 이 내 심장을 파묻어 주오."

움켜잡은 손에

정성을 기울여 브루스의 심장을 떼어 낸 더글라스는 이를 금 상자에 넣어 자기 가슴 안쪽에 넣었다. 그는 스코틀랜드 대장들과 더불어 이제는 이 세상을 떠난 지도자의 소원을 이루어 주기 위하여 팔레스티나로 떠났다. 가는 길에 그는 스페인을 거쳐서 가게 됐다. 때마침 스페인의 그리스도교인들은 무어인과 죽을힘을 다해 싸우고 있었다. 그들은 7세기 동안이나 바로 문턱에 불길한 그림자처럼 쫓아다니던 초승달 깃발의 위협을 일소해 버리고자 이를 악물고 싸워 왔던 것이다.

스코틀랜드 용사들은 스페인의 방위를 돕고자 지체 없이 싸움터에 나섰다. 처참한 싸움은 온종일 계속되었다. 갑옷과 칼이 부딪치는 소리, 군사들의 외마디 소리가 요란한 가운데 쌍방의 공격이 치열하게 벌어졌다. 초승달 깃발이 휘날리고 십자가가 먼지 속에 파묻히는가 하면, 금방 십자가 머리를 들어 햇빛과 입 맞추고 초승달 깃발이 마구 짓밟혔다. 쌍방이 서로 마지막 승리를 완전히 거둘 기회를 노려 가며 종일 싸우는 동안 전세는 엎치락뒤치락할 뿐이었다.

해가 기울어 햇살이 가무잡잡한 스페인 군인의 눈을 비추자 이들은 그만 기가 죽어 버렸다. 무어인은 때를 놓치지 않고 총돌격을 개시했다. 뒤로, 뒤로, 뒤로, 그들은 스페인군을 몰아쳤다. 더글라스는 즉각 위험을 느꼈다. 그때 그는 가슴에 손을 들이밀어 금 상자를 꺼내 높이 들었다. 그는 잠시 군사들의 눈앞에 이를 번쩍 보여 주고 나더니, 이를 무어인 사이에 내던지며 소리쳤다. "가자! 용사들아! 브루스의 심장을 구하자!"

두려움을 잊은 스코틀랜드 병사들은 미친 듯 날뛰며 무어인을 향하여 사자처럼 덤벼들었다. 앞으로, 앞으로, 이들은 무어인이 대열을 흐트러뜨리고 싸움터에서 뺑소니를 치기까지 돌격에 돌격을 거듭했다.

전세는 뒤바뀌었다. 그날 저녁 아라곤과 카스티야의 깃발이 드높이 승리를 자랑했다. 싸움이 가장 치열했던 곳의 시체를 치우는데 그 맨 밑바닥에 더글라스의 싸늘한 몸이 엎어져 있었다. 그런데 그의 가슴팍에 움켜쥔 채 굳어 있는 손에는 브루스의 심장이 든 그 금 상자가 쥐어져 있었다.

그 어떠한 위험도 그 어떠한 위기도 브루스의 심장을 구해 내려는 그들을 머뭇거리게 할 수 없었다. 우리는 이 용맹한 헌신적 행위를 들을 때마다 마음속에 깊은 감명을 받는다. 그리고 이런 말이 저절로 새어 나오지 않을 수 없다. 우리도 정열을 드러낼 기회만 있다면, 우리가 사랑하던 이의 마음을 구하는 데 어떠한 장애나 위험이 있다고 하더라도 그런 것쯤 극복하지 못하겠는가!

또 하나의 심장을 내던지다

몇 세기나 되는 오랜 시간의 장막이 걷혀졌다. 저녁놀 엷은 빛이 옛 유다의 산마루에 자리 잡은 예루살렘 성을 비추고 있었다. 다락방에는 주님께서 사도들과 함께 상을 받고 앉아 계셨다. 사도들은 바로 이 밤에 유다와 폭도들이 자신들의 스승을 잡으려 들이닥치리라는 소문을 들었다. 그런 만큼 그들은 이 밤이 스승과 함께 식사를 하는 마지막 날이 될지도 모른다는 예감에 사로잡혀 있었다. 그래서 은근히 스승의 마지막 유언을 기다리고 있었다.

기다리고 기다리던 때가 이르렀음을 제자들이 알아차릴 만큼 구세주의 아름다운 얼굴에는 침통한 빛이 역력했다. 이때 복음사가는 이렇게 말한다. "그들이 음식을 먹고 있을 때에 예수님께서 빵을 들고 찬미를 드리신 다음, 그것을 떼어 제자들에게 주시며 말씀하셨다. '받아 먹어라. 이는 내 몸이다.' 또 잔을 들어 감사를 드리신 다음 제자들에게 주시며 말씀하셨다. '모두 이 잔을 마셔라. 이는 죄를 용서해 주려고 많은 사람을 위하여 흘리는 내 계약의 피다.'"(마태 26,26-28) "너희는 나를 기억하여 이를 행하여라."(루카 22,19) 그리스도께서 이 존엄한 축성의 말씀을 하실 때, 빵과 포도주는 하느님이신 그분의 권능으로 말미암아 당신 스스로의 몸과 피로 변하였음을 가톨릭 신자들은 잘 알고 있다. 그런데 주님께서 사도들을 향하여 "너희는 나를 기억하여 이를 행하여라." 하신 명령은 여러분에게도 해당되는 말씀이 아니었던가? 주님께서는 그때 당신의 거룩한 심장을 온 세상 만백성에게 세상 구석구석까지 내던지신 것이 아니었던가? 사도들은 이 명령을 따라 이 성체의 심장을 코린토인, 필리피인, 콜로새인에게 또 멀리 메소포타미아와 리비아와 키레네 지방에, 또 그보다 더 멀리 그리스, 로마 제국까지 모시고 갔던 것이다. 뿐만 아니라 그들의 후계자들은 주님의 심장을 온 세상 방방곡곡에 모시고 있다.

    오늘에 이르러서는 에스키모들의 얼음 나라, 래브라도의 영원한 눈 나라로부터 터번을 머리에 감은 이들이 사는 사하라의 불덩어리 모래 나라에 이르기까지 이 심장이 던져져 있다. 또한 바로 이 심장이 유명한 파리의 노트르담 대성당에 모이는 이들에게뿐 아니라 쓸쓸한 벽촌의 초가집 성당에 모이는 이들에게도, 또 애리조나 평원의 주먹만 한 기와집 성당에 모이는 이들에게도 던져져 있다. 어찌 그뿐이랴. 덴마크의 날카로운 소리로 말하는 이들에게도, 라틴 계통의 부드럽게 흐르는 소리로 말하는 이들에게도, 아이슬란드의 광량한 해변에서 일하는 이들에게도, 남이탈리아의 포도밭이 우거진 햇살 좋은 언덕에서 일하는 이들에게도 이러한 같은 심장이 던져져 있다. 진실로 예루살렘의 한 다락방에서 그리스도의 손에서 비롯된 바로 그 성체의 심장은 19세기라는 창공까지도 넘어 오늘날의 미국 새 땅에까지 던져져 있다.

다만 성체의 심장은 무어인에게 짓밟히는 브루스의 심장과는 달리 불감증, 무관심, 차디찬 무시를 당하고 계시는 것이다. 그리스도의 심장을 구하는 것은 여러분의 본분이다. 사랑의 행위를 실천함으로써, 자주 영성체함으로써, 감실 속에 외롭게 갇혀 계시는 그분을 자주 방문함으로써 그리스도의 심장을 구출해야 할 의무가 있다. 만일 사람들이 성체의 심장으로부터 무진장 흘러나오는 축복과 은혜와 기쁨을 알기만 한다면, 이 세상에서 무관심이란 영영 사라져 버릴 것이다.

사랑의 도가니

제1차 세계 대전을 통해 태어난 아름다운 시 중에 〈도가니〉라는 제목의 시가 있다. 이것은 조국을 위하여 프랑스의 먼 땅에서 싸우는 페르시아 군대에 종군하고자 남편을 버린 젊은 아내를 그린 시인데, 그녀의 사랑이 바다를 건너 남편을 그리워하는 내용이다. 별을 사랑의 상징으로 삼아 아름답게 읊었으며 그녀의 모습은 이러하다.

> 밤마다 날이 가 버리려 할 즈음에는
> 나 문턱에 서서
> 머리 위 회색 하늘 속에
> 내 님에게 입맞춤을 무수히 무수히 던져 보내노라.
> 아, 자비로운 밤이여.
> 저 멀리 던진 내 입맞춤이 헛되이 되거든
> 그대 나를 위해 이를 별로 바꿔 주오.
> 님이 어디 계시든
> 반짝이는 별들이 눈에 띌 때마다
> 나 님에게 입맞춤을 님이 아시게끔 (Marjorie F. W.).

성체 안에 계시는 그리스도의 사랑은 여러분을 끊임없이 뒤쫓고 있다. 이 영원한 사랑은 교회 전례라는 융합의 과정을 거쳐 성체 등이라는 별로 표현되어 바삐 일하는 낮뿐만 아니라 고요한 밤중에도, 어두컴컴한 저녁에서부터 새벽 동이 트기까지 줄곧 그의 사랑과 현존의 표지로 성당에서 불타고 있다. 여러분이 하늘에 반짝이는 별을 볼 때 말없이 우리가 찾아오기를 고대하는 성체 등을 연상하지 않겠는가?

한 해 걸러 한 번씩 세계 각국에서 개최하는 성체 대회에 세계 방방곡곡으로부터 참가하는 수백만 명의 순례자들 틈에 적어도 정신적으로라도 참가하여, 이 세상의 무관심이라는 냉대를 받고 계시는 그리스도의 심장을 구하지 않겠는가? 이 세상 한복판에 내던져진 그리스도의 심장을 진정으로 구해 낸다고 입으로만 외쳐 댄다면, 여러분은 부끄럽지 않겠는가? 그렇다면 일요일이 아닌 여느 날에도 성체의 임금님을 자주 찾아뵙고, 영성체로써 거룩한 마음을 자주 우리 마음에 모셔야 하겠다. 그리고 집 안에 예수 성심의 그림을 장식하면 좋겠다. 또한 힘닿는 대로 비신자들에게 성심 공경을 설명하여, 이들도 성체의 임금님 대전에 무릎 꿇을 날이 오도록 힘써야겠다.

가려진 것이 벗겨지리라

드디어 죽음의 천사가 우리 눈을 감기고 우리 귀에 마지막 고향에 돌아감을 알리는 나팔 소리를 들려주러 올 때, 그때가 닥쳐오면 위기에 처해 있는 우리는 그리스도의 심장을 구해 낸 과거의 행위의 덕을 얼마나 보고 있는지 잘 알게 될 것이다. 그 심장은 마치 반짝이는 별처럼 어두운 골짜기로부터 우리를 안전하게 이끌어 내어 가장 높은 히말라야의 산맥을 넘어 영원한 낮의 나라로 인도할 것이다. 그때 우리 눈을 가렸던 것이 벗겨지고 성체 안에 있는 그리스도의 모습을 보게 될 것이다. 그러면 주님께서는 당신께서 구해 내신 우리를 당신의 영원한 품 안으로 이끄셔서 거룩한 심장의 고동 소리를 듣고 느끼도록 힘껏 껴안아 주실 것이다.

실천

- 우리 피조물에 대한 이루 말할 수 없는 하느님의 사랑에 관해서 자주 묵상함으로써 이 신심을 불태우기.
- 첫 금요일을 보속하는 뜻으로 지키기.
- 모든 이에 대한 하느님의 크나큰 사랑을 아이들에게 가르치기.

제37장

거룩하신 이름을 공경하는 이유

교회는 독성을 거슬러 싸운다

　모든 프랑스인의 마음을 끌어당기며, 해마다 세계 각처로부터 몇 천 명이나 되는 사람이 구경하러 오는 파리의 여러 인상 깊은 기념물 중 하나는 상이용사 회관에 있는 나폴레옹 보나파르트의 무덤이다. 이것은 유명한 건축가인 망사르의 손에 세워진 장엄한 돔 아래에 있는 것으로, 묘하게도 런던에 있는 성 바오로 대성당을 상기하게 한다. 중앙 지하실 둘레에는 경당이 있는데, 그 안에는 전 유럽을 프랑스의 말굽 아래 정복시키는 데 큰 역할을 했던 두 사람의 유해가 안치되어 있다.

　이들은 황제와 가장 가까운 협력자이니, 곧 황제의 형제들로서 하나는 스페인의 임금인 호세고 또 하나는 베스트팔렌의 임금인 제롬이다. 여기에는 또 두 명장, 곧 뒤렌과 보방도 묻혀 있다. 그렇지 않아도 군사적인 분위기를 한층 더 북돋아 주는 것은 이 돔의 한복판에 그려져 있는 그림인데, 이것은 왕인 루이 성인이 그리스도교 신앙을 위하여 싸운 칼을 구세주께 바치는 광경을 그린 것이다.

관람객들은 손잡이에 기대어 지하 묘지 속의 붉은 핀란드산 화강암으로 만들어진 석관을 굽어보게 되는데, 이 돌은 러시아의 황제인 니콜라스가 보낸 선물이며 이 관 속에는 나폴레옹의 유해가 들어 있다. 그의 유해는 황제였던 그의 유언에 따라 헬레나섬에서 프랑스로 옮겨졌던 것이고, 그 유언은 지하 묘지의 청동(靑桐) 입구에 새겨져 있다. "나의 재(유해)가 센강 둑 위에, 내가 그다지도 사랑한 프랑스 국민들의 한복판에 쉬기를 원하노라."

이 석관을 지켜보기나 하듯 열두 개의 거대한 초상이 서 있는데, 이것은 프랑스의 가장 위대한 이 용사의 두드러진 승리를 드러내는 것이다. 이 초상들 사이에는 적군의 손에서 빼앗은 54개나 되는 깃발이 진열되어 있는데 이는 각각 아우스터리츠, 예나, 이집트, 또 그 밖에 프랑스의 삼색기가 휘날렸던 싸움터에서의 나폴레옹의 승리를 상징하는 것이다.

웅변적인 상징

찢어지고 탄환 구멍이 뚫리고 죽어 가는 병정들의 피로 붉게 물든 이 깃발들은 프랑스 화랑도의 용맹스러움을 말없이, 그러나 웅변적으로 드러내며 나폴레옹의 무덤을 에워싸고 있다. 프랑스 국민들은 자녀들을 이곳에 데리고 와서 그들의 위대했던 조상의 기념물을 바라보게 하며 영광스러웠던 과거 군사적 용맹의 향기가 드높은 분위기에 마음을 흠뻑 적시게 하고 있다. 이 말 없는 무덤, 또 탄환 구멍이 뚫린 군기는 프랑스 젊은이들에게 빛나는 역사를 말해 주고 있다. 피바다의 싸움터에서 동포들이 이룩하여 놓은 용맹과 영웅심과 승리의 상징을 바라보는 프랑스 국민들은 이를 바라보면서 가슴이 힘차게 고동치고 눈이 빛나는 것이다.

그런데 이제 7월 14일, 프랑스 국민들이 혁명 기념일을 축하하는 날, 시민들이 모두 모여 위대했던 사람의 유해 앞에 머리를 숙인 채 찢어진 군기에 묵묵히 경의를 바치고 있을 즈음, 갑자기 어떤 폭도가 문을 박차고 이 지하 묘지에 돌입했다고 하자. 그러고는 어안이 벙벙해져 있는 군중들 앞에서 망치를 들기가 무섭게 석관을 내리쳐 산산조각을 냈다고 하자. 그뿐 아니라 나폴레옹의 군사들이 싸우다 죽은 싸움터에서 한사코 주워 모아 온 저 군기들을 낚아채서 갈기갈기 찢고 발로 짓밟았다 하자. 여러분은 이때 군중들이 이 괴한에 대해 격분에 못 이겨 치를 떠는 모습을 상상할 수 있을 것이다.

군중들이 이 모독자에게 몰매를 가한다 해도 누가 말릴 수 있겠는가? 셰르부르에서 마르세유에 이르기까지 전 국민이 모두 들고일어나 영광스럽게 죽은 이의 명예와 기념물을 모독한 이자를 가루로 만들어도 시원하지 않다고 아우성치는 소리를 상상할 수 있을 것이다. 국민들은 한 목소리로 외칠 것이다. "지난날 거룩했던 우리 국가의 상징을 모독하는 자는 곧 프랑스의 모든 아들딸들을 모욕하는 자다. 이것은 그냥 폭행죄가 아니다. 이것은 독성죄다. 실로 기사적 정신이 골수에 사무친 우리 국민들이 영원히 받드는 기념물에 대한 모독이요, 독성이다."라고.

말로 된 초상

이 무덤이나 군기가 이러한 명예와 존경을 받는 근거는 무엇인가? 무덤이라야 겨우 하나의 화강암 덩어리요, 군기라야 누더기 헝겊 조각이 아닌가? 분명히 그렇다. 그러나 그것만은 아니다. 이것은 프랑스 병사들의 힘과 용맹의 상징이다. 이것이 이러한 존경을 받아 마땅함은, 실로 이것이 프랑스 국민들에게 상징하는 '그것' 때문이다.

말도 역시 상징이다. 이것은 사상과 인격과 사물의 말로 된 초상이다. 말을 존중하는 바탕은 이 말이 상징하는 실재성에 있다. 그런데 사람이 바칠 수 있는 가장 큰 존경을 받으실 분은 구세주 예수 그리스도이시다. 그분은 하느님의 존엄을 비추는 불멸의 거울이시다. 그리스도는 골고타의 십자가 위에서 죽으심으로써 온 세상을 그 죄의 결과로부터 구해 주신 강생하신 하느님으로서 모든 인류의 사랑과 영광과 존경을 독차지하기에 마땅한 분이시다.

예수라는 이름은 그리스도의 사람 되심의 상징이요 말로 된 초상이니만큼, 그 거룩한 이름은 우리 인류의 마음속에 깊이 모셔 받들어져야 마땅할 것이며, 인간의 입술로부터 나올 수 있는 가장 높은 존경을 받아야 함이 당연하다. 거룩한 이름을 공경하는 것은, 곧 예수 그리스도 그분을 존경하는 것이다. 거룩한 이름을 모독함은, 곧 그리스도 그분을 모욕함이다.

거룩한 이름을 욕되게 하는 이들 중에는 이 이름이 하느님으로서 사람이 되신 예수 그리스도 바로 그분의 사람 되심의 상징이고, 그림이나 초상과 마찬가지로 구세주를 표상하는 것임을 깨닫지 못하고 함부로 말하는 이가 많을 것이다. 그림이나 초상은 그리스도를 더욱 감각적이고 생생하게 표상한다. 사실은 거룩한 이름도 이것들과 다름없는 상징임에 틀림없다. 오히려 거룩한 이름이 한결 더 참되고 한층 더 친밀한 상징이다. 만일 사람들이 예수의 거룩한 이름을 모독함이 바로 그리스도 그분께 대한 불경죄를 범하는 것임을 좀 더 똑똑하게 깨닫기만 한다면, 적어도 그리스도인이라고 자칭하는 이들 중에는 이러한 불경죄를 범하는 이가 아무도 없을 것이다. 그러므로 쉬운 실례를 들어 뚜렷이 알 수 있을 만큼 설명하고자 한다.

실례

무대는 시카코의 아름다운 '거룩한 이름 대성당'이다. 이 성당은 구세주 예수 그리스도의 거룩한 이름을 공경하는 크나큰 이상을 그리스도인들의 눈앞에 영원히 드높이고자 세운 것으로, 신자들이 대단히 많이 모이는 성당이다. 이제 추기경이 두 분의 보좌 주교와 복사들을 거느리고 수단에 중백의를 입은 시종들을 앞세우고 막 제대에 다다랐다.

그런데 갑자기 어떤 사람이 큰 쇠망치를 들고 나타나더니, 중앙 제대 난간에 달려가 난간 문을 박차고 제대에 뛰어올랐다. 성직자와 평신도들이 모두 놀라 당황하는 중에 그는 망치를 휘둘러 십자가와 그리스도의 초상을 마구 내리쳐 부수어 버리고 발로 짓밟으며, "너희들의 하느님인 예수 그리스도가 이 모양 이 꼴이다."라고 외쳤다고 하자.

여러분은 성직자들과 신자들이 이러한 독성을 보고 두려움에 떨어 기절해 버리는 모습을 상상할 수 있을 것이다. 그리고 이 소식을 들은 전 세계 교회가 얼마나 들끓을지도 상상할 수 있을 것이다. 신앙생활에 미지근하고 태만하였던 이들까지도 이 소식을 듣고는 의분이 불타올라 자기도 모르게 두 주먹을 불끈 쥘 것이다. 그리스도인으로 말하면 나폴레옹의 무덤과 군기에 대한 모독은 십자가 위에 죽어 가는 그리스도의 초상에 대한 독성죄에 비할 바가 못 되는 것이다.

얼마나 다른가?

분명히 어떤 그리스도인이라도 비록 아무리 무관심한 이라고 할지라도 이러한 독성에 악의가 있음을 모를 수 없을 것이다. 누구라도 이처럼 무서운 모독죄를 범할 바에야 차라리 어떠한 괴로움이라도 즐겨 참아 받겠다고 나설는지도 모른다. 그런데 이 행위가 예수의 거룩한 이름을 모독하는 행위와 도대체 얼마나 그 성질이 다른 것인가? 하나는 손으로 새긴 그리스도의 초상彫像을 짓밟는 행동이요, 하나는 말로 된 구세주의 초상言像을 욕하고 모독하는 것이다.

전자는 사람의 손이 조각한 상징이고, 후자는 하늘에 계신 지존하신 분이 만드신 상징이다. 이것은 천사가 복되신 동정녀께 계시한 이름이다. 이것은 그 아기가 어머니의 배 속에 잉태되기에 앞서 전능하신 하느님께서 골라 주신 이름이다. "이제 네가 잉태하여 아들을 낳을 터이니 그 이름을 예수라 하여라."(루카 1,31)

손으로 새긴 상징이라 해서 말로 된 상징보다 표현이 낫고 뜻이 깊은 것도 아니다. 예수라는 이름은 구세주라는 뜻이요, 이 세상에서의 그리스도의 사명을 드러내시고자 전능하신 하느님께서 마련하신 이름인 까닭이다. 천사는 마리아에게 이렇게 선언했다. "마리아가 아들을 낳으리니 그 이름을 예수라고 하여라. 그분께서 당신 백성을 죄에서 구원하실 것이다."(마태 1,21)

그리스도의 조각된 초상을 공경함은 이성이 명하는 것이다. 그러나 거룩한 이름을 공경하는 것에 관해서는 단지 이성뿐 아니라 전능하신 하느님께서 친히 바오로 사도의 말을 빌어 우리에게 명하시는 바이다. "당신 자신을 낮추시어 죽음에 이르기까지, 십자가 죽음에 이르기까지 순종하셨습니다. 그러므로 하느님께서도 그분을 드높이 올리시고 모든 이름 위에 뛰어난 이름을 그분께 주셨습니다. 그리하여 예수님의 이름 앞에 하늘과 땅 위와 땅 아래에 있는 자들이 다 무릎을 꿇고 예수 그리스도는 주님이시라고 모두 고백하며 하느님 아버지께 영광을 드리게 하셨습니다."(필리 2,8-11)

실질적인 차이는 없다

그러므로 우리가 "하늘에 계신 전능하신 하느님께서 선택하신 이름, 사람의 입술에서 발할 수 있는 가장 거룩한 이름을 모독하고 모욕함으로써 짓밟는 행위와 그리스도의 초상을 때려 부수고 짓밟는 행위 어느 편이 더 악의가 있느냐?" 하는 문제를 냉정하고 진지하게 따진다는 것은 결코 말장난이 아니고, 말도 되지 않는 것을 억지로 비교하려는 것도 아니다. 다만 이 두 행위가 악질적이라는 데에 있어서는 실질적으로 두 행위에 아무 차이가 없다는 것만은 분명하다. 만일 억지로라도 차이가 있다고 우긴다면, 세상에서 태어난 신격의 상징보다는 천상에서 비롯한 상징인 예수라는 이름을 모독하는 것이 한층 더 악질적이라 하겠다. 왜냐하면 예수의 거룩한 이름에 대해서는 '하늘과 땅 위와 땅 아래에 있는 모든 것이 예수의 이름을 받들어 무릎을 꿇어야' 하는 까닭이다.

우리는 모두 다소나마 감각이라는 폭군의 희생이 되어 있다. 그러므로 감각으로 느낄 수 없고 다만 지성으로만 깨닫는 실재에 의해서보다는 눈으로 보고 손으로 만지는 것에 의해서 쉽게 인상을 받게 마련이다. 따라서 말로 된 초상 속에서는 구세주를 눈으로 볼 수 없고 다만 추리에 의해서만 그 상징 뒤에 신격이 있음을 깨닫게 되는데, 이런 추리를 하지 못할 만큼 둔한 사람이라도 조각된 초상에서는 그리스도의 모습을 볼 수가 있다는 말이다.

그런데 일단 이 놀라운 상징의 뜻을 이해하여 이 거룩한 이름이야말로 바로 예수 그리스도의 말로 된 초상임을 깨닫기만 하면 예수의 거룩한 이름을 모독하는 죄도 그리스도의 조각된 초상을 유린하는 죄에 못지않게 큰 죄라고 할 수 있음을 깨달을 것이다. 따라서 그리스도인으로는 후자보다 전자가 낫다고 변명하는 말은 이해하기 어렵다. 지금까지 길게 말한 바와 같이 거룩한 이름은 바로 예수 그리스도 그분의 상징이며, 말로 된 초상임을 거듭 밝혀 둔다. 거룩한 이름을 모독하는 죄는 필경 이 사실을 깨닫지 못한 탓이기에 이 죄악이 얼마나 큰지를 똑똑히 깨닫기만 한다면, 아마 이 죄악을 범하는 이도 훨씬 줄어들 것임을 확신하는 까닭에 거듭 말하는 것이다.

거짓 증언을 하지 마라

사실 사람들 중에는 원숭이처럼 남이 하는 일이면 무엇이든 흉내를 내어 독성죄를 범하는 사람이 있다. 어떤 이가 주정뱅이고 바람둥이고 모독꾼이라 해서 모두가 다 그런 죄악의 노예가 되어야 한다는 근거는 없다. 상스럽고 외설스러운 욕을 입에 담는 이는 교양이 부족할 뿐 아니라 인격까지도 없는 자라는 증거임을 청년들은 특히 명심해야 한다. "마음에서 넘치는 것을 입으로 말하는 법이다."(루카 6,45) 주님의 말씀이다. 분별없이 남이 한다 해서 독성의 습관에 젖어 버린 청년이라도 이것이 전능하신 하느님을 얼마나 모욕하는 행동인지를 깨닫기만 한다면 즉시 이 악습을 고칠 것이다.

이제 우리는 인간 이성으로 이 문제를 따지지 말고, 성경 말씀이 하느님과 그 성사(우리 주 구세주)의 이름을 공경해야 할 의무를 얼마나 강조하는지를 살펴보기로 하자. 탈출기에 실려 있는 하느님의 계명은 이러하다. "주 너의 하느님의 이름을 부당하게 불러서는 안 된다. 주님은 자기 이름을 부당하게 부르는 자를 벌하지 않은 채 내버려 두지 않는다."(탈출 20,7) 이 금령의 첫 부분은 십계명 중의 둘째 계명이다. 이는 하느님과 거룩한 사물에 대해서 공경스레 말하기를 명하는 계명이다.

이 말씀은 후렴처럼 구약 성경에 빈번히 나오는 말씀이다. 예컨대 에제키엘서에는 이런 말씀이 쓰여 있다. "나는 내 백성 이스라엘 한가운데에서 나의 거룩한 이름을 드러내어, 다시는 나의 거룩한 이름이 더럽혀지지 않게 하겠다. 그제야 민족들은 내가 주님임을, 이스라엘에 있는 거룩한 이라는 것을 알게 될 것이다."(에제 39,7)

그리스도, 기름 부음을 받으신 분

구세주의 일생과 가르침을 써 놓은 신약 성경을 읽어 보면, 예수라는 이름의 거룩함과 권능과 공경받을 성격이 한층 더 강조되고 있음을 알 수 있다. 예수라는 이름에 '그리스도'라는 이름을 덧붙였는데, 이는 '기름 부음(도유)을 받은 자'라는 뜻이다. 이 칭호는 직책과 명예를 표시하는 것이다. 구약 시대에는 사제와 예언자와 임금에게 기름을 발라, 이들이 하느님과 인간 사이에서 특별한 구실을 하는 이로서 부르심(성소)을 받았음을 뜻하는 관례가 있었다. 우리 구세주는 사제이며 예언자이며 임금이라는 세 가지 구실을 맡기 위해 이 세상에 오셨다. 그러나 그분에게는 사람이 기름을 바르지 않고 하늘이 발라 주었다. 이 사실은 예언자의 말씀으로 명백하다. "하느님께서, 당신의 하느님께서 기쁨의 기름을 당신 동료들에 앞서 당신에게 부어 주셨습니다."(시편 45,8)

주님의 이름을 기도 중에 부르는 효과는 친히 명백하게 말씀하신 것이다. "너희가 내 이름으로 청하는 것은 무엇이든지 내가 다 이루어 주겠다. 그리하여 아버지께서 아들을 통하여 영광스럽게 되시도록 하겠다. 너희가 내 이름으로 청하면 내가 다 이루어 주겠다."(요한 14,13-14) 사도행전에는 그리스도의 이름으로 간청하는 효과의 두드러진 실례가 쓰여 있다. "베드로와 요한이 오후 세 시 기도 시간에 성전으로 올라가는데, 모태에서부터 불구자였던 사람 하나가 들려 왔다. 성전에 들어가는 이들에게 자선을 청할 수 있도록, 사람들이 그를 날마다 '아름다운 문'이라고 하는 성전 문 곁에 들어다 놓았던 것이다. 그가 성전에 들어가려는 베드로와 요한을 보고 자선을 청하였다. 베드로는 요한과 함께 그를 유심히 바라보고 나서, '우리를 보시오.' 하고 말하였다. 그가 무엇인가를 얻으리라고 기대하며 그들을 쳐다보는데, 베드로가 말하였다. '나는 은도 금도 없습니다. 그러나 내가 가진 것을 당신에게 주겠습니다. 나자렛 사람 예수 그리스도의 이름으로 말합니다. 일어나 걸으시오.' 그러면서 그의 오른손을 잡아 일으켰다. 그러자 그가 즉시 발과 발목이 튼튼해져서 벌떡 일어나 걸었다. 그리고 그들과 함께 성전으로 들어가면서, 걷기도 하고 껑충껑충 뛰기도 하고 하느님을 찬미하기도 하였다."(사도 3,1-8)

다른 이름으로는 못 한다

후에 베드로와 요한은 한나스와 카야파와 모든 제관의 족속들에게서 "당신들은 무슨 힘으로, 누구의 이름으로 그런 일을 하였소?"(사도 4,7)라는 질문을 받았다. 이에 베드로는 지체 없이 대답했다. "백성의 지도자들과 원로 여러분, 우리가 병든 사람에게 착한 일을 한 사실과 이 사람이 어떻게 구원받았는가 하는 문제로 오늘 신문을 받는 것이라면, 여러분 모두와 온 이스라엘 백성은 이것을 알아야 합니다. 나자렛 사람 예수 그리스도의 이름으로, 곧 여러분이 십자가에 못 박았지만 하느님께서 죽은 이들 가운데에서 다시 일으키신 바로 그분"(사도 4,8-10)입니다. 또 그는 십자가에서 죽으신 그리스도를 따르는 모든 이들이 영원히 명심해야 될 인상 깊은 말씀을 덧붙였다. "그분 말고는 다른 누구에게도 구원이 없습니다. 사실 사람들에게 주어진 이름 가운데에서 우리가 구원받는 데에 필요한 이름은 이 이름밖에 없습니다."(사도 4,12)

그러므로 하느님과 그 성자의 이름을 공경함은 근자에 일어난 일도 아니고 사람이 만들어 낸 것도 아니다. 이는 지존하신 분이 명령하신 것으로 역대 예언자들이 계속 되풀이한 것이고, 그리스도와 사도들의 말씀 중에 그 표현이 정점에 이른 하느님의 계명이다. 로마 교외에 있는 성 갈리스토의 지하 묘지를 방문하는 사람은 그곳 순교자들 무덤 위의 부드러운 석회석에 예수라든가 그리스도라는 거룩한 이름이 새겨져 있음을 볼 것이다. 로마 원형 극장에서 그리스도인들이 겪은 처절하고 잔인한 시련을 묘사한 처음 4세기 동안의 기록 문헌을 보면 그들은 결백한 몸으로 억울한 죽음을 당하면서도 얼굴에 미소를 짓고, 예수의 거룩한 이름을 부르면서 숨졌다고 한다.

입술에 달다

세기를 이어 교회는 줄곧 그 신자들 앞에 교회의 신적 창설자의 빛나는 이름을 드높여 왔다. 교회는 이 거룩한 이름을 성당의 모퉁잇돌과 제대에 새겼으며, 죽은 이의 머리맡에서도 이 이름을 불렀다. 미사 기도문 중에 가장 자주 외우는 것이 이 이름이요, 성사를 집행하는 데 가장 많이 외우는 것도 이 이름이다. 예수의 거룩한 이름은 귀에는 아름다운 가락이요, 입술에는 다디단 꿀이다. 교회는 신자들에게, 특히 위험을 당할 때에 이 거룩한 이름을 자주 외우기를 권장한다. 가톨릭 교회에 들르는 이들이 미사 때 가장 자주 듣게 되는 성가에도 성명聖名을 찬미한 노래가 많은 자리를 차지한다.

> 예수님, 제 가슴에 벅차는
> 당신의 다디단 그리운 이름
> 당신 품에 안겨
> 그 얼굴 보기는 더욱 맛스러워라.
> 아, 인류의 구세주여.
> 당신의 복된 이름보다도 단 소리는,
> 아무 목소리도 노래하지 못하며,

어느 마음도 꾸며 낼 수도 없으니

아무도 더 맛스러운 소리를 들은 적이 없음이로다.

마지막 말씀

　구세주와 그 거룩한 이름에 대한 신심과 사랑은 모름지기 모든 그리스도인의 가슴에 불타올라야 하겠다. 필자는 여기서 학식이 깊은 도미니코회의 칼란C. J. Callan 신부가 말한 감명 깊은 실례를 소개하고 싶다. 어느 젊은 가톨릭 신자가 뉴욕의 한 병원에서 수술을 받으려고 수술대 위에 누웠을 때였다. 의사와 간호사들이 수술 준비를 마치고 둘러섰다. 주치의는 환자의 어깨에 부드럽게 손을 얹으며 말했다. "솔직히 말씀드리는데, 당신의 병명은 설암입니다. 그래서 생명을 구하려면 부득이 혀를 잘라 내야 합니다. 수술한 다음에는 말씀을 하지 못하실 테니, 하실 말씀이 있으시거든 지금 말씀하십시오."

　청년은 세상이 무너지는 것 같았다. 얼굴이 창백해지고 경련이 일어났다. 입가가 일그러졌다. 하지만 그는 마음을 가라앉히고 둘러서 있는 이들을 바라보며 침착하게 이렇게 말했다.

　"예, 그럼 마지막 말을 남기겠습니다. 아, 예수의 거룩하신 이름이시여 찬미받으소서."

　주치의는 나중에 이 말을 하면서 그가 일생 동안에 들은 가장 힘찬 설교였으며 죽는 날까지 명심할 말이라고 했다. 참으로 이 이야기는 우리나라의 모든 사람들에게 들려주고 싶은 이야기다.

사실 교회는 그저 입술만 움직이는 것이 거룩한 이름을 공경하는 이상적 태도라고는 여기지 않는다. 교회는 이 이상을 행위와 생활로 옮기고 있다. 곧 몇 백만 명이나 되는 사람들이 '성명회聖名會'라는 커다란 조직체에 가입하고 있다. 이 단체는 미국에서는 실제로 어느 본당에나 있는 것으로, 첫 목적은 거룩한 이름을 공경하기를 가르치고 그 모독을 방지하는 데 있다. 그런 만큼 모든 신자들은 이 강대한 군대의 군사가 되어 예수의 거룩한 이름을 군기에 그려서 받들고, 거룩한 이름을 삼가 공경하는 모범이 되어야 하겠다.

성명회

전에 시카고에서 열린 성체 대회에 관련된 모임 가운데 가장 인상 깊었던 것은 아마 성명회가 주최한 회합이었을 것이다. 이 모임은 밤에 군인회장軍人會場에서 개최되었고, 미국은 물론 외국에서도 많은 사람이 모여 그 수효가 40만 명이 넘어 거룩한 이름에 대한 존경심과 신심을 세계에 자랑하였다. 커다란 등불을 모두 끈 채 회원들이 그리스도께 대한 살아 있는 신앙과 거룩한 이름에 대한 존경의 상징으로 오른쪽에 촛불을 켜 높이 들었을 때 이 모임은 절정에 이르렀다. 그리고는 일제히 다음과 같은 성명회의 선서를 제창했다.

"그분의 지존하신 이름으로 인하여 저는 거짓 증언과 모독과 독성과 부정한 말 등을 피하기로 맹세합니다. 저는 일생을 예수님의 거룩한 이름에 영광을 드리기로 봉헌하며, 죽기까지 이 맹세를 충실히 지키도록 그분의 도우심을 구합니다."

 거의 50만 명에 가까운 이 거대한 무리의 제창은 천지를 진동하여 시카고의 먼 곳까지 그 소리가 들렸었다. 어두운 밤에 빛나는 무수한 촛불과 지축이 흔들리는 듯한 선서의 뇌성을 비신자인 신문기자들이 묘사해서 다음 날 아침 신문에 보도하였다. 그들은 이것이 서반구, 혹은 아마 전 세계에서 지금까지 일찍이 없었을 만큼 감격적이고 인상적인 신앙의 시위였다고 보도했다.

불변의 살아 있는 실재

 이처럼 인상 깊은 신앙의 공적 지위(이는 어떠한 경우에는 적절하고도 건전한 것이다.)는 교회에서 즐겨 하고 있지만, 교회가 한층 더 관심을 기울이는 것은 각자가 신앙의 이상을 사적인 생활 속에 맞갖은 말과 행위로써 실천에 옮기느냐 하는 점이다. 말이나 맹세뿐 아니라 실천을 요구하는 것이다. 적어도 가톨릭 신자라면 그 누구를 막론하고 하느님과 성자 예수 그리스도에 대해서 존경스레 말해야 할 것이다. 교우라는 이들이, 독성죄에 젖을 만큼 타락하리라고는 생각하기조차 괴로운 일이다.

 한 태양 아래에서 온갖 말을 쓰는 이들로 이룩된 10억이 넘는 교우들 중 단 한 명이라도 일상적인 언어 행위에 경신과 순결을 지향하라는 교회의 가르침을 실천하기를 잊는 일이 있어서는 안 되겠다. 하느님과 성자 구세주의 거룩한 이름을 존경하기를 교회가 거듭거듭 강조하고 있음도 사실 이 불변의 실재에 대한 내적으로 살아 있는 신앙의 외적 표현에 지나지 않는 것임은, 교회 안의 신자들뿐 아니라 교회 밖의 비신자 여러분도 이해할 줄로 여긴다.

오늘날에는 이른바 자칭 그리스도교라는 교회의 설교단에서도 하느님을 먼 하늘 저편에 있는 어떤 희미한 존재나, 또는 '우주의 한 체계'로서 우리가 닿을 수 없는 우주 저쪽 끝에 있어 실제로는 아무 구실도 못 하는 버려진 비인격적인 어떤 에너지라고 설교하는 곳이 많다. 그런가 하면, 어떤 목사는 하느님이 계시다는 것조차 확실하지 않은 듯 말하고 있다. 이런 목사들은 그리스도를 제1세기에 팔레스티나에 살았던 유다인 도덕가로, 따라서 아무런 신적 모습도 없는 사람이라 설교하고 있다. 이렇게 맥 빠지고 기죽은 예배당에 다니는 이들은 자모이신 성교회가 하느님과 그리스도를 시대에 뒤떨어진 신화나 하늘에 쳐진 거미줄처럼 희미한 존재가 아니라, 생생하고도 영원한 실재로서 '숨 쉬는 것보다도 가깝고, 손발보다도 가까운 존재'이며 엄연히 존재하시는 분이라고 가르치는 것을 들을 때 얼마나 생기가 돋고 가슴이 벅찰 것인가!

그리스도교 세계에 있어 위대한 역사적 성교회가 21세기와 1세기가 직결된 유일한 교회로 하느님과 그리스도를 우리 사랑과 흠숭의 대상이며 우리의 모든 말의 보이지 않는 증인이며 소리 없는 영혼의 나라에서 움직이는 온갖 생각과 포부까지도 목격하시는 분이라고 가르치는 것을 볼 때 그들은 얼마나 큰 위로를 받을 것이랴! 우리가 내민 손을 받아들여서 함께 짙은 안개 속을 헤매는 이 세상을 향하여 부르짖지 않겠는가! "우리 하느님, 우리 성부, 우리 주 구세주 예수 그리스도는 지금도 사시고, 영원히 살아 계시며 다스리시나이다."라고. 일찍이 베드로 사도가 1세기에 외친 것처럼 "우리가 구원받는 데에 필요한 이름은 하늘 아래 이 이름밖에 없습니다."라는 말씀을 우리 함께 이 21세기에 외치지 않겠는가! 진실로 예수의 거룩한 이름 외에 어떤 이름도 임종 때에 우리 입술에서 새어 나오지 말아야 할 것이다.

실천

- 거룩한 이름이 모독되었을 경우에는 "예수님의 거룩한 이름은 찬미 받으소서."라고 기도하기.
- 부질없이 하느님의 이름을 부르거나 헛되이 부르지 말기.

제38장

가톨릭은 왜 마리아를 공경하는가?

개신교에서는 마리아의 이름을 거의 들을 수 없다

가톨릭 교회 밖에서는 마리아의 이름을 거의 들을 수가 없다. 그분을 찬미하는 찬송가도 없고, 하늘을 향해서 그분의 전달을 구하는 기도도 없다. 그분에 관해서는 그저 차가운 침묵이 있을 뿐이다. 어머니 교회에서 떨어져 나간 여러 교파에서는 마리아의 존재는 희미하여 완전히 잊어버린 모양이다. 이와는 반대로 자모이신 성교회에서 성모 마리아는 잊힌 존재이기는커녕 바로 하느님 다음으로 사랑과 존경을 받는 존재다.

그러면 가톨릭은 왜 마리아를 공경하는가? 우선 알아 두어야 할 것은 가톨릭은 마리아에 대해서 그리스도를 흠숭하는 똑같은 뜻으로 흠숭을 드리지는 않는다는 점이다. '흠숭'이라는 것은 하느님께만 드리는 것이며, 성인들에게는 '공경'을 드릴 따름이다. 그런데 마리아는 성인들의 모후이시므로, 그분은 모든 성인들보다 초월한 영광과 존경을 받으셔야 한다.

가톨릭이 마리아를 공경하고 사랑하는 근거는 네 가지가 있다고 할 수 있다. 곧 하느님의 어머니요, 종신토록 동정녀요, 원죄에 물들지 않고 잉태되신 분이요, 몸째 하늘로 올림을 받으신 분이다. 첫째, 마리아는 하느님의 성자인 예수의 어머니이시다. 그분은 하느님의 전지하심으로써 온 세상의 모든 여성 중에서 간선되어 유독 영광을 받기에 맞갖은 분으로 뽑히셨다.

하느님께서 어떤 특수한 임무를 맡기고자 어떤 사람을 뽑을 때에는 반드시 그 사명을 완수하는 데 필요한 모든 은총과 성덕을 주신다는 것은 성경에 지나칠 만큼 많은 실례가 쓰여 있는 근본 원리다. 가령 하느님께서 모세를 히브리인의 영도자로 뽑으셨을 때 모세는 자신을 '입도 무디고 혀도 무딘 사람'이라고 주저하였다. 그러나 주님은 그 높은 직책에 필요한 자격을 모두 그에게 주시기로 약속하셨다. "네가 말할 때 내가 너를 도와, 무슨 말을 해야 할지 가르쳐 주겠다."(탈출 4,12)

이와 마찬가지로 예레미야 예언자는 이스라엘을 위한 진리의 전달자가 되게끔 날 때부터 축성되었다. 요한 세례자는 메시아가 오시는 길을 비추는 횃불이 되도록 이미 어머니의 배 속에 있을 때에 성령을 충만히 받았다. 또 사도들은 각자의 숭고한 사명을 효과 있게 성취하기 위한 말재주와 그 밖에 필요한 권능을 받았다. 진정 바오로 사도의

말대로 이렇게 되었다. "하느님께서 우리에게 새 계약의 일꾼이 되는 자격을 주셨습니다."(2코린 3,6)

인류의 구원이라는 크나큰 사업에서 여러 사람이 맡은 직책이 이처럼 중대하였지만, 그럴지라도 마리아와 비교하면 마리아 이외의 모든 이는 거의 말이 되지도 않을 만큼 마리아의 직책은 특별히 중요하였다. 왜냐하면 그분에게는 여태껏 어떤 사람에게도 주어진 적이 없었던 예수께 대한 가장 숭고하고 가장 거룩하고 가장 깊은 관계, 즉 어머니와 아들이라는 관계를 맺어 주신 까닭이다. 이 숭고한 임무 달성을 위하여 전능하신 하느님은 마리아에게 온갖 은총과 은혜를 아낌없이 쏟아 주셨다. 그러므로 그분은 가장 아름답고 가장 존귀하며, 우리 사랑과 공경을 받기에 가장 합당한 분으로서 하늘의 모든 성인들 가운데 빼어난 분이시다.

하느님의 어머니

마리아가 하느님의 어머니시라 할 때 여기에는 두 가지 진리가 함축되어 있다. 첫째, 그분의 아드님인 예수 그리스도는 참사람이시다. 그렇지 않다면 마리아는 그분의 어머니이실 수 없다. 둘째, 그분의 아드님은 사람의 살을 입은 말씀으로서 참하느님이시다. 그렇지 않다면 그분은 하느님의 어머니이실 수 없다. 기본스 추기경은 이렇게 말했다. "하느님의 제2위인 성자 예수께서는 천주성으로는 태초부터 아버지와 같은 몸이시며, 태어날 날이 차자 동정 마리아의 태중에서 인성人性을

취하셨다."(제임스 기본스, 《교부들의 신앙》)

어떤 이는 마리아는 그리스도의 인간 본성의 어머니일 뿐이니 하느님의 어머니일 수는 없다고 반박할지도 모른다. 이런 반대에는 다음의 질문이 가장 좋은 대답이다. 즉, "우리의 어머니는 우리 영혼의 어머니인가?"라고. 인간 본성의 보다 높은 부분, 곧 영혼은 전능하신 하느님께서 직접 아무런 매개도 없이 창조하신 것임은 말할 나위도 없다. 그럼에도 불구하고 우리는 어머니를 단지 우리의 물질적 본성, 곧 우리 몸의 어머니일 뿐이라고 아무도 생각하지 않는다.

기본스 추기경 말대로다. "우리 어머니가 우리의 영혼 조성에 관여한 바가 있는가. 육신보다 고귀한 영혼의 조성은 오직 하느님의 성업으로 이루어진 것이다. 그러나 누가 자신의 어머니를 '내 어머니'가 아닌, '내 육신의 어머니'라고 부르지는 않는다. 흔히 부모다, 자식이다, 혹은 어머니다, 아들이다 하는 말은 그 존재를 가리켜 하는 말이요, 결코 사람의 구성 요소를 지적하여 하는 말은 아니다. 그러므로 '내 육신의 어머니', '내 영혼의 어머니'라고 하지 않고, 누구든 '내 어머니' 혹은 '우리 어머니'라고 부르는 것이다. 즉 하느님께서 직접 창조하신 영혼과, 모태에서 받은 물질적 육체와의 합일로 생명을 이룬 자기 개체의 어머니라 부른다. 이와 같이 예수 탄생의 오묘한 교리도 자연계의 현상을 빌어 비교할 수 있다면, 동정 마리아는 보통 어머니들이 자기 자신과 같은 인성을 자식에게 주듯이 성령의 능력으로 말미암아 하느님의 제2위이신 성자께 인성을 주셨다. 그러므로 마리아는 참으로 주 예

수의 어머니가 되신 분이다."(제임스 기본스,《교부들의 신앙》)

우리 신심의 또 하나의 바탕이 되는 마리아의 둘째 특전은, 그분이 영원히 동정녀라는 점이다. 그분은 예수의 어머니셨으되 동정녀였다. 그분에게서 태어난 아들은 성령으로 잉태되셨기 때문이다. 마태오 복음사가는 하느님께서 보내신 천사가 요셉에게 전한 말을 이렇게 기록했다. "다윗의 자손 요셉아, 두려워하지 말고 마리아를 아내로 맞아들여라. 그 몸에 잉태된 아기는 성령으로 말미암은 것이다."(마태 1,20) 루카 복음사가도 마찬가지로 그분이 영원히 동정녀이심을 증언했다. "하느님께서는 가브리엘 천사를 갈릴래아 지방 나자렛이라는 고을로 보내시어, 다윗 집안의 요셉이라는 사람과 약혼한 처녀를 찾아가게 하셨다. 그 처녀의 이름은 마리아였다."(루카 1,26-27) 이처럼 온 인류 중에서 그분만이 어머니요 동정녀라는 이중의 영광을 한 몸에 누리는 유일한 분이시다.

원죄 없는 잉태

복되신 동정녀의 셋째 특전은, 그분이 원죄에 물들지 않고 잉태된 분이라는 점이다. 그분은 어떠한 본죄의 티끌조차도 없을 뿐더러 하느님 은총의 오직 하나의 기적으로, 아담의 자손으로서 누구든지 날 때부터 타고 나오는 원죄가 없이 태어나셨다. 장차 그리스도의 어머니가 될 마리아, 구세주에게 자신의 살과 피를 주기로 마련된 마리아에게 타락의 그림자조차 있을 수 없음은 지당하고도 지당하다. 온 인류

가운데 오직 그분만이 홀로 이 각별하고 독특한 은혜를 입었다. 여기서 한마디 주의해 두고 싶은 것은 거의 모든 비신자들이 상상하듯 이 원죄 없이 잉태되심은 그리스도께서 하나의 사람으로서의 아버지와는 관계가 없이 기적적으로 동정녀의 몸에 잉태되었다는 것과는 다른 것이다. 이것은 마리아께서 원죄가 없이 그분의 어머니께 잉태되셨다는 교리다. 이 점을 특히 다짐해 둔다.

이 교리는 비오 9세 교황이 믿을 교리로 선포한 것이다. "복되신 동정 마리아는 잉태되는 첫 순간부터 전능하신 하느님의 오직 하나의 은총과 특전으로 인류의 구세주이신 예수 그리스도의 공로를 인하여 원죄의 티끌이 전혀 없음을 선포한다."(1854년 12월 8일, 비오 9세 교황, 〈하느님의 무류성Ineffabilis Deus〉) 이 교리는 1854년까지는 가톨릭 교회에서 공식 믿을 교리로 선포되지 않았었지만, 실제로는 이미 여러 세기 동안 교회 안에 전해 온 것이었다. 뉴먼 추기경이 《교리의 발전Development of Doctrine》에서 지적했듯이 모든 교리가 1세기에 완전히 꽃핀 것은 아니다. 이 싹이 자라고 발전하는 데는 시간이 필요하였다.

겨자나무는 가지를 사방에 넓게 쳐서 길손에게 시원한 그늘을 만들어 주지만, 조그만 겨자씨가 잠세력潛勢力을 펼쳐 성숙하는 데는 시간이 필요하다. 원죄 없이 잉태되신 교리나, 삼위일체, 속죄 등 그 밖에 지금은 개신교도 믿는 여러 교리에 관해서도 이와 같다. 말록이 적절하게 이렇게 말했듯이 말이다. "교회가 교리를 하나씩 하나씩 펼치는 것은 마치 꽃봉오리에서 꽃이 만발하는 것과 같다. 이것은 밖으로부터 제멋대로 보태는 것이 아니라 안에서부터 발전하는 것이다."

하늘에 올림을 받으심

복되신 동정녀의 네 번째 큰 특전은 몸째 하늘에 올림을 받았다는 것이다. 순결하고 티 없는 하느님의 어머니의 몸이 썩지 않고 하늘에 올림을 받았다는 것은 당연한 말이다. 초대 교회부터 오늘에 이르기까지 믿어 온 이 신앙은 1950년 11월 1일 비오 12세 교황에 의해서 온 성교회의 믿을 교리로 공식 선포되었다.

"복되신 동정 마리아에게 특별한 애정을 베푸신 전능하신 하느님의 영광을 위하여, 또 영원 무궁세에 불멸의 임금이시며 죄악과 죽음을 쳐 이긴 승리자이신 그분의 아드님의 영광을 위하여, 또 존엄하신 어머니의 더 큰 영광을 위하여, 그리고 온 성교회의 기쁨과 환희를 위하여 하느님께 간청의 기도를 거듭거듭 바쳤고 진리의 성령께 간구한 끝에 우리 주 예수 그리스도와 복되신 사도 베드로, 바오로의 권위와 내 자신의 권위에 의하여 선언하고 선포하고 규정하노니, 원죄 없는 하느님의 어머니이며 영원한 동정녀인 마리아는 이 지상 생활을 끝마치시자 그 몸과 영혼이 함께 천상의 영광에 올림을 받으셨음은 하느님께서 계시하신 믿을 교리다."

이상 네 가지 바탕, 그의 네 가지 특전 외에도 마리아를 사랑하고 공경하지 않을 수 없게 하는 이유가 또 있다. 곧, 예수 그리스도 친히 그 어머니인 마리아를 사랑하고 공경하셨다는 사실이다. 구세주께서는 이 세상에 사시는 33년 동안 3년만 제외하고는 그 일생을 마리아와 가장 가까운 모자 관계로 사셨다. 하기야 주님의 처음 30년 동안의 생활에 관해서 우리가 아는 바는, "아기는 자라면서 튼튼해지고 지혜가 충만해졌으며, 하느님의 총애를 받았다."라는 복음 말씀밖에 없다는 것은 사실이다.

그러나 예수님은 마리아의 말씀에 순명하는 데 그치지 않고 한 걸음 더 나아가 마리아의 모든 원의를 미리 행하였다. 그는 아들로서 온갖 사랑을 다하여 모든 애정을 쏟아 마리아를 사랑했다. 그는 어린 아기로서 마리아의 부드러운 품에 안겼고, 그 동정녀의 젖을 먹었다. 그렇지만 어머니의 가슴에서 쉬고 향기 드높은 그 숨을 어머니의 분홍빛 볼에 내쉬던 그 어린 아기는 다름 아닌 바로 전능하시고 영원하신 하느님이셨던 것이다.

이는 일찍이 허무의 심연으로부터 우주를 존재하게 했고, 우리 길을 비춰 주는 별들을 등불처럼 하늘에 매달아 준 바로 그 무한하고 전지한 존재시다. 이는 별들의 궤도를 당신의 수학으로 삼고, 하늘의 무지개를 당신의 화학으로 삼으며, 후세의 지질학자들이 연구하고 읽도록 지층을 하나의 책으로 삼아 창조의 역사를 기록하신 저 무한한 창조주시다. 사람의 살을 입으신 '말씀'이신 예수 그리스도께서 친히 그 어머니 마리아에게 순명과 사랑과 정성을 다하셨다면, 하물며 하와의 나약한 자손인 우리가 제아무리 주님의 모범을 본뜬다 하더라도 주님보다 더 겸손하게 마리아를 사랑하고 공경하고 열애할 수 있을까!

괴상한 적개심

스토다드는 이렇게 말했다. "그리스도의 신성을 믿지 않는 이들이 복되신 동정녀 어머니를 업신여김은 이상하지 않다. 그러나 복음을 받든다는 개신교 신자들이 구세주의 복되신 어머니를 공경할 줄 모른다는 것은 어찌 된 영문인지 알 수가 없다. 이 세상에 있어서조차 어떤 이의 어머니를 공경하지 않고 그 사람을 기쁘게 해 줄 수 있겠는가? 하물며 십자가에 매달려 고통에 신음하면서도 사랑하는 제자에게 그 어머니를 부탁하신 성자를 기쁘게 해 드릴 수 있을까? 33년이라는 일생 중 30년 동안이나 이 세상에서 충실히 어머니를 섬긴 그리스도는 지금도 하늘에서 그 어머니를 사랑하며 공경하고 있다는 사실을 추호라도 의심할 여지가 있는가? 그러므로 그 어머니를 진실로 공경하는 이는 그 아들도 공경하는 셈이다. 마리아께 드리는 면류관은 예수의 발아래 놓여지는도다!"

그리스 이교와 동방 교회의 대부분은 마리아를 공경하고 그분의 전달을 구하는 점에 있어서 가톨릭과 발을 맞추고 있다. 이슬람교도들조차도 대다수의 개신교도들보다 더 마리아를 존경하고 있다. 그러나 이처럼 복되신 동정녀의 사랑과 전달을 모르는 이들은 그들이 깨닫지 못하는 따뜻하고 맛스러운 맛을 그리스도교에서 탈취해 버리는 것이다. 구세주의 성모께 대한 알아들을 수 없는 괴상망측한 적개심은 때로는 믿을 수 없을 만큼 극단적이다. 섯클리프 신부는 이 점에 관해서 다음과 같이 증언한다. 그는 영국 그레이트야머스 교회의 목사였다. "내

보좌 목사는 예수의 어머니에 관해서 '그는 우리 마을의 착한 소녀보다 나은 점이 없는 소녀에 불과했다'고 설교했다. 틀림없이 이러한 사람은 전능하신 하느님께서 그에게 베푸신 특별한 영예를 잊었을 뿐더러 그와 그의 아들(살을 입으신 성자)과의 밀접한 관계를 잊은 자들이다."

(Stoddard, Rebuilding a Lost Faith, pp.176~177)

마리아의 아름답고 영광스러운 인격은 전 시대를 통하여 세계 최대의 예술 걸작품에 영감을 주어 왔다. 지금 유명한 드레스덴 미술관에 걸려 있는 시스티나 마돈나의 그림은 모든 비평가들의 입을 모아 사람의 손으로 이룩된 가장 아름다운 것 중의 하나라고 칭송받고 있으며, 이는 세계적 미술가 라파엘로의 걸작품이다.

영감을 주는 이상

라파엘로는 젊은 시절 동정 성모께 대한 특별한 신심과 사랑을 갖고 있었다. 그는 천사다운 아름다움과 순결한 동정녀의 이상이었다. 그가 정신적 환상에 나타난 마리아의 존엄한 아름다움을 화폭에 옮기는 일보다 더 열광적으로 노력한 것은 없었다. 화가의 붓이라는 거친 연장을 무시하는 듯한 동정녀 어머니의 아기자기하고 영묘한 모습을 빛과 그림자의 미묘한 배합과 빛깔의 교묘한 조화를 빌려 표현하고야 말겠다는 것이 그의 평생소원이었다. 드디어 1515년에서 1519년 사이에 라파엘로는 마돈나의 아름다움에 대한 영적 환상을 화폭에 옮기는 데 성공했다. 그 결과 이탈리아 민족의 예술이 꽃피었고 그림 예술이 절정에 이르렀다. 이것은 오늘에 이르기까지도 천고 불변의 걸작들 중 하나다.

그 눈부시도록 아름다운 얼굴에는 동정녀의 끝없이 우아한 부드러움과 결합한 어머니의 벅찬 사랑이 반영되고 있다. 그 부드럽고 아리따운 눈에서 천사처럼 순결한 영혼이 엿보인다. 관람객들은 그 그림의 신비로운 아름다움에 감동되어 눈시울이 뜨거워지며 천상의 아름다움에 황홀해지고 만다. 이 세상의 사물들은 이 그림이 보여 주는 저 세상의 천국을 일별하고는 매혹되어 아주 시들어 버리는 듯하다.

라파엘로가 마리아께 대한 신심과 마리아의 아름답고 영광스러운 인격에 대한 묵상에서 영감을 얻어 그의 머릿속에 그려진 환상의 신묘한 무지개를 꺼내어 바다에나 땅 위에 일찍이 없었던 빛깔로 화폭에 새겨 넣었듯, 우리도 마리아께 대한 신심에서 영감을 얻어 인생이라는 다채로운 화폭에 우리 인격이 아름다움의 걸작품으로 나타나도록 해야겠다는 마음이 저절로 우러난다.

가톨릭이 아닌 이도 칭송한다

마리아는 그림이나 조각뿐 아니라 문학에도 영감을 주어 왔다. 세계에서 가장 위대한 시의 테마는 마리아였다. 가령 워즈워스 같은 비신자 시인까지도 영광스러운 인격에 관해서 다음과 같이 아름다운 노래를 읊었다.

어머니, 죄에 대한 생각의 그림자조차도 없는 동정녀의 가슴
여인, 모든 여인 중에 영광을 받은 분, 때 묻은 우리의 유일한 자랑
대양 한복판 물거품보다도 순결하고, 동녘 하늘의 새벽보다도 맑은,
새파란 달빛보다도 환상 깊은 장미로,
연연한 살이 하늘 푸른 바닷가에 스러지기 전에,
당신 모습 땅 위에 비치는도다.

가장 두드러진 현대 시인 중의 한 명인 키플링R. Kipling도 우리와 같은 신앙을 갖지는 않았지만, 다음과 같은 감동스러운 기도를 마리아께 바쳤다.

오, 마리아! 슬픔으로 사무쳐 찔리신 이여,
내일 나를 내신 하느님 앞에 나아가는 내 영혼
돌아보사 붙들어 도와주옵소서.
사람마다 여인에서 태어났으니
참벗 참원수를 모두,
저마다 간절히 구하옵나니
마돈나여, 전달해 주옵소서.

이름 높은 역사가 렉키는 그리스도인이 아닌데도 역사적 사실에 맞부딪쳐 복되신 동정녀의 이상이 서방 문명에 미친 영향에 대해서 다음

과 같은 찬사를 하고 있다. "세계는 여러 가지 이상에 의해서 지배되고 있지만 여태껏 동정 성모 마리아의 중세기적 개념만큼 건전한 영향을 끼친 것은 거의(아마 결코) 없다. 여성의 지위는 그분 덕분에 비로소 올바른 위치를 차지하기에 이르렀고, 연약한 여성들의 존엄성과 여성의 슬픔의 존엄성이 비로소 인정받게 되었다. 이제 남성의 노예나 노리개가 아니며, 타락과 관능의 개념과 연상되지도 않는 여성들은 동정녀 어머니의 사람됨에서 새 모습을 찾아 과거에는 생각조차 하지 못했던 공경과 존경의 대상이 되었다.

새로운 인격을 갖게 되었고 새로운 찬미를 받게 되었다. 어둡고 무지하고 거칠던 시대에 이 이상은 과거의 거만한 문명에서는 알지도 못할 부드러움과 순결의 개념을 불어넣었다. 여러 수도자들이 천상의 보호자의 영광 중에 써 놓고 간 부드러움의 살아 있는 기록 속에, 또 여러 시대 여러 곳에서 그분을 본보기로 따라 살았던 수많은 사람들 속에, 또 마리아의 사랑 때문에 세속의 온갖 부귀와 영화를 버리고 그분의 축복을 받기에 맞갖은 재계齋戒와 기도와 겸손한 사랑 속에 젖어 살았던 거룩한 성녀들 속에, 또 새로운 뜻의 존경, 기사도다운 경의, 부드러운 태도, 세련된 취미, 사회사업 등, 이런 것들 속에 성모 마리아가 끼친 영향을 엿볼 수 있다. 유럽 문명의 가장 좋은 것들은 모두 이를 중심으로 모여 있고, 또한 우리 문명의 가장 순결한 요소의 대부분이 여기서 비롯한 것이다."(Lecky, History of Rationalism, vol. 1, p.225)

그렇다 할지라도 마리아는 차디차게 죽은 빈 추상적 존재라든가, 그저 공경받을 이상적 존재라는 데 그치지 않는다. 그분은 언제나 어디서나 공경받을 분이시다. 그분은 무한한 공간의 세계를 통해서 한 줄기 빛이 간신히 비쳐 오는 하늘 저 멀리 있는 별에 불과한 존재가 아니다. 그분은 진실로 우리 어머니시며, 어머니로서의 사랑을 온통 쏟아 우리를 사랑하는 가장 가까운 우리 어머니시다. 어두운 밤 그림자에 놀란 어린이가 엄마 품에 숨듯, 우리도 유혹에 부딪쳤을 때에 어머니이신 마리아의 품에 숨으면 안전하다. 온갖 위험으로부터 우리를 보호하고자 널리 펼치신 우리 어머니의 손에 매달리기만 한다면, 뒤뚱거리는 우리의 발걸음도 무사히 황금 사다리에 이르러 한 걸음 한 걸음 그분의 아드님 구세주 예수 그리스도의 옥좌에 올라갈 수 있을 것이다.

실천

- 하느님의 어머니는 진실로 하늘에 계신 우리 어머니이시므로 이분께 친밀한 느낌을 갖도록 하기.
- 유혹을 당할 때에는 "원죄 없이 잉태되신 마리아님, 당신께 매달리는 저희를 위하여 빌어 주소서."라고 기도하기.
- 집 안 잘 보이는 곳에 성모님의 그림이나 초상을 모셔 두기.

제39장

묵주 기도

세계적인 기도

　가톨릭 교회에서 보편적이요 인기 있는 신심 행위의 하나는 묵주 기도다. 이것은 유콘의 얼음 땅 끝에서부터 사하라의 불타는 모래 땅, 인도양의 고도孤島에 이르기까지 세계 각처에서 빈부귀천을 막론하고 온갖 계급의 사람들에게 인기가 있는 것으로, 시골의 농부도 학식 있는 신학자도 한결같이 묵주 기도에서 영혼의 만나를 맛보고 있다.

　성전에 따르면, 묵주 기도가 일반화된 것은 도미니코 수도회의 창설자인 도미니코 성인에 의해서라고 한다. 1200년 알비파가 프랑스 남부와 이탈리아 북부에 만연되었을 때 교황은 도미니코에게 이에 반박하기를 명했다. 그러나 그의 온갖 노력은 수포로 돌아갔다. 그래서 그는 마리아께 도움을 구했다. 마리아는 그에게 발현하시어 묵주를 주면서 이단을 부수는 무기로 쓰라고 이르셨다. 이에 이 신심은 급속히 전파되어서 얼마 되지 않아 10만 명 이상이나 되는 이단자들이 개종하게 되었다.

그 후부터는 그리스도교 세계에 큰 재난이 닥쳐올 때마다 모두들 묵주 기도에 의지했다. 그리스도인들은 유럽이 레판토(1571년)에서나 빈(1683년)에서나 베오그라드에서 기적적으로 터키의 침략을 물리친 것을 묵주 기도의 덕분으로 돌리고 있다. 묵주 기도의 축일을 10월 첫 일요일로 정하고, 10월 한 달을 묵주 기도 성월로 정한 것도 이 승리에 감사하기 위한 것이었다. 복되신 동정 마리아가 이 기도를 지극히 좋아하신 것은 그분이 루르드에서 마리아 베르나데트 수비루 성녀에게 발현하실 때 묵주를 손에 들고 계셨음을 보아 명백하다.

레오 13세 교황은 묵주 기도를 권장하는 칙서를 열두 번이나 반포했다. 도미니코 성인 시대에 교회를 위협하는 악을 물리쳤고 또 후에 터키의 초승달 깃발이 그리스도의 십자가를 대신하고자 그리스도교 국가 지평선에 다가오자 이마저 물리쳤던 것과 같이, 이 기도는 오늘날에도 교회와 사회와 영혼을 위협하는 악을 물리치는 힘을 지니고 있다.

묵주는 15단으로 되어 있다. 그러나 보통으로는 한 번에 다섯 단만 바친다. 묵주 기도를 바치면서 묵상하는 신비는 세 가지가 있다. 곧 환희의 신비, 고통의 신비, 영광의 신비다. 환희의 신비는 예수께서 고난 받으시기 전 마리아와 사시던 생활 중에 일어난 주요한 사건을 묵상하는 것이다. 고통의 신비는 예수 수난의 주요한 사건을 묵상함이요, 영광의 신비는 예수 수난 후에 일어난 두드러진 사건을 묵상하는 것이다. 이 세 가지 중 환희의 신비는 월요일과 목요일, 그리고 대림 시기의 주일에 외우고, 고통의 신비는 화요일과 금요일, 그리고 사순 시기의 주일에 외우며, 영광의 신비는 수요일과 토요일, 그리고 앞서 말한 시기 외의 나머지 모든 주일에 외운다.[8]

환희의 신비

환희의 다섯 신비는 그리스도의 탄생과 어린 시절에 관해서 복음에 기록된 사건을 모두 포함하고 있다. 첫째는 성모 영보의 신비다. 이것은 나자렛의 복되신 동정녀의 가난한 집에서 일어난 광경을 상상하게 하는 것이다. 그때 가브리엘 천사가 지극히 높은 곳으로부터 그녀에게 놀라운 소식을 전해 왔다. "천사가 마리아의 집으로 들어가 말하였다. '은총이 가득한 이여, 기뻐하여라. 주님께서 너와 함께 계시다.' 이 말에 마리아는 몹시 놀랐다. 그리고 이 인사말이 무슨 뜻인가 하고 곰곰이 생각하였다. 천사가 다시 마리아에게 말하였다. '두려워하지 마라, 마리아야. 너는 하느님의 총애를 받았다. 보라, 이제 네가 잉태하여 아들을 낳을 터이니 그 이름을 예수라 하여라. 그분께서는 큰 인물이 되시고 지극히 높으신 분의 아드님이라 불리실 것이다. 주 하느님께서 그분의 조상 다윗의 왕좌를 그분께 주시어, 그분께서 야곱 집안을 영

---

8 2002년 요한 바오로 2세 교황은 교서 〈동정 마리아의 묵주 기도〉를 통하여 예수님의 어린 시절과 나자렛 생활에 이어 공생활을 묵상하는 것이 적절하다고 하며 '빛의 신비'를 묵상하도록 했다. ― 역자 주

원히 다스리시리니 그분의 나라는 끝이 없을 것이다.' 마리아가 천사에게, '저는 남자를 알지 못하는데, 어떻게 그런 일이 있을 수 있겠습니까?' 하고 말하자, 천사가 마리아에게 대답하였다. '성령께서 너에게 내려오시고 지극히 높으신 분의 힘이 너를 덮을 것이다. 그러므로 태어날 아기는 거룩하신 분, 하느님의 아드님이라고 불릴 것이다. 네 친척 엘리사벳을 보아라. 그 늙은 나이에도 아들을 잉태하였다. 아이를 못 낳는 여자라고 불리던 그가 임신한 지 여섯 달이 되었다. 하느님께는 불가능한 일이 없다.' 마리아가 말하였다. '보십시오, 저는 주님의 종입니다. 말씀하신 대로 저에게 이루어지기를 바랍니다.' 그러자 천사는 마리아에게서 떠나갔다."(루카 1,28-38)

겸손한 동정녀가 하느님의 뜻에 따라 순명하여 "말씀하신 대로 저에게 이루어지기를 바랍니다." 하신 바로 그 순간에 그리스도는 동정 마리아의 배 속에 잉태되신 것이다.

둘째 신비는 마리아께서 엘리사벳을 찾아가신 사건을 묵상함이다. 엘리사벳은 마리아의 사촌이며 요한 세례자의 어머니다. "그 무렵에 마리아는 길을 떠나, 서둘러 유다 산악 지방에 있는 한 고을로 갔다. 그리고 즈카르야의 집에 들어가 엘리사벳에게 인사하였다. 엘리사벳이 마리아의 인사말을 들을 때 그의 태 안에서 아기가 뛰놀았다. 엘리사벳은 성령으로 가득 차 큰 소리로 외쳤다. '당신은 여인들 가운데에서 가장 복되시며 당신 태중의 아기도 복되십니다. 내 주님의 어머니께서 저에게 오시다니 어찌 된 일입니까? 보십시오, 당신의 인사말 소리가 제 귀에 들리자 저의 태 안에서 아기가 즐거워 뛰놀았습니다. 행복하십니다, 주님께서 하신 말씀이 이루어지리라고 믿으신 분!' 그러자 마리아가 말하였다. '내 영혼이 주님을 찬송하고 내 마음이 나의 구원자 하느님 안에서 기뻐 뛰니 그분께서 당신 종의 비천함을 굽어보셨기 때문입니다. 이제부터 과연 모든 세대가 나를 행복하다 하리니 전능하신 분께서 나에게 큰일을 하셨기 때문입니다.'"(루카 1,39-49)

셋째 신비는 예수님의 성탄이다. "지극히 높은 곳에서는 하느님께 영광 땅에서는 그분 마음에 드는 사람들에게 평화!"(루카 2,14)라고 천사들이 노래했던 때 예수께서 탄생하신 베들레헴의 말구유 광경을 묵상하게 하는 신비다.

넷째 신비는 마리아께서 예수를 성전에 데리고 가셔서 영원하신 성부께 온 세상의 죄를 보속하기 위한 제물로 봉헌하신 광경을 묵상하게 하는 신비다. 마리아가 예수를 거룩한 사람 시메온의 팔에 안겨 줬을 때, 시메온은 그녀의 장엄한 희생을 드러내는 예언을 말하였다. "이 아기는 이스라엘에서 많은 사람을 쓰러지게도 하고 일어나게도 하며, 또 반대를 받는 표징이 되도록 정해졌습니다. 그리하여 당신의 영혼이 칼에 꿰찔리는 가운데, 많은 사람의 마음속 생각이 드러날 것입니다."(루카 2,34-35)

다섯째 신비는 성전에서 예수를 찾은 광경이다. 먼저 사흘 동안이나 예수를 잃고 찾던 마리아와 요셉의 슬픈 마음을 살피고, 사흘째 되던 날 어린 예수께서 성전에서 율법 학자들과 묻고 대답하는 모습을 발견했을 때 맛본 이루 말할 수 없는 기쁨과 평화를 묵상하게 하는 신비다. "예수님은 부모와 함께 나자렛으로 내려가, 그들에게 순종하며 지냈다."(루카 2,51)

고통의 신비

고통의 다섯 신비는 구세주께서 겟세마니의 동산에서 고뇌하심을 비롯해서 골고타에서 십자가에 죽으시기까지 그리스도 일생의 마지막에 일어났던 감동 깊은 사건을 계속적으로 전개한다. 첫째 신비는 겟세마니 동산에서의 피땀이 흐르는 고민을 그린 것이다. "예수님께서 고뇌에 싸여 더욱 간절히 기도하시니, 땀이 핏방울처럼 되어 땅에 떨어졌다."(루카 22,44) 예수께서는 밝은 날 당신이 당하실 무서운 고통을 미리 보시고 소리치셨다. "아버지, 하실 수만 있으시면 이 잔이 저를 비켜 가게 해 주십시오. 그러나 제가 원하는 대로 하지 마시고 아버지께서 원하시는 대로 하십시오."(마태 26,39)

둘째 신비는 기둥에 묶인 채 매를 맞는 장면인데, 예수께서 사정없이 얻어맞아 살이 찢어져 피가 낭자한 모습을 묵상하는 것이다. "빌라도는 예수님을 데려다가 군사들에게 채찍질을 하게 하였다."(요한 19,1)

셋째 신비는 예수께서 가시관을 쓰시는 광경이다. 병사들이 그리스도를 비웃으면서 가시관을 그 머리에 씌우니 주님의 얼굴에 피가 흘렀다. "군사들은 또 가시나무로 관을 엮어 예수님 머리에 씌우고 자주색 옷을 입혔다."(요한 19,2)

넷째 신비는 십자가를 지시는 고통인데, 구세주께서 당신이 매달릴 십자가를 어깨에 짊어지고 빌라도의 법정에서부터 골고타까지 끌려가시는 처절한 모습을 묵상하게 하는 신비다. "예수님께서는 몸소 십자가를 지시고 '해골 터'라는 곳으로 나가셨다."(요한 19,17) "백성의 큰 무리도 예수님을 따라갔다. 그 가운데에는 예수님 때문에 가슴을 치며 통곡하는 여자들도 있었다."(루카 23,27) 성전에 의하면 이 독실한 무리 중에 어머니 마리아께서 내내 함께 계셨다고 한다. 그녀의 영혼은 십자가를 짊어진 아들을 보면서 고통의 칼날에 찔렸다.

다섯째 신비는 십자가 위의 사형이다. 드디어 그리스도께서 수난의 마지막 고비, 즉 세 시간 동안이나 고통받으신 끝에 십자가 위에서 죽으셨음을 묵상하는 신비다. "거기에서 그들은 예수님을 십자가에 못 박았다."(요한 19,18) "예수님의 십자가 곁에는 그분의 어머니와 이모, 클로파스의 아내 마리아와 마리아 막달레나가 서 있었다."(요한 19,25) 그리스도께서 십자가에 매달려 계시면서 하신 말씀은 사람들을 위해서 용서의 기도를 바치시는 데서 절정에 이른다. "아버지, 저들을 용서해 주십시오. 저들은 자기들이 무슨 일을 하는지 모릅니다."(루카 23,34)

영광의 신비

영광의 다섯 신비는 주님께서 돌아가신 후 일어난 영광에 빛나는 사건들을 묵상하게 하는 것이며, 이는 우리도 그분이 주시는 하늘나라의 기쁨과 영광에 참여할 수 있다는 희망을 갖게 하는 신비다.

첫째 신비는 그리스도의 부활이다. 곧 죽음을 쳐 이긴 그리스도의 승리를 묵상하게 하는 것이다. 이것은 그리스도의 신성과 그가 세우신 종교가 진실한 것임을 더할 수 없이 힘차게 증거하는 것이다. 이로써 죽음은 그 독한 가시를 잃고 무덤은 승리를 잃어버리게 되는 것이다.

둘째 신비는 예수님의 승천이다. 이는 예수께서 부활하신 후 40일째 되는 날에 사도들이 보는 앞에서 하늘에 오르신 광경을 묵상하게 하는 신비다.

셋째 신비는 성령 강림 날 성령이 사도들 위에 내리신 위대한 사건을 묵상하게 하는 신비다. 사도들이 예루살렘의 어느 다락방에 함께 모여 있을 때 갑자기 거센 바람이 부는 듯한 소리가 들리더니 성령이 불혀 모양으로 사도들 머리 위에 내렸다. 그러자 그때까지 겁에 질려 있던 그들은 갑자기 용맹한 사도가 되어 두려움을 모르고 만방에 복음을 설교하러 나섰다.

넷째 신비는 복되신 동정녀께서 하늘에 올림을 받으신 사건을 묵상하는 것이다. 이것은 성경에는 기록되어 있지 않지만, 권위 있는 가톨릭의 성전이 증언하는 것으로 복되신 동정녀께서 죽으신 후, 천사들이 그 몸째 하늘로 모시고 올라간 사건이다.

다섯째 신비는 복되신 동정녀께서 하늘에서 모든 성인과 천사들의 모후로 천상 모후의 관을 받으심을 묵상하는 것이다. 그분은 예수님과 함께 슬픔과 굴욕을 밑바닥까지 맛보셨으니 예수님과 함께 하늘에서 만물 앞에 현양을 받으심도 지당하다.

이처럼 묵주 기도의 신비는 그리스도와 그 복되신 어머니의 일생에 일어났던 큰 사건들을 파노라마식으로 묵상하는 것이다. 이로써 우리 구원의 감명 깊은 사건이 우리 몸에 배게 되며, 따라서 우리 구세주께 또 이 구원 사업에 그렇게도 밀접한 일을 맡아 완수한 마리아께 대한 사랑이 열렬하게 되는 것이다.

그리스도교의 온도계

묵주 기도 중에 많이 외우는 성모송의 힘에 관해서 토마스 아퀴나스 성인은 이렇게 말했다. "성모송을 외우면 하늘은 기뻐하고 땅은 진동하며 마귀는 물러가고 지옥은 무서워 떨며 온갖 슬픔은 사라지고 기쁨이 돌아오며 마음은 불타고 영혼은 거룩한 기름으로 충만하다. 내 가슴은 희망에 벅차며 이상한 위로가 내 전체를 기쁘게 한다." 또 다른 성인은 이렇게 말했다. "성모송은 말마디는 짧지만 그 효과는 위대하다. 이는 꿀보다도 달고 금보다도 고귀하다. 이는 우리 입술에 자주 오르내려지고 마음에 메아리가 되어야 할 것이다." 묵주 기도를 할 때에는 신비를 묵상해야 한다. 앵무새가 되어서는 안 된다. 인도인들은 풍차 수레에 기도문을 새겨 두고 바람이 불어 수레가 도는 동안은 기도를 해야 한다고 기계적으로 생각하기도 한다. 우리는 그래서는 안 된다. 어떤 열매나 조그만 돌을 실에 매어 묵주 알로 썼는데 묵주 알은 기도를 몇 번 외웠는지 세는 계산기와 같은 역할을 한다. 묵주 알을 세는 습관은 아주 오래된 것으로, 이미 1세기 때에도 은수자들이 이를 사용했다.

묵주 기도는 정말 그리스도교의 온도계라 할 만하다. 이것이 성하면 그리스도교도 번창하고 이것을 소홀히 하면 그리스도교도 시들어진다. 비오 9세 교황은 입버릇처럼 이렇게 말하곤 했다. "바티칸 궁전을 다 털어도 묵주보다 위대한 보물은 없다." 이 성인다운 교황은 집집마다 매일 묵주 기도를 바치기를 간절히 원했다. 그가 신자들에게 남긴 마지막 유언은 다음과 같은 권고였다. "묵주 기도는 간단하고도 아름다운 기도이며 무척 많은 은사가 붙어 있으니만큼, 모든 가정에서 저녁마다 합송하는 습관을 기르도록 하십시오. 이것은 내가 그대들에게 남겨주는 마지막 말이요, 유산입니다."

이 말씀은 우리가 어려서 부모 형제 온 집안 식구가 함께 모여 저녁마다 묵주 기도를 합송하던 때를 회상하게 한다. 우리의 이런 추억은 얼마나 거룩하고 얼마나 힘찬 것이랴! 그야말로 천국 영복소永福所에서 그리스도와 모든 성인들과 일치를 누리는 기쁨을 이 세상에서 미리 맛보는 것이 되었으면 얼마나 좋을지…….

우리가 묵주 기도의 어느 단을 외울 때는 꼭 신비를 묵상하면서 주님의 기도와 성모송을 입으로 외워야 한다. 묵주 기도의 정신이나 넋은 바로 이 묵상인 까닭이다. 영혼은 이 묵상 중에 그리스도와 결합하는 것이니만큼 이보다 귀한 기도는 없다. 그리스도는 묵상이라는 문을 통해서 영혼의 나라에 들어와 그 후에는 단지 이름뿐 아니라 정말로 항상 계시는 산 실재가 되는 것이다.

따라서 묵주 기도는 기계적인 되풀이에 지나지 않는다는 반대는 말이 되지 않는 소리다. 입으로 성모송을 되풀이해서 외우면서 마음은 여러 가지 신비를 차례대로 묵상하기 때문이다. 그뿐 아니라 사람의 마음속 깊은 곳에는 마음속으로부터 우러나오는 열절한 말을 거듭거듭 되풀이하는 경향이 깊이 뿌리박혀 있다고 현대 심리학은 가르치고 있다. 다윗은 시편 135편에서 "주님의 자애는 영원하시다."라는 구절을 스물여섯 번이나 거듭 부르짖었고, 아시시의 프란치스코 성인은 "내 하느님, 내 모든 것이여!"라는 구절을 밤새 되풀이하는 버릇이 있었다. 우리도 죽기까지 묵주 기도가 우리 입술을 떠나지 말게 하고, 임종 때에는 묵주를 손에 꼭 쥐고 죽게 되기를 기원하자.

실천

- 날마다 묵주 기도를 바치기.
- 묵주 기도의 신비를 배워 묵상하면서 묵주 기도를 바쳐 보기.
- 각 신비에 계시된 종교 진리를 정성스럽게 묵상하기.

제40장

요셉 성인

온 성교회와 노동자의 보호자

  뛰어난 분을 기념하여 공경하겠다는 마음은 사람의 깊은 본성에서 저절로 우러나는 경향이다. 문명이 어느 정도 발달한 나라라도 위대한 영웅을 잊지 않으려 애쓰지 않는 나라는 없다. 무덤이나 사당에 그들의 유해를 모셔 두고 기념비를 세운다. 광장에는 그들의 동상을 세운다. 세인들은 불멸의 시를 읊어 그들을 추억하며 노래한다. 실상 역사란 위인들의 전기 바로 그것이다.

  역사는 그들의 생애를 파노라마로 펼쳐 모든 시대에 이를 읽는 이들을 경탄하게 한다. 실로 그들의 전기는 예스럽되 언제나 생생하다. 오늘날의 학생들에게도 알렉산더 대왕이나 한니발이나 카이사르라는 이름은 현대의 위인들과 마찬가지로 생생하게 살아 있는 현실들이다. 그들의 이름은 시간이라는 풍화 작용에도 견디었고, 무상한 세월이 흘렀어도 빛을 잃지 않았다. 이리하여 오늘의 세계마저 그 영웅들에게 아낌없는 찬사를 바치는 것이다.

진실로 위대한 것은 변하지 않는다

우리는 세속적, 현세적으로 크게 성공한 이들이나 큰 사업을 이룩한 이들의 이름을 영원히 떠받들고자 한다. 하물며 영적·도덕적 대승리를 거둔 이들에 대해서는 그 업적이 영원히 빛나고 무수한 영혼들을 하늘이라는 곡창穀倉으로 추수한다는 점에서 얼마나 큰 열정으로 이들을 불멸의 기억 속에 모셔야 할 것인가! 때가 지나 죽어 없어질 이 현세의 업적을 이룩한 영웅들을 공경한다면, 사람의 영혼을 영원히 고취하여 인생 미로에서 헤매는 영혼을 무사히 천국으로 이끌어 주는 천국의 영웅들, 하느님의 성인들에게는 얼마나 더 큰 존경을 드려야 할까! 이들 성인들에게는 시인 롱펠로의 말이 가장 잘 어울린다.

> 높은 데 걸려 있는 별이 스러져도
> 그 빛 영원히
> 하늘에서 내리비쳐
> 죽어 갈 우리 눈을 비춰 주는도다.

> 이처럼 위인들이 죽을 때에도

뒤에 남긴 그 빛 영원히

아득한 앞날까지

사람의 길을 비춰 주는도다.

우리는 3월 19일에 하느님의 성인들 중에서 가장 뛰어난 요셉 성인을 기념한다. 요셉 성인은 모든 사람의 아들 중에 홀로, 영원하신 하느님의(사람의 마음을 펴 놓은 책처럼 환히 읽으시는) 전지한 손에 의해서 마리아의 배우자요 예수님의 양부로 뽑히신 분이다. 전능하신 하느님의 눈에 얼마나 순결하고 거룩한 분이었기에 요셉은 그처럼 위대한 영광을 받으셨을까! 복음사가들은 요셉을 단지 '의인'이라고 기록하였을 뿐이다. 그러나 이 칭호가 한낱 사람의 판단으로 말미암은 것이 아니요, 틀릴 수 없는 성령의 판정임을 깨달을 때 이 말에 포함된 찬사는 얼마나 큰 것일까!

복음서에 실려 있는 요셉 성인

요셉의 얘기는 복음서에 그다지 많이 실려 있지 않다. 실려 있는 경우라도 그저 배경에 서 있는 듯할 뿐이다. 그는 마리아와 함께 베들레헴을 여행했을 때 마리아를 위해서 여관을 찾았지만 헛일이었다. 마리아의 남편으로서 이미 만삭이 된 마리아가 쉴 수 있는 자리를 구하고자 피로를 잊고 집집마다 문을 두드리고 다니던 마음은 그 얼마나 큰 걱정에 휩싸였을 것인가! 베들레헴의 쓰러져 가는 말구유에서 아기 예수가 탄생하셨을 때 마리아를 시중드는 모습, 온 인류의 최초의 경배자로서 살을 입으신 하느님께 절하는 그의 존경심과 사랑.

또 어느 날 천사가 그의 단잠을 깨워 느닷없이 "일어나 아기와 그 어머니를 데리고 이집트로 피신하여, 내가 너에게 일러 줄 때까지 거기에 있어라. 헤로데가 아기를 찾아 없애 버리려고 한다."(마태 2,13)라는 명령을 내렸을 때의 놀라움, 주저하거나 머뭇거리는 기색조차 없이 일어나 헤로데의 흉계로부터 아기 예수의 생명을 구하고자 한밤중에 낯선 이집트로 먼 길을 떠나는 그, 그 피난의 어려움과 위험과 피로로부터 마리아와 아기를 보호하려는 그의 무한히 부드러운 마음씨, 복음을 읽으면서 이런 것들을 눈앞에 그려 보자.

나자렛에서

우리가 요셉을 생각할 때면 늘 마음에 떠오르는 것은 나자렛의 초라한 집에서 겸손하고 부지런하게 일하는 목수의 모습이다. 그는 이마에 땀을 흘리며 성가정의 생활에 필요한 것을 벌면서 마리아의 배우자이며 예수님의 양부로서 그 일생의 태반을 보냈다. 그는 나자렛의 초라한 오막살이에서 마리아와 하느님의 아들 예수님을 헌신적인 사랑으로 돌보아 주었으리라. 이것이 목수로서 날마다 충실하게 일하여 마리아와 아기를 양육한 그의 생활 모습이다. 드디어 그는 자기 사명을 완수하고는 예수와 마리아의 품 안에서 숨을 거두었다. 이는 성전에 의하면 카나에서 혼인 잔치가 열리기 조금 전이었다고 한다. 그의 죽음은 흔히 볼 수 없는 아름다운 것이었으므로, 우리는 그를 임종의 주보(보호자)로 모시며 그의 전구를 기원한다.

이 세상에서 요셉 성인의 일생을 훑어볼 때 우리는 이 단조로운 인생의 겸허한 모습에(단지 한 순간이라도) 때 묻힐 만한 내로라하는 과장된 몸짓이 전혀 없었음을 잘 알 수 있다. 그는 각광을 받으며 나타날 때가 거의 없었다. 극적인 요소도 전혀 없다. 악단의 요란스러운 반주도 없다. 그의 발자취를 뒤따르며 박수를 치고 수선을 떠는 무리도 없다. 그는 세상이 보는 가운데 산꼭대기를 걸어 다니는 행동은 하나도 하지 않았고, 세상의 눈에서 멀리 떨어진 어둡고 조용한 골짜기에서 꾸준히 일했다. 그런데도 성교회는 그를 하느님의 성인 중에서 마리아 다음으로 가장 위대한 성인으로, 성교회의 대주보로 받들고 있다. 왜일까? 그것은 그의 겸손, 그의 거룩함, 그의 사랑, 그의 인내, 그의 희생과 극기 때문이다.

대조

우리는 베드로 사도가 자기를 십자가에 못 박으려는 사람들에게 자기는 스승처럼 죽기에 마땅치 못하다 하여 거꾸로 매달리기를 부탁했다는 말을 들을 때, 또는 프란치스코 하비에르 성인이 저 멀리 인도에 있는 영혼들을 그리스도께로 이끄는 선교사가 되어 그에 맞갖도록 인생의 온갖 것을 버렸고 마지막에는 어느 고도에서 약속의 나라(어떻게든지 그들을 십자가에 죽으신 분의 발아래 끌어들이려 간절히 바라던) 중국 쪽으로 손을 뻗친 채 죽었다는 말을 들을 때, 안티오키아의 이냐시오 성인이 자기의 신앙을 부인하기보다 차라리 용감하게 원형 극장 안으로 걸어 들어가기를 택해 맹수에 찢겨 그 밥이 되었다는 말을 들을 때, 소름이 오싹 끼치며 감탄조차 잊어버리게 된다. 그러나 이분들은 격외格外의 큰 일을 이룩하도록 전능하신 하느님께 간선이 된 분들이므로, 우리네처럼 범상한 사람들의 모범이라기보다는 영웅들의 모범이라는 편이 더 어울린다. 그런데 이와는 달리 요셉 성인은 우리처럼 이 세상의 평범한 일만 하신 분이다. 그러므로 요셉 성인은 밭에서 일하는 농부, 공장에서 일하는 노동자, 회사원, 학생, 가정의 아버지 등 일상생활에서 평범한 본분을 다하는 모든 이의 모범으로 한층 더 적절하다.

평범한 성인

요셉 성인은 평범한 성인이라 불릴 만하다. 그가 영웅적인 높은 성덕에 이른 것은 무슨 비범한 업적을 이룩하였기 때문이 아니고, 범상한 일상생활을 가장 훌륭하게 다한 까닭이다. 그러니 요셉 성인을 온 성교회의 주보로 받듦은 얼마나 적절한가? 왜냐하면 우리 대다수는 결국 이 세상에서 평범한 일을 남의 눈에 띄지 않게 겸손하게 해 나가며 살도록 마련된 까닭이다. 비범한 업적을 이룩하여 모든 이의 박수갈채를 받는 이는 그 수효가 극히 적다. 그러나 우리 운명이 아무리 하잘것없고 사람들에게 알려지지 않은 것이라 할지라도 요셉 성인의 생활이 우리에게 가르쳐 주는 바와 같이, 그 신통치 못하고 단순한 본분을 극히 훌륭하게 완수하기만 하면 전능하신 하느님의 눈으로는 세인의 이목이 집중된 가운데 잠시 동안 무대 한복판을 도도하게 거니는 임금이나 장군이나 정치가들보다 높이 평가되는 것이다.

요셉 성인의 생애 속에는 일반 노동 대중을 위한 영감Inspiration이 있다. 세상의 갈채를 얻고 사람의 이목을 집중시키지 못한다면 어떠한 선행도 값없는 손해라고 여기는 이 세상의 거짓 철학에 대한 해독제가 있다. 자연적인 관점에서 보면 시인 토마스 그레이의 말은 참되다 할 수 있겠다.

어둡고 끝없는 대양大洋의 동굴 속에는
가득히 만발한 아름다운 꽃이 보이지 않게 감춰져 있다.
사막의 공기 속 향기 드높은 그곳에는
가득히 만발한 아름다운 꽃이 그 향기를 헛되이 내뿜고 있다.

그러나 이 말은 초자연적 관점 또는 그리스도인의 관점에서 보면 옳지 않다. 왜냐하면 온갖 선행, 온갖 거룩한 생각은 비록 사람의 눈에는 띄지 않을지라도 모든 것을 보시는 하느님의 눈에는 환히 보이기 때문이다. 그분은 세상의 찬사나 비방과는 상관없이 모든 이에게 올바른 갚음을 주신다.

예술가

이런 얘기가 있다. 유럽 어느 대성당의 장식을 맡은 건축가에게 하루는 한 노인이 찾아와 일을 시켜 달라고 청했다. 건축가는 그 노인을 돌려보낼 양으로 "지붕 근처에 있는 서까래에나 한번 새겨 보슈!" 하고 내뱉듯 말했다. 그 노인은 날이면 날마다 어두컴컴한 꼭대기까지 기어올라가 일을 했다. 그런데 어느 날 그 노인은 꼭대기에 올라간 뒤에 내려오지 않았다. 궁금해진 사람들이 올라가 보니, 그 노인은 디딤돌 위에 쓰러져 눈을 하늘로 향한 채 죽어 있었다. 그런데 서까래 위에는 실로 아름답고 신비한 매력이 있는 그리스도의 얼굴이 정묘하게 새겨져 있었다. 그 밑에는 "하느님만은 모든 것을 보시고 아신다."라고 새겨져 있었다. 거기에 모였던 예술가, 건축가를 비롯한 많은 사람들은 모두 이 노인이 위대한 기술자였음을 그제야 깨닫고 모자를 벗었으나, 그들의 칭찬이 이 노인의 귀에 들릴 리 없었다.

지금도 창문을 통해 들어오는 햇빛이 이 서까래를 비출 때에는 무엇이라 형용할 수 없는 정묘하고도 거룩한 얼굴이 솟아올라, 이를 보는 이는 누구나 이것이 이 대성당에서 최대의 걸작품이라고 절찬하곤 한다.

사람의 눈에 띄지 않는 어두운 골짜기에서 행하는 온갖 숨은 선행, 거룩한 생각, 덕스러운 행위 등에는 이 죽은 조각가가 새긴 "하느님만은 아신다."라는 말마디가 새겨져 있다고 말할 수 있으리라. 그리고 그 날이 다가와 위대한 계시가 나타나고 영원이라는 탐조등이 비쳐 들어

올 때, 그 선행은 온 인류의 눈앞에 완연히 드러나 그리스도를 닮은 그 아름다움을 바라보는 모든 이를 경악하게 하리라. 아마도 그때에는 밭에서 일하던 어느 농부가 또는 공장에서 일하던 노동자가 세상의 임금들보다 높이 현양되어 천국에서 높은 자리를 차지하게 될 것이다. 요셉 성인의 생애는 이것을 우리에게 가르쳐 준다.

요셉 성인의 전달하는 힘

요셉 성인에 대한 신심은 영적으로나 현세적으로나 은혜를 얻는 힘찬 방법이다. 1416년 콘스탄츠 공의회에서 교황 대사와 20명의 추기경, 200명의 주교, 그리고 수많은 교회 박사와 신학자들이 모여 당시 교회 안에 만연된 타락한 풍조를 뿌리째 뽑을 대책을 강구하였는데, 그 자리에 파리 대학의 학식 높은 총장인 제르송이 나타났다. 그는 요셉 성인이 세상에서 예수님의 보호자였으므로, 지금은 예수님의 신비체인 교회의 보호자요 또 이 세상에서 그리스도께서 그분의 원의에 순명하셨던 것같이, 그분이 하늘에 있는 지금도 그분의 전구를 그리스도께서 들어 허락하실 것이라고 지적했다. 제르송은 요셉 성인께 대한 신심이 유효한 구제책임을 강력하게 제의했다. 거기 모였던 모든 이는 이 제의를 마치 하늘에서 보내온 것처럼 받아들였다. 과연 이 신심이 온 성교회에 전파된 지 몇 해 안 가서 교회 안의 근심거리는 자취를 찾아볼 수 없게 됐다.

집에서, 또는 맑은 하늘 아래서 요셉 성인께 이 인생 고해를 극복하기 위한 도움을 간청하는 것이 좋겠다. 도덕적 어려움을 극복하고자 요셉 성인께 대한 신심으로 인해 몇 천 명이나 되는 신자들이 얻는 도움은 그 본질상 겉으로는 보이지 않지만, 각 사람의 양심을 내성(內省)해 보면 충분히 보증될 수 있을 것이다. 도덕적·영적 가치의 달성과 영혼의 계속적인 성화는 우리 인생의 최고의 목적이다. 그러니 각 개인의 최후 목적, 곧 구원과 천국에서 하느님과 영원한 일치를 달성하기에 직접적인 관련이 없는 현세적인 은혜보다 앞의 목적을 달성하기 위한 도움이 값진 것이다.

그렇다 할지라도 때로는 현세적 선을 달성함이 도덕적·영적 생활과 뚜렷한 관계를 맺는 경우도 있다. 그런 때에는 자연적 방법을 사용함으로써 앞서 말한 목적을 달성하려는 노력을 도와주시기를 기도함도 나쁘지는 않다.

그래서 오늘날에는 세계 각처에서, 태양 아래 온갖 대륙과 고도에서 수많은 가톨릭 신자들은 한 소리로 다음과 같이 기도한다. "거룩한 요셉이여, 마리아와 아기 예수를 모시고 이집트의 어두운 여행을 떠나신 보호자시여, 이 세상 인생행로에 우리를 안전히 보호하고 인도해 주소서. 그리고 인생행로 끝에 우리 다리가 휘청거리고, 긴 그림자가 떨어지며, 인생에 열이 식고, 죽음의 천사가 우리 눈을 감기러 올 때, 아, 요셉이여! 우리 손을 잡아 영원이라는 경계선을 넘어 하늘의 나자렛에 인도해 주소서. 그리고 거기서 당신과 함께 성모님의 미소 띤 얼굴을 뵈오며, 영원한 임금이신 예수님의 품에 안기게 하여 주소서."

실천

- 교회를 현대의 무서운 적대자들로부터 보호해 주시기를 요셉 성인께 기도하기.
- 행복하게 임종할 수 있도록 날마다 요셉 성인께 전구하며 성모송을 바치기.
- 일상생활에 지쳤을 때 요셉 성인께 전구를 청하기.

제6편

하느님의 계명
성화의 길

제41장

하느님과 인간에 대한 우리의 의무

열 가지 계명

하느님의 계명을 설명하기에 앞서, 죄의 뜻과 성질을 간단히 살펴보는 것이 좋겠다. 죄에는 두 가지가 있다. 곧 원죄와 본죄다. 원죄는 우리의 첫 조상인 아담과 하와의 타락의 결과로 '우리가 태어난 상태'다. 우리 원조는 전능하신 하느님께 불순명하여 결백함과 거룩함을 잃었고, 병고와 죽음을 맛보게 되었다. 그들은 하느님의 생명 자체를 함께 누리는 은총의 초자연적인 생명을 잃었다. 하느님께서는 그들이 본시 아무런 권리가 없었으므로 은혜와 호의를 거두었을 따름이다. 그들의 후손인 우리는 그들이 하느님께 끝내 충실하였더라면 그들의 행복을 우리도 물려받았을 것이다. 이와 마찬가지로 그들이 불순명인 결과를 물려받는다.

말하자면 우리는 큰 재산을 잃은 한 아버지의 자손들이다. 만일 그가 그 재산을 그대로 지니고 있었더라면 우리도 그것을 갖게 되었을 것이다. 그러나 그가 그것을 끝까지 지니지 못했기에 우리도 이것을 물려받을 수 없게 된 것이다. 그렇다고 하느님께서 우리에게 불의를 행하신 것은 아니다. 즉, 하느님께서 아담과 하와에게 하사하신 각별한 은혜에 대해서 우리는 아무런 권리가 없을뿐더러, 이 은혜는 그들이 하느님의 거룩하신 법을 순명하는 조건으로만 지니게 되어 있었던 것이다. 그들이 타락한 결과 우리 지성은 어둡게 되었고 의지는 약하게 되었으며, 인간 본성은 악으로 기울어지는 경향이 남게 되었다. 이 때문에 원죄를 용서받은 다음에도 썩은 우리 본성은 썩은 채로 남아 있게 되었다.

이에 비해 우리 스스로가 범한 죄, 따라서 우리가 직접 벌을 받게 마련인 죄를 본죄라 부른다. 이는 하느님의 법을 일부러 어기는 모든 생각과 말과 행위와 불순종이다. 본죄에는 대죄와 소죄가 있다.

죄 – 대죄와 소죄

대죄는 하느님의 법을 중대하게 어기는 것으로 세 가지 조건이 필요하다. 첫째 중대한 일, 둘째 충분히 생각한 행위, 셋째 의지가 완전히 동의한 행위다. 가령 도둑질은 죄악이다. 그러나 누가 신문지 한 장을 훔쳤다면 이는 중대한 일이 아니므로 소죄가 될 뿐이다. 그렇지만 누가 수백만 원을 훔쳤다면 이는 중대한 일인 만큼 대죄가 된다.

대죄를 죽을죄라고도 한다. 이 죄를 범하면 영혼이 영적 생명인 성화 은총을 잃게 되고, 이를 잃은 영혼은 죽고, 벌을 받기 때문이다. 이는 영혼 안에 들어올 수 있는 가장 큰 악이요, 인생에 들어올 수 있는 가장 큰 악이며, 그 결과는 영원히 가장 비참한 것이다.

소죄는 대죄와는 달리 덜 중대한 사정 또는 중대한 사정이라도 충분히 생각하지 않고 의지도 완전히 동의하지 않고 하느님의 법을 조금 거스르는 행위다. 소죄의 결과로 우리 마음에는 하느님의 사랑이 줄게 되고 그분의 도움을 받을 자격이 모자라게 되며 대죄에 저항할 힘이 약해지게 된다. 바꾸어 말하면 소죄는 대죄를 범할 길을 준비한다. 그러므로 아무리 사소한 소죄일지라도 경계를 게을리하지 말아야 한다. 우리가 위험과 유혹과 범죄의 가까운 기회를 피한다면 죄를 범하지 않고 지낼 것이다. 범죄의 가까운 기회란 범죄로 이끄는 사람이나 장소나 물건을 뜻한다. 기도와 경계는 순결의 무기다. 구세주께서도 "유혹에 빠지지 않도록 깨어 기도하여라."(마태 26,41)라고 하셨다. 위험을 슬기롭게 피하는 것이 상책이다. 집회서의 저자도 "위험을 즐기는 자는 그 위험으로 망하리라."(집회 3,26)라고 경고한다. 이 두 충고를 지키면 세속과 육신과 마귀에 대항하는 끊임없는 전쟁의 도가니 속에서 현명한 전술을 쓰는 셈이 된다.

실상 십계명은 결국 두 가지로 요약될 수 있다. 율법 학자가 예수께 여쭈었다. "'스승님, 율법에서 가장 큰 계명은 무엇입니까?' 예수님께서 그에게 말씀하셨다. "네 마음을 다하고 네 목숨을 다하고 네 정신을 다하여 주 너의 하느님을 사랑해야 한다.' 이것이 가장 크고 첫째가는 계명이다. 둘째도 이와 같다. '네 이웃을 너 자신처럼 사랑해야 한다'는 것이다. 온 율법과 예언서의 정신이 이 두 계명에 달려 있다.'"(마태 22,36-40)

이 두 가지 계명은 실제로는 모든 계명을 내포한다. 곧 십계명 중의 처음 셋은 하느님을 사랑함에 관한 것이고, 나머지 일곱 계명은 이웃을 사랑함에 관한 것이다. 우리가 진실로 하느님을 사랑한다면 그분에게 존경과 순명을 바치기를 소홀히 하지 않을 것이요, 우리가 진실로 남을 사랑한다면, 남을 해치거나 남의 재산을 빼앗거나 명예를 훼손하지 않을 것이며 남의 모든 권리를 존중할 것이다.

첫째 계명

첫째 계명의 골자는 이렇다. "나는 …… 너의 하느님이다." 십계명은 탈출기 20장 1-17절과 신명기 5장 6-21절에 실려 있다. 첫째 계명의 본문은 이렇다. "나는 너를 이집트 땅, 종살이하던 집에서 이끌어 낸 주 너의 하느님이다. 너에게는 나 말고 다른 신이 있어서는 안 된다. 너는 위로 하늘에 있는 것이든, 아래로 땅 위에 있는 것이든, 땅 아래로 물속에 있는 것이든 그 모습을 본뜬 어떤 신상도 만들어서는 안 된다. 너는 그것들에게 경배하거나, 그것들을 섬기지 못한다. 주 너의 하느님인 나는 질투하는 하느님이다. 나를 미워하는 자들에게는 조상들의 죄악을 삼 대 사 대 자손들에게까지 갚는다. 그러나 나를 사랑하고

내 계명을 지키는 이들에게는 천대에 이르기까지 자애를 베푼다."(탈출 20,2-6)

가톨릭이 아닌 이들 중에는 여기에서의 "너는 그것들에게 경배하거나, 그것들을 섬기지 못한다."라는 말마디를 둘째 계명으로 간주하는 이가 있다. 그래서 가톨릭과 가톨릭이 아닌 이들이 십계명을 셈하는 것이 좀 다르다. 가톨릭은 이 글이 모두 하느님을 흠숭하는 의무를 설명하고 거짓 신과 우상 숭배를 금하는 하나의 중심 사상을 풀이한 것이라고 본다. 하느님께서는 모세에게 계명을 주실 때 조목조목 나눠 주신 것이 아니다. 모세도 항목으로 가르지 않았다. 몇 백 년이 지난 후 구약 성경의 탈출기가 쓰였을 때 이렇게 항목을 갈라놓은 것이다.

그러나 이 말은 가톨릭이 아닌 이들이 전통적으로 내려오는 십계명 대신 열한 가지 계명으로 셈한다고 하는 말은 아니다. 그들은 가톨릭이 이르는 아홉째 계명과 열째 계명을 하나로 쳐서 이것을 열째 계명으로 간주한다.

이 첫째 계명은 초상이나 그림을 아예 만들지 말라는 계명이 아닌가? 그렇지 않다. 다만 이것을 우상으로 숭배하는 경우에만 금하는 계명이다. 가톨릭이 아닌 이들은 초상이나 그림을 교회에 장식하지도 말고 흠숭 행위에 사용하지도 말아야 한다고 우기지만, 이런 생각은 옳지 않다. 히브리인들은 하느님 친히 지시하신 대로 계약의 궤 양 귀퉁이에 조각해서 만든 물건을 둔 채 이 궤 앞에서 하느님을 흠숭했다. 십계명이 쓰여 있는 바로 그 성경에 하느님께서 천사의 초상 두 개를 만들도록 명하셨다고 기록되어 있다. "너는 순금으로 속죄판을 만들어라. 그 길이는 두 암마 반, 너비는 한 암마 반으로 하여라. 그리고 금으로 커룹 둘을 만드는데, 속죄판 양쪽 끝을 마치로 두드려 만들어라. 커룹 하나는 이쪽 끝에, 다른 하나는 저쪽 끝에 자리 잡게 만들어라. 그 커룹들은 속죄판 양쪽 끝에 만들어야 한다."(탈출 25,17-19)

카타콤에는 초대 교회 신자들이 기도와 제사와 흠숭을 드릴 때 초상과 그림을 사용했다는 증거가 무척 많다. 8세기에 다마스쿠스의 요한 성인은 종교적 흠숭 행위에 화상畵像을 사용함을 반대하는 자들에게 이렇게 대꾸했다. "임금의 화상을 역시 임금이라 부르지만, 그렇다고 임금이 둘이 있는 것은 아니다. 화상을 공경함은 그 화상이 표시하는 그분을 공경함이다. 화상 공경을 반대하지 말라."(Libr. LV De Fid. Orth.)

영웅들의 초상

우리는 공원이나 공공건물에 훌륭한 정치가나 영웅들의 초상을 세워 둔다. 이렇게 우리는 그분들을 공경하고 생생하게 기억한다. 그렇다고 누구 하나 그 초상을 공경한다고 비난하는 이는 없다. 마찬가지로 예수께서 우리를 위하여 수난하시고 죽으셨음을 기념하기 위하여 십자고상을 모셔 두는 것은 당연하다. 이는 우리의 기억을 상기시키며 사랑을 불사르게 한다. 우리가 예수 그리스도께 기도를 드릴 때, 우리 주의를 집중시킬 만한 것이 전혀 없는 벽만을 마주 보고 기도하는 것보다 십자고상이나 예수의 성상 앞에서 기도하는 것이 얼마나 보람찰 것인가! 가톨릭이 아닌 사람 중에 십자가 앞에서 흠숭하는 가톨릭 신자를 보고, 십자가에 기도한다고 경솔하게 판단하는 이가 간혹 있다. 그러나 이것이 터무니없는 오해라는 것은 말할 나위도 없다.

가톨릭은 하느님만 흠숭하고 성인들은 공경한다. 하느님만이 흠숭이라는 최상의 존경을 받을 수 있다. 어떠한 피조물에게 흠숭함은 이 계명이 엄격히 금지하고 있다. 이 계명은 또한 하느님께만 속하는 어떤 완전성을 어떠한 피조물에게 붙이는 행위를 엄금한다. 무슨 주문을 외우거나 해몽이나 점이나 굿이나 무당이나 신주 따위를 믿는 것은 미신이다. 이는 첫째 계명을 어기는 일이다.

메달

가톨릭 신자들이 위험이나 유혹을 당하지 않고자 메달(패)을 목에 걸지 않는가? 가톨릭 신자들은 메달이나 성의聖衣를 입고 축복된 이런 물건을 정성스레 이용함으로써 하느님의 보호를 받는다고 믿는다. 그러나 그들은 반드시 그러리라고 기대하고 있지 않으며, 또 도움은 하느님으로부터 오는 것이지 이 물건에서 오는 것이 아님을 잘 알고 있다. 메달에는 예수 성심을 공경하는 것도 있고, 성모 마리아나 안토니오 성인, 베네딕토 성인이나 그 밖의 성인들을 공경하는 것도 있다. 이런 메달은 사제가 축복한 것으로, 이것을 착용하는 것은 이것이 표상하는 분을 공경하는 정성에서 우러나온 행위다.

크리스토포로 성인의 이름은 "그리스도를 업고 가는 사람"이라는 뜻이다. 여행하는 이들은 위험을 피하기 위해서 그의 전구를 청하는 풍습이 있다. 크리스토포로 성인의 메달을 차에 달아 두는 것은 다만 그들의 기도가 겉으로 드러난 것일 뿐이다. "여행자의 주보이신 성 크리스토포로여, 우리 기도를 당신의 기도와 합하여 우리가 여행하는 동안 하느님의 보호를 받게 도와주소서." 우리는 이 물건의 아무런 힘도 인정하지 않기 때문에 이것이 미신일 리가 없다.

교회는 미신적인 일이면 이를 믿거나 실천하지 못하게 한다. 가령 손이 있는 날 이사하거나 집을 떠나면 운이 나쁘다거나, 넉 사(四) 자가 걸리면 재수가 없다거나 하는 것이다. 지성인은 이런 것들을 웃어넘기지만 교회는 이것이 어리석은 행동일 뿐더러, 하느님만 누리시는 권능을 어떤 물건이나 사람이 갖고 있는 듯 여기는 것은 미신임을 신자들에게 명심하게 한다.

명하는 것

이 계명이 명하는 것은 무엇인가? 이는 우리에게 신덕과 망덕과 애덕의 기도와 희생으로 하느님만을 흠숭하고 경배하기를 명한다. 신덕으로 하느님을 흠숭한다 함은 하느님께서 우리에게 계시하신 것을 우리가 믿는 것이다. 망덕으로 흠숭한다 함은 하느님의 선하심과 약속을 신뢰하며 영생을 얻을 것을 믿고 바라는 것이다. 애덕으로 흠숭한다 함은 하느님을 위해서 온갖 것들보다 그분을 더 사랑하여 그분의 뜻을 따르는 것이다.

신덕은 아침저녁에, 또 위험과 유혹을 당할 때에 하느님께 기도해야 할 의무도 있다. 우리는 일어나면서 그날의 모든 생각과 말과 행위를 전능하신 하느님께 바쳐야 한다. 이것이 바오로 사도가 "여러분은 먹든지 마시든지, 그리고 무슨 일을 하든지 모든 것을 하느님의 영광을 위하여 하십시오."(1코린 10,31) 하신 말씀의 뜻이다. 이처럼 우리의 모든 행위를 하느님의 영광을 위해서 봉헌하여 우리 행위를 거룩하게 하고 공로에 넘치게 한다. 기도는 우리를 세속의 거친 아우성으로부터 건져 내어 사랑 속에 하느님과 한층 더 밀접하게 결합시켜 준다.

　기도를 바치지 않는 이는 그리스도인으로 자처할 수 없다. 우리가 나날이 하느님을 모르고 지낸다면 신앙이란 것도 속빈 강정이 되어 버리고 만다. 우리는 날마다 기도와 묵상과 영적 독서를 함으로써, 특히 신약 성경을 읽음으로써 우리 신앙을 생생하게 살려야 한다. 우리는 마땅히 그리스도께서 우리에게 계시해 주시고 성교회가 보호하고 가르쳐 주는 위대한 진리에 대한 지식을 늘려야 한다. 우리는 무슨 일이 있더라도 신앙을 배반할 수 없으며, 하느님의 영광이 되거나 남에게 유익이 되거나 법다운 권위가 요구하는 경우에는 우리 신앙을 고백할 의무가 있다. 우리는 무차별론에 떨어지지 않도록 경계하여야만 하고, 이로써 그릇된 신앙에 끌려 들어가지 말아야 한다. 그릇된 신앙에 물든다는 것은 사람이 만든 종교를 그리스도께서 세우신 종교와 같은 자리에 올려놓는다는 뜻이다. 이것은 그리스도의 신앙을 배반하는 것이요, 신자들에게 악한 표양을 끼치는 것이다.

그러나 우정이나 예의 때문에 불가피한 경우에는 가톨릭이 아닌 교회에서 행하는 장례식이나 결혼식에 참례할 수 있다. 이를 허락하는 유일한 목적은 벗에게 예의를 지키기 위함일 뿐이지, 그릇된 신조를 인정한다는 뜻은 아니다. 이처럼 벗에게 적절한 존경을 표시하면서도 항구한 신앙이라는 충실함의 원칙은 아무런 손상 없이 보존되는 것이니, 그것은 우정 또한 귀한 것이기 때문이다.

그러므로 세 가지 방법으로 신앙을 거스르는 죄를 범할 수가 있다. 첫째, 하느님께서 가르치신 바를 알려고 힘쓰지 않는 것, 둘째, 하느님께서 가르치신 바를 믿기를 거부하는 것, 셋째, 하느님께서 가르치신 것에 대한 믿음을 고백하기를 게을리하는 것이다. 세속적으로 아무리 중대한 사정이 있다고 하더라도 필요한 경우에는 그리스도와 그분이 세우신 종교를 믿는다고 고백해야 한다. 그리스도 이래 오늘에 이르기까지 그리스도를 따르는 이들은 줄곧 그리스도와 그분의 가르침을 배반하기보다는 차라리 순교의 길을 택하였다. 그들의 귀에는 구세주의 말씀이 쟁쟁하게 메아리치고 있다. "누구든지 사람들 앞에서 나를 안다고 증언하면, 사람의 아들도 하느님의 천사들 앞에서 그를 안다고 증언할 것이다. 그러나 사람들 앞에서 나를 모른다고 하는 자는, 사람의 아들도 하느님의 천사들 앞에서 그를 모른다고 할 것이다."(루카 12,8-9)

바꾸어 말하면 사람은 어느 교회가 참교회인지 식별해야 할 의무가 있다. 가톨릭만이 그리스도가 세우신 교회이며 그분으로부터 그르침이 없도록 항상 보호될 보장을 받은 유일한 교회라는 것을 깨달았으면, 가톨릭 신자가 되어야 할 양심상의 의무가 있다. 사업이나 사회 또는 정치적 이유 때문에 가톨릭 교회에 대한 신앙을 고백하지 않는 이는 스승을 은돈 서른 닢에 팔아 버린 유다에 비길 만한 사람이다. 이것은 사람이 범할 수 있는 나쁜 죄악 중 하나다.

망덕은 우리에게 영생과 이를 얻을 수단마저 주시겠다는 하느님의 약속을 하느님의 은총으로 굳게 바랄 수 있게 하는 덕이다. 절망이나 억측이라는 두 가지 대죄 중 어느 죄에 떨어지든지 망덕을 잃게 마련이다. 억측의 죄를 범한다 함은 하느님의 도우심을 거절하고 제 힘만으로 구원될 줄로 자부하거나 또는 자기는 아무런 협력이나 노력도 하지 않고 하느님의 힘만으로 구원되기를 바라는 행위다. 절망은 온갖 희망을 완전히 포기하며 이것을 얻을 수단까지 배척하는 것이다.

마지막으로 애덕으로 하느님을 흠숭해야 한다. 어떤 대죄든지 이를 범하는 이는 곧 하느님의 사랑을 배반하는 사람이다. 우리는 또 하느님을 위해서 남을 사랑해야 하며, 또 타인 안에서 하느님의 모습을 볼 줄 알아야 한다. 상스럽고 더러운 말을 마구 하거나 추잡한 그림이나 책을 뒤적거리거나, 그 외에 악한 표양을 보이거나 하여 남을 범죄에 유인하는 행위는 모두 남에게 베풀어야 할 사랑을 거스르는 것이다. 이제 우리는 첫째 계명이 어떠한지 잘 알았고, 이것이 다른 모든 계명의 바탕이 되는 줄도 깨달았을 것이다.

둘째 계명

둘째 계명은 이렇다. "주 너의 하느님의 이름을 부당하게 불러서는 안 된다."(탈출 20,7) 이는 하느님과 성인들과 거룩한 것들에 대해 공경하게 말하고 법다운 맹세와 서원을 지키라는 뜻이다. '하느님의 이름을 부당하게 부른다'는 것은 충분한 이유가 없이 또는 맞갖은 공경심 없이 하느님의 이름을 마구 부른다는 뜻이다. 놀라거나 무슨 말을 강조하거나 화를 내거나 미움이 북받치거나 욕을 할 때 공연히 하느님을 마구 부르는 이가 많다. 하느님의 거룩하신 이름을 속되게 쓰는 불경죄는 오늘날 아주 흔히 볼 수 있다.

이 계명이 명하는 것은 하느님의 이름과 예수님의 거룩한 이름을 공경하기를 마치 이 이름이 뜻하는 바로 그 본인을 공경하듯 하라는 뜻이다. 옛날의 유다인들은 하느님의 이름을 얼마나 경외하였는지 그 이름을 감히 부르지도 못했다. 가톨릭 신자들은 기도할 때 예수님의 거룩하신 이름이 나오면 으레 머리를 숙여 경의를 표한다. 시편 저자는 이렇게 읊었다. "해 뜨는 데서 해 지는 데까지 주님의 이름은 찬양받으소서."(시편 113,3)

이 구절은 구약 성경에 자주 나오는 후렴이다. 가령 에제키엘서에는 다음과 같은 신에 감도된 예언이 쓰여 있다. "나는 내 백성 이스라엘 한가운데에서 나의 거룩한 이름을 드러내어, 다시는 나의 거룩한 이름이 더럽혀지지 않게 하겠다. 그제야 민족들은 내가 주님임을, 이스라엘에 있는 거룩한 이라는 것을 알게 될 것이다."(에제 39,7)

바오로 사도는 예수님의 거룩하신 이름에 온갖 존경을 모두 쏟아 이렇게 말했다. "하느님께서도 그분을 드높이 올리시고 모든 이름 위에 뛰어난 이름을 그분께 주셨습니다. 그리하여 예수님의 이름 앞에 하늘과 땅 위와 땅 아래에 있는 자들이 다 무릎을 꿇고 예수 그리스도는 주님이시라고 모두 고백하며 하느님 아버지께 영광을 드리게 하셨습니다."(필리 2,9-11) 한나스와 카야파가 베드로와 요한에게 무슨 권한으로 사도들이 앉은뱅이 거지를 낫게 했는가를 물었을 때 베드로는 이렇게 대답했다.

"여러분 모두와 온 이스라엘 백성은 이것을 알아야 합니다. 나자렛 사람 예수 그리스도의 이름으로, 곧 여러분이 십자가에 못 박았지만 하느님께서 죽은 이들 가운데에서 다시 일으키신 바로 그분의 이름으로, 이 사람이 여러분 앞에 온전한 몸으로 서게 되었습니다. 이 예수님께서는 '너희 집 짓는 자들에게 버림을 받았지만 모퉁이의 머릿돌이 되신 분'이십니다. 그분 말고는 다른 누구에게도 구원이 없습니다. 사실 사람들에게 주어진 이름 가운데에서 우리가 구원받는 데에 필요한 이름은 이 이름밖에 없습니다."(사도 4,10-12)

입에서 새어 나오지 않고

만일 누구든지 홧김에 거룩한 이름을 함부로 부를 찰나, 이러한 말씀이 머리에 떠오르기만 한다면 그가 범할 무서운 불경죄를 깨달음으로써 이 말마디는 죽기까지 입에서 새어 나오지 않게 될 것이다. 거룩한 이름을 속되게 부르는 이들이 베드로와 바오로의 이런 말씀을 회상한다면 이런 나쁜 버릇을 뿌리째 뽑아 버리고 말 것이다. 이것은 거룩한 이름을 욕되게 하겠다는 악의가 있어서 그런 것이 아니라 주로 경솔한 탓이다. 그래서 실상은 이런 것이 흔히 소죄가 될 뿐이다. 그렇기는 하지만 그저 경솔하게 악의 없이 하는 행위라도 하지 말아야 한다. 이것은 부질없는 일일 뿐더러 귀에 거슬리는 것이요, 모든 이의 눈살을 찌푸리게 하는 일이다. 성교회에는 하느님의 이름을 공경하고 말을 깨끗이 하기를 고취하는 성명회가 조직되어 있는데, 회원이 5백만 명이나 된다.

악담을 한다는 것은 무슨 뜻인가? 이것은 사람이나 물건에 악이 닥치기를 기원한다는 뜻이다. 하느님의 이름을 빌려서 악담하면 큰 죄가 된다. 악담은 대죄가 될 수도 있지만 보통으로는 악담하는 이가 그 말마디가 뜻하는 그대로 남에게 악이 닥쳐오기를 바라지는 않으므로, 이는 소죄가 될 뿐이다. 우리는 응당 하느님께 어떤 이를 벌하시고 그를 지옥에 떨어뜨려 주소서 하고 비는 대신, 그 사람을 축복하고 도와주시기를 빌어야 하지 않겠는가? 시편 저자가 읊은 대로 말이다. "그분의 복을 받은 이들은 땅을 차지하고 그분의 저주를 받은 자들은 뿌리째 뽑히리라."(시편 37,22)

설독䙝瀆은 무엇인가? 이것은 하느님을 능멸하고 모욕하는 말이다. 그러니 그 자체로 대죄다. 구약 시대에는 사형감이었다. "주님의 이름을 모독한 자는 사형을 받아야 한다. 온 공동체가 그에게 돌을 던져야

한다. 이방인이든 본토인이든 주님의 이름을 모독하면 사형을 받아야 한다."(레위 24,16)

서원은 무엇인가? 이것은 하느님께서 기뻐하시는 어떤 것을 하겠다고 자유롭게, 또 자원으로 하느님과 약속을 맺는 것이다. 이것은 하느님과 한 약속이므로 여느 약속이나 좋은 결심과는 다르며, 이는 서원하는 이의 의향에 달려 있는 것이다. 수도원의 수사나 수녀들은 보통 세 가지, 곧 가난과 정결과 순명을 서원한다.

맹세의 뜻

맹세는 하느님을 자기가 말하거나 약속한 사실의 증거자로 부르는 것이다. 이 계명은 필요 없는 맹세를 금한다. 고의로 거짓말을 하고 하느님을 불러 맹세하는 위증죄는 말할 나위도 없이 더욱 중한 죄다. 중대한 사정이 있어 꼭 필요한 경우, 가령 법정에서 사실을 증언해야 할 때는 맹세할 만하다. 증인들은 보통 의자에 앉기 전 성경에 손을 얹고 진실만을 말할 것을 맹세한다. 그러므로 맹세를 선서라고도 한다. "하늘을 두고 맹세하는 이는 하느님의 옥좌와 그 위에 앉아 계신 분을 두고 맹세하는 것이다."(마태 23,22)

그런데 회원에게 비밀 맹세를 요구하는 조직체가 있다. 교회는 그 비밀의 이유가 어떠한 것이든 간에 이를 인정하지 않는다. 다시 말하면 그러한 비밀 맹세를 요구하는 조직체는 그 어떠한 것이든 인정하지 않는다는 말이다. 비록 사회 복지를 위한 조직체라 할지라도 구태여 비밀 맹세를 해야 할 필요는 인정하지 않는다. 무엇 때문에 모든 것을 다 알지도 못하면서 양심상 비밀을 지켜야 될 조직에 가입해서 맹목적으로 비밀을 지키겠다고 맹세해야 하는가?

콜럼버스 기사회는 회원에게 비밀을 지키라는 맹세를 요구하지 않는가? 아니다. 이 조직체는 약속만 할 뿐이지 맹세하지는 않는다. 그나마 이 약속도 국민의 의무 또는 양심의 명령과 어긋나는 경우에는 지키지 않아도 된다.

왜 금하는가?

유익하고 사회적 성격을 지니고 있어 회원 간에 우정과 형제적 정신을 배양한다는 단체 중에도 비밀 맹세로 얽매어 두는 단체가 상당히 많다. 실상 이러한 단체는 여러모로 좋은 점이 있고 본받을 점이 있지만, 교회는 다음과 같은 두 가지 이유로 이런 단체를 인정하지 않는다. 첫째, 맹목적인 비밀 맹세를 요구한다는 점, 둘째, 교회 예절 대신 자기네 예식을 강요한다는 점이다. 그들은 장례식이나 그 외의 다른 예절을 행하는 경우 자기네 방식으로 해 버리기 일쑤다. 그런 회원이 되면 으레 "이제부터는 교회에 갈 필요가 없다. 내 종교는 비밀 결사단에 있다."라고 선언하고야 만다.

온 인류에게 봉사하고자 그리스도께서 설립하신 가톨릭 교회가 원리에 입각해서, 그리스도께서 교회에 주신 종교 예절을 비밀 결사단의 사람이 만든 예식으로 바꾸려는 자들을 가만히 두지 않음은 자명한 일이다. 만일 비밀 결사단이 성경과 장례식이나 그 외의 종교 예절을 이 것이 본래 속하여 있는 교회에 맡기고, 그냥 형제적 사업에만 전념한 다면 그때에야 이런 회원들이 그리스도께서 당신 교회에 세상 마칠 때까지 모든 이를 가르치라고 명하신 초자연적인 종교를 떠나게 되는 경향이 없어질 것이다.

지금까지 명백하게 본 바와 같이 둘째 계명은 하느님과 그 아들 예수 그리스도의 거룩한 이름을 공경할 의무가 있음을 가르친다. 하느님께서 우리에게 말할 능력을 주셨음은 당신을 찬양하고 공경하기 위함이다. 이를 남용해서 당신을 속된 말로 모욕하라고 주신 것이 아니다. 사람의 입술이 발음할 수 있는 가장 거룩한 이름인 예수님의 거룩한 이름에 대한 특별한 사랑을 키워야 한다. 예수님의 거룩한 이름을 공경하는 아름다운 노래를 기억해 두는 것이 좋겠다.

오 구세주여,
당신의 복된 이름보다
감미로운 소리는
목소리로 노래할 수도 없고
마음으로 꾸며 낼 수도 없으며
기억으로 찾아낼 수도 없도다.

정성과 사랑으로 예수님의 이름을 자주 부르자. 그러면 위험과 유혹을 당할 때에 보호를 받으리라. 죽음의 천사가 내려와 임종을 고하거든 죽어 가는 입김으로 이렇게 부르라. "예수님, 당신은 제 하느님이시며, 제 모든 것입니다. 당신 손에 제 영혼을 맡깁니다. 사랑하올 예수님."

셋째 계명

셋째 계명은 이렇다. "안식일을 기억하여 거룩하게 지켜라."(탈출 20,8) 이 계명도 앞의 두 계명과 마찬가지로 하느님께 대한 의무, 특히 정한 날에 하느님을 흠숭할 의무에 관한 것이다. '안식'이라는 말은 '쉰다'는 뜻이요, 주일의 일곱째 날 곧 토요일에 해당하는 날이다.

가톨릭은 왜 성경에 기록된 토요일 대신에 일요일을 주일로 지키는가? 유다인에게 밝히는 말은 이렇다. 모세의 구약법은 이미 지나갔다. 그러니 이제는 할례도, 어떤 음식물을 못 먹는다는 법도, 안식일에 관한 세심증에 걸릴 만큼 야단스러운 규정도 폐지되었다. 그 대신 그리스도의 신약법을 지켜야 되는데, 교회는 토요일 대신에 일요일을 거룩하게 지내는 날로 바꿨다. 유다인의 모든 예절에 관한 규정은 그리스도께서 오심으로써 끝을 맺었다. 그런데 이런 예절과 전례는 2천 년 이상이나 유다인의 전통 속에 군림하여 온 것이므로, 초대 그리스도교회는 유다인에게 구약이 지나가고 그리스도의 신약이 왔음을 확신하게 하는 가장 유효한 방법으로, 전통적인 공식 흠숭의 날을 일요일로 옮기는 것이 상책이라고 생각했다.

루카 복음사가는 이 사실을 사도행전에 기록했다. "주간 첫날에 우리는 빵을 떼어 나누려고 모였다. 바오로가 신자들에게 이야기하였는데, 이튿날 떠나기로 되어 있었기 때문에 자정까지 이야기를 계속하였다."(사도 20,7)

왜 하필 일요일을 택했는가? 그리스도께서 죽은 이들 가운데서 부활하신 날이 바로 일요일이요, 성령께서 사도들에게 강림하신 날도 일요일이었던 까닭이다. 부활은 그리스도께서 행하신 가장 위대한 기적이요, 그리스도와 당신 교회의 신성을 가장 힘차게 증명하는 것이다. 성령 강림은 성령이 교회의 신적 생명의 샘이 되어 영원히 함께 계시고자 교회 안에 들어오신 날이다.

교회는 창설자이신 예수 그리스도로부터 이렇게 변경할 권능을 받았다. 그는 당신 교회에 입법권과 행정권과 사법권(열쇠의 권)을 주셨다. 교회는 사람이 하느님을 흠숭해야 한다는 신정법을 변경한 것이 아니라, 공식 흠숭을 바치는 날을 변경했을 뿐임을 명심하자. 이러한 법규는 전례에 관한 규칙일 뿐이다.

그렇지만 성경에 일요일이 아니라 토요일로 명시되어 있으니 성교회가 아니라 성경에서부터 직접 종교를 끌어왔다고 우기는 이들도 토요일 대신 일요일을 지키는 것이 이상하지 않은가? 정말 이치에 맞지 않는다. 그러나 실은 개신교가 태어나기 15세기 전에 이렇게 변경된 것으로, 개신교가 탄생된 당시에는 이것이 보편적인 관습이 되어 있었다. 이것은 비록 성경에 명시된 글에 따른 것이 아니고 가톨릭 교회의 권위에 바탕을 둔 것이지만, 그들은 이 관습을 그대로 계속해 오고 있다. 이것은 가톨릭이 아닌 교파들이 갈라져 나간 자모이신 성교회의 기념물로 남아 있는 증거다. 마치 집을 박차고 나가긴 하였지만 호주머니 속에 어머니의 사진이나 머리카락 한 줌을 늘 지니고 다니는 탕자처럼.

두 가지 명령

이 계명이 구체적으로 명하는 바는 무엇인가? 이 계명 자체는 그저 그날을 거룩하게 지내라는, 말하자면 일반적인 명령이다. 성교회는 이 일반적인 계명을 구체적으로 규정하고 있다. 첫째, 교회는 필요하지 않은 육체노동을 하지 말라고 선언한다. 예컨대 주일에는 육체노동을 하지 말라는 말이다. 그러나 물론 이런 일이라도 밥 먹기 위해서, 병자를 간호하기 위해서 또는 그 외에 불가피한 일이라면 금하지 않는다.

둘째, 하느님을 흠숭하는 공식 예배에 참석하기를 명한다. 성교회는 신자들에게 주일에 미사성제에 참례함으로써 거룩하게 지내기를 명한다. 이성이 열린 모든 신자는 이를 궐하면 대죄의 벌을 받게 되어 있다. 미사에 온전히, 즉 사제가 제대 앞에 나오기 전부터 사제가 제대를 떠난 다음까지 줄곧 참례해야 한다.

미사에 늦는 버릇이 있는 사람은 이 때문에 하느님께 맞갖은 존경이 다소간 없어진다는 것을 명심해야 한다. 성작 덮개를 벗긴 다음에 온 이는 다음 미사에 다시 참례해야 할 의무가 있다. 늦긴 했지만 그 전에 들어온 이는 소죄를 범했을 뿐이다. 그러나 소죄라고 다 같은 것은 아니다. 늦은 정도에 따라 그만큼 다르다.

　미사성제에 참례하고 육체노동을 하지 않는 외에 얼마 동안 성경을 읽거나 영적 독서를 하든지, 집안 식구가 모여 묵주 기도를 바치든지, 성체 조배나 병자 방문을 하든지, 영적 자선이나 육체적 자선을 행함이 좋다.

핑계

　미사 참례를 면할 핑계가 있는가? 병석에 누워 있든지 병자를 돌봐야 될 의무가 있든지 그날 일하지 않으면 직장을 잃는다든지 성당이 너무 멀다든지 하면 미사 참례의 의무가 없다. 그렇다 할지라도 가톨릭 신자는 되도록 주일 미사에 참례하기 위해 온갖 노력을 다해야 하는데, 이는 이 의무가 중대할 뿐더러 미사 참례의 영적 이익이 대단히 크기 때문이다. 이른 새벽부터 대낮까지 미사 시간을 매번 알리는 성당의 종소리는 종교적 장관이며 가톨릭의 생명력을 자랑하는 것이다.

　충실하게 미사에 참례하는 사람은 좀체 하느님으로부터 멀어질 수가 없다. 하느님과 영원과 자기 구원 사정을 언제나 염두에 두는 까닭이다. 사실 주일마다 충실히 또 정성스레 미사에 참례하는 이는 구원이 거의 확실하다고 믿는 영적 저자들이 많다. 속담에 이런 말이 있다. "기울어진 나무는 쓰러지게 마련이다." 이 비유대로 말하면 열심히 미사에 참례하는 이는 일생을 하느님께 기울였으니, 죽을 때 반드시 하느님의 품 안에 쓰러지게 될 것이다.

미사 참례

미사 참례를 가장 잘하는 방법은 어떤 것인가? 할 수 있는 대로 사제의 기도와 행동을 따라서 미사 경본을 읽는 것이다. 우리는 제대에서 사제가 외우는 말을 되풀이하고, 우리 의향을 그리스도의 의향에 합치고 우리 자신을 그리스도와 함께 인류의 죄를 보속하는 희생으로, 또 천상 성부께 최상의 사랑과 존경을 드리는 표시로 재현함으로써 그리스도의 사제직에 참여하는 데 진력해야 할 것이다.

미사가 시작되기 10분이나 15분 전에 성당에 들어가 그날 볼 미사 경본을 미리 찾아 두고, 또 이 거룩한 성제에 정성스레 참례하기 위하여 묵상으로 마음의 준비를 해 두는 것이 바람직하다. 분심을 피하고 부질없이 남을 둘러보지 말며, 제대에서 거행되는 외경된 제사(그리스도가 골고타에서 바치신 바로 그 제사의 피 흘림이 없는 재현)에 정신을 온통 집중하라. 이렇게 하면 하느님께 보다 큰 찬송과 존경을 드리는 것이 되고, 이로써 더 많은 영적 이익을 받을 것이다. 그러면 그대는 미사의 행복을 누리게 되고, 미사야말로 그대가 참례할 수 있는 가장 위대한 존경과 흠숭 행위임을 깨달으리라.

넷째 계명

넷째 계명은 이렇다. "아버지와 어머니를 공경하여라."(탈출 20,12) 이 계명은 부모와 웃어른을 공경하고 사랑하며, 순명해야 할 의무를 강조하는 것이다. 하느님께서는 자녀로서의 효도가 그저 감정에서 나오는 일이 아니라, 엄격한 의무의 하나임을 우리 마음속에 새겨 주심으로써 부모에 대한 사랑을 강조하고 확정하였다. 성경은 이 사정에 관한 하느님의 마음을 반영하여 부모께 대한 존경과 순명의 의무를 연이어 가르친다. 잠언의 저자는 이렇게 경고한다. "내 아들아, 아버지의 교훈을 들어라. 어머니의 가르침을 저버리지 마라."(잠언 1,8) 바오로의 말도 같은 뜻이다. "자녀 여러분, 주님 안에서 부모에게 순종하십시오. 그것이 옳은 일입니다. '아버지와 어머니를 공경하여라.' 이는 약속이 딸린 첫 계명입니다. '네가 잘되고 땅에서 오래 살 것이다.' 하신 약속입니다."(에페 6,1-3)

이 계명은 자녀들에게 부모를 사랑하고 존경하며 죄가 되지 않는 모든 일에 있어 부모에게 순명하기를 명한다. 부모는 제 살과 피를 나누어 자녀들을 낳았을 뿐 아니라, 먹을 것과 입을 것과 살 곳을 마련해 주며, 앓는 때는 돌보아 주고 교육시키느라 갖은 희생을 무릅쓴다. 그러므로 부모는 자녀들로부터 순명과 사랑을 받을 자격이 있다.

부모가 늙어 남의 도움이 필요할 때, 자녀들은 부모를 물질적으로 도와 드림으로써 은혜를 갚아야 한다. 자녀들은 부모를 업신여기거나 비웃거나 욕설하거나 눈을 부릅뜨거나 마구 대하거나 하지 말 것은 두말할 나위도 없으며, 부모에게는 언제나 상냥하고 애정이 넘치게 효성을 드러내야 한다. 특히 부모가 늙은 후에는 자녀들이 부모의 위안과 기쁨이니 이렇게 되도록 힘써야 한다.

이 계명은 그 밖의 웃어른에게 순명하기를 명한다. 스승과 보호자들은 수하자의 존경과 순명을 받을 자격이 있다. 법다운 권리는 하느님에게서 오는 것이므로, 아이들뿐 아니라 어른들도 국가 지도자와 영적 지도자들에게 존경과 순명을 드려야 한다. 그러므로 국법에 순명함은 국민의 의무인 동시에 종교적 의무이기도 하다.

국민들은 종교적인 편파심을 버리고 직책에 가장 합당한 후보자에게 투표해야 한다. 그리고 정부가 국가 사회의 복지와 윤리 도덕을 건전하게 보호해 주는 수고를 생각하여 맞갖은 세금을 국가에 내야 한다. 또 그러한 직책을 맡은 관리들은 양심적으로 정직하게 자기가 맡은 의무를 완수해야 한다. 공무원의 부정한 행위는 국가를 거스르는 범죄일 뿐 아니라 하느님을 거스르는 죄악이다.

부모도 의무가 있다

마찬가지로 부모도 자녀들에게 해야 할 본분이 있다. 부모는 자녀들에게 도덕과 종교의 의무를 가르치고 자녀들에게 맞갖은 모범을 보여주며, 자녀들을 끊임없이 보살피며 돌보아 주어야 할 의무가 있다. 소년 범죄는 거의 부모가 게으른 탓으로 일어난다. 부모가 자기 자녀들이 밤에 어디를 출입하며 어떤 사람과 사귀고 있는지 감독하기를 게을리한 탓이다.

부모는 자기 자녀들의 종교심, 윤리 도덕심을 키우는 데 성의를 보임으로써 소년 범죄를 하룻밤 사이에라도 일소해 버릴 수 있다. 부모는 전능하신 하느님의 심판대 앞에 대령했을 때, 부모의 책임을 얼마나 완수했는지 엄격한 보고서를 제출하지 않으면 안 될 것이다. 자녀들이 밤거리를 쏘다니고 노름판이나 위험한 오락 장소(젊은 마음에 범죄와 악의 씨가 뿌려지는 곳)를 드나드는 것을 버려둔 부모는 하느님께 어떠한 심판을 받을 것인지 상상해 보라.

부모는 자녀의 종교 교육을 주선할 의무가 있는가? 물론 있다. 그것도 대단히 엄격한 의무다. 부모는 자녀들에게 있어 하느님의 대리자다. 그러므로 하느님께 대한 지식과 사랑 속에 자녀를 양육하는 첫째 책임은 부모에게 있다. 학교 교사들이 부모의 가르침과 모범을 보충할 수 있으나 결코 부모를 대신할 수는 없다. 부모는 자녀들의 첫째 스승이다. 자녀는 어느 누구보다도 부모를 가장 신임한다. 자녀들이 배우고 기억하는 교훈 중 가장 오래도록 남는 것은 어머니의 무릎 밑에서 배운 것이다.

부모는 자녀에게 기도를 가르치고 그리스도인으로 교육시키는 학교로 보내며, 규칙적으로 미사에 참례하게 하고 성체를 자주 영하게 해야 한다. 그러한 부모들의 종교 교육은 이 세상에서도 자녀들과 부모 자신들과 사회를 위해서 백배의 열매를 거둘 것이요, 천국에서는 하느님과 영원한 행복을 누릴 것임이 확실하다. 이는 자녀들에게 못지않게 부모와도 관련되는 계명이다.

부모는 자녀들의 성격과 장래를 크게 좌우한다. 부모는 뒷받침이다. 자녀들은 부모가 손짓하는 대로 움직일 뿐이다. 그러니 부모가 옳게 지시를 내려야 자녀들도 제 의무를 다하게 된다. "그 아버지에 그 아들"이라는 속담은 참말이다. 나쁜 가정에서 훌륭한 자식이 나기를 바라느니, 차라리 하늘에서 별을 따 오기를 바라는 편이 낫다. 한마디로 넷째 계명은 그리스도인 가정의 가장 귀중한 것, 곧 부모와 자녀들이 서로 깊은 사랑 속에 살아가며 또 하느님의 사랑 속에 하느님을 닮아서 살기를 강조하는 것이다.

실천

- 하느님께서 우리에게 계명을 주신 목적을 묵상해 보기.
- 계명을 더욱 완전하게 지킬 수 있도록 양심을 성찰하기.
- 하느님께 대한 사랑과 봉사가 날로 커지도록 영성체를 자주 하기.

제42장

십계명 – 계속

다섯째 계명

다섯째 계명은 "사람을 죽이지 마라."이다. 이는 이웃과 합심하여 평화롭게 지내고 이웃의 권리를 존중하며, 이웃의 영적·육체적 복리를 도모해 주고 아울러 자기 자신의 생명과 건강을 맞갖게 돌보기를 명하는 계명이다.

이것이 금하는 것은 무엇인가? 모든 고의적인 살인, 싸움, 분노, 미움, 복수 그리고 악한 표양이다. 하느님께서는 사람의 육체적 태胎에 이성적 영혼을 부어 주시는 인간 생명의 근원이시므로, 그분만이 우리 생명에 대한 절대적 통치권이 있다. 우리 생명은 하느님께 속해 있다. 따라서 우리는 남의 생명을 **빼앗을** 권리(살인할 권한)도 없거니와 우리 자신의 생명을 **빼앗을** 권리(자살할 권한)도 없다. 그러므로 이 두 가지는 모두 하느님의 최상 통치권을 거스르는 죄다.

　남을 살해하고도 정당한 때가 있는가? 불의한 침입자의 공격을 받았을 때 자기 자신을 보호할 목적으로 이 침입자를 살해할 만하다. 그럴지라도 불의한 침입자에게 상처만 입힘으로써 자기 생명을 보존할 수 있는 경우에는 남을 죽여서는 안 된다.

　국가는 극악한 범죄자에게 사형을 선고하기도 한다. 각 개인과 사회의 관계는 우리 팔다리와 몸의 관계와 같다. 온몸에 해를 끼치는 지체는 사람의 생명을 위해서 수술하여 제거하기도 한다. 사회도 사람의 생명을 보존하기 위해서 중대한 악행을 범한 자를 사형에 처하기도 한다.

전쟁

　전쟁에서 사람을 죽이는 것은 어떤가? 이러한 살인이 옳으냐 그르냐는 그 전쟁이 옳으냐 그르냐에 달려 있다. 전쟁이란 인류 사회를 몸서리치게 파괴하므로 전력을 기울여 이를 피해야 하며, 국제 계약으로 전쟁을 불법화해야 한다. 모든 국가의 최상 과업은 전쟁이라는 암이 문명이라는 몸 전체를 죽이기 전에 이 암을 뿌리째 없애기로 진력하는 것이다. 과거의 전쟁은 거의 모두 불의한 것이었다. 모두 탐욕과 증오와 시기와 '국가적 명예'라는 가면을 뒤집어쓴 국가적 교만의 결과였다.

　가톨릭 윤리학자들은 전쟁이 윤리적으로 정당한 것이 되려면 다음의 네 가지 조건이 있어야 한다고 가르친다. 즉 첫째, 선전 포고하는 국가는 국가 권리가 실제로 침해되었거나, 확실히 침해될 위험에 처해 있음이 윤리적으로 확실할 것, 둘째, 전쟁의 원인이 전쟁 자체로 말미암을 무서운 재앙에 비례가 될 것, 셋째, 이를 미연에 해결하기 위한 온갖 평화적인 방법을 강구해 본 다음일 것, 넷째, 이 전쟁을 치르고 나면 조건이 호전되리라는 근거가 확실할 것 등이다.

오늘날에는 원자 폭탄 같은 무서운 파괴력을 지닌 무기가 발달되어 있어, 불의하게 공격을 받았을 경우를 제외하고서는 앞의 네 가지 조건이 채워지기는 무척 힘들다고 하겠다. 현대전을 치르면 이긴 편이나 진 편이나 모두 전쟁 전보다 훨씬 못한 상태에 빠진다. 결국 현대전이란 인류 문명의 시계 바늘을 거꾸로 돌리는 것 외에 아무것도 아니다. 어느 국민을 막론하고 모든 인류는 세계 법정과 또 국제 문제를 결정 짓는 세계 행정 장관을 설정하여 전쟁이라는 파괴를 과거에만 있었던 어리석은 일로 매장해 버리도록 분투해야 할 것이다.

가톨릭 교회의 주교들은 평화를 위하여 호소하고 노력하여 왔으며, 국제 문제는 마땅히 정의의 법정에서 해결 지어야 함을 밝혀 왔다. 우리는 개인 간에 분쟁이 있으면 이를 정의의 법정에서 해결하고 있다. 그렇다면 이 같은 것이 국가 간에는 성립될 수 없다는 이유가 있어야 하는가? 우리가 신앙을 갖고 기도하고 이 일을 위해서 꾸준히 노력하기만 한다면, 국제 분쟁도 이같이 해결할 수 있게 될 것이다.

동맹 파업은 산업 전쟁이다

산업 면에서만 본다면 동맹 파업은 전쟁과 같은 것이 아닌가? 그렇다. 동맹 파업은 경영주와 노동자 간에 증오를 낳고, 흔히 폭행으로 화하여 재산 파괴와 아울러 사람을 때리거나 심지어는 죽음으로 몰아가기도 한다. 과거의 경영주들은 조직체가 없는 노동자들을 지나치게 가혹하게 냉대하였기 때문이었다. 그러나 오늘에 와서는 반대로 노동자들이 강력한 조직체를 갖고 굉장한 권리를 행사하기도 한다.

노동자와 자본가들은 양편에 경제적 정의가 유지되도록 규정된 국가 노동 협정을 통해서 분쟁을 평온하게 해결해야 할 것이다. 이런 판결을 내리는 법정에서는 일반적으로 무시해 온 산업 복리를 위한 공공 사회의 권리에 대해서 관심을 드러낼 것이다. 과격한 동맹 파업은 분쟁을 해결하는 방법이라고 하기에는 해롭고도 비경제적이며 비이성적인 방법이다. 이것은 어느 편이 옳다고 결정짓는 것이기는커녕 전쟁처럼 어느 편이 더 힘이 센가를 자랑하는 것일 따름이다.

동맹 파업이 윤리적으로 의로운 것이 되기 위해서는 전쟁에 있어서와 마찬가지로 네 가지 조건이 갖추어져야 한다. 더군다나 이성과 양심을 따라 분쟁을 평화롭게 해결할 방법을 국가 정부가 설정했을 경우에는 더 그렇게 해야 한다. 노동자와 자본가가 벗의 관계를 맺고 일반 대중의 권리를 고려하여 상호 간에 이익을 공정히 도모한다면 모두 다 복리가 증진될 것이다.

낙태는 살인이다

낙태는 일종의 살인인가? 그렇다. 이는 아직 출생되지 않은 인간을 죽이는 살인죄다. 하느님께서는 태아가 잉태되는 첫 순간에 영혼을 불어넣어 주시므로, 태아도 생명권을 당당히 지닌 하나의 인간이다. 하느님만이 그의 생명에 대한 권리가 있다. 그러므로 낙태를 시키는 의사와 이에 찬동한 사람에겐 모두 같은 죄에 대한 책임이 있다. 자기 생명을 보호하고자 손을 들거나 외마디 소리 한번 못 지르는, 아직 출생되지 않은 아기를 죽인다는 것은 커다란 죄악이다. 그러므로 성교회에서는 이러한 죄를 범하는 것을 중죄로 여긴다. 결혼하지 않은 여성이 아이를 가졌을 경우 아이를 보호하는 데 노력해야 한다. 또 교회나 수녀들이 경영하는 병원과 기관, 단체에서는 그 미혼모가 당하는 어려움을 감싸 주며, 그 미혼모와 아기를 의학적으로 보살펴 줘야 한다.

이 계명은 살인만 아니라 건강을 해치는 행위까지 금한다. 그러므로 절제가 없다든가 필요 없는 모험을 한다든가 그 외에 몸과 마음의 건강을 해롭게 하는 온갖 행위를 전부 금한다. 오늘날 알코올 의존자가 매우 흔하다. 체질이 알코올에 과민한 사람도 있으니, 이런 사람들은 자기가 그런 체질인 줄 알면 술을 피해야 할 것이다. 여느 사람들도, 특히 젊은이들은 독한 술을 완전히 끊는 편이 좋다. 반주로 맥주나 포도주 한두 잔 정도 마시는 것은 해롭지 않지만 독한 술은 매우 위험하고 이 때문에 말 못 할 불행에 떨어진 이가 부지기수다. 절제하는 이나 한 걸음 더 나아가 술을 완전히 끊는 이는 참으로 슬기로운 사람이다.

악한 표양도 이 계명에 속하는가? 그렇다. 이 계명은 남을 해치기를 금하고 있으므로 악한 표양도 금한다. 악한 표양은 영혼의 초자연적인 생명을 해치므로 육체적인 그것보다 더 해로운 것이다. 그러므로 우리는 남에게 좋은 모범을 보이도록 항상 주의해야 하고, 남을 덕행에 나아가도록 도와주어야 한다. 우리는 그리스도의 엄격한 경고를 명심할 것이다. "나를 믿는 이 작은 이들 가운데 하나라도 죄짓게 하는 자는, 연자매를 목에 달고 바다 깊은 곳에 빠지는 편이 낫다."(마태 18,6)

이 계명은 남을 미워하고 복수하기를 원하는 것까지 금한다. 복수하겠다는 마음은 흔히 남을 말로나 행위로 공격하는 준비가 되는 까닭이다. 요한 사도는 "자기 형제를 미워하는 자는 모두 살인자입니다."(1요한 3,15)라고 말한다. 우리는 우리 영혼에서 미움과 시기의 뿌리를 뽑아 버려 친절과 사랑의 꽃이 만발하게 해야 한다. 우리는 모든 사람, 심지어는 원수까지도 사랑하겠다고 전력을 기울이기 전에는 참다운 그리스도인이라 할 수 없다. 우리에게 잘못한 사람을 즐겨 용서하고, 그리스도를 위해서 이들을 사랑함은 틀림없는 그리스도인의 표지다.

그리스도는 이렇게 말씀하신다. "'살인해서는 안 된다. 살인한 자는 재판에 넘겨진다.'고 옛사람들에게 이르신 말씀을 너희는 들었다. 그러나 나는 너희에게 말한다. 자기 형제에게 성을 내는 자는 누구나 재판에 넘겨질 것이다. 그리고 자기 형제에게 '바보!'라고 하는 자는 최고 의회에 넘겨지고, '멍청이!'라고 하는 자는 불붙는 지옥에 넘겨질 것이다."(마태 5,21-22)

그러므로 다섯째 계명은 명백히 살인을 금하는 것 이상이다. 이것은 우리에게 황금률을 실천하여 원수까지도 사랑하기를 명한다. 이는 화를 내거나 언짢은 마음을 드러내는 것까지도 금한다. 화를 내어 보아야 일이 해결되는 것이 아니다. 오히려 남을 미워하면 할수록 그만큼 제 몸과 마음과 영혼을 해롭게 할 뿐이다. 우리가 황금률, 곧 모든 이를 사랑하라는 그리스도의 계명을 실천하고 이 계명의 정신을 준수하기만 한다면, 이 세상은 얼마나 나아지고 우리 모두는 얼마나 행복하게 될까! 우리는 모두 기쁘고 즐겨 용서해 주는 마음씨를 기르고, 우리 형제 안에서 그리스도를 보며 그리스도께서 사랑하셨음과 같이 그들을 사랑해야 할 것이다.

여섯째와 아홉째 계명

여섯째와 아홉째 계명은 밀접한 관계가 있으므로, 여기서 한꺼번에 다루어서 순결에 관해 말하려 한다. 여섯째 계명은 "간음하지 마라."이고 아홉째 계명은 "남의 아내를 탐내지 마라."이다. 이처럼 여섯째 계명은 불순한 행위를 금하고, 아홉째 계명은 이 천사다운 덕을 거스르는 고의적인 생각과 원욕을 금한다.

여섯째 계명은 간음뿐 아니라 남의 아내나 남편과 더불어 행하는 온갖 부정한 행위와 외모나 겉모습, 옷치장, 말, 행위로 혼자서나 남과 함께 행하는 모든 음란한 행동을 금한다. 이것은 또 음란한 잡지나 책을 읽는 것까지 금한다.

하느님께서는 인류를 번식시키기 위해서 성性이라는 선물을 주셨다. "창조 때부터 '하느님께서는 사람들을 남자와 여자로 만드셨다'. '그러므로 남자는 아버지와 어머니를 떠나 아내와 결합하여, 둘이 한 몸이 될 것이다.' 따라서 그들은 이제 둘이 아니라 한 몸이다."(마르 10,6-8)

사람이 이 목적을 실천하게 하시려고 하느님께서는 사람에게 결혼하여 자녀를 번식시키기를 자극하는 성욕을 주셨다. 이와 마찬가지로 하느님께서는 사람으로 하여금 몸을 위해서 영양을 섭취하여 제 생명을 유지하도록 자극하는 식욕을 주셨다. 이 두 욕정은 하느님에게서 말미암은 것이며, 하느님의 법칙을 따라서 채워질 때 가장 중요한 목적에 이바지하는 것이다. 과식함으로써 먹는 능력을 남용함은 탐욕의 죄를 범하는 일이다. 성의 능력을 남용함은 부정한 죄를 범하는 것이다. 이 본능을 올바르게 쓰면 덕행이요 행복을 위한 행위다. 그러나 이를 남용하면 죄가 되고, 자기가 사회에 불행과 고통을 초래하는 것이다.

하느님의 계획

결혼하여 성을 향락함은 자녀를 낳고 기른다는 부모의 짐에 대한 하느님의 보상이다. 결혼 관계는 거룩한 것으로 남편과 아내의 사랑을 깊게 하는 것이다. 이는 그리스도인의 가정을 보존하고 남편과 아내를 인류의 번식이라는 하느님께서 지정하신 사업을 위한 하느님의 대리자로 삼는 하느님의 방법이다.

실로 그들은 대리자 이상의 존재다. 그들은 인간을 존재하게 한다는 숭고한 사업에 있어 하느님의 협력자다. 부부가 육체적 태를 마련할 때, 하느님께서는 영혼을 창조하여 이 태에 불어넣으신다. 이처럼 부부는 전능하신 하느님의 창조 사업에 밀접하게 참여하고 있다.

우리 몸은 하느님이 머무시는 성령의 궁전이다. 그러므로 우리는 몸을 그만큼 존중해야 한다. 바오로 사도는 이렇게 선언한다. "착각하지 마십시오. 불륜을 저지르는 자도 우상 숭배자도 간음하는 자도 남창도 비역하는 자도, 도둑도 탐욕을 부리는 자도 주정꾼도 중상꾼도 강도도 하느님의 나라를 차지하지 못합니다."(1코린 6,9-10) 이 대목의 절정에 이르러 사도는 이렇게 단언한다. "여러분의 몸이 여러분 안에 계시는 성령의 성전임을 모릅니까? 그 성령을 여러분이 하느님에게서 받았고, 또 여러분은 여러분 자신의 것이 아님을 모릅니까? 하느님께서 값을 치르고 여러분을 속량해 주셨습니다. 그러니 여러분의 몸으로 하느님을 영광스럽게 하십시오."(1코린 6,19-20)

순결을 보존하는 최선의 방법은 위험을 미리 피하는 것이다. "위험을 즐기는 자는 그 위험으로 망하리라."(집회 3,26)라고 성경은 경고한다. 나쁜 생각이나 상상은 예고 없이 우리 마음속에 스며든다. 그러나 이에 동의할 때만 죄가 된다. 우리가 이에 동의하지 않고 오히려 물리치기를 힘쓰면, 이때에는 죄가 되지 않을 뿐 아니라 공로가 된다. 이런 때는 즉시 하느님께 달려들어 기도를 드리고 다른 일을 분주히 하는 것이 상책이다.

하느님께서 도와주신다

우리가 하느님을 부르기만 하면 하느님께서는 언제라도 도와주신다는 사실은 우리에게 큰 위로가 된다. 바오로 사도는 하느님은 우리에게 능력 이상으로 시련을 겪게 하지 않으시며 시련과 함께 그것을 벗어날 길도 마련해 주신다고 단언했다.

피임은 어떠한가? 잠시 동안 또는 완전히 절제함으로써 피임하는 자연 가족계획은 금하지 않는다. 그러나 하느님께서 지정하신 부부 관계의 중요한 목적을 어기는 목적으로 자연적이 아닌 수단을 써서 피임하는 것은 죄다. 이는 결혼의 사기요 죄를 범하는 것이다. 아무리 많은 이들이 하느님과 자연법을 어기는 이 일을 하고 있다 하더라도, 많은 이들이 이 죄를 범하고 있다는 사실 때문에 이런 행위가 정당화될 수는 없다. 이는 과음하는 이가 많다 해서 술주정이 옳다고 할 수 없음과 마찬가지다.

순결을 천사적 덕이라 함은 이 덕으로 사람이 천사를 닮게 되기 때문이다. 깨끗하고 건강한 사람은 누구나 칭찬한다. 순결한 사람의 정신과 마음에서는 향기가 풍기며, 거룩한 성전인 그의 몸은 그 안에 계시는 성령의 찬란한 빛을 사방에 발산한다. 티 없는 순결은 끊임없는 경계와 노력과 기도의 결과로만 성취될 수 있다.

감각 기관과 그 작용을 지키고 좋은 벗을 가리며 복되신 동정녀에게 특별한 신심을 드리고 자주 영성체하며 하느님께서 온갖 생각과 행위를 보고 계심을 명심하고 조그마한 자기희생을 자주 하면, 순결을 보존하는 데 큰 도움이 된다. 하느님께서는 이러한 순결을 대단히 풍부하게 갚아 주실 것이다. 예수께서는 "행복하여라, 마음이 깨끗한 사람들! 그들은 하느님을 볼 것이다."라고 말씀하신다.

일곱째와 열째 계명

일곱째 계명은 "도둑질을 하지 마라."이고, 열째 계명은 "남의 재물을 탐내지 마라."이다. 이 두 계명은 정의를 거스른 죄에 관한 것이므로 함께 말하려 한다. 일곱째 계명은 외적 행위를 금하고, 열째 계명은 의덕을 거스르는 의향이나 원욕을 금한다.

일곱째 계명은 남에게 속하는 물건을 불의하게 빼앗거나 가지고 있거나 손해를 끼치는 온갖 행위를 금한다. 소매치기, 도둑질, 강도질, 사고파는 데 속이는 것, 값을 지나치게 비싸게 받는 것, 저울눈을 속이는 것, 가짜 돈을 치르는 것, 지나친 이익을 도모하는 것, 식료품의 품질을 바꾸는 것 등 전부를 금한다. 아이들이 부모의 돈을 훔치거나 거스른 돈을 가져다주지 않거나, 모든 성인의 축일 전날 유리창을 깨뜨리거나 무슨 재산을 파손하는 폐습[9] 등을 따라 앞서 말한 일들을 저질러도 이 계명을 범하는 것이 된다.

품값을 미루어도 죄가 되는가? 그렇다. 상당한 시일이 지나도록 치르지 않았으면 이자까지 계산해서 주어야 한다. 계약을 어기거나 훔친 물건을 사다가 팔아도 이 계명에 걸린다.

---

9 이것은 서양 풍습이다. — 역자 주

공직자가 부정한 행위를 하는 일도 이 계명에 걸린다. 관리나 정치가가 공금을 써 가면서 뇌물을 받아먹으면 이는 도둑질이고, 도로 갚아야 한다. 우리나라에서는 이런 일이 일어나 나라를 좀먹고 있다. 정치가들도 이런 범죄에 관련되어 경찰에서 조사하지 못하도록 방해하거나 압력을 가하기까지도 한다. 이런 행위는 사회의 안녕과 질서와 복리를 크게 위협하는 것이므로 아무리 가혹하게 처단해도 모자랄 만큼 악질적인 것이다.

국민들은 어떠한 형식의 것이든 도둑질이나 공금 횡령으로 제 욕심만 차리는 무리에 대해서 용감히, 끊임없이 투쟁해야 한다. 또 양심적이고 정직한 인사가 공직에 입후보하면 이런 이들을 전폭적으로 지지해야 한다. 공직자들은 공금을 횡령하면서도 '남도 그렇게 하니까 괜찮겠지.' 하고 스스로 속이지 말아야 한다. 모든 것을 아시는 하느님께서는 국민들이 그들을 믿고 바친 세금에 대해서 한 푼도 어김없는 엄격한 계산서를 청구하실 것이다.

되갚을 의무

도둑질은 개인이나 사회에 끼친 불의의 정도대로 대죄나 소죄가 된다. 어떤 사람으로부터 그 사람의 하루 품값을 훔쳤으면 일반적으로 중대한 불의로 간주된다. 아주 사소한 물건이나 동전 한 푼도 훔치지 말아야 한다. 그것도 정의의 원칙을 거스르는 일이고, 바늘 도둑이 소도둑 되기가 일쑤인 까닭이다.

부정하게 얻은 재물은 보상해야 하는가? 그렇다. 그 물건을 그대로 갚거나 값을 따져서 갚아야 한다. 그 주인이 죽었으면 상속자에게 갚아야 한다. 주인이 어디 있는지 모르면 가난한 이에게 기부하거나 자선 사업이나 종교적인 목적을 위해서 써야 한다.

갚을 능력이 없다는 것은 이 의무를 영원히 면제받을 핑계가 되지 못한다. 할 수 있는 대로 빨리 갚겠다는 의향을 갖고 이를 위해 부지런히 일해서 돈을 모아야 한다. 편지로나 또는 인편으로 본인이 드러나지 않게 몰래 갚을 수도 있다.

값진 물건을 주웠으면 이 물건을 돌려줄 의무가 있다. 훔친 물건을 모르고 샀더라도, 나중에 법적인 주인이 어디 있는지 알게 되었으면 그 물건을 자기가 그대로 지니고 있지 말아야 한다. 하기야 이렇게 되면 손해는 보는 것이지만, '사는 편이 조심하라'는 옛 원칙이 여기에 그대로 적용되는 것이다. 물건은 제 본 주인을 찾아 부르짖으니, 이 물건에 대한 권리를 잃기 전까지만 자기 물건이다.

고용주와 고용인

탐욕은 무엇인가? 이는 남의 물건을 지나치게 비정상적으로 원하거나 부러워하거나 남의 행운을 시기한다는 뜻이다. 이는 열째 계명이 금하는 것이다. 이러한 욕망을 억제하지 않으면 즉시 행동으로 옮겨질 것이기 때문이다. 시편 저자도 "제 길에서 성공을 거두는 자 때문에, 음모를 실행에 옮기는 사람 때문에 격분하지 마라."(시편 37,7) 하고 읊었다.

고용된 사람은 게으름과 낭비로 일곱째 계명을 범할 수 있다. 주인의 재물을 살금살금 훔치거나, 시간을 낭비하거나, 해야 할 의무를 게을리 수행하거나 하면 일곱째 계명을 범하는 행동이다. 종업원은 정직하게 일하고 주인의 재산과 사업에 관심을 가져야 한다. 곧 자기에게 맡겨진 연장과 기계를 주의해서 다루어야 한다.

고용주도 고용인에 대한 의무가 있다. 살 만한 품값, 즉 종업원과 그의 가족이 웬만큼 살고 자녀들을 교육시킬 수 있고, 또 '궂은 날'을 대비해서 약간의 저축을 할 수 있을 정도로 넉넉한 품값을 치러야 한다. 고용주는 일하기에 합당한 조건을 마련하고 일꾼의 몸과 영혼의 건강도 돌보아 주어야 할 의무가 있다. 일반적으로 일꾼을 단지 돈을 버는 기계로 여기기 쉬운데, 그러면 안 되고 그를 하나의 사람이며 자기 형제처럼 여겨야 된다는 말이다. 고용주는 당연히 일꾼과 그의 가족들에게 관심을 갖고, 그들이 앓으면 가 보고 경제적으로 안정되게 살도록 도와주며 그의 자녀들도 교육을 받게 하는 기쁨을 누리게 마련해 주어야 한다. 고용주가 노동자와 그 가족들에 대해서 이처럼 깊은 관심을 갖게 된다면 이 세상은 훨씬 아름다워질 것이다. 이때에야 비로소 노동자와 경영주 사이에 평화와 화목이 증진되고, 양편은 물론 사회 전체에 이익이 증가될 것이다.

이처럼 일곱째 계명과 열째 계명은 "정직이 최선의 정책이다."라는 진리를 힘차게 실증한다.

여덟째 계명

여덟째 계명은 "거짓 증언을 하지 마라."이다. 이는 거짓말, 흉보는 것, 중상, 이간질, 모욕, 경솔한 판단, 망령된 의심 등을 금하는 것이다. 거짓말은 남을 속이려고 사실이 그렇지 않은 줄 알거나 생각하면서도 사실인 것처럼 표현하는 말이다. 거짓말은 하느님께서 우리에게 주신 능력을 잘못 쓰는 것이므로 죄가 된다. 성경은 "거짓된 입술은 주님께서 역겨워하신다."(잠언 12,22)라고 경고한다. 사소한 일에 관해서 거짓말하는 것은 소죄요, 남을 중대하게 해치는 거짓말은 큰 죄다.

흉보는 것은 남의 숨은 허물이나 죄를 드러낸다는 말이다. 그러므로 이미 신문에 발표된 것이나 모든 이가 두루 알고 있는 사실을 말하는 것은 비방이 아니다. 신문은 대중과 상관없는 사사로운 집안 사정을 공포하지 말아야 한다. 이는 아무런 유익한 목적도 없이 당사자의 명예를 해치는 것이다. 신문 편집자라 해서 이 계명과 애덕의 법에서 예외가 되는 것은 아니다. 우리는 성경의 경고를 명심해야 한다. "네 입에 문과 빗장을 달아라. 네 말도 경중을 가려서 하여라."(집회 28,25)

중상은 무엇인가? 어떤 사람에 대해서 없는 사실을 있는 사실처럼 거짓으로 말함이다. 그러므로 이는 비방보다 큰 죄다. 불의하게 남의 명예를 훼손하였으면 이 손해를 보상해야 한다. 명예는 그 사람이 쓴 책보다 귀하다. 남의 물건을 불의하게 가진 경우에 이를 갚아야 된다면, 하물며 남의 명예를 불의하게 손상하였을 때 보상해야 할 의무는 얼마나 중대하겠는가? 중상인 경우에는 이것이 거짓임을 솔직히 공포

해야 한다. 비방인 경우에는 남의 숨은 허물을 들춰냄으로써 끼친 손해를 보상할 만큼 그 사람의 장점을 칭찬하려고 힘써야 한다.

사실을 알고 있어야 할 사람에게 고발하거나 드러내는 것이 범죄자에게 유익하거나, 우리 자신이나 다른 이를 보호할 필요가 있는 경우에는 남의 허물을 드러낼 만하다. 그러므로 어떤 잘못을 저지른 사람에게 적절한 주의를 주기 위하여, 또 이렇게 함으로써 그 사람을 도와주게 되는 경우에는 그러한 사실을 부모나 교사에게 말해 줄 필요가 있을 때도 있다.

험담

이 사람 저 사람에게 남의 좋지 않은 소문을 퍼뜨리고 돌아다니는 것을 험담이라 하는데, 이는 비난받기에 꼭 알맞은 행동이다. 이를 이간질이라고도 한다. 성경은 "중상하는 자와 한 입으로 두말하는 자를 저주하여라. 그들은 평화로이 사는 많은 사람들을 멸망시켰다."(집회 28,13)라고 경고한다.

남을 좋게 말하지 못하겠거든 그 사람에 관해서 아무 말도 하지 않는 것이 좋다. 자리에 없는 형제에 대해서 애덕을 거스르는 말을 하는 것뿐 아니라 그런 말이 나오도록 유인하는 것도 잘못이다. 어떤 이가 험담할 것을 눈치채게 되면 화제를 얼른 다른 곳으로 돌리는 것이 가장 슬기롭고 재치 있는 행위다. 바오로 사도는 티토에게 "남을 중상하지 말고 온순하고 관대한 사람이 되어 모든 이를 아주 온유하게 대하게 하십시오."(티토 3,2)라고 써 보냈다.

어떤 것에 대해서 비밀을 지켜야 되는가? 사실이 폭로되면 그 당사자에게 해로운 것과 또 우리를 신임하여 말한 것은 비밀을 지켜야 한다. 그렇지만 젊은이는 부모나 교사나 또는 이를 알고 있어야 할 어른에게 사실을 밝혀야 한다. 보통 자기나 남이 해를 받을 위험이 있을 때는 이를 면하기 위해서 비밀을 폭로할 만하다. 비밀을 감출 권리나 의무가 있거나 또는 자기나 남이 해를 받지 않기 위해 꼭 감춰야 될 필요가 있는 경우에는 두 가지 뜻을 가진 애매한 대답을 할 만한 때가 있다. 가령 전쟁 중에 포로가 된 군인에게 그의 부대가 어디에 숨어 있느냐고 물을 경우, 그 군인은 "모른다."라고 대답할 만하다. 즉, 이는 "내가 말할 만한 권리가 있는지 모른다."라는 뜻이다.

완전한 사람

십계명을 준수하면 평화와 행복을 누릴 것이요, 이를 위반하면 가책과 고통을 면할 수 없을 것이다. 우리는 모두 자기 명예에 대해서 얼마나 예민한가! 남이 우리에 대해서 좋게 말하기를 원한다면 우리도 남에 대해서 좋게 말해야 되지 않겠는가? 더구나 우리는 남에 대해서 애덕을 거스르는 말을 하였으면 반드시 죄책감을 느끼게 마련이다. 남의 명예를 훼손하는 자는 남의 보물을 훔치는 자이며, 그나마 훔친 그 보물을 자기가 갖지도 못한다. 따라서 이것은 실은 자기 자신을 해치는 일이다. 셰익스피어는 이 크나큰 진리를 감명 깊게 표현했다.

사랑하올 주님

사랑의 명성은

영혼에 따라다니는 보물이옵니다.

내 지갑을 훔친 이는 쓰레기를 훔치는 자니

이것은 사소한 것, 아무것도 아니옵니다.

내 것이었으되, 이제는 그의 것

또 그처럼 여러 사람의 것이었사옵니다.

그러하오나 내 명성을 빼앗는 자는

자기도 갖지 못하는 것을 훔친 자이며

진정 나를 가난하게 만든 자입니다(《오셀로Othello》 3막 3장).

하느님께서 우리에게 이처럼 신기한 말을 할 능력을 주셨음은 유익하고 친절하고 사랑스러운 말만 하도록 하기 위함임을 명심한다면, 자리에 없는 형제에 대해서 거칠고 해로운 말을 하는 남용은 삼가게 될 것이다. 우리는 전능하신 하느님으로부터 이 큰 은혜를 어떻게 이용하였는지 계산서를 청구받을 것이요, 애덕을 거슬러 말한 모든 말에 대해서도 계산서를 바쳐야 할 것을 명심해야 한다. 야고보 사도는 이것을 적절하게 강조한다. "우리는 모두 많은 실수를 저지릅니다. 누가 말을 하면서 실수를 저지르지 않으면, 그는 자기의 온몸을 다스릴 수 있는 완전한 사람입니다."(야고 3,2)

이제 열 가지 계명에 대한 설명이 끝났다. 이는 우리 행복과 복지를 위해서 전능하신 하느님께서 우리에게 주신 것이다. 이 계명이 행복을 가로막는 것이라고 여기면 큰 오해다. 진정한 행복은 하느님의 거룩하신 법을 어기는 데 있지 않고 이를 행하는 데 있다.

교회의 여섯 가지 법규

교회의 법규는 열 가지 계명을 보충하여, 우리 행위를 더 자세히 지도하기 위하여 마련된 것이다. 교회의 법규에는 여섯 가지가 있다. 첫째 법규는 주일과 지켜야 될 축일에 미사에 참례하는 것으로 하느님의 셋째 계명을 수행하는 방법을 구체적으로 규정한 것이다. 병이나 그 밖의 중대한 이유가 없는 이상 주일과 지켜야 될 축일에 미사에 참례하지 않으면 대죄가 된다는 의무를 규정한 것이다. 또 아랫사람을 거느리는 이는 이들이 이 의무를 채우도록 주선해 줄 의무가 있다. 축일은 종교의 위대한 신비와 성인들의 덕행과 갚음을 우리로 하여금 기억하도록 교회에서 정한 날이다.

둘째 법규는 정한 날에 금식재와 금육재를 지키라는 것이다. 금식재는 그날 한 끼만 제대로 식사하는 것을 말한다. 금육재는 밥은 여느 때처럼 세 끼를 먹되 고기를 먹지 말라는 날이다. 우리는 구세주께서 죽으신 날을 기념하여 금요일마다 고기를 먹지 않는다. 교회에서 금식·금육재를 지키라고 명하는 것은 우리의 욕정을 죽이고 우리 죄를 보속하기 위함이다.

셋째 법규는 1년에 적어도 한 번은 고해성사를 하는 것이다. 1년 동안 고해성사를 한 번도 하지 않고 지나가면 대죄를 범하는 것이 된다. 물론 자주 고해하면 더욱 좋다. 덕에 나아가는 거룩한 생활을 하기 원하면 한 달에 한 번 또는 매주 한 번씩 고해하면 더욱 좋다. 아이들은 범죄를 행할 만큼 성장하면(보통 일곱 살 정도 되면) 고해성사를 받아야 한다. 고해 신부를 정해 두고 고해하면 유리하다. 그러면 그 고해 신부는 우리가 얼마나 발전하는지 더 잘 알 수 있고, 그 전에 범한 죄로 되돌아갈 위험을 미리 잘 방지해 줄 수가 있을 것이다.

자주 영성체할 것

넷째 법규는 1년에 적어도 한 번은 영성체를 하라는 것이다. 이는 최소한의 요구 조건을 채우는 것으로 만족하라는 뜻이 아니다. 성덕에 나아가 거룩하게 살기를 원한다면, 모든 거룩함의 근원이시며 온갖 축복과 은총의 샘이신 분을 자주(매달, 매주, 또는 매일이라도) 영할 것이다.

자주 영성체하는 것은 얼마나 지혜로운 일인지 모른다. 주일마다 성체의 주님을 모셔 들이려고 마음의 문을 활짝 연 사람은 소죄까지도 이겨 내는 새로운 힘을 발견할 것이다. 천상의 스승처럼 완전한 자가 되겠다는 순수한 결심이 용솟음치는 것을 체험할 것이다.

다섯째 법규는 교회의 유지비를 부담하라는 것이다. 이는 교회와 교회 학교의 비용을 보조할 의무를 밝힌 것이다. 우리는 하느님께서 아시는 대로 살림 형편에 따라 보조할 것이다.

여섯째 법규는 무엇인가? 이는 마지막 법규인데 가톨릭이 아닌 이나 육촌 이내의 친척과 결혼하지 말며, 또 증인 없이 사사로이 결혼하지도 말며, 금한 때에 성대하게 결혼하지 말라는 결혼에 관한 법규다. 육촌 이내의 친척이라 함은 친가거나 외가거나, 이종이거나 내종이거나, 어쨌든 육촌 이내의 혈연관계를 뜻한다. 사사로이 결혼한다 함은 사제의 축복을 받지 않거나 또는 증인도 없이 자기들끼리 야합하는 것을 뜻한다. 금한 때에 성대하게 결혼한다 함은, 사순 시기나 대림 시기에 결혼할 때 너무 화려하게 꾸미거나 혼인 미사를 드리면서 결혼하는 것을 뜻한다. 혼인 미사라는 것은 혼인하는 부부를 특별히 축복하고자 교회에서 정한 미사다. 가톨릭 신자들이 혼인 미사로 결혼하는 것은 이로써 이 거룩한 성사에 보다 큰 존경을 드리고 결혼 생활에 필요한 축복을 풍성하게 받게 될 것이기 때문이다.

이제 우리는 이 모든 법규가 신자들의 영적 복지를 증진시키고 하느님의 거룩한 계명을 지키는 데 도움이 되는 목적으로 마련되었음을 알 수 있다. 이야말로 교회가 신자들의 복지와 행복을 얼마나 걱정하고 있는지를 아름답고도 감명 깊게 드러내는 제도가 아닐 수 없다.

신앙과 실천이 필요하다

교회는 우리가 그리스도께서 가르친 진리를 믿을 뿐 아니라, 그분의 계명을 지키기를 주선하고 있다. 이 두 가지가 모두 필요한 것이다. 그리스도인의 윤리 계명을 모르면서 그리스도교 신앙을 믿는다고 하는 자는 종교를 조롱하는 자이며 신앙 밖에 있는 이들을 걸려 넘어지게 하는 사람이다. 하느님께서는 우리 정신의 흠숭을 요구하신다. 즉, 그분이 계시하신 진리에 우리 신앙을 일치시키기를 명하신다. 뿐만 아니라 이에 조금도 모자라지 않게 우리 행위의 흠숭, 곧 덕행의 그윽한 향기를 요구하며 우리 행위가 열 가지 계명과 여섯 가지 교회 법규로 명백히 표명된 그분의 윤리법을 준수하기를 명하신다. 우리는 그리스도의 말씀을 명심해야 한다.

"나에게 '주님, 주님!' 한다고 모두 하늘나라에 들어가는 것이 아니다. 하늘에 계신 내 아버지의 뜻을 실행하는 이라야 들어간다."(마태 7,21) 또 "너희는 그들이 맺은 열매를 보고 그들을 알아볼 수 있다."(마태 7,16)라고도 말씀하셨다. 구세주께서는 말이라는 잎사귀뿐 아니라 행위라는 열매까지 요구하신다.

어떤 율법 교사가 예수님께 여쭈었다. "'스승님, 제가 무엇을 해야 영원한 생명을 받을 수 있습니까?' 예수님께서 그에게 말씀하셨다. '율법에 무엇이라고 쓰여 있느냐? 너는 어떻게 읽었느냐?' 그가 "네 마음을 다하고 네 목숨을 다하고 네 힘을 다하고 네 정신을 다하여 주 너의 하느님을 사랑하고' '네 이웃을 너 자신처럼 사랑해야 한다.' 하였습니다' 하고 대답하자, 예수님께서 그에게 이르셨다. '옳게 대답하였다. 그렇게 하여라. 그러면 네가 살 것이다.'"(루카 10,25-28)

구세주께서 말씀하신 이 말씀으로 하느님의 계명과 그분의 교회 법규에 대한 설명을 끝맺기로 한다.

실천

- 고해성사를 하기 전에 하느님의 열 가지 계명과 교회의 여섯 가지 법규를 회상해 보기.
- 다달이 한 가지 계명을 좀 더 완전히 지키기로 다짐하기.
- 교회의 여섯 가지 법규를 잘 지킬 수 있도록 요셉 성인께 도움을 청하고, 지인들에게도 이를 잘 지키도록 권하기.

제43장

행동의 때

　독자 여러분은 이제 가톨릭 교회의 주요한 교리와 실천에 대해서 잘 알게 되었다. 여러분은 이제까지 그리스도께서 어떻게 가톨릭 교회를 세우셨고, 진리라는 재산에 대한 완전한 재치권을 교회에 주셨으며, 온 인류에게 당신 진리를 가르치기를 위임하셨는지를 보았다. 기원을 따지면 가톨릭 교회만이 그리스도에게까지 소급되는 교회다. 이 교회만이 그리스도로부터 당신의 이름으로 가르치고 다스릴 권능과 권위를 받았다. 이것만이 하나이고 거룩하고 보편적이며 사도로부터 전해 온다는 표지를 가지고 있다. 가톨릭 교회가 그리스도의 참교회라는 증거는 너무나 명백하므로 이 책을 그냥 읽어 내려간 이라도 똑똑히 알 수 있을 것이다.

　그러나 지식만으로는 충분하지 않다. 지식은 행동에 옮겨져야 되고,

확신은 생활과 실천에 옮겨져야 된다. 이제는 피동적인 방관자로 머물러 있을 때가 아니다. 머뭇거리고 서 있을 것이 아니라, 그리스도의 교회에 들어가 하느님이 주신 성화의 방법인 여러 가지 성사를 맘껏 이용할 때가 온 것이다. 의혹이나 불안을 일소하라. 그리스도는 우리를 속이실 리가 없다. 그리스도는 우리를 버려두실 리가 없다. 또한 너그럽지 않으실 리가 없다. 만일 여러분이 그리스도께 대한 믿음에 인색하지만 않다면, 주님께서는 여러분에게 진리를 보는 빛과 이를 따를 힘을 반드시 주실 것이다.

세속적인 사정 때문에 빛을 받은 양심의 소리를 따르기를 주저하지 마라. 낡은 속박을 끊어 버리고 낡은 인습을 차 버리는 것은 한때 어려운 고비를 넘겨야 하고, 어떤 때는 향수를 불러일으킬지도 모른다. 그러나 이런 것은 발전에 으레 따라오는 대가에 불과한 것이다. 새 집에 들어 여러분의 마음에 평화와 안온함이 충만하고, 여러분은 이 세상이 줄 수 없는 평화를 맛보게 될 것이다. 여러분은 일시적으로 가벼운 십자가의 값을 치러 영원한 월계관을 획득할 것이다.

사랑은 본시 어려움을 모른다. 여러분이 기쁨을 누리거든 다른 이에게도 이를 전하라. 그리고 해마다 한 영혼을 그리스도의 교회 안으로 인도하고 전능하신 하느님께서 주신 은혜에 감사하라. 여러분은 지상에 있는 가장 큰 보물인 거룩한 가톨릭 신앙을 다른 사람들과 함께 누림으로써 그들에 대한 사랑을 입증하라. 그러면 여러분은 다니엘 예언자가 이른 대로 거룩한 영혼의 빛나는 별 틈에 한몫 끼게 될 것이다.

"현명한 이들은 창공의 광채처럼 많은 사람을 정의로 이끈 이들은 별처럼 영원무궁히 빛나리라."(다니 12,3)

여러분은 이제 그저 한 명의 가톨릭 신자가 되어 베드로 사도의 거대한 날개 아래 세계 각처에서 모여든 10억이 넘는 강력한 군대에 또 하나의 군사로 불린 것이 아니다. 여러분은 여러분의 신앙에 맞갖은 생활을 하는 모범적인 가톨릭 신자가 되도록 불린 것이다. 여러분은 모든 가톨릭 신자가 마땅히 되어야 할 하느님의 성인, 곧 덕스럽고 숭고한 생활이라는 저항할 수 없는 웅변으로 자기 신앙을 선언하는 의롭고 거룩한 사람이 되도록 불린 것이다. 덕스럽고 숭고한 생활이야말로 인류가 깨달을 수 있는 말이며, 사람의 마음을 낚는 음악인 것이다.

실천

- 하느님께서 여러분을 당신 교회의 신자로 삼으셨음을 진심으로 감사드리기. 교회를 위한 빛이 될 수 있도록 노력하기.
- 성사는 그리스도께서 우리를 당신께로 이끄는 도구임을 배워 알고 이를 이용하기.
- 좋은 표양이 끼치는 놀라운 영향력을 묵상하고, 자기도 좋은 모범을 남에게 주도록 항상 노력하기.

제7편

그리스도교 일치 운동

제44장

새로운 교회 분위기

제2차 바티칸 공의회

20세기 가장 위대한 종교적 사건은 요한 23세 교황이 소집한 제2차 바티칸 공의회였다. 이 공의회는 1962년 10월 11일에 개막하여, 한 회기에 두어 달씩 토론을 하며 4회기를 마치고, 1965년 12월 8일에 폐막했다. 이 공의회는 사목적이고 건설적이었다. 어떤 이단을 단죄하거나 낙인을 찍는 교령도 발표하지 않았다. 공의회는 교회 영성 생활의 쇄신과 개혁, 전례의 현대화, 급격한 변혁을 겪는 세상의 요구에 적합한 봉사, 그리고 모든 그리스도인의 일치 증진을 추구하였다.

일반 여론, 특별히 비가톨릭 그리스도인들의 관심을 끈 것은 바로 모든 그리스도인의 일치 증진이었다. 개신교의 큰 교회들은 참관인을 파견해 달라는 초청을 받았고, 참관인들은 매우 정중한 예우를 받았다. 그들은 토론 중인 모든 문서를 받았고, 공의회 교부들에게도 배려하지 않았던, 구두 연설의 통역자들까지 마련해 주는 호의를 받았다.

공의회를 시작하며 요한 23세 교황은 개신교에서 온 참관인들에게 우호적인 짤막한 인사를 하였다. "우리가 과거에 대한 재판을 하려는 의도는 전혀 없습니다. 누가 옳고 그른지를 밝히고 싶지도 않습니다. 양편에 다 잘못이 있습니다. 우리가 원하는 모든 것은 바로 이렇습니다. '우리 함께 갑시다. 우리의 분열을 끝냅시다.'"

이 말이 공의회 전체의 기조로 들렸다. 위대한 교황의 투명한 진실성과 끝없는 사랑이 모든 사람의 마음을 얻었다. 그의 후계자인 바오로 6세 교황이 공의회 제2회기에서 참관인들에게 한 연설 또한 같은 기조로 들렸다. "수많은 세월의 분열 뒤에, 그토록 고통스러운 격론을 벌인 뒤에, 우리가 할 수 있는 일은 다시 서로 사랑하고, 서로의 말을 들으며, 서로를 위하여 기도해 주는 것 말고 다른 것이 있겠습니까?"

이 공의회는 가톨릭 신자들과 비가톨릭 그리스도인들의 관계에 따뜻한 온정과 우정과 상호 존중의 새로운 정신을 가져다주었다. 공의회는 이미 합의를 이룬 새로운 분야들의 대화와 공동 예배를 시작하게 하였으며, 세계를 괴롭히는 인종 문제와 사회 정의와 평화에 관한 협력 활동을 불러일으켰다. 공의회는 새로운 교의를 만들어 내는 대신, 모든 그리스도인이 일치하기를 바라시는 그리스도의 열망을 반영하여, 모든 그리스도인이 교리에서 동의하는 분야를 확장시키려는 노력을 촉진하였다.

사랑과 일치로 부르시는 예수님

그리스도께서는 돌아가시기 전날 밤에, 사도들에게 에워싸인 가운데 일치를 위하여 기도하셨다. 이 기도가 바로 그리스도교 일치 운동 전체의 기조다. "저는 이들만이 아니라 이들의 말을 듣고 저를 믿는 이들을 위해서도 빕니다. 그들이 모두 하나가 되게 해 주십시오. 아버지, 아버지께서 제 안에 계시고 제가 아버지 안에 있듯이, 그들도 우리 안에 있게 해 주십시오. 그리하여 아버지께서 저를 보내셨다는 것을 세상이 믿게 하십시오."(요한 17,20-21)

더 나아가 그리스도께서는 생명을 주는 성체성사를 제정하셨다. 그 성사로 당신 교회의 일치가 상징되고 또 실현되는 것이다. 그분께서는 당신 제자들에게 서로 사랑하라는 새로운 계명을 주셨으며, 성령을 그들의 보호자로 보내시어 그들과 함께 영원히 머물게 하겠다고 약속해 주셨다. 구원하시는 죽음과 영광스러운 부활 뒤에, 주 예수님께서는 새 계약의 백성 위에 성령을 부어 주시고, 그들을 믿음과 희망과 사랑의 일치로 부르셨다.

일치에 대한 바오로 사도의 가르침

바오로 사도는 우리에게 이렇게 가르친다. "하느님께서 여러분을 부르실 때에 하나의 희망을 주신 것처럼, 그리스도의 몸도 하나이고 성령도 한 분이십니다. 주님도 한 분이시고 믿음도 하나이며 세례도 하나입니다."(에페 4,4-5)

그리스도를 따르는 사람들의 일치라는 주제로 되돌아가, 바오로 사도는 우리에게 이렇게 일깨워 준다. "그리스도와 하나 되는 세례를 받은 여러분은 다 그리스도를 입었습니다. 여러분은 모두 그리스도 예수님 안에서 하나입니다."(갈라 3,27-28) 그러므로 세례를 통하여 모든 그리스도인은 그리스도 안에서 한 형제가 되었다.

믿는 이들 안에 머무시며 온 교회 안에 충만해 계시는 성령께서는 믿는 이들의 놀라운 친교를 이루어 주신다. 그분께서는 은총을 나누어 주시며, "성도들이 직무를 수행하고 그리스도의 몸을 성장시키는 일을 하도록"(에페 4,12) 여러 직무로 예수 그리스도의 교회를 풍요롭게 하신다.

제2차 바티칸 공의회의 일치 운동

제2차 바티칸 공의회는 이 장에서 우리가 자주 인용하는 '일치 운동에 관한 교령'에서 이렇게 선언하였다. "이것이 그리스도 안에서 그리스도를 통하여, 다양한 임무를 주시는 성령의 활동으로 이루어지는 교회 일치의 거룩한 신비이다. 이 신비의 최고 표본과 최고 원리는 삼위의 일치, 곧 성령 안에서 아버지와 아들이 하나가 되는 한 분이신 하느님의 일치이다."(일치 교령 〈일치의 재건〉, 2항)

여러 세기를 거쳐 오며 심각한 불화가 생겨, 적지 않은 공동체들이 가톨릭 교회의 완전한 친교에서 떨어져 나갔으며, "어떤 때에는 양쪽 사람들의 잘못이 없지 않았다."(일치 교령 〈일치의 재건〉, 3항)라고 공의회는 인정한다. 이러한 공동체들 안에서 태어나고 자라나 그리스도를 믿게 된 사람들이 그러한 분열에 연루된 죄로 비난받을 수는 없으며, 가톨릭 교회는 그들을 "형제적 존경과 사랑으로 끌어안는다."(일치 교령 〈일치의 재건〉, 3항)라고 말한다.

주 예수님을 믿고 올바로 세례를 받은 이들은 비록 완전하지는 않더라도 어느 정도 가톨릭 교회와 친교를 이루고 있다. 그러나 그들과 가톨릭 교회 사이에는 교리나 규율 문제에서 또는 교회의 구조나 조직과 관련하여 여러 가지 차이가 있어, 완전한 교회 일치에 여러 장애가 일어나고 있다.

그리스도교 일치 운동은 바로 그러한 장애를 극복하려고 노력한다. 아직은 많은 장애들이 남아 있다 하더라도, 공의회는 이렇게 선언한다. "세례 때에 믿음으로 의화된 그들은 그리스도와 한 몸을 이루고 마땅히 그리스도인이라는 이름을 가지며, 가톨릭 교회의 자녀들은 그들을 당연히 주님 안의 형제로 인정한다."(일치 교령 〈일치의 재건〉, 3항)

그리스도교 일치를 향한 길로 계속 나아가며, 공의회는 갈라진 교회들 안에도 지체들의 영성 생활을 풍요롭게 하는 중요한 요소나 보화들, 곧 기록된 하느님 말씀, 은총의 생활, 믿음, 희망, 사랑, 성령의 다른 내적 선물들이 많이 있다고 인정한다.

공의회는 또한 갈라진 우리 형제들도 은총의 생명을 낳아 주는 많은 전례를 거행하므로 그들도 구원의 공동체에 가까이 나아갈 수 있다고 여겨야 한다고 인정한다. 그러므로 공의회는 이렇게 결론을 내린다. 그리스도의 성령께서는 갈라진 교회들을 "구원의 수단"으로 사용하시기를 거절하지 않으신다.

이는 바로 일치 운동의 대단히 중요한 발전이며, 실제로 이미 일치 운동이 맺어 온 매우 뚜렷한 열매들이다. 그러한 성과는 갈라진 교회들과 우리의 차이에 대하여 매우 정중하고 절제된 방식으로 논의하며, 그 교회들이 자기네 지체들을 위하여 마련하는 은총과 구원의 수단들을 더 솔직하게 기꺼이 인정하기를 요구하고 있다. 개신교 신자들은 이제 더 이상 그저 비가톨릭 신자들이 아니라 동료 그리스도인들이며, 비록 갈라져 나갔다 해도, 그리스도 안에서 함께하는 우리 형제들이다. 그러므로 가톨릭 교회의 신분증을 배타적이고 유일한 구원 수단이라고 제시하였던, 제2차 바티칸 공의회 이전에 쓰인 책은 실제로 개정 작업을 해야 할 것이다.

가톨릭 신자들이 개신교 형제들을 "갈라진 형제"라고 부를 때에, 이제는 "갈라진"이라는 말이 아니라 "형제"라는 말에 역점을 두고 있다. 이러한 역점의 변화를 일으킨 주역이 바로 요한 23세 교황이었다. 가톨릭 신자들은 즐겁게 그의 모범을 따르고 있다. 온 세상 사람들의 마음을 사로잡았던 한결같은 그의 친절과 이해와 공감과 사랑은 결코 잊어버릴 수 없다. 그러기에 그 교황이 세상을 떠났을 때에는 가톨릭의 자녀들만이 아니라 갈라진 우리 형제들 가운데서도 수많은 사람들이 눈물을 흘렸다.

그가 세상을 떠나기 전 임종의 고통 속에서도 그리스도인의 일치를 열망하던 온유하고 겸손한 그리스도의 종의 모습은 참으로 어느 편에 있는 사람이든 잊을 수 없을 것이다. 그는 이렇게 선언하였다. "그리스도의 자녀들의 일치, 주 예수님께서 그토록 간절히 기도하셨던 일치를 이루도록 돕는 데에 기꺼이 저의 모든 고통과 저의 생명을 바칩니다." 분명히 그는 그리스도인들의 상호 관계에서 새로운 시대를 선도하도록 그리스도께서 쓰신 도구였다. 격정을 불러일으켜 다른 사람의 감정에 대한 감수성이나 친절과 사랑을 맨 먼저 희생시켰던 격렬한 논쟁과 투쟁의 시대는 사라져 갔다.

새로운 시대, 놀라운 이 시대에도 그 자체의 위험들, 특히 여전히 존재하는 심각한 차이들을 인정하지 않으려는 위험이 없지는 않다. 명백한 동의를 이루어 내려고 노력하는 가운데 그러한 차이를 희석시키는 일치 운동가들은 진정한 그리스도교 일치를 증진하지 못하고 오히려 지체시키는 것이다. 그러므로 그리스도교 일치 운동의 첫째 규칙은 실제로 존재하는 차이를 인정해야 하는 것이다. 그러나 우정에 넘치는 지속적인 토론으로 합리적이고도 정당한 합의에 이를 수 있도록 평화와 희망의 올리브 가지를 들고 있어야 한다.

그러기에 공의회는 그리스도께서 갈라져 나간 교회들을 "구원의 수단"으로 사용하시기를 거절하지 않으신다고 기꺼이 인정한 다음에, 곧바로 그 〈일치의 재건〉에서 이렇게 덧붙인다. "그러나 우리에게서 갈라진 형제들은 개인이든 그들의 공동체이든 교회이든 예수 그리스도께서 모든 이가 한 몸을 이루고 새 생명으로 다시 태어나 함께 살아가도록 그들에게 베푸시고자 하신 저 일치, 성경과 교회의 거룩한 전통

이 천명한 저 일치를 누리지 못하고 있다."(일치 교령 〈일치의 재건〉, 3항)

교회는 자신의 창설자이시며 하느님이신 주님께서 그리스도의 한 몸을 지상에 세우시려고 베드로를 머리로 하는 한 사도단에 신약의 모든 보화를 맡기셨다고 믿는다. "어느 모로든 이미 하느님 백성에 소속된 모든 이는 그 몸에 완전히 합체되어야 한다."(일치 교령 〈일치의 재건〉, 3항)

하느님의 백성은 지상 순례를 계속하는 동안 그 지체들이 죄로 상처를 입고 있다 하더라도, 그리스도 안에서 자라나며, 천상 예루살렘에서 영원한 영광을 충만히 받아 누릴 때까지 하느님의 온유한 지혜로 인도를 받는다.

공의회는 가톨릭 신자들에게 갈라진 형제들의 신앙을 공정하고 진실하게 반영하지 못하여 그들과 상호 관계를 더욱 어렵게 만드는 말과 판단과 행동을 삼가도록 가르친다. 공의회는 또한 갈라진 교회를 대표하는 전문가들이 자기 교파의 가르침과 신앙생활에 관한 더 올바른 인식과 더욱 공정한 평가를 하게 되는 대화를 가지도록 권장하고 있다. 그렇게 하여 인류의 공동선을 증진하는 협력의 길이 마련되고 있다.

교회의 선교 활동

이러한 대화에는 모두 한마음으로 바치는 공동 기도가 따라야 하고, 모든 이가 교회에 관한 그리스도의 뜻을 얼마나 충실히 따르고 있는지 스스로 성찰하며 쇄신과 개혁 활동을 힘차게 추진해야 할 것이다. 교회의 완전한 일치를 가로막는 장애들을 조금씩 극복하고, 모든 그리스도인이 마침내 하나인 교회 안으로 함께 모여 하나인 성찬례를 거행하며, 그리스도께서 처음부터 당신 교회에 주신 일치를 이루게 되리라는 희망을 공의회는 표명하고 있다. 그러나 공의회는 곧바로, 완전한 일치를 바라는 개인들의 준비 작업과 화해는 본질적으로 일치 활동과 분명히 구별되지만, "둘 다 하느님의 놀라운 섭리에서 나오는 것이므로" (일치 교령 〈일치의 재건〉, 4항) 결코 대립되는 것은 아니라고 지적한다. 이는 개인들 사이에서 신앙을 전파하려는 모든 노력을 중지해야 하고 또 이제 우리의 관심은 오직 모든 교회가 하나인 그리스도의 몸으로 합체되는 재통합뿐이라고 하는 널리 퍼져 있는 그릇된 오해를 불식시켜야 할 중요성을 매우 분명하고 솔직하게 진술하고 있다.

이러한 오해에 따라 수많은 본당 사제들이 성당에 관심을 보이는 사람들을 초대하는 모임이나 예비 신자들을 위한 교리반 운영을 중단하고, 평신도들도 예비 신자들을 인도하는 것과 같은 통상적인 전교 활동을 중지해 버렸다. 그렇게 하여 개인 차원에서 이루어지는 교회의 선교 활동은 급격히 줄어들어 거의 마비되고 말았다. 그 결과는 비극적인 것이었다. 교회도 없고 성당에 다니지도 않는 수많은 사람들, 그러나 그리스도 신앙에 대하여 더 많은 것을 배우려고 열망하는 수많은 사람들이 그들을 이끌어 주거나 따뜻하게 맞이하는 손길이 없어, 그리스도와 그분의 교회를 잃어버리고 만 것이다.

경험으로 보아, 많은 사람들이 그리스도 신앙을 받아들이겠다는 확신이 들지 않을 때에 교리 강좌가 있는지 사제관이나 성당 사무실에 전화하는 것을 주저하고 있었다. 그러나 한 해 동안 줄곧 공개적인 신앙 강좌를 열어 두면, 잘 알려져 많은 사람들이 참가하게 될 것이다. 참으로 어른 영세자 수는 바로 공개적인 신앙 강좌 수와 거기에 참가하는 사람들의 수에 비례한다.

50여 개 교구를 도와 교구나 지역 차원에서 이러한 강좌를 세워, 그리스도 신앙을 받아들인 사람들의 수가 매우 많이 증가하였던 일을 경험하는 특전을 누린 한 사제로서, 나는 앞에서 말한 비극적인 결과로 선교 활동이 급격히 감소한 것을 보고 가슴이 아팠다. 선교 활동의 감소를 극복하려면, 그러한 신앙 강좌들을 배증시켜야 하고, 예비 신자들을 인도하는 일도 강화되어야 한다. 이러한 강좌들은 일치 운동과 상충되는 것이 아니라 바로 그 일치 운동의 목적인 그리스도 신앙 전파를 위한 효과적인 수단이다.

개인들 사이에서, 특별히 교회도 없고 성당에 다니지도 않는 사람들 가운데서 복음화 활동이나 선교 활동을 줄이거나 중지해야 한다는 오해의 주요한 이유 하나는 그러한 운동이 완전히 제자리를 벗어났다는 사실이다. 일치 운동의 제자리는 1) 신학자들 사이의 일치 대화, 2) 교회 권위자들 사이의 통합에 관한 공식 회담, 3) 통합을 이루는 그리스도인의 일치를 위한 기도와 연구와 토론의 모든 일치 모임이다. 교회 통합의 재일치가 언제 이루어질는지는, 오직 하느님께서만 아신다.

수십 년, 수백 년이 걸릴 것이다. 그러나 완전한 일치가 이루어질 때까지, 우리는 관심을 가진 모든 사람에게, 특히 그리스도교의 우리 밖에 있는 사람들에게 그리스도의 가르침과 그 신분증을 제시하는 오랜 관습을 계속 실천해 나가야 한다. 그러지 않으면, 하느님께서 맡기신 과업이며 교회 생활의 본질적 부분인 교회의 선교 활동이 중단되고 말 것이다.

〈일치의 재건〉은 더 나아가 이렇게 진술하고 있다. "가톨릭 신자들이 일치 활동에서 갈라진 형제들에게 관심을 가져야 한다는 것은 의심할 여지가 없다. 그들을 위하여 기도하고, 교회 일에서 그들과 교류하며, 먼저 그들에게 다가가야 한다."(일치 교령 〈일치의 재건〉, 4항) 우리는 또한 그리스도를 닮은 우리의 삶으로 그들을 교화시켜야 한다. 간단히 말해서, 우리는 그리스도와 사도들의 열정을 지니고, 겸손하고도 우정에 넘치는 방식으로 우리 거룩한 신앙의 귀중한 보화와 위대한 영적 유산을 우리 밖에 있는 사람들과 함께 나누어야 한다.

미국의 한 조사는 7천만 이상의 사람들이 어떠한 교회에도 등록되어 있지 않으며, 등록된 사람의 절반 이상이 교회에 불규칙적으로 나간다고 인정하고 있음을 보여 주고 있다. 이 조사를 주의 깊게 살펴본 학생들은 매 주일 평균 1억 명 이상이 어떠한 신적 예배에도 참석하지 않는 것으로 추정한다. 이것은 조직화된 종교에서 단순한 세속 생활로 떨어져 나가는 첫 단계이다. 그러므로 미국이 세계에서 매우 거대한 선교 지역의 하나라는 것은 분명하다.

제2차 바티칸 공의회의 지도자들 가운데 한 명이었던 시카고의 마이어Meyer 추기경은 이렇게 말했다. "가톨릭 신자들이 일치 운동에 방해가 된다는 이유로 개인에 대한 사도직 이행을 중단한 것은 매우 커다란 잘못이었음이 분명해졌을 것입니다. 일치 운동이 모든 그리스도인에게 주어진 진리에 대한 솔직하고도 충만한 증언을 요구하고 있기 때문에 그것은 잘못이었을 것입니다. 우리가 예수 그리스도에 관한 계시 전체를, 모든 사람이 찾고 있는 이 진리를 그리스도께서 가톨릭 교회 안에 그르칠 수 없는 진리로 보존해 두셨다는 것을 알기에, 특별히 가톨릭 신자들에게 잘못이었을 것입니다."(존 A. 오브라이언, 《그리스도교 일치의 새로운 지평 New Horizons for Christian Unity》)

우리 사도직의 방향 설정을 어떻게 해야 하는지를 가리키는 마이어 추기경은 계속해서 이렇게 말했다. "매우 분명하게도 우리 사도직은 특별히 복음을 전혀 모르며 어떠한 그리스도교 집단에도 속하지 않은 사람들을 지향해야 합니다. 그러나 우리는 또한 다른 교회에서 가톨릭 교회의 가르침을 들을 기회가 있었던, 그리스도를 찾는 관심자들에게 다가가야 할 것입니다. 또한 동시에 우리는 다른 집단을 공격하는 일을 매우 조심스럽게 삼가야 합니다. 오랜 상처를 건드리지 맙시다. 우리는 다른 사람들에게서 아무것도 배울 것이 없는 것처럼 오만한 태도로 다른 사람들을 쫓아내지 맙시다."

영국 웨스트민스터의 히난 Heenan 추기경도 비슷한 기조로 들리는 말을 했다. "우리가 진정한 사도들의 영을 지니고 있다면, 우리는 진리의 전파를 추구해야 합니다. …… 이것은 요한 23세 교황님이 우리 앞에 확고히 제시하신 진리와 사랑의 이상입니다. 그분은 우리에게 가톨릭 진리를 깎아내리라고 하시거나 다른 종교의 그릇된 가르침에 대한 우리의 반대를 숨기라고 요구하지 않으셨습니다. 그분은 우리에게 기도와 모범으로 '모두 하나가 되도록' 분투하라고 요구하셨습니다. 이는 수난 전날 밤에 그리스도께서 친히 바치신 기도처럼, 그리스도의 대리자가 간청하는 것입니다."(존 A. 오브라이언, 《그리스도교 일치의 새로운 지평》)

평신도 사도직

제2차 바티칸 공의회는 물론 마이어 추기경과 히난 추기경의 진술은 1900년보다 더 오랜 교회의 전통적 가르침을 반영하고 있다. 이는 또한 교회의 선교 활동에 대한 평신도의 참여 필요성을 매우 자주 언급했던 비오 12세 교황이 강조한 것이었다. 비오 12세 교황은 이렇게 말했다. "본인은 갈라진 형제들이 참된 신앙으로 돌아오도록 도와주려고 전력을 기울여야 할 모든 가톨릭 신자들을 특별한 호의로 배려할 것입니다. 가톨릭 신자들은 하느님의 은총으로 움직여 그 무엇보다도 그리스도 제자의 표시인 저 사랑을 그들에게 보여 주고 가톨릭 교리를 가르쳐 그들의 뿌리 깊은 편견을 없애는 길을 마련해 주어야 할 것입니다."

그의 위대한 회칙 〈신앙의 선물 Fidei Donum〉에서 비오 12세는 평신도들에게 회개하는 마음과 선교 정신을 가지라고 촉구하였다. 그는 이렇게 선언하였다. "선교 정신은 선택받은 소수의 사람들만 간청하여 얻는 최고의 덕행이 아닙니다. 선교 정신과 가톨릭 정신은 하나이고 같은 것입니다. …… 누구든 지구상 어디에서나 뿌리를 내리고 번창하는 교회, 곧 교회의 보편성에 관심을 가지고 그 보편성에 헌신하지 않는다면, 교회에 순수한 관심을 가지고 헌신하는 사람이 아닙니다." 간단히 말해서, 선교 정신과 회개하는 마음을 갖지 않은 사람은 가톨릭 신자라는 이름으로 불릴 자격이 없다는 것이다.

비오 11세 교황은 일반적으로 20세기에 평신도 사도직을 적극 추진하여 커다란 활력을 불러일으킨 분으로 인정받고 있다. 비오 11세는 이렇게 말했다. "모든 사람이 사도가 되어야 할 필요가 있습니다."(존 A. 오브라이언, 《그리스도교 일치의 새로운 지평》) 최초의 사도들도 평신도의 열정적인 협조가 없었다면 거의 아무것도 성취하지 못했을 것이라고 지적하며, 그분은 이렇게 선언하였다. "열두 사도들이 다른 사람들 곧 남녀노소 평신도들을 불러내어, '우리 함께 천상 보화를 가지고 갑시다. 우리가 그 보화를 나누도록 도와주십시오.'라고 말하지 않았다면, 광활한 세상에서 그들 홀로 무엇을 할 수 있었겠습니까?" 이러한 말씀은 우리 평신도들이 모이는 모든 성당과 학교와 모든 공간에 잘 보이게 적어 놓아야 할 것이다.

사실대로 말하자면, 영혼들을 얻는 일에 평신도들이 참여해야 한다는 모든 생각은 바로 교회 그 자체만큼 오래된 것이다. 초기 그리스도인들 가운데서는 주로 평신도들이 신앙을 전파하였다. 성경에 언급된 일흔두 제자들은 모두 평신도였다. 그리스도께서는 "몸소 가시려는 모든 고을과 고장으로 당신에 앞서 둘씩" 그들을 파견하셨다. 우리 주님의 모범을 따라, 바오로 사도는 평신도 제자들을 폭넓게 활용하였다. 그의 서간을 보면 거의 30명에 이르는 제자들의 이름을 열거하고 있다. 초기 교회에서 평신도들이 가장 많은 개종자들을 얻었을 뿐만 아니라 가장 많은 순교자들을 내었다. 부에노스아이레스의 카지아노 Caggiano 추기경은 로마에서 열린 평신도 사도직 대회에서 이렇게 선언하였다. "교회의 첫날들부터 단순한 신자들이 하느님 나라의 전파에서 교계의 성직자를 도왔다는 것은 부인할 수 없는 사실입니다."

요한 23세 교황처럼 일치 운동의 정신을 지닌 그는 자신의 신앙을 다른 사람들과 함께 나누어야 할 가톨릭 신자들의 의무를 강조하였다. 요한 23세는 이렇게 말했다. "한 사람 한 사람이 이웃의 영신적 행복을 위한 열정, 자기 자신의 신앙을 보호하려는 열정, 그리고 신앙을 전혀 모르거나 불완전하게 아는 사람에게 신앙을 알려 주려는 열정을 지녀야 합니다."(존 A. 오브라이언, 《그리스도교 일치의 새로운 지평》)

바오로 6세 교황은 1965년 5월 14일에 교황청 전교 기구와 성직자 전교 연맹의 임직원들에게 연설하시며, 하느님의 구원 메시지를 전하는 선교 책임이 그 어느 때보다 더 절박하게 필요하다고 선언하셨다. 하느님께서 계시의 빛을 넘어서는 다른 구원 수단들도 가지고 계신다는 것을 알고 있지만, 그것이 "빛의 자녀들이 하느님의 숨은 구원 계획을 실행하는 일을 바로 하느님께만 맡겨 드려도 된다."라는 뜻은 아니라고, 바오로 6세는 말했다. 이와 비슷한 맥락에서 〈인류의 빛〉은 이렇게 선언한다. "그리스도의 제자는 누구나 다 제 나름대로 신앙을 전파하여야 할 책임을 지고 있다."(교회 헌장 〈인류의 빛〉, 17항) 이 선언이 바로 이 주제에 관한 교회 정신을 잘 요약하고 있다.

《억만인의 신앙》을 전체적으로 신중하게 개정하며, 제2차 바티칸 공의회 이후 정통하고도 정확한 교회 정신을 제대로 반영하려고 노력하였다. 그리스도교 일치의 진전을 위한 놀라운 가능성을 잉태하고 있는 이 일치 운동의 시대에 제시해야 할 교회 정신이나 사고방식은 물론 그 가르침도 반영하려고 노력하였다. 일치 운동은 새로운 이해와 우의와 형제애와 사랑의 분위기를 가져왔으며, 이 책에 그 새로운 분위기를 반영하려고 노력하였다. 그래서 새 개정판의 제목을 《참신앙의 진리》라고 정하였다.